Les régions du guide :

(voir la carte à l'intérieur de la couverture ci-contre)

Rajasthan Delhi et Agra

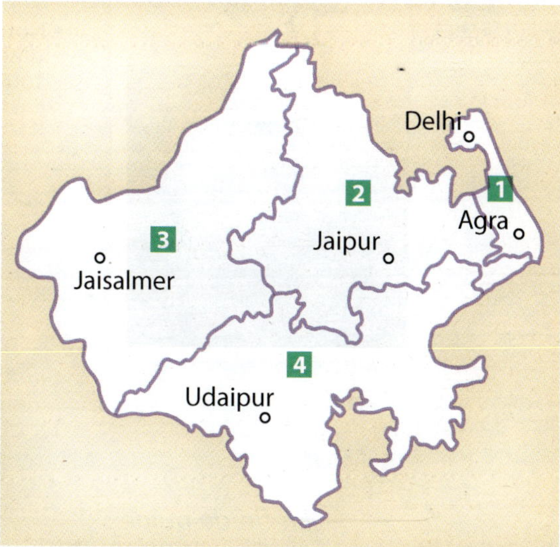

Le Guide Vert, mode d'emploi : un guide en 3 parties

Organiser son voyage :

- Avant de partir.
- À faire sur place de A à Z.
- Des activités pour tous.
- Un agenda des événements.

Comprendre la destination :

- La destination aujourd'hui.
- Histoire.
- Art et culture.
- Gastronomie.
- Nature...

Découvrir la destination :

- Notre sélection de sites.
- Des circuits conseillés.
- Des cartes.
- Notre sélection d'adresses pour tous les budgets.

En fin de guide : l'explication des symboles et la table des cartes et plans

Le Guide Vert : découvrir la destination

Un chapitre = une zone géographique

[1] Une carte de présentation de la région.

[2] Le sommaire de la région traitée.

[3] La description des sites.

[1] [2] [3] [4]

[5] [6]

Pour chaque chapitre

[4] La description des circuits conseillés.

[5] Nos adresses classées par catégories de prix.

[6] Des pages thématiques pour en savoir plus.

Retrouvez-nous sur : ***Voyage.ViaMichelin.fr***

Sommaire

1/ ORGANISER SON VOYAGE

2/ COMPRENDRE LE RAJASTHAN

3/ DÉCOUVRIR LE RAJASTHAN

1 LES VILLES MOGHOLES

2 L'EST ET LE NORD

3 LE NORD-OUEST

4 LE SUD

1/ ORGANISER SON VOYAGE

Le Palais des Vents (Hawa Mahal) à l'intérieur du City Palace, Jaipur.
R. Mattes / hemis.fr

SUGGESTIONS D'ITINÉRAIRES

21 JOURS	LE GRAND TOUR DU RAJASTHAN
Boucle d'env. 3 000 km au départ de Delhi	**Jour 1 :** départ pour le Shekhawati *(p. 276)* ; nuit à Nawalgarh *(p. 292)*. **Jour 2 :** visite de Bikaner *(p. 312)*. **Jour 3 :** excursion à Deshnoke *(p. 319)* ; train de nuit pour Jaisalmer. **Jour 4 :** Jaisalmer *(p. 326)* et ses environs. **Jour 5 :** étape à Phalodi *(p. 336)* ; excursion à Kichan *(p. 337)* ou à Ramdevra *(p. 336)* selon la saison. **Jour 6 :** Jodhpur *(p. 344)*, visite de la forteresse de Mehrangarh et des bazars de la Ville bleue. **Jour 7 :** excursion vers les villages bishnois *(p. 351)* et à Osiyan *(p. 352)* ; nuit à Jodhpur *(p. 355)*. **Jour 8 :** excursion au fort de Kumbhalgarh *(p. 392)* ; apr.-midi et nuit à Ranakpur *(p. 394 et 397)*. **Jour 9 :** temples jaïns de Dilwara *(p. 400)* ; nuit à Mount Abu *(p. 404)*. **Jour 10 :** Udaipur *(p. 368)*. **Jour 11 :** forteresse de Chittaurgarh *(p. 409)*. **Jour 12 :** Bundi *(p. 414)*, palais et vieille ville. **Jour 13 :** Pushkar *(p. 294)* ; excursion à Ajmer *(p. 303)* l'apr.-midi. **Jour 14 :** bus ou train pour Jaipur *(p. 224)* ; flânerie dans les bazars *(p. 234)* de la capitale du Rajasthan. **Jour 15 :** les trésors de la Ville rose *(p. 225)* : palais des Vents, City Palace et Jantar Mantar ; apr.-midi à Amber *(p. 241)*. **Jour 16 :** Fatehpur Sikri *(p. 208)* ; nuit à Bharatpur *(p. 267)*. **Jour 17 :** réserve naturelle de Keoladeo Ghana *(p. 263)* le matin ; apr.-midi et nuit à Agra *(p. 191 et 204)*. **Jour 18 :** Taj Mahal *(p. 194)* le matin ; train pour Mathura *(p. 214)*. **Jour 19 :** Mathura et Vrindavan *(p. 214 et 219)*. **Jours 20 et 21 :** Delhi (voir encadré programme, *p. 145*).
Transport	Train et bus ; à Jodhpur, louez une voiture avec chauffeur pour 2 jours d'excursion à Kumbhalgarh, Ranakpur et Mount Abu.
Conseils	Visitez le Taj Mahal d'Agra en semaine, et dès l'ouverture du site, pour éviter les foules. Gardez la visite de la capitale pour la fin du séjour, quand vous serez plus familier des us et coutumes de l'Inde. En été, remplacez la visite de Bharatpur par une journée de plus à Udaipur et une excursion à Dungarpur *(p. 390)*. Dormez à Bundi ou à Udaipur plutôt qu'à Chittaurgarh ; auquel cas, prenez une chambre dans un des hôtels jouxtant la gare routière pour y laisser vos affaires le temps de visiter la forteresse.
10 JOURS	**LE RAJASTHAN EN VOITURE**
Boucle d'env. 1 600 km au départ de Delhi	**Jour 1 :** trajet pour le Shekhawati *(p. 276)* ; visite de Jhunjhunu *(p. 284)* et de Fatehpur *(p. 288)* ; nuit à Mandawa *(p. 291)*. **Jour 2 :** découverte des *havelis* de Mandawa et de Nawalgarh *(p. 280 et 284)*. **Jour 3 :** départ pour Pushkar *(p. 294)*, tour du lac et des temples ; nuit à Pushkar *(p. 299)*. **Jour 4 :** visite d'Ajmer *(p. 303)* le matin ; continuation sur Bundi *(p. 414)* où vous ferez étape. **Jour 5 :** visite du palais et de ses peintures, puis flânerie dans les bazars de Bundi ; l'apr.-midi, route pour Jaipur *(p. 224)*. **Jour 6 :** City Palace et Jantar Mantar *(p. 230)* le matin ; excursion à la forteresse d'Amber *(p. 241)* l'apr.-midi. **Jour 7 :** promenade parmi les temples de Galta *(p. 240)* et shopping dans les bazars *(p. 235 et 255)* de la Ville rose. **Jour 8 :** à Bharatpur *(p. 263)*, visite de la réserve ornithologique en calèche ou à vélo. **Jour 9 :** découverte du site moghol de Fatehpur Sikri *(p. 209)* le matin ; apr.-midi et nuit à Agra *(p. 191)*. **Jour 10 :** à Delhi, découverte express des essentiels : le Fort rouge *(p. 144)* et les bazars de Chandni Chowk *(p. 148)* le matin, le mausolée d'Humayun *(p. 164)* et le Qutb Minar *(p. 167)* l'apr.-midi.
Transport	Voiture avec chauffeur.
Conseils	Logez dans les anciens palais convertis en hôtels de charme *(p. 22)*. Assurez-vous les services d'un chauffeur parlant anglais et connaissant bien la région. De mars à oct., remplacez la visite de Bharatpur par une journée de plus à Delhi.

TYPES DE SÉJOUR

FASTES D'ANTAN	
Fatehpur Sikri, Agra	Les joyaux absolus de l'architecture moghole.
Delhi	Forteresses et mausolées des sultans moghols et souvenirs du Raj britannique.
Bundi, Kota, Udaipur	Fresques et miniatures des plus prestigieuses écoles ornent toujours les salles des palais.
Shekhawati	Concentration exceptionnelle de demeures patriciennes peintes : les *haveli*.
Delhi, Jaipur	Les Jantar Mantar, des observatoires astronomiques du 18e s. aux lignes contemporaines.
ÉCHAPPÉES NATURE	
Ranthambore, Sariska	Safari en jeep sur la piste des derniers tigres.
Bharatpur, Kichan	D'octobre à février, ils accueillent les oiseaux migrateurs par milliers.
Jodhpur	Découverte de la faune locale et des savoir-faire ancestraux des villages bishnois.
Mount Abu	Balades dans une végétation tropicale d'altitude unique au Rajasthan.
PALAIS ET FORTERESSES	
Jodhpur, Udaipur	Dans des architectures de conte de fées transformées en musées, les palais des princes rajputs rivalisent d'extravagance et de raffinement.
Chittaurgarh, Kumbhalgarh	Les forteresses inexpugnables qui ont forgé les empires et écrit l'histoire en lettres de sang.
Alwar	Le cénotaphe d'un maharaja dans un cadre somptueux.
Jaisalmer, Bikaner	Leurs forts témoignent des richesses inouïes transitant sur la route des caravanes.
Bundi	Un palais rajput à flanc de colline offrant une vue vertigineuse sur la vieille ville.
SÉJOURS SPORTIFS	
Jaisalmer, Bikaner	Trekkings à dromadaire dans le désert du Thar et campement à la belle étoile.
Dundlod, Nawalgarh	En selle pour des randonnées équestres dans le Shekhawati sur des chevaux marwaris.
Mount Abu, Bundi	Échappées en moto sur les pistes du Rajasthan rural.
Jaipur	Pour assister à un match de polo… ou y participer.
L'INDE SACRÉE	
Ranakpur, Dilwara	Les plus beaux temples jaïns du Rajasthan, merveilles de marbre blanc ciselé.
Deshnoke	Une foule de pèlerins nourrit les rats sacrés du temple de Karni Mata.
Fatehpur Sikri, Ajmer	Les mosquées et les « dargah » des saints hommes de l'islam soufi.
Delhi	Méditation au Gurudwara Bangla Sahib, à la Juma Masjid ou au temple d'Akshardham.
Pushkar	Quatre cents temples entourent le lac le plus sacré de l'Inde.
Vrindavan, Mathura	Les ghat bordant la rivière Yamuna résonnent des chants sacrés en l'honneur de Krishna.
AU HASARD DES BAZARS	
Jodhpur	Épices, cuir, tapis, tissus imprimés au tampon, copies d'antiquités, meubles
Jaipur	Pierres précieuses, argent, poterie bleue, tapis.
Bundi	« Bangles » multicolores, pots en cuivre martelé.
Delhi	Absolument tout, dans des bazars à n'en plus finir !
Udaipur	Miniatures, soieries, bijoux en argent, parfums.

Aller au Rajasthan

Nom officiel : République de l'Inde
Capitale : New Delhi
Superficie : 3 287 590 km²
Population : 1,21 milliard (recensement 2011)
Monnaie : la roupie indienne (INR ou, plus communément, ₹ ou Rs)
1 € vaut env. 85 Rs (10 Rs = 0,12 €)
Langues officielles : elles sont au nombre de 22 (*voir p. 131*) ; le hindi et l'anglais sont les plus courantes à Delhi et au Rajasthan.

En avion

Un vol sans escale Paris-Delhi dure environ 8h. Vous pouvez obtenir des tarifs avantageux sur des vols réguliers à diverses périodes de l'année et sous certaines conditions (durée minimum et maximum de séjour en Inde, date de retour fixe, etc.). Formule intéressante, le vol *open jaw* permet d'arriver à Delhi et de repartir de Mumbai (l'ancienne Bombay, sur la mer d'Oman) – ou vice versa.

Les vols internationaux pour Delhi atterrissent le plus souvent de nuit, à l'**aéroport Indira Gandhi International** (*voir « Nos adresses à Delhi », p. 172*).

Bon à savoir – Avec les billets électroniques, la **reconfirmation** du vol de retour n'est plus indispensable.

La **taxe d'aéroport** est presque toujours comprise dans l'achat du billet.

PRINCIPALES COMPAGNIES AÉRIENNES

Air France – Rens. et réserv. ✆ 36 54 (*0,34 €/mn depuis un poste fixe - tlj 6h30-22h*) - www.airfrance.com. Vol sans escale tlj de Paris à Delhi.

Air India – 5 r. des Colonnes, 75002 Paris - ✆ 01 55 35 40 00 - www.airindia.in. Vols directs Paris-Delhi chaque jour.

Pour d'autres compagnies, souvent avec escale voire changement d'appareil, consultez les comparateurs de vols (*voir ci-dessous*).

SUR INTERNET

Plusieurs sites proposent en ligne tarifs préférentiels et promotions, notamment en « dernière minute ». Entre autres :

Lastminute – ✆ 0 892 686 100 - www.fr.lastminute.com. Vols et séjours avec promotions de dernière minute.

Ebookers – ✆ 0 892 234 235 (lun.-vend. 9h-20h, sam. 10h-18h) - www.ebookers.fr.

Go Voyages – ✆ 0 899 651 951 (9h-19h sf dim.) - www.govoyages.com.

Look Voyages – ✆ 01 45 15 31 70 (lun.-sam. 8h-22h, dim. et j. fériés. 10h-19) - www.look-voyages.fr.

COMPARATEURS DE VOLS

Ils sont nombreux : en français, **www.easyvols.fr**, **www.ebookers.fr**, **www.avion.fr**, **www.expedia.fr** pour ne citer que les plus importants. Pour comparer les offres et les prix.

Avec un voyagiste

Vous trouverez dans les agences des billets d'avion à prix négociés et les classiques voyages en groupe, mais aussi des circuits individuels sur mesure. Vous pourrez aussi réserver par leur intermédiaire toutes les prestations utiles sur place : hôtel, voiture, vols intérieurs…

GÉNÉRALISTES

Club Aventure – 18 r. Séguier - 75006 Paris - ✆ 04 96 15 10 20 - www. huwans-clubaventure.fr. Randonnées dans le désert du Thar, découverte des grands sites du Rajasthan en 14 j.

Nomade Aventure – 40 et 49 r. de la Montagne-Ste-Geneviève - 75005 Paris - ✆ 0 826 102 009 (0,15 €/mn) - www.nomade-aventure.com. Séjour classique au Rajasthan.

Nouvelles Frontières – ✆ 01 43 87 76 22 - www.nouvelles-frontieres.fr. Nombreuses agences en province et à Paris (adresses sur le site Internet).

VOYAGES CULTURELS

Clio – 34 r. du Hameau - 75015 Paris - ✆ 01 53 68 82 82 - www. clio.fr. Grand tour du Rajasthan en 3 semaines incluant le Shekhawati et la foire de Pushkar.

Comptoirs du monde – 22 r. St-Paul - 75004 Paris - ✆ 01 44 54 84 54 - www.comptoirsdumonde. fr. Vend les prestations sur les trains des maharajas. Circuits de 15 j. passant par le Shekhawati.

Ikhar – 162 r. Jeanne-d'Arc - 75013 Paris - ✆ 01 43 06 73 13 - www.ikhar.com. Le Shekhawati, les forteresses et les palais du Rajasthan, avec hébergement dans des hôtels de charme.

Silver Voyages – 30 r. de Washington - 75008 Paris - ✆ 01 45 61 97 52 - www.asie-voyages.com. Un beau programme de 3 semaines au Rajasthan alternant sites classiques et excursions hors des sentiers battus, à la rencontre des tribus nomades ; hébergement dans les anciens palais de maharajas.

CIRCUITS ANIMALIERS

Objectif Nature – 63 r. de Lyon - 75012 Paris - ✆ 01 53 44 74 30 - www.objectif-nature.com. En 15 j., visite des principaux sites culturels (Agra, Jaipur) et safari-photo « sur la piste du tigre ». Un autre programme inclut la foire aux dromadaires de Pushkar.

Vie sauvage – 24 r. Vignon - 75009 Paris - ✆ 01 44 51 08 00 - www. viesauvage.fr. Parc ornithologique de Keoladeo (Bharatpur), Agra et Delhi en 12 ou 15 j.

VOYAGES AVENTURE

Terres d'aventure – 30 r. Saint-Augustin - 75002 Paris - ✆ 0 825 700 825 (0,15 €/mn) - www. terdav.com. Un choix de circuits accompagnés, en groupe, en famille ou en individuel.

Unicorn Adventures – 2 Southfield Rd, Westbury-On-Trym - BS9 3BH Bristol - ✆ (33) 970 77 03 80 - www. unicornadventures.com. Basé au Royaume Uni, ce couple français organise une découverte du Rajasthan à moto en 15 j.

SÉJOURS CHEZ L'HABITANT

Rencontres au bout du monde – 1013 chemin Mouret - 13100 Aix-en-Provence - ✆ 04 90 49 97 40 - www. boutdumonde.eu. Intéressant programme orienté vers le tourisme équitable avec logement chez l'habitant.

Pour les voyagistes spécialistes du monde indien, voir p. 15.

Avant de partir

Météo

Partez de préférence entre la **mi-octobre** (après la fin des pluies) et **mars** (avant les grosses chaleurs), pour bénéficier d'un ciel bleu et de températures agréables.
Les jours sont relativement courts (le soleil se lève vers 7h et se couche aux alentours de 18h), et le froid de la nuit se dissipe lentement. Vous aurez un temps sec et clair, sauf en janv.-fév. où, en raison du contraste entre des températures nocturnes très fraîches (proches de 0°) et diurnes relativement élevées (20 à 25°), Delhi, Agra et Jaipur disparaissent en matinée dans un épais brouillard qui provoque d'importants retards dans les **transports**. Attention, c'est aussi la période la plus touristique et les **hôtels** affichent parfois complets. Vous trouverez cependant toujours de la place en réservant 2 ou 3 jours à l'avance.
Dans tous les cas, **évitez l'été caniculaire**, de mai à juin, les températures pouvant atteindre 46° à Delhi et 50° à Bikaner ou à Jaisalmer.
La période de **mousson** s'étend de fin juin à mi-sept., avec des précipitations abondantes en juillet et en août, mais qui diminuent dès septembre. Si les pluies torrentielles, peu nombreuses, ne risquent guère de perturber le voyage, attendez-vous en revanche à des averses fréquentes, occasionnant parfois coupures de routes et retards pour les avions ou les trains. La pluie s'accompagne d'une chute immédiate du thermomètre, mais, en contrepartie, l'atmosphère se charge d'humidité.
Dans les premiers mois qui suivent la mousson (oct.-déc.), la végétation luxuriante et la lumière encore étonnante offrent des conditions de visite idéales.
Voir aussi « Tableau climatique », page suivante.

VÊTEMENTS À PRÉVOIR

Ne vous encombrez pas trop car les vêtements sèchent en une nuit (excepté pendant la mousson et en hiver) et vous en trouverez sur place, bon marché et séduisants. Privilégiez les articles en **coton** ou en lin, confortables et peu fragiles. Pensez toutefois à prendre un **lainage** fin pour les soirées de demi-saison ainsi que si vous devez séjourner à Mount Abu ou dans des hôtels climatisés. Prévoyez des tenues chaudes pour l'hiver ; ne mésestimez pas le froid, de déc. à mi-fév., d'autant que peu d'hôtels sont chauffés.
Les essentiels – Des chaussures faciles à enlever (vous aurez à vous déchausser fréquemment pour entrer dans les lieux saints) ; des chaussettes pour isoler vos pieds des sols brûlants ou sales ; des sandales en plastique, bien utiles dans les salles de bains d'une propreté douteuse ; une tenue un peu habillée si vous devez dîner dans un grand hôtel ; des lunettes de soleil, un parapluie (en période de mousson), un chapeau en coton et un maillot de bain.
Un **sac de couchage** vous sera utile si vous devez dormir dans le désert à l'occasion d'une randonnée à dromadaire. Il améliorera par ailleurs le confort des couchettes de train et vous préservera du froid dans les hôtels modestes

TABLEAU CLIMATIQUE							
	Alt. en m	Temp. ann. moyenne	Mois le plus froid	Mois le plus chaud	Précipit. ann. moyennes	Humidité relative moy.	Mois les plus pluvieux
Bikaner	237	26°	janv. 15°	juin 35°	290 mm	52 %	juil.-août
Delhi	230	25°	janv. 14°	juin 33°	700 mm	56 %	juil.
Jaipur	430	25°	janv. 15°	juin 33°	610 mm	50 %	juil.-août
Kota	250	26°	janv. 17°	mai 35°	740 mm	51 %	juil.-août
Udaipur	570	24°	janv. 15°	mai 31°	740 mm	59 %	août

dépourvus de chauffage ou à la literie douteuse. En période chaude, un drap fera l'affaire.

Prévoyez enfin une lampe de poche pour les coupures de courant (vous trouverez des bougies sur place), des bouchons d'oreilles qui garantiront la tranquillité de vos nuits, et n'oubliez pas vos chargeurs de téléphone portable, de piles, etc.

Voir aussi « Comment s'habiller », p. 39, et « Sécurité », p. 40. Pour la trousse à pharmacie, voir « Santé », p. 17.

Adresses utiles

OFFICES DU TOURISME DE L'INDE

En France

Office national du tourisme indien – 13 bd Haussmann - 75009 Paris - 01 45 23 30 45 - www.incredibleindia.org - tlj sf w.-end et j. fériés indiens et français 9h-13h, 14h-17h30. Passez-y avant de partir, car il fournit une documentation que vous ne retrouverez pas en Inde.

Au Canada

Government of India Tourist Office – 60 Bloor St. (West), Suite 1003 - Toronto - Ontario M4 W3 B8 - (416) 962 37 87 - www.incredibleindia.org.

Pour les offices de tourisme en Inde, voir dans « Sur place de A à Z », p. 31, ainsi qu'au début de chaque visite de ville ou de site, dans « Découvrir le Rajasthan ».

S'INFORMER SUR INTERNET

Difficile de s'y retrouver dans la jungle des sites – et plus encore des faux sites, une spécialité indienne consistant à reprendre ou contrefaire les noms des organismes officiels en les modifiant légèrement. Sauf mention contraire, les sites indiqués sont en anglais.

Sites généraux

www.incredibleindia.org : le portail de l'office du tourisme indien. Pour une première approche.

www.rajasthantourism.gov.in : sports, fêtes, palais, etc.
Les grands classiques d'un séjour au Rajasthan.

www.rtdc.in : le site du ministère du Tourisme du Rajasthan répertorie tous les hôtels d'État, les parcs et réserves, les festivals et les trains touristiques des maharajas.

www.up-tourism.com : l'office du tourisme de l'Uttar Pradesh présente des informations détaillées sur Agra et Fatehpur Sikri.

Pratique

www.diplomatie.gouv.fr : des informations officielles en matière de santé, de sécurité et de formalités. En français.
www.abm.fr : Aventure du Bout du Monde, une association de voyageurs très active, fournit de nombreuses informations pratiques. En français.

Blogs, forums et témoignages

http://voyage-bons-plans.aufeminin.com : forums, carnets de voyage. En français.
http://voyageforum.com/destinations/inde/ : discussions thématiques. En français.
www.indiamike.com : le plus complet.

Culture et religion

www.aujourdhuilinde.com : actualités, économie, reportages. En français.
www.hindunet.org : le portail hindou rassemble écrits, infos socioculturelles et religieuses, médecine, shopping, liens vers d'autres sites sur les mêmes sujets.
www.jainuniversity.org : étude de la religion jaïne, histoire et cours, recettes de cuisine, astrologie, etc.
www.sikhs.org : origines, mode de vie, philosophie de la communauté sikhe.

CENTRES CULTURELS ET BIBLIOTHÈQUES

Bibliothèque Germaine-Tillion (ex Bibliothèque du Trocadéro) – 6 r. du Cdt-Schloesing - 75016 Paris - ✆ 01 47 04 70 85. Bibliothèque spécialisée dans le tourisme, avec plus de 10 000 guides et récits de voyages.
Centre d'études de l'Inde et de l'Asie du Sud (CEIAS) – Maison de l'Asie - 22 av. du Prés.-Wilson - 75016 Paris - ✆ 01 53 70 18 78 - http://ceias.ehess.fr. Bibliothèque.
Centre Mandapa – 6 r. Wurtz - 75013 Paris - ✆ 01 45 89 01 60 - http://www.centre-mandapa.fr. Spectacles de danses traditionnelles indiennes et concerts (lun.-vend. à 20h30, sam. à 20h, dim. à 18h).

LIBRAIRIES

France – **Ambika** – 51 r. Piat - 75020 Paris - ✆ 01 43 66 84 21. Ouvrages neufs ou d'occasion sur l'Inde, CD et DVD de musique, méthodes de langue.
Fenêtre sur l'Asie – 49 r. Gay-Lussac - 75005 Paris - ✆ 01 43 29 44 74 - www.fenetresurlasie.com.
Kailash – 69 r. Saint-Jacques - 75005 Paris - ✆ 01 43 29 52 52 - www.kailasheditions.com. Une librairie-maison d'édition franco-indienne publiant des écrivains-voyageurs anciens ou contemporains.
La Route des Indes – 7 r. d'Argenteuil - 75001 Paris - ✆ 01 42 60 60 90 - www.laroutedesindes.com. Espace librairie, expositions, bureau de voyages.
Suisse – **Le Vent des Routes** – 50 r. des Bains - 1205 Genève - ✆ (22) 800 33 81 - www.vdr.ch.
Canada – **Librairie Ulysse** – 4176 r. Saint-Denis - Montréal - Québec - ✆ (514) 843 94 47 et 560 av. du Prés.-Kennedy - Montréal - Québec - ✆ (514) 843 72 22.

VOYAGISTES SPÉCIALISÉS

Voir aussi « Aller au Rajasthan », p. 12.
Explorator – 1 r. Gabriel Laumain - 75010 Paris - ✆ 01 53 45 85 85 - www.explo.com. Nombreux programmes thématiques.
Le Monde de l'Inde et de l'Asie – 15 r. des Écoles - 75005 Paris - ✆ 01 84 19 44 48 - www.mondeasie.com. Grand tour du Rajasthan en 18 j., comprenant une visite d'Agra.
La Route des Indes – 7 r. d'Argenteuil - 75001 Paris - ✆ 01 42 60 60 90 - www.laroutedesindes.com. Circuits de

15 j. en voiture avec chauffeur, hébergement en hôtels de luxe.
Voyageurs du monde – 55 r. Ste-Anne - 75002 Paris - ☏ 01 42 86 16 00 - voyageursdumonde.fr. Le tour des principales villes du Rajasthan en 9 à 14 j.

AMBASSADES ET CONSULATS

France

Ambassade de l'Inde – 15 r. Alfred Dehodencq - 75016 Paris - ☏ 01 40 50 70 70 - www.amb-inde.fr. Attention, les demandes de visa sont traitées exclusivement par **VF Services Ltd** *(voir plus loin)*.

Belgique et Luxembourg

Ambassade de l'Inde – Chaussée de Vleurgat 217 - 1050 Bruxelles - ☏ (32) 26 40 91 40 - www.indembassy.be. Demandes de visa tlj sf w.-end 9h30-11h30, pour les ressortissants belges et luxembourgeois.

Suisse

Ambassade de l'Inde – Kirchenfeldstrasse 28 - 3005 Berne - ☏ (31) 350 11 30 - www.indembassybern.ch. Pour les demandes de visa, consulter http://in.vfsglobal.ch *(voir aussi plus loin)*.
Consulat de l'Inde – 7-9 r. du Valais - 1202 Genève - ☏ (22) 906 86 86.

Canada

Ambassade de l'Inde – 10 Springfield Rd - Ottawa - Ontario K1M 1C9 - ☏ (613) 744 37 51 - www.hciottawa.ca. Les demandes de visa sont traitées par BLS Services, www.blsindia-canada.com.
Consulate General of India – 365 Bloor Street (East), suite #700 - Toronto - ☏ (416) 960 07 51/52 - www.cgitoronto.ca.

Formalités

Les informations ci-dessous sont données à titre indicatif et susceptibles d'être modifiées ; renseignez-vous auprès du consulat de l'Inde au moins un mois avant votre départ.

PIÈCES D'IDENTITÉ, VISA

Un **visa** est indispensable pour entrer en Inde. Il n'est en aucun cas accordé à la frontière ; vous devrez en faire la demande auprès des services agréés au moins une semaine avant votre départ.
Présentez-vous avec un **passeport** valide au moins 6 mois après votre date de retour, 2 photos d'identité, le formulaire de demande prérempli (téléchargeable en ligne). Si l'on vous demande un billet AR, dites que vous attendez votre visa pour finaliser l'achat. Le visa de tourisme (65,50 €) est délivré pour une durée de 6 mois à compter de sa date d'émission et autorise des entrées multiples. Vous récupérerez votre passeport muni du visa au bout de 3 jours (suivi possible sur le site Internet). La demande peut aussi s'effectuer par courrier ; téléphonez au service des visas pour connaître la procédure. Si vous voyagez avec des enfants, l'autorisation des deux parents est nécessaire à l'obtention du visa du mineur.
Accordée à titre exceptionnel (hospitalisation, etc.), la **prolongation de visa** n'est possible qu'en Inde, mais il est rare que l'on obtienne plus de 15 j. d'extension. Il vous faudra retirer un formulaire au ministère de l'Intérieur *(Home Affairs)* à New Delhi, que vous remettrez avec quatre photos au Foreigners' Registration Office.
France – VF Services Ltd – 42 r. de Paradis - 75010 Paris - ☏ 0 892 230 358 - www.vfs-in-fr.com - tlj sf w.-end 8h-13h. Antennes à Lyon et Marseille.
Belgique et Luxembourg – *Voir ci-contre, « Ambassades et consulats ».*

Suisse – **India Visa Application Centre (IVAC)** – Weststrasse 2 - 3005 Berne ✆ 0 900 000 018 - http://in.vfsglobal.ch.
Canada – www.blsindia-canada.com - ✆ (514) 375 1690 (Montréal) ou ✆ (613) 691 0953 (Ottawa).

DOUANE

Importation

Vous n'aurez rien à déclarer à l'arrivée si vous transportez moins de 200 cigarettes (ou 50 cigares) et une bouteille de vin ou d'alcool, un ou deux appareils photo, une caméra vidéo grand public, un ordinateur portable. En revanche, le matériel professionnel doit être déclaré sur un *Tourist Baggage Re-Export Form* qui sera agrafé à votre passeport. À votre départ, vous devrez produire les objets déclarés pour prouver que vous ne les avez pas revendus dans le pays. Il est interdit d'importer des roupies indiennes. En revanche, vous pouvez amener autant de devises étrangères que vous le souhaitez. Si vous avez plus de 5 000 dollars en espèces ou plus de 10 000 dollars en devises (chèques de voyage compris), ou un montant équivalent en euros, vous remplirez un *Currency Declaration Form* et conserverez les justificatifs de change pour prouver, à votre départ d'Inde, que vous n'avez pas changé au marché noir.

Exportation

Les roupies indiennes étant interdites à l'exportation, vous reconvertirez en devises étrangères celles qui vous restent, en produisant les justificatifs de change. Vous pourrez quitter le pays avec autant de souvenirs que vous le désirez, dans la limite du montant en devises déclaré à l'entrée dans le pays. En revanche, l'importation en France est réglementée ; rens. auprès de la **Direction des douanes**, ✆ 0 811 204 444 *(prix d'un appel local)*, http://douane.gouv.fr. Quel que soit leur prix, les objets comportant de l'ivoire, de la fourrure, de la peau de serpent ou de tout animal sauvage ne peuvent sortir du territoire. Pour les antiquités de plus de 100 ans, vous demanderez un permis d'exportation *(Export Clearance Certificate)* à l'**Archaeological Survey of India** de Delhi *(voir p. 172)* ou d'Agra *(voir p. 207)*.

RÈGLEMENT SANITAIRE

Les touristes en provenance d'Europe ou d'Amérique du Nord ne sont soumis à aucun règlement sanitaire particulier.

SANTÉ

Avant le départ, veillez à mettre à jour vos vaccinations *(voir plus bas)*. La plupart des désagréments que vous pourrez subir en Inde sont toutefois liés à la chaleur et à la nourriture *(voir « Santé » dans « Sur place de A à Z », p. 36)*.

Trousse à pharmacie

Outre vos traitements habituels, une trousse classique comportera un antibiotique à large spectre (du type amoxicilline), des gouttes nasales en cas de rhume, un antidiarrhéique et un antiseptique intestinal, des pastilles pour purifier l'eau, pour la randonnée seulement (vous trouverez de l'eau minérale ou purifiée en bouteille dans le moindre hameau). Ne vous encombrez cependant pas trop, on trouve presque tous les médicaments sur place.
Prévoyez aussi quelques **articles de parapharmacie** tels que crème solaire, vaporisateur antimoustique (ceux vendus sur place sont assez agressifs pour la peau), tampons périodiques (disponibles en pharmacie mais les ruptures de stock sont fréquentes) et

préservatifs (la qualité des *condoms* locaux est aléatoire). Gardez à l'esprit que le sida et l'hépatite B sévissent ici comme partout ailleurs ; pensez à vous protéger et évitez de vous faire raser, tatouer ou percer les oreilles.

Vaccination

Même si aucun vaccin n'est exigé, mieux vaut être vacciné contre les hépatites A et B, le tétanos, la polio, la typhoïde et, si vous envisagez un séjour prolongé en zone rurale, contre l'encéphalite japonaise (en période de mousson) et la rage. Certaines vaccinations nécessitent plusieurs injections : pensez-y au moins deux mois à l'avance.
Si vous partez dans 15 jours, sachez qu'il n'est pas trop tard : mieux vaut être incomplètement vacciné que pas du tout ! Pensez à emporter votre carnet de vaccination.
Demandez conseil à votre médecin ou aux centres internationaux de vaccination, dont vous obtiendrez la liste sur www.travelsante.com.
Centre de vaccination de l'Institut Pasteur – 209 r. de Vaugirard - 75015 Paris - ✆ 0 890 710 811 (0,15 € TTC/mn) - www.pasteur.fr.
Centre de vaccination Air France – 148 r. de l'Université - 75007 Paris - ✆ 01 43 17 22 00 - http://centredevaccination-airfranceparis.com.

ASSURANCE

Avant de partir, n'oubliez pas de souscrire une assurance rapatriement si vous n'êtes pas déjà couvert par votre carte bancaire, votre billet d'avion ou votre voyage organisé. Renseignez-vous auprès de votre banque ou de votre agence de voyages. Pour une couverture plus étendue, souscrivez un contrat spécifique.
Europ Assistance – 1 prom. de la Bonnette - 92230 Gennevilliers - ✆ 01 41 85 85 85 - www.europ-assistance.fr.
Mondial Assistance – 2 r. Fragonard - 75017 Paris - ✆ 01 40 25 52 04 - www.mondial-assistance.fr.

PERMIS DE CONDUIRE

Un permis de conduire national ou international est exigé pour conduire une moto en Inde. Quant aux voitures, elles ne se louent qu'avec chauffeur.

Argent

Voir aussi « Argent » et « Banque » dans « Sur place de A à Z », p. 18.
À l'heure où nous imprimons, 1 € vaut env. 85 Rs (10 Rs = env. 0,12 €). La roupie se divise en 100 **paise**.
Il est difficile d'acheter des roupies indiennes en Europe (et de toute façon interdit d'importer comme d'exporter des roupies), mais vous pourrez en obtenir dès votre arrivée à l'aéroport, où vous trouverez distributeurs et bureaux de change.
Pour connaître les taux de change en vigueur : www.xe.com/fr.

Cartes de crédit

Vous trouverez partout des distributeurs automatiques *(ATM, Automatic Teller Machine)*, même dans les villes de moindre importance. Vous pourrez régler par carte vos notes d'hôtel et de restaurant, les établissements de catégorie moyenne et supérieure acceptant souvent ce mode de paiement moyennant une commission modique. En revanche, votre facture sera souvent majorée de 5 à 20 % dans les magasins si vous réglez par carte. Si vous avez besoin d'une somme supérieure à celle – plafonnée à 10 000 Rs par retrait – que peut vous délivrer un distributeur automatique, vous demanderez un *cash advance* auprès des bureaux de change dans les grandes villes touristiques.

Chèques de voyage
Qu'ils soient libellés en euros ou en dollars, ils se monnayent dans la plupart des villes, pourvu qu'ils soient émis par **American Express** ou par **Thomas Cook**.

Réservations

Il est conseillé de réserver longtemps avant votre départ vos **billets d'avion** pour les vols intérieurs ainsi que vos **premières nuits d'hôtel** à Delhi. Vous pouvez passer par l'intermédiaire d'une agence *(voir p. 12)* ou adresser directement à l'hôtelier un courrier électronique rédigé en anglais. Pensez à lui demander de vous préciser le prix des chambres et le montant des taxes, et emportez avec vous la confirmation de votre réservation. Il peut être sage de réserver les autres nuitées, surtout si vous partez en haute saison (déc.-fév.) ou durant les vacances indiennes *(voir p. 30)*, notamment à Delhi, Agra, Jodhpur et Udaipur.
Si vous souhaitez découvrir le Rajasthan à bord d'un **train de maharaja**, la réservation est impérative : *voir p. 46* (attention, certains de ces trains ne circulent pas durant la saison chaude et la mousson, de mai à août).

Décalage horaire

Le décalage avec la France est de 4h30 en hiver (3h30 en été). Lorsqu'il est midi à Delhi, il est 7h30 à Paris (8h30 en été). L'heure est la même dans tout le pays.

Téléphoner en Inde

Pour appeler l'Inde à partir de l'Europe, composez le 00 + 91 suivi de l'indicatif urbain (sans le 0) et du numéro de votre correspondant.
Pour téléphoner depuis l'Inde, voir p. 43.

Se loger

À l'exception de rares villes ou sites dotés d'une infrastructure réduite, tels que Deeg, Ajmer ou Chittaurgarh, l'ensemble du Rajasthan dispose d'une large gamme d'hébergement propre à satisfaire toutes les bourses.

SERVICES OU ARTICLES	Prix moyen en roupies	Équivalent en euros
Un transfert aéroport Delhi / centre-ville	350-450	4-5
Une course moyenne en auto-rickshaw	50 à 80	0,60 à 1
Un trajet en taxi collectif (tempo)	7	0,08
Une entrée de musée, un billet de cinéma	100 à 300	1,20 à 3,50
Un paquet de cigarettes locales / d'importation	150/ 00	1,80/2,40
Une bouteille de soda	20	0,25
Trajet Delhi-Jaipur en train 1re classe (4h)	1 515	18
Trajet Delhi-Jaipur en bus (258 km, 5 à 6h)	400 à 700	4,80 à 8,20
Un vol intérieur Delhi-Jaipur	4 800	56
Une journée de location de voiture	1 200 à 1 800	14 à 22
Une bouteille d'eau	12 à 30	0,14 à 0,35
Une bouteille de bière	100-140	1,20-1,60
Un chaï (thé) dans la rue	5	0,06

Calculez votre budget quotidien

Les budgets indiqués s'entendent **par jour et par personne** ; ils comprennent la nuit dans une chambre double, le déjeuner et le dîner. Pensez à y ajouter transports, visites et activités selon votre programme.

Petit budget (env. **15 à 20 €/j/pers.**) : nuit dans une *guest house* (catégorie « Premier prix »), déjeuner aux étals de rue ou de bazar, et dîner dans un petit restaurant populaire.

Budget moyen (de **25** à **45 €/j/pers.** env.) : étape dans des établissements confortables, parfois des adresses de charme. Déjeuner « à l'indienne » et dîner dans un restaurant plus classique.

Budget plus large (de **60** à **100 €/j/pers.** et plus) : votre séjour s'effectuera dans des conditions très confortables. Nuit dans des palais de maharajah, dîner dans les meilleurs restaurants.

T Voir aussi le tableau des prix par services et articles, p. 19.

À Delhi et Jaipur, et dans une moindre mesure Agra, les chambres sont plus chères qu'ailleurs. Les infrastructures destinées aux personnes à mobilité réduite sont quasiment inexistantes et les hôtels rarement équipés d'un ascenseur (sauf à Delhi et Agra).

Il est recommandé de **réserver**, notamment pour Delhi, Agra et Udaipur, si vous voyagez en haute saison ou durant les vacances scolaires indiennes, ainsi qu'à Pushkar et Jaisalmer durant les foires et festivals. Sur place, une formule pratique consiste à réserver à chaque halte pour l'étape suivante. Au besoin, faites téléphoner votre hôtelier.

PRIX

Les prix indiqués dans ce guide sont calculés sur la base d'une chambre double standard ou *Deluxe* en haute saison (sauf pour Mount Abu), sans petit-déjeuner (sauf mention contraire) mais toutes taxes incluses. Dans la plupart des hôtels, la gamme de prix s'étend toutefois du simple au quadruple selon le niveau de confort, mais aussi la taille de la chambre, la vue, l'étage : de la chambre économique, avec salle de bains commune sur le palier, à la suite, il y en a souvent pour tous les budgets au sein d'un même établissement.

Les personnes seules paieront généralement 20 à 30 % moins cher, excepté pour une suite.

En basse saison (mai-juin, voire avr.-sept. dans les localités moins touristiques), on vous accordera facilement une réduction d'au moins 15 %, souvent 25 à 30 %, mais certains centres touristiques connaissent des fluctuations de prix dramatiques à l'occasion de vacances ou de foires importantes (Mount Abu, Pushkar, Jaisalmer).

Les tarifs sont revus à la hausse chaque année, le 1er octobre.

Voir aussi « Réservations », p. 19, et nos catégories de prix ci-contre.

TAXES

Le prix des chambres peut être assujetti à trois taxes qui se cumulent : la *luxury tax* (8 à 12,5 % au Rajasthan, 12,5 % à Delhi et Agra), qui s'applique aux chambres jusqu'à 5 000 Rs (env. 60 €), l'*expenditure tax* (10 %) pour celles des hôtels de luxe, et le *service charge* (de 8 à 12 %). Vérifiez systématiquement votre note.

Attention aux promotions sur Internet : elles omettent parfois certaines taxes qui peuvent doubler la facture finale.

LES TYPES D'HÉBERGEMENT

L'infrastructure hôtelière du Rajasthan, aussi développée que variée, offre un grand nombre d'adresses de charme. En comparaison, les hôtels de Delhi et Agra font triste figure. Le confort et le prix des chambres varient selon que celles-ci sont équipées d'un ventilateur, d'un rafraîchisseur d'air *(cooler)* ou de la climatisation centralisée (AC). Les *coolers* sont, comme les climatiseurs mobiles, de grosses boîtes fixées à l'extérieur des fenêtres, mais ils produisent de l'air froid par la circulation d'eau et non par un groupe frigorifique. En période de mousson, lorsque l'air est saturé d'humidité, ils deviennent inefficaces, ne faisant qu'amplifier la moiteur ambiante. Vous trouverez en Inde d'excellents hôtels 4 et 5 étoiles (à partir de 150 €) pouvant soutenir la comparaison avec leurs homologues occidentaux. Ceux de la catégorie intermédiaire (de 30 à 75 €), également très nombreux, sont tout à fait corrects ; dans les hôtels modestes (moins de 25 €) la propreté des chambres, du linge et des sanitaires se révèle parfois plus que douteuse.

De mi-nov. à mi-fév., il peut faire froid, et seuls les hôtels d'un certain standing disposent de **chauffage** d'appoint. Certains établissements petit budget fournissent l'**eau chaude** au baquet. Pour vous assurer que votre chambre dispose de l'eau chaude courante, vérifiez si la salle de bains est équipée d'un chauffe-eau. Ceux-ci sont généralement d'une contenance infime : ne comptez pas prendre plusieurs douches d'affilée. Selon les villes, les chambres doivent être libérées à 12h, 10h, voire 9h à Mount Abu et Jaisalmer.

Les grands groupes

Certains groupes hôteliers de grand luxe, indiens ou internationaux, possèdent des établissements dans tout le pays, installés dans des édifices modernes ou dans des palais de maharajas.

HRH Group of Hotels – Siège au City Palace - Udaipur - ✆ (0294) 252 80 16 ou 1 600 180 29 33/44 (appel gratuit en Inde) - www.hrhhotels.com. Présent sur Bikaner, Jaisalmer, Kumbhalgarh et Udaipur.

Neemrana Hotels – 23B, Khan Market - Delhi - ✆ (011) 43 58 71 83 - www.neemranahotels.com. Présent à Kesroli et Nimrana (environs d'Alwar) et à Baggar (Shekhawati).

The Oberoi – À Delhi - ✆ (011) 23 89 06 06 - www.oberoihotels.com. Présent à Agra, Delhi, Jaipur, Ranthambore et Udaipur.

The Taj Group of Hotels – ✆ (022) 66 01 18 25 - www.tajhotels.com. Présent à Delhi, Agra, Jaipur, Jaisalmer, Jodhpur, Sawai Madhopur et Udaipur.

WelcomHeritage Hotels – ✆ (011) 46 03 55 00 - www.welcomheritage.in. Établissements à Alwar, Jaisalmer, Jodhpur et sa région, Sawai Madhopur et Kota.

NOS CATÉGORIES DE PRIX		
	Hébergement	**Restauration**
Premier prix	de 800 à 2 000 Rs (env. 9,50 à 23,50 €)	de 150 à 300 Rs (env. 1,75 à 3,50 €)
Budget moyen	de 2 500 à 5 000 Rs (env. 30 à 60 €)	de 350 à 650 Rs (env. 4 à 7,50 €)
Pour se faire plaisir	de 6 000 à 12 000 Rs (env. 73 à 150 €)	de 800 à 2 000 Rs (env. 9,50 à 23,50 €)
Une folie	plus de 13 000 Rs (env. 160 €)	plus de 2 500 Rs (env. 30 €)

	LES MEILLEURS HÔTELS DE CHARME HORS DES VILLES
Bhandarej *(p. 260)*	**Bhadrawati Palace**, un grand palais du 16e s. avec jardins et cours fleuries, au *durbar* converti en salle à manger.
Chandelao *(p. 362)*	**Chandelao Garh**, petit fort du 17e s. au charme campagnard et familial dans une région peuplée de gazelles.
Deogarh *(p. 391)*	**Deogarh Mahal**, imposant château du 17e s. à l'ambiance raffinée où vit toujours la famille du « rawat ».
Dungarpur *(p. 391)*	**Udai Bilas Palace**, un palais des 19e et 20e s. aux chambres élégantes érigé près d'un lac et d'une réserve ornithologique.
Gajner *(p. 324)*	**Gajner Palace**, ancien pavillon de chasse en grès rose niché en pleine nature, au cœur d'une réserve naturelle.
Karauli *(p. 268)*	**Bhanwar Vilas Palace**, un palais construit dans les années 1930 et qui a conservé son atmosphère d'antan.
Kesroli *(p. 274)*	**The Hill Fort Kesroli**, charmant fortin à sept tours sur une butte dominant la campagne, pour un séjour paisible.
Khimsar *(p. 363)*	**Khimsar Fort**, superbe fort du 15e s. converti en hôtel de grand standing.
Luni *(p. 362)*	**Fort Chanwa**, petit palais du 19e s. à la belle architecture organisant de nombreuses activités nature et folklore.
Mandawa *(p. 291)*	**Castle Mandawa**, fort rajput du milieu du 18e s. aménagé avec beaucoup de goût dans un cadre grandiose.
Mahansar *(p. 291)*	**Narayan Niwas Castle**, fort massif du 18e s., véritable labyrinthe de terrasses et d'escaliers. Pour vivre comme un seigneur du désert.
Nimrana *(p. 274)*	**Nimrana Fort Palace**, extraordinaire palais fortifié du milieu du 15e s. avec ses huit étages de style indo-musulman s'échelonnant sur le flanc d'une colline rocheuse.
Pachar *(p. 260)*	**Golden Castle Resort**, entre lac et dunes de sable, un joli château familial plein de cachet.
Peharsar *(p. 268)*	**Chandra Mahal Haveli**, une petite *haveli* de 1850 rénovée, au centre du village.
Rohet *(p. 363)*	**Rohet Garh**, une demeure familiale du 17e s. prisée des ornithologues en herbe.

Hôtels RTDC et ITDC

Les **hôtels RTDC** sont les établissements de tourisme gérés par l'État du Rajasthan. Antithèse des demeures de charme, impersonnels et sans coquetterie, ils proposent un confort rudimentaire mais sont sûrs, peu chers et installés près des monuments, parfois dans de belles demeures historiques. Ils constituent souvent la meilleure option pour visiter les sites éloignés des grands axes (Ranakpur, Sariska). Pour réserver, adressez-vous à un hôtel RTDC ou sur www.rtdc.in.

Les **hôtels ITDC** du groupe Ashok sont similaires, mais plus luxueux, et sont gérés par l'India Tourist Development Corporation. Vous en trouverez surtout à Delhi et Agra.

Hôtels de charme

Installés en ville ou, plus souvent, en pleine campagne, la plupart des palais, forts ou *haveli* (demeures patriciennes) transformés en hôtels sont membres de l'**Heritage Hotels Association of India**. Même avec un budget modeste, vous pourrez vous offrir de temps à autre une nuit dans l'un d'eux : certains proposent des chambres à moins de 60 €. Il est recommandé de réserver à l'avance : soit les adresses sont connues et il est difficile d'y trouver une chambre libre, soit il s'agit de propriétés récemment ouvertes au public et ne disposant pas d'une clientèle suffisamment régulière pour que chambres et repas soient prêts sans une réservation préalable.

Pour localiser les « Heritage Hotels » situés en dehors des villes, voir les cartes régionales p. 136, 222, 310, 366-367 et la carte du Shekhawati, p. 279.

Paying guest houses

Le Rajasthan est le premier État indien à avoir développé la formule du logement chez l'habitant. Chaque office de tourisme tient à disposition la liste des familles qui proposent des chambres d'hôtes. Les innombrables pensions familiales que vous trouverez au Rajasthan constituent une formule idéale pour découvrir la vie quotidienne rajasthanie. Ambiance généralement sympathique, mais ne vous attendez ni au grand luxe, ni aux standards d'hygiène occidentaux.

Se restaurer

Voir aussi « La cuisine indienne », p. 79, ainsi que les pages « Nos adresses à… », à la fin de chaque localité décrite.

Les restaurants indiens sont légion en Europe : avant votre voyage, vous pourrez habituer votre palais aux plats relevés et vous familiariser avec la terminologie de la cuisine indienne. Sachez tout de même que ces restaurants s'adaptent généralement au goût occidental, en épiçant bien moins les mets, et que, contrairement à l'idée commune, les plats de viande ne sont pas très courants au Rajasthan.

Si vous prenez tous vos repas à l'hôtel, vous risquez d'avoir une impression médiocre de la gastronomie, pourtant si variée et si subtile. On vous y proposera des mets stéréotypés, tels les « curries de chemin de fer », propres à convenir à tous les goûts mais à n'en contenter aucun… Pour découvrir le raffinement de l'authentique cuisine indienne, il faut être reçu dans des familles ou se rendre dans les meilleurs restaurants.

Bon à savoir – Choisissez toujours un établissement où il y a du passage et, dans le cas contraire, évitez à tout prix de manger de la viande ou du poisson : la chaîne du froid est rarement respectée, même dans les restaurants de standing.

DANS LES HÔTELS

Tous les hôtels ouvrent leurs restaurants aux non-résidents (contrairement aux pensions de famille, qui ne cuisinent souvent que pour leurs hôtes). Ils disposent d'un *coffee-shop* ouvert parfois 24h/24, faisant office de restaurant, café et salon de thé, et d'un ou plusieurs restaurants qui constituent parfois les adresses les plus élégantes de la ville – et les plus chères. La formule « buffet » est également très répandue, notamment dans les hôtels accueillant des groupes. Les établissements situés dans des demeures historiques proposent à leurs résidents menus fixes ou buffets, souvent trop chers au vu de leur variété et de leur qualité.

DANS LES RESTAURANTS

Les restaurants classiques, dits **multicuisine**, proposent un large choix de spécialités indiennes ainsi qu'une sélection de plats chinois et « continentaux » (entendez par là des recettes internationales standardisées). Respectant les traditions alimentaires séculaires de la population hindoue et jaïne, les restaurants végétariens **(veg)** sont majoritaires. Certains s'affichent comme **pure veg**, ce qui signifie qu'ils préparent une cuisine au *ghee* (beurre clarifié), sans œuf, ni oignon, ni ail.

POUR MANGER SUR LE POUCE

Dans les bazars, les **sweet shops** (confiseries), qui disposent de tables et chaises, servent des douceurs locales, des snacks végétariens d'Inde du Sud et des fruits pressés : de bons endroits pour un repas léger et rapide. Les gargotes ouvertes sur la rue proposent des repas simples – estomacs et intestins sensibles s'abstenir ! Les audacieux goûteront les amuse-gueules vendus par les marchands ambulants.

PRIX

Nos indications de prix sont calculées sur la base d'un repas pour une personne, toutes taxes incluses, comprenant un plat de viande du type *chicken tikka* (brochettes de poulet), un *dal makhani* (lentilles épicées au beurre) et deux *chapati* (galettes). Pour un repas à la carte au restaurant d'un bon **hôtel**, comptez 700 à 1 000 Rs (env. 8 à 12 €), davantage à Delhi. Les tarifs varient bien sûr en fonction du standing de l'établissement et, dans les adresses « gourmets », prévoyez une addition à 2 500 Rs et plus (30 €). Dans un **restaurant** classique, l'addition varie de 350 à 600 Rs (env. 4 à 7 €), les établissements non végétariens étant plus chers. Si vous déjeunez **sur le pouce** dans une gargote de rue, il vous en coûtera env. 100 Rs (1,10 €) pour un *thali* ou 20 à 50 Rs (env. 0,25 à 0,60 €) pour une assiette de snacks végétariens *(samosa, idli, pakora, masala dosa)*. Un jus de fruits pressés ou un *lassi* valent 20 Rs (0,25 €).

Voir aussi notre tableau de catégories de prix, p. 21.

TAXES

Nourriture et boissons sont soumises à une *sales tax*, dont le montant tourne autour de 12,5 %. À cela s'ajoutent les 10 % de l'*expenditure tax* dans les restaurants d'un certain standing.

Conseil – Si vous déjeunez ou dînez dans l'hôtel où vous résidez, demandez si la *luxury tax* s'applique à la chambre seule ou à la note finale. Dans ce dernier cas, ne signez pas les factures de vos repas mais réglez-les au fur et à mesure. En revanche, si l'hôtel est assujetti à l'*expenditure tax* et que vous comptez payer par carte, signez les additions des repas.

HORAIRES

Les Indiens prennent leurs repas un peu plus tard que les Français. Vous pourrez être servi de 12h30 à 15h et de 19h30 à 23h (21h dans les localités de moindre importance). La majorité des restaurants en ville ouvrent vers 10h, proposant des plats cuisinés (en particulier le *thali*) aux heures des repas et des « snacks » (*pakora, dosa, dal*, etc.) le reste du temps. Les *coffee-shops* des hôtels vous accueilleront de 7h à 23h30, voire 24h/24 dans les 4 et 5 étoiles.

OÙ PEUT-ON BOIRE DE L'ALCOOL ?

La prohibition totale est encore en vigueur au Gujarat, mais à Delhi, en Uttar Pradesh et au Rajasthan, seuls quelques jours par an sont déclarés *dry days* (jours secs), notamment les 26 janv., 15 août, 2 oct. et les jours d'élections. L'alcool s'achète dans des *beer and wine shops*, magasins d'État ouverts de 10h à 20h. Les licences autorisant à servir de l'alcool restant coûteuses, beaucoup d'hôtels ou de restaurants n'en possèdent pas. Bien des arrangements sont toutefois possibles et on ne refusera jamais de vous apporter une bière dans votre chambre.

Sur place de A à Z

ACHATS

L'idéal est de faire vos achats à Delhi, ville bien fournie et disposant de spécialités de toute l'Inde. En revanche, vous ne trouverez pas mieux que Jaipur pour acheter pierres fines, bijoux ou tissus rajasthanis, Udaipur pour les miniatures et Jodhpur pour les épices. On attend de vous que vous marchandiez les prix : c'est l'usage (*voir p. 30*).

Boutiques des bazars

Chaque ville possède son bazar traditionnel et son bazar moderne où vous effectuerez l'essentiel de vos achats. Beaucoup de boutiques privées se déclarent « *Government Approved* » ou *emporium* : ne vous laissez pas impressionner, cela ne veut nullement dire que les prix sont fixes – ni d'ailleurs qu'il s'agit de magasins d'État… Les grands hôtels disposent d'une galerie marchande et leurs librairies comptent souvent parmi les meilleures de la ville.

Emporia (magasins d'État)

Les seuls véritables *emporia* sont **Rajasthali** (artisanat du Rajasthan), **Handloom House** (étoffes tissées main) et **Khadi Gramodyog** (tissus filés et tissés main selon les préceptes du Mahatma Gandhi). Les prix y sont étiquetés et fixes, ce qui permet de se faire une idée des tarifs pratiqués.

…lus le
…re quartier :
…te d'encens,
…s, épices,
…urvédiques,
…t souvent

beaucoup plus authentique que nombre d'objets « pour touristes ».

Horaires

Les magasins modernes ouvrent de 10h à 18h30, les échoppes traditionnelles de 9h à 20h. Le jour de fermeture hebdomadaire dépend du quartier, mais c'est souvent le dimanche, le lundi ou le mardi.

Taxes et réglementations

Voir la rubrique « Douane », p. 17.

Expédier ses achats

Prenez vous-même en charge l'envoi de vos achats (*voir « Poste », p. 32*), sous peine d'acquitter deux fois les frais de port et les taxes de douane ou de ne jamais voir arriver votre marchandise. Les seuls magasins auxquels vous pouvez vous fier sont les *emporia*.

Voir aussi les rubriques « Marchandage », p. 30, et « Souvenirs », p. 41. Ville par ville, reportez-vous à la rubrique « Achats » dans les pages « Nos adresses à… » (partie « Découvrir le Rajasthan »).

AMBASSADES

Elles sont regroupées dans le quartier de Chanakyapuri, à New Delhi.

Ambassade de France – 2/50-E Shanti Path - (011) 43 19 61 00 - www.ambafrance-in.org - tlj sf w.-end 9h-12h30, 15h-17h.

Ambassade de Belgique – 50-N Shanti Path - (011) 42 42 80 00 - www.diplomatie.be/newdelhifr - tlj sf w.-end 9h-17h.

Ambassade de Suisse – Nyaya Marg - (011) 49 95 95 00 - www.eda.admin.ch/newdelhi - tlj sf w.-end 8h30-11h30.

Haute Commission du Canada – 7/8 Shanti Path - ✆ (011) 41 78 20 00 - www.canadainternational.gc.ca - tlj sf w.-end 8h30-16h45.

ARGENT

Voir la rubrique « Argent », p. 18.
Toutes les dépenses se règlent en **roupies indiennes** (INR ou, plus couramment, Rs), la monnaie nationale, qui a pour symbole ₹.
Il existe des **pièces** de 25 et 50 *paise* et de 1, 2 et 5 roupies. Toute l'Inde court après la petite monnaie ; les commerçants en ont rarement et les chauffeurs de taxi et rickshaw, jamais. Faites-en des réserves !
Billets de 10, 20, 50, 100, 500 et 1 000 Rs. Ceux de 5 Rs ne sont plus émis par la Reserve Bank of India mais ils circulent encore.
Les coupures présentant la moindre déchirure seront refusées par les commerçants, surtout à Delhi. Demandez qu'on vous les change dans une banque. Au-delà de 10 000, les Indiens comptent en *lakh* (100 000) et en *crore* (10 millions).

Change

Le change s'effectue dans certaines grandes banques : la State Bank of India, la State Bank of Bikaner & Jaipur ou la Bank of Baroda. Les transactions sont plus rapides dans les bureaux de change, présents dans toutes les villes touristiques. Vous pouvez vous adresser à votre hôtel (la majorité des établissements de catégorie moyenne et supérieure achètent espèces ou chèques de voyage), mais ils pratiquent des taux moins intéressants.
Conservez les justificatifs de vos opérations de change *(encashment certificate)*, ils vous seront demandés pour convertir vos roupies en devises étrangères avant le départ.
Pour connaître les taux de change en vigueur : www.xe.com/fr.
Voir aussi la rubrique « Banque » ci-dessous et le tableau indicatif de prix p. 19.

BANQUE

Dans les banques comme dans les magasins, vérifiez systématiquement le montant qui vous est remis, mais aussi l'état de chaque billet et refusez tous ceux qui sont déchirés ou abîmés.
Sachez aussi que des contrefaçons *(fake indian currency notes)* circulent ; elles concernent surtout les coupures de 500 et 1 000 Rs, qui se glissent jusque dans les distributeurs. Par prudence, préférez toujours les coupures de 100 et de 50 Rs – d'autant que vous aurez du mal à faire de la monnaie.
Voir aussi la rubrique « Argent » ci-contre.

Recevoir de l'argent en Inde

Si vous avez besoin de recevoir de l'argent en moins de 24h, vous pouvez utiliser les services de deux grandes enseignes :
Western Union – ✆ 0 800 900 407 (depuis la France - appel gratuit de 8h à 23h) ou ✆ 00 32 2 639 7105 (depuis l'Inde) - www.westernunion.fr. Représenté à Delhi, Agra et dans toutes les villes du Rajasthan.
MoneyGram – ✆ 1 800 049 087 - www.moneygram.com. Agences à Delhi, Agra et dans les villes importantes du Rajasthan.

Horaires d'ouverture

Les banques ouvrent du lundi au vendredi de 10h à 14h, le samedi de 10h à 12h et sont fermées le dimanche. Les succursales installées dans les grands hôtels ainsi que les bureaux de change restent ouverts plus tard, parfois jusqu'à 19h.

BLANCHISSERIE

Tous les hôtels assurent un service de blanchisserie. Excepté dans les

4 ou 5 étoiles qui possèdent leur propre teinturerie, vos vêtements seront confiés à un membre de la caste des *dhobi*, qui les lavera dans la rivière. Ils seront vigoureusement tordus, battus à tour de bras contre la pierre et mis à sécher sur l'herbe, en plein soleil. Après quelques jours d'un tel traitement, le tissu deviendra plus fin, les couleurs perdont de leur éclat, les boutons seront cassés et la plupart des taches demeuront… Un conseil : lavez vous-même vos vêtements délicats en utilisant la lessive *(washing powder)* vendue en mini-pochettes dans les épiceries. Dans les grandes villes, il existe quelques pressings, mais aucun nettoyage à sec digne de ce nom.

CIGARETTES

Si vous êtes fumeur, vous goûterez aux **bidi**, petites cigarettes constituées de miettes de tabac roulées dans une feuille de *tendu* (famille de l'ébène), à l'odeur âcre, riche en nicotine et en goudron. Les cigarettes classiques sont des blondes, et celles qui se rapprochent le plus des brunes sont vendues par paquet de 10 sous les marques *Charminar* et *Charms*. Il est interdit de fumer dans les lieux publics, y compris dans les restaurants et les bars. Vous aurez peu l'occasion de vous initier aux plaisirs du *houka* (narguilé), car on le fume surtout dans les villages et en privé. Il est soumis à des tabous de caste rigides, aussi ne le partage-t-on pas avec n'importe qui…

CINÉMA

Oubliez les œuvres de Satyajit Ray et autres films d'auteurs – peu commercialisés en Inde – et allez voir le succès du moment, dont les chansons sont diffusées dans tous les bazars. Le film sera en hindi, mais ne vous inquiétez pas, les images sont éloquentes. Votre hôtelier vous renseignera sur le film à voir et le cinéma où il est projeté. Prenez une place au balcon, plus chère, mais les spectateurs s'y montrent moins agités qu'au parterre.

COMMISSION

C'est l'une des plaies du tourisme en Inde. Comptoirs de l'office de tourisme des gares et aéroports, chauffeurs de taxi ou de rickshaw, rabatteurs de tout poil, tous reçoivent une commission des hôteliers, restaurateurs et boutiquiers chez lesquels ils vous conduisent. Dites aux commerçants que vous venez chez eux de votre propre chef, sinon cette gratification sera répercutée sur votre facture (env. 40 % en moyenne, mais elle peut monter à 100 % du prix). Si vous vous rendez dans un hôtel qui rejette ce système, vous ne trouverez aucun taxi ou rickshaw pour vous y conduire sans rechigner. Ils prétexteront que l'endroit est peu recommandable ou qu'il n'existe plus. Ce système de commission fait office de complément de salaire quand il se limite à 5 ou 10 % ; au-delà, il s'agit bien sûr d'escroquerie.

Conseil – Repérez sur la carte un cinéma, un restaurant ou un croisement de rues proche de votre destination ; demandez à votre chauffeur de vous y déposer et terminez le trajet à pied.

CONCERTS ET SPECTACLES DE DANSE

À Delhi et Udaipur, vous aurez l'occasion d'assister à des spectacles de danse et de musique classique (les représentations sont rares de mai à sept.). Vous verrez des spectacles folkloriques organisés dans la plupart des hôtels ou à l'occasion de fêtes religieuses, de foires au bétail ou de mariages.

DROGUE

Vous ne souhaitez certainement pas terminer votre voyage dans les prisons indiennes… Aussi, souvenez-vous que le trafic, le transport et l'usage de toute drogue, haschisch compris, sont formellement interdits.

EAU

L'usage de l'eau « minérale » (il s'agit en fait d'eau purifiée) s'est beaucoup développé, notamment au Rajasthan où l'eau tirée des nappes phréatiques est salée – d'où le goût étrange que vous trouverez parfois à votre café ou à votre thé… On vend des bouteilles partout. Leur prix, fixé par l'État, varie de 12 à 20 Rs (0,14 à 0,23 €) le litre. Assurez-vous que la capsule est correctement scellée et que la bouteille n'a pas été réutilisée.

ÉLECTRICITÉ

Le courant électrique est de 220 V. Les coupures sont fréquentes, notamment en été, même dans les grandes villes. La plupart des hôtels disposent cependant d'un générateur (vous éviterez de prendre une chambre à côté). Les prises sont de type européen.

ENFANTS

Les Indiens adorent les enfants et n'hésitent pas à venir leur parler ou à les caresser gentiment, surtout s'ils ont les cheveux blonds. Vos enfants sont plus sensibles au soleil et à la chaleur que vous : pensez à les faire boire souvent – une déshydratation arrive vite. Tous les hôtels ajouteront spontanément un ou deux lits dans votre chambre afin qu'ils puissent dormir avec vous (le supplément se monte env. au tiers du prix de la chambre, de l'ordre de 5 € dans un hôtel moyen). Si vous voyagez avec un bébé, portez-le dans un sac kangourou, car les trottoirs, lorsqu'il y en a, sont difficilement praticables avec une poussette. Les couches sont peu répandues en dehors des grandes villes, mais on en trouve en pharmacie.

EXCURSIONS ET CIRCUITS

Plusieurs agences ont une solide expérience en matière de voyages organisés en individuel, de la simple excursion d'une journée au circuit complet à travers le Rajasthan. Parmi les plus fiables et les plus largement représentées : Touraids et Travel Corporation India (TCI). Des balades de quelques heures ou d'une journée sont par ailleurs organisées par les agences d'État (RTDC dans le Rajasthan, DTTDC à Delhi) et la plupart des hôtels.

HORAIRES D'OUVERTURE

Les Indiens se lèvent tôt – demeures et quartiers résidentiels s'animent dès les premiers rayons du soleil –, mais la journée de travail commence tard. Les bureaux et les administrations font la journée continue (10h-17h) du lundi au vendredi ; ils ouvrent de 10h à 13h le samedi et ferment le dim., le 2e sam. du mois ainsi que les jours fériés *(voir p. 30)*.

Voir aussi dans ce chapitre les rubriques « Offices de tourisme », « Banques », « Poste », « Restauration » et « Achats ».

INTERNET

Vous trouverez dans les bazars des principales villes des échoppes permettant de vous connecter à Internet (de 30 à 50 Rs/h, soit 0,35 à 0,60 €). Tous les cybercafés proposent des services d'impression (10 Rs/page, soit env. 0,12 €), la gravure de CD et de DVD à partir de votre puce d'appareil photo, ainsi que de la téléphonie par Internet. La plupart des hôtels mettent à la disposition de leur clientèle une connexion wifi (payante dans les hôtels de catégorie supérieure, gratuite ailleurs).

JOURS FÉRIÉS

Chaque État cumule différents jours fériés : ceux qui sont observés par l'Inde entière et ceux qui lui sont propres. Certains sont chômés par tout le monde, d'autres le sont uniquement par les administrations et les entreprises. Enfin, plusieurs fêtes religieuses de moindre importance ne sont observées que par les adeptes de la religion concernée, qui sont autorisés à ne pas travailler ce jour-là.

Principaux jours fériés

26 janvier - Anniversaire de la Constitution (1950).

15 août - Fête de l'Indépendance (1947).

2 octobre - Anniversaire du Mahatma Gandhi (1869-1948).

À ces trois dates « sèches » (*dry day*, vente d'alcool interdite) s'ajoutent des fêtes religieuses dont les dates varient chaque année selon le calendrier lunaire, les plus célèbres étant Holi (pleine lune de fév.-mars) et Divali (nouvelle lune d'oct.-nov.).

Pour connaître les dates des fêtes religieuses les plus importantes, reportez-vous p. 52.

Vacances scolaires

Noël - Deux semaines en déc.-janv.

Vacances d'été - Mai et juin.

Durga Puja et Dasahra - Une semaine en sept.-oct

Divali - Deux semaines en nov.-déc.

MARCHANDAGE

En Inde, les prix sont toujours prétexte à d'interminables marchandages. Prenez votre temps pour mener à bien la discussion, restez toujours affable et souriant, mais n'hésitez pas à diviser au moins par deux ou trois le tarif annoncé.

Conseil – À votre arrivée, pour vous faire une idée des tarifs en vigueur, faites un tour dans un supermarché, où les prix sont imprimés sur chaque article (mention *MRP Rs* en petits caractères, le prix de vente maximum autorisé par le gouvernement). Visitez aussi les magasins d'artisanat d'État tels Rajasthali (*voir la rubrique « Emporia », p. 26)*, chers mais qui affichent leurs prix.

MÉDIAS

Presse

Sauf à Delhi, les journaux en langue française sont introuvables. En revanche, vous pourrez vous procurer les grands titres britanniques ou américains dans les principales villes. La presse indienne anglophone (**The Times of India, The Hindu, The Indian Express**) réserve peu de place aux informations internationales. Elle est disponible sur Internet (www.timesofindia.indiatimes.com, www.hinduonnet.com, www.indianexpress.com). Deux excellents magazines, l'hebdomadaire **India Today** (http://indiatoday.intoday.in) et le bimensuel **Frontline** (www.frontline.in), connaissent une large diffusion. Au Rajasthan, vous trouverez tous les titres de la presse nationale, avec un peu de retard. Les journaux s'achètent auprès des vendeurs installés sur les trottoirs, dans les librairies ou dans les grands hôtels.

Télévision

Hormis dans la catégorie petit budget, les hôtels captent les **chaînes câblées** anglophones les plus répandues, BBC World, CNN, HBO et, plus rarement, la chaîne francophone TV5. En dehors de cela, il n'existe que peu de programmes en anglais. Les chaînes nationales, dont les populaires Star TV et Zee TV, affichent un goût prononcé pour les feuilletons bas de gamme à l'eau de rose et le divertissement consensuel.

MENDIANTS

Donner une piécette soulage notre conscience mais encourage la survivance de la mendicité et des pratiques qui l'accompagnent : organisation de réseaux qui exploitent les enfants, mutilations, etc. Véritable dilemme devant des situations où il est difficile de rester de marbre… L'important est de ne pas se durcir et de rester bienveillant.

Souvenez-vous par ailleurs que si vous donnez une friandise à un enfant lorsque vous vous promenez, vous risquez d'être assailli en quelques secondes par une horde de petites mains turbulentes, parfois agressives, dont vous aurez du mal à vous extirper si vous manquez d'autorité ou de sens de l'humour. Assurez vos arrières avant d'ouvrir votre sac. En tout état de cause, mieux vaut donner aux mères de famille, qui se chargeront de distribuer équitablement, plutôt qu'aux enfants.

MUSÉES, MONUMENTS ET SITES

Horaires

Les musées sont ouverts de 10h à 16h30 ou 17h, sauf le lundi et les jours fériés. Les monuments ouvrent de 9h à 17h (jour de fermeture variable), mais beaucoup de sites sont accessibles du lever au coucher du soleil, soit env. 7h30-17h en hiver, et 6h-18h30 en été.

Tarifs

L'entrée des musées et monuments peut aller de 10 Rs (env. 0,12 €) à 300 Rs (env. 3,60 €), voire 500 Rs (env. 6 €) pour quelques-uns, avec un maximum de 750 Rs (env. 8,80 €) pour le Taj Mahal. Le supplément pour appareil photo varie de 20 à 100 Rs (0,24 à 1,20 €), jusqu'à 200 Rs (env. 2,40 €) pour une caméra vidéo. De nombreux sites sont gratuits pour les moins de 15 ans.

Lieux saints

Avant de pénétrer dans un lieu saint, vous devrez vous déchausser et vous couvrir les jambes (temples jaïns et hindous) ou la tête (mosquées, temples sikhs). Les lieux de culte ouvrent généralement du lever au coucher du soleil, mais les mosquées ferment pour les touristes aux heures de prière, et l'accès à la tombe des saints musulmans est souvent interdit aux femmes. Certains sanctuaires hindous refusent l'accès aux adeptes d'une autre religion, mais, dans les endroits les moins touristiques, il n'est pas rare que les prêtres acceptent les étrangers s'ils sont correctement vêtus ; une petite donation (5 à 10 Rs) est alors appréciée. Les articles de cuir sont prohibés dans les sanctuaires jaïns et certains temples hindous.

Visites guidées

Les *Tourist Reception Centres*, qui organisent parfois eux-mêmes des visites guidées en anglais, pourront vous indiquer les **guides anglophones** (plus rarement francophones) reconnus par le gouvernement. Comptez 100 à 150 Rs/h (env. 1 à 1,75 €) pour un guide anglophone.

OFFICES DE TOURISME

Ville par ville, dans « Découvrir le Rajasthan », vous trouverez les adresses des offices de tourisme locaux aux rubriques « S'informer ».

Si les offices de tourisme peuvent se révéler utiles, il faut savoir qu'ils n'échappent pas au système de commission qui sévit à tous les niveaux dans le pays. Faites-vous toujours votre propre opinion et gardez à l'esprit que de nombreuses agences privées détournent ces appellations à grand renfort de panneaux *« Government approved »* ou *« Tourist Information Centre »*.

Le **Government of India Tourist Office**, l'office de tourisme national, dépend du gouvernement de l'Union indienne. Il y en a un dans chaque capitale d'État, aussi en trouverez-vous à Delhi, Jaipur et Agra (bien que la capitale de l'Uttar Pradesh soit Lucknow). Ces bureaux disposent d'une assez bonne documentation sur l'ensemble de l'Inde et d'un personnel compétent.

Chaque État possède par ailleurs son propre réseau d'offices de tourisme, les **Tourist Reception Centres**, présents dans toutes les villes touristiques. Leur intérêt et la qualité de l'accueil varient beaucoup d'un bureau à l'autre. Vous y obtiendrez un plan de la ville, parfois quelques brochures, ainsi qu'une liste des chambres d'hôtes et des guides reconnus par le gouvernement.

Les Tourist Reception Centres sont administrés par une entreprise gouvernementale indépendante, le **Tourism Development Corporation** (TDC), qui gère aussi la compagnie de bus et la chaîne d'hôtels de l'État. Au cours de votre voyage, vous rencontrerez ainsi celui de Delhi (Delhi Tourism), de l'Uttar Pradesh (U.P. Tourism) et du Rajasthan (**RTDC**). Le comptoir du RTDC se trouve dans l'hôtel RTDC de la ville.

Horaires d'ouverture

Ouvert de 10h à 18h, les offices de tourisme sont fermés le dimanche à Delhi et Agra, et le samedi également dans le Rajasthan. Ceux des villes les plus touristiques ouvrent plus tôt et ferment plus tard.

PHOTOGRAPHIE

Les Indiens se laissent volontiers prendre en photo, mais par correction demandez toujours avant. Les femmes refuseront souvent. Dans les endroits touristiques, les enfants réclament de l'argent, une pratique à ne pas encourager ; tournez votre objectif ailleurs, les sujets photogéniques sont légion dans le pays. Vous aurez la meilleure lumière en début de matinée et en fin d'après-midi. Il est souvent interdit de photographier le sanctuaire des temples hindous et jaïns.

POSTE

Le bureau de poste principal est appelé **General Post Office** (GPO). Comptez un délai d'env. une semaine pour un courrier à destination de l'Europe, et huit jours de plus au départ d'une ville de province dépourvue d'aéroport.

Les **timbres** sont en vente à la poste, et parfois dans les boutiques des hôtels ; il vous en coûtera 7 Rs (env. 0,08 €) pour une carte postale et 25 Rs (env. 0,30 €) pour une lettre.

Évitez de déposer votre courrier dans les boîtes aux lettres rouges que vous remarquerez un peu partout, car il est important que vous fassiez vous-même **oblitérer** vos lettres, les timbres étant régulièrement volés. Un guichet est prévu à cet effet dans tous les bureaux de poste.

Les **aérogrammes internationaux** prétimbrés ont l'avantage d'être économiques (15 Rs, soit env. 0,17 €) et de ne pas nécessiter d'oblitération.

Il est fortement conseillé d'envoyer tout paquet en **recommandé** (pour un colis de 1 kg, comptez 370 Rs, soit env. 4,30 € par air et terre, et 620 Rs, soit env. 7,30 € par air).

Des **bureaux philatéliques** sont disponibles aux GPO de Delhi, Jaipur et Jodhpur.

Envois express

Pour envoyer courriers ou paquets en express, en Inde ou à l'étranger, adressez-vous au service **EMS Speed Post**, disponible dans la plupart des bureaux de poste. Comptez 815 Rs (env. 9,60 €) pour 250 g puis 105 Rs (env. 1,23 €) par tranche de 250 g à destination de l'Europe ; prévoyez 3 j. pour l'acheminement. La société **DHL**, représentée dans la plupart des villes du Rajasthan, assure les livraisons en 3 ou 4 jours (4 600 Rs, soit env. 54 € pour 500 g, et 5 200 Rs, soit env. 61 €, pour 1 kg). Au-delà de 10 kg, passez par une agence de voyages qui expédiera vos affaires par fret aérien.

Horaires d'ouverture

Les bureaux de poste ouvrent du lundi au samedi de 10h à 17h et ferment le dimanche. Certains ferment à 12h le samedi. Le bureau de poste principal (GPO) des villes les plus importantes a des horaires plus étendus, du moins pour certains guichets.

Ville par ville, les GPO sont répertoriés dans les pages « Nos adresses à… » (partie « Découvrir »).

POURBOIRE ET BAKCHICH

Un pourboire sera toujours le bienvenu, même s'il n'est pas d'usage. Comptez 10 à 20 Rs pour le bagagiste d'un hôtel, davantage pour un service particulier. Quant au bakchich, il permet d'obtenir des passe-droits, tels que l'entrée dans un palais fermé, mais cette pratique revient à encourager la corruption… À vous de gérer le dilemme.

PRIX

Sur l'emballage des produits industriels (médicaments, biscuits, boissons gazeuses, etc.) est inscrit le prix maximum, taxes comprises, auquel ils peuvent être vendus *(Maximum Retail Price, MRP)*. Quoi que vous dise le commerçant, ne payez jamais plus que le montant indiqué. À votre arrivée, allez faire un tour au supermarché du quartier pour vous faire une idée des tarifs courants.

Voir aussi le tableau « Services ou articles », p. 19.

RANDONNÉES

Vous pouvez planifier votre voyage « aventure » avant votre départ en passant par une agence spécialisée *(voir p. 15)*, mais vous trouverez aussi sur place un large choix d'activités, balades à pied ou à vélo, randonnées à cheval, à dos de dromadaire ou en jeep, organisées par les agences locales et les hôtels. Entre fin de printemps caniculaire et mois de mousson, ne négligez pas le facteur climat dans votre choix d'activités *(voir « Météo », p. 13)*.

Voir aussi la rubrique « Sports », p. 40.

À cheval

Les traditions équestres demeurent vivantes en terre rajpute : le moindre *thakur* (seigneur) essaye d'entretenir au moins les trois chevaux nécessaires pour participer à un match de polo – des pur-sang ou des *marwari*, ces petits chevaux aux oreilles en forme de lyre. Plusieurs demeures historiques proposent des promenades équestres (600 à 1 000 Rs/h, soit env. 7 à 12 €), notamment dans la région d'Udaipur et dans le Shekhawati. Certaines organisent des randonnées de 4 à 15 jours, avec logement en palais ou en campements de luxe (de 6 000 à 10 000 Rs/j/pers., soit de 70 à 120 €, davantage si vous passez par une agence).

Adressez-vous à **The Shekhawati Brigade Horse Safari** à Nawalgarh ou au **Royal Equestrian and Polo Centre** de Dundlod *(p. 293)*, au **Rohet Garh** à Rohet *(p. 360)*, au **Pratap Country Inn** à Udaipur *(p. 386)* ou au **Kotri Raola** à Kotri *(p. 397)*.

À dromadaire

Le **camel safari** a été longtemps la spécialité exclusive de Jaisalmer, mais d'autres centres touristiques, tels Jodhpur, Bikaner, Pushkar et Mandawa (Shekhawati), s'y sont mis à leur tour.

Durée – Les formules sont multiples, de la balade de quelques heures (400 à 800 Rs pour 3 h, soit env. 4,70 à 9,40 €) au circuit de trois ou quatre jours, en passant par la randonnée de plus d'une semaine reliant deux villes (déconseillée aux néophytes). Si vous partez plus d'une journée, adressez-vous à une agence réputée (surtout, mesdames, si vous voyagez seules) car arnaques, vols et problèmes de toutes sortes ne sont pas rares.

Saison – La meilleure période va d'octobre à mars mais les nuits dans le désert peuvent être fraîches de décembre à janvier.

À vérifier – Choisissez une destination qui mène hors des circuits les plus fréquentés et faites-vous **préciser certains points** : le nombre de personnes sur chaque dromadaire (il est impératif qu'il n'y en ait qu'une), le type de couchage (à la belle étoile ou sous une tente), le nombre de couvertures par personne, le mode de transport des bagages et de l'eau (par chariot plutôt que sur votre monture), l'approvisionnement en eau potable (assuré ou non par l'agence ; prix inclus ou non dans le tarif annoncé), la composition des menus (*dal* et *chapati* à tous les repas ou plats variés accompagnés de légumes et de fruits frais) et la distance couverte chaque jour (15 à 18 km doivent être un maximum).

À ne pas oublier – Emportez un pantalon épais, des vêtements légers pour la journée, très chauds pour la nuit, un chapeau à large bord, des lunettes de soleil, un écran solaire haute protection, de la crème hydratante et un baume pour les lèvres. Un sac de couchage est utile pour les randonnées les moins luxueuses.

Tarifs – Il vous en coûtera, selon les prestations, de 1 500 à 2 000 Rs/j/pers. (17,50 à 23,50 €) pour une excursion de 5 à 10 pers. avec tente et chariot, et au minimum 850 Rs (env. 10 €) si vous dormez dehors et portez vos bagages. En dessous, méfiance ! Le **prix** est parfois fonction du nombre de participants et si vous êtes moins de 5, comptez 10 % de plus.

En jeep

L'excursion la plus classique est le « safari » en jeep de 4 ou 5h pour visiter les villages tribaux et quelques temples isolés dans la nature, découvrir le travail des artisans et observer les animaux de la région, notamment autour de Jodhpur, Jaisalmer et Bikaner. Comptez entre 1 500 et 2 000 Rs/jeep (17,50 à 23,50 €) pour 1/2 journée.

SANTÉ

Voir aussi « Santé » dans « Avant de partir », p. 17.

Alimentation

Le changement de climat et de nourriture, auquel vient s'ajouter la fatigue du voyage, provoque chez près d'un touriste sur deux des troubles intestinaux – la fameuse **tourista** – qui se manifestent peu après l'arrivée. Ils n'ont rien d'alarmant mais sont gênants. En cas de diarrhée, mangez du riz blanc, évitez fruits et légumes, buvez beaucoup (si possible salé) pour lutter contre la déshydratation, et prenez au besoin un antidiarrhéique et un antiseptique intestinal. Si le problème persiste plus de trois jours ou s'il y a du sang dans vos selles, consultez un médecin. Heureusement plus rares, certaines maladies dues à l'ingestion d'aliments ou d'eau souillés,

comme la giardiase, la dysenterie, le choléra, la typhoïde et l'hépatite A, provoquent des troubles plus graves. Vous les éviterez en observant quelques précautions d'hygiène élémentaires.
Précautions à prendre – Fréquentez les hôtels et restaurants qui semblent respecter de bonnes conditions d'hygiène, lavez-vous les mains avant de manger, brossez-vous les dents avec de l'eau purifiée, épluchez fruits et crudités, ne buvez que de l'**eau minérale** dont la bouteille aura été décapsulée devant vous. Le thé et le café ne présentent a priori aucun danger. L'eau potable des grandes villes est chlorée, mais il vaut mieux s'abstenir de la consommer, de même que celle que l'on vous servira dans les grands hôtels. Ne prenez ni glaçons ni glaces artisanales ou jus de fruits coupés à l'eau, proscrivez coquillages et tout aliment peu cuit, et soyez particulièrement prudent avec le lait non pasteurisé (il ne l'est pratiquement jamais) ou non bouilli. Il n'est pas question de renoncer pour autant au plaisir de la découverte gastronomique : les yaourts sont excellents en toutes circonstances et les oignons crus ou les épices possèdent des qualités digestives appréciables. Quant au piment frais, il tue les amibes avant qu'elles ne se développent…

Dangers du soleil

Pour éviter toute **insolation** ou **déshydratation**, exposez-vous progressivement, prévoyez chapeau et crème protectrice, et buvez régulièrement. En été, vous pourrez prévenir les **boutons de chaleur** *(prickly heat)*, dus à une mauvaise évaporation de la transpiration, en appliquant un talc antifongique après la douche. Quoique fort appréciable, la climatisation des hôtels, restaurants, trains ou avions peut s'avérer redoutable ; gardez toujours un lainage à portée de main.

Moustiques

La prévention la plus efficace contre les maladies transmises par les moustiques consiste à se prémunir de leurs piqûres, notamment du crépuscule à l'aube, quand ils sont le plus actifs. Pour cela, portez des vêtements couvrant nuque, bras et jambes, des chaussures fermées et appliquez du répulsif sur les parties découvertes du corps. Renoncez aux vêtements de couleur foncée et au parfum, qui attirent les moustiques. Pour dormir, branchez l'air conditionné ou un diffuseur électrique (en vente dans toutes les pharmacies et épiceries indiennes), ou utilisez une moustiquaire imprégnée d'insecticide. L'activité des moustiques diminue en hiver, mais elle connaît son paroxysme pendant la mousson.
Paludisme (malaria) – Malgré des cas réguliers de paludisme à Delhi, plus rarement dans l'ouest du Rajasthan, il est inutile de prévoir un traitement préventif, lourd et aux effets secondaires parfois mal supportés, pour un séjour bref et effectué dans de bonnes conditions.
Dengue – Cette maladie endémique, plus présente à Delhi qu'au Rajasthan, ressemble à une grosse grippe, s'accompagne de fortes douleurs musculaires et articulaires, et d'une fatigue importante qui peut durer plusieurs semaines. Attention, certaines formes hémorragiques nécessitent une hospitalisation. Aucune prophylaxie n'est disponible, si ce n'est la prévention des piqûres de moustiques.
Encéphalite japonaise – Cette redoutable infection virale du cerveau sévit durant la mousson en Uttar Pradesh. La vaccination est indispensable si vous envisagez un séjour prolongé à la campagne.

Dans tous les cas, avant d'envisager ou non un traitement ou une prophylaxie, demandez conseil à votre médecin.

Services médicaux

Tous les grands hôtels proposent les services d'un médecin anglophone que l'on peut joindre à toute heure *(Doctor on call)*.

Hôpitaux – Préférez les cliniques privées *(hospital, nursing home, clinic)*, mieux tenues et mieux équipées que les hôpitaux publics *(government hospital)*. En cas de maladie grave, évitez de vous faire hospitaliser ailleurs qu'à Delhi ; contactez votre assureur et tâchez de vous faire rapatrier.

Médecins – Consultez de préférence un médecin privé en clinique (350 Rs la consultation, soit env. 4,10 €) ou en cabinet (comptez 500 Rs, soit env. 5,80 €). Faites-vous conseiller par votre hôtel ou par un pharmacien.

Pharmacies – Chaque bazar compte au moins une pharmacie (*chemist* ou *medical store*) et vous trouverez plusieurs officines près des hôpitaux. Elles vendent presque tout ce dont vous pouvez avoir besoin, y compris des antibiotiques, peu chers et sans ordonnance. Bien que très efficaces pour certaines maladies, les médicaments **ayurvédiques** à base de minéraux et de plantes sont à déconseiller en cas d'affection grave.

Dentistes – Évitez autant que possible une visite chez le dentiste, car il est difficile de s'assurer que les instruments sont correctement stérilisés.

Urgences

Faites vous aider, par le personnel de votre hôtel par exemple, car votre interlocuteur ne parlera pas nécessairement français ni anglais.

Police, ✆ 100

Pompiers, ✆ 101

Ambulance, ✆ 102

SAVOIR-VIVRE

Les habitants du Rajasthan sont depuis longtemps habitués à voir des touristes et, partout, des enfants malicieux vous accueilleront avec des « *One pen, one pen* » ou des « *Ten roupies* », souvent plus par jeu que par mendicité. Les visiteurs pétris de toute une littérature glorifiant la chaleur de l'hospitalité indienne risquent cependant d'être déçus, même s'il faut se garder de généraliser.

Vos contacts seront en fait très conditionnés par la couche sociale de vos interlocuteurs. Les gens simples, souvent illettrés, vous paraîtront en général les plus sympathiques. C'est dans les campagnes (peu décrites ici car les principaux sites se trouvent en ville), au cœur des petits villages, que se maintiennent le plus fortement la tradition et les valeurs humaines. Là plus qu'ailleurs, veillez à ne pas commettre d'impair par vos attitudes et votre tenue ; ne vous offusquez pas des moqueries naïves et sans méchanceté sur votre physique ou vos vêtements. L'étranger poli et réservé finit toujours par susciter le respect.

Vous aurez des contacts plus approfondis avec les Indiens éduqués, heureux de parler à des étrangers aux bonnes manières. Leur connaissance de l'anglais rend la conversation aisée, mais vous serez peut-être choqué par leur cynisme et leur manque de sens social envers les pauvres.

Salut

Si vous voulez marquer le respect, joignez les mains à hauteur de la poitrine. Une telle marque de politesse sera pourtant excessive lors des contacts fortuits (par exemple en entrant dans une boutique). Répondez si l'on vous salue ainsi. Ne tendez pas la main à moins que votre interlocuteur ne vous y incite. Dans les villes, cette pratique se banalise au contact du monde occidental – mais entre personnes du même sexe seulement.

Langue

Si votre connaissance du hindi vous permet de dépasser le stade du « Namasté. Apka nam kya he ? » (« Bonjour. Comment vous appelez-vous ? »), vous vous taillerez un petit succès dans les milieux populaires, où vous trouverez souvent bon public.

« No problem »

La politesse consistant à toujours dire à son interlocuteur ce qu'il voudrait entendre est à la source de bien des malentendus. Vous apprendrez vite à vous défier des promesses et des « *No problem* » qui, neuf fois sur dix, laissent justement prévoir de gros problèmes. Sachez aussi interpréter l'éternel hochement de tête d'une épaule à l'autre, que l'on pourrait comprendre comme « non », mais qui veut dire « d'accord », « ça va ».

Chaussures

Il faut les enlever avant de pénétrer dans les édifices religieux. Si vous rendez visite à des Indiens, regardez leurs pieds avant d'entrer dans leur maison afin de savoir si vous devez vous déchausser. Si par mégarde vous touchez vos chaussures avec votre main en les ôtant, ne tendez pas cette main (polluée…) à votre hôte.

Vêtements

Les femmes éviteront épaules nues, décolletés et tenues ne descendant pas jusqu'à la cheville. Si vous portez un pantalon, mettez une tunique par-dessus ou une chemise descendant au moins jusqu'aux cuisses. Les hommes devront sortir en pantalon, en particulier pour les visites de temples.

Repas

Mangez avec la main droite s'il n'y a pas de couverts. Si vous êtes invité dans une famille traditionnelle, vous prendrez votre repas seul tandis que les maîtres de la maison vous serviront. Ne vous étonnez pas si le moment d'avant-dîner s'éternise : le repas qui suivra ne donnera pas lieu à de grandes conversations et tout le monde prendra congé dès la dernière bouchée avalée.

Alcool

La consommation d'alcool, un interdit religieux tant pour les musulmans que pour les hindous, ne fait pas partie de la culture du sous-continent. Ne vous attendez pas à un apéritif détendu et convivial si l'on vous invite à boire un verre. L'ambiance tournera vite à la beuverie. L'état des lieux d'après-boisson est effarant…

Discussions

Ne vous lancez pas dans de grands débats passionnés, surtout à propos de la religion ou du pays lui-même, les Indiens cultivant un nationalisme exacerbé, entretenu par les rapports toujours tendus avec le Pakistan.

Faire rencontrer des Indiens entre eux

Ne cherchez pas à créer des contacts amicaux entre des Indiens de différents milieux : vous risqueriez de commettre d'énormes impairs. Sachez par exemple qu'un(e) brahmane ne peut pas manger de la nourriture préparée par une personne de caste inférieure.

Cadeaux

Si vous offrez un cadeau à un Indien, n'espérez pas qu'il l'ouvre devant vous et se confonde en remerciements. Il le mettra de côté et ne l'ouvrira qu'après votre départ. Si vous êtes invité à dîner, apportez de préférence des sucreries.

Photographie

Les enfants et les hommes jeunes adorent être photographiés et se précipiteront souvent devant votre objectif, vous empêchant de prendre la ravissante scène que vous visiez. La plupart des femmes, en revanche, refusent d'être prises en photo. Dans tous les cas, par courtoisie, il convient de demander l'autorisation avant de photographier une personne.

Files d'attente

Dans les villes, les Indiens ont bien du mal à respecter les queues devant les guichets des gares, des bureaux de poste, etc. Il y a parfois deux files d'attente : une pour les hommes, une pour les femmes… et les handicapés. S'il n'y a qu'une file, les femmes peuvent passer devant tout le monde et être servies en priorité.

Transports en commun

Pour monter dans un bus ou un train sans réservation, imitez les Indiens : jouez des coudes. Si vous n'oubliez pas vos bonnes manières, vous risquez bien de rester sur le quai.

Comment s'habiller

Mesdames, par égard pour vos hôtes, évitez les poitrines sans soutien-gorge, les décolletés profonds et les épaules nues, couvrez vos jambes et renoncez aux vêtements transparents ou moulants qui révéleraient par trop votre anatomie. Messieurs, ne vous mettez pas torse nu et choisissez des shorts d'une longueur décente.

Intimité discrète

La séparation des sexes demeure un trait marquant de la société indienne. Un homme et une femme, même mariés, ne se tiennent jamais par la main, ne se caressent ni ne s'embrassent devant une tierce personne, surtout dans un lieu public. Tâchez de suivre ce code de conduite afin de ne pas choquer vos hôtes.

Gays et lesbiennes

Ce n'est pas une bonne idée d'afficher son orientation sexuelle : l'homosexualité demeure un crime en Inde et, même si la première Gay Pride s'est tenue à Delhi en 2008, elle reste choquante pour une majorité de la population.

Femme seule

Pour la majorité des Indiens, une femme qui voyage seule, qui fume ou boit de l'alcool en public est de petite vertu… Cela accepté, elle ne risque rien en Inde, à condition de respecter les usages en vigueur et d'user de bon sens. Les hommes se montrent souvent entreprenants, voire agressifs – surtout dans le Nord – et comme ils ont une conception débridée de la vie sentimentale et sexuelle des Occidentales, ils ne se gênent pas. Si vous voyagez seule, renoncez aux tenues considérées comme provocantes *(voir ci-contre)*, sinon ils ne se sentiront pas tenus de vous respecter. De toute manière, même couverte de la tête aux pieds, vous serez regardée, détaillée à loisir et sans doute abordée – il faudra vous y faire. Deux règles à appliquer : évitez de croiser le regard d'un homme – pas facile lorsqu'il vous dévisage avec insistance ! – et ignorez-le autant que possible s'il vous aborde. Si vous soutenez son regard ou bavardez trop librement avec lui, il croira qu'il peut tout oser. Évitez les chambres dont les portes ferment mal et dont les cloisons sont percées de petits trous, ou celles avec un vasistas donnant sur le couloir et qui permettent au personnel, juché sur des tabourets, de vous contempler dans votre intimité…

Au cours d'un voyage en bus, ne soyez pas étonnée si votre voisin glisse sa main sur vous, l'air de rien ; réagissez immédiatement et fermement. Ne soyez pas naïve et ne croyez pas tout ce que l'on vous dit ! Évitez les trains de nuit si vous ne trouvez pas d'équipiers pour faire le trajet avec vous ou utilisez le compartiment réservé aux femmes (en sachant qu'il s'agit toujours de 2de classe).

SÉCURITÉ

Vous ne rencontrerez aucun problème si vous respectez les règles de prudence élémentaires. Montrez-vous particulièrement vigilant dans les gares, trains et bus, et n'acceptez jamais de thé ou de friandises d'une personne qui vous aborderait, surtout si vous voyagez seul ; les cas de touristes drogués puis dévalisés existent. Pickpockets et arnaqueurs de tout poil affectionnent surtout Delhi, Agra et Jaipur, les pointes du « triangle d'or » touristique. Chaque ville possède sa spécialité en matière d'escroquerie : fausses pierres précieuses à Agra, textiles « choisis par Armani et Hermès » à Jodhpur, offrandes de pétales de roses à Pushkar, faux offices de tourisme à Delhi. Comme le disent les Indiens eux-mêmes, méfiez-vous des inconnus trop amicaux…

En cas de problème

En cas de perte ou de vol, remplissez un *First Information Report (FIR)* au poste de police le plus proche, et informez votre consulat si vous avez perdu votre passeport. Téléphonez immédiatement à la banque qui a émis votre carte bancaire ou vos chèques de voyage, et adressez sous 48h une copie du FIR à votre compagnie d'assurance. L'office de tourisme ou la police sauront vous orienter en cas d'ennui.

Quelques précautions

Choisissez une valise ou un sac résistant et imperméable qui ferme à clé, et munissez-vous d'un ou plusieurs cadenas pour attacher votre bagage dans le train ou fermer votre chambre dans les petits hôtels dont les portes sont équipées de targettes. Nous vous conseillons vivement de transporter vos objets de valeur dans une ceinture à poches, glissée sous vos vêtements, et de faire des photocopies de vos documents importants : billet d'avion, passeport, visa, contrat d'assurance, démarches à effectuer en cas de vol d'une carte bancaire, liste numérotée de vos chèques de voyage. Elles se révéleront précieuses si vous perdez les originaux.

SPORTS

Voir aussi « Randonnées », p. 33.

Cricket

Vous ne pourrez échapper au cricket, le sport le plus populaire avec le football. Les enfants y jouent à tous les coins de rue et l'on vénère les meilleurs joueurs comme de véritables héros, dont le moindre geste fait la une des journaux.

Polo

Le polo occupe une place importante dans la vie de l'aristocratie rajpute, désormais privée de ses activités traditionnelles qu'étaient la guerre et la chasse. Mais ce sport revient cher et le nombre de ses adeptes ne cesse de diminuer. Né en Asie centrale et pratiqué par les Moghols, le polo a été « redécouvert » au Manipur dans les années 1860 par des soldats britanniques qui l'introduisirent dans le reste de l'Inde. Les meilleures équipes sont celles de Jaipur, Jodhpur et Udaipur.
Vous pourrez en apprendre les rudiments au **Royal Equestrian and Polo Centre** de Dundlod *(p. 293)* ou au **Pratap Country Inn** d'Udaipur *(p. 386)*. Vous aurez

certainement l'occasion d'assister à un match si vous vous trouvez à Jaipur *(p. 258)* pendant la saison de polo.

Golf

Jaipur et Delhi possèdent de remarquables parcours de golf. Celui de la capitale indienne compte parmi les cent meilleurs au monde.

Natation

La plupart des hôtels de catégorie moyenne ou supérieure disposent d'une piscine extérieure, généralement accessible aux non-résidents moyennant un droit d'entrée de l'ordre de 150 à 250 Rs, parfois beaucoup plus à Delhi.

SOUVENIRS

Voir également les chapitres « Artisanat », p. 72 et « Costumes et bijoux », p. 76 ainsi que la rubrique « Achats », p. 26.

Artisanat

Tapis – Le Rajasthan et Agra sont les principaux centres de production et d'exportation. Le prix, qui se calcule au m^2, est de moitié inférieur pour un tapis en coton tissé *(dhurri)* que pour un tapis en laine nouée de qualité moyenne. Les pièces anciennes sont rares et la plupart de celles que l'on vous présentera comme telles ont en réalité été « vieillies ». Les tapis en soie reviennent plus cher.

Tissus – Vous trouverez du **coton** de bonne qualité, imprimé ou teint par ligature, ainsi que de la **soie** unie ou imprimée. Les saris en soie (5,5 m de long) se vendent généralement au poids, contrairement aux saris brodés, vendus à la pièce. Les châles en laine fabriqués dans le désert sont meilleur marché à Jaisalmer.

Cuir – Vous trouverez partout des babouches (*juti* et *mojri*) ou des nu-pieds *(chappal)* faits main en cuir brodé. Alors que ceux de Jodhpur, les plus souples, sont brodés directement sur du cuir de dromadaire, pour ceux de Jaipur, les broderies et appliqués sont faits sur une couche de velours placée par dessus le cuir.

Peintures – Les **miniatures** anciennes sont devenues quasiment introuvables. Delhi et Udaipur produisent et vendent des miniatures sur soie, sur marbre ou parfois sur des pages arrachées à quelque album ancien, mais les artistes se contentent de produire en grand nombre ce que la majorité des touristes apprécient le plus. Les **pichhwai** (tentures peintes représentant Krishna, fabriquées à Nathdwara) sont produits industriellement tandis que les **phad** (toiles imprimées illustrant la geste des héros locaux, provenant de Bhilwara) ont conservé davantage d'authenticité.

Papier fait main – Faites provision de papier à lettres fabriqué à partir de chutes de tissu et décoré d'inclusions naturelles (feuilles, herbe, etc.). Sanganer, à côté de Jaipur, en a fait sa spécialité.

Poterie – Sous-verre, petites boîtes et bougeoirs en poterie lustrée bleue de Delhi et de Jaipur se trouvent dans tous les magasins d'artisanat. Pour les plaques votives en terre non vernissée de Molela, voyez plutôt à Udaipur.

Bois – Il est devenu impossible de trouver des marionnettes de qualité, mais on peut encore découvrir de beaux blocs de bois gravés pour l'impression des tissus, notamment à Jodhpur, Udaipur et Sanganer.

« Pietra dura » – L'incrustation de pierres fines dans le marbre est la spécialité d'Agra. Les pièces de qualité se paient cher.

Antiquités

Les copies de bronzes et autres objets d'art sont innombrables, parfois excellemment imitées,

mais les pièces originales sont rarissimes. Pour en dénicher, il vous faudra du temps et de la chance ; le plus anodin des *kabariwallahs* (marchands de bric-à-brac) peut receler des pièces intéressantes. Il faut demander à voir, s'installer dans l'arrière-boutique… Les objets et meubles de style colonial *(anglo-indian)* se trouvent facilement mais à des prix souvent exorbitants.
Il vous faudra obtenir un permis auprès de l'Archaeological Survey of India *(voir la rubrique « Formalités », p. 17)* pour exporter tout objet de cent ans d'âge ou plus.

Bijoux

Pour éviter de fâcheuses surprises, n'achetez les pièces en argent ou en or, et les pierres fines ou précieuses, que dans des magasins reconnus.
Bijoux en argent – L'argent, bon marché, se vend au gramme selon le titre de son alliage (poinçon à trois chiffres). Ceux utilisés en Inde présentent des titres variant de 300 à 950 millièmes, ce qui signifie qu'ils contiennent de 30 à 95 % d'argent et de 70 à 5 % de cuivre (en France, seuls les titres de 800 et 950 millièmes sont légaux). Sachez que l'argent titré à moins de 500 millièmes noircit et que certains magasins mélangent dans un même bijou des métaux de pureté inégale : l'amalgame noircira. Les bijoux tribaux, originaux et copies, se vendent en fonction de leur poids et de la qualité de la pièce. À titre indicatif, comptez 50 à 150 Rs/g (env. 0,60 à 1,75 €) pour les bijoux en argent.
Joaillerie – N'achetez que dans les maisons réputées : nombreux et très bien faits sont les imitations en verre teinté ou les faux synthétiques, extrêmement difficiles à détecter. Les pierres peuvent en outre avoir été chauffées ou irradiées pour en améliorer la couleur, ce qui les fragilise. Observez toujours les pierres à la lumière du jour, si possible à des heures différentes. Si vous avez un doute, faites-les expertiser au **Gem Testing Laboratory** de Jaipur *(voir p. 257)* pour un coût d'env. 1 000 à 1 600 Rs (11 à 18 €).
Tous les grands joailliers possèdent des bijoux anciens, rarement exposés. Vous devrez demander à ce qu'on vous les montre. On vous invitera alors à prendre place dans l'arrière-boutique et on vous les sortira un à un du coffre.
Enfin, aussi alléchante soit-elle, refusez catégoriquement toute proposition d'acheter des pierres en gros ou d'en exporter pour le compte d'un bijoutier indien. Les arnaques sont légion et les arnaqueurs malins…

Vêtements

Des vêtements indiens traditionnels ou redessinés par de jeunes créateurs aux tenues européennes de grandes marques ou taillées dans des tissus de tendance « ethnique » ou hippie, le choix est vaste. Les tailleurs pratiquent des tarifs raisonnables mais le résultat se montre rarement à la hauteur des espérances. La meilleure solution consiste à faire copier à l'identique un modèle aussi simple que possible.

Parfums

Les essences de fleurs *(ittar)*, beaucoup moins volatiles que nos parfums, sont faites pour être senties de près. Vous en trouverez dans les boutiques spécialisées qui proposent également des savons parfumés et des bâtons d'encens, notamment à Delhi, Jaipur et Udaipur.

Alimentation

Les *namkin* (amuse-gueules épicés ou sucrés-salés) s'achètent dans les *sweet shops*, où vous trouverez aussi des confiseries.

Ces dernières se conservent trois jours au réfrigérateur. Celles à base de pâte de noix de cajou ou de lait condensé durci *(barfi)* voyagent mieux que les autres. On trouve aussi des *sweets* en conserve. Un excellent cadeau à rapporter : les thés d'Assam, des Nilgiri ou de Darjeeling, nature ou *masala* (parfumés aux épices).

CD et DVD

N'hésitez pas à acheter sur place CD et DVD de musique indienne, car vous ne les retrouverez pas en France.

TAXI

Voir aussi les rubriques « Transports » et « Voiture » dans ce chapitre.

Les taxis les plus communs sont les Ambassador noir et jaune, au confort sommaire et au moteur poussif, mais pratiquant des tarifs relativement bon marché. Les chauffeurs refusent la plupart du temps de mettre en route leur compteur *(meter)* et il faut palabrer sans fin… Si vous ne parvenez pas à le convaincre, accordez-vous sur le prix avant de monter. Vous rencontrerez aussi des **Tourist Taxis**, sans compteur, aux tarifs légèrement plus élevés. Hors des grandes villes, ce sont les jeeps qui sont le plus souvent utilisées. Il y a toujours une tête de station dans les gares, souvent des cabanes de *pre-paid taxis* (prépayés) où vous réglerez le prix de la course avant d'embarquer.

Redoutables bonimenteurs, les chauffeurs de taxi n'hésiteront pas à vous raconter les pires mensonges pour vous détourner de l'hôtel où vous souhaitez vous rendre et vous conduire aux établissements qui leur versent une commission. Cela est particulièrement vrai lorsque vous arrivez de nuit et que, la fatigue aidant, dans un pays dont vous ignorez les codes, vous êtes désorienté. En cas de problème, téléphonez à l'hôtel de votre choix pour qu'il vous envoie un véhicule.

Bon à savoir – Il est fréquent que les chauffeurs refusent tout net de vous prendre en charge pour une excursion, si ce n'est au triple du tarif normal. Adressez-vous alors à votre hôtel ou à l'office de tourisme.

TÉLÉPHONE ET FAX

Il n'y a ni cabines, ni cartes téléphoniques, mais vous trouverez dans la moindre bourgade des échoppes privées disposant d'un ou deux téléphones. Elles se signalent par une enseigne **PCO-STD/ISD** et restent ouvertes tard le soir, certaines fonctionnant 24h/24. Comptez 2 ou 3 Rs/mn pour un appel local et 15 à 20 Rs/mn pour l'Europe. Les bureaux de poste sont équipés de téléphones à pièces pour les communications locales (1 Rs/mn), mais ils sont souvent en dérangement. L'option la plus économique revient à utiliser les services de **téléphonie par Internet** que proposent la plupart des cybercafés.

Appels internationaux

Pour appeler l'étranger, composez le 00 + l'indicatif du pays (France : 33 ; Suisse : 41 ; Belgique : 32 ; Canada : 1) + le numéro de votre correspondant sans le 0. Pour les appels en **PCV** *(collect call)*, composez le 000 + l'indicatif du pays + 17. Vous obtiendrez un opérateur du pays concerné qui établira la communication. Cela vous coûtera le prix d'un appel local.

Appels locaux

Pour un appel local, composez simplement le numéro de votre correspondant. Si celui-ci réside dans une autre ville, vous devrez le faire précéder de l'indicatif de la ville, marqué entre parenthèses dans ce guide et commençant par 0.

Portables

Vérifiez auprès de votre opérateur que votre forfait vous permet de recevoir et de passer des appels en Inde et à quel coût.
L'instauration de nouvelles mesures de sécurité rend fastidieuse l'acquisition d'une carte SIM en Inde ; l'administation vous demandera copie de vos papiers d'identité, justificatif de domicile, et il vous faudra patienter 2 à 6 jours pour obtenir l'activation de votre numéro de téléphone indien.

Fax

Vous pouvez expédier un fax à partir de la plupart des échoppes privées **PCO-STD/ISD**.

TEMPLES

Un temple en Inde est un bâtiment vivant, et même le plus magnifiquement décoré sera laissé à l'abandon s'il ne renferme plus ses idoles. Nous vous signalons les principaux temples anciens mais n'hésitez pas, si l'occasion se présente, à découvrir les temples récents, très kitsch, où règne une intense ferveur religieuse.

TRANSPORTS

Voir aussi les rubriques « Taxi » et « Voiture » dans ce chapitre.

Train

Les chemins de fer indiens (Indian Railways), neuvième employeur mondial avec 1,4 million de salariés, gèrent le quatrième réseau ferré au monde. Le rail n'est pas le meilleur moyen de découvrir les paysages du Rajasthan, mais la vie à bord offre un voyage en soi, comme une plongée au cœur de la vie indienne. Cette aventure humaine vous fera oublier l'extrême lenteur des trains et leurs fréquents retards. Comptez une moyenne de 70 km/h.

Informations – Le site officiel **www.indianrail.gov.in** indique les liaisons les plus importantes. Le site **www.erail.in** est plus simple d'utilisation et renseigne les stations de moindre envergure. Le site **http://railenquiry.in** affiche les horaires (et les retards…) en temps réel.

Gares – La plupart disposent d'une consigne *(cloak room)*, bien pratique si vous ne faites qu'une excursion à la journée. Vous y trouverez aussi snacks, boissons, toilettes et *retiring rooms*, des chambres sommaires (et bruyantes !) mais qui peuvent dépanner. Un distributeur automatique et parfois un Tourist Reception Centre (antenne d'informations touristiques) se trouvent à l'extérieur.

Catégories de trains – L'Indian Railways dispose de quatre catégories de trains : les **Passenger trains** (ou *Intercity* ; à éviter car bondés), les **Mail trains**, les **Express trains** et les **Superfast trains**. Parmi ces derniers, les plus rapides sont les **Rajdhani** (sur les lignes Delhi-Jaipur-Abu Road et Delhi-Kota) et les **Shatabdi** (lignes Delhi-Jaipur-Ajmer et Delhi-Agra). Malgré leur nom, les *Superfast*, trains longue distance, peuvent accumuler des retards d'autant plus considérables (jusqu'à 7 ou 8h !) qu'ils viennent de loin. En ce cas, les *Express*, quoique moins rapides, peuvent paradoxalement vous faire gagner du temps. L'Indian Railways applique des tarifs dégressifs selon le kilométrage parcouru.

La plupart des trains proposent **différentes classes**, climatisées *(AC)* ou non, en couchette *(sleeper)* ou place assise *(chair)* :

- L'**AC first class**, 1re climatisée, dispose de sièges et de couchettes confortables, dotées d'une literie fournie gratuitement. Cette classe n'existe pas dans les trains qui ne desservent que le Rajasthan. Comptez en moyenne 1 100 Rs pour 200 km (env. 13 €).
- L'**AC second class sleeper**, la 2de climatisée, regroupe quatre

Mémo

Agenda

Si l'administration et le monde des affaires suivent le calendrier grégorien, la vie de chaque communauté, en revanche, s'articule autour des calendriers propres à sa religion.
Presque toutes les fêtes indiennes se fondent sur des événements d'ordre religieux et beaucoup donnent matière à de grands rassemblements *(mela)* : fêtes populaires avec danses, spectacles de marionnettes et grandes roues. Dans les zones rurales, les *mela* se transforment en foires aux bestiaux, occasions de rencontres et d'échanges ; on y fait des affaires, on y conclut des mariages.
Malgré la foule et le bruit, rien à voir avec le carnaval de Rio ! La (quasi) absence d'alcool dans les lieux publics et les difficultés de communication entre couches sociales assurent un caractère plutôt sage à ces réjouissances. Seule la fête de Holi suscite de véritables dérèglements.
Ville par ville, vous retrouverez les fêtes à caractère plus local dans les pages « Nos Adresses à... ».

PRINCIPALES FÊTES HINDOUES, JAÏNES, BOUDDHISTES ET SIKHES

Déterminées par des **calendriers luni-solaires**, elles tombent à des dates variables mais toujours à la même saison. Depuis 1957, les fêtes hindoues sont déterminées officiellement par le calendrier de l'**ère shaka**. L'an I commence le 22 mars 78 (2015 correspond à 1936-1937 de l'ère **shaka**).
Chaque année comporte douze mois, divisés chacun en deux quinzaines. La **quinzaine « sombre »** (la première) débute le jour suivant la pleine lune et se termine avec la nuit de la nouvelle lune. Peu de célébrations ont lieu durant cette phase, excepté les fêtes en l'honneur de Shiva.
La **quinzaine « claire »** va du lendemain de la nouvelle lune à la nuit de la pleine lune *(purnima)*.
Le **calendrier jaïn** débute à la mort de Mahavira, fondateur de la religion jaïne, en 524 av. J.-C. Pour les **bouddhistes**, qui font démarrer le compte à la mort du Bouddha en 545 av. J.-C., 2015 correspond à l'an 2558-2559. Tout récent, puisqu'il n'a été adopté qu'en 1998, le **calendrier sikh**, ou **Nanakshahi**, débute avec la naissance de Guru Nanak, en 1469 ; c'est un calendrier solaire, comptant le même nombre de jours que le calendrier grégorien (2015 = 546).

Janvier-février

Republic Day, dans tout le pays – *26 janv.* Commémore la proclamation de la République (26 janvier 1950).
Foire de Nagaur, entre Jodhpur et Bikaner – *26-29 janv. 2015.* Foire au bétail, pour célébrer Baba Ramdev.
Festival du désert, Jaisalmer *(voir p. 343) – Autour de la pleine lune (1er-3 fév. 2015).* Trois jours de spectacles culturels et de concours. Très touristique.
Braj Festival, Bharatpur *(voir p. 268) – 2-4 fév.* Chants et danses en l'honneur de Krishna.
Makar Sankranti, Jaipur *(voir p. 259) – 14-15 janv.* Compétitions de cerfs-volants.

Février-mars

Mahashivaratri (ou **Shivratri**, « nuit de Shiva »), dans tout le pays – *Nouvelle lune*. Les shivaïtes commémorent la nuit où Shiva aurait dansé sa danse *tandava* de destruction et de recréation. Jeûne, culte rendu au *linga*.

Holi, dans tout le pays – *Pleine lune (6 mars 2015, 23 mars 2016, 13 mars 2017)*. C'est l'une des plus importantes fêtes hindoues. Elle marque la fin de l'hiver. La veille, on allume des feux de joie dans lesquels on brûle des effigies de la démone Holika en chantant des chansons grivoises. Le matin de la fête, on « joue Holi » : on devient démon soi-même en lançant sur quiconque passe à sa portée de la poudre de couleur ou de l'eau colorée avec de grosses seringues. En retour, on est copieusement barbouillé et aspergé. L'exubérance tourne parfois à la violence, surtout à Agra et dans certains quartiers de Delhi, d'autant qu'il est traditionnel, ce jour-là, de consommer du *bhang* (un dérivé du cannabis) dans du lait ou des gâteaux. L'après-midi, on met des habits propres pour rendre visite à ses parents et amis auxquels on offre des sucreries. À **Jaipur** se tient le **Festival des éléphants** *(voir p. 259)*.

Mars-avril

Fête de Rishabdev, Rishabdev *(voir p. 391) – 6e-8e jours du mois de Chaitra*. Rassemblement des jaïns, vishnouistes et Bhils en honneur du dieu Taureau.

Gangauri, dans tout le pays – *3e et 4e jours après la nouvelle lune (22-23 mars 2015, 10-11 avr. 2016, 31 mars-1er avr. 2017)*.
Les femmes du Rajasthan célèbrent Gauri (Devi). Les jeunes filles demandent à la déesse de leur accorder un époux aussi parfait que Shiva. La fête fournit un prétexte au **Festival du Mewar** à **Udaipur** *(voir p. 386)* et à la **Foire de Gangaur** à **Jaipur** *(voir p. 259)*.

Ram Navami, dans tout le pays – *9e jour après la nouvelle lune*. Anniversaire de Rama, incarnation de Vishnou. Les 8 jours précédents, on organise des adaptations théâtrales du *Ramayana*, les **Ram Lila**.

Fête de Karni Mata, Deshnoke (près de Bikaner) *(voir p. 325) – Dates variables*. Les dévots affluent pour célébrer la sainte Karni Mata et porter des friandises aux rats.

Mahavira Jayanti, dans toutes les communautés jaïnes – *12e jour après la nouvelle lune*. Anniversaire du *tirthankara* Mahavira.

Vaishakhi Sankranti, dans les communautés sikhes – *13 avril*. Jour de l'an punjabi, qui marque le début de la moisson. Les sikhs commémorent la fondation du **Khalsa panth**, la Communauté des purs.

Mai-juin

Buddha Jayanthi (ou **Buddha Purnima**), dans tout le pays – *Pleine lune*. Commémore en un seul jour la naissance du Bouddha, son Illumination et son entrée dans le *nirvana*.

Juillet-août

Teej, Jaipur et Bundi *(voir p. 259 et p. 421)* essentiellement – *3e jour après la nouvelle lune (17-18 août 2015, 5-6 août 2016, 26-27 juil. 2017)*. La mousson est arrivée et les jeunes filles rajasthanies font des parties de balançoires : elles s'imaginent être Teej (Parvati) se préparant à accueillir son époux Shiva.

Nag Panchami, Jodhpur *(voir p. 361) – 5e jour après la nouvelle lune*. Les serpents sont à l'honneur : on offre du lait à leur effigie, ou à l'entrée de leurs repaires.

Raksha Bandhan (ou **Rakhi Purnima**), dans tout le pays – *Pleine lune*. Les femmes nouent au poignet de leurs frères un *rakhi* (fil agrémenté de fleurs en papier) pour les protéger durant l'année à venir.

Août-septembre

Krishna Janmashtami, Mathura et Vrindavan *(voir p. 221) – 8e et 9e jours après la pleine lune*. L'anniversaire de Krishna, né à Mathura, est l'occasion de représentations théâtrales jouées par des enfants, les **Ras Lila**.

Fête de l'Indépendance, dans tout le pays – *15 août*. Discours du Premier ministre au Fort rouge de Delhi.

Fête de Ramdevji, Ramdevra (dans les environs de Jaisalmer) *(voir p. 343) – 2e-11e jours après la nouvelle lune*. Célèbre Ramdev, héros local, défenseur des opprimés.

Ganesh Chaturthi, dans tout le pays – *4e jour après la nouvelle lune*. Anniversaire de la naissance de Ganesh, le dieu à tête d'éléphant.

Septembre-octobre

Nav Ratri (« neuf nuits »), dans tout le pays – *1re-9e nuits après la nouvelle lune*. Jeûnes et *puja* (adoration) en l'honneur de Devi, essentiellement sous son aspect de Durga. Les 4 derniers jours sont appelés *Durga Puja*. On célèbre aussi Rama, avatar de Vishnou. Dans chaque quartier, on organise des *Ram Lila* et on dresse de gigantesques effigies du démon Ravana et de ses 2 acolytes.

Dasahra (ou **Vijay Dashami**), dans tout le pays – *10e jour après la nouvelle lune (4 oct. 2014, 22 oct. 2015, 11 oct. 2016, 30 sept. 2017)*. La « victoire du 10e jour » de Rama sur Ravana (triomphe du bien sur le mal) conclut le Nav Ratri par la mise à feu, peu avant la tombée de la nuit, des effigies des trois démons, que l'on a farcies de pétards.

Matasya Utsav, Alwar *(voir p. 275) – dates variables : rens. à l'office du tourisme*. Jeux, concours, démonstration-vente d'artisanat pour promouvoir les traditions régionales.

Festival du Marwar, Jodhpur *(voir p. 361) – Pleine lune (26-27 oct. 2015, 14-15 oct. 2016)*. Défilés, concours, spectacles culturels…

Octobre-novembre

Divali (ou **Dipavali**), dans tout le pays – *Nouvelle lune (23 oct. 2014, 11 nov. 2015, 30 oct. 2016, 19 oct. 2017)*. C'est, avec Holi, l'une des principales fêtes du calendrier hindou. Les jours précédents, on nettoie sa maison de fond en comble pour accueillir Lakshmi, déesse de l'Abondance. Pétards, feux de Bengale, bougies et lampes en terre colonisent les bazars : on commémorera avec force bruits et lumières la nuit où Rama rentra dans sa capitale d'Ayodhya après 14 années d'exil. Les maisons scintillent de rangées de lumières – lampes à huile, guirlandes électriques… – disposées sur les appuis de fenêtres, les murets des jardins. Les enfants font éclater des pétards et éclairent la nuit de fusées. Dans une petite ville, la nuit de Divali offre un spectacle féerique ; dans une grande ville comme Delhi, vous aurez par moments plutôt l'impression de vivre un bombardement qu'une fête… **Annakut**, le lendemain de Divali, marque le début de l'année nouvelle pour les Hindous.

Bhai Duj, dans tout le pays – *3e jour après la nouvelle lune*. Les frères se rendent chez leurs sœurs pour leur offrir un sari et de l'argent. En échange, elles les marquent d'un point rouge *(tika)* sur le front.

Foire aux dromadaires, Pushkar *(voir p. 302)* et Jhalrapatan (près de Jhalawar) *(voir p. 429) – Pleine lune (18-25 nov. 2015 à Pushkar ; 24-26 nov. 2015 à Jhalrapatan)*. Marché au bétail et spectacles culturels.

Guru Nanak Jayanti, dans les communautés sikhes – *Pleine lune*. Anniversaire de Guru Nanak, le fondateur de la communauté sikhe. Récitation des vers de Nanak et procession du *Granth Sahib*.

Bundi Utsav, Bundi *(voir p. 421) – dates variables : rens. à l'office du tourisme*. Danses et musiques régionales traditionnelles.

Décembre-janvier

Festival des dromadaires, Bikaner *(voir p. 325) – Pleine lune (4-5 janv. 2015)*. Les coursiers du désert sont à l'honneur : défilés, concours, courses…

FÊTES MUSULMANES

Le calendrier islamique, purement lunaire, débute chaque année 10 à 12 jours en avance par rapport à l'année précédente. Les fêtes sont ainsi régulièrement décalées d'un bout à l'autre de l'année. On les célèbre dans tous les quartiers musulmans, notamment à Delhi et Ajmer. L'an 2015 correspond aux années de l'hégire 1436-1437.

Muharram – *10e jour de* muharram *(1er mois de l'année). Nouvel an musulman. 13 oct. 2015 (1437), 1er oct. 2016 (1438), 20 sept. 2017 (1439)*. À l'issue de 9 jours de jeûne commémorant le martyre d'Hussein, petit-fils de Mahomet, les chiites portent des *tazia* (répliques en papier de la tombe d'Hussein) jusqu'à une rivière où elles sont immergées.

Id-i Milad – *12e jour de* rabi ul-awwal *(3e mois). 2 janv. 2015, 22 déc. 2015, 11 déc. 2016, 30 nov. 2017*. Anniversaire de Mahomet.

Ramzan – *9e mois, qui débute le 17 juin 2015, le 5 juin 2016 et le 26 mai 2017*. Les adultes jeûnent de l'aube au crépuscule (c'est le ramadan). La 27e nuit commémore le jour où le Coran descendit du ciel.

Id ul-Fitr – *1er jour de* shawwal *(10e mois). 16 juil. 2015, 4 juil. 2016, 24 juin 2017*. Jour de réjouissances à l'issue du jeûne de *ramzan*.

Bakr Id (Id ul-Zuhara) – *10e jour de* zilhaj *(12e mois). 22 sept. 2015, 10 sept. 2016, 31 août 2017*. On célèbre le sacrifice d'Ismail, fils d'Abraham, par celui de milliers de chèvres.

Les Urs des saints soufis – *Dates variables*. Célébrations à la mémoire d'Hazrat Nizam ud-Din Auliya à Delhi *(voir p. 190)*, de Sheikh Salim Chisti à Fatehpur Sikri *(voir p. 213)* ou de Khwaja Main ud-Din Chisti à Ajmer *(voir p. 309)*.

Bibliographie

HISTOIRE, CIVILISATION ET SOCIÉTÉ

Berinstain Valérie, **L'Inde impériale des Grands Moghols**, Gallimard, 1997. La conquête du sous-continent et les influences persanes sur l'administration et les arts.

Boulet Marc, **Dans la peau d'un intouchable**, coll. Points, Seuil 1998. L'auteur se grime afin de partager la vie des parias. Enquête.

Carrière Jean-Claude, **Petit dictionnaire amoureux de l'Inde**, Pocket, 2013.

Daniélou Alain, **Les Quatre Sens de la vie et la structure de l'Inde traditionnelle**, Rocher, 2000.

Devi Gayatri, **Une princesse se souvient. Les mémoires de la maharani de Jaipur**, Kailash, 1999.

Devi Phoolan, collab. Marie-Thérèse Cuny, **Moi, Phoolan Devi, reine des bandits**, Robert Laffont, 2013. L'épopée d'une femme de basse caste qui, dans les années 1980, se convertit en Robin des Bois et déchaîne la passion populaire.

Jadhav Narendra, **Intouchable : une famille de parias dans l'Inde contemporaine**, Fayard, 2002. Au travers de la vie d'une famille de *dalit* (opprimés) depuis les années 1930, portrait d'Ambedkar et de sa lutte contre le système des castes.

Lapierre Dominique et Collins Larry, **Cette nuit la liberté**, Pocket, 2004. L'accès à l'indépendance sous l'égide de Lord Mountbatten, avec les acteurs de l'époque, Gandhi et Nehru. Un classique, régulièrement réédité depuis 1975.

Mishra Anupam, **Les Gouttes de lumière du Rajasthan. Traditions de l'eau dans le désert indien**, L'Harmattan, 2003. Comment utiliser le savoir-faire ancestral pour

relever les défis modernes que pose l'accès à l'eau potable.
Rousselet Louis, **D'Udaipur à Mathura**, eForge, 2014. Un grand tour du Rajasthan publié par l'explorateur archéologue au début du 20e siècle dans *Le Tour du monde* et réédité en numérique.

TEXTES CLASSIQUES

Biardeau Madeleine, **Le Mahabharata : un récit fondateur du brahmanisme et son interprétation**, (2 vol.), Seuil, 2002. Une approche claire de la bible de l'hindouisme réécrite et commentée par une virtuose du sanskrit.
Le Brun Charles, **Le Râmâyana**, Dervy, 2006. Avec une introduction d'Alain Daniélou.

ART ET ARTISANAT

Bosser Jacques, **Architecture et jardins moghols**, La Martinière, 2013.
Cooper Ilay, **The Painted Towns of Shekhawati**, Prakash Books (New Delhi), 2009. La meilleure étude sur les *haveli* à fresques. Très détaillé, nombreux plans. En anglais.
Cousin Françoise, **Tissus imprimés du Rajasthan**, L'Harmattan, 2010.

LITTÉRATURE

Bhattacharya Lokenath, **Le Danseur de cour**, suivi de **Les Marches du vide**, coll. Du monde entier, Gallimard, 2000. Les poèmes en prose d'un écrivain révélé en France par Henri Michaux.
David-Neel Alexandra, **L'Inde où j'ai vécu : avant et après l'indépendance**, Pocket, 2003. Écrits dans les années 1960, les récits de voyages de l'exploratrice et ses rencontres.
Dé Shobhaa, **La Nuit aux étoiles**, coll. Lettres indiennes, Actes Sud, 2010. Les coulisses obscures d'un Bollywood qui fascine.
Deleury Guy (dir.), **Le Voyage en Inde : anthologie des voyageurs français (1750-1820)**, coll. Bouquins, Laffont, 2003. Témoignages de résidents français qui ont vécu l'Inde d'avant la colonisation.
Desai Anita, **Le Jeûne et le festin**, coll. Folio, Gallimard, 2002. Mariages arrangés et contraintes de la vie de famille en Inde.
Devi Mahasweta, **La Mère du 1084**, coll. Lettres indiennes, Actes Sud, 2001. **Le Char de Jagannath et autres nouvelles**, coll. Lettres indiennes, Actes Sud, 2012.
Ghosh Amitav, **Les Feux du Bengale**, Points, 1992. Un classique, signé par une pointure de la littérature indienne contemporaine.
Kamal Jha Raj, **Et les morts nous abandonnent**, coll. Lettres indiennes, Actes Sud, 2008. L'incendie du train qui traumatisa l'Inde en 2002 sert de point de départ à cette traversée des enfers, de la mort et du malheur.
Mistry Rohinton, **L'Équilibre du monde**, Le Livre de Poche, 2001. Histoire(s) de castes et de destinées dans l'Inde des années 1970-80. **Une simple affaire de famille**, Le Livre de Poche, 2006. La société indienne au prisme du fanatisme religieux et du traditionalisme.
Nair Anita, **Compartiment pour dames**, Philippe Picquier, 2004. Lors d'une nuit en train, les confessions de voyageuses révèlent le quotidien des femmes indiennes.
Roy Arundhati, **Le Coût de la vie**, coll. Arcades, Gallimard, 1999. Les conséquences désastreuses des barrages sur les petites gens et leur cadre de vie. **Le Dieu des petits riens**, coll. Folio, Gallimard, 2000. Un kaléidoscope familial aussi coloré que compliqué.
Seth Vikram, **Un garçon convenable** (2 vol.), Le Livre de poche, 1997. Variations sur le thème du mariage. Un classique.

Sila Khan Dominique, **Les Portes de la lune**, Kailash, 2000. L'histoire et les rencontres d'un couple franco-indien au Rajasthan.
Sutcliffe William, **Vacances indiennes**, coll. Domaine étranger, 10/18, 2005. Le voyage initiatique d'un jeune Anglais : portrait caustique d'une nouvelle génération de voyageurs.
Tagore Rabindranath, **Le Vagabond et autres histoires**, Gallimard, 2002. Le poète bengali dépeint avec sensibilité la vie des villageois indiens. **Histoires de fantômes indiens**, Arlea, 2008. Le prix Nobel de littérature 1913 mêle les revenants de la tradition littéraire sanskrite au genre fantastique alors en vogue en Europe.
Tejpal Tarun Jit, **Loin de Chandigarh**, Le Livre de Poche, 2007. Histoire d'une passion qui s'effiloche dans l'Inde du 20e s. finissant.

ALBUMS DE PHOTOGRAPHIES

Bourzat Catherine, photogr. Laurence Mouton, **Inde**, Chêne, 2007.
Busquet Gérard, photogr. Bruno Morandi, **Tableaux du Rajasthan**, Artaud, 2003.
Daniélou Alain, **L'Inde traditionnelle : photographies 1935-1955**, Fayard, 2002.
Nath Aman, Pasricha Amit, **L'Inde / le Nord et le Rajasthan**, coll. Panoramique, Citadelles & Mazenod, 2007.

Filmographie

The lunchbox, Batra Ritesh, 2013. En sélection dans plusieurs festivals internationaux, une histoire sentimentale improbable qui a recueilli les sympathies de la critique en Europe.
Slumdog Millionnaire, Boyle Danny, 2008. Les mésaventures d'un Indien issu des bidonvilles de Mumbai qui remporte le prix de « Qui veut gagner des millions ? ».
Le Petit Peintre du Rajasthan, Bhan Rajkumar, 2006. Un cadre quitte sa routine quotidienne et emmène sa famille vivre dans le Shekhawati.
Lagaan, Gowariker Ashutosh, 2001. Dans l'Inde coloniale du 19e s., l'injustice de l'impôt sur les céréales pousse les villageois à affronter les Britanniques au criquet.
Inde mystique, le voyage initiatique de Neelkanth, Melton Keith, 2003. Découverte de l'Inde par les yeux d'un enfant de 11 ans qui traverse le pays à pied.
La Route des Indes, Lean David, 1984. Chronique de l'Inde coloniale et de ses injustices.
Octopussy, Glen John, 1983. James Bond (Roger Moore) échappe aux tigres du Rajasthan…

Cartes

Carte de l'Inde - Ouest, Nelles, 2009. Échelle : 1/1 500 000.
Carte touristique de l'Inde, IGN, 2006. Échelle : 1/2 500 000.
Indien-Nepal, Hildebrande, 2001. Carte routière. Échelle : 1/4 200 000.
India Travel Map, Cartographia, 2006. Échelle : 1/3 750 000.
Carte de l'Inde - Nord-Ouest, Reise Know-How Maps, 2010. Échelle : 1/1 300 000.

2/ COMPRENDRE LE RAJASTHAN

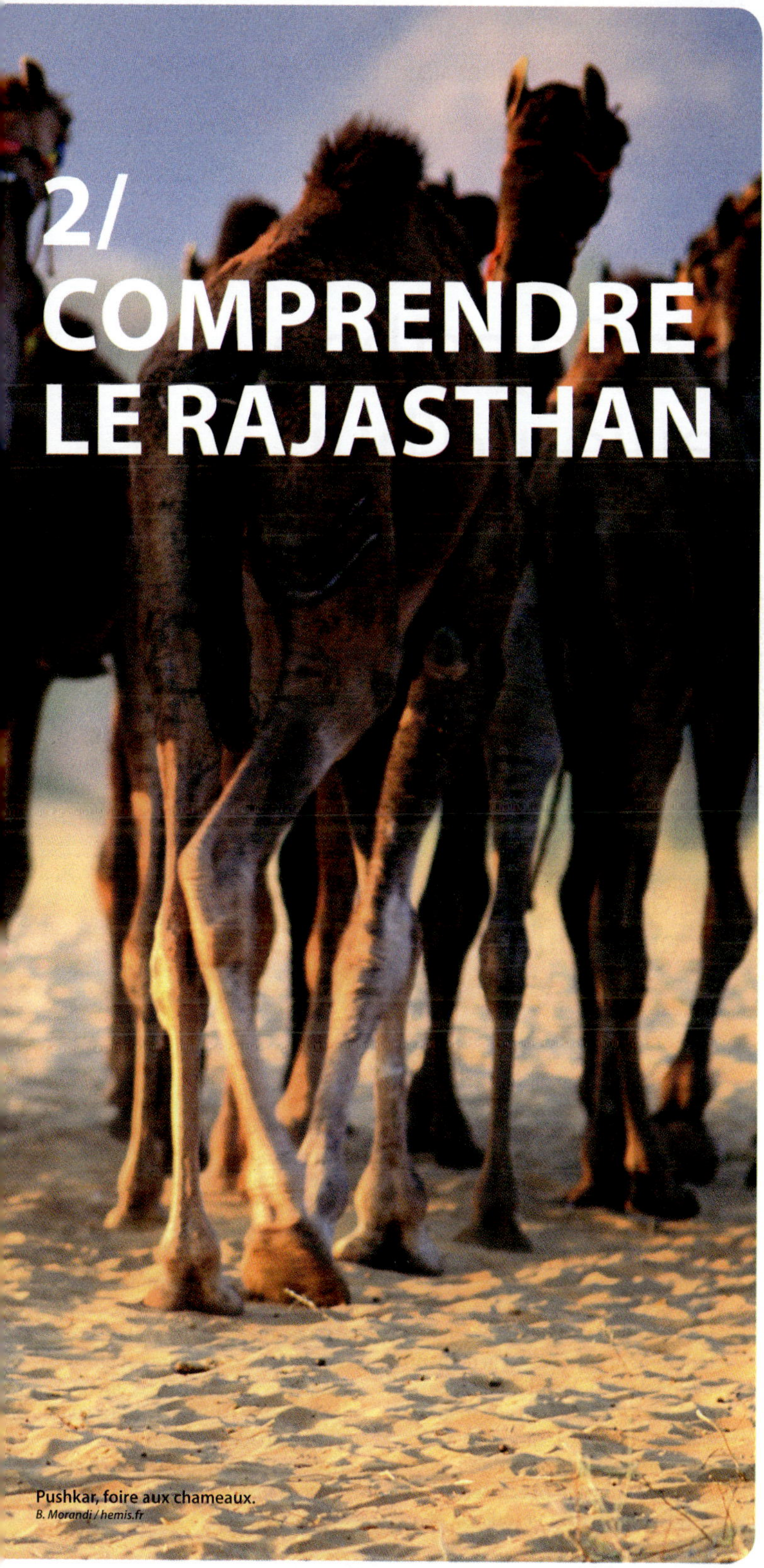

Pushkar, foire aux chameaux.
B. Morandi / hemis.fr

Le Rajasthan aujourd'hui

Deuxième pays le plus peuplé du monde après la Chine (qu'elle dépassera en 2028), l'Inde comptait en 2011, lors du dernier recensement, 1,21 milliard d'habitants : 181 millions de personnes en plus qu'au recensement précédent, soit une augmentation de 17,7 % depuis 2001. Le sous- continent est le pays le plus jeune de la planète, la moitié des Indiens ayant moins de 25 ans. La libéralisation économique de la fin du 20e s. et l'accès aux biens de consommation ont bouleversé bien des aspects de la vie quotidienne, mais seules les classes urbaines aisées ont été véritablement touchées par ces évolutions. L'Inde rurale, beaucoup moins affectée, semble ancrée dans des traditions immuables. L'arrivée d'un bus cahotant et bondé reste souvent la seule source d'animation dans les campagnes rajasthanies. Aux prises avec une existence inconfortable et précaire, les classes paysannes ne songeraient pas à remettre en cause les valeurs ancestrales…

Le décollage économique

Les maharajas tiraient l'essentiel de leurs revenus des impôts sur les paysans et les commerçants ; ils n'ont guère investi dans l'industrie, si bien qu'à l'indépendance le Rajasthan s'est trouvé en retard par rapport aux États voisins, mieux équipés. Aujourd'hui encore, il compte parmi les régions les moins développées du pays.

UNE AGRICULTURE ARCHAÏQUE

Plus des trois quarts des Rajasthanis habitent à la campagne, un chiffre légèrement supérieur à la moyenne nationale et qui explique le rôle prépondérant joué par l'agriculture dans l'économie régionale. La population rurale continue de mener une vie **précaire**, conditionnée par la mousson et handicapée par la faiblesse des infrastructures. Souffrant de la sécheresse du climat, le Rajasthan pâtit également d'une agriculture traditionnelle demeurée très archaïque.

Le millet y fait figure de céréale de prédilection : plante peu exigeante et rustique, elle pousse en trois ou quatre mois. Genres les plus répandus au Rajasthan, le *bajra* (appelé « mil » en Afrique) pousse dans les régions les plus sèches, tandis que le *jowar* (sorgho) préfère les régions plus arrosées. On les cultive à la saison des pluies, de juin à octobre. En zone semi-aride, on les associe au tabac, à la canne à sucre, aux pois chiches et aux oléagineux (arachides, sésame, moutarde), le Rajasthan étant l'un des principaux producteurs d'huile à usage alimentaire en Inde. Dans les zones irriguées, on y ajoute des lentilles, du maïs, de l'orge.

Foule sur un quai de gare.
F. Guiziou/hemis.fr

Les terres noires sur les laves bien arrosées du **Hadoti** (au sud-est) permettent des cultures plus riches (blé, houblon, maïs, riz, coton) et deux récoltes annuelles.
Le grand problème de l'agriculture du Rajasthan reste le manque d'eau douce : les nappes phréatiques sont salées et les pluies insuffisantes.
Le système d'irrigation demeure trop peu développé malgré la construction du **canal Indira Gandhi**, ou canal du Rajasthan, qui a pourtant transformé la région désertique qu'il irrigue et dont l'extension se poursuit.
Confronté à ces difficultés, le Rajasthan doit importer du riz et des légumes des États voisins.
L'**élevage semi-nomade** occupe les terres non cultivées et les bas-côtés des routes en raison de la rareté des pâtures : les rendements agricoles étant faibles, toutes les terres disponibles sont consacrées à la culture. Même si l'élevage de moutons a contribué à faire du Rajasthan un important producteur de laine (il fournit 50 % de la production du pays), dromadaires, bovins et ovins détruisent une végétation précieuse.
Pourtant, la question du bien-fondé de l'élevage, souvent posée par les agronomes qui mettent en cause son faible rendement, ne saurait être discutée dans les villages. Les **vaches** produisent un peu de lait et leur bouse fournit un précieux combustible dans cette région touchée par une déforestation massive – outre les interdits religieux pesant sur le symbole éminemment sacré de la vache.

DES CARAVANES À L'INDUSTRIE

Le Rajasthan, lieu traditionnel de passage des **caravanes** reliant le Moyen-Orient à l'Asie du Sud, et les ports du Gujarat à Delhi, a vu naître des marchands et des banquiers particulièrement efficaces, issus des communautés de *banya* (commerçants), tant jaïnes qu'hindoues. À la fin du 19e s., l'arrivée des Anglais et l'avènement de nouvelles routes commerciales sonnent le glas des caravanes. Les *banya* du Shekhawati (au nord-est de l'État), rusés et entreprenants,

LA RÉUSSITE DES BIRLA

Originaire d'une petite cité du Shekhawati, la famille Birla symbolise la réussite des hommes d'affaires marwaris. Shiv Narayan Birla aurait quitté le nord du Rajasthan à dos de dromadaire en 1857 pour gagner la ville d'Ahmedabad (Gujarat), alors en pleine expansion, puis le port de Bombay. Ses descendants firent fortune dans l'industrie du coton. Le groupe Birla a depuis étendu ses activités dans de nombreux secteurs (finances, assurances, presse…). Ghanshyam Das Birla (1894-1983) soutint financièrement plusieurs projets du Mahatma Gandhi en faveur des intouchables et du développement rural, et sa famille poursuivit son œuvre philanthropique en faisant construire temples et écoles dans plusieurs villes indiennes.

partent alors chercher fortune dans les ports de l'empire des Indes, où on se met à les appeler **Marwaris** (*voir « L'argent des caravanes », p. 278*) ; ils fondent quelques-uns des plus grands groupes industriels indiens : Birla, Goenka, Bajaj, Poddar, Modi… Les deux autres communautés qui, avec les Marwaris, ont fait démarrer le capitalisme indien moderne et contrôlent actuellement la majorité des grandes entreprises nationales sont les jaïns, souvent originaires du Rajasthan (familles Jaïn, Mahindra, Mafatlal, Dalmia, Walchand…), et les parsis (Tata, Godrej, Mody…).

L'HÉRITAGE COLONIAL

Durant leur occupation de l'Inde, les Anglais cherchèrent à développer les secteurs qui étaient les plus rentables pour le commerce colonial et ne concurrençaient pas les produits manufacturés britanniques. Ils privilégièrent ainsi la production de **matières premières** (coton, soie, thé…), au détriment de l'industrie locale et de l'artisanat, qu'ils étouffèrent totalement. À leur départ, en 1947, l'Inde disposait toutefois d'une bonne infrastructure routière, ferroviaire et portuaire, d'une administration unifiée, d'une élite formée à la rigueur, et de quelques grands pôles industriels, mais la majorité du pays, dont le Rajasthan, restait sous-développée.

DU SOCIALISME À L'INDIENNE AU NÉOLIBÉRALISME

Après l'indépendance, **Nehru** se lança dans une planification rigoureuse, mais le retard accumulé et la situation délicate aux frontières posèrent de lourdes entraves sur la voie du progrès. **Indira Gandhi** se tourna résolument vers le modèle socialiste (nationalisations, avantages aux secteurs publics…). Le passage de **Rajiv Gandhi** au pouvoir (1984-1989) amorça un virage vers l'économie moderne, mais il fallut attendre 1991 pour assister aux grandes mesures d'ouverture et de libéralisation tant attendues par les milieux d'affaires. **Narasimha Rao** (*voir p. 110*), après le sauvetage du pays par le FMI et agissant avec la bénédiction de ce dernier, dévalue la roupie et la rend convertible, supprime certains monopoles d'État, ouvre le capital des sociétés indiennes aux étrangers, accorde des avantages fiscaux aux Indiens expatriés *(NRI, Non Resident Indian)* désireux d'investir dans le pays. Petit à petit, les plus grandes firmes multinationales s'intéressent à l'Inde. L'abaissement des tarifs douaniers, l'assouplissement de la bureaucratie – un obstacle majeur jusque-là –, la mise en place de programmes de privatisation (en particulier dans le secteur des télécommunications, de la pharmacie et de la banque), les encouragent à venir s'y établir.

L'Inde connaît dès lors une explosion des secteurs de la construction, de la téléphonie mobile, des secteurs financier, automobile et informatique. La classe politique, les yeux rivés sur Washington, a résolument tourné le dos aux ambitions de Nehru, celles d'une grande nation siégeant au club des pays non-alignés, pour devenir le champion de l'externalisation. Ses universités, désormais aussi cotées que leurs équivalentes occidentales, forment les élites qui gouverneront demain India Inc., comme la surnomment les économistes locaux.

La croissance spectaculaire que connaît le pays n'est cependant pas partagée par tous. Si les classes moyennes et supérieures se lancent à corps perdu dans l'engrenage de la consommation, l'écart se creuse entre riches et pauvres ; aujourd'hui, le pays compte 182 000 millionnaires en dollars, mais se classe au 136e rang pour l'indice de développement humain, selon le rapport du PNUD (Programme pour le développement des Nations unies).

AVEC QUELLE ÉNERGIE ?

La croissance effrénée des dernières décennies s'est accompagnée d'une demande accrue dans le domaine énergétique : l'Inde est le 4e consommateur mondial de pétrole et le 6e importateur mondial de gaz naturel, destiné à remplacer le charbon dans la production d'électricité. Disposant de solides réserves de charbon, le pays en a en effet longtemps fait sa principale source d'énergie, ce qui ne va pas sans poser de lourds problèmes environnementaux.

Autre conséquence de cette boulimie énergétique, les coupures d'électricité restent quotidiennes, jusque dans les plus grandes villes. Toutes les industries modernes sont équipées d'énormes groupes électrogènes tournant au diesel – l'une des sources de pollution majeures en Inde…

Cependant, les énormes champs pétrolifères de Mangala, découverts à la fin du 20e s. près de Barmer, au sud de Jaisalmer, sont entrés en production en 2009, faisant désormais du Rajasthan le fournisseur d'hydrocarbures privilégié du pays. Voilà qui pourrait, dans les années à venir, changer considérablement le visage du désert rajasthani, déjà hérissé de champs d'éoliennes à perte de vue, ainsi que les aspirations de ses habitants.

UNE AMBASSADRICE DE CHARME

Les amateurs de voitures des années 1950 ne résisteront pas aux formes voluptueusement arrondies de la vénérable Ambassador, omniprésente en ville comme à la campagne, où elle se révèle d'une robustesse à toute épreuve. Sa silhouette vous dira peut-être quelque chose : sa carrosserie est en effet celle de la Morris Oxford modèle 1956. À une nuance près tout de même : lorsque après l'indépendance elle devint indienne, sa carrosserie fut élargie. Ce faisant, on ne toucha pas à la timonerie, d'où un décalage entre l'arbre de direction et le siège du conducteur. Pour y remédier, on monta le volant obliquement, si bien que le chauffeur est obligé de s'asseoir de biais, conduisant souvent le corps à moitié sorti par la fenêtre. L'Ambassador est fabriquée par Hindustan Motors, entreprise de la famille Birla ; mais devant le succès croissant des petits modèles comme l'Indica de Tata Motors, moins gourmande en carburant, ses jours sont comptés.

AU RAJASTHAN : TEXTILE, TOURISME ET ARTISANAT

Outre la nouvelle manne de la pétrochimie, les principaux secteurs économiques du Rajasthan sont le **textile** (coton et synthétique, dont il est le 2e producteur en Inde), le **ciment** (1er producteur au niveau national, secteur en croissance), la **marbrerie**, grâce à ses nombreuses carrières, et la production de **sucre**. L'immense lac salé de Sambhar, près de Jaipur, et ses mines de zinc, de cuivre et de fluorite lui fournissent également des revenus importants. Par ailleurs, l'État mise beaucoup sur le **tourisme** et l'**artisanat**, activités trouvant des débouchés aussi bien dans les villes que dans les campagnes. Chaque année, près du quart des quelque six millions de touristes étrangers visitant l'Inde passent par le Rajasthan. Dotée d'une bonne infrastructure hôtelière, la région tente de se promouvoir sur tous les marchés du voyage et explore aujourd'hui le secteur du tourisme médical (soins dentaires, traitements ayurvédiques). L'artisanat, en grande partie destiné au marché étranger, permet de créer des emplois dans des zones reculées. Tous ces facteurs, auxquels s'ajoutent des incitations fiscales et des facilités accordées aux entreprises, se conjuguent pour créer une **atmosphère dynamique**, propice à l'implantation de nouvelles infrastructures. Dans les secteurs de l'automobile, de la manufacture et des technologies de l'information, de nombreuses entreprises tant nationales qu'étrangères ont choisi de s'installer au Rajasthan, en particulier autour de Jaipur ; la construction d'un métro dans la capitale rajasthanie en 2014, l'établissement d'une zone économique spéciale (SEZ) à ses portes avec le Mahindra World City, la rapide amélioration du réseau routier dans tout l'État sont les effets visibles d'une bonne santé économique touchant l'ensemble de la région.

La famille, une valeur absolue

En Inde, point de salut sans famille ! En cas de drame ou de besoin, l'individu ne peut se tourner que vers celle-ci – à défaut vers sa *jati*, sa sous-caste de naissance *(voir p. 89)*. L'individu seul, à moins d'être fortuné, est condamné à vieillir dans la misère et l'indifférence générale. Cela explique en grande partie l'importance donnée au mariage et au fait d'avoir une descendance masculine que l'on gardera près de soi. Aucune grande décision (déménagement, choix d'une profession, etc.) ne saurait

LA NOCE À JHALAWAR

Février, grande période des noces… Ce samedi soir, Jhalawar célèbre plusieurs mariages. Un cortège parcourt bruyamment la ville, accompagné d'une fanfare et éclairé par des tubes de néon : parents et amis conduisent un futur époux à la demeure de sa fiancée. Juché sur une jument blanche qui avance au pas, le jeune premier fièrement enturbanné porte autour du cou une guirlande de billets de banque. Parvenu à la demeure illuminée de sa future épouse, il transperce d'un coup d'épée l'arc *torana* surmontant la porte, signifiant ainsi qu'il arrive en vainqueur pour prendre possession de la jeune fille. Celle-ci, tête baissée, cache son visage sous le pan d'un sari de soie rouge. Un brahmane dirige les rites religieux accomplis autour d'un feu sacré. Parents et amis viennent ensuite bénir le nouveau couple.

MEURTRE POUR UNE DOT

Le père de la mariée doit verser des sommes énormes à la belle-famille pour la dot de sa fille, jusqu'à 100 000 Rs (env. 1 200 €) dans certaines campagnes. Un retard dans le paiement, ou des exigences accrues de la part des beaux-parents qui, le mariage célébré, réclament un scooter ou un réfrigérateur qui n'était pas prévu dans le contrat, amènent des querelles, voire le meurtre de la jeune épouse. Les cas ne sont pas rares dans les grandes villes, et les journaux publient souvent le récit d'un de ces drames : la belle-fille brûlée vive, soi-disant parce que ses vêtements synthétiques ont pris feu alors qu'elle cuisinait ; on recense chaque année plusieurs milliers de décès liés au feu… S'il y a plainte et que la thèse de l'accident ne tient pas, il faut trouver un coupable. C'est habituellement la belle-mère qui se dénonce afin d'éviter la prison aux hommes de la famille.

se prendre sans l'avis des parents et surtout du chef de famille… à moins que ceux-ci ne décident pour l'intéressé sans tenir compte de son avis, d'où de multiples tensions. Le modèle occidental où l'individu est seul maître de son destin, s'il suscite parfois bien des envies parmi les classes éduquées, fait en définitive peur aux Indiens. La jeunesse des villes, avide de progrès matériel et fascinée par les dernières innovations technologiques, reste conservatrice en ce qui concerne la famille et le mariage. Et les préjugés sociaux, largement influencés par le système des castes, jouent toujours un rôle prépondérant dans les détails concrets de la vie quotidienne : choix d'un conjoint pour les enfants, pratique d'un métier, et jusqu'à la fréquentation des restaurants ou des lieux publics…

MARIAGE DE RAISON PLUS QUE D'AMOUR

Dans tout le pays, les mariages d'amour restent l'exception, la règle étant le mariage arrangé par les parents, oncles et tantes. Ceux-ci cherchent gendres ou brus dans un milieu similaire au leur, en tenant compte de la *jati* et de la région d'origine des candidats, de leur situation économique et sociale, de leur réputation. Au cas où les prétendants viendraient à manquer, un avis dans le journal permet d'élargir le choix. La couleur de la peau (un teint clair sera un atout important), la profession, le salaire, etc. sont pris en compte pour fixer le montant de la **dot** que la famille de la fiancée versera à celle du fiancé élu. Source d'endettement, parfois à vie, pour les parents qui ont des filles, le système de la dot est néanmoins observé par tous les milieux hindous, en ville comme à la campagne, bien qu'il soit officiellement interdit.

Les **annonces matrimoniales** qui paraissent dans les quotidiens dominicaux et sur Internet permettent de saisir le peu de romantisme des mariages à l'indienne. De pleines pages d'offres et de demandes, répertoriées par castes, milieux professionnels ou groupes linguistiques, pointent les détails décisifs : « On cherche un garçon brahmane, gagnant plus de 100 000 Rs par mois (env. 1 200 €), pour une fille brahmane ravissante, 21 ans, cinq pieds quatre pouces » ou « Famille brahmane cherche épouse de même caste, peau claire, 25 ans maxi, parlant hindi et anglais, pour un médecin, 29 ans, cinq pieds six pouces, travaillant au Canada et en visite en Inde le mois prochain. » Aucun mariage hindou ne saurait se faire sans l'approbation

d'un **astrologue**. En cas d'incompatibilité des thèmes astraux, il faudra renoncer à l'union envisagée… ou convaincre l'astrologue de réviser ses calculs de façon plus optimiste ! Après la cérémonie, la jeune mariée devient possession de sa belle-famille et le couple vient habiter chez les parents de l'époux, avec les autres fils et belles-filles – la **famille étendue** *(joint family)*, qui ne laisse guère de place à l'intimité.
Les sondages récents montrent cependant que, dans les villes au moins, la caste, les habitudes alimentaires et les horoscopes ne sont plus des obstacles au mariage. On accorde désormais plus d'importance aux diplômes universitaires et… à la clarté de la peau. L'obligation de mettre un terme à sa carrière après le mariage est devenue, pour nombre de femmes, une clause rédhibitoire.

LA NAISSANCE : FILLE OU GARÇON ?

Dans les familles hindoues, la naissance s'accompagne de rites destinés à éloigner les esprits malfaisants, responsables de la mort des nouveau-nés : attribution du nom après consultation des astrologues, premier repas d'aliments solides, tonsure des cheveux… Mais leur signification religieuse tend à se faire de plus en plus oublier et il s'agit davantage, désormais, de simples conventions sociales.
La naissance d'un garçon est accueillie avec joie et fierté : l'enfant devenu grand pourra assurer les vieux jours des parents, perpétuer le lignage et développer le patrimoine familial. En revanche, l'arrivée d'une fille ne donne lieu à aucune festivité car elle est annonciatrice de bien des sacrifices. En effet, la jeune fille ne restera pas dans la famille et ne lui sera donc plus utile. De plus, il faudra verser une dot pour la marier. Un proverbe rural l'affirme : « Élever une fille, c'est semer le champ du voisin. »

LA MORT, LE FEU ET LE FLEUVE

Après sa mort, le corps du disparu, lavé et parfumé, est enveloppé dans un linge (blanc pour les hommes, rouge pour les femmes) avant d'être placé sur un brancard. Tandis que les parentes restent à la maison en se lamentant, le corps est mené en cortège par les hommes de la famille jusqu'au lieu d'incinération, au bord d'une rivière ou d'une pièce d'eau.
À l'issue de la crémation, la famille recueille les cendres et les disperse dans le cours d'eau voisin, à moins qu'elle ne les conserve pour les jeter, lorsque l'occasion se présentera, dans un lieu particulièrement saint, tel le confluent de la Yamuna et du Gange. Une dizaine de jours après le décès, une cérémonie rassemblant amis et relations est organisée en mémoire du défunt.
Dans les milieux pauvres, les funérailles peuvent être une source d'endettement car le bois du bûcher revient cher, surtout dans les zones désertiques. Certaines familles hindoues nécessiteuses livrent à la rivière le cadavre à moitié consumé, faute d'une quantité suffisante de bois.

LE MALHEUR DE NAÎTRE FEMME

Dès sa naissance, on sait que la petite fille devra quitter sa famille au moment de son mariage. Elle reçoit donc moins d'attention que ses frères : elle est moins bien nourrie ou soignée qu'eux, et son éducation est peu approfondie. Après son mariage, elle vivra dans sa belle-famille où son devoir se résumera à enfanter et à servir son époux et sa belle-famille, avec modestie.

Cérémonie de mariage dans le Shekhawati.
P. Tisserand/MICHELIN

La tradition du **purdah**, c'est-à-dire la réclusion dans la maison derrière le « rideau », tend à disparaître du nord de l'Inde, où elle s'était imposée à l'arrivée des musulmans. Néanmoins, dans les milieux conservateurs du Rajasthan, État très passéiste, les femmes évitent encore de sortir et se voilent la face derrière leur *orhni* dès qu'elles quittent la maison. La Constitution, qui reconnaît aux femmes le droit de voter, de divorcer ou de se remarier, semble parfois moins d'actualité ici que les **lois de Manu**, ces antiques textes sacrés qui fixent les droits des castes et des individus.
Si la condition des femmes hindoues s'améliore, du moins dans les villes, les musulmanes restent considérées par leur famille comme des êtres mineurs et confinées dans leur demeure. Il suffit au mari de prononcer trois fois le mot *talak* (divorce) pour que l'épouse répudiée doive quitter son foyer sur-le-champ. La visite d'un quartier musulman amène immanquablement la question : « Où sont les femmes ? »

DES TRADITIONS QUI S'ESTOMPENT

Le recensement de 2011 montre, sur la dernière décennie étudiée, une augmentation de population de 21 % au Rajasthan, contre 17,7 % pour l'ensemble de l'Inde. Le Rajasthan est le 8e État le plus peuplé du pays, avec 68 millions de personnes.
L'ignorance ou le refus de la contraception, l'espoir d'avoir des fils expliquent la quantité de familles nombreuses, surtout dans les campagnes et les zones à dominante tribale (taux de natalité d'env. 28 ‰ ; à titre comparatif, il est de 10,8 ‰ en Europe). En ville, en effet, la *middle class* hindoue a depuis longtemps adopté la politique de **deux enfants par famille**, et le taux de natalité descend à 20,6 ‰.
Traditionnellement, la naissance d'une fille ne laisse entrevoir que des désagréments. Le **système de la dot** expliquerait en partie la faible proportion de femmes par rapport aux hommes (928 ‰ dans le Rajasthan, 940 ‰ dans

toute l'Inde), l'infanticide féminin n'ayant pas disparu… Pour des raisons différentes, la communauté musulmane (8,5 % de la population rajasthanie) encourage elle aussi une natalité élevée, même en milieu urbain : une descendance nombreuse est en effet considérée comme un don du ciel.

L'émergence des classes moyennes (qui désignent, en Inde, ceux qui possèdent un téléphone portable, une télévision couleur et un moyen de transport) s'est accompagnée de bouleversements profonds : l'exode rural ou les aléas de la vie professionnelle qui dispersent les enfants à travers tout le pays entraînent le démembrement de la famille étendue et l'augmentation du nombre des divorces ; la disparité des revenus entre « anciens » et jeunes générations travaillant dans les secteurs de pointe, la diffusion massive des modèles culturels occidentaux grâce à Internet se traduisent par une remise en cause de l'autorité patriarcale et du schéma familial traditionnel.

L'ÉDUCATION

Conséquence d'une pyramide des âges où les moins de 25 ans forment la moitié de la population, le système universitaire indien doit faire face chaque année à l'arrivée de plusieurs millions de nouveaux étudiants, à répartir dans quelque 20 000 établissements.

Les nécessités de formation professionnelle et de reclassement constituent un autre défi, puisqu'il concerne chaque année 12 à 16 millions de postulants. Pour compliquer la donne, l'enseignement est dispensé en anglais, une langue que seuls 5 % des étudiants pratiquent avec aisance.

Au Rajasthan, le taux de la **population alphabétisée** est de 67 % (80 % pour les hommes, 52 % pour les femmes) contre 72 % pour la moyenne nationale. Ces chiffres modestes s'expliquent par le conservatisme propre au Rajasthan (« Trop de savoir nuit au respect des traditions »), par la résignation de groupes sociaux déshérités et par le cynisme d'une classe dominante soucieuse de laisser la masse servile dans l'ignorance.

Alors que le pays connaît une croissance économique à deux chiffres et que les enfants de la classe moyenne effectuent de brillantes études dans des écoles privées ou à l'étranger, qu'en est-il dans les campagnes ? Certes, l'école publique est là pour tous, gratuite jusqu'à l'âge de 14 ans en principe ; encore faut-il payer uniformes, livres et cahiers ! Une addition bien trop élevée pour les familles qui ont à peine de quoi se nourrir. Alors, souvent, un seul de leurs enfants pourra fréquenter l'école régulièrement. Il n'est d'ailleurs pas rare que les écoles de la campagne rajasthanie elles-mêmes ne disposent ni de tableau noir ni de craie…

Un kaléidoscope ethnique

Les peuplades aryennes, venues d'Asie centrale, se sont implantées dans le nord de la péninsule entre 1600 et 1000 av. J.-C. *(voir « Histoire », p. 100)*. En se mêlant aux ethnies locales, elles ont progressivement donné naissance à une **population indo-aryenne**, aujourd'hui majoritaire dans le nord du pays.

LES POPULATIONS TRIBALES

Tandis que certaines tribus se mêlaient aux envahisseurs aryens, d'autres furent chassées vers le sud de la péninsule. D'autres encore se réfugièrent dans les zones de montagnes et de forêts, où elles survivent jusqu'à nos jours, conservant une partie de leurs coutumes et croyances. Au Rajasthan, ces tribus antérieures aux invasions aryennes se sont installées dans les montagnes de l'est et du sud ; elles représentent 13,5 % de la population de l'État, un pourcentage légèrement supérieur à la moyenne nationale. Elles relèvent de la catégorie des **scheduled tribes** (« tribus recensées »), ce qui leur ouvre des avantages : bourses d'études, quotas de places dans les universités et les administrations…

Les Meenas

Farouches guerriers que les Rajputs kachhvahas chassèrent d'Amber au 12e s. pour y établir leur capitale, ils constituent la communauté la plus nombreuse puisqu'ils forment plus de la moitié de la population tribale au Rajasthan. Ils vivent dans l'est de la région, autour de **Jaipur** et d'**Alwar**, ainsi qu'au Shekhawati. Ils conservèrent longtemps des liens étroits avec la dynastie des Kachhvahas, servant dans son armée et gardant son trésor. Ils se signalent par une taille élancée et des traits fins, et excellent dans l'agriculture.

Les Bhils

Ils forment l'une des plus importantes tribus aborigènes de l'Inde et sont établis au Gujarat, au Madhya Pradesh et dans le sud du Rajasthan, autour de **Chittaurgarh** et d'**Udaipur**. Au Rajasthan, légèrement moins nombreux que les Meenas, ils représentent un peu moins de la moitié de la population tribale. Réputés pour leur adresse au tir à l'arc et leur courage au combat, ils furent associés à toutes les luttes du *maharana* Pratap Singh contre les Moghols et conservèrent des liens étroits avec la dynastie des Sisodyas. Leurs traits sont plus épais que ceux des Meenas. Ils pratiquent le mariage d'amour et parfois la polygamie. La magie et la sorcellerie continuent d'imprégner fortement leurs rites.

Les Garasias

Représentant env. 5 % de la population aborigène du Rajasthan, ces anciens guerriers à la petite stature, devenus agriculteurs et dévots de Krishna, sont réputés pour leurs mariages par enlèvement. On les rencontre surtout autour de **Mount Abu**.

LES PRINCIPALES COMMUNAUTÉS

Les Rajputs

Formant env. 10 % de la population du Rajasthan, ils appartiennent à la caste des *kshatriya*. On ne connaît pas leur origine exacte mais on suppose qu'ils descendent des **Gurjaras**, une peuplade organisée en clans qui arriva en Inde dans le sillage des Huns, vers la fin du 5e s. Les familles dominantes de chaque clan constituèrent jadis des dynasties qui régnèrent jusqu'à l'indépendance sur une vingtaine de royaumes. Les Rajputs étaient liés entre eux par une sorte de système féodal : en remerciement de services rendus, les princes distribuaient des fiefs en *jaghir*. Les seigneurs inféodés *(jaghirdar)* devaient lever l'impôt pour le prince et lui fournir des troupes armées. Lorsque ce système fut aboli, en 1954, les seigneurs ne purent conserver que la terre qu'ils exploitaient eux-mêmes.

Les Jats

Cette importante communauté d'agriculteurs est représentée dans tout le nord-ouest de l'Inde. Agriculteurs habiles et guerriers courageux, ils se forgèrent un royaume au 18e s., avec Bharatpur et Deeg pour capitales. Au Rajasthan, ils sont concentrés dans la région de **Bharatpur**.

Les Bishnois

Les **Bishnois**, connus pour leur profond attachement à la nature, peuplent la région de **Jodhpur**. Ils constituent une communauté religieuse dont l'origine remonte au 15e s., époque où leur maître **Jambhaji** fixa une liste de 29 interdictions, parmi lesquelles celles de couper du bois et de tuer toute vie *(voir p. 351)*. Ils considèrent les arbres, et tout particulièrement le *khejri (Prosopis cineraria)* dont ils ont fait leur symbole, comme des divinités et, au contraire des autres villageois, ne coupent pas leurs branches. À leur mort, ils se font enterrer plutôt que brûler afin de ne pas gaspiller le bois. Au 18e s., plus de 300 Bishnois se sacrifièrent pour tenter de protéger les arbres contre les haches des soldats de Jodhpur. Ils vénèrent également les antilopes cervicapres et les gazelles *chinkara*, qu'ils pensent être des Bishnois particulièrement bons, ainsi réincarnés ; il n'est pas rare de voir ces animaux sauvages aux abords des villages ou des jardins, car ils s'y sentent en parfaite sécurité. Agriculteurs propriétaires de leurs terres, les Bishnois vivent dans des villages de huttes. Traditionellement, les hommes portent des vêtements blancs.

LES GROUPES NOMADES

Les Rabaris

Les **Rabaris** forment une communauté de bergers dont les femmes portent un costume coloré et de magnifiques bijoux et les hommes un vêtement blanc et un turban rouge. Ils vivent dans les zones désertiques du Rajasthan et du Gujarat, élevant des dromadaires et du petit bétail. Même s'ils bénéficient des quotas réservés aux tribus *(scheduled tribes)*, leur niveau de vie et d'éducation reste bien inférieur à la moyenne.

Les Gaduliya Lohars

Les **Gaduliya Lohars** sont des Rajputs forgerons *(lohar)* vishnouistes. Itinérants, ils se déplacent en groupe de 20 à 30 familles dans des chariots *(gadi)* recouverts de plaques de cuivre martelé et établissent leurs campements en bordure des agglomérations. La nouvelle de leur arrivée se répand rapidement : villageois ou citadins leur apportent outils et ustensiles à réparer. Ils se disent originaires de Chittaurgarh, où ils étaient armuriers. La tradition rapporte que, lorsque la forteresse fut conquise par l'empereur Akbar, les Gaduliya Lohars auraient fait le vœu de revenir à Chittaurgarh en compagnie d'un *maharana* Pratap vainqueur des Moghols. Ils s'engagèrent à mener une vie errante, sans dormir sous un toit, sans allumer de bougie la nuit tant que ce vœu ne serait pas réalisé. Dans les années 1950, Nehru leur proposa de leur donner des lopins de terre pour qu'ils se sédentarisent, mais ils refusèrent, n'ayant pu réaliser leur vœu. Les femmes se reconnaissent à leurs vêtements à fond rouge.

Les Banjaras

Les **Banjaras**, dans la région de Chittaurgarh, pourraient être les ancêtres des gitans. Jadis commerçants itinérants, ils transportaient les denrées des autres marchands, approvisionnaient les armées en grain, sel, *ghee*, fourrage, etc., du Punjab au sud de la péninsule.

Les Kalbeliyas

Les **Kalbeliyas** se déplacent par petits goupes, avec leurs poules, leurs chèvres et leurs chiens aux allures de lévriers. Ils sont charmeurs de serpents *(sapera)*, commerçants, guérisseurs. Leurs campements, établis en pleine campagne, sont particulièrement misérables.

Les institutions indiennes

L'Inde forme une fédération de 29 États et de 7 Territoires, dont Delhi et les anciens comptoirs français et portugais (Pondichéry, Daman-et-Diu…). L'État du Rajasthan est lui-même divisé en une trentaine de districts qui portent le nom de leur capitale (Jaipur, Udaipur, Jodhpur…).

À LA TÊTE DE L'UNION

Rendue officielle le 26 janvier 1950 *(Republic Day)*, la **Constitution** fait de l'Union indienne, ou **Bharat**, une république démocratique, fédérale et laïque. Elle définit les institutions et leur rôle, au niveau central et dans les États et Territoires.

Établi à Delhi, le **gouvernement central**, ou gouvernement de l'Union, est seul responsable de la défense, des affaires étrangères, de la monnaie, etc. Élu pour cinq ans par un collège électoral (membres du Parlement central et des assemblées locales), le **président de l'Union** est le chef du pouvoir exécutif. Dans la réalité, il ne joue qu'un rôle négligeable (sauf en cas de crise), le **Premier ministre** *(Prime Minister, « PM »)* et son cabinet exerçant le pouvoir effectif. Le Premier ministre est automatiquement le chef de la majorité parlementaire. Le président nomme les ministres sur recommandation du Premier ministre.

L'ASSEMBLÉE DE L'ÉTAT ET L'ASSEMBLÉE DU PEUPLE

Le pouvoir législatif revient au **Parlement de l'Union**, formé de deux assemblées.

La chambre haute ou **Rajiya Sabha** (« Assemblée de l'État ») compte 250 députés élus par les assemblées des États, dont 12 sont nommés par le président. Elle entérine les lois votées par la **Lok Sabha** (« Assemblée du peuple »), chambre basse formée de 545 députés, élus au suffrage universel direct tous les cinq ans (l'État du Rajasthan dispose de 25 sièges à la Lok Sabha).

La **Cour suprême** contrôle le pouvoir législatif de l'Union. Effectivement indépendante du gouvernement, elle veille sur la Constitution et arbitre les conflits entre le pouvoir central et les États, ou entre les différents États.

ÉTAT PAR ÉTAT

Des **gouvernements locaux** siègent dans la capitale de chaque État – ce dernier assumant la responsabilité de l'ordre public, de la justice, de l'administration locale, de la santé, de l'agriculture, etc. Le pouvoir s'y organise sur le même principe qu'au niveau de l'Union.

Le **gouverneur**, nommé par le président de l'Union, n'exerce pas directement le pouvoir exécutif, celui-ci se trouvant entre les mains du **Chief Minister** (chef du parti majoritaire) et de son cabinet. Le pouvoir législatif revient à une ou deux chambres selon les États. La chambre basse ou **Assemblée législative** (Vidhan Sabha) est élue au suffrage universel direct (les élections ont lieu le même jour que les élections à la Lok Sabha).

Le **President's Rule** peut être déclaré par le président de l'Union lorsque celui-ci juge que l'ordre et la sécurité d'un État ne sont plus assurés. L'assemblée locale est alors dissoute et la direction de l'État confiée au gouverneur.

L'**administration** est assurée par l'Indian Administrative Service (IAS), dont les cadres supérieurs forment une élite de très haut niveau, tandis que dans les villages, des conseils municipaux, les *panchayat*, en assument la charge.

Traditions et art de vivre

Ni réminiscence nostalgique d'un passé enfui, ni folklore pour touristes : le savoir-faire d'antan imprègne toujours le quotidien rajasthani, particulièrement dans les campagnes, au point que l'on se demande parfois si le 21e s. est parvenu jusqu'ici. Au service de la religion ou de la vie de tous les jours, l'artisanat joue avec brio de toutes les matières offertes par la nature, pierre et bois, coton et soie, terre et or, avec un extraordinaire amour de la couleur. Malgré la multiplication des vêtements prêts à porter, hommes et femmes des villes comme des campagnes continuent à faire confectionner leurs vêtements par le « darzi », le tailleur. On retrouve dans les cuisines ce talent pour mettre en valeur les ressources de la nature et cette spiritualité de tous les instants. « La nourriture est Dieu », affirment les Veda, car elle maintient la vie : il convient de la vénérer comme une chose sainte. Myriade de couleurs dans le paysage, symphonie de saveurs dans les assiettes…

Artisanat

Avec la suppression des États princiers disparurent les mécènes qui patronnaient l'artisanat, ainsi que la clientèle d'amateurs éclairés dont le goût exigeant incitait les artisans à créer des objets raffinés et à innover. De nos jours, les connaisseurs ne sont plus suffisamment nombreux et puissants pour imposer leur goût face à des acheteurs étrangers qui font exporter par conteneurs entiers de l'« artisanat » destiné à une clientèle peu soucieuse de qualité. Pour satisfaire les commandes, le Rajasthan produit donc à la va-vite des objets qui ont perdu leur force expressive et leur charme d'antan. Néanmoins, la situation n'est pas si noire : plusieurs secteurs ont su demeurer créatifs ou se renouveler. Certains, comme ceux de la poterie bleue ou des textiles, avec le retour aux pigments naturels, connaissent même un regain de créativité.

LES PEINTURES

L'art de la **miniature** reste très présent au Rajasthan, même si la qualité n'est plus toujours au rendez-vous. De nombreux artistes perpétuent la tradition, mais ils se contentent souvent de copier des œuvres anciennes *(voir p. 121)*. Cet art élitiste n'empêche pas le développement de peintures plus populaires, chromos kitsch représentant les divinités du panthéon hindou, dont les reproductions ornent les murs des maisons et des moindres échoppes. Derrière la statue de Krishna-Nathji, dans le temple de Nathdwara, est pendu un **pichhwai** (« ce qui est derrière »), tenture peinte qui présente le dieu bleu dans un

Femme dans une fabrique de saris.
P. Michel/age fotostock

épisode de sa vie en relation avec la saison du moment. Selon le calendrier liturgique, on change le *pichhwai* afin que le sujet illustre la fête en cours ou à venir. Pour répondre à l'attente des pèlerins, les artistes de la région produisent, depuis le 18e s., des *pichhwai* imprimés, brodés ou peints montrant le Krishna si particulier de Nathdwara : visage sombre, parfaitement ovale, aux yeux semblables à deux longues fentes ; bras gauche levé dans le geste de soutenir le mont Govardhan ; vêtement évasé, en partie dissimulé par des guirlandes de fleurs.

Les Bhopas, prêtres itinérants et bardes, qui chantent les hauts faits des dieux et des héros, se servent d'un **phad**, ou *phar*, toile peinte d'environ cinq mètres de long, pour illustrer leurs ballades. Les aventures du héros sont représentées à la manière d'une bande dessinée, avec des couleurs vives, par des peintres de la région de Chittaurgarh et de Bhilwara, qui appartiennent au clan Joshi de la communauté des teinturiers.

Œuvres éphémères, les **mandala** sont des dessins rituels que les villageoises tracent sur le sol de leur cour pour chaque fête ou événement important. Sur un enduit composé de bouse mélangée d'ocre, elles peignent à la chaux blanche, avec leur doigt pour pinceau, des motifs géométriques mêlés de lotus, d'étoiles, de paons – prière pour attirer la bénédiction des dieux sur la maisonnée. Ces dessins sont nommés *rangoli* dans la région de Delhi, où ils se parent de couleurs et se retrouvent jusque sur les paliers des immeubles, en ville.

LA « PIETRA DURA »

La technique d'incrustation de pierres semi-précieuses dans le marbre, appelée *pietra dura*, apparut dans l'art monumental au début du 17e s., sous le règne de l'empereur Jahangir. Caractéristique de l'art moghol, elle continue d'être utilisée par les artisans d'**Agra**, qui composent des marqueteries de pierres fines sur des boîtes ou des plateaux de table.

LES TEXTILES

Le Rajasthan est sans doute le centre le plus riche de l'Inde pour la production de cotonnades. La richesse des couleurs, l'audace des juxtapositions de teintes, la variété des techniques décoratives et des motifs en font un paradis pour les amateurs d'art textile. Les tendances actuelles remettent à l'honneur les pigments naturels, rouge garance, bleu indigo, jaune curcuma, longtemps supplantés par les couleurs synthétiques.
Les eaux riches en sel des rivières du Rajasthan ne sont pas étrangères au développement précoce de l'art de la teinture. Avant l'ère chrétienne, on pratiquait déjà la **teinture par ligature** *(tie-and-dye)*, qui consiste à nouer certaines parties du tissu avant de le plonger dans le bain de couleur, afin que la partie liée garde sa teinte d'origine. Deux techniques sont utilisées : la *bandhani* (« ligature ») qui produit un motif de petits cercles blancs se détachant sur un fond coloré, et le *lahariya* (« ondulation ») donnant un motif de chevrons, de rayures ou de carreaux. Les tissus *bandhana* servent à confectionner toutes sortes de vêtements féminins, tandis que les *lahariya* sont utilisés pour les *orhni* (voiles), les *dupatta* (écharpes) ou les turbans.
L'**impression au bloc de bois gravé**, encore plus ancienne que la teinture par ligature, est réalisée par les *chhipa* (imprimeurs), soit en réserve, soit par impression directe du tampon de bois imprégné de teinture. Dessins et couleurs varient selon la région. Les foyers les plus réputés pour la beauté de leurs impressions sont Jodhpur, Jaisalmer et sa voisine Barmer, ainsi que Jaipur qui dispose de deux centres importants : Bagru et Sanganer, ce dernier produisant les calicots les plus raffinés.

Parmi les types de **broderie** pratiqués au Rajasthan, les créations les plus originales sont les *shishadar*, toiles brodées de couleurs éclatantes et incrustées de miroirs *(shish)* selon une technique commune à l'ouest du Rajasthan, au Gujarat et au Sindh pakistanais. On l'utilise pour décorer les jupes, les boléros, les calots des bergers musulmans, et surtout les tentures qui ornent le linteau des portes d'entrée ou égaient les murs de terre des maisons villageoises.
Autre type de broderie, la **zari**, réalisée au fil d'or ou d'argent, rehausse les vêtements de cérémonie ou les tentures murales. Les grands centres de cet art qu'affectionnent les musulmans sont Jaipur et Agra.
Une des formes les plus originales de la **broderie d'application** est le *gota*. Il s'agit de détails de passementerie (galons, franges, cercles…) en fils dorés ou argentés, qui sont rapportés sur les tenues de fête, parfois aussi sur les vêtements de tous les jours que portent les femmes de certaines communautés. Ainsi croiserez-vous, sur les routes du Shekhawati et du Mewar, des femmes enveloppées d'un *orhni* rouge ou jaune vif sur lequel se détachent de grands *gota* argentés en forme de cercle.
L'ouest désertique, aux nuits d'hiver glaciales, produit des **châles** et **des couvertures** en laine filée à la main. D'aspect rustique, ils sont décorés de bandes de couleur à motifs géométriques se détachant sur un fond blanc ou noir. Ceux à fond noir tissés dans la région de Jaisalmer comptent parmi les plus beaux.

LE BOIS

Les objets en bois étaient travaillés avec un soin particulier, le matériau étant précieux dans cette région où les forêts sont rares. Le teck,

importé d'autres États, était finement sculpté en portes, fenêtres ou balcons (ceux du Shekhawati et de Jaisalmer sont particulièrement ornementés) ; il pouvait aussi être incrusté de santal, de bois de rose ou d'ivoire pour créer de précieuses portes intérieures. L'art des sculpteurs s'exprimait également dans la réalisation des *pida* (sièges bas), des pieds de lit ou des coffres. À l'entrée des forts et *haveli* habités par des Rajputs, vous serez accueilli par deux grandes statues en bois sculpté et peint représentant un couple. Il s'agit d'**Isar et Gauri**, assimilés à Shiva et Devi, divinités tutélaires des Rajputs. Ces statues, souvent vêtues de somptueux atours, étaient fabriquées à **Bassi**, un village à 25 km à l'est de Chittaurgarh, où survivent quelques sculpteurs se consacrant à présent à la fabrication de jouets. On trouve aussi des têtes d'Isar et Gauri en cuivre ou en poterie auxquelles on donnait l'apparence de la vie en les parant de brocarts.
Les têtes des **marionnettes en bois** *(katputli)* actionnées par deux fils continuent d'être sculptées et peintes sur les modèles anciens, mais la production en série destinée aux touristes affecte considérablement leur qualité.

LES TAPIS

Les tapis fabriqués au Rajasthan sont essentiellement des **dhurri** en coton réversibles. Dédaignés au début du 20e s., les *dhurri* font un retour en force. Ils sont tissés sur des métiers horizontaux par des familles de villageois, notamment dans les régions de Jaipur et de Jodhpur. Motifs géométriques et tons pastel les caractérisent. Les villages autour de Jodhpur et de Barmer produisent également des **kilims** en coton, non réversibles, aux teintes plus vives que celles des *dhurri*. Quant à la technique du **tapis noué** en laine, elle fut introduite par les Moghols, à Agra d'abord, puis au 17e s. à Jaipur.

L'ART DU MÉTAL

Le Rajasthan a développé un art du métal (cuivre, bronze et laiton) dès l'époque de la civilisation de l'Indus grâce aux importants gisements de cuivre, d'étain et de zinc que recelaient les monts Aravalli. Dans un pays où la guerre était endémique, tout ce qui avait trait à l'**armement** revêtait une importance cruciale, et le Rajasthan s'est montré particulièrement créatif en matière d'armes damasquinées, dont les centres de production les plus fameux étaient Jaipur, Alwar et Jodhpur.
Parmi les objets en métal de la vie quotidienne, on trouve de grands coffrets ajourés destinés à conserver les ingrédients nécessaires à la confection du *paan* *(voir p. 81)* ou de petites boîtes à bétel ou à opium pour le voyage, des casse-noix pour ouvrir les noix d'arec, des *houkas* (pipes à eau) et des lampes à huile dont les plus séduisantes adoptent une forme de paon ou l'apparence de Lakshmi, déesse de l'Abondance.

LA POTERIE

Le village de **Molela** (au nord d'Udaipur) perpétue la création de plaques votives en **terre cuite** représentant en haut-relief des dieux ou des héros légendaires – art charmant aux formes rondes et naïves. Les stèles sont laissées couleur d'argile, ou peintes de blanc, vermillon, jaune vif, bleu ciel et noir, puis vernies à l'huile.
Aujourd'hui spécialité de Jaipur, la **poterie bleue lustrée**, d'origine chinoise, fut importée en Inde par les sultans de Delhi via la Perse. Cette technique ne fut popularisée au Rajasthan qu'au 19e s., après que le maharaja de Jaipur, Ram

Singh II, eut fait venir de Delhi des artisans potiers pour l'École des beaux-arts qu'il fonda en 1866. Un deuxième souffle fut apporté dans les années 1960 par les efforts conjugués de la maharani Gayatri Devi et du potier Kripal Singh Shekhawat. Les motifs floraux ou géométriques sont à dominante bleue, couleur obtenue à partir des oxydes de cuivre et de cobalt. Elle s'accompagne de vert, de jaune et de blanc, auxquels s'ajoutent quelques touches de rose.

Costumes et bijoux

Les vêtements populaires sont traditionnellement en coton, mais de plus en plus souvent en synthétique, la soie étant réservée aux classes urbaines aisées.

LE VÊTEMENT MASCULIN

En ville, les hommes ont largement adopté le pantalon et la chemise pour aller travailler. Néanmoins, de retour chez eux, la plupart, à Delhi comme à Udaipur, enfilent une tenue plus confortable avec laquelle ils passeront la soirée et dormiront : un pagne à carreaux emprunté à l'Inde du Sud, le *lungi*, ou un *kurta-pyjama*, chemise descendant à mi-cuisse sur un pantalon froncé à la taille. La coupe du *kurta-pyjama* varie selon les régions : près du corps en Uttar Pradesh, il se porte plus ample chez les sikhs et les Jats. Lorsque le *pyjama* est bouffant sur la cuisse et serré sur la jambe à la manière d'un jodhpur, il est appelé *churidar*. En hiver, les hommes élégants revêtent, au-dessus de leur *kurta-churidar*, un *achkan*, le fameux manteau « à la Nehru ».
Dans les campagnes du Rajasthan, paysans et pasteurs portent encore le *dhoti*, longue pièce de tissu blanc léger que l'on fixe à la taille et dont on fait passer un pan entre les jambes. Ils l'associent soit avec un *kurta*, soit avec un *angrakha*, chemise blanche courte, serrée sur la poitrine et allant en s'évasant.
Long de huit à onze mètres, le **turban** *(pagri, safa…)* symbolise l'honneur du Rajput. Il est porté également par les Jats ainsi que par les sikhs. La manière de le nouer et la couleur varient selon la région, la communauté, mais aussi selon les saisons et la situation familiale.

LE COSTUME FÉMININ

Évoquer une femme indienne fait immanquablement surgir l'image d'une silhouette en **sari**, ce tissu rectangulaire long de plus de cinq mètres qui, une fois drapé, donne une allure si gracieuse et élégante. Le sari est toutefois moins répandu au Rajasthan qu'en Inde du Sud, en dehors des classes moyennes des grandes villes.
Les jeunes femmes citadines de tout le pays ont adopté comme tenue de jour le **salwar-kamiz**, costume des femmes musulmanes du nord : pantalon bouffant et resserré aux chevilles, en partie dissimulé sous une longue tunique. L'ensemble est complété par le *dupatta*, écharpe censée couvrir la poitrine. Dans les milieux conservateurs, le *salwar-kamiz* n'est plus porté après le mariage, seul le sari étant accepté. Une exception chez les Punjabis – sikhs ou hindous –, dont la tenue nationale est le *punjabi suit*, proche du *salwar-kamiz* mais de coupe plus ample.
Pour les *maharanis* comme pour les paysannes, le costume traditionnel rajasthani est constitué d'une jupe longue froncée à la taille (*ghagra* ou *lehanga*), d'un boléro court couvrant la poitrine et les épaules (*choli* ou *kanchli*), d'une chemise ajustée, le *kurti* (celle-ci est souvent omise, laissant le boléro visible), et d'un voile (*orhni* ou *odhni*) qui enveloppe les épaules et couvre la tête, et dont un pan est maintenu dans la ceinture de la jupe.

LES CHAUSSURES

Autant le turban incarne la fierté et l'honneur de celui qui le porte, autant les chaussures sont considérées comme objet de pollution. Traditionnellement fabriquées en cuir (tenu pour impur par les hindous), elles ne sont maniées qu'avec précaution. On ne toucherait pour rien au monde les chaussures de quelqu'un d'autre, même d'un parent (du moins dans les castes supérieures). Le tannage des peaux de buffle, de vache ou de dromadaire, à l'aide de bains successifs de chaux, d'acide et d'écorce de *babul* (acacia), revient aux musulmans ou à la communauté hors-caste des **Chamars**.

Sur certaines statues du Bouddha debout, datant du 2e s., on retrouve des *chappal* (sandales) d'une forme identique à celles communément portées de nos jours par tous les Indiens : une bande de cuir couvrant le coup de pied, et une autre, plus fine, pour le gros orteil. La chaussure typique du Rajasthan est la *juti*, sorte de chausson à pointe légèrement recourbée, qu'ont adoptée aussi bien les paysans que les citadins. Les plus légères sont confectionnées par les *mochi* (cordonniers musulmans) des villes. *Chappal* et *juti* sont cousues main et laissées au naturel ou teintes. Elles peuvent aussi être décorées de broderies ou d'applications de velours surbrodé de fils dorés.

ARGENT, OR ET PIERRES FINES

Dans les campagnes rajasthanies comme dans le reste de l'Inde, les bijoux représentent encore le seul placement sûr, aisément monnayable ou transmissible. Ils constituent aussi un patrimoine, notamment pour les femmes, dont ils étaient la seule propriété légale avant qu'elles n'accèdent au droit d'hériter (*Hindu Mariage Act*, 1955). Cela explique la coutume de se parer de plusieurs colliers, pendentifs, bracelets… tous portés en même temps.

En Inde, les bijoux ne sont pas réservés aux femmes, même si, de nos jours, les hommes semblent avoir définitivement cédé leurs colliers de perles à leurs épouses. Toutefois le Rajasthan fait exception et vous y rencontrerez encore beaucoup de citadins portant les boucles d'oreilles propres à leur communauté, et de paysans arborant colliers et bracelets de cheville – en argent, car les castes de service ne sauraient s'arroger le droit de porter de l'or, réservé aux castes pures.

DES BIJOUX DE PIED EN CAP

Les pièces anciennes en or ou en argent datent rarement de plus de 50 ans, la tradition voulant que les bijoux usés soient fondus pour en créer de nouveaux. Les bijoux présentent de nombreuses variantes selon les régions et les communautés ; cependant, qu'ils soient en argent, en or ou ornés de pierres, certains types se retrouvent dans tout le Rajasthan.

Hommes et femmes portent des **amulettes** (*jantar*, étui dans lequel est glissé un mantra protecteur) autour du cou ou au-dessus du coude et des *patri*, pendentifs en forme de plaques, qui représentent le dieu personnel – Ganesh, Durga ou quelque divinité locale…

Également portés par les hommes comme par les femmes, les colliers rigides *(hansli)*, les brassards *(bajuband)*, ou les bracelets rigides de chevilles. Ces derniers disparaissent plus vite pour les hommes que pour les femmes, mais on en voit encore fréquemment dans le sud-ouest.

Parmi les bijoux typiquement féminins figurent l'**anneau de nez** *(nath)* et le **pendentif frontal**, dont

le nom varie selon la forme : *bindi, rakhri, borla*… Les bagues d'orteil ne sont portées en principe que par les femmes mariées, de même que les **bracelets en ivoire** (désormais remplacés par du plastique), teints en rouge, couleur du mariage.
Omniprésents, les *bangles* (ou *churris*), bracelets multicolores, sont fabriqués tantôt en verre, tantôt à base de résine de banian fondue et teinte de pigments végétaux prenant le rouge comme base. Vous en trouverez partout autour de Bundi, Udaipur, Jaipur et Jodhpur.

JOAILLERIE ET ORFÈVRERIE

Selon la croyance traditionnelle, l'énergie des planètes, et des dieux qui les gouvernent, s'exprime par la vibration des couleurs. À chaque couleur correspond une pierre précieuse ou semi-précieuse qui fonctionne comme un centre d'énergie. Les pierres et les métaux possèdent en effet un pouvoir dont aucun Indien ne contesterait l'influence sur la santé et le destin de l'homme – et des animaux. On considère que pour chaque personne il existe une pierre bénéfique, mais, pour plus de sûreté, mieux vaut porter un jeu complet des pierres de couleur : d'où les **bijoux navratan** (« à neuf pierres ») associant les neuf pierres de base, dont une perle, sur un même bijou, généralement une bague ou un pendentif.
Spécialité des orfèvres *(sunar)* de Jaipur, le *kundankari*, « l'art de l'or pur », consiste à sertir dans l'or des pierres précieuses polies en cabochon. Les pierres sont posées côte à côte et dessinent des étoiles, le croissant de lune de l'islam ou des paons, perroquets, poissons… Les personnes trop pauvres pour porter des pierres précieuses remplaçaient celles-ci par du verre coloré. Le plein épanouissement de l'art du *kundan* se situe du 17e au 19e s. Les pièces anciennes sont nombreuses et tous les bons bijoutiers de Jaipur détiennent dans leurs coffres des pièces dignes de cassettes princières.
Au début du 17e s., le maharaja Man Singh de Jaipur fit venir de Lahore (au Punjab) quelques familles d'artisans-émailleurs qui introduisirent au Rajasthan le *minakari* ou « art de l'émail » champlevé. Jaipur et, dans une moindre mesure, Alwar devinrent au 18e et au 19e s. les centres de l'art de l'**émail** en Inde, rôle qu'ils conservent aujourd'hui encore. Aux teintes les plus usitées, le blanc, le rouge et le vert vif, s'ajoutent parfois des touches de bleu. L'une des formes les plus prisées est l'épais bracelet rigide d'origine moghole se terminant par deux têtes d'animaux affrontées. Les pièces en *kundankari* présentent souvent un revers en *minakari*, destiné à éviter que l'or ne s'use. Le dessin, très fin, s'inspire de la nature : feuilles, fleurs, oiseaux…
Petites merveilles fabriquées uniquement au Rajasthan : les **pendentifs** décorés selon la technique du **thewa**, telle qu'elle est pratiquée depuis le 16e s. par quelques familles d'orfèvres à Pratapgarh, au sud de Chittaurgarh. Une feuille d'or finement ciselée est découpée en forme de personnages ou d'animaux, et posée sur un fond en verre coloré, généralement rouge ou vert. Cet art du *thewa* est également mis en œuvre pour créer des boîtes et de délicats coffrets.
Les **manches de poignard** d'apparat relèvent également de l'art de la joaillerie lorsqu'ils sont en matières précieuses, par exemple en jade incrusté de rubis et d'émeraudes sertis d'or. Cet art du jade exalté par des pierres précieuses est emprunté aux Moghols. Leur goût pour les pierres précieuses s'étendait jusqu'aux harnais de parade des chevaux

Préparation de la galette, Jaipur.
ARCO/S. Tuengler/Arco Images /age fotostock

qui, constellés de gemmes, étaient transformés en véritables joyaux.

La cuisine indienne

Les Indiens entretiennent une relation très particulière avec la nourriture. Les aliments et l'eau sont chargés de tabous liés au système des castes et à la notion de pureté, pureté physique et pureté spirituelle n'étant pas séparées pour un hindou. Celui-ci ne peut accepter de nourriture préparée ou offerte par un membre d'une caste inférieure à la sienne, car il serait ainsi pollué. Les mets préparés dans le *ghee* (beurre clarifié) sont considérés comme moins susceptibles de perdre leur pureté, donc moins dangereux que ceux cuits dans l'huile, au four ou, pire, dans l'eau.

Selon la région dont ils sont originaires, leur religion et leur caste, tous les Indiens ne s'alimentent pas de la même façon. Musulmans, chrétiens et sikhs consomment de la viande, tandis que les jaïns sont végétaliens *(pure veg)*, c'est-à-dire qu'ils ne mangent ni viande, ni poisson, ni œuf (parfois ni oignon ni ail). Environ 10 % des hindous sont eux aussi *pure veg*, et l'essentiel de la population, toutes religions confondues, ne consomme pas de viande. Celle-ci, lorsqu'elle n'est pas taboue, reste de toute façon réservée aux grandes occasions et se limite au poulet ou à la chèvre, moins chers que le mouton.

LES BASES DU REPAS POPULAIRE

Le repas traditionnel, servi sur un plateau appelé **thali**, se compose presque toujours, quelle que soit la région, de légumes *(sabzi)* et de lentilles *(dal)*, accompagnés de riz *(chawal)* ou de galettes de blé (*chapati* ou *roti*), de yaourt *(dahi)* et d'un condiment épicé à base de légumes ou de fruits (*pickles* ou achar, conservés dans l'huile, le vinaigre ou le citron, ou *chutney* aigre-doux).

On emploie pour chaque recette un mélange spécifique d'épices (**masala**, ou *garam masala* dans le cas d'épices fortes), subtile combinaison qui fait le succès du plat, et dont la maîtresse de maison garde jalousement le secret. Utiliser les *masala* vendus tout prêts dans le commerce apparaîtrait comme une hérésie pour toute cuisinière qui se respecte.

Le Nord cuisine surtout au *ghee*. Il a créé de nombreuses recettes inspirées de la cuisine persane, qui composent la délicieuse cuisine *mughlai* (moghole). Il a aussi emprunté des plats à l'Afghanistan, servis sous le nom de « cuisine de la frontière du nord-ouest ».

Au Rajasthan, l'aliment de base est le millet *(bajra)*, servi avec des haricots *(mogri)*, des câpres *(kher)* ou des cosses d'acacia *(khejri)*. Le plat rajput le plus réputé est le *sula*, brochette de viande de chèvre ou de poulet marinée dans une sauce épicée et cuite au *tandoor*.

PAINS ET GALETTES

On vous servira surtout des *chapati* et des *roti*, galettes de farine complète sans levain. Les premières sont cuites sur une plaque en fonte *(tawa)*, les secondes au four de terre *(tandoor)*. Elles sont le plus souvent faites avec de la farine de blé, mais parfois aussi de millet *(bajre ki roti)* ou de maïs *(maki ki roti)*. Les *nan*, galettes de farine blanche liée avec du lait, sont levées et cuites au four. Plus épaisses et rissolées à la poêle, les *parantha* peuvent être farcies de légumes. Au restaurant, on vous proposera des *pappadam* (ou *pappad*) à grignoter, délicieuses crêpes de farine de lentilles, fines et craquantes sous la dent, originaires du Sud mais adoptées par tous.

PAUSE SUCRÉE

Les desserts font grand usage du lait, de la cardamome et des pistaches, tels le *kheer*, riz au lait, le *firni*, sorte de crème, ou le *kulfi*, une glace onctueuse.

Parmi les **confiseries**, souvent fort sucrées, citons le *laddu* (boulette à base de farine de pois chiches et de graines de melon), le *gulab*

SNACKS ET ACCOMPAGNEMENTS

Dal – Cette préparation à base de lentilles et de légumes secs accompagne la plupart des repas indiens. Les recettes favorites sont le *dal makhani* (lentilles au beurre) et le *rajma* (lentilles et haricots rouges).

Dosa et **idli** – Ils sont confectionnés avec la même préparation de riz et de lentilles fermentés dans le babeurre. Les *dosa* sont de fines crêpes. Les *idli* sont des brioches cuites à la vapeur. Ces plats du Sud sont servis avec du *sambar*, un bouillon épicé à base de lentilles et de légumes.

Namkin et **chaat** – Graines grillées et épicées ou salées-sucrées que l'on croque comme amuse-gueules à toute heure du jour. Le plus répandu des *chaat* est le *bhel puri*, originaire de Mumbai, mais que l'on trouve partout, vendu par les marchands ambulants ou servi en début de repas. C'est un mélange de riz soufflé, cacahuètes, lentilles frites et pois chiches grillés, servi avec un *chutney* et un filet de citron.

Pakora – Beignets à base de farine de pois chiches *(besan)* accompagnés d'une sauce dont la composition varie d'un lieu à l'autre.

Paneer – Ce nom, qui signifie « fromage frais », apparaît souvent dans les préparations, comme dans le *palak paneer* (épinards au fromage) ou le *mattar paneer* (petits pois au fromage).

Raita – Yaourt épicé aux légumes (pommes de terre, concombres ou tomates).

Samosa – Beignets triangulaires frits et farcis de légumes ou, plus rarement, de viande, que l'on trouve à tous les coins de rue.

LES PLATS DE RÉSISTANCE

Curry – L'aliment de base (poulet, mouton, poisson, légumes...) est coupé en morceaux et mijoté avec un mélange d'épices *(masala)* dans une sauce à l'huile végétale ou au *ghee* (beurre clarifié).
Kofta et **kebab** – Recettes empruntées à la cuisine turco-afghane. Les boulettes de viande hachée *(kima kofta)* ou de légumes *(malai kofta)* sont revenues dans une sauce au yaourt et aux fruits secs. Les kebabs sont des brochettes de viande (mouton ou poulet) hachée et grillée.
Korma – Morceaux de poulet ou de mouton revenus dans une sauce au yaourt, noix de cajou, amandes et autres graines.
Pulao et **biryani** – Pour ces deux plats de la cuisine *mughlai*, riz, viande et légumes sont cuits ensemble. Pour le premier (dont le nom est une déformation du persan *pilaf*), la cuisson s'effectue dans une casserole ; pour le second, elle se fait à l'étouffée au four.
Tandoori – Désigne tout plat cuit dans un four en terre *(tandoor)*.
Tikka – Recette du Punjab : le poulet ou le poisson, découpé en morceaux et désossé, est mariné dans du yaourt parfumé d'un mélange d'épices et cuit en brochettes au *tandoor*.

jammun (boulette brune faite de farine, de lait caillé et de pistaches, flottant dans un sirop) et le *rasgula* (boulette blanche de fromage frais lié avec de la farine et servie dans un sirop).

LES BOISSONS

Le **thé** est devenu la boisson nationale depuis que des théiers ont été transplantés de Chine par les Britanniques au milieu du 19e s. Mais le nuage de lait anglais s'est épaissi sous le ciel indien : la recette inclut une quantité égale de lait et d'eau, à laquelle on ajoute la poudre de thé, du sucre et des épices (gingembre, cardamome...). Le tout est porté à ébullition trois fois de suite pour donner le *chaï* dont on se délecte à longueur de journée. Ne manquez pas les *lassi* (yaourts battus) salés, épicés ou sucrés. En été, goûtez au *thandai* (lait aromatisé aux amandes pilées et à la cardamome) et au *jira pani* (eau parfumée au cumin, à la menthe et au citron).
La **bière** indienne (Kingfisher ou Black Label pour les marques les plus courantes), servie glacée, constitue une agréable surprise dans un pays où l'alcool est perçu comme un apport étranger méprisable.

POUR CLORE LE REPAS

Nul ne saurait terminer un bon repas sans mastiquer un *paan*, **chique de bétel** censée favoriser la digestion et rafraîchir l'haleine. Prenez une feuille de bétel, tartinez-la de chaux vive, ajoutez-y une lamelle de noix d'arec et divers ingrédients selon votre goût (anis, cardamome, noix de coco, tabac...), repliez-la en triangle et, pour la maintenir fermée, piquez un clou de girofle. Recouvrez le tout d'une fine pellicule d'argent *(vark)* et vous obtiendrez un *paan*. Ou bien faites-le préparer par le *paanwallah*, dont vous trouverez toujours une échoppe à la sortie des bons restaurants.
La mastication du *paan* nécessitant de recracher régulièrement la salive devenue rouge vermillon, vous pouvez préférer acheter du **supari** préemballé, mélange d'épices digestives enrobées de sucre coloré, dont la mastication est plus discrète.

Nature et paysages

L'État du Rajasthan s'étend dans le nord-ouest de l'Inde sur une superficie de 342 000 km² (deux tiers de la France), juste au nord du tropique du Cancer. Il forme un losange dont les pointes extrêmes sont distantes d'environ 700 km. À l'ouest, il est bordé par le frère ennemi de l'Inde, le Pakistan – attention : frontière sensible ! Dans les autres directions, cinq États indiens l'entourent. Au nord-est, on trouve Delhi. La capitale de l'Inde occupe une enclave qui a rang de Territoire de l'Union et se trouve enserrée entre les États du Haryana et de l'Uttar Pradesh (communément appelé « U.P. »).

Régions naturelles

Voir la carte en rabat de couverture.

La chaîne des monts Aravalli divise en deux le Rajasthan, marquant une limite climatique et déterminant trois grandes régions naturelles : une zone de plateaux et de **plaines fertiles** au sud-est (que prolonge la plaine alluviale de Delhi et Agra) ; un **système montagneux** au centre ; une étendue de **steppes** quasi désertiques à l'ouest. Si la densité de population en Inde (382 hab./km² en moyenne) varie considérablement, des espaces désertiques du Thar aux plaines côtières du Kerala, où elle atteint 819 hab./km², le Rajasthan présente des statistiques plus modestes avec une population de 71 millions d'habitants pour une densité moyenne de 200 hab./km².

DELHI ET LA VALLÉE DE LA YAMUNA

Tous les envahisseurs venus de l'ouest au cours des millénaires débouchèrent dans le sous-continent indien par la fameuse passe de Khyber, entre l'Afghanistan et le Pakistan. Dans leur progression vers l'est, les obstacles que représentent l'Himalaya au nord, le désert du Thar et les derniers chaînons des Aravalli au sud les forçaient à emprunter la plaine du Punjab et à se diriger vers le premier point d'eau à l'est : **Delhi**, sur la rivière sacrée Yamuna, affluent du Gange. La plaine alluviale, fertile, a fixé une population dense, mais le paysage

Dromadaire dans la plaine d'Ajmer.
M. David / age fotostock

plat, monotone et poussiéreux manque de charme.

LES MONTS ARAVALLI, FRONTIÈRE NATURELLE

Si vous allez de Delhi à Jaipur par la route, vous traverserez d'abord une plaine rectiligne bien cultivée. Peu avant de franchir la frontière du Rajasthan, vous verrez soudain des collines rêches se dresser de part et d'autre de la route et se rapprocher peu à peu : vous pénétrerez alors dans la chaîne des monts Aravalli, riches en gisements miniers. Formées de roches sédimentaires plissées au précambrien, il y a plus de 500 millions d'années, ces montagnes comptent parmi les plus anciennes au monde. Elles traversent tout le Rajasthan du nord-est au sud-ouest, en alternant sur 800 km plis parallèles et dépressions (formation de type appalachien). Leurs reliefs apparaissent extrêmement érodés, surtout au nord de Jaipur.

Leur partie la plus élevée se trouve au sud, entre Udaipur et Mount Abu, où elle culmine dans un massif isolé, au mont **Guru Shikhar** (1 721 m), à 50 km de Mount Abu. Cette région orientale révèle de superbes paysages ondulés et verdoyants, alliant végétation tropicale et climat tempéré.

Les reliefs des monts Aravalli, aussi modestes soient-ils, jouent un rôle déterminant de barrière climatique. Ils arrêtent les pluies de mousson, arrivées du sud-est : celles-ci éclatent sur le versant oriental et laissent tout l'ouest du Rajasthan assoiffé. Dans l'autre sens, ils font écran aux vents chargés de sable soufflant du désert. En outre, au cours de l'histoire, ils s'opposèrent aux invasions, dressant un rempart d'autant plus efficace que de puissantes forteresses contrôlaient et protégeaient ses vallées et ses passes : Jaipur, Alwar, Chittaurgarh, Kumbhalgarh…

LES PLATEAUX ET LES PLAINES DU SUD-EST

Prolongeant la chaîne des monts Aravalli au sud-est s'étend une région où alternent collines et plateaux basaltiques coupés de plaines alluviales. Deux cours d'eau importants l'arrosent : la Banas et la **Chambal** (un affluent de la Yamuna), seule rivière pérenne du Rajasthan. Les terres noires du plateau du **Hadoti**, épaisses et fertiles, sont bien arrosées. Coton, lin, arachide, orge, blé et riz y poussent grâce à un climat chaud et relativement humide, assez semblable à celui que connaît la vallée de la Yamuna.

DES STEPPES QUASI DÉSERTIQUES

À l'ouest des monts Aravalli s'étendent des sols salés et

arides, parsemés d'épineux, qui, en progressant vers le Pakistan, s'assèchent jusqu'à former un désert : le **Thar**, ou grand désert indien. La présence d'une mer dans cette région, il y a deux milliards d'années, est attestée par la découverte de fossiles de coquillages.

Par endroits, avec ses dunes de sable dessinées par l'érosion et les vents soufflant du sud-ouest, le Thar se donne des airs de Sahara. En fait, il ne forme un véritable désert que dans sa partie pakistanaise. Côté indien, il est constitué à 40 % d'étendues pierreuses couvertes de buissons ou d'acacias, et est loin d'être déserté par les hommes : des tribus de nomades le parcourent en permanence avec leurs troupeaux de dromadaires et de chèvres.

Une vaste plaine de gneiss semi-aride assure la transition entre le désert du Thar et les monts Aravalli. Elle englobe les steppes du **Marwar** (autour de la seule ville importante de la région, **Jodhpur**) et les champs sablonneux du **Shekhawati**. On y pratique la culture sèche du millet et des oléagineux (colza, arachide, sésame, moutarde).

Quelques rivières descendent des Aravalli, notamment la Luni, née près de Pushkar, mais presque toutes s'assèchent bien avant l'été.

Mousson nourricière et libératrice

L'ensemble de la région est soumis à un climat chaud régi par la **mousson d'été** : la période des pluies (juillet-septembre) apporte 90 % des précipitations annuelles. C'est la saison la plus importante pour l'économie et la vie quotidienne. Mais la mousson, venue du Sud, arrive très appauvrie à Delhi et ne touche le Rajasthan que superficiellement (surtout sa partie ouest).

Elle est suivie d'un **automne** aux températures clémentes, et d'un **hiver** (décembre-janvier) frais aux nuits froides, où le gel n'est pas inconnu. Delhi est alors la ville la plus froide et Kota et Udaipur les villes les plus chaudes de la région. Les températures augmentent brusquement à la mi-février pour se transformer en canicule dès la fin mai. L'**été** connaît des températures accablantes et, dès la fin du mois de juin, toute la population vit dans l'attente anxieuse de la pluie, accueillant les premières averses comme une délivrance.

La flore, une diversité à préserver

Bénéficiant d'une gamme de milieux et de climats si vastes, le sous-continent indien accueille dans plus de 80 parcs et réserves une faune et une flore comptant parmi les plus riches du monde.

ARBRES SACRÉS

En Inde, les arbres ont été vénérés de tout temps comme images du cosmos et symboles de fertilité inépuisable et d'immortalité. Parmi les plus sacrés se trouve le **banian**, ou figuier indien *(Ficus indica)*, pourvu d'un feuillage dense et de racines aériennes qui pendent de chaque branche, telles des lianes. Il ombrage les places de nombreux villages indiens, sauf à l'ouest des Aravalli, où le climat est trop sec pour lui. Le Bouddha atteignit l'Illumination à l'ombre d'un *pipal* ou figuier des pagodes *(Ficus religiosa)*, dont les feuilles en forme de cœur sont argentées sur une de leurs faces. Les hindous le marient parfois avec un *neem* (*Azadirachta indica* ou margousier), mélia dont les innombrables propriétés médicinales et germicides sont connues depuis des siècles par les Indiens (vous trouverez du dentifrice à base de *neem* dans toutes les épiceries) et brevetées… par les Américains. Vous reconnaîtrez le **faux ashoka** (*Polyalthia longifolia*, de la famille des annonacées) à sa silhouette élancée comme une colonne (d'où son surnom d'arbre-mât, *mast tree*) et à ses feuilles étroites et allongées, vert laqué, dont on fait des festons ornant les linteaux, aux portes des temples.

FORÊTS…

La **forêt** couvre moins de 10 % de la superficie du Rajasthan (moitié moins que la moyenne nationale). Elle se concentre surtout dans le sud et l'est des monts Aravalli où les reliefs et les pluies de mousson favorisent sa reconstitution. Il s'agit d'une forêt sèche composée à la fois d'arbres à feuilles persistantes et d'espèces à feuilles caduques (dénudées de mars à mai) : **tecks**, dont les gigantesques feuilles sont en partie filigranées par un insecte parasite, **manguiers**, diverses espèces de **tamariniers** (de la famille des légumineuses), et bien sûr les **bougainvillées** aux teintes éclatantes, omniprésentes dans les sous-bois comme dans les jardins.

… ET SAVANES

Les **brousses** semi-désertiques de l'ouest et du nord du Rajasthan ne portent guère que des arbustes xérophiles (qui poussent dans les lieux secs), notamment le *babul (Mimosa arabica)*, la plus répandue des espèces d'acacia, et le *khejri (Prosopis cineraria)*, que les Bishnois (tribu de la région de Jodhpur) tiennent pour un arbre sacré, et dont les gousses, cuites dans les épices, figurent aux menus des restaurants. Une grande variété de **buissons** prospèrent sur les terrains sableux et les dunes qu'ils contribuent à fixer. Leurs racines, branches, feuilles et fruits sont utilisés comme combustibles, légumes, médicaments…

Une faune prestigieuse

Fraction de la biodiversité indienne, le Rajasthan s'enorgueillit de plusieurs sanctuaires ornithologiques (Kichan, parc Keoladeo à Bharatpur) et fait partie des quelques régions où rôde encore le tigre, animal national.

LES HÔTES DE LA JUNGLE

Oubliez les visions de forêt luxuriante que le mot « jungle » fait surgir à l'esprit. En réalité, ce terme emprunté au hindi désigne une zone plus ou moins boisée, qu'elle soit dense ou clairsemée, où vivent les bêtes sauvages.

Clairsemée, la jungle du Rajasthan l'est de plus en plus, et son roi incontesté, le **tigre** *(sher)*, dont le domaine s'étendait au début du 20e s. à toute la chaîne des Aravalli, ne survit plus que dans les réserves de **Ranthambore** *(voir p. 432)* et de **Sariska** *(voir p. 272)*. Le Rajasthan possède d'autres prédateurs : **chats sauvages, hyènes, loups**… ainsi que des bandes de **chacals** qui s'aventurent, la nuit, jusque dans les faubourgs des grandes villes.

Les **leopards** *(cheetah)*, qui avaient disparu du territoire depuis un demi-siècle, sont progressivement réintroduites près de la frontière indo-pakistanaire.

Les timides **cervidés** (portant des bois) sont représentés par le *sambar*, le plus grand cerf d'Inde, et l'*axis*, petit et moucheté, appelé *chital*.

Plus faciles à rencontrer, les **antilopes** (dotées de cornes creuses et annelées) comptent le *nilgaut* (*nilgai*, « vache bleue »), une imposante antilope au pelage gris-noir pour les mâles ou beige pour les femelles, le **tétracère** (« à quatre cornes », *Tetracerus quadricornis*), le **cervicapre** *(black buck, Antilope cervicapra)* tant aimé des peintres,

LE PAON, ROI DES OISEAUX
L'Union indienne a pour emblème le paon, dont les appels « pé-on… pé-on… » deviendront familiers à vos oreilles. Sa parade, dans la nature reverdie par la mousson, offre un spectacle somptueux. Les oiseaux migrateurs sont nombreux au Rajasthan et plus de 360 espèces, dont la précieuse grue de Sibérie, nidifient dans la réserve de Keoladeo, à Bharatpur. Parmi les volatiles que vous côtoierez quotidiennement, en ville comme à la campagne, vous identifierez sans peine le *myna* (martin triste, *Acridotheres tristis*), genre de mainate dont le tour de l'œil et les hautes pattes sont jaune orangé, la perruche *(tota)* verte à longue queue, qui symbolise la fidélité en amour, et… la bruyante corneille.

et la gazelle *chinkara*. Ces deux derniers se rencontrent souvent dans la steppe autour de Jodhpur, où les Bishnois les protègent contre les braconniers, parfois au péril de leur vie. Malgré l'interdiction de la chasse dans les années 1970 et le classement des cervicapres et des *chinkara* parmi les espèces en danger, ceux-ci continuent d'être la cible de riches citadins, industriels ou stars de cinéma en manque de venaison. Parmi les autres habitants de la jungle, vous apercevrez sans peine des **sangliers** dans les monts Aravalli.

DES ANIMAUX TRÈS FAMILIERS

Vivant à proximité des hommes tout en conservant leur liberté, les **animaux semi-sauvages** sont légion. À commencer par les **singes** qui se sont établis sans complexe dans les bazars des plus grandes villes, et dont les chapardages sont supportés avec plus ou moins de bienveillance par une population hindoue qui voit en eux les membres de la vaste troupe d'Hanuman, le dieu-singe. Les **macaques rhésus** au derrière rouge présentent une silhouette plus râblée que celle du **langur** (entelle dorée) au pelage gris, à la face et aux mains noires.
Les charmantes **mangoustes** se voient fréquemment à la mousson, lorsque les terriers sont inondés. Omniprésents, les petits **écureuils** rayés de trois ou cinq lignes, que l'on dit être la marque du trident de Shiva, croiseront votre chemin jusque sur les trottoirs de Delhi, tandis que, la nuit venue, les inoffensifs **geckos** (sortes de petits lézards) se livreront à la chasse aux insectes sur les murs de votre chambre (sauf en hiver, lorsqu'ils hibernent).

ÉLÉPHANTS ET DROMADAIRES

Parmi les animaux utiles, les **éléphants** sont les plus prestigieux. Leurs frères sauvages ignorent cependant les jungles du Rajasthan, trop sèches pour les accueillir. Quant aux **dromadaires**, l'Inde en compterait un million et demi, dont près du tiers se rencontrent au Rajasthan (les 70 % restant se trouvent au Gujarat). Bête de bât et de monte, il fait également office d'animal de trait : vous le verrez ainsi tirer la charrue dans les champs sablonneux du Shekhawati ou de lourds chariots jusque dans les rues de Bikaner et autour de Jaisalmer.

L'environnement en danger

Pollution croissante de l'air, nappes phréatiques contaminées par les rejets des industries pharmaceutiques, déforestation et désertification, scandales liés aux importations de déchets industriels… La situation générale de l'Inde en matière d'environnement s'est aggravée au point que le gouvernement a commandité des études pour dresser un état des lieux. Si la prise de conscience existe, aucune mesure concrète n'est pourtant prise, et, faute de programmes éducatifs comme il en existe dans nombre d'autres pays, les comportements individuels ne changent pas : on continue de jeter tout et partout.

DES CAMPAGNES SUREXPLOITÉES

Séduisant pour le touriste, le spectacle quotidien de groupes de femmes marchant sur les routes, un fagot de bois sur la tête, cache toutefois l'une des menaces les plus sérieuses qui pèsent sur l'environnement du Rajasthan : chaque jour, des millions de femmes coupent des branchages de-ci de-là pour les donner en fourrage aux animaux ou pour alimenter le feu sur lequel elles cuisent les repas. Les arbres sont ainsi décimés plus vite qu'ils ne sont remplacés.
Par ailleurs, le **déboisement** et le défrichement, imposés par la pression démographique, font reculer les espaces naturels qui se réduisent comme peau de chagrin.
Le **pâturage intensif** de prairies non entretenues par les troupeaux transhumants de moutons, chèvres, dromadaires n'arrange rien : comme le bétail surabondant ne laisse pas le temps à l'herbe de pousser, la mince couverture végétale se dégrade lentement, l'érosion s'accentue et la désertification s'intensifie.

UNE POLLUTION OMNIPRÉSENTE

Une étude conduite par le gouvernement indien fait figurer Agra, Delhi, Jodhpur, Alwar et Kota parmi les métropoles les plus polluées du pays, avant même Calcutta et Mumbai.
Sont incriminés en premier lieu le trafic automobile (essence de mauvaise qualité, moteurs obsolètes) et les générateurs diesel, omniprésents pour pallier les incessantes coupures d'électricité. L'air est saturé de poussières provenant des chantiers de construction et des routes, pas toujours asphaltées. En outre, **fumées et déchets industriels** sont rejetés sans scrupule et vicient l'air, le sol et les rivières. La quasi-absence de lobby écologiste n'incite pas le gouvernement à prendre des mesures de lutte ; au contraire, il continue à développer les infrastructures autoroutières et à encourager le développement automobile, moteur de la croissance et *eldorado* des classes moyennes.
La collecte des **poubelles** n'est pas entrée dans les mœurs d'un pays où tout se réutilise ou se recycle. Vaches et cochons, que leurs propriétaires laissent rôder librement dans les rues pour éviter de les nourrir, se chargent de jouer les éboueurs : épluchures, mais aussi journaux et autres détritus plus ou moins digestes sont ainsi recyclés vaille que vaille. Malheureusement, les déchets ménagers non recyclables se multiplient : piles, monceaux de sacs en plastique qui jonchent même les abords des hameaux les plus reculés… La qualité de vie se juge encore au seul pouvoir d'achat, non à la propreté des rues ou à la pureté de l'air.

Religions

En Europe, le seul nom de l'Inde évoque parfois un pays de mystiques et de sages capables d'exploits surnaturels et dont l'enseignement suffirait à transformer en ascètes méditatifs nos hommes d'affaires stressés. Le premier contact peut surprendre le voyageur idéaliste parti à la recherche d'un peuple à la spiritualité avancée. Superstition, crédulité, fanatisme, violences interreligieuses risquent de le choquer. Cependant, un examen plus approfondi fait comprendre que se juxtaposent deux plans très distincts dans la tradition hindoue : celui de la vie quotidienne et de la religion ritualiste, et celui de l'Absolu issu de la spéculation métaphysique. Faute de pouvoir vivre au niveau de l'Absolu dans lequel les différences se résorbent, l'hindou vit au plan de l'humanité ordinaire et de ses contradictions, comme nous tous, exception faite des quelques « sanyasi » qui se sont retirés en ermites dans les grottes et les forêts.

L'hindouisme

En dépit de ses dimensions et de sa diversité ethnique, linguistique et politique, l'espace indien constitue une entité culturelle qui a pour fonds commun la **religion brahmanique** (aussi appelée « hindoue » et pratiquée par 80 % de la population) et sa conception du monde. Aucune domination étrangère n'a réussi à amoindrir la vitalité de la culture religieuse indienne, de ses contes et légendes – de tout ce qui constitue son unité intérieure au-delà des disparités.

L'hindouisme n'est pas à proprement parler une religion, mais plutôt un système socio-éthico-religieux qui englobe la vie de l'homme dans tous ses aspects. Une de ses caractéristiques est la division de la société en communautés héréditaires et hiérarchisées (que les Occidentaux ont appelées castes). Est hindou celui qui est né de parents hindous. Il est donc illusoire de vouloir se convertir à l'hindouisme. D'ailleurs, quelle croyance adopter puisqu'il n'y a pas de credo dans l'hindouisme, pas de dogme unique, point de clergé centralisé… ? L'hindou doit reconnaître la division de la société en castes, la suprématie des brahmanes et le caractère sacré des **Veda**, les Livres sacrés. À part cela, il est libre de croire ce qu'il veut. Il peut même ne pas croire en Dieu. Différentes conceptions et doctrines, dont certaines sont athées, cohabitent au sein de l'hindouisme, où on les accepte comme autant d'apparences d'une seule et même réalité. Ce sens de la relativité et cet esprit de tolérance et de syncrétisme qui n'exclut rien et assimile tout, y compris les contraires, constituent l'un des traits caractéristiques de l'Inde.

LE SYSTÈME DES CASTES

Apporté par les Aryens vers 1600-1500 avant notre ère, ce système hiérarchisé et héréditaire comporte plusieurs distinctions que les Portugais du 16e s. ont regroupées sous le nom de « caste ».

Famille célébrant Divali au bord du lac de Pushkar.
DINODIA / Dinodia Photo / age fotostock

D'abord la division en quatre **varna** (« couleur », « race ») : en haut de l'échelle, les **brahmanes** (ceux dont l'aptitude est d'accomplir les rites, d'étudier et d'enseigner), puis les **kshatriya** (qui ont vocation de combattre et de protéger), les **vaishiya** (qui s'enrichissent par des activités d'hommes libres comme le commerce), enfin les **shudra** (qui servent les trois *varna* supérieures). Ce système des quatre *varna* ne tient pas compte de ceux qui en sont exclus : les **hors-castes** (« parias », « intouchables », appelés aussi *Harijan*, « enfants de Dieu », ou *dalit*, « opprimés »), souvent issus de groupes ethniques non assimilés par les invasions aryennes (ils seraient 17 % au Rajasthan).

Cette division des *varna* se superpose de façon théorique au foisonnement concret des **jati** (« naissances »), seules divisions qui comptent en réalité pour l'hindou. Il y en a environ 3 000 en Inde.

C'est dans sa *jati* que vit l'hindou. Celle-ci est sa véritable patrie : il y naît, s'y marie, y meurt. Il partage avec les autres membres de sa *jati* une même nature, le même type d'occupation professionnelle, la même nourriture, les mêmes rites. Ainsi, au sein de sa *jati*, il ne risque pas d'être pollué par des personnes moins pures que lui.

Car tout ce cloisonnement social qui sépare et maintient chaque homme à sa place est fondé sur des **notions religieuses de pur et d'impur** dans lesquelles souillures rituelles et corporelles se confondent. Est impur tout ce qui a trait à la mort (les cadavres, le cuir…), les sécrétions et souillures corporelles (salive, linge sale, cheveux coupés…), les déchets (restes de nourriture, poussière…), l'alcool, etc. Les métiers qui mettent en contact avec ce qu'il y a de plus impur confèrent à ceux qui les pratiquent un pouvoir de pollution tel qu'il les rend littéralement « intouchables ». Les membres de ces *jati* intouchables sont les moins susceptibles d'être pollués – ils le sont déjà tellement ! – si bien qu'ils jouissent d'un nombre restreint de règles : la viande et l'alcool ne leur sont pas interdits, les veuves peuvent se remarier…

En revanche, à l'autre extrémité de la pyramide, les brahmanes sont perpétuellement en danger d'être souillés, d'où d'innombrables tabous de caste qu'ils doivent respecter pour conserver leur pureté.

La Constitution de l'Inde moderne ne reconnaît pas les castes. Dans les faits pourtant, celles-ci conservent un rôle primordial dans la vie sociale (mariages, relations professionnelles, etc.) et politique.

Depuis l'indépendance, le gouvernement indien tente de favoriser les groupes les moins élevés (pudiquement appelés **« scheduled castes and tribes »**, « castes et tribus recensées », qui comptent respectivement 16,6 % et 8,6 % de la population, soit 305 millions d'individus) en leur réservant des places dans les universités et des emplois dans les administrations. Ces avantages ne font qu'entériner la survie du système. En outre, ils suscitent la jalousie des autres castes, ce qui provoque des flambées de violence sporadiques.

DU VÉDISME À L'HINDOUISME

Dès leur arrivée dans le sous-continent, il y a environ 3 500 ans, les brahmanes commencent à fixer par écrit les hymnes et répertoires liturgiques apportés avec eux d'Iran et qu'ils se transmettaient jusqu'alors oralement. Ces recueils forment les quatre **Veda** (« savoir »).

Le panthéon védique comprend pléthore de divinités *(deva)*, dont beaucoup incarnent des forces naturelles. Il est dominé par **Indra** (dieu de la Foudre et de la Guerre), **Varuna** (qui siège au zénith et voit toutes choses), **Agni**, le feu, **Surya**, le soleil… À côté de ces forces se presse tout un monde de nymphes célestes *(apsara)*, de divinités-serpents *(naga)* et d'ennemis des dieux *(asura)*.

Dans les hymnes les plus tardifs des *Veda*, l'idée d'un être suprême, âme du monde, se précise. Elle se développe et s'affine dans les *Bhramana* (vers le 10e s. av. J.-C.), un ensemble de commentaires sur les hymnes qui font encore la part belle au ritualisme (ils ont donné leur nom au brahmanisme), et surtout dans les **Upanishad** (10e-5e s. av. J.-C.), traités consacrés à la spéculation métaphysique.

Avec les **Purana** (6e-2e s. av. J.-C.), qui racontent la vie des dieux, la signification des hymnes védiques se perd. Les superstitions, les croyances pré-aryennes et le culte

LES SEPT MOTS-CLÉS DE L'HINDOUISME

Atman – Le principe individuel ou le Soi.

Brahman – Le principe absolu, unique et éternel, cause suprême de l'univers. Les *Upanishad* ont développé le concept de l'identité entre l'*atman* et le *brahman*. Le but ultime de la vie humaine est la réintégration de l'*atman* dans le *brahman*. L'hindouisme est la forme moderne du brahmanisme.

Dharma – L'ordre qui régit l'univers, et le devoir individuel conforme à cet ordre cosmique.

Maya – L'illusion qui cache la réalité et fait apparaître l'Un comme multiple.

Samsara – La transmigration du principe individuel *(atman)*, entraîné dans le cycle perpétuel des incarnations, d'existence en existence.

Karma – Le poids des actes qui entraîne l'*atman* dans le *samsara*. Les actes conditionnent automatiquement l'incarnation suivante.

Moksha – La libération finale qui permet d'échapper au *samsara*. Elle équivaut à réaliser l'identité entre l'*atman* et le *brahman*. C'est le souci primordial de tous les systèmes religieux et philosophiques.

RAMAYANA ET MAHABHARATA

Composé entre le 4e s. av. J.-C. et le 4e s. de notre ère, le *Ramayana* rapporte les exploits de Rama, 7e avatar de Vishnou. Chassé de sa capitale par des intrigues de palais, Rama, prince héritier d'Ayodhya (dans l'actuel Uttar Pradesh), se réfugie dans la forêt en compagnie de son frère et de son épouse, Sita. Celle-ci est enlevée par le démon-roi Ravana, qui la retient prisonnière dans son île de Lanka. Aidé du fidèle Hanuman et de son armée de singes, Rama parvient à libérer Sita et à regagner son trône d'Ayodhya. Datant à peu près de la même époque, le *Mahabharata* raconte la guerre qui oppose deux clans apparentés de la région d'Indraprashta (Delhi) : les cinq frères Pandava et les Kaurava. Plusieurs poèmes sont inclus dans le récit, dont le chef-d'œuvre philosophique qu'est la *Bhagavad Gita*.

des héros aidant, les divinités se multiplient – de même que leurs bras ! – et des légendes merveilleuses s'édifient autour des dieux les plus populaires. Ainsi se constituent les deux épopées, le *Ramayana* et le *Mahabharata*, dans lesquelles les vieilles divinités des *Veda* sont reléguées à l'arrière-plan, tandis que Brahma, et surtout Shiva et Vishnou prennent la première place.

Parallèlement s'élaborent six systèmes philosophiques ou *darshana*, « points de vue » orthodoxes qui apparaissent comme autant de conceptions d'une même doctrine basée sur les *Veda*. Parmi eux figurent le **yoga**, discipline pratique de maîtrise du corps et de l'esprit, et le *vedanta* (« aboutissement du *Veda* »), véritable doctrine de métaphysique pure.

Diverses **voies**, également appelées *yoga*, s'offrent au fidèle pour se développer spirituellement et atteindre la délivrance. En fonction de ses aptitudes, celui-ci choisit la voie de la connaissance discriminatoire *(jnana)*, de la dévotion *(bhakti, voir p. 93)*, de la réalisation d'actes justes *(karma)*, ou de l'ascèse (*raja yoga* et *hatha yoga*).

UNE MULTITUDE DE DIVINITÉS

Trois dieux dominent le panthéon hindou : **Brahma**, **Vishnou** et **Shiva**. Le premier, issu de l'absolu métaphysique, est resté discret. En revanche, Vishnou et Shiva ont fait l'objet d'un culte intense, leurs sectateurs prétendant les uns et les autres que « leur » dieu est le plus grand. Par-delà ces querelles entre vishnouistes (reconnaissables au V qu'ils tracent entre leurs sourcils) et shivaïtes (qui barrent leur front de trois traits horizontaux), la tradition réunit ces trois dieux en une trinité, la **trimurti** (ou triade hindoue), qui permet de les réconcilier en un ensemble ordonné dans un syncrétisme commode. Mais ne vous y trompez pas : les dieux ne sont ni trois ni 33 000 ! L'hindou appelle Dieu de multiples noms (Vishnou, Krishna…), il le représente de mille façons, mais pour lui, au-delà des noms et des apparences, existe un Dieu éternel et unique que l'on ne peut nommer ni représenter.

Fonctionnant en couples complémentaires, les dieux de la *trimurti* sont généralement montrés avec leur **parèdre** (littéralement celui/celle « qui est assis à côté »), ou divinité associée, souvent leur épouse. On représente aussi leurs **avatars** (incarnations successives), dont certains connaissent un immense succès populaire. Chaque divinité se reconnaît à l'animal qui lui sert de monture (ou **véhicule**) ainsi qu'aux **attributs** qu'elle porte ou tient à la main.

LE DEVOIR SELON LA BHAGAVAD GITA

Dans la bataille finale contée par le *Mahabharata*, le dieu Krishna servit de cocher à Arjuna, l'un des cinq frères Pandava. Avant le combat, voyant ses cousins et ses anciens amis et maîtres dans les rangs ennemis, Arjuna ne put se résoudre à se lancer dans la bataille. Alors Krishna révéla au héros chancelant son message : en toute occasion, il faut agir en se confiant à Dieu, en conformité avec son *dharma* (devoir) personnel et de manière désintéressée (détachée des conséquences de l'action). Cette digression philosophique exposée en 700 vers constitue la *Bhagavad Gita*, le texte le plus cher au cœur des hindous. Il fait partie des livres révélés, au même titre que les *Veda* ou les *Upanishad*, alors que le reste du *Mahabharata* ne relève que de la tradition.

Brahma le créateur

Créateur de l'univers et de sa dualité, Brahma est représenté sous la forme d'un homme barbu à quatre visages, assis sur une fleur de lotus qui sort du nombril de Vishnou-Narayana, tenant à la main une copie du *Veda* et un vase à eau. Sa monture est une oie *(hamsa)*. Son épouse et parèdre, **Sarasvati**, déesse du Langage et du Savoir, patronne des arts et des sciences, joue de la *vina* et tient un livre et un rosaire ; elle a pour monture un cygne ou une oie.

Vishnou le protecteur

Protecteur et restaurateur, Vishnou porte une tiare cylindrique. Ses attributs sont le disque (arme de jet), la conque, la massue et le lotus. Il a pour véhicule **Garuda**, un oiseau (aigle ou vautour) à forme partiellement humaine. Représenté en **Narayana**, il repose couché sur le serpent-éternité Shesha ou Ananta, flottant sur l'océan cosmique entre deux cycles de création.

Les dix principaux **avatars** de Vishnou, poisson (Matsya), tortue (Kurma), sanglier (Varaha), homme-lion (Narasimha), nain (Vamana), Parasurama (Rama à la hache), Rama, Krishna, Bouddha et le cheval blanc Kalki (incarnation à venir) sont autant de formes qu'il prend pour sauver la Terre chaque fois que celle-ci est menacée.
Deux d'entre eux reviennent régulièrement dans l'iconographie des temples : le roi divin **Rama** (7e avatar), époux de Sita, portant arc et carquois ; intimement lié à ce 7e avatar, **Hanuman**, le général de l'armée des singes, aida Rama à délivrer Sita, prisonnière du démon Ravana. Parfait dévot, fidèle serviteur du dieu, cet homme à tête et queue de singe n'a que deux bras et tient une massue et un rocher.
Reconnaissable à sa peau bleu sombre, **Krishna** jouit d'une immense faveur populaire.
Jeune bouvier jouant de la flûte en compagnie de son amante Radha, flirtant et dansant avec les *gopi* (bergères) dans des scènes

LA TERRE SAUVÉE DES EAUX

Vishnou s'incarna en sanglier (cet avatar porte le nom de Varaha) pour repêcher la Terre qu'un démon malfaisant maintenait immergée au fond de la mer. À l'aide de son boutoir et de ses longues canines, « il renfloua la Terre et la fit flotter sur l'Océan. L'ayant aplanie, il l'orna de montagnes et la divisa en sept continents […] Il prit alors la forme de l'être immense à quatre visages [Brahma] pour créer la vie » (*Vishnu Purana*, I, IV, 45-50).

symbolisant l'union de l'âme et de la divinité, il est aussi montré comme un enfant mangeant des sucreries ou un adolescent dansant sur la tête du démon-cobra qu'il vient de tuer.
Épouse et parèdre de Vishnou, **Lakshmi**, déesse de l'Abondance et de la Fortune, est encadrée par deux éléphants qui l'arrosent, trompe levée.

Shiva le destructeur

À la fois destructeur et régénérateur, Shiva possède parfois trois ou cinq têtes et se tient assis en méditation, vêtu d'une peau de tigre. Son visage est doté d'un troisième œil, ses cheveux sont remontés en chignon (pour amortir la chute du Gange dévalant sur la Terre depuis le ciel) et ornés du croissant de lune. Il porte un cobra, un trident *(trishul)*... (dans le Sud : une biche et une hache). Le taureau Nandi lui sert de monture.
Mahadeva (le « grand dieu ») le montre comme régénérateur, sous la forme du *linga* (emblème phallique) dressé sur la *yoni* (organe génital féminin).
Représenté comme **Nataraja** (le « roi de la danse »), homme à quatre bras exécutant dans un cercle de feu la danse cosmique *tandava* de destruction et de recréation, au rythme de son tambour en forme de sablier, le dieu répand sa puissance dans le monde.
La déesse-mère **Devi** (ou Mahadevi, la « grande déesse »), épouse de Shiva et fille de l'Himalaya, est aussi la *shakti* du dieu, c'est-à-dire l'énergie qui lui permet d'agir.
Avatars terribles de Mahadevi, **Durga** l'« Inaccessible », la tueuse de démons *(asura)* pourvue de huit ou dix bras portant trident, arc, hache... et chevauchant un tigre ou un lion, est souvent montrée tuant Mahisha, démon tour à tour éléphant, géant et buffle.
Kali la « Noire », destructrice des illusions, apparaît quant à elle comme une furie hideuse et menaçante, à la peau noire, tirant la langue et dégoulinante de sang. Parée de serpents et d'un collier de têtes humaines, elle brandit une épée, le trident, le feu et la tête tranchée d'un géant.
Parvati la « Montagnarde », chaste épouse de Shiva, trône à côté de son mari sur le mont Kailash, ou seule sur un lotus.
Accompagnée du taureau Nandi, autre avatar doux de Mahadevi, **Gauri** la « Claire », matrone du mariage, est associée aux moissons.
Fils de Shiva et de Parvati, le dieu de la Sagesse **Ganesh** (ou Ganapati) abat tous les obstacles. Une tête d'éléphant surmonte son corps potelé. D'après le *Shiva Purana*, Parvati, désirant ne pas être

LA « BHAKTI », OU LA VOIE DE L'AMOUR

Parmi les diverses voies de salut, l'une des plus populaires est la *bhakti* (dévotion), qui se développa surtout avec le culte du jeune Krishna tel que le propagea, vers le 12e s., le *Bhagavata Purana*. Elle est basée sur les sentiments d'affection intense et désintéressée pour Dieu. Ainsi, le dévot *(bhakta)* se choisit un dieu personnel, par exemple Krishna, avec lequel il entretient des rapports dualistes d'amour confiant. Il se voit comme l'ami du jeune bouvier, ou comme l'amante du séduisant joueur de flûte, ou encore comme la mère de Krishna enfant... Dans son désir d'être perpétuellement immergé dans la présence divine, le *bhakta* en vient à croire qu'il est le seul à voir Krishna devant lui, le seul à danser avec lui, comme dans les *ras lila*, ces rondes de Krishna et des *gopi* dans lesquelles le dieu se démultiplie en autant de Krishna qu'il y a de *gopi*.

dérangée durant son bain, se frotta le corps et, avec un peu de crasse, façonna un bel enfant qu'elle chargea de garder sa porte. Shiva, voyant une sentinelle si séduisante lui interdire d'approcher sa femme, fut pris de colère et de jalousie, et trancha la tête de la créature. Le chagrin de Parvati fut tel que Shiva lui promit de recoller sur le corps décapité la tête du premier passant venu. Ce fut un éléphant… Dans les représentations traditionnelles, Ganesh tient un bol de friandises, un aiguillon à éléphant, un chapelet, le *Mahabharata* (c'est à lui qu'il fut dicté)… Sa monture est le rat, gourmand et rusé comme lui. Autre fils de Shiva et de Parvati, **Karttikeya** (ou Skanda) assume le rôle de dieu de la Guerre. Accompagné d'un paon, cet adolescent à six têtes tient un arc et une flèche. **Harihara** montre une image composite : sa moitié gauche est Hari (Vishnou), la droite, Hara (Shiva).

RITES QUOTIDIENS

Dès le matin, une fois lavé et purifié, le fidèle accomplit la **puja** (« adoration ») aux dieux personnels sur l'autel familial ou au temple : il brûle des bâtonnets d'encens, offre des fleurs, du *ghee*, du riz tout en récitant quelque mantra (formule sacrée). Les plus pieux se rendent au temple tous les jours afin d'avoir le *darshan* (« vision ») du dieu et s'imprégner ainsi de son énergie, pour assister à l'*arti* (hommage cérémoniel rendu avec le feu) ou pour recevoir du *prasad* (« grâce », nourriture offerte au dieu puis consommée par les dévots). La vie est aussi ponctuée par les pèlerinages dans les nombreuses villes saintes du pays, Mathura, Ayodhya, Pushkar, Haridwar, Varanasi…

COURANTS MODERNES

À partir du 19e s., le contact avec l'Occident et le christianisme suscite des courants de réforme, tous issus du nord de l'Inde. En 1828, Mohan Roy fonde le **Brahma Samaj**, qui s'attaque à certaines pratiques telles que l'intouchabilité, la *sati*, le mariage des enfants… Parallèlement, l'**Arya Samaj** s'en prend au système des castes tout en développant un fort sentiment nationaliste hindou qui ouvrira la voie aux partis fondamentalistes tels que l'actuel BJP. Par ailleurs, des mystiques comme **Ramakrishna**, **Vivekananda** ou **Shri Aurobindo** insistent sur l'importance d'une recherche spirituelle universaliste, débarrassée du contexte purement indien.

LES « APSARA », SÉDUCTRICES DES ASCÈTES

Ces nymphes d'une incomparable beauté vivant dans l'eau, l'air et les arbres, sont devenues filles publiques faute d'avoir trouvé des maris – selon le *Ramayana*. On les voit généralement en compagnie de musiciens, les *gandharva*. Déjà présentes dans les *Veda*, avant que le jaïnisme ne se sépare du brahmanisme, elles animent indistinctement temples jaïns et sanctuaires hindous de leurs formes pulpeuses qui font perdre sagesse et discernement même aux ascètes les plus austères. Les dieux utiliseraient cet infaillible pouvoir de séduction pour affaiblir les yogis, dont les pouvoirs, obtenus par la méditation, pourraient mettre en danger leur suprématie. Tentatrices et folâtres, les *apsara* s'offrent volontiers aux humains. La meilleure façon de les conquérir serait de leur voler leurs vêtements pendant qu'elles se baignent. Mais attention : leur nature ambivalente apporte la chance… ou la folie. Heureusement, l'*Atharva Veda* nous donne des formules magiques pour combattre leurs maléfices.

Durga représentée avec les principaux visages des dieux hindous.
F. Metois / age fotostock

HÉROS ET DÉESSES RAJASTHANIS

Plusieurs héros locaux qui faisaient l'objet de cultes populaires ont été promus saints et assimilés à tel ou tel dieu du panthéon hindou. Ainsi, **Tejaji** et **Gogaji** qui guérissent des morsures de serpent; le premier est représenté sous les traits d'un cavalier, le second sous l'aspect d'un serpent lové. **Baba Ramdev** (Ramdeo), grand défenseur des intouchables, est assimilé à Krishna; on l'évoque symboliquement par les empreintes de ses pieds. **Pabuji**, guerrier Rathor, est le protecteur attitré du bétail et des malades. Citons aussi la mystique **Karni Mata**, devenue déesse tutélaire de la famille royale de Bikaner, et **Shitala Mata**, qui protège de la variole, ainsi que le guide spirituel de la communauté Bishnoi, **Jambhaji**.

L'islam

Pratiqué par quelque 12,5 % de la population indienne (8,5 % au Rajasthan), l'islam, apporté dans le nord du sous-continent par les envahisseurs venus d'Afghanistan, a toujours fait figure de religion étrangère imposée par le sabre. Même après la partition, en 1947, il y a encore près d'un musulman pour sept hindous et l'Inde possède la deuxième population musulmane au monde. Environ 90 % d'entre eux sont **sunnites** (fidèles à l'orthodoxie transmise par les trois premiers califes). Les 10 % de **chiites** (ceux qui suivent les descendants d'Ali, gendre de Mahomet) vivent dans le Nord, particulièrement en Uttar Pradesh.

Influencé par la *bhakti* hindoue *(voir encadré p. 93)* et les *Upanishad*, le **soufisme**, un mouvement mystique de l'islam, s'est développé dans le nord de l'Inde dès l'époque des premières vagues d'invasions musulmanes. La plus célèbre des confréries soufies indiennes, celle de l'ordre des Chisti, fut fondée par l'Afghan Khwaja Main ud-Din Chisti (1142-1236), qui vécut à Ajmer, où se trouve son *dargah* (tombe d'un *pir*, saint musulman). À ce même ordre appartiennent les *dargah* de Nizam ud-Din Aulia (13e s.), à

LES MOTS-CLÉS DE L'ISLAM

Coran – Le Livre saint regroupant les paroles de Dieu transmises à Mahomet par l'intermédiaire de l'archange Gabriel, et ordonnées en 114 chapitres ou sourates.

Cinq obligations religieuses – La profession de foi (« Il n'y a de dieu que Dieu et Mahomet est son prophète »), la prière cinq fois par jour, l'aumône, le jeûne durant le mois de ramadan, le pèlerinage à La Mecque que le fidèle doit effectuer au moins une fois dans sa vie (ceux qui l'ont effectué ont les cheveux teints au henné).

Sharia – La loi islamique qui s'affirme comme l'expression de la volonté de Dieu.

Purdah – Le « rideau » qui sépare l'appartement des femmes du reste du monde. Observer le *purdah*, c'est rester derrière le rideau, ne pas montrer son visage aux étrangers. Au contact des envahisseurs musulmans, les hindous du Nord ont adopté cette coutume de maintenir les femmes recluses à la maison et voilées, particulièrement au Rajasthan. Même si les musulmanes indiennes ont une vie peu enviable, l'islam tel qu'il est pratiqué en Inde est infiniment moins rigoriste que celui en vigueur au Moyen-Orient.

Delhi, et de Sheikh Salim Chisti (16e s.), à Fatehpur Sikri. Beaucoup d'hindous du Nord se sentent proches du soufisme et vont occasionnellement prier aux *dargah* avec les musulmans.

L'islam ne reconnaît bien sûr pas le système de castes. Cependant, au contact de la société hindoue, les musulmans se sont progressivement structurés en groupes sociaux quasiment endogamiques, basés sur des données ethniques ou économiques. La classe des **Ashrafs** (les « honorables ») regroupe les Sayyids, supposés descendre de Fatima, la fille du Prophète, et d'Ali ; les Sheikhs, qui revendiquent des ascendances arabes ; et les Pathans, de la lignée des chefs afghans. Les **Ajlafs**, autrement dit les plébéiens, constituent l'immense majorité. Ils descendent de familles hindoues converties durant le Moyen Âge par la force ou par intérêt : essentiellement des artisans (surtout des tisserands, les Mumin) ou des intouchables.

L'une des caractéristiques de la communauté musulmane d'Inde est l'usage de la langue **ourdoue**, proche du hindi mais écrite avec l'alphabet arabo-persan. La langue liturgique, celle de la révélation, demeure l'arabe. Elle est enseignée dans les *madrasa*, les écoles coraniques, souvent installées sous les arcades qui bordent la cour des mosquées.

Le sikhisme

La visite d'un temple sikh, ou **gurudwara** *(voir p. 156)*, permet de mieux comprendre cette communauté dynamique, colorée et accueillante qui, si elle ne constitue que 2 % à peine de la population de l'Inde, reste très présente dans la vie économique du pays. Les sikhs sont particulièrement nombreux dans l'État du Punjab, berceau de leur foi, où ils forment près de 60 % de la population.

UNIR L'HINDOUISME ET L'ISLAM

Nanak (1469-1539) est né dans une famille hindoue du Punjab. Influencé par des mystiques hindous et musulmans, tel Kabir

(fin 15e s.), qui mettaient l'accent sur l'unité fondamentale des deux religions, il partit sur les routes, enseignant qu'« il n'y a ni hindou ni musulman » et que pour honorer Dieu, il fallait avant tout s'aimer les uns les autres, le salut ne se trouvant ni dans les rites, ni dans l'ascétisme, mais dans des actes vertueux. Il revint aux successeurs de Nanak, les gourous (maîtres spirituels), de transformer son enseignement en religion et d'organiser la communauté.
La nouvelle foi reconnaît un dieu unique et transcendant. Ses adeptes, les sikhs (littéralement « étudiants »), rejettent les pratiques les plus radicales de l'hindouisme telles que le système des castes, le sacrifice des veuves ou encore le mariage des enfants.
Le neuvième gourou ayant été décapité par l'empereur Aurangzeb parce qu'il refusait de se convertir à l'islam, son successeur, **Govind Singh** (fin 17e s.), fonda en 1699 le **Khalsa panth** (la « secte des purs »), une fraternité martiale destinée à défendre la communauté contre les oppresseurs. À sa mort, les fidèles ne reconnurent plus comme inspirateur que le **Guru Granth Sahib** ou Adhi Granth, leur « livre fondamental » qui rassemble les écrits des gourous ainsi que des textes de saints musulmans et hindous.

LES CINQ K FONDATEURS DU SIKHISME

La silhouette des hommes sikhs, reconnaissables à leur barbe et à leur turban impeccable, est sans doute l'une des images de l'Inde qui nous est la plus familière. La barbe et les cheveux *(kesh)*, jamais coupés, correspondent à l'un des cinq vœux imposés aux membres de la *khalsa*. Les quatre autres sont : le port d'un peigne *(kangha)*, d'un bracelet en métal *(kara)*, d'un caleçon *(kachha)*, mesure d'hygiène peu répandue dans l'Inde du 16e s., et du fameux *kirpan*, sabre pour défendre les opprimés (aujourd'hui, il est généralement remplacé par un minuscule poignard).

Les chrétiens

D'après une tradition vénérable, l'apôtre **Thomas**, l'un des douze disciples du Christ, aurait apporté l'Évangile dans le sud de l'Inde avant de mourir martyrisé à Madras, l'actuelle Chennai. L'église nestorienne (ou syro-chaldéenne) existerait donc depuis le 1er s. En tout cas, la présence d'églises de rite syriaque dans le Kerala est attestée dès le 3e s.
Les Portugais apportèrent le catholicisme à la fin du 15e s. et les jésuites de saint **François-Xavier**, surnommé « l'apôtre des Indes »,

LE CHIFFRE 108, DE NATARAJA À LA VIERGE MARIE
Le chiffre 108 (9 fois 12) se retrouve dans toute l'Inde. Ainsi, le temple de Shiva Nataraja (roi de la danse) à Chidambaram (Tamil Nadu) possède des statues de Shiva dans les 108 positions de la danse. Certains groupes vishnouistes récitent leurs mantras par séries de 108. Les chapelets possèdent 108 grains, et les *tirthankara* jaïns 108 vertus… Dans l'Occident du Moyen Âge, des groupes de gitans venus d'Inde ravivèrent des rites locaux anciens de type shivaïte, quasiment oubliés ou assimilés par le christianisme. Le plus voyant fut le culte des Vierges noires, proches de Kali, « la Noire ». Le chiffre 108 dut aussi être du voyage. En 1996, lors des cérémonies commémorant le baptême de Clovis, des catholiques traditionalistes firent défiler 108 statues de la Vierge Marie. Un rituel auquel de pieux hindous auraient pu se joindre en toute familiarité…

firent de Goa une terre fidèle à Rome.
Le Rajasthan – et le nord de l'Inde en général – fut relativement ignoré par les missionnaires. Les colons anglais, à la différence de leurs homologues latins, venaient en Inde uniquement pour faire du commerce et s'enrichir. Tirant parti des divisions religieuses, ils ne voyaient pas l'intérêt de propager une nouvelle doctrine prônant l'égalité et finalement nuisible à l'exploitation de leurs sujets.
Les chrétiens du nord de l'Inde (2,3 % de la population) sont généralement issus des basses couches de la société hindoue, convertis pour échapper au système des castes. L'aspect le plus visible de leur présence reste l'**action sociale**. Les meilleurs hôpitaux, dispensaires, écoles et collèges sont souvent ceux bâtis par les congrégations chrétiennes, ce qui contribue à donner une bonne image à cette communauté constituée pour une bonne moitié d'églises évangélistes.

Les jaïns

Le jaïnisme (moins d'1 % de la population) fut fondé par **Mahavira** (« le grand héros »), un noble contemporain du Bouddha qui, comme celui-ci, vécut dans le royaume du Magadha et se révolta contre le ritualisme brahmanique. Il prêcha une nouvelle voie pour échapper au cycle des réincarnations : celle de l'ascétisme et du respect de toute vie (*ahimsa*, « non-violence », d'où un strict régime végétarien). Maîtrise de soi, vertu, charité sont les bases de la morale jaïne qui vise à éteindre en soi la passion, cause d'attachement au monde.
Les fidèles ne reconnaissent pas de dieu créateur mais vénèrent, comme des exemples à suivre, les 24 *jina* (« victorieux »), ou *tirthankara* (« passeurs de gué » ; *voir encadré ci-dessous*), qui vainquirent le *karma* de manière définitive. Mahavira est chronologiquement le dernier d'entre eux.
La communauté jaïne ignore en principe les castes. Les moines et les nonnes *(muni)* sont divisés depuis le 1er s. av. J.-C. en deux sectes : celle des rigoristes *digambara* (« vêtus d'espace », jolie formule pour dire qu'ils vont entièrement nus), concentrée dans le sud, et celle des *svetambara* (« vêtus de blanc »), la plus nombreuse, présente surtout au Gujarat ainsi qu'au Rajasthan. Leurs membres se reconnaissent au masque qu'ils portent sur la bouche (pour éviter d'avaler accidentellement un insecte), à

LES « TIRTHANKARA », MAÎTRES DE LA RELIGION JAÏNE

Les images des « passeurs de gué », assis dans la position du lotus, impassibles, sont toutes identiques et répétées inlassablement. Seul moyen pour les identifier : l'animal ou l'attribut qui figure sur le socle. Le taureau symbolise Adinatha ; le lion indique Mahavira, le fondateur de la communauté jaïne ; l'éléphant : Ajita ; une cruche : Mellinatha, la seule femme *tirthankara*... Tous ces *jina* (« victorieux ») qui ont réussi à briser les chaînes du *samsara* (flux incessant des réincarnations) sont des exemples pour les fidèles, non des intercesseurs – puisqu'il n'y a pas de Dieu. Ils montrent le chemin à suivre pour vaincre le *karma* (les actes qui nous entraînent dans le *samsara*), car celui-ci n'est pas une fatalité pour les jaïns – au contraire des hindous –, et l'homme peut s'en libérer s'il suit l'enseignement de Mahavira : respecter toute vie *(ahimsa)*, être chaste, dire la vérité, renoncer à la possession.

ASHOKA LE PIEUX, EMPEREUR BOUDDHISTE

Le 3e s. avant notre ère voit la propagation du bouddhisme dans une bonne partie de la péninsule indienne et même au-delà. Le principal artisan de cette œuvre missionnaire est l'empereur Ashoka, pourtant hindou de naissance. Au début de son règne, il se lance à la conquête du royaume de Kalinga (l'actuel État de l'Orissa), mais la cruauté de sa campagne lui inspire remords et interrogations sur le sens du pouvoir. Séduit par le bouddhisme, il en facilite la diffusion, patronnant la construction de monastères, érigeant sur les routes et dans les villes des colonnes gravées de ses édits pour inciter ses sujets à la tolérance religieuse et à la compassion universelle.

leur balai en fil de laine (destiné à chasser toute menue créature de crainte qu'elle ne soit écrasée), ainsi qu'à la sébile dans laquelle ils reçoivent leur nourriture.

Paradoxalement, les fidèles de cette communauté aux visées si austères ont édifié des fortunes importantes et se distinguent par leur habileté dans les affaires et le commerce. Les nombreux interdits de leur religion les ont tenus à l'écart de professions comme l'agriculture ou l'élevage, qui les auraient empêchés de respecter le principe essentiel de l'*ahimsa*.

Le bouddhisme

Extrêmement minoritaire au Rajasthan, le bouddhisme n'est plus guère pratiqué, en Inde, que dans les régions où vivent des Tibétains (Ladakh, Sikkim). Pourtant, c'est en Inde que le prince Siddhartha Gautama Shakyamuni, devenu **Bouddha**, l'« Éveillé », naquit au 6e s. av. J.-C. (à Lumbini, juste au nord de la frontière actuelle entre l'État du Bihar et le Népal). Il passa sa vie dans l'antique royaume du Magadha, l'actuel Bihar.

La doctrine du Bouddha est apparue en réaction contre la domination des brahmanes et le ritualisme ambiant de l'époque. Elle ne reconnaît pas de valeur aux textes de la révélation brahmanique ni aux rituels. Elle nie l'existence de l'*atman* et ne reconnaît que le *samsara*, fait d'états successifs impermanents. Pour s'en libérer et atteindre le *nirvana* (le non-être), il faut, grâce à la méditation, éteindre en soi le désir, source de souffrance et d'illusion.

Le message du Bouddha repose avant tout sur un système philosophique ; cependant, au fur et à mesure qu'il a été enseigné, il s'est transformé en une véritable religion. Propagé dans presque toute l'Inde et même au-delà des mers par l'empereur Ashoka (3e s. av. J.-C. ; voir encadré ci-dessus), il a pourtant fini par être étouffé dans sa terre natale. Sa disparition à partir du 6e s. serait due à une réaction brahmaniste, à la solidité du système des castes et à la capacité d'absorption de l'hindouisme. Celui-ci adopte volontiers des éléments extérieurs tant qu'ils ne remettent pas en cause le système des castes ni la supériorité des brahmanes, ce qui lui permet de récupérer les fidèles égarés. C'est ainsi que le Bouddha fut reconnu par la religion hindouiste comme le 9e avatar de Vishnou !

Histoire

L'histoire du Rajasthan, de Delhi et d'Agra recoupe en grande partie celle du nord de l'Inde, émaillée d'invasions éphémères ou durables. Le Rajasthan, le « pays des Rois », possède néanmoins une particularité : l'existence d'une mosaïque de petits royaumes rivaux qui ont cohabité de façon plus ou moins houleuse jusqu'au 19e s. Le chaos produit par les incessantes rivalités dynastiques explique la prolifération de forteresses : Jaisalmer, Jodhpur, Chittaurgarh, Amber, noms chargés d'histoire autant que de légendes, ce qui ne saurait surprendre dans cette Inde où passé et présent s'épousent si aisément, et où le même mot, « kal », traduit aussi bien « hier » que « demain ».

Pays des dieux et des rois

Il y a cinq mille ans, le nord-ouest de l'Inde était occupé par des tribus dites **protoaustraloïdes**. Beaucoup de ces peuples, chassés par différentes vagues d'envahisseurs, se réfugièrent dans des zones forestières ou montagneuses. Certains, comme les **Bhils** et les **Meenas**, forment toujours d'importantes minorités dans le Rajasthan actuel.

LA CIVILISATION DE L'INDUS

4e millénaire-1600 av. J.-C.
La civilisation la plus ancienne dont nous ayons des traces dans le nord-ouest de l'Inde, la **civilisation de l'Indus**, apparaît au quatrième millénaire avant notre ère et atteint son apogée entre 2600 et 1800 av. J.-C. Elle se caractérise par l'usage du cuivre et du bronze et par l'existence de villes à l'urbanisme sophistiqué, qui vivaient de l'agriculture et du commerce. De nombreux sceaux, portant une écriture en grande partie pictographique encore non déchiffrée, ont été retrouvés, y compris jusqu'en Mésopotamie. Les vestiges exhumés à Harappa et à Mohenjo-Daro (dans le Pakistan actuel), à Lothal (Gujarat) ou à Kalibangan, près de Ganganagar (nord du Rajasthan), permettent de penser que l'ensemble de la région était dominé par cette brillante civilisation. Celle-ci semble avoir connu, vers 1600 av. J.-C., une fin brutale dont on ignore la raison exacte (bouleversement climatique, changement dans le cours des fleuves, accroissement de la salinité des sols ?).

L'ARRIVÉE DES ARYENS

Vers 1600-1000 av. J.-C.
Vers 1600-1500 avant notre ère, les **Aryens** (« nobles », en sanskrit), peuple de pasteurs nomades à la peau claire venus des rives de la mer Caspienne via le plateau iranien, pénètrent dans la plaine du Punjab par les cols du Nord-Ouest, lieu de passage de toutes les invasions. Ils progressent vers la plaine du Gange, qu'ils occupent aux environs du 11e s. av. J.-C., bâtissant des villes, dont **Indraprashta** (Delhi), soumettant les populations autochtones ou

Peinture figurant un Rajput (Rambagh Palace Hotel, Jaipur).
O. Krüger / imageBROKER / age fotostock

les repoussant vers le sud et dans les forêts. En se sédentarisant, les envahisseurs assimilent certains éléments de la culture locale.
Une nouvelle civilisation apparaît, dont aucun vestige archéologique n'a été trouvé, mais que nous connaissons par les livres sacrés, les **Veda** (« savoir »). Ceux-ci parlent d'une organisation de la société divisée en groupes hiérarchisés, les **varna** *(voir p. 89)*. Les Aryens introduisent également l'usage du cheval et des chariots de guerre, ainsi que leur langue, le **sanskrit**, et leur religion, le védisme, basé essentiellement sur des rites et des sacrifices offerts à des dieux personnifiant les forces naturelles.

PREMIÈRES UNIFICATIONS

600 av. J.-C.-600 apr. J.-C. environ
L'histoire des multiples petits royaumes aryens, mal connue, se perd dans des récits légendaires. En revanche, on sait que le 6e s. avant notre ère est marqué par l'apparition de courants de protestation qui s'élèvent contre le ritualisme et le pouvoir des brahmanes, et donnent naissance, dans le royaume de **Magadha** (actuel État du Bihar, sur la frontière népalaise), aux réformes que sont le bouddhisme et le jaïnisme.
Vers 518 av. J.-C., le Perse **Darius** pénètre dans le nord-ouest de la péninsule par la passe de Khyber et fonde des satrapies (provinces) achéménides. Deux siècles plus tard, en 327 (première date de l'histoire indienne qui soit connue avec certitude), **Alexandre le Grand** franchit à son tour la passe de Khyber et conquiert le Punjab. Sa mort, trois ans plus tard, l'empêche de consolider ses conquêtes. Ses gouverneurs et leurs successeurs sont repoussés par **Chandragupta**, originaire du Magadha et fondateur de la dynastie des **Mauryas** (4e-2e s. av. J.-C.), qui conquiert tout le nord de l'Inde et une grande partie du Sud. L'apogée de l'empire est atteint sous son petit-fils **Ashoka** (3e s. av. J.-C. ; *voir encadré p. 99*), premier souverain à réaliser l'unification politique de l'Inde.
Mais celle-ci est éphémère : les successeurs d'Ashoka ne peuvent faire face à la constitution de

satrapies indo-grecques (2e-1er s. av. J.-C.) sur la frontière du Nord-Ouest ni aux invasions de peuplades nomades venues du plateau iranien : **Parthes** puis **Scythes** (ou Shakas, au 1er s. apr. J.-C.) et **Kushans** (1er-3e s.). Ces derniers règnent depuis Begram (en Afghanistan) en été, et Mathura en hiver. La plus grande figure de la dynastie des Kushans est l'empereur Kanishka, qui conquiert une partie de la plaine du Gange et se convertit au bouddhisme.

La brillante dynastie des **Guptas**, elle aussi originaire du Magadha, parvient à son tour à unifier le nord de l'Inde en un seul empire, aux 4e et 5e s., mais les raids des **Huns hephthalites** (fin du 5e s.) font voler en éclats cette belle unité. Les nouveaux envahisseurs ne cherchent pas à s'installer durablement, mais dans leur sillage arrivent les **Gurjaras**, peuple organisé en clans, qui s'établit dans l'ouest de l'Inde et dont sont en partie issus les Rajputs.

LES LIGNÉES MYTHIQUES DES RAJPUTS

6e s.-10e s.

À la faveur de la désagrégation de l'empire gupta, les roitelets vassalisés et des chefs de clans gurjaras hindouisés prennent le contrôle du Rajasthan et de la plaine du Gange. Ils forment une myriade de petits royaumes, rivaux mais liés par des relations de fraternité clanique et de vassalité. L'absence de sources historiques fait la part belle aux interprétations légendaires de leur arrivée au pouvoir.

Assimilés à la caste des **kshatriya** (guerriers), les membres de ces clans se déclarent Rajputs (« fils de roi ») et font remonter leurs origines aux temps mythiques pour occulter leur ascendance pas toujours très pure. Certains se réclament de la « race du Soleil » **(Suryavansh)** qui descend de Surya par l'intermédiaire du dieu Rama ; d'autres de la « race de la Lune » **(Chandravansh)**, celle du dieu Krishna. D'autres encore se rattachent à la « lignée du feu » **(Agnikula)**, apparue dans le feu sacrificiel sur un sommet proche de Mount Abu. Tous les clans rajputs se rattachent à l'une de ces trois dynasties, dont on pense que l'*Agnikula* est la plus récente. Cependant, il est impossible d'établir une chronologie avant le 10e s.

LES ROYAUMES DU RAJASTHAN

8e s.-13e s.

Du 8e au 10e s., le clan dominant est celui des **Gurjaras-Pratiharas**, qui règne sur la quasi-totalité du nord de l'Inde ; parallèlement de petits clans s'affirment et prennent de l'importance, donnant naissance aux dynasties qui domineront le Rajasthan. C'est le cas des **Chauhans**, implantés dans la région d'Ajmer dès le 7e s. (leur royaume s'étend au 12e s. jusqu'à Delhi), et des **Sisodyas**, qui gouvernent le Mewar (sud du Rajasthan) à partir du 8e s., avec Chittaurgarh pour capitale. Les incursions arabes dans la plaine de l'Indus, au 8e s., refoulent vers l'est le clan des **Bhattis**, qui s'établit dans le désert au 11e s. et fonde Jaisalmer (12e s.). Les **Kachhvahas**, chassés des bords de la Yamuna, se replient à Amber (près de l'actuelle Jaipur) à la fin du 11e s. Enfin, dans les dernières années du 12e s., les **Rathors**, battus par les envahisseurs afghans, quittent la plaine du Gange et se réfugient dans le centre du Rajasthan où ils fondent Mandore et le royaume du Marwar.

Ainsi, les principaux **clans rajputs** se trouvent regroupés dans le **Rajputana**, dont les collines escarpées et arides constituent un refuge qu'ils émaillent de forteresses. Fiers, querelleurs et indépendants, les Rajputs se révèlent le plus souvent incapables de s'allier contre un ennemi commun, ce qui les rend vulnérables aux invasions. Or celles-ci sont nombreuses au cours de l'histoire, car la situation du Rajasthan sur la route qui relie Delhi aux ports du Gujarat rend sa possession précieuse. Heureusement, la multiplicité des royaumes et la farouche indépendance des Rajputs rendent illusoire toute conquête définitive : à peine une principauté est-elle soumise qu'une autre se révolte.

Face à l'Islam

Particulièrement marquées à Delhi et à Agra, les influences afghanes et mogholes se font encore sentir dans tout le Rajasthan.

PREMIÈRES INVASIONS MUSULMANES

711-1192

En 711, des hordes arabes venues de Damas font une incursion dans la péninsule, mais elles ne dépassent pas la vallée de l'Indus. En revanche, 300 ans plus tard, un sultan turc installé en Afghanistan, **Mahmud de Ghazni**, lance une quinzaine de raids entre 1001 et 1027. Après avoir conquis le Punjab et pris Lahore (première capitale musulmane du sous-continent), il se dirige vers le Gujarat, pillant sur son passage la ville d'Ajmer. Cette première série d'incursions musulmanes reste cependant éphémère et ne constitue pas une menace durable, le but de Mahmud de Ghazni n'étant pas de conquérir, mais de rapporter du butin et des esclaves dans sa capitale de Ghazni, en Afghanistan.

LE SULTANAT DE DELHI

1192-1526

À la fin du 12e s., le sultan afghan **Mohammed de Ghor** envahit le Punjab et défait les armées du dernier souverain hindou de Delhi, le Rajput chauhan **Prithviraj III**, à la bataille de Tarain (1192). Il vient pour conquérir et non pour piller, même s'il gouverne depuis Ghazni. À sa mort, en 1206, tous les royaumes rajputs du Nord ont été démantelés, hormis ceux du Rajasthan. L'un de ses lieutenants, **Qutb ud-Din Aibak**, se proclame sultan de Delhi, inaugurant la première dynastie musulmane de l'Inde, celle des **Mameluks** (1210-1290). Le pouvoir de droit divin, de type persan, est instauré : le sultan devient « l'ombre de Dieu sur terre ». Ala ud-Din Khilji, de la **dynastie des Khiljis** (1290-1320), d'origine turque, mène de fréquentes attaques contre les souverains hindous voisins, détruit Jaisalmer, s'empare de Ranthambore, de Chittaurgarh… Allant de victoire en victoire, il lance même des incursions dans le sud de l'Inde.

La **dynastie des Tughluqs** (1320-1413), turque elle aussi, est marquée par des souverains tyranniques et instables. Pourtant, sous Mohammed ibn Tughluq (1325-1351), le sultanat de Delhi atteint sa plus grande extension, comparable à l'empire d'Ashoka, à l'exclusion de la majeure partie du Rajputana qui maintient son indépendance. Mais les révoltes se succèdent et le sultanat se disloque, cédant au raid du Turco-Mongol **Tamerlan** en 1398 ; six mois de carnage et des millions de morts laissent un sultanat exsangue. Le pouvoir échoit pour un siècle à des dynasties d'origine afghane sans envergure (**Sayyids** puis **Lodis**). Les souverains rajputs profitent de la situation pour affermir leur contrôle sur la région.

LES DÉBUTS DE L'ÈRE MOGHOLE

1526-1556

Depuis son royaume de Kaboul, le Turc **Babur**, descendant de Tamerlan par son père et de Gengis

Khan par sa mère, lance ses troupes à la conquête du sous-continent en 1526 : il envahit le Punjab, défait les armées du sultan **Ibrahim Lodi** et s'empare de Delhi, où il se proclame *padishah* de l'Hindoustan. Face à la menace musulmane, les Rajputs parviennent à faire front commun, mais l'armée moghole, plus puissante et mieux organisée, dotée d'une artillerie moderne, écrase la coalition hindoue en 1527. À la mort de Babur (1530), son fils **Humayun**, premier souverain effectif de la dynastie moghole, est évincé du pouvoir par le chef afghan du Bihar, **Sher Shah Sur** (1540-1555), qui se révèle un grand réformateur. Humayun, exilé en Perse, ne retrouve son trône qu'en 1555, un an avant de mourir.

DES EMPEREURS PRESTIGIEUX

1556-1707

La figure de l'empereur **Akbar** (1556-1605), qui succède à son père Humayun à l'âge de 13 ans, domine la dynastie moghole. Tolérant et habile, désireux de ne pas rester un étranger sur la terre qu'il gouverne, le premier des Grands Moghols inaugure une politique de rapprochement avec les hindous : il abolit l'impôt sur les non-musulmans, interdit l'abattage des vaches… Il fait d'Ajmer, ville de pèlerinage musulman, une province impériale et y installe son quartier général, enclave moghole en terre rajpute. Son sens politique sait transformer ses ennemis vaincus en fidèles alliés par le jeu des mariages : il choisit épouses et belles-filles parmi les princesses du Rajasthan (ainsi le petit-fils d'Akbar, le futur Shah Jahan, aura-t-il trois quarts de sang rajput dans les veines).
Les maharajas reconnaissent la suzeraineté de l'empereur qui, en échange, garantit leur autonomie et leur octroie des charges impériales (commandement militaire ou gouvernement de provinces).
Seul le *maharana* du Mewar, l'irréductible **Pratap Singh**, résiste, refusant d'entrer dans la mouvance moghole, et parvient à maintenir son indépendance vaille que vaille jusqu'à sa mort ; mais son fils est contraint de signer une alliance qui l'inféode à l'empereur.
La culture indo-musulmane atteint un raffinement et un éclat sans égal durant les règnes d'Akbar et de ses successeurs, **Jahangir** (1605-1627), esthète, alcoolique et opiomane, qui laisse son épouse gouverner, et **Shah Jahan** (1627-1658), passionné d'art. Imitant leur suzerain, les rajas rajputs bâtissent de gracieux palais à la musulmane dans leurs forteresses.
Le règne d'**Aurangzeb** (1658-1707) marque une rupture. L'Empire n'a jamais été aussi vaste – si vaste qu'il devient incontrôlable de Delhi.
En outre, le dernier des Grands Moghols, bigot fanatique, impose des mesures d'austérité et rétablit une politique discriminatoire envers les non-musulmans : il restaure l'impôt sur ces derniers, fait raser des temples… Ce retour en force de la tyrannie suscite le soulèvement des Marathes du Deccan, des sikhs du Punjab, des Jats de Mathura, et bien sûr des Rajputs. Prompts à la révolte, ces derniers entrent en rébellion en 1679, lorsque Aurangzeb tente de s'approprier le royaume du Marwar (Jodhpur).
À sa mort, les trois Rajputs les plus puissants – **Jai Singh II** d'Amber, **Amar Singh** du Mewar et **Ajit Singh** du Marwar – concluent une alliance et signent une paix qui les met à l'abri de l'Empire moghol en pleine désintégration.

L'ère coloniale et l'indépendance

La soif d'exotisme et le démon du commerce amènent sur les côtes indiennes de nouveaux envahisseurs venus de l'ouest, Portugais, Français et Britanniques.

LES EUROPÉENS EN INDE

1498-1818

Jusqu'au début du 16e s., le Moyen-Orient sert de zone d'échange entre l'Occident et l'Asie, et la sécurité des caravanes est tributaire de la situation politique prévalant dans cette région.

À l'autre bout de la péninsule, en 1498, le Portugais **Vasco de Gama** touche terre au Kerala, après un voyage de dix mois par le cap de Bonne-Espérance. La route maritime des Indes est ainsi ouverte à l'Occident friand de produits exotiques – soie, cotonnades, épices, indigo…

Le but des expéditions européennes est surtout commercial. Tout se joue le long des côtes, loin du Rajasthan et de Delhi. Des comptoirs y sont fondés : les Portugais établissent leur capitale à **Goa** (1510), les marchands anglais, associés au sein de la **Compagnie anglaise des Indes orientales** *(East India Company)*, s'installent à **Bombay** (1534-1661) puis à **Calcutta** (1690). La Compagnie française des Indes orientales, société commerciale à privilèges créée par Colbert, se fixe à **Pondichéry** (1674).

L'Inde devient un champ de rivalités pour les puissances européennes (Français et Anglais surtout). Les luttes d'influence et les guerres pour obtenir des concessions territoriales aboutissent peu à peu à la mainmise de la Compagnie anglaise des Indes orientales sur la majorité du pays.

LES ANGLAIS AU RAJASTHAN

1818-1857

À la mort d'Aurangzeb (1707), l'Empire moghol vole en éclats. Delhi ne représente plus aucune autorité. Les souverains rajputs sont affaiblis par d'incessants conflits de succession. Incapables de faire front face aux attaques de la **confédération marathe**, ils font appel, au début du 19e s., à la protection des Britanniques, qui contrôlent déjà Delhi, les empereurs n'étant plus que des fantoches.

Les nouveaux maîtres signent des traités d'assistance séparés avec les princes rajputs (1818) qui reconnaissent leur suzeraineté.

Leur présence, très organisée, se transforme vite en une mise sous tutelle. Les Britanniques savent pourtant se concilier les maharajas en leur garantissant une certaine indépendance et une existence luxueuse à l'abri des soucis.

LA RÉVOLTE DES CIPAYES

1857-1858

Au milieu du 19e s., les Anglais contrôlent l'essentiel du nord de l'Inde, de la frontière afghane à la Birmanie. La plupart des souverains s'accommodent fort bien de la présence de ces étrangers courtois, passionnés de chasse et de chevaux, et si efficaces pour faire prospérer leurs affaires. Seules leur distance et leur réticence à se mêler à la population leur valent quelque antipathie.

C'est cette méconnaissance de l'esprit populaire indien qui serait à l'origine de la « révolte des Cipayes » (du nom donné aux soldats indiens servant dans les armées britanniques). Au printemps 1857, une rumeur se répand dans les bataillons du nord de l'Inde : les nouvelles cartouches utilisées par l'armée, que l'on ouvrait avec les dents, seraient graissées avec du suif de vache (animal sacré pour les hindous) ou de porc (impur pour les musulmans). Le 10 mai 1857, une mutinerie éclate à Meerut (actuel Uttar Pradesh) ; trois bataillons massacrent la population européenne et se ruent sur Delhi, où l'empereur **Bahadur Shah II** se range de leur côté. Le nord de l'Inde s'embrase ; seul le Punjab des sikhs reste fidèle. Au Rajasthan, le peuple se tourne contre les Occidentaux, mais la plupart des souverains rajputs, conscients de leur dépendance envers les Anglais ou par loyauté, s'opposent aux révoltés. Grâce au soutien des bataillons sikhs, les Britanniques parviennent à redresser la situation. La rébellion est matée un mois plus tard. Bahadur Shah II, dernier empereur moghol, est exilé en Birmanie où il mourra, et ses fils sont exécutés.

LES FASTES DU RAJ

1876-1947

La rébellion de 1857 – que les Indiens nomment « guerre d'indépendance » – révèle la fragilité de la Compagnie anglaise des Indes orientales et son incapacité à administrer un territoire aussi vaste. Dès 1858, la couronne d'Angleterre prend officiellement le contrôle du pays et, en 1877, la reine **Victoria** est proclamée « impératrice des Indes ». Pour la première fois, le sous-continent se trouve unifié (à l'exception des comptoirs portugais et français) de manière durable sous un même pouvoir : l'**empire des Indes** ou **Raj**. Celui-ci regroupe les provinces administrées directement par la couronne britannique et les 556 États princiers qui jouissent d'une certaine autonomie sous protectorat britannique. Une période fastueuse commence pour les souverains rajputs. Restés loyaux, ils sont assurés de conserver leur autonomie même si les Britanniques possèdent le pouvoir de valider ou non le choix de l'héritier au trône.

Les nouveaux maîtres, se défiant de la masse indienne, ont de plus en plus recours à des intermédiaires locaux pour gérer l'immensité de la péninsule. Ils instituent ainsi une nouvelle élite, une classe moyenne capable d'assurer l'administration de l'Empire. Petit à petit, la sphère des pouvoirs traditionnels (maharajas, princes, nawabs…) s'élargit à une véritable bourgeoisie (fonctionnaires, avocats, hommes d'affaires…) qui va bientôt chercher à créer un État moderne, à l'image des démocraties occidentales.

L'ÉPOPÉE GANDHIENNE

1914-1947

Ces nouvelles aspirations mènent, en 1885, à la fondation du **Congrès national indien**, qui jouera un rôle majeur dans la lutte pour l'indépendance. Le Bengale devenant l'une des principales

LE PÈRE DE LA NATION

Mohandas Karamchand Gandhi naît le 2 octobre 1869 à Porbandar (Gujarat), dans une famille hindoue *vaishya* de la bourgeoisie aisée. Après des études de droit en Angleterre, il exerce 20 ans en Afrique du Sud comme avocat. De retour en Inde en 1914, il se lance dans la lutte pour l'indépendance au nom de laquelle il est emprisonné à maintes reprises. Sa fidélité aux valeurs hindoues ainsi que ses recours au jeûne et son attachement à la non-violence *(ahimsa)* hérités des jaïns (nombreux au Gujarat) lui valent une grande popularité. Il prône aussi le développement à l'échelle des villages et veut instaurer la reconnaissance d'un meilleur statut aux « intouchables » (sans pour autant s'opposer au système des castes). Sa volonté de réconcilier les différentes communautés religieuses lui attire cependant la haine des extrémistes. C'est justement un membre d'une organisation nationaliste hindoue qui l'assassine, le 30 janvier 1948 à Delhi, lui reprochant d'avoir permis la partition de l'Inde.

Jawaharlal Nehru représenté sur une fresque de Nawalgarh, dans le Shekhawati.
P. Tisserand / MICHELIN

zones d'agitation politique, les Anglais transfèrent leur capitale de Calcutta à Delhi en 1911. Les souverains rajputs, qui ne se sentent guère concernés par le courant indépendantiste, préfèrent la tutelle dorée des Anglais aux aventures inspirées par les chantres de la démocratie.

Le champion de la lutte pour l'indépendance sera un enfant de la bourgeoisie : l'avocat **Mohandas Karamchand Gandhi**, bientôt connu sous le nom de Mahatma (« la grande âme »), ou Bapu (« Père »). En 1914, il organise la résistance non violente contre l'occupant anglais. Non-coopération, désobéissance civile et manifestations pacifiques répandent les idées indépendantistes dans toutes les couches sociales.

Le parti du Congrès, présidé par **Jawaharlal Nehru**, demande officiellement l'indépendance de l'Inde dès 1929. En 1935, le gouvernement britannique, conscient de l'urgence de quelque concession, prévoit la création d'une assemblée législative indienne, aux pouvoirs limités.

Le Congrès, insatisfait, continue la lutte… En 1942, les Japonais occupent la Birmanie. Certains nationalistes indiens, comme Subash Chandra Bose, préfèrent soutenir les forces nipponnes plutôt que le gouvernement colonial.

La fin du conflit mondial laisse les Anglais maîtres de l'Inde, mais il devient évident que leur empire affaibli ne pourra maintenir son contrôle sur le sous-continent.

L'INDÉPENDANCE

15 août 1947

En février 1947, le gouvernement anglais annonce officiellement son intention de quitter la péninsule. **Lord Mountbatten**, nommé vice-roi des Indes en mars, est chargé d'assurer la passation des pouvoirs – tâche particulièrement délicate du fait des conflits interreligieux. Tandis que le Congrès souhaite une nation laïque, la **Ligue musulmane**, menée par **Ali Jinnah**, réclame la création de deux États séparés sur la base de la religion : une Inde à dominante hindoue, un Pakistan musulman. La **partition** de l'Empire

semble inévitable. Les Anglais, soucieux de se débarrasser au plus vite du fardeau indien, dessinent à la hâte des frontières, octroyant aux musulmans le Sindh, le nord du Punjab et, à 900 km de là, l'est du Bengale. Le **15 août 1947** naissent l'Inde et le Pakistan.
L'indépendance entraîne un gigantesque échange de populations de part et d'autre des nouvelles frontières : 10 millions d'hindous et de sikhs quittent le Pakistan pour l'Inde, 8 millions de musulmans prennent le chemin inverse. De chaque côté, on s'en prend aux minorités contraintes à l'exil, et d'effroyables massacres font 300 000 victimes en quelques mois.

Vers la démocratie

Les 556 États princiers deviennent indépendants en même temps que le reste de l'Inde. Les 18 maharajas du Rajasthan, comme la plupart des autres souverains, reconnaissent un à un l'Union indienne dans laquelle ils fondent leurs royaumes. Les grands drames du pays se jouent sur les frontières : en moins de 25 ans, l'Inde mènera quatre guerres, trois contre le Pakistan, une contre la Chine.

UN VOISINAGE DIFFICILE

1947-1966
Dès 1948, le nouveau voisin musulman menace le **Cachemire**, dont le maharaja hindou a choisi d'être rattaché à l'Inde. L'armée de Delhi réussit à repousser le frère ennemi de l'autre côté d'une ligne de « cessez-le-feu » que l'ONU est chargée de faire respecter, mais qu'aucune des deux nations ne reconnaît. Le dossier cachemiri, loin d'être réglé, continue aujourd'hui d'empoisonner les relations entre les deux pays.
La République indienne est officiellement proclamée le 26 janvier 1950. **Jawaharlal Nehru**, à la tête du parti du Congrès, devient Premier ministre et lance son pays dans une phase de modernisation. Un nouveau conflit se dessine, cette fois avec la Chine. En 1959, l'Inde accueille le dalaï-lama fuyant l'invasion du Tibet par les troupes de Pékin. Le gouvernement chinois envoie des troupes dans l'Himalaya, au-delà de la ligne Mac-Mahon (la frontière dessinée par les Anglais). Vainqueurs de soldats indiens sous-équipés, les envahisseurs se retirent pourtant, se contentant de cet avertissement humiliant.
Nehru meurt en 1964. L'année suivante, son successeur, **Lal Bahadur Shastri**, doit faire face à un nouveau conflit avec le Pakistan, toujours à propos du problème cachemiri. Les accords de Tachkent (1966) mettent une fin provisoire au conflit. Lal Bahadur Shastri meurt le lendemain même de la signature des accords. Il est remplacé par la fille de Nehru, **Indira Gandhi**

LES MAHARAJAS FACE À LA DÉMOCRATIE

À l'indépendance, chaque souverain est laissé libre d'intégrer ou non l'Union indienne ou le Pakistan. En deux ans, tous les souverains rajputs se rallient à l'Inde démocratique, renonçant à tout pouvoir effectif sur leur royaume. En échange, Delhi leur accorde quelques privilèges – octroi de pensions *(privy purse)*, exemption d'impôt sur la fortune. Le Rajputana, passé sous le contrôle de New Delhi, forme un nouvel État indien qui prend le nom de Rajasthan. Sa configuration définitive date de 1956, lorsque Ajmer le rejoint. Plusieurs maharajas deviennent députés, certains diplomates. En 1970, Indira Gandhi ayant supprimé leurs pensions, beaucoup se lancent dans les affaires et transforment leurs palais en hôtels de luxe.

(mariée à un homme d'affaires jaïn, sans parenté avec le Mahatma).

LE POUVOIR D'UNE FEMME

1966-1984
La seconde moitié des années 1960 voit le lancement de la **Révolution verte** : introduction de céréales à haut rendement, développement de l'irrigation, extension de l'usage des fertilisants et des pesticides.
Indira Gandhi se tourne vers un socialisme protectionniste, exerçant un contrôle sévère sur les banques et les grandes entreprises.
En politique extérieure, Delhi soutient le Pakistan oriental (futur **Bangladesh**) dans sa lutte pour l'indépendance. En représailles, le Pakistan attaque le Cachemire. L'Inde sort vainqueur du conflit, mais l'insécurité permanente l'incite à s'engager dans une course à l'armement. En 1974, les premiers essais nucléaires de la péninsule ont lieu dans le Rajasthan, à **Pokaran**.
À l'intérieur des frontières, la guérilla fait rage dans les États du Nord-Est (Nagaland, Mizoram) qui souhaitent leur indépendance.
Indira Gandhi proclame **l'état d'urgence** en 1975, ce qui lui permet de gouverner sans le contrôle du Parlement. Elle interdit les grèves, bannit les organisations extrémistes, muselle la presse, se lance dans une campagne de stérilisation forcée… L'Inde semble sombrer dans la dictature. Pour prouver sa popularité, la fille de Nehru organise des élections générales, mais son parti, le Congrès, est battu et elle doit démissionner en 1977. **Morarji Desai**, un vétéran de l'époque gandhienne, prend alors la tête d'un gouvernement de coalition mené par le **Janata Dal** (« parti du Peuple »), mais l'alliance vole en éclats et de nouvelles élections générales ramènent Indira Gandhi et le Congrès au pouvoir début 1980. Indira doit alors faire face à une poussée indépendantiste sikhe au **Punjab**. En 1984, elle ordonne à l'armée d'envahir le **« temple d'Or »** d'Amritsar, site le plus sacré de la religion sikhe, qui sert de base à des militants manipulés par le Pakistan. Les sikhs ne pardonnent pas ce sacrilège à Indira… Elle meurt en octobre 1984, à Delhi, sous les balles de ses gardes du corps sikhs.

LE DESTIN TRAGIQUE DE RAJIV

1984-1991
Son fils **Rajiv**, pilote d'avion éduqué en Occident et marié à une Italienne, Sonia, prend alors la tête du Congrès, qui obtient une large majorité aux élections de 1984.
Rajiv Gandhi entend mener l'Inde sur les routes de la modernité.
Les années 1989 à 1991 voient passer deux gouvernements de coalition qui s'embourbent dans les dossiers intérieurs de la société indienne : problème des quotas accordés aux basses castes dans les administrations et les universités, situation économique allant de mal en pis, mobilisation des hindous radicaux sur la question de la mosquée d'**Ayodhya**, en Uttar Pradesh (bâtie par l'empereur Babur sur le lieu de naissance du dieu Rama).
Rajiv Gandhi est assassiné dans le sud de l'Inde, en mai 1991, par des terroristes du **LTTE** *(Liberation Tigers of Tamil Eelam)* du Sri Lanka, qui ne lui pardonnent pas son engagement au côté du gouvernement de Colombo.

NATIONALISME ET LIBÉRALISATION

1991-1998
Les élections de 1991 se soldent par une nette victoire du parti du Congrès. **Narasimha Rao**, un fidèle du clan Gandhi, devient Premier ministre et ouvre le pays au libéralisme économique.
La destruction de la mosquée d'**Ayodhya** (1992) par l'extrême

droite hindoue provoque des flambées de violence qui font craindre une guerre civile entre hindous et musulmans. Surfant sur la vague de l'extrémisme, le **BJP** (Bharatiya Janata Party), parti nationaliste hindou, remporte plusieurs élections régionales, puis les législatives de 1996 face à un parti du Congrès qui a perdu l'appui des classes pauvres, affectées par la libéralisation, et celui des musulmans, amers après le sac d'Ayodhya.
En 1998, le gouvernement de coalition mené par **Atal Behari Vajpayee** engage de nouveaux essais nucléaires, aussitôt imité par le Pakistan, qui rejoint dès lors le club des puissances nucléaires. Inquiète, la communauté internationale impose des sanctions économiques et suspend la coopération scientifique avec les deux pays ; s'ensuit une diminution des investissements étrangers, et la situation économique se dégrade.

ALTERNANCES

2000-2014
Sonia Gandhi, présidente du parti du Congrès depuis 1998, se présente aux élections nationales de 1999, mais la tension croissante sur la frontière du Cachemire joue en faveur du BJP, dont la position de fermeté et les récentes démonstrations de force face au Pakistan rassurent les électeurs : une coalition menée par le BJP remporte la majorité et reconduit Atal Behari Vajpayee dans ses fonctions fin 1999.
L'année 2001 se clôt sur un attentat au Parlement de Delhi, attribué à un groupe islamiste pakistanais. L'armée indienne se déploie au Cachemire, les violences se multiplient jusqu'au cessez-le-feu de 2003. Afin de capitaliser sur une prospérité économique sans précédent, le gouvernement décide d'organiser des élections anticipées. **Rahul Gandhi** est élu député en Uttar Pradesh en 2004 (il deviendra en 2007 secrétaire général puis en 2013 vice-président du Congrès), tandis que Sonia Gandhi, sa mère, se remet en campagne. Déçues par le **NDA** (New Democratic Alliance, nom de la coalition dirigée par le BJP), que le slogan « L'Inde qui brille » a oubliées, les classes populaires offrent une victoire éclatante au parti du Congrès. Sonia, victime d'une campagne xénophobe, préfère cependant renoncer au poste de Premier ministre en faveur de **Manmohan Singh**, ancien ministre des Finances et pionnier du libéralisme économique. Ce dernier va notamment entamer des négociations avec les États-Unis sur le dossier du nucléaire et continuer le processus de paix lancé au Cachemire.
Les attentats de Mumbai fin 2008 nourrissent la campagne électorale de la droite hindoue qui dénonce la main du Pakistan. Malgré cela, les élections de 2009 voient la victoire de l'**UPA** (United Progressive Alliance, laïque et de centre-gauche), dirigée par le parti du Congrès et opposée au NDA. Manmohan Singh est reconduit dans ses fonctions.
Issu d'un large mouvement anti-corruption, l'**Aam Aadmi Party**, ou « parti de l'homme ordinaire », voit le jour le 2 octobre 2012 et fait une percée inattendue à Delhi lors des législatives partielles de décembre 2013. Mais l'émergence de cette troisième voix n'empêche pas le duel opposant traditionnellement les forces du Congrès à celles du BJP aux élections générales de 2014. Grand vainqueur du scrutin, le BJP emporte la majorité absolue des sièges au Parlement (dont la totalité de ceux du Rajasthan). Son chef de file, **Narendra Modi**, devient Premier ministre pour un mandat de 5 ans.

Chronologie

LES TEMPS ANCIENS

• **2600-1800 av. J.-C.** – Apogée de la civilisation de l'Indus.
• **1600-1000 av. J.-C.** – Les Aryens s'installent dans le N-O de l'Inde.
• **6e s. av. J.-C.** – Vies du Bouddha et de Mahavira, fondateur du jaïnisme.
• **268-231 av. J.-C.** – Règne d'Ashoka. Unification du nord de l'Inde. Propagation du bouddhisme.
• **1er-3e s. apr. J.-C.** – Empire indo-scythe. Dynastie des Kushans.
• **4e-5e s.** – Dynastie des Guptas.
• **Fin du 5e s.** – Les Huns envahissent le nord-ouest de l'Inde.
• **8e s.** – Premières dynasties rajputes. Fondation de Chittaurgarh, capitale du Mewar.

L'INDE MUSULMANE

• **1026** – Mahmud de Ghazni pille le nord-ouest de l'Inde.
• **1192** – Mohammed de Ghor écrase la coalition rajpute à Tarain et s'empare de Delhi.
• **1206** – Qutb ud-Din Aibak fonde le sultanat de Delhi.
• **1290-1413** – Dynasties d'origine turque des Khiljis et des Tughluqs.
• **1398** – Raid de Tamerlan sur le nord-ouest de l'Inde.
• **1413-1526** – Dynasties d'origine afghane des Sayyids puis des Lodis.
• **1526-1530** – Règne de Babur, fondateur de la dynastie moghole.
• **1530-1556** – Règne d'Humayun, interrompu par Sher Shah Sur.
• **1556-1605** – Règne d'Akbar. Fondation de Fatehpur Sikri.
• **1605-1627** – Règne de Jahangir.
• **1627-1658** – Règne de Shah Jahan. Construction du Taj Mahal (Agra).
• **1658-1707** – Règne d'Aurangzeb. Temples hindous et jaïns détruits.
• **1727** – Le maharaja d'Amber, Jai Singh II, fonde Jaipur.

L'ÈRE COLONIALE

• **1498** – Le Portugais Vasco de Gama atteint les côtes du Kerala.
• **1818** – Les Anglais s'installent au Rajasthan.
• **1857** – Révolte des Cipayes.
• **1877** – La reine Victoria est proclamée impératrice des Indes.
• **1920** – Première campagne gandhienne de non-coopération.
• **1947** – Indépendance (15 août) et Partition de l'Inde. Création du Pakistan.

L'INDE MODERNE

• **1948** – Assassinat de Gandhi. Première guerre contre le Pakistan.
• **26 janvier 1950** – Proclamation officielle de la République indienne.
• **1962** – Guerre contre la Chine.
• **1965** – 2e guerre contre le Pakistan.
• **1971** – 3e guerre contre le Pakistan. Création du Bangladesh.
• **1974** – Premiers essais nucléaires.
• **1984** – Assassinat d'Indira Gandhi.
• **1991** – Assassinat de Rajiv Gandhi. Libéralisation économique.
• **1992** – Destruction de la mosquée d'Ayodhya, violences interethniques.
• **1997** – Narayanan, premier intouchable président de l'Union.
• **1998** – Arrivée du parti BJP au gouvernement central. Nouveaux essais nucléaires à Pokaran.
• **2002** – Affrontements sanglants entre hindous et musulmans.
• **2004** – Manmohan Singh devient Premier ministre.
• **2007** – Prathiba Patil, première femme présidente de l'Union.
• **2008** – Attentats de Mumbai.
• **2009** – Le parti du Congrès remporte les élections générales.
• **2010** – Jeux du Commonwealth à Delhi.
• **2011** – Padmanabh Singh, nouveau maharajah de Jaipur.
• **2012** – L'Aam Aadmi, parti anti-corruption de Arvind Kejriwal, est fondé le 2 octobre.
• **2014** – Victoire du parti nationaliste hindou Bharatiya Janata (BJP) aux élections générales.

Art et architecture

La présence d'innombrables palais, forteresses, haveli (demeures patriciennes) joue pour beaucoup dans la popularité du triangle Rajasthan-Delhi-Agra. Mais vous serez sans doute surpris de ne découvrir que peu de vestiges de l'art hindou ancien. L'histoire mouvementée du nord du pays a en effet mis à terre des trésors inestimables. Dès le 11e s., les envahisseurs musulmans se sont appliqués à raser tout ce qui ne s'accordait pas avec l'islam. Beaucoup de sanctuaires hindous et jaïns disparurent au début du sultanat de Delhi (12e au 16e s.) puis sous l'empereur Aurangzeb. Inutile de chercher des temples antérieurs au 18e s. dans les villes saintes de Mathura ou Pushkar ou, à plus forte raison, dans les anciennes capitales de l'empire, Delhi, Agra… C'est miracle que quelques statues de l'époque kushan (2e et 3e s. apr. J.-C.) aient traversé ces épreuves.

L'Inde ancienne

LA CIVILISATION DE L'INDUS

La civilisation urbaine hautement développée, dite civilisation de l'Indus (apogée : 2600-1800 av. J.-C. environ), nous a laissé des poteries, bijoux et figurines en terre cuite, mais surtout de remarquables **sceaux gravés** de pictogrammes et de silhouettes d'animaux (sans doute des symboles religieux), qui témoignent d'un don exceptionnel de l'observation. On a retrouvé également quelques rares statuettes en bronze et en cuivre, dont la fameuse « danseuse » de Mohenjo-Daro (au Musée national de Delhi). Le matériel archéologique légué par la civilisation suivante, celle des envahisseurs aryens (1600-1000 av. J.-C.), paraît bien fade en comparaison. Le peu de pièces importantes et de monuments arrivés jusqu'à nous réduit d'ailleurs considérablement les spéculations sur un « art aryen ».

L'ART DES MAURYAS

Le développement du bouddhisme et les **influences perses** semblent être à l'origine de l'art des Mauryas (4e-2e s. av. J.-C.). Les colonnes dressées par **Ashoka** (3e s. av. J.-C.) pour répandre la Loi bouddhique (comme celle qui se trouve à Feroz Shah Kotla, à Delhi) trahissent les emprunts faits à l'Iran hellénisé : poli de la pierre, hiératisme des chapiteaux campaniformes ou à volutes latérales, palmettes stylisées, groupe d'animaux figés…

Plafond peint du temple de Lakshmi Narayan à Jaipur.
I. Hogstrom / Danita Delimont Agency/ age fotostock

En revanche, l'**art animalier** des Mauryas, plus vivant et réaliste que l'art perse, se révèle spécifiquement indien par son sens de l'observation.

LA PREMIÈRE ICONOGRAPHIE BOUDDHIQUE

À l'époque de la **dynastie des Shungas** (2e-1er s. av. J.-C.), qui succède aux Mauryas, sont édifiés les premiers monuments bouddhiques. Parmi eux, les *stupas*, monuments commémoratifs ou reliquaires, de forme hémisphérique. La sculpture en bas relief se développe sur les barrières entourant les stupas, et sur les *torana* (arches monumentales) qui interrompent les barrières aux quatre points cardinaux. Ainsi apparaissent des figures humaines aux formes amples qui révèlent le goût indien pour les silhouettes pleines, allié à un sens méticuleux du détail. Des scènes d'un naturalisme plein de fraîcheur se déploient, retraçant la vie du Bouddha. Celui-ci n'est pas représenté, mais seulement suggéré par des **symboles** : parasol, trône, *svastika* (croix gammée), roue du *dharma*, empreintes de pied…
Un **répertoire iconographique** se constitue, qui sera repris par les sculpteurs hindous. Les **yaksha** et les **yakshini**, génies protecteurs et nymphes, sont associés à la fertilité. On les représente portant le chasse-mouches royal ou comme de séduisantes beautés langoureusement agrippées à une branche d'arbre. Ces génies bouddhiques se retrouveront sous la forme des *gandharva* et des *apsara* de l'iconographie brahmanique et jaïne *(voir p. 94)*.
Les **mithuna**, couples d'amoureux enlacés, symbolisent la fertilité. Par la suite, sur les temples brahmaniques, ils seront interprétés comme une image de la fusion mystique entre l'âme et la divinité. Ou comme l'union tantrique du principe féminin (l'énergie ou *shakti*) qui réveille et met en mouvement la puissance masculine, celle-ci restant inerte tant qu'elle est privée de sa *shakti*. À moins qu'il ne faille y voir l'union purement charnelle des dévots avec les *devadasi*, ces danseuses sacrées qui faisaient, à l'occasion, office de prostituées.
Les **naga** et **nagini**, génies des eaux, se présentent dans l'iconographie brahmanique avec un buste d'homme ou de femme se terminant en forme de serpent.
Le **makara**, monstre aquatique tenant à la fois du crocodile, de l'éléphant et du poisson, se trouve associé à la fertilité des eaux. Il deviendra la monture de la déesse Ganga (le Gange) qui, avec son pendant, la déesse Yamuna (juchée

sur une tortue), sera représentée à l'entrée des sanctuaires brahmaniques.
Les **vahana** sont des animaux qui apparaissent aux pieds des génies et des nymphes. Dans l'iconographie brahmanique, ils deviendront les « véhicules » des divinités, chaque dieu ayant son *vahana* attitré qui le symbolise : ainsi le taureau Nandi, monture de Shiva, l'oiseau Garuda de Vishnou ou le rat de Ganesh.

L'ART DU GANDHARA ET L'ÉCOLE DE MATHURA

La dynastie des **Kushans** (1er-3e s. de notre ère) favorise l'apparition de deux écoles : celle de Mathura et celle « gréco- bouddhique » du **Gandhara** (Afghanistan et Pakistan).
C'est au Gandhara, semble-t-il, que le **Bouddha** est représenté pour la première fois sous forme humaine. Cette révolution figurative donne naissance à tout un répertoire iconographique qui marque l'art bouddhique jusqu'à nos jours. Le visage nimbé de « l'Éclairé » reçoit des marques distinctives : lobes d'oreilles étirés, protubérance au sommet du crâne, cou marqué de trois plis concentriques… On le représente drapé dans un vêtement monastique aux plis lourds, lui couvrant les deux épaules à la manière d'une toge.
À **Mathura** *(voir p. 215)*, au contact de l'art indien, le vêtement se fait mousseline et laisse l'épaule droite dénudée. Des plis réguliers l'animent, soulignant les formes massives du corps. Le visage s'arrondit, les lèvres deviennent plus charnues.

LE CLASSICISME GUPTA

Une seconde transformation s'opère dans la représentation du Bouddha, qui connaît son apogée durant le règne des Guptas (4e-6e s.) : sous la robe plissée, la silhouette s'allonge tandis que les traits du visage s'affinent et que l'expression se fait plus sereine, l'ensemble atteignant à une harmonie et à une pureté des formes toutes classiques.
Par ailleurs se fixe un canon des attitudes, *asana*, et des gestes des mains, *mudra*, qui influencera la statuaire brahmanique.
Parallèlement, les **tirthankara** de la religion jaïne commencent à être représentés sur le modèle du Bouddha, soit en position debout, soit assis en lotus, mais toute expression effacée de leur visage, toute individualité gommée, les saints personnages se retirant dans un hiératisme sublime.

CONFLUENCE GRÉCO-BOUDDHIQUE

Alexandre le Grand conquit l'Afghanistan et le nord-ouest du Pakistan actuel en 327 av. J.-C. Il laissa sur place des généraux dont les successeurs fondèrent le royaume de Bactriane. Ce dernier contribua à la diffusion de la culture hellénistique dans la région. Malgré les invasions de nomades parthes puis scythes à partir du 1er s. av. J.-C., l'écriture grecque et les canons de la sculpture hellénistique perdurèrent. La dynastie que les Romains nommaient « indo-scythe », et les Indiens « kushan », fonda un vaste empire qui s'étendit jusqu'au Gange du 1er au 3e s. apr. J.-C. Le centre de sa puissance restait l'ancien royaume hellénisé de l'Afghanistan. C'est là sans doute que furent sculptées les premières figurations du Bouddha, au 1er s., par l'école dite « gréco-bouddhique » ou « du Gandhara » (du nom de son principal foyer) – la plus orientale des écoles gréco-romaines d'Asie, caractérisée par le réalisme des visages et une grande finesse des traits.

De son côté, la sculpture brahmanique se développe, conférant aux divinités un indéniable caractère de puissance et d'autorité, sans pour autant les priver d'humanité et de grâce. Les corps représentés debout s'animent de la célèbre **triple flexion** *(tribhanga)*, qui fait incliner légèrement la tête, dans une direction opposée à celle du buste, et déhanche voluptueusement le bassin.

Le temple

Voir planche d'architecture p. 124.

LA MONTAGNE ET LA GROTTE

Le brahmanisme primitif, basé sur les sacrifices, ne comportait aucun rite communautaire, donc nul besoin de construire des lieux d'assemblée. D'ailleurs, le temple brahmanique, bâti autour de l'autel, n'était pas destiné aux hommes mais aux dieux, dont il constituait la demeure. On sait peu de chose des premiers sanctuaires en bois ou en bambou, d'autant que la science de l'architecture, considérée comme une doctrine sacrée et ésotérique, se transmettait traditionnellement par voie orale et que les rares écrits existants sont, encore aujourd'hui, gardés secrets par les prêtres-architectes.
Les temples reprennent la symbolique de la montagne, dont le **mont Meru**, demeure des dieux et axe du monde, est le prototype. La montagne est représentée par une tour s'élevant au-dessus du sanctuaire. Celui-ci adopte un plan carré, forme parfaite qui symbolise le monde céleste. Ses petites dimensions évoquent la grotte matrice, point de rencontre des dieux et des hommes. Cette structure pyramidale, typique des temples hindous, se retrouve à travers tout le sous-continent.

LE TEMPLE « NAGARA » OU INDO-ARYEN

Les premiers temples édifiés en « dur » datent du 6e s. environ. Les pierres ou briques sont empilées en encorbellement, c'est-à-dire que chaque assise est posée en légère saillie par rapport à la précédente. Ce système de construction permet de recouvrir les sanctuaires de tours de plus en plus élevées. Dans le sud de l'Inde, celles-ci prennent un aspect de pyramides triangulaires (style dravidien), les *gopuram*, tandis que dans le nord elles adoptent un profil curviligne (style *nagara* ou indo-aryen).
Le temple de style *nagara* ne comporte qu'un seul élément jusqu'au 10e s. : sur un soubassement s'élève la tour curviligne, *shikhara*, qui recouvre la cella (*garbha-griha*, le « giron »), demeure du dieu et lieu des sacrifices. La porte s'ouvre face à l'image de la divinité. Au début du 10e s. est ajouté, sur la même plate-forme, un hall de plan carré.

DES MANDAPA OUVERTS À TOUS VENTS

Les *mandapa*, salles hypostyles entièrement ouvertes sur l'extérieur, sont caractéristiques de l'architecture jaïne du Rajasthan et du Gujarat. Les huit piliers des *ranga mandapa*, ou « pavillons de la danse », soutiennent une architrave octogonale sur laquelle repose une coupole aplatie. Celle-ci est construite selon une technique d'empilement : des dalles sont posées en encorbellement, par assises concentriques, jusqu'à ce que l'ouverture circulaire puisse être refermée par une pierre unique. Ce même principe de construction se retrouve aux coupoles des *chhatri*.

On le nomme *sabha-mandapa* (salle de réunion), *mukhashala*, ou simplement *mandapa*. Ce plan primitif ira se compliquant par l'ajout d'un déambulatoire autour de la cella, et de divers halls et vestibules dans l'axe défini par la cella et le *sabha-mandapa*. Le temple est fréquemment précédé d'un petit pavillon qui lui fait face, abritant la monture du dieu qui réside dans le sanctuaire (le taureau Nandi, l'oiseau Garuda, etc.).
La sculpture en **haut-relief** se développe avec exubérance en registres superposés, envahissant les murs extérieurs ainsi que les murs intérieurs, à l'exception de ceux du *garbha-griha*.

LE TEMPLE JAÏN

Les sanctuaires jaïns ne se distinguent des temples brahmaniques que par les sculptures qui les ornent et l'image vénérée dans la cella, sauf au Rajasthan et au Gujarat, où se développe une architecture propre au temple jaïn. Dans ces régions, le sanctuaire s'élève au centre d'une cour rectangulaire fermée par un mur d'enceinte, le long duquel de multiples niches abritent chacune la statue d'un *tirthankara* (ascète jaïn) en méditation.
Le temple se compose d'une cella, entourée sur trois côtés par des portiques et des **salles hypostyles** *(mandapa)* plus largement ouverts sur l'extérieur que ne le sont leurs équivalents hindous. Certains *mandapa*, propres à l'architecture jaïne, sont constitués de colonnes supportant une fausse coupole (ou coupole plate), obtenue par encorbellement *(voir encadré p. 115)*. Autre caractéristique de ces temples jaïns : l'emploi exclusif du **marbre blanc** et l'incroyable profusion de la sculpture intérieure, d'une délicatesse, d'un poli et d'une fluidité nulle part égalés.

L'architecture musulmane

Voir la planche d'architecture p. 126-127.

L'ART INDO-MUSULMAN

13e-16e s.
Le premier réflexe des troupes musulmanes qui s'installent dans le nord-ouest de l'Inde à la fin du 12e s. est de détruire les temples et les collèges de sanskrit pour les remplacer par des mosquées et des *madrasa* (écoles coraniques), d'où le nombre extrêmement réduit de temples hindous anciens encore debout dans le nord de l'Inde. L'interdiction islamique de représenter les êtres vivants brise net le développement de la sculpture figurée indienne.
Toutefois, les formes introduites par l'architecture musulmane offrent à l'art local une source de renouveau. Les envahisseurs, de sang turc et mongol, et de culture arabo-persane, apportent la tradition architecturale seldjoukide. À l'entablement et à l'encorbellement de l'architecture indienne, ils substituent l'**arc en carène** (forme que prend, en Inde, l'arc en ogive) et la **coupole sur trompes**.
Quant à l'art exubérant des sculpteurs indiens – proche de l'horreur du vide caractéristique des peintres persans –, il trouve à s'employer dans l'**ornementation**, chère aux musulmans : les figures humaines et animales font place à des inscriptions coraniques superbement calligraphiées, à de complexes entrelacs géométriques dérivant du polygone étoilé, ou à des arabesques et enroulements de tiges ondoyantes.
Ainsi le premier style indo-musulman associe-t-il le sens de la ligne claire et le goût pour la géométrie, propres à l'architecture

musulmane, à la surcharge décorative caractéristique de l'art indien. Dans un deuxième temps, à partir des Tughluqs (14e s.), les bâtisseurs reviennent à davantage de sobriété et à des formes plus « iranisées ».
Autres éléments caractéristiques du système décoratif indo-musulman : les façades polychromes de grès rouge rehaussées de marbre blanc ou de carreaux de faïence, les arcatures aveugles en forme de *mihrab*, ainsi que les *muqarna* (alvéoles), niches prismatiques utilisées pour soutenir les galeries en encorbellement et qui se transforment rapidement en un réseau d'arcs croisés à la fonction purement décorative.

L'ART MOGHOL

16e -19e s.
Les deux premiers siècles de l'ère moghole représentent une période d'épanouissement artistique incomparable. Sous les premiers souverains (Babur et Humayun) prédominent les formes iraniennes. L'*iwan* d'origine sassanide (espace voûté largement ouvert d'un côté par un arc, et fermé de l'autre) et le *pishtaq* (grand portail à *iwan*) font leur apparition et deviennent dès lors des éléments incontournables.
Le troisième empereur moghol, **Akbar**, impose son goût pour le **syncrétisme** jusque dans l'architecture qui associe, comme à Fatehpur Sikri, éléments persans (arc et *iwan*, volumes ordonnés avec clarté…) et éléments indiens (grès rouge, piliers et entablements, auvents et corbeaux, décoration omniprésente…).
Le règne de **Jahangir** marque un retour à l'architecture de tradition persane, qui atteint au classicisme sous Shah Jahan (le bâtisseur du Taj Mahal). Elle se caractérise par l'adoption de l'**arc polylobé** et d'un répertoire décoratif typiquement persan qui allie les motifs floraux aux silhouettes de vases et de flacons, et par l'utilisation massive du marbre blanc auquel est associée une polychromie de **pierres fines incrustées** selon la technique italienne de la *pietra dura*. Les lignes, d'une grande élégance, perdent cependant de leur vigueur.
Sous **Aurangzeb**, les formes se « baroquisent » : les lignes se compliquent et la lisibilité de l'ensemble se dilue dans la surcharge décorative. Au 18e s., le mouvement de décadence s'accélère : surabondance de décorations, de stucs…

LES MONUMENTS MUSULMANS

La **mosquée** *(masjid)* est conçue comme un lieu de rassemblement et de prière. Chaque ville possède sa *juma masjid* (mosquée du Vendredi), celle où, le vendredi, l'imam prononce son prêche devant la communauté assemblée.
Le plan de la mosquée indienne dérive de celui de la mosquée à cour centrale qui s'imposa en Iran au 12e s. : une **vaste cour**, avec en son centre un bassin pour les ablutions, ceinte sur trois côtés d'un mur à arcades. Le quatrième côté, à l'ouest (direction de La Mecque), est fermé par la **salle de prière**, flanquée de **minarets** *(minar)*. La façade de cette salle est percée d'arches, celle du centre revêtant davantage d'importance que les autres, car elle conduit, à l'intérieur de la salle, au *mihrab*, niche qui indique la direction de La Mecque *(qibla)*. Le *mihrab* est vide mais orné avec profusion sur le principe de la mise en abyme : il amène le regard à s'enfoncer progressivement, à percer le mur et à gagner en pensée la direction de la Kaaba. Aucun mobilier dans la salle de prière, si ce n'est un *minbar* (chaire), à droite du *mihrab*, d'où le prédicateur délivre

son sermon du vendredi. Sur le sol de la salle figurent souvent les contours délimitant la place de chacun pour la prière. Parfois, un côté de la salle est en partie occupé par un *dikka*, tribune réservée aux femmes.

Les arcades de la cour abritent généralement une **madrasa**, école coranique où sont enseignées, en arabe, les sourates du Coran.

Le **mausolée** est la demeure du défunt. Celui-ci y repose, la tête tournée vers La Mecque, un *mihrab* marquant le centre du mur de *qibla* (mur occidental). Les premières tombes *(rauza)* indo-musulmanes, appelées *gumbad* ou *gumbaz* (dômes), sont des monuments de plan carré, couverts par une coupole sur trompes. Le dôme hémisphérique, légèrement étiré en pointe, est posé ou non sur un tambour. À l'époque des dynasties des Sayyids et des Lodis (15e s.) s'ajoute un type de tombeau de **plan octogonal**, coiffé d'un dôme sur tambour qu'entourent de petits pavillons à kiosques *(chhatri)*, hérités de l'architecture hindoue, et un mur d'enceinte.

En **1565**, un architecte persan conçoit pour le souverain moghol Humayun une tombe d'un type nouveau, aux dimensions monumentales, qui marque une rupture. La salle funéraire, couverte d'un **dôme outrepassé** (en bulbe) sur tambour, est cantonnée de quatre chambres secondaires. L'ensemble est posé sur un socle élevé formant terrasse, et situé au centre d'un jardin clos de murs. Tous les tombeaux construits après 1565 s'inspirent du mausolée d'Humayun, y compris le Taj Mahal. Les Moghols adoptent la coutume de la **double sépulture**, propre aux peuples de la steppe : un cénotaphe commémoratif est placé dans la salle centrale, la vraie sépulture étant dans une chambre souterraine ou dans un endroit secret. En outre, selon la coutume tartare, ils font édifier leur tombeau de leur vivant.

Le **palais moghol** regroupe, derrière une ceinture de remparts, des bâtiments administratifs (les Archives, etc.), un hall des Audiences publiques (le *diwan-i Am*) destiné aux réceptions formelles, et les appartements privés de l'empereur. Ces derniers sont divisés en deux sections bien distinctes : la partie des hommes, *mardana*, et le *zenana*, appartements des épouses et des concubines, où seuls peuvent pénétrer les femmes, les eunuques et l'empereur. Le *mardana* rassemble des pavillons ordonnés autour d'un jardin, éventuellement reliés entre eux par un portique couvert, et complétés par des éléments mobiles : tentures, baldaquins et tentes. Parmi les principaux bâtiments, on trouve le hall des Audiences privées (le *diwan-i Khas*), où sont reçus les familiers et les ministres du Conseil, le *shish mahal*, revêtu d'éclats de miroirs convexes qui multiplient la lumière vacillante des lampes, et les *hammams*.

Le **pavillon moghol** type se présente comme une salle hypostyle ouverte sur trois côtés, dotée d'écrans de pierre ajourés (ou *jali*) qui forment un fin treillis de motifs hexagonaux et rafraîchissent les pièces par l'ombre qu'ils ménagent et les courants d'air qu'ils entretiennent. Ils permettent également aux femmes soumises au *purdah* d'observer, sans être vues, les activités qui se déroulent dans la partie de la demeure réservée aux hommes. Le pavillon moghol possède un toit plat ou adopte le **toit bengali** arqué, aussi appelé « en demi-lune », emprunté à l'architecture bengalie.

Le **jardin moghol**, ou *chahar bagh* (jardin en quatre parties), est tout à la fois refuge contre la poussière et l'aridité du paysage, lieu de

Patwon ki Haveli à Jaisalmer.
V. Sciosia/Sime/Photononstop

fraîcheur et de délassement, et image du paradis. Introduit en Inde par le premier Moghol, Babur, il est clos de murs et se caractérise par les deux canaux animés de jets d'eau qui le divisent en quatre parties égales dans lesquelles s'épanouissent des massifs en forme d'étoile ou d'octogone.

L'architecture rajpute

Voir planche d'architecture p. 125.
Tout en demeurant farouchement attachés aux traditions hindoues, les princes rajputs, dont la plupart se rallient à l'empereur, adoptent dès la fin du 16e s. l'architecture, le décor et le faste des Moghols.

FORTERESSES ET PALAIS

Au contraire des Moghols établis dans la plaine, les Rajputs ont bâti leurs forteresses au sommet de collines, comme des nids d'aigle défendant l'accès aux vallées. Leurs forts apparaissent comme de formidables machines militaires aux murailles sévères et impressionnantes, mais derrière ces murs sans fantaisie se dissimulent de gracieux palais répartis en *mardana* et *zenana*, agencés autour de cours intérieures. L'influence moghole se ressent dans le style décoratif à partir de la fin du 16e s. : emploi d'arcs polylobés et de colonnes au fût renflé, motifs de bouquets et de flacons à la persane… À l'est, elle s'exerce avec force, allant jusqu'à bâtir des pavillons à toit plat du plus pur style moghol. Toutefois, en progressant vers les zones désertiques de l'ouest, l'influence moghole va s'amenuisant, le style purement rajput se laissant moins facilement supplanter.
Parmi les éléments les plus distinctifs du style rajput figurent en bonne place les **jharokha**, balcons en encorbellement fermés de *jali* et couronnés de demi-coupoles ou de toits bengalis aux angles tombant comme des pointes acérées. Autre élément dont la silhouette familière évoque instantanément l'Inde rajpute : le **chhatri**, pavillon à kiosque couronné d'un dôme

hémisphérique et doté d'un auvent saillant comme une visière.

Dans les **durbar halls** (pièces de réception où le seigneur réunit son *durbar*, ou assemblée des nobles), les décorations à base d'éclats de miroirs s'enrichissent de mosaïques en pâte de verre colorée, de carreaux de faïence de Delft apportés par les caravanes, et de fresques aux couleurs vibrantes sur lesquelles les figures humaines et animales triomphent, le Rajasthan hindou n'étant soumis à aucun interdit figuratif.

LA « HAVELI »

Dans les villes, les riches marchands et les nobles font édifier de magnifiques demeures familiales, ou *haveli*. Parmi les plus belles, citons celles bâties au 19e s. par les marchands jaïns de **Jaisalmer**, ornées d'une profusion de *jharokha* à *jali* et superbement sculptées, et celles du **Shekhawati**, beaucoup plus sobres architecturalement mais entièrement peintes à fresque.

La *haveli* s'ordonne autour de deux *chowk*, cours intérieures sur lesquelles ouvrent toutes les pièces de la demeure, celles de l'étage étant desservies par une galerie qui fait le tour de la cour. La première cour constitue la partie publique. Le salon *(bhaitak)*, équivalent du *durbar hall* dans les palais, ouvre sur cette cour par trois portes ou trois arches. On y reçoit les hôtes étrangers à la famille sur de minces matelas recouverts de draps blancs, sur lesquels sont disposés de gros traversins permettant de s'adosser. La seconde cour est réservée à la famille et aux intimes de la maison.

LE CÉNOTAPHE

La dépouille des Rajputs était incinérée selon la tradition hindoue. Toutefois, sous l'influence des sultans et des empereurs moghols qui se faisaient édifier des tombeaux, les princes rajputs se mirent à construire des cénotaphes sur le lieu de leur crémation.

Ainsi trouve-t-on un peu partout au Rajasthan de ces petits pavillons à baldaquin en forme de dôme soutenu par quatre ou huit piliers reposant sur une plate-forme, appelés *chhatri* (« ombrelle ») ou *kshatriya* (le fait d'être protégé par une ombrelle est un privilège royal). Le dôme recouvre une coupole aplatie construite par encorbellement selon la même technique que celle des *mandapa* dans les temples jaïns. Parfois, le *chhatri* abrite une stèle commémorative présentant l'image en bas relief du mort, souvent sous la forme d'un cavalier, tandis qu'une autre stèle, portant une silhouette féminine ou des empreintes de pieds, rappelle le sacrifice d'une des épouses devenue *sati* en s'immolant sur le bûcher de son époux.

LE PUITS

L'eau revêt un caractère presque sacré dans ce pays aride. Construire un puits ou un réservoir pour la communauté était considéré comme acte pie, d'où les superbes ouvrages aménagés par de riches donateurs que l'on trouve au Rajasthan, État qui, avec le Gujarat et le Karnataka, compte le plus grand nombre de puits, dans les formes les plus variées. Car l'ingéniosité des constructeurs s'est évertuée à trouver des solutions toujours plus adéquates pour atteindre facilement la nappe d'eau, quel que soit son niveau, et empêcher que le précieux liquide ne s'évapore.

Lac naturel ou artificiel, réservoir souterrain couvert, puits de forage : les formes sont multiples. L'appellation la plus courante est **baori** pour les **puits à escalier** (*baoli* à Delhi), mais on utilise aussi *kund, vav, johad* (au Shekhawati). La petite ville de **Bundi** en renferme de superbes spécimens. Certains puits du Shekhawati se signalent de loin par une haute plate-forme sur laquelle se dressent des pavillons à baldaquin et deux ou quatre tours ; à ces dernières était fixée une poulie permettant de hisser de volumineuses outres d'eau à l'aide d'un bœuf. Dans les Aravalli, au sud de Pushkar, les pompes à moteur sont encore rares et les puits anciens sont toujours en service. Leur architecture est moins élaborée. Les engrenages généralement réalisés en bois et entraînés par une vache permettent l'irrigation de la plupart des champs.

Les miniatures

La tradition des miniatures au Rajasthan remonte au moins au 11e s. À cette époque, la communauté jaïne fait illustrer ses textes sacrés, écrits sur d'étroites feuilles de palme puis sur papier (technique importée de **Perse** au 14e s.). Les miniatures insérées dans le texte sont colorées de rouge et de jaune, sans effet de perspective, la primauté étant accordée au trait, ferme et précis. Au 16e s., le pigment bleu arrive en Inde. Dès lors, le fond des miniatures, auparavant uniformément rouge, devient bleu – critère sûr de datation des œuvres les plus anciennes.

L'ÉCOLE MOGHOLE

De son exil à la cour safavide de Perse, l'empereur Humayun ramène avec lui à Delhi, en 1555, deux peintres de l'école de Shiraz qui se mettent à initier les artistes indiens à la miniature persane. Lorsque **Akbar** fonde le premier atelier d'État de peinture, ces deux maîtres sont nommés pour le diriger. Ainsi s'insinue dans la miniature indienne le style persan. Cependant, les artistes indiens, doués du sens de l'observation, se dégagent rapidement de l'idéalisme et du dessin calligraphique et conventionnel à la persane. Apportant leur goût pour le naturalisme, leur spontanéité et leur **sens du détail**, et encouragés par la décision d'Akbar de lever l'interdit sur la reproduction de l'individualité (humaine et animale), les peintres créent des œuvres d'un réalisme inconnu jusqu'alors. Servies par la précision du trait, la délicatesse du dessin et la subtilité de la palette, leurs œuvres diffusent une impression générale d'harmonie et de douceur.

Les artistes moghols vont surtout exceller dans l'art du **portrait**, auquel ils confèrent une étonnante vérité psychologique.

LES ÉCOLES RAJPUTES

Le style pictural de la cour moghole se répand rapidement au Rajasthan, influençant les ateliers locaux (notamment dans la recherche de l'illusion de la profondeur). Cependant, ceux-ci ne succombent pas à la facilité de l'imitation servile et conservent leur qualité de fraîcheur naïve. Au-delà des différences de style entre les écoles rajputes, appelées *kalam* (« plume, pinceau »), on peut dégager des caractéristiques communes : l'attention portée à mille petits détails anecdotiques, le goût pour les couleurs vives et brillantes, ou la stylisation des formes cernées par un contour noir, d'une grande simplicité de trait, qui les fait se détacher sur le fond coloré. À la fin du 17e s., l'empereur Aurangzeb, bigot et iconoclaste, réduit à l'inactivité de nombreux peintres qui se mettent alors au service de l'art rajput, contribuant à porter celui-ci à son apogée.

Les plus anciennes miniatures viennent du **Mewar** (16e-18e s.). Les 17e et 18e s. voient la grande époque de l'école du **Marwar** (Jodhpur et Bikaner), fortement marquée par le style moghol ; de l'école de **Bundi** et de **Kota** ; puis de celle de **Kishangarh** (région d'Ajmer), qui se concentre sur les thèmes krishnaïstes. Le *kalam* de **Jaipur**, très influencé par l'art moghol, est plus tardif (18e-19e s.).
Art profondément symbolique, la miniature rajpute est tout en analogies et en correspondances. Ainsi la nature, changeante au cours des heures de la journée et des mois, reflète-t-elle les sentiments et les états psychologiques des personnages, qui eux-mêmes sont associés à des *raga* (modes musicaux) et renvoient à des poèmes… Des séries de miniatures, telles les *raga mala* (« guirlande des modes musicaux »), les *barah mesa* (« douze mois »), ou les *nayaka nayika* (« le héros et l'héroïne »), jouent de ces correspondances infinies.
Le thème majeur de la peinture rajpute reste à dominante religieuse même si la **vie de Krishna** en tant que jeune bouvier énamouré de Radha et des *gopi* semble servir de prétexte pour représenter toute la gamme du sentiment amoureux et du désir, le dieu devenant *nayaka*, et ses amantes d'innombrables *nayika*. Outre la peinture religieuse, les portraits des puissants et des notables, les scènes montrant la **vie de cour** à l'intérieur du palais, avec fêtes et réjouissances, et les séances de chasse dans une nature amoureusement décrite forment l'essentiel de la production des miniaturistes.
À la fin du 19e s., l'apparition de la photographie supprime l'une des raisons d'être des miniatures (représenter le souverain et sa cour) et les écoles disparaissent peu à peu.

L'influence britannique

À partir du 19e s., la colonisation anglaise introduit en Inde les styles architecturaux et les formes artistiques en vogue dans l'Europe de l'époque.

LE STYLE INDO-SARRACÉNIQUE

Mêlant les influences occidentales, mogholes et rajputes, l'art indo-sarracénique rassemble sans complexe sur un même monument dômes et *chhatri*, arcs gothiques et tours à horloge très *british*.
Le plus célèbre promoteur de ce style des plus hybrides est l'architecte **Sir Samuel Swinton Jacob** (1841-1917) (*voir encadré p. 237)*, ingénieur établi au Rajasthan, qui semble être de tous les projets. On retrouve sa signature sur les plans de multiples réalisations, dont le Rambagh Palace et l'Albert Hall à Jaipur, le Lalgarh Palace à Bikaner, le Mayo College à Ajmer…

LE SUCCÈS DE L'ART DÉCO

À la fin des années 1920, **Sir Edward Lutyens** s'inspire du répertoire de formes architecturales établi par Sir Samuel Swinton Jacob pour dessiner les monuments de la nouvelle capitale, New Delhi, mais revient à plus de classicisme : l'Art déco est dans l'air.
Ce style rencontre un succès considérable auprès des maharajas du Rajasthan, dont beaucoup font rénover ou décorer leur palais dans cet esprit, faisant appel aux meilleurs créateurs européens.
Le chantier le plus étonnant concerne le gigantesque Umaid Bhawan, palais des maharajas de Jodhpur et œuvre de l'architecte **H.V. Lanchester** – l'une des plus grandes résidences privées au monde.

Lexique d'art et d'architecture

Apsara – Nymphe enchanteresse qui vit dans l'eau, les forêts, l'air (*voir encadré p. 94)*…

Arayish – Revêtement mural d'aspect laqué, composé de poudre de marbre, de calcaire broyé, d'œuf, de yaourt, de miel…

Bagh – Jardin, parc. *Chahar Bagh* : jardin à la moghole, divisé en quatre parties par des canaux et clos de murs.

Baori – Puits à escalier.

Bhawan – Bâtiment, palais.

Burj – Tour.

Chhatri – Pavillon à baldaquin coiffé d'un dôme. Par extension : cénotaphe.

Chowk – Cour d'une *haveli*. Place, rond-point, carrefour.

Dargah – Mausolée d'un saint soufi.

Dharamsala – Auberge pour les pèlerins hindous ou jaïns.

Diwan-i Am – Hall des Audiences publiques dans un palais moghol.

Diwan-i Khas – Hall des Audiences privées.

Durbar – Ensemble des nobles vassaux d'un seigneur. Par extension, le hall de réception d'un palais rajput. Équivalent du *diwan-i Am*.

Gandharva – Séduisant musicien, compagnon des *apsara*.

Garh ou **Qila** – Fort, citadelle.

Ghat – Marches menant à un point d'eau et servant aux ablutions rituelles ainsi qu'à l'incinération des défunts.

Gurudwara – Temple sikh.

Haveli – Demeure richement décorée d'une famille aisée.

Iwan – Espace voûté, ouvert d'un côté et fermé de l'autre.

Jali – Cloison de pierre ajourée.

Jharokha – Balcon couvert soutenu par des corbeaux.

Linga – Symbole phallique du dieu Shiva, représenté conjointement ou non avec la *yoni*, son équivalent féminin.

Madrasa – École coranique.

Mahal – Palais et, par extension, pièce somptueusement aménagée.

Mandapa – Hall des temples hindous ou jaïns.

Mandir – Temple.

Masjid, Juma Masjid – Mosquée, mosquée du Vendredi.

Mardana – Quartier des hommes dans les *haveli* et palais.

Minar – Minaret, tour ; équivalent de *burj*.

Mithuna – Couple enlacé, symbolisant l'union mystique.

Muqarna – « Alvéole » prismatique qui subdivise l'arc en carène.

Niwas – Demeure.

Pishtaq – Portail à *iwan*.

Pol – Porte d'une ville ou d'une forteresse ; **darwaza** en ourdou.

Qibla – Direction de La Mecque. En Inde, le mur de *qibla* est le mur ouest.

Sagar – Réservoir, lac artificiel. Autre terme : *talab*.

Shikhara – Tour dominant la cella d'un temple.

Stupa – Reliquaire monumental bouddhique, de forme hémisphérique.

Svastika – Signe de prospérité et de bon augure en forme de croix gammée.

Torana – Arche monumentale sculptée.

Zenana – Quartier des femmes dans les palais.

L'architecture hindoue

Le temple hindou (mandir)

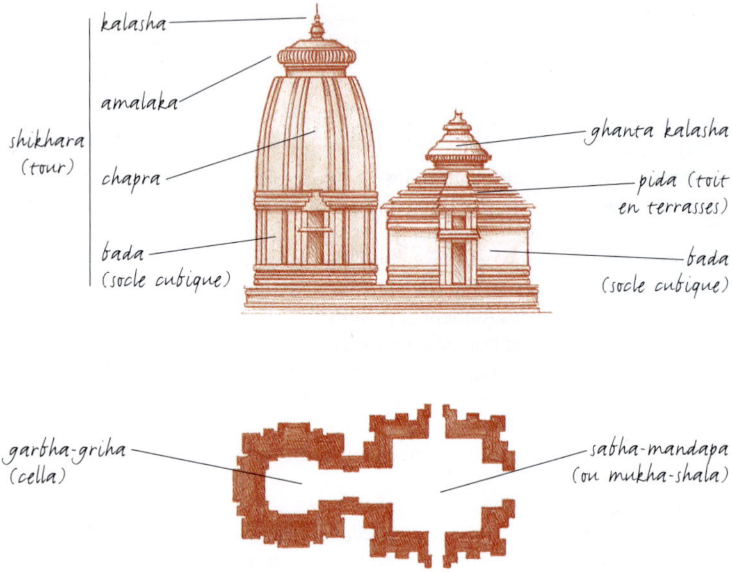

TEMPLE DE STYLE NAGARA (INDO-ARYEN)

TORANA (ARCHE)

L'ARCHITECTURE RAJPUTE

LES FAÇADES

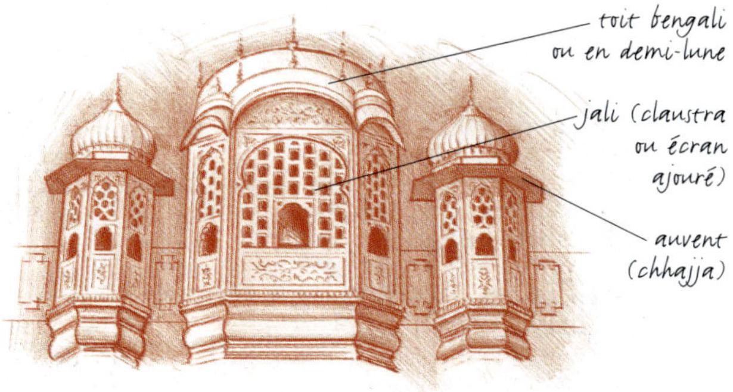

JHAROKHA (BALCON COUVERT)

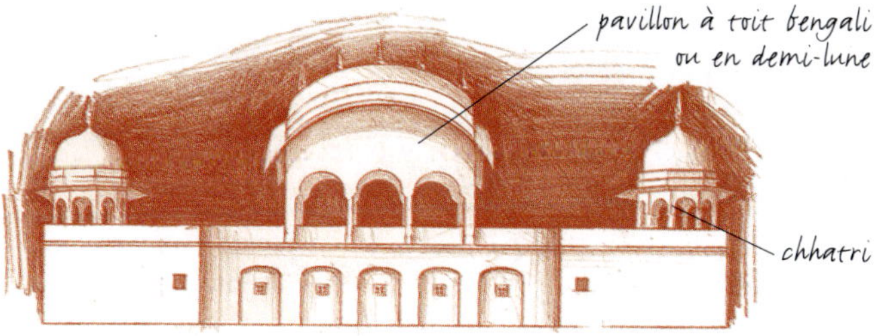

PAVILLONS

LE CÉNOTAPHE

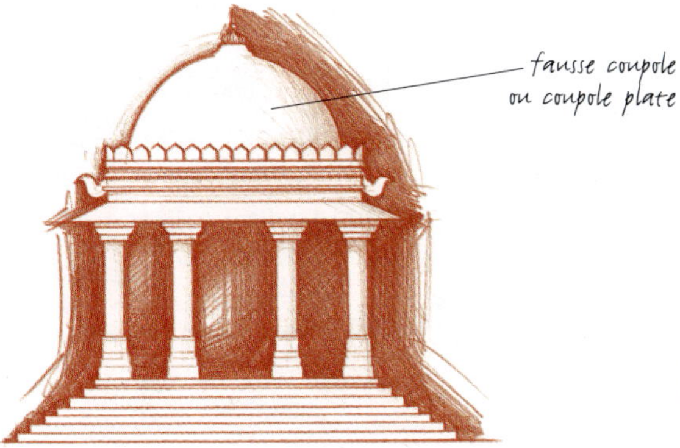

CHHATRI (PAVILLON À BALDAQUIN OU KIOSQUE À COUPOLE)

H. Choimet / MICHELIN

L'ARCHITECTURE INDO-ISLAMIQUE

LES MAUSOLÉES (RAUZA)

TOMBE DU SULTAN ILTUTMISH (DELHI, 1235)

TOMBE DE L'ÉPOQUE DES LODIS (1494)

TOMBE DE L'ITIMAD UD-DAULA (AGRA, 1628-1630)

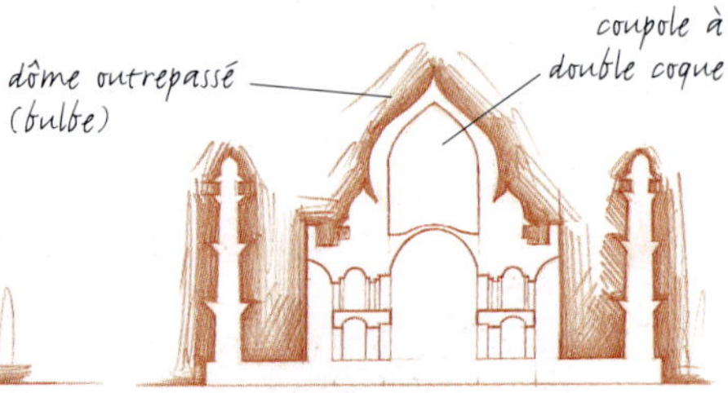

LE TAJ MAHAL (AGRA, 1632-1644)

LA MOSQUÉE (MASJID)

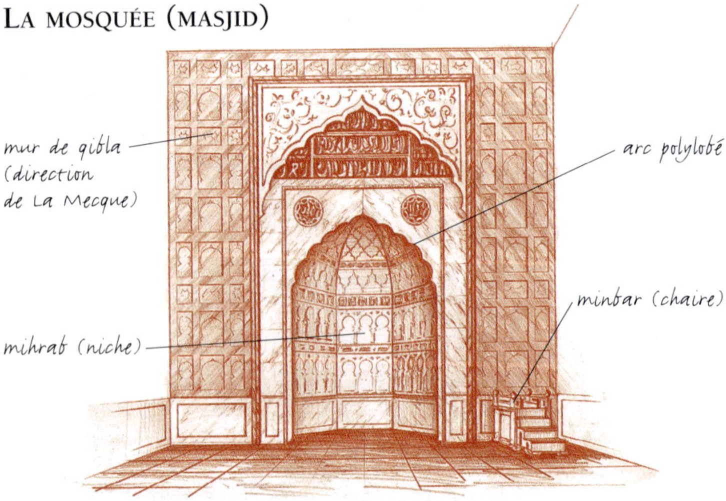

MIHRAB

ART ET ARCHITECTURE

ARC EN CARÈNE

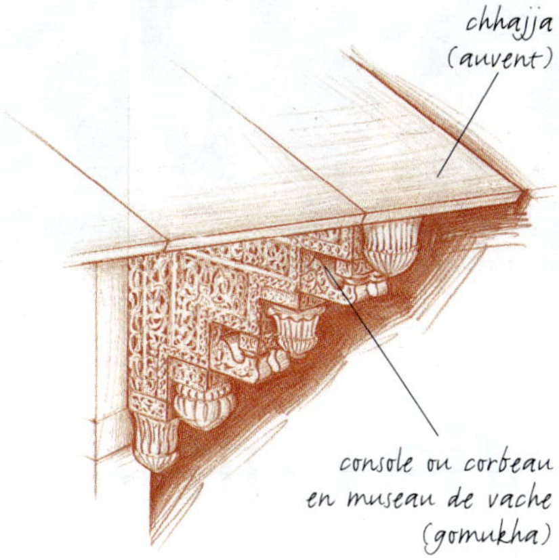

ARC POLYLOBÉ

MUQARNA
(STALACTITES)

PORTE
(DARWAZA)

Vie culturelle

La culture indienne ne se limite pas à ses formes savantes que nous connaissons en Europe – musique et danse classiques, cinéma de Satyajit Ray… – et qui sont surtout représentatives d'une petite élite urbaine. Tandis que les métropoles indiennes se laissent peu à peu envahir par les produits américains, le Rajasthan, rural, conservateur et à des années-lumière d'Hollywood et du rap, garde des trésors de fraîcheur. Un spectacle de marionnettes exécuté sur la place d'un minuscule village du Thar ou le chant nostalgique du « sarangi » dans une ruelle de Jaisalmer suffisent à faire oublier les programmes télévisés les plus vulgaires. De retour en Occident, vous vous surprendrez à chantonner encore les mélodies du désert…

La musique et la danse

Accompagnant les grandes heures de la vie profane comme sacrée, musiques et danses puisent dans des siècles de mélange entre les traditions locales et les influences venues de l'ouest.

DES COURS MOGHOLES ET RAJPUTES…

L'une des caractéristiques de la musique classique indienne est, outre sa complexité, qu'elle ne s'écrit pas, mais se transmet de maître à élève. Établis sur une gamme de sept notes (Sa-Ri-Ga-Ma-Pa-Dha-Ni) couvrant une octave, les modes musicaux, ou *raga*, expriment différentes émotions *(rasa)* et états psychologiques. Ils sont soutenus par un rythme, *tala*, aux divisions complexes. L'ensemble est accompagné d'une basse continue, semblable au bourdon des musiques médiévales occidentales.

Tandis que la musique du sud de l'Inde (karnatique) est demeurée fidèle aux thèmes religieux de ses origines, celle du nord (hindoustanie) s'est enrichie d'un nouveau souffle au contact d'artistes que les sultans et empereurs musulmans firent venir de Perse.

Il en va de même pour la danse de l'Inde du Nord, le *kathak*, qui a conservé son thème d'inspiration principal – le dieu Krishna – tout en assimilant des influences moyen-orientales. Elle est fondée sur le rythme marqué des battements de pieds, rehaussé par le son des

Danses et chants dans le désert.
DINODIA / Dinodia Photo /age fotostock

grelots *(ghungru)* attachés aux chevilles des danseurs. Comme dans les autres danses indiennes, les attitudes, les gestes des mains *(mudra)* et les expressions du visage *(abhinaya)* sont fixés par la tradition, et expriment sentiments et émotions *(bhava)*.

La **formation type** de la musique hindoustanie se compose de trois musiciens : un soliste, un percussionniste et un joueur de *tampura* (instrument à cordes pincées donnant la basse continue). L'élément rythmique est donné par le *tabla*, percussion comprenant deux tambours de tailles différentes et frappés avec la main et les doigts. Les instruments les plus fréquents sont le *sitar* et le *sarod* (instruments à cordes pincées), la flûte traversière et… la voix humaine.

À côté des formes savantes de chant (*dhrupad*, *khayal*, etc.) existent des genres semi-classiques qui baignent la vie quotidienne de tout Indien du nord *(ghazal, thumri…)* et des chants dévotionnels, hindous *(bhajan)* ou soufis *(qawwal)*.

… AUX CAMPAGNES RAJASTHANIES

Fêtes et cérémonies familiales ou villageoises (ainsi que tout endroit fréquenté par des touristes étrangers…) ne sauraient se concevoir sans la présence de groupes de musiciens-chanteurs, les **Dholis**. Ceux-ci appartiennent à des communautés de ménestrels itinérants, généralement issues de basses castes et parfois converties à l'islam : les Manganiyars, les Langas, les Kalbeliyas… Leurs voix puissantes et rauques chantent tantôt les poèmes de dévotion des grands mystiques, tantôt des ballades populaires, dans un style simple et direct. Il existe également un genre plus élaboré, le *mand* ; apparu dans les cours princières, le *mand* immortalise les amours et les hauts faits des Rajputs.

Musiciens et chanteurs, mais aussi conteurs et bardes, tels sont les **Charans**, généalogistes, ou encore les **Bhopas**, ces prêtres itinérants qui se font les chantres des saints-guerriers, notamment de Pabuji : avant de chanter, le ménestrel Bhopa tend une toile peinte (le *phad* ou *pharh*) représentant la vie du saint et, tandis qu'il psalmodie ses hauts faits, il indique sur la toile le déroulement du récit.

Troubadours également, mais d'inspiration profane, les **Bhats** sont des montreurs de **marionnettes en bois** *(kathputli)* et en tissu actionnées par deux fils, dont la présentation s'accompagne d'une percussion et d'un sifflet en bambou.

Les instruments folkloriques

La place d'honneur revient au *sarangi*, un instrument à archet

dont on joue assis par terre, en le tenant verticalement sur la cuisse gauche. Comme la plupart des instruments à cordes utilisés en Inde, il possède des cordes sympathiques (ignorées par l'archet mais résonnant par les vibrations de la caisse et du chevalet).
Le *ravanhatha*, autre instrument à archet (manche en bambou et caisse de résonance en noix de coco), produit un son envoûtant, en merveilleuse harmonie avec la magie du désert.
Le *shenaï* est un hautbois que l'on retrouve dans toute l'Inde. Sa sonorité puissante et guillerette en fait l'instrument de prédilection des défilés et processions.
Le Rajasthan compte des types de flûtes qui lui sont propres, comme l'*algoza*, flûte double permettant d'exécuter à la fois une mélodie et un accompagnement, ou le *narh* (ou *nad*), flûte du désert, dont on joue verticalement.
Le *poongi*, reconnaissable à son enflure, est le célèbre instrument des charmeurs de serpent, de la communauté des Kalbeliyas.
Le tambour le plus commun au Rajasthan est le *dhol*, que l'on fait résonner avec une ou deux baguettes. Plus petit, le *dholak* se frappe avec le plat de la main ou les doigts. Enfin, le *morchang* est une guimbarde, répandue dans toute l'Inde.

Les danses traditionnelles du Rajasthan

Elles sont souvent exécutées en groupes. Le *dandia*, le *ger* et le *gidar* sont dansés par des hommes seuls, armés de bâtons ou d'épées, le *ghumar* par des femmes disposées en cercle dont les jupes tournoyantes dessinent de magnifiques envolées.
Une des danses les plus prenantes, nommée *terahtal*, est exécutée par des femmes tenant un sabre entre les dents ou des lampes à huile sur la tête. Leur taille, leurs poignets et leurs coudes sont parés de pendeloques métalliques dont le cliquetis accentue le rythme de la danse.
N'oublions pas la **danse du feu**, dont les membres de la secte religieuse des Siddh Naths se sont fait une spécialité.

Le cinéma de « Bollywood »

À l'étranger, l'Inde est célèbre pour ses cinéastes « de ciné-club », dont les films sont quasiment invisibles en Inde, car ils ne répondent pas aux attentes de la majorité du public.
Celui-ci se moque bien de la profondeur du scénario ou du réalisme, comme en témoigne le succès mitigé de *Slumdog Millionnaire* dans le pays ; il veut que le cinéma le divertisse, le fasse vibrer et l'enchante.
Le tiers des quelque **1 200 films** produits chaque année en Inde est tourné à Bollywood (contraction de Bombay et de Hollywood). À la fois comédies musicales, tragédies, bouffonneries, ces *masala movies* de trois heures, véritables « mélanges d'épices », drainent un public ravi par l'affrontement des bons et des méchants, dont l'issue est évidente dès les premières scènes, même pour ceux qui ne parlent pas un mot de hindi.
Les **séquences de danses et de chants** qui entrecoupent l'action sont des ingrédients indispensables. Les chansons d'un film sont lancées sur le marché avant la diffusion du film lui-même, et celui-ci ne sort que si les chansons remportent un franc succès. Ainsi les refrains les plus populaires deviennent-ils si célèbres que le public les reprend en chœur lors des séances.

Une littérature vivante

Voir aussi la bibliographie, p. 55.

Au Rajasthan, légendes, contes populaires et récits épiques ont traversé les siècles, colportés oralement par les bardes.

L'œuvre la plus ancienne que nous connaissions est la geste d'un héros du Mewar, le **Kuman Raso**, qui daterait du 9e s. Autre poème épique, le **Prithviraj Raso** évoque l'histoire de Prithviraj III, le souverain chauhan battu par les musulmans en 1192.

La littérature hindie, assez pauvre comparée aux œuvres produites par d'autres langues indiennes, compte cependant de grands poètes avec **Amir Khusrau** (1253-1325) (qui écrivait également en persan) et les mystiques **Kabir** (15e s.) et **Mira Bai** (16e s.) *(voir p. 410)*, dont les œuvres sont connues de tous car chantées sous forme de *bhajan* ou de *ghazal*. Il en va de même pour la poésie ourdoue avec des auteurs comme **Mir** (18e s.), **Ghalib** (19e s.) ou **Iqbal** (20e s.).

Le 20e s. est marqué par le grand romancier hindi **Premchand** (1880-1936) et surtout par le poète bengali **Rabindranath Tagore** (1861-1941), le « Victor Hugo » des Indiens, prix Nobel de littérature en 1913 et grand ami du Mahatma Gandhi. Par sa vitalité, la littérature indienne d'expression anglaise s'est taillé une place de premier plan avec des romanciers comme **Vikram Seth** *(Un garçon convenable)*, **Amitav Ghosh** *(Les Feux du Bengale)*, **Arundhati Roy** *(Le Dieu des petits riens)*, **Tarun Jit Tejpal** *(Loin de Chandigarh)*…

Langues de l'Inde

L'Inde compte 22 langues officielles (appelées aussi « régionales » ou « majeures ») et 1 652 dialectes. Plus ou moins bien maîtrisé, l'anglais est utilisé dans tout le pays. Déclaré langue « associée » à la langue officielle, le hindi, l'anglais demeure, plus de soixante ans après l'indépendance, la seule langue permettant aux Indiens de communiquer avec ceux de leurs concitoyens qui sont de langue maternelle différente.

Voir aussi notre lexique, p. 442.

LA MOSAÏQUE INDIENNE

Peu après l'indépendance, l'Union indienne a été divisée en États basés sur des aires linguistiques. Ainsi, au Gujarat on parle gujarati ; au Punjab, punjabi ; etc.

La plupart des langues du Nord appartiennent à la **famille indo-aryenne**, dérivée du **sanskrit**, qui fut introduit par les envahisseurs aryens. Le sud de la péninsule est le royaume des **langues dravidiennes** (tamoul, malayalam, télougou, kannada). Utilisées par

AIRS DE FAMILLE

Beaucoup de mots hindi paraîtront familiers aux oreilles occidentales. On fera le rapprochement entre le nom d'un « roi » de France, dérivé du latin *rex*, *regis*, et le *nam* d'un raja rajput ; entre la *cow* des prairies anglaises et la *gau* des campagnes de l'Inde ; entre le *pater* et la *mater* de la Rome antique et le *pita* et la *mata* de Delhi… De même, on devinera facilement le sens du *deva* ou de la *devi* du panthéon hindou, des chiffres *do* (« deux »), *tin* (« trois »), *sât* (« sept »), *âth* (« huit »), *no* (« neuf »), *das* (« dix »). On retrouvera l'usage du « k » pour poser les questions (*kya ?* « quoi ? » ; *kab ?* « quand ? »), du « m » de la première personne ou du « t » de la seconde (*men* pour « moi » ; *tum* pour « toi »).

242 millions de locuteurs environ, celles-ci sont antérieures à l'arrivée des Aryens, et donc les seules qui soient propres à l'Inde.
Après l'indépendance, le gouvernement de Delhi a voulu imposer le hindi, langue indo-aryenne, dans les écoles et l'administration de tout le pays, mais il s'est heurté au particularisme culturel des États du Sud et a dû suspendre son projet d'uniformisation linguistique.
Deux autres familles linguistiques sont représentées en Inde : dans les franges himalayennes et les États de l'extrême Nord-Est, les ethnies parlent des **langues sino-tibétaines** (tibétain, lepcha, manipuri, mizo…), tandis que les tribus aborigènes de l'Inde centrale utilisent des **langues austro-asiatiques**, ou munda, proches des parlers khmers (santali, khasi…).

LE SANSKRIT

Le sanskrit (de *samkrita*, « parfait ») était la langue de culture des envahisseurs aryens, utilisée par une élite. Le peuple parlait des langues dérivées du sanskrit, à la grammaire simplifiée, nommées *prakrit* (« naturel »). Langue des textes sacrés, des rituels, de la spéculation philosophique et religieuse, mais aussi du savoir scientifique, le sanskrit joua un rôle considérable dans la diffusion de la civilisation indienne classique. En propageant récits mythologiques, conceptions fondamentales et une représentation du monde, cette langue conféra à l'Inde une unité qu'elle n'aurait pu posséder autrement.
Reconnu comme l'une des 22 langues officielles, bien qu'employé exclusivement par une élite, dont ce n'est en outre pas la langue d'usage courant, le sanskrit ne possède plus de nos jours qu'une fonction culturelle et religieuse. La radio nationale diffuse cependant deux fois par jour des nouvelles en sanskrit. Par ailleurs, toutes les langues dravidiennes et indo-aryennes sont truffées de mots sanskrits, ce qui entretient le rôle de ciment culturel joué par cette langue.
Le sanskrit s'écrit en **devanagari**, l'« écriture des dieux ». Les lettres (35 consonnes et 11 voyelles) se tracent de gauche à droite et sont reliées en mots par une barre horizontale. À partir du *devanagari* se sont formées les écritures, distinctes mais apparentées, utilisées par le gujarati, le punjabi, le bengali, etc.

INDIENS OU HINDOUS ?

Tout a commencé avec le nom donné par les envahisseurs aryens au fleuve Indus et, par extension, au pays s'étendant au-delà vers l'est : « Sindhu », que les Grecs anciens déformèrent en « Hind ». Les Persans le nommèrent « Hindoustan », et les Européens du 19e s. « les Indes », parce qu'il était morcelé en de nombreux royaumes et comptoirs. Avec l'indépendance, « les Indes », unifiées, devinrent « l'Inde », officiellement « l'Union indienne » ou « Bharat », du nom d'un roi et sage légendaire ; traditionnellement l'Inde était la « contrée des fils de Bharat ». Le mot « hindou », qui désignait autrefois les habitants de l'« Hind », s'applique à présent aux adeptes de « l'hindouisme », nom forgé par les Occidentaux pour désigner la forme moderne du brahmanisme, tandis que le terme « Indien » s'applique à un citoyen de l'Inde, quelle que soit sa religion. Mais les Indiens du Nord continuent à se présenter eux-mêmes comme « Hindoustani », qu'ils soient hindous ou musulmans…

LE HINDI

La langue communément parlée dans une grande partie du nord de l'Inde, par les hindous comme par les musulmans, est appelée aujourd'hui encore **hindoustani**. Elle s'est développée à partir du 13e s. environ, dans la région de Delhi et d'Agra, en même temps que la culture indo-islamique. Son origine est une langue locale, le **braj** (parlée dans le Braj, la région de Mathura), qui se transforma au contact du **persan**, langue de culture et de l'administration parlée à la cour des sultans et des empereurs moghols, à laquelle elle emprunta de nombreux mots persans, arabes et turcs.
À partir du début du 19e s. apparaît dans les milieux hindous une forme littéraire de l'hindoustani, qui privilégie le vocabulaire sanskrit au détriment de l'arabo-persan. On la nomme « hindi ». Depuis l'indépendance et la partition, le hindi tend à emprunter toujours davantage de mots au sanskrit afin d'affirmer son inspiration hindoue et de se démarquer du style de langue qui utilise un vocabulaire islamique arabo-persan. Cette « sanskritisation » est surtout notable dans le hindi littéraire. Dans le hindi communément parlé (l'hindoustani), les termes arabo-persans demeurent nombreux, témoignant de la profonde influence musulmane sur les mentalités locales, indépendamment de la religion. Comme le sanskrit, le hindi s'écrit en **devanagari**. C'est la troisième langue la plus usitée au monde après le mandarin et l'anglais, parlée par **500 millions** d'Indiens regroupés dans la « Hindi belt » : Delhi (77 % des habitants ont le hindi pour langue maternelle), le Rajasthan (33 %), le Haryana, l'Uttar Pradesh (85 %), le Bihar et le Madhya Pradesh. Il est aussi parlé au Punjab (56 %), conjointement avec le punjabi.

L'OURDOU

Le mot apparaît au 18e s. et désigne alors la forme savante de l'hindoustani, qui est pétrie de mots persans, arabes et turcs. Lorsqu'au début du 19e s. se constitue le hindi, forme « sanskritisée » de l'hindoustani, le mot ourdou se met à désigner l'hindoustani littéraire, d'expression purement islamique. En adoptant un nombre croissant de termes **arabo-persans**, l'ourdou se dégage de plus en plus du hindi, à tel point qu'il est désormais irrémédiablement associé à la religion musulmane. C'est l'une des rares langues qui ne soit pas liée à une aire géographique : elle est parlée par près de 160 millions de musulmans dans tout le nord et le centre de l'Inde. Le pourcentage de la population dont l'ourdou est la langue d'usage courant est d'environ 5 % à Delhi, 14,5 % en Uttar Pradesh et 2 % au Rajasthan. La morphologie et la syntaxe de l'ourdou sont identiques à celles du hindi. Les seules différences avec la langue-sœur résident dans le lexique et l'écriture qui sont d'origine arabo-persane.

LES DIALECTES DU RAJASTHAN

Le **rajasthani** est une langue très proche du hindi, qui ne possède ni littérature ni forme académique. Elle est utilisée couramment par plus de la moitié de la population. Les dialectes rajasthanis varient sensiblement d'une région à l'autre, ou même de village en village. Le plus répandu est le **marwari** (dans le nord-ouest), suivi du **mewari** (dans le sud-est) et du **shekhawati**. Les différentes tribus (Bhils, Meenas, Rabaris…) possèdent également leurs propres dialectes, le plus répandu étant le **bhili** avec environ 4 % de locuteurs.

3/
DÉCOUVRIR LE RAJASTHAN

Femmes marchant à travers champs devant le Taj Mahal.
Jon Arnold / hemis.fr

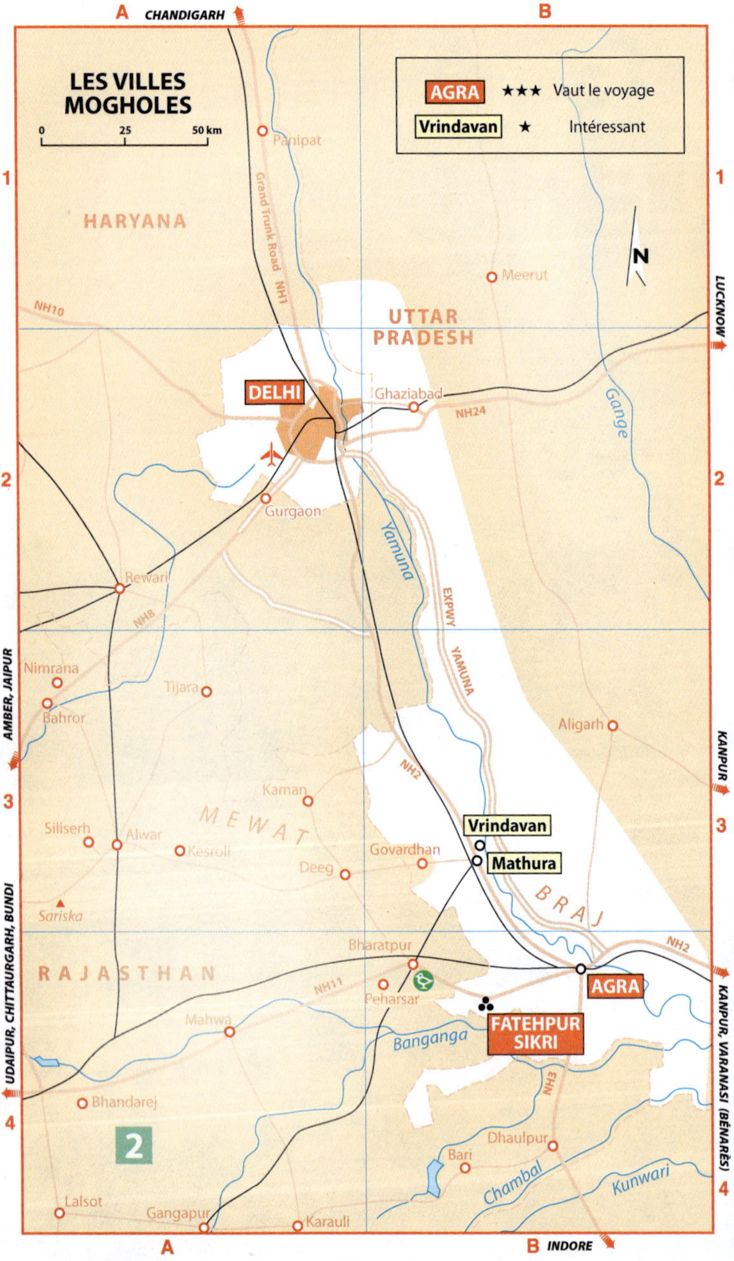
LES VILLES MOGHOLES
0 25 50 km
AGRA ★★★ Vaut le voyage
Vrindavan ★ Intéressant
N
A
B
1
2
3
4
CHANDIGARH
LUCKNOW
KANPUR
KANPUR, VARANASI (BÉNARÈS)
INDORE
AMBER, JAIPUR
UDAIPUR, CHITTAURGARH, BUNDI
HARYANA
UTTAR PRADESH
RAJASTHAN
MEWAT
BRAJ
Panipat
Grand Trunk Road NH1
NH10
Meerut
DELHI
Ghaziabad
NH24
Gange
Gurgaon
Yamuna
EXPWY YAMUNA
Rewari
NH8
Nimrana
Bahror
Tijara
Aligarh
NH2
Kaman
Siliserh
Alwar
Kesroli
Govardhan
Deeg
Vrindavan
Mathura
Sariska
Bharatpur
NH11
Peharsar
AGRA
FATEHPUR SIKRI
Mahwa
Banganga
NH3
Bhandarej
2
Dhaulpur
Bari
Chambal
Kunwari
Lalsot
Gangapur
Karauli

Les villes mogholes 1

Delhi

★★★

Env. 16,6 millions d'hab. – Alt. 230 m
Territoire de Delhi – Capitale de l'Union indienne

NOS ADRESSES PAGE 170

S'INFORMER

Principale source d'escroqueries à Delhi (*voir aussi « Visite », p. 176)*, de nombreuses agences de voyages, notamment autour de Connaught Place et dans Paharganj, usurpent l'appellation « Government Tourist Information Centre » pour attirer le client, avec des visées souvent malhonnêtes. Soyez prudent et ne faites confiance qu'aux adresses ci-dessous :

India Tourism Development Corporation (**ITDC**) – *à l'aéroport*. Fournit des informations sur Delhi, mais ne vous fiez pas à lui pour l'hébergement : il indique les hôtels qui lui versent une commission et dénigre les autres.

Government of India Tourist Office – Plan III B3 - *88 Jan Path - ✆ (011) 23 32 00 05 - tlj sf dim. 9h-18h, sam. 9h-14h*. C'est le bureau le plus important. On vous y fournira brochures et renseignements sur toute l'Inde, y compris Delhi, et l'on pourra vous orienter vers des guides francophones (Guide Association, *✆ (011) 65 28 82 27*). Vend des excursions dans la ville, ainsi que vers Agra et Jaipur. Personnel serviable.

Delhi Tourism and Transportation Development Corporation (**DTTDC**) – Plan III C3 - *N-36, Bombay Life Building, Connaught Place, Middle Circle - ✆ (011) 23 31 53 22 - www.delhitourism.nic.in - tlj sf dim. 7h-21h*. Noyé au milieu des faux offices de tourisme, très difficile à trouver, il s'avère peu utile hormis pour des informations sur la ville et pour le son et lumière du Purana Qila *(voir p. 161)*. Bureaux aux gares de New Delhi et Delhi Main, ainsi qu'à l'aéroport.

Visites guidées – Le **DTTDC** *(voir ci-dessus)* organise des visites commentées en anglais de la ville *(env. 210 Rs pour 1/2 j., 375 Rs pour 1 j.)*. Achat des billets au **Government of India Tourist Office**, 88 Jan Path (Plan III B3), ou au **Central Reservation Office** (tlj 7h-21h), Coffee Home, Baba Kharak Singh Marg, en face du temple d'Hanuman (Plan III B3), ✆ (011) 23 36 53 58, d'où s'effectue le départ.

Voir aussi, dans « Nos adresses à Delhi », les rubriques « Visite », « Sécurité », « Excursions » et, pour l'actualité culturelle, « Journaux et magazines ».

SE REPÉRER

Carte régionale p. 136 – Delhi I : Plan de l'agglomération p. 141 – Delhi II : Old Delhi p. 146-147 – Delhi III : Connaught Place p. 154 – Delhi IV : New Delhi p. 158-159 – *À 203 km d'Agra, 232 km de Jaipur, 663 km d'Udaipur.* Pour un bon Plan de Delhi, procurez-vous en librairie le **Eicher City Map**.

Voir aussi l'encadré « Les quartiers de Delhi », p. 140, et la rubrique « Arriver/partir » dans « Nos adresses ».

À NE PAS MANQUER

Le Fort rouge, la mosquée Juma Masjid, le mausolée d'Humayun, le Qutb Minar ; le grand bazar aux épices autour de Khari Baoli Rd ; l'artisanat de tout le pays dans les State Emporia.

Old Delhi au quotidien.
Taka/age fotostock

1

ORGANISER SON TEMPS

Ne sous-estimez pas les distances, considérables, d'un quartier à l'autre, et utilisez le métro, le mode de déplacement le plus rapide, chaque fois que possible. Évitez Old Delhi le w.-end (les magasins de Chandni Chowk ferment le dim.) et le lun. (jour de fermeture du Fort rouge). **Old Delhi** souffrant de perpétuels embouteillages, la marche à pied vous y fera gagner un temps précieux ; en revanche, distances kilométriques et environnement poussiéreux vous feront privilégier l'auto-rickshaw dans **New Delhi** ; pour la visite des quartiers sud, le mieux est de louer un taxi à la journée. La plupart des monuments ouvrent du lever au coucher du soleil (env. 7h30-17h en hiver, 7h-18h30 en été) ; l'entrée inclut souvent le droit de photographier mais prévoyez un supplément pour une caméra vidéo. De mi-fév. à mi-mars, vous pourrez visiter les jardins moghols du palais présidentiel *(p. 157)*. Si possible, gardez la visite de la capitale pour la fin de votre séjour, quand vous aurez une meilleure habitude du pays, de ses subtilités et de ses tracasseries.

Voir aussi notre encadré « Programme », p. 145.

AVEC LES ENFANTS

Les spectacles son et lumière du Fort rouge et de Purana Qila ; les architectures astronomiques du Jantar Mantar et les fastes de l'Akshardham temple, un modèle de la démesure à l'indienne ; un après-midi à la piscine d'un hôtel ou un tour en pédalo au pied de la forteresse Purana Qila.

La capitale de l'Union indienne, deuxième métropole du pays après Mumbai (l'ancienne Bombay) et avant Kolkata (l'ancienne Calcutta), présente une richesse historique et artistique ainsi qu'une vitalité qui en font l'une des cités les plus intéressantes de toute l'Asie du Sud. Elle affiche aussi tous les contrastes qui caractérisent l'Inde moderne : le temps de quelques stations à bord d'un métro ultramoderne, il ne faut guère plus d'un quart d'heure pour passer des grandes avenues

rectilignes et aérées de New Delhi au labyrinthe des venelles sillonnant le bazar de Chandni Chowk et se retrouver au milieu d'indescriptibles embouteillages où les chars à bœufs disputent la chaussée aux calèches à cheval. Si les premières rappellent l'existence d'une élite aisée et d'une bourgeoisie avide de consommation à l'occidentale, les secondes restent traditionnelles, comme une évocation d'un Orient légendaire. Un regard non expérimenté a parfois du mal à recenser tous les types physiques et toutes les manières de s'habiller dans cet incroyable maelström : on voudrait se faire anthropologue pour tenter de s'y retrouver ! Chacun vaque à ses occupations avec une même ardeur, s'invente mille petits métiers avec un sens de la ressource et une foi étonnants. À cela s'ajoute une course effrénée à la modernisation qui se traduit par l'extension du métro, un perpétuel chantier prévu pour durer jusqu'en 2021, colossale entreprise qui balafre la ville de part en part. Tout ce remue-ménage s'avère souvent bien éprouvant pour un visiteur habitué à un environnement plus policé. Le premier réflexe de tout arrivant est de chercher un peu de calme… Il convient alors de se réfugier dans l'un des parcs qui entourent les magnifiques monuments indo-musulmans des quartiers sud. Une promenade dans le jardin des Lodis ou celui du mausolée d'Humayun devrait suffire à vous réconcilier avec Delhi.

LES QUARTIERS DE DELHI

Située dans une plaine rocailleuse, Delhi s'étend sur près de 30 km du nord au sud, sur la rive droite de la Yamuna. Celle-ci, affluent du Gange, est une rivière sacrée pour les hindous ; pourtant la ville semble lui tourner le dos, du moins l'ignorer, sans doute à cause de son passé marqué par l'islam. L'histoire de la ville et de ses différentes cités a étalé les points d'intérêt majeurs en de nombreux sites, dont certains sont très éloignés du centre. Un simple découpage New Delhi-Old Delhi ne suffit pas pour rendre compte de cette disposition.

Old Delhi (Plan I BC1-2 et Plan II) – La cité du 17e s. abrite le **Fort rouge**, la mosquée **Juma Masjid** et, autour de **Chandni Chowk**, des bazars fourmillant d'animation. Rendez-vous dans ce quartier pour découvrir l'Inde traditionnelle et ses rues pittoresques ; vous y circulerez à pied. *Voir p. 144.*

Connaught Place et Raj Path (Plan I B2 et Plans III et IV) – Plus au sud, la partie commerciale et administrative de la cité conçue par Lutyens dans les années 1910 et 1920 s'ordonne autour de **Connaught Place** (compagnies aériennes, banques, magasins de luxe, restaurants) et de **Raj Path** (bâtiments du gouvernement central, Musée national). *Voir p. 153 et 157.*

La partie résidentielle – Juste au sud de Raj Path s'étend la partie la plus aérée et la plus reposante de la capitale. À l'ouest, **Chanakyapuri** (Plan I A3), ou « Diplomatic Enclave », est occupé par les ambassades et quelques hôtels de luxe. À sa limite sud, **Lodi Road** (Plan IV) se déploie entre des parcs aménagés autour de mausolées musulmans. *Voir p. 163.*

Les quartiers sud – Ils constituent une succession peu agréable de quartiers neufs disparates qui abritent cependant quelques havres de paix tels le **complexe du Qutb Minar** (Plan I A5) et le **Hauz Khas Village** (Plan I A4). Vous y circulerez en rickshaw ou en voiture. *Voir p. 166-167.*

Les Civil Lines (Plan I B1) – Ce quartier nord construit par les Britanniques au 19e s., aéré et vert, intéressera surtout les nostalgiques de l'ère coloniale. *Voir p. 169.*

DELHI
Plan I

SE LOGER
Diplomat 5
Hyatt Regency 6
International Youth Hostel .. 8
Maidens 13
Maurya Sheraton 14
Taj Palace 27

SE RESTAURER
Chopsticks 1
Moti Mahal Delux 15

La ville dix fois créée

La création de Delhi remonte aux temps légendaires : elle serait le fait des Pandavas, héros du *Mahabharata*. On la désignait alors sous le nom d'**Indraprashta** (« demeure d'Indra », l'un des principaux dieux du panthéon védique). Cette première Delhi ne serait peut-être pas aussi mythique qu'on le pensait : entre 1955 et 1973, l'Archaeological Survey of India a exhumé au Purana Qila des poteries datées d'env. 1000 av. J.-C. attestant l'existence d'une ville de haute antiquité. Sept siècles plus tard, celle-ci était un centre suffisamment important pour que l'empereur Ashoka y fasse dresser un édit gravé sur roc. Encore un millénaire et les Rajputs du clan **Tomar** fondèrent la forteresse de **Dilli** vers le 8e s., quelques kilomètres au sud d'Indraprashta.

LES INVASIONS MUSULMANES ET LE SULTANAT

Au 12e s., les Rajputs du clan des **Chauhans**, établis à Ajmer (Rajasthan), prennent le contrôle de Dilli. Peu après, les musulmans entrent en scène : en 1192, le sultan **Mohammed de Ghor**, venu d'Afghanistan, arrive aux portes de Delhi et défait, à la bataille de Tarain, l'armée de Prithviraj III, dernier roi hindou de Delhi. Avant de repartir dans les montagnes afghanes, il confie la ville à son général, **Qutb ud-Din Aibak**, ancien esclave turc qui, à sa mort, se proclame « sultan », inaugurant la dynastie dite des Mameluks. Il installe sa capitale près de l'actuel Qutb Minar : la **première « Delhi musulmane »** est née.

De 1290 à la fin du 14e s., deux nouvelles dynasties turques se succèdent, celles des **Khiljis** et des **Tughluqs**, qui créent quatre nouvelles cités à Delhi. La puissance des sultans est déjà fort ébranlée lorsqu'en 1398 le Turco-Mongol **Tamerlan** met à sac la capitale, laissant derrière lui une ville exsangue qui mettra plus d'un siècle à retrouver sa splendeur. Un lieutenant afghan de Tamerlan s'installe à Delhi et fonde la dynastie des **Sayyids** (1414-1450) à laquelle succède celle des **Lodis** (1450-1526), qui gouverne depuis Agra. Minés par des querelles de clans, les sultans ne peuvent résister à un nouvel envahisseur venu d'Afghanistan : **Babur**, descendant de Gengis Khan par son père et de Tamerlan par sa mère, et fondateur de la dynastie des **Moghols**.

DE L'EMPIRE MOGHOL AU RAJ BRITANNIQUE

Vainqueur du sultan Ibrahim Lodi en 1526 puis de la confédération rajpute en 1527, Babur s'installe à Agra ; son fils **Humayun** (1530-1540 et 1555-1556) rétablit la capitale à Delhi et fortifie le site d'Indraprashta. Il a du mal à défendre son trône, qu'il doit finalement céder à un lieutenant afghan, Sher Shah, durant 15 ans. Tandis que les Grands Moghols Akbar et Jahangir gouvernent depuis Agra et Lahore, leur successeur, **Shah Jahan** (1627-1658), choisit Delhi pour capitale. Il y bâtit la neuvième cité, **Shahjahanabad**, l'actuelle Old Delhi, qu'il dote de ses monuments les plus fameux : le Fort rouge et la Juma Masjid.

La puissance des Moghols ne survit guère à la disparition, en 1707, de l'empereur **Aurangzeb**. Delhi, capitale d'un empire affaibli et déchiré, est pillée à trois reprises, d'abord par le roi de Perse Nadir Shah (1739), puis par le chef afghan Ahmed Shah (1756), enfin par le raja jat de Bharatpur (1764). Le Moghol n'est plus qu'un souverain d'opérette.

Lorsqu'ils prennent peu à peu le contrôle de la péninsule, les **Anglais** le laissent sur son trône, tel un fantoche, mais installent à Delhi un *resident* qui gouverne la capitale de fait. Lorsqu'éclate la **révolte des Cipayes** (1857), l'empereur-poète **Bahadur Shah II**, âgé de 80 ans, prend le parti des insurgés. Au terme de violents combats, les Britanniques matent la rébellion et capturent Bahadur Shah Zafar (Zafar, l'« épée », était son nom de plume) qui s'était réfugié dans l'enceinte du tombeau d'Humayun. Il est exilé à Rangoon et ses deux fils sont pendus en place publique.

Depuis le 18e s., les nouveaux maîtres gouvernent depuis Calcutta, au Bengale ; se méfiant de l'agitation politique qui règne en terre bengalie, ils préfèrent transférer la capitale à Delhi – après tout, n'est-elle pas la capitale légitime de l'Empire ? La décision est annoncée en 1911 par le roi George V. La construction de la dixième Delhi, **New Delhi**, est confiée à l'architecte **Sir Edwin Lutyens**. Une ville entière sort de terre à partir de 1918, digne de la puissance de l'empire des Indes, le **Raj**. Elle est officiellement inaugurée en 1931.

CAPITALE DE LA PLUS GRANDE DÉMOCRATIE AU MONDE

À l'avènement de l'indépendance, en 1947, la création d'un Pakistan à majorité musulmane provoque un important transfert de population dans la capitale de l'Union indienne. Des milliers de musulmans abandonnent leurs maisons de Delhi pour gagner leur nouvelle patrie, tandis que des hindous et des sikhs, qui ont tout laissé derrière eux au **Punjab pakistanais**, arrivent avec pour seul bagage leur esprit d'entreprise. De musulmane, la capitale devient punjabie. Administrativement, Delhi possède depuis 1956 le statut de **Territoire de l'Union** qui la sépare des États voisins, l'Uttar Pradesh et l'Haryana. Politiquement, elle navigue entre le BJP (« Bharatiya Janata Party », parti nationaliste hindou) et le parti du Congrès.

UN PAYSAGE URBAIN EN PLEINE MUTATION

La capitale économique de l'Inde est Mumbai, siège des grandes compagnies indiennes et internationales et mégalopole la plus occidentalisée du pays. À sa manière, Delhi, la capitale politique, déborde d'un dynamisme tout aussi étonnant. Tout oppose les deux villes : Mumbai la tropicale apparaît comme une métropole cosmopolite et moderne, ouverte sur la mer et les influences étrangères mais dépourvue d'espaces verts, tandis que Delhi la continentale conserve par bien des aspects l'allure d'une ville traditionnelle et brouillonne aux mœurs rudes et provinciales, malgré ses ministères et ses ambassades. La ville compterait près de 90 000 entreprises industrielles et artisanales. Ici, on produit de tout – de l'électroménager aux médicaments en passant par les vêtements et les images pieuses, dans une multitude de petites entreprises à l'échelle familiale.

Dopée par la libéralisation économique à la fin du 20e s., la classe moyenne locale se lance dans une course euphorique à la consommation. Avec ses immenses bidonvilles et ses coupures de courant quotidiennes, ses rues jonchées de détritus où circulent pêle-mêle carrioles à cheval et bus bringuebalants, piétons et vaches dans des embouteillages indescriptibles, Delhi demeure pourtant une ville du tiers-monde. Une mauvaise mousson, des récoltes insuffisantes dans les campagnes voisines, une pénurie alimentaire suffisent à plonger la population dans l'inquiétude et à faire stagner l'économie, provoquant des afflux massifs de villageois privés de ressources.

Avec les grands chantiers du 21e s., installations dédiées aux jeux du Commonwealth en 2010 ou gigantesques travaux du métro, planifiés jusqu'en 2021, développement des infrastructures routières, les autorités municipales cherchent à dynamiser l'image de la ville sur la scène internationale. Un projet qui ne va certes pas sans controverse, entre expulsion des populations les plus défavorisées et nuisances environnementales. À suivre…

★★★ Old Delhi (Shahjahanabad) Plan II

Circuit 1 tracé en vert sur le Plan II (p. 146-147) – Comptez une journée de visite à pied et en taxi.

Les habitants de Delhi appellent ce quartier, qui correspond à la ville fondée au 17e s. par l'empereur Shah Jahan, la « vieille Delhi » (Purani Dilli), bien que plusieurs quartiers de la capitale soient beaucoup plus anciens. Cette cité, délimitée par des murailles dont il reste des pans importants (à l'est), est la dernière des Delhi successives avant la construction de la « nouvelle Delhi » par les Britanniques. Elle est la seule aujourd'hui à posséder une unité suffisante pour donner l'impression d'être une ville dans la ville, bien distincte des autres quartiers. Jusqu'à la partition de 1947, c'était une cité à dominante musulmane où se mêlaient Turcs, Afghans et Persans, artisans, commerçants et lettrés… Ici s'épanouit la culture indo-musulmane la plus raffinée, notamment la poésie ourdoue, perpétuée jusqu'à nos jours dans les *ghazal*, ces chants semi-classiques dont les mélodies flottent encore sur toutes les lèvres et bercent la vie quotidienne des Indiens du Nord.

★★ LE FORT ROUGE (Red Fort ou Lal Qila) Plan II D1-2

M° Chandni Chowk - accès par Lahori Gate, sur le côté ouest du fort - tlj sf lun. du lever au coucher du soleil - 250 Rs ; vidéo 25 Rs – Comptez 1h de visite.

Son et lumière : *nov.-janv. 19h30 ; fév.-avr. et sept.-oct. 20h30 ; mai-août 21h - 80 Rs - durée 1h. Rens. www.theashokgroup.com*

L'empereur moghol Shah Jahan (1627-1658 ; *voir « Histoire », p. 104*) transféra sa capitale d'Agra à Delhi en 1638 et entreprit aussitôt d'édifier un fort, véritable « cité interdite » regroupant la résidence impériale, le gouvernement et les administrations. Pour ce faire, il rasa une forteresse bâtie au 11e s. par les Rajputs Tomars. Il est difficile d'imaginer la vie fastueuse que les empereurs et leur cour menaient dans ce palais, cœur de l'Empire, qui fut leur résidence jusqu'à ce que Bahadur Shah Zafar, le dernier Moghol, soit déporté à l'issue de la révolte des Cipayes (1857) : les palais ont en effet beaucoup souffert des pillages successifs du 18e s. et des démolitions entreprises par les Anglais à la suite de cette révolte. Afin de faciliter la défense du fort, les Britanniques rasèrent le quartier qui s'étendait à ses pieds, créant une vaste esplanade (celle par laquelle on accède au monument). À l'intérieur, ils détruisirent une partie des palais qu'ils remplacèrent par de monumentales casernes, occupées aujourd'hui par l'armée.

★★ Lahori Gate (porte de Lahore)

Les **remparts de grès rouge** s'étirent sur un périmètre de plus de 2 km. Vous les franchirez par la **porte de Lahore**, que précède une barbacane. Cette imposante ouverture en arc de carène, surmontée de petits dômes blancs, possède une valeur symbolique : c'est ici que le drapeau de l'Inde indépendante flotta pour la première fois, le 15 août 1947, et que chaque 15 août, depuis cette date, le Premier ministre prononce son discours à la nation.

La porte donne accès à une galerie couverte, **Chhatta Chowk**, occupée par des boutiques de souvenirs – elle accueillait déjà un bazar du temps de Shah Jahan. À son extrémité s'ouvre le **Naubat Khana** ou Naqqar Khanna (maison des Tambours), où se tenaient les musiciens lors des cérémonies. Le 1er étage du bâtiment central abrite dans un petit **musée militaire** *(India War Memorial ; 10h-17h ; gratuit)* des armes allant de la période moghole à la Première Guerre mondiale.

★ **Diwan-i Am** (hall des Audiences publiques)
Au fond de la cour-jardin.
C'est dans cet édifice en grès rouge que l'empereur réunissait sa cour ou recevait ses sujets et les diplomates étrangers. Endommagé lors des différents pillages de Delhi au 18e s., le **Diwan-i Am** s'ouvre par d'élégants arcs polylobés. Il abrite le **trône★★★** en marbre surmonté d'un dais à toiture bengalie. Remarquez le superbe travail de *pietra dura* (incrustation de pierres semi-précieuses), qui se poursuit derrière le trône : volutes florales, oiseaux et même un Orphée que l'on dit être l'œuvre d'un artiste florentin ou français.

Les palais sur la Yamuna

Contournez le Diwan-i Am.
Vous débouchez dans les jardins des **quartiers privés**. Ces derniers comprenaient une succession de six palais alignés du côté est, dominant la Yamuna. Cinq subsistent. Il faut les imaginer au temps de leur splendeur, agrémentés de tapis précieux et ornés de soies rouges déployées entre les murs pour former des cours, ou en auvent pour garantir du soleil.
Face à vous, dans l'axe du Diwan-i Am, le **Rang Mahal★★**, divisé en six appartements, était occupé par la première épouse de l'empereur. Un sous-sol permettait d'échapper aux canicules précédant la mousson, tandis qu'un peu de fraîcheur était dispensée par l'eau parfumée coulant dans le Nahar-i Bihisht (« ruisseau du Paradis »), ce canal qui borde tous les palais du fort. Un cordon de sécurité en interdit l'accès et l'on ne peut déambuler sous les arcades (ce qui est également le cas pour le Khas Mahal et le Diwan-i Khas).
Le palais suivant en allant vers le nord est l'élégant **Khas Mahal★★** où résidait l'empereur. Il a conservé de spectaculaires **jali** monolithes (écrans ajourés),

VOTRE PROGRAMME À DELHI

• Si vous n'avez que 2 jours

1er jour – Matinée et déj. autour de Connaught Place *(p. 153 et 182)*. L'apr.-midi, découverte express des monuments phares de Delhi (Fort Rouge, Juma Masjid, tombe d'Humayun) avec le DTTDC *(p. 138)*. Soirée cinéma ou spectacle de danse *(p. 189)*.
2e jour – Visite du Qutb Minar *(p. 167)* et achats au Hauz Khas Village *(p. 166 et 186)* ; déj. autour de Khan Market *(p. 183)*. Apr.-midi au Crafts Museum *(p. 162)* et au Purana Qila *(p. 161)* où vous resterez pour le son et lumière.

• Si vous restez 4 jours dans la capitale

1er jour – Bazars de Chandni Chowk *(p. 148-149)* et Juma Masjid *(p. 151)* ; déj. au Karim *(p. 183)* ; l'apr.-midi, mémorial de Gandhi *(p. 152)* et visite du Fort rouge *(p. 144)*, où vous resterez pour le son et lumière.
2e jour – Jantar Mantar et Hanuman Mandir *(p. 155)*, Gurudwara Bangla Sahib *(p. 156)*. Déj. sur Connaught Place *(p. 182)*. Découverte de l'artisanat aux State Emporia *(p. 186)* et balade à Paharganj *(p. 153)*. Spectacle de danse en soirée *(p. 189)*.
3e jour – Jardin des Lodis *(p. 164)* et Musée national *(p. 160)* le matin. Déj. autour de Khan Market *(p. 183)*. Musée de l'Artisanat *(p. 162)*, Purana Qila *(p. 161)* et tombeau d'Humayun *(p. 164)* l'apr.-midi.
4e jour – Temples d'Akshardham *(p. 162)* et de Bahai *(p. 168)* le matin. Emplettes au Hauz Khas Village *(p. 166 et 186)* et visite du Qutb Minar *(p. 167)* l'apr.-midi.

OLD DELHI
Plan II
0 250 500 m
Temple sikh
Circuit à pied
Circuit en transports
SE LOGER
Cottage Yes Please.... 3
Jyoti Mahal Guesthouse............ 11
Parkway Deluxe......... 19
Relax.......................... 20
Vivek.......................... 28
SE RESTAURER
Chor Bizarre............. 2
Club India Cafe and Restaurant....... 3
Karim......................... 10
A
B
C
1
2
3
4
Civil Lines ISBT
Tis Hazari
MORI GATE
Zorawar Singh Marg
Hamilton Road
Delhi Main
Bahadurgarh Road
Maya Bazar
Mahatma Gandhi Park
Chandni Chowk
Maharaja Aggarsain Marg
Hoshiarsingh Road
Lahori Gate
Town Hall
Khari Baoli Road
Chandni Chowk
Fatehpuri
CHANDNI CHOWK
Balli Maran
Lalkuan Bazar Road
Shardhanand Marg
Qutab Road
Nai Sarak
Chawri Bazar
Chawri Bazar
ARAM NAGAR
Ajmeri Gate Road
Sitaram Bazar
RAM NAGAR
Ajmeri Gate
New Delhi
Desh Bandhu Gupta Road
Sang Trashan Marg
New Delhi
Ramlila
Imperial Cinéma
Raj Guru Marg
Nalwa St
Laxmi Narayan St
Main Bazar Road
Chitragupta Road
PAHARGANJ
Chelmsford Road
State Entry Road
Bhavbhuti Marg
Vivekanand Road (Minto Road)
Jahangir Road
Ramakrishna Ashram Marg
Panchkuian Marg
Rd
Basant Road
Advance Reservation Office
Turkman
Ramdevra
N
Connaught Circus
CONNAUGHT PLACE
Rajiv Chowk

D
E
KASHMIRI GATE
Kashmere Gate
Salimgarh Fort
Yamuna
Shyama Prasad Mukherji Marg
RED FORT (Lal Qila)
Shah Burj
Hammam
Moti
DIWAN-I KHAS
Lahori Gate
Naubat Khana
Khas Mahal
Vijay Ghat
Rang Mahal
Gauri Shankar
Sisganj
Shri Digambara Lal Jain
Chhatta Chowk
Diwan-I Am
Mumtaz Mahal (Archaeological Museum)
(Military zone)
Mahatma Gandhi Marg
Dariba Kalan
Esplanade Road
Meena Bazar
Netaji Subhash Marg
Asad Burj
Delhi Gate
Shanti Vana Park
Juma Masjid
Sunheri
Shanti Van Marg
Shanti Vana
Kasturba Hospital Marg
MATIA MAHAL
(Ring Road, N.H.2)
Shakti Sthal
Bazar Chitli Qabar Marg
DARYA GANJ
Ansari Road
Turkman Gate
Raj Ghat
Asaf Ali Road
Delhi Gate
Jawaharlal Nehru Marg
Gandhi National Museum
Bahadur Shah Zafar Marg
Feroz Shah Kotla
Mirdard Marg
Kotla Marg
1
2
3
4

1

ornés de la balance de la Justice, un des symboles préférés de Shah Jahan. Depuis le balcon de la tour octogonale donnant sur la Yamuna, l'empereur, « ombre de Dieu sur Terre », faisait chaque matin une apparition publique, offrant ainsi son *darshan* au peuple.

Plus au nord, on arrive au fleuron du fort, le **Diwan-i Khas★★★** (hall des Audiences privées). Ses murs de marbre blanc abritaient le fameux « trône du Paon », inestimable trésor couvert de pierres précieuses. En 1739, le roi de Perse Nadir Shah s'en empara lors du sac de la ville et l'emmena à Téhéran, où il se trouve encore aujourd'hui. Cinquante ans plus tard, Shah Alam II eut les yeux crevés, ici même, par un chef afghan.

Ensuite vient le **hammam★** *(fermé au public)* qui compte trois salles de bains en marbre incrusté de pierres fines, dont une renferme une fontaine qui déversait de l'eau de rose. Juste en face du hammam se dresse la charmante mosquée **Moti Masjid★★** (mosquée de la Perle) *(fermée au public)*, qu'Aurangzeb, l'empereur bigot, fit construire en 1659 pour son usage exclusif. Par les grilles des fenêtres, vous noterez les formes très baroques et les détails décoratifs omniprésents, d'une fantaisie bien éloignée du classicisme.

Jardins

Poursuivez vers le nord.

Vous longez le **Hayat Baksh Bagh★**, le « jardin qui donne la vie » *(à gauche)*. Le goût persan pour les jardins clos de murs et géométriquement ordonnés, images du paradis, fut introduit en Inde par Babur et donna naissance à de nombreux jardins disposés « à la moghole », c'est-à-dire divisés en quatre parties par deux canaux se coupant en leur milieu.

Passé un petit pavillon, vous arrivez à la tour **Shah Burj**, en saillie dans l'angle de la muraille. Une partie servait de lieu de travail au souverain. Au pied de l'édifice, un mécanisme élevait l'eau tirée de la Yamuna, qui venait alimenter le Nahar-i Bihisht.

Musée archéologique

À l'extrême sud de la rangée de palais, après le Rang Mahal - 9h-17h.

Revenez vers le sud en traversant le jardin agrémenté de trois pavillons d'un style baroque tardif, dont celui du centre, entouré d'eau, fut construit pour le dernier empereur, Shah Zafar. Vous terminerez la visite par le petit **Musée archéologique**. Sa collection de miniatures, d'objets d'ivoire et de nacre, évoquant la vie à la cour impériale est installée dans le **Mumtaz Mahal**, qui servait d'appartement au harem.

Temple Shri Digambara Lal Jain Plan II D2

Face au Fort rouge, à l'angle de Chandni Chowk - 5h-12h, 18h-21h – Déchaussez-vous à l'entrée.

Ce sanctuaire jaïn de la secte des *digambara* (« vêtus d'espace »), aux allures de maison coloniale, fut fondé au 17e s. Il est célèbre pour son **hôpital pour oiseaux**, auquel les jaïns, soucieux de protéger toute vie, ont coutume d'apporter les oiseaux blessés. Derrière se profile une **tour** *(shikhara)* typique des sanctuaires hindous du nord de l'Inde : c'est celle du temple **Gauri Shankar Mandir**, dédié à Shiva et à son épouse Gauri.

★ LES BAZARS DE CHANDNI CHOWK Plan II C2

M° Chandni Chowk - la plupart des boutiques sont fermées le dim. ; restaurants et barbiers restent ouverts, tandis que les petits agriculteurs de la région proposent leurs produits le long des artères principales.

Les rues du bazar de Chandni Chowk au petit matin.
P. Tisserand/MICHELIN

1

Chandni Chowk, « la cour *(chowk)* du Clair de lune », doit son nom à ce que la lune se reflétait dans l'eau du canal qui le parcourait en son milieu (il est aujourd'hui comblé). Il s'agissait du Nahar-i Bihisht dont vous avez vu une dérivation dans le fort. À la fin du 19e s., Chandni Chowk était une avenue élégante et paisible, ombragée de grands arbres ; de nos jours, c'est un bazar engorgé par une marée humaine déferlant en tous sens comme seule l'Inde peut en produire. Dans la plus totale confusion, cyclo-rickshaws, chars à bœufs et portefaix ployant sous les sacs et les cartons tentent de se frayer un chemin tandis que motos et auto-rickshaws pétaradants se faufilent à grand renfort de klaxon sur une chaussée colonisée par des étals hétéroclites – bijoux de pacotille, chaussures, vaisselle et gadgets à quelques roupies. Aucun quartier ne symbolise mieux la pression démographique et l'activité laborieuse des grandes villes du sous-continent que Chandni Chowk et les ruelles avoisinantes.
La meilleure façon de découvrir les bazars est de flâner au gré de votre fantaisie dans le lacis de ruelles et de *katra* (allées couvertes) où les *baniya* (commerçants hindous) déploient des mètres de tissus devant les yeux insatiables de leurs clientes qui partiront sans doute sans avoir rien acheté. Dans ce labyrinthe se côtoient ruelles débordant d'activité et courettes d'un calme inattendu, fleurant bon l'Orient médiéval.

★ Dariba Kalan Plan II CD2

À l'est de Chandni Chowk.
C'est la ruelle des bijoutiers ; si les authentiques fabricants joailliers tendent à disparaître, la rue, fidèle aux traditions, concentre aujourd'hui les magasins d'or et d'argent incrusté de pierres fines ou semi-précieuses.
À son extrémité, juste à l'angle de Chandni Chowk, faites une pause chez Old Famous Jalebiwala, qui confectionne, dit-on, les meilleurs *jalebi* de la capitale (tortillons de pâte frite, baignés dans un sirop).
Engagez-vous dans l'avenue vers la gauche.

★ Gurudwara Sisganj Plan II C2

Couvrez-vous la tête et déchaussez-vous avant d'entrer.

La présence d'hommes barbus et enturbannés annonce la proximité du plus important temple sikh de Delhi. Il fut érigé sur le lieu où le neuvième gourou des sikhs, **Teg Bahadur**, fut décapité pour sa foi, en 1675, sur ordre de l'empereur Aurangzeb. Les fidèles viennent prier dans la salle principale où, toute la journée, on psalmodie des *kirtan* (chants religieux), accompagnés au *tabla* et à l'harmonium portatif.

Continuez sur Chandni Chowk, toujours vers l'ouest.

Dépassez la petite place occupée par une fontaine *(sur le côté droit de l'avenue)* et tournez à gauche dans **Paranthewali Gali**, ruelle où officient trois familles spécialisées en *parantha* (galettes de blé frites) depuis plusieurs générations. Impossible de manquer l'endroit : les *kadai* à fond incurvé dans lesquels dorent des *parantha* au chou-fleur ou à la pomme de terre le signaleront à votre attention.

★ Kinari Bazar Plan II C2

Dans le prolongement de Paranthewali Gali, à gauche.

Les teintes rouges et or dominent toute la ruelle, consacrée aux accessoires nécessaires à tout mariage hindou et à la passementerie : turbans de parade, guirlandes de billets de banque pour le marié, vêtements rouges (couleur du mariage pour la femme) piqués de galons dorés… C'est là aussi que l'on vend les déguisements : masques de singe ou d'oiseau, arcs et carquois du dieu Rama, énormes masses en carton-pâte de son fidèle allié, le dieu-singe Hanuman, d'une charmante naïveté.

Mosquée Fatehpuri Masjid et marché aux épices Plan II B2

À l'extrémité occidentale de Chandni Chowk.

Cette gracieuse mosquée fut construite en 1650 par la bégum Fatehpuri, une épouse de Shah Jahan. Juste derrière, **Khari Baoli Road★** et les rues avoisinantes forment le plus grand marché aux épices d'Asie ; dans des odeurs parfois prenantes, les sacs débordent de piments rouges, poivre noir, curcuma, raisins secs, cardamome… C'est là que vous irez faire emplette de thé d'Assam en vrac.

Chawri Bazar Plan II C2

Au sud de Chandni Chowk.

Sur **Nai Sarak**, les étudiants viennent acheter leurs cahiers et leurs livres. **Chawri Bazar**, dont beaucoup de magasins sont tenus par des jaïns, concentre tout ce qui concerne le papier : les imprimeurs vendent cartons d'invitation pour les mariages et cartes de vœux ornées de signes de bon augure, tel le *svastika* (le vieux symbole solaire en forme de croix gammée).

LA FIN D'UNE TYRANNIE

À la mort d'Aurangzeb (1707), l'Empire moghol connaît un rapide déclin, mais le nord de l'Inde retrouve peu à peu sa liberté religieuse. Les hindous en profitent pour reconstruire leurs temples. Les sikhs font de même pour leurs *gurudwara*, non sans lutte dans bien des cas. En 1783, Baba Baghel Singh, chef d'une cohorte sikhe, s'empare du Fort rouge et contraint l'empereur Shah Alam à négocier : pour récupérer son bien, celui-ci doit concéder à la communauté sikhe le droit d'édifier des temples à Delhi.

★★ LA MOSQUÉE JUMA MASJID Plan II CD2

M° Chawri Bazar - à env. 800 m du Fort rouge - accès principal par le portail oriental mais vous pourrez également entrer par les portails nord et sud - 7h-12h, 13h30-18h30 (30mn avant le coucher du soleil - ces horaires varient d'env. 1h selon les saison) - gratuit ; photo et vidéo 200 Rs – Fermé aux non-musulmans durant les prières du midi et du soir. Déchaussez-vous à l'entrée et prévoyez de quoi vous couvrir la tête.

Commencée en 1644 et achevée en 1658, la « mosquée *(masjid)* du Vendredi *(juma)* », jour du grand rassemblement, s'élève sur une éminence face au Fort rouge. On accède à son entrée principale, le portail oriental, en traversant les étals en plein air du **Meena Bazar**, installés à même le trottoir et vendant tout un bric-à-brac d'objets destinés aux pèlerins et aux touristes indiens.

Un escalier monumental conduit au portail, percé d'un profond *iwan* (espace voûté servant d'entrée).

En débouchant dans la **cour**, on est saisi par l'ampleur des volumes et le contraste entre le grès rouge et le marbre blanc des coupoles. Le Plan de la Juma Masjid de Delhi, la dernière grande mosquée bâtie par les Moghols et la plus vaste de toute l'Inde, représente l'aboutissement du type de mosquée indo-islamique à cour *(voir aussi la planche d'architecture p. 126-127)* : une grande cour entourée sur trois côtés (nord, est et sud) d'arcades identiques qui sont percées en leur centre d'un portail monumental, ou *pishtaq*. Les portiques ménagent des sortes de cellules où les docteurs de l'islam peuvent méditer, les enfants apprendre le Coran… Un bassin servant aux ablutions rituelles avant la prière *(namaz)* occupe le milieu de la cour.

À l'extrémité occidentale – en direction de La Mecque – s'élève le **sanctuaire** proprement dit, encadré par deux minarets et couronné de trois énormes dômes blancs outrepassés en forme de bulbe. Son grand portail central *(pishtaq)*, percé d'un arc polylobé, mène dans la **salle de prière**★ dont les murs portent des inscriptions coraniques calligraphiées. Le mur du fond, dit *qibla*, matérialise la direction de La Mecque. Il est marqué en son centre d'un *mihrab*, niche vide dont le marbre blanc se détache sur le grès rouge, telle une ouverture symbolique permettant d'accéder à Dieu.

Pour découvrir un superbe **panorama**★★ du vieux Delhi, faites l'ascension du **minaret sud** *(à droite en sortant de la salle de prière - 100 Rs - accès interdit aux femmes non accompagnées !).*

Quartier de Matia Mahal Plan II CD2

Sortez de la mosquée par le portail sud.

Du haut de l'escalier monumental, on découvre une partie du quartier qui entoure la mosquée sur ses côtés méridional et occidental : au long de ses étroites ruelles, que fréquentent essentiellement des hommes, dominent les enseignes en ourdou, l'écriture arabo-persane utilisée par les musulmans du sous-continent.

Le marché aux poissons et aux viandes *(à gauche)* voisine avec les gargotes de **Matia Mahal**, un quartier populaire où se mijote l'une des plus authentiques cuisines *mughlai* de l'Inde. De grands chaudrons noirs contenant du savoureux *korma* de mouton voisinent avec des piles de *naan* (galettes de farine blanche levée), tout juste sortis des fours en terre, et des brochettes de kebabs dégoulinant de graisse, tandis que les poulets rôtissent aux devantures des gargotes.

Prenez un rickshaw ou comptez env. 30 mn de marche pour atteindre le Shanti Vana Park.

AU SUD DU FORT ROUGE Plan II E2-3-4

Un boulevard périphérique longe le Fort rouge à l'est. Il dessert le **Shanti Vana Park**, qui s'étend le long de la Yamuna et rassemble les monuments marquant le lieu où furent incinérées diverses personnalités.

Cénotaphes du Shanti Vana Park Plan II E2-3

Les cénotaphes les plus visités sont **Shanti Vana** (littéralement la « forêt de la Paix »), celui de Jawaharlal Nehru, décédé en 1964, suivi, au sud, de **Shakti Sthal** (celui d'Indira Gandhi) et surtout **Raj Ghat**★ (Plan II E3) *(du lever au coucher du soleil)*, monument au Mahatma Gandhi. Le *samadhi* (mémorial) du « père de la nation » constitue un lieu émouvant de Delhi ; la plaque de marbre noir, ornée de fleurs, porte gravée la formule *« He Ram »* (« Ô Dieu »), la dernière parole du Mahatma lors de son assassinat, le 30 janvier 1948.

Le petit **musée Gandhi** (Gandhi National Museum - Plan II E4 - *tlj sf lun. et j. fériés 9h30-17h30 - gratuit - petite librairie - film le w.-end à 16h*), installé de l'autre côté du boulevard, présente quelques souvenirs de l'épopée gandhienne, photos et objets personnels du Mahatma, dont son rouet, ainsi que le pistolet utilisé lors de son assassinat.

Feroz Shah Kotla Plan II E4

Au sud du musée.

Feroz Shah Kotla, la forteresse de Ferozabad, fut l'éphémère cité fondée en 1354 par le sultan Feroz Shah Tughluq. Le site vaut une visite pour le calme de son parc. Au milieu des palais et mosquées en ruine se dresse une **colonne d'Ashoka**, monolithe sur lequel l'empereur maurya fit graver un de ses fameux édits, au 3e s. av. J.-C. Feroz Shah l'aurait rapportée en trophée après une campagne contre des souverains hindous.

Prenez un rickshaw pour gagner le quartier de la gare de New Delhi.

PAHARGANJ Plan II AB3-4

M° Rama Krishna Ashram Marg ou M° New Delhi - Main Bazar Rd s'ouvre en face de la gare, légèrement sur la gauche.

Paharganj est depuis des décennies l'un des lieux favoris des étrangers venus en Inde pour rejouer quelques scènes des années hippies. **Main Bazar Rd**, l'artère principale du quartier, rassemble hôtels bon marché et boutiques de fripes et d'artisanat fabriqué en série, cybercafés et agences de voyages installés dans des locaux borgnes.

Jantar Mantar, observatoire astronomique datant du début du 18e s.
DINODIA/Dinodia Photo/age fotostock

Dès que l'on s'éloigne de cette rue entièrement tournée vers le tourisme à petit budget, la vie populaire reprend ses droits. Dans les ruelles voisines, les clients de minuscules *chai shops* – un réchaud et deux bancs de bois – sirotent du thé au lait entre l'atelier du tailleur et la charrette du vendeur ambulant. On y retrouve tous ces artisanats et petits métiers qui fondent l'économie de la ville, passant de la rue des potiers (parallèle à Qutab Rd), à celle des matelassiers. Les vaches investissent la rue à toute heure, disputant la chaussée défoncée aux rickshaws et aux piétons. Ici, un four *tandoor* en action, là, des montagnes de *ladie's fingers* artistement disposées signalant l'entrée d'un marché aux légumes : peu de touristes se hasardent dans ces ruelles où se joue réellement une vie quotidienne qui semble échapper au temps.

★ Connaught Place et ses environs Plan III

Circuit 2 tracé en vert sur le Plan III (p. 154), au départ du M° Rajiv Chowk – Comptez 3h à pied, sans la visite du temple de Lakshmi Narayan.

Connaught Place désigne le terre-plein central de la place, mais on étend communément ce nom aux trois rues concentriques qui l'entourent, Inner Circle, Middle Circle et Outer Circle (ou **Connaught Circus**), ainsi qu'à l'ensemble du quartier. Considéré comme le centre névralgique et la vitrine de la capitale, l'endroit attire tout un monde de trafiquants, rabatteurs, diseurs de bonne aventure et escrocs, qui tente sa chance pour glaner quelques roupies auprès des passants aisés – indiens ou étrangers. Les colonnades de Connaught Place et les artères voisines, surtout celles proches de la gare, constituent donc le paradis des arnaques bien rodées, encore efficaces sur les touristes nouvellement arrivés à Delhi.

LES « NOUVEAUX HIPPIES »

Certains hôtels et restaurants de Paharganj regorgent d'Occidentaux chevelus ou au crâne rasé, débraillés et ornés de piercings extravagants, en partance pour Goa, Pushkar ou le Népal. Ils ne se contentent pourtant pas de la nourriture indienne… Leurs plats favoris : spaghettis à la bolognaise, frites, *vegetable burgers*. Tout ce petit monde de pseudo-marginaux vient passer l'hiver au chaud dans une oisiveté dorée. Ces nouveaux hippies ressentent d'ordinaire assez vite la distance qui les sépare de la société indienne, pour le moins conservatrice, et ce malentendu suscite le plus souvent beaucoup d'arrogance de part et d'autre.

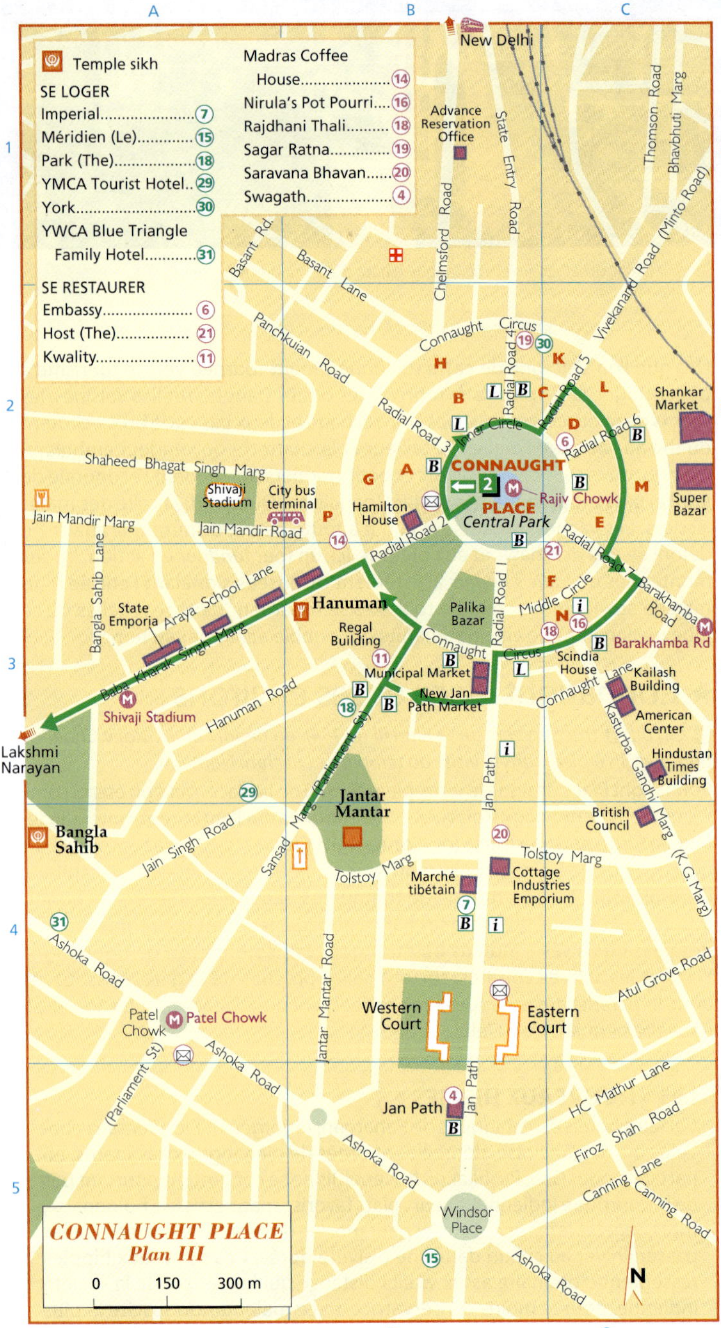
Temple sikh
SE LOGER
Imperial 7
Méridien (Le) 15
Park (The) 18
YMCA Tourist Hotel 29
York 30
YWCA Blue Triangle Family Hotel 31
SE RESTAURER
Embassy 6
Host (The) 21
Kwality 11
Madras Coffee House 14
Nirula's Pot Pourri 16
Rajdhani Thali 18
Sagar Ratna 19
Saravana Bhavan 20
Swagath 4
New Delhi
Advance Reservation Office
State Entry Road
Chelmsford Road
Thomson Road
Bhavbhuti Marg
Vivekanand Road (Minto Road)
Basant Rd.
Basant Lane
Panchkuian Road
Connaught Circus
Radial Road 4
Radial Road 5
Radial Road 6
Radial Road 3
Inner Circle
Shankar Market
Super Bazar
CONNAUGHT PLACE
Rajiv Chowk
Central Park
Hamilton House
Radial Road 2
Radial Road 7
Shaheed Bhagat Singh Marg
Shivaji Stadium
City bus terminal
Jain Mandir Marg
Jain Mandir Road
Bangla Sahib Lane
State Emporia
Araya School Lane
Baba Kharak Singh Marg
Hanuman
Regal Building
Palika Bazar
Radial Road 1
Middle Circle
Barakhamba Road
Barakhamba Rd
Scindia House
Connaught Lane
Kailash Building
American Center
Municipal Market
New Jan Path Market
Shivaji Stadium
Hanuman Road
Lakshmi Narayan
Kasturba Gandhi Marg (K. G. Marg)
Hindustan Times Building
British Council
Jan Path
Jantar Mantar
Sansad Marg (Parliament St)
Bangla Sahib
Jain Singh Road
Tolstoy Marg
Marché tibétain
Cottage Industries Emporium
Ashoka Road
Jantar Mantar Road
Atul Grove Road
Western Court
Eastern Court
Patel Chowk
(Parliament St)
HC Mathur Lane
Firoz Shah Road
Canning Lane
Canning Road
Windsor Place
CONNAUGHT PLACE
Plan III
0 150 300 m
N

★ CONNAUGHT PLACE Plan III B2

M° Rajiv Chowk - la place s'anime à l'ouverture des magasins, vers 10h ou 11h.
Immense place circulaire animée d'un incessant ballet automobile, **Connaught Place** symbolise parfaitement le caractère affairiste de la classe moyenne indienne. Entourée de bâtiments de style colonial, elle fut inaugurée en 1931 et ainsi nommée en l'honneur du duc de Connaught, oncle du roi George V. En 1995, la place proprement dite fut rebaptisée « Indira Chowk » tandis que Connaught Circus devint « Rajiv Chowk », mais les habitants de Delhi s'obstinent à utiliser les noms originels, ou le surnom familier de **« CP »**. Les embouteillages de CP, à la différence de ceux d'Old Delhi, portent la marque du monde moderne : ici, ni cyclo-rickshaw, ni char à bœufs (ils sont interdits), seulement des auto-rickshaws ou des carcasses aux moteurs mal réglés parmi lesquels zigzaguent les innombrables deux-roues dont le nombre a explosé avec l'essor des classes moyennes.

★ JANTAR MANTAR Plan III B4

M° Rajiv Chowk - entrée sur Parliament St. Ouvert de l'aube au crépuscule - 100 Rs ; vidéo 25 Rs.
Cet **observatoire astronomique** du début du 18e s. fut conçu, à la demande de l'empereur, par le maharaja fondateur de Jaipur, **Jai Singh II**. Ce passionné d'astronomie avait constaté que les instruments de mesure en laiton étaient peu fiables du fait de leur petitesse et du jeu de leurs axes. Il décida donc de construire des instruments cent fois plus gros et inamovibles. C'est ainsi que naquirent les *Jantar Mantar* de Delhi et de Jaipur, et ceux plus modestes de Varanasi (Bénarès), d'Ujjain et de Mathura (ce dernier a aujourd'hui disparu).

Ces structures étonnantes étaient donc fonctionnelles et si fiables qu'elles avaient permis de relever des erreurs dans les tables astronomiques des plus grands savants de l'époque. Désormais, les grands immeubles modernes auxquels elles se mêlent de manière surréaliste empêchent de les utiliser.

Vous remarquerez surtout le **Samrat Yantra★**, un gigantesque cadran solaire (gnomon) doté d'un escalier central. Juste à côté s'élève le **Jai Prakash Yantra**, invention de Jai Singh II pour vérifier les calculs effectués avec les autres instruments.

HANUMAN MANDIR Plan III B3

M° Rajiv Chowk - du Jantar Mantar, retournez sur Connaught Circus que vous prendrez vers la gauche - tournez dans la 1re rue à gauche, Baba Kharak Singh Marg, que vous suivrez sur 150 m – Ôtez vos chaussures avant d'entrer. Petit marché en plein air devant le temple le mar. et le sam. (voir p. 186).
Construit par Jai Singh II, le créateur du Jantar Mantar, et modifié à plusieurs reprises, le **temple d'Hanuman** est dédié au dieu-singe. Si son intérêt architectural est inexistant, la visite de ce sanctuaire cher au cœur des Delhiites vous mettra en contact avec la ferveur et la dévotion hindoues. La foule y est particulièrement dense le **mardi**, jour dédié à Hanuman. Aux étals d'œillets ou de riz soufflé, on achète une offrande pour les dieux avant de gravir les marches. On ne se rend pas au temple à jour et heure fixes mais quand l'envie en prend, pour avoir le *darshan* des dieux, vision qui permet de s'imprégner de leur énergie. En remerciement, le fidèle dépose une offrande devant son dieu d'élection, sans oublier de s'incliner devant les autres divinités.

★ GURUDWARA BANGLA SAHIB Plan III A4

M° Patel Chowk - au bout de Baba Kharak Singh Marg (env. 500 m d'Hanuman Mandir), peu avant Ashok Circle – Couvrez-vous la tête et laissez à l'entrée chaussures et cigarettes.

On aperçoit de loin le dôme doré du **Gurudwara Bangla Sahib**, le plus grand temple sikh de Delhi. Bâti à la fin du 18e s., il s'élève à l'emplacement de la maison où séjourna le huitième *guru*, Harkrishan Dev, lors de sa visite à Delhi (1664). En plein dans le chantier d'expansion du métro, l'accès à l'édifice est investi par des étals qui proposent des exemplaires du *Granth Sahib* ou des disques de chants dévotionnels, ainsi que turbans, sabres, bracelets en métal – les attributs traditionnels des sikhs.

Suivez le flot des pèlerins, particulièrement nombreux le dimanche, et entrez dans la salle de prière emplie des hymnes *(kirtan)* psalmodiés à la gloire de Dieu, unique et sans limite, et des dix gourous fondateurs de la communauté. Une grille protège le **Granth Sahib**, le Livre saint, objet central de la vénération ; le fidèle se prosterne, pose son offrande d'argent puis rejoint la congrégation en prenant soin de ne pas tourner le dos au *Granth Sahib*.

Avant de quitter le temple, on va faire ses ablutions dans l'immense **bassin** de la cour ; depuis que Harkrishan Dev l'a béni, il guérit du choléra et de la petite vérole – dit-on. À côté de l'entrée, un escalier descend à un sous-sol aménagé en **musée** *(Baba Baghel Singh Museum - gratuit)*. Une série de tableaux colorés y retrace l'histoire édifiante, souvent dramatique et sanglante, des dix gourous et de la communauté.

TEMPLE DE LAKSHMI NARAYAN (Birla Mandir) Plan I B2

À 1 km du Gurudwara - reprenez Baba Kharak Singh Marg vers la gauche jusqu'au rond-point et tournez à droite dans Kali Bari Rd ; au bout, tournez à droite (devant le petit temple bouddhiste) dans Mandir Marg - tlj 7h-12h et 14h-21h – Ôtez vos chaussures avant d'entrer. Appareils photos interdits (consigne à l'entrée).

Également connu sous le nom de Birla Mandir, ce sanctuaire hindou tout de marbre blanc fut édifié par la richissime famille Birla, originaire du Shekhawati *(voir p. 62)*. Il est consacré à Vishnou-Narayan et à sa parèdre Lakshmi, déesse de l'Abondance, chère au cœur des marchands marwaris. Le *mahatma* Gandhi accepta de l'inaugurer, en 1938, à condition qu'il soit accessible aux « intouchables », ce qui n'était pas le cas de tous les temples hindous, loin de là – et ne l'est d'ailleurs toujours pas... Une affiche précise cependant que le bâtiment est fermé aux « personnes souffrant de maladies infectieuses » (les lépreux).

L'ACCUEIL DANS UN GURUDWARA

L'un des attraits majeurs des sanctuaires sikhs est le mélange de ferveur et de bonhomie qui y règne. Les *gurudwara* (« porte de Dieu ») ont pour but de rapprocher les hommes de toutes conditions sociales, de toutes castes et de toutes religions dans une même adoration de Dieu, unique et éternel. Symbole de cette unité, le *langar*, ou salle à manger commune, où vous serez peut-être convié à prendre un repas. Les fidèles assurent eux-mêmes le service (la notion de service au profit de la communauté est essentielle chez les sikhs). Ils vous feront asseoir par terre, en ligne avec les autres pèlerins – chose impensable chez les hindous où l'on ne mange qu'entre gens de la même caste. Au menu : *dal* (lentilles) et *roti* (galette de blé) pour tous.

★★ New Delhi Plan IV

Circuit 3 tracé en vert sur le Plan IV (p. 158-159), au départ de Vijay Chowk – Comptez 5h de visite en rickshaw, 6h avec la visite du temple d'Akshardam.
M° Central Secretariat (sortie « Parliament House ») - **Vijay Chowk** (Plan IV B2), *la « place de la Victoire », se trouve à 400 m. Les distances entre les monuments (1 à 2 km) et les longues avenues à la circulation étourdissante vous dissuaderont de faire la balade à pied.*

Ce parcours à travers des quartiers aérés et verts – ou dans des salles de musée – débute par **Raj Path**, la « voie du Pouvoir », ancienne allée du Roi, une monumentale avenue qui se déroule sur 2,5 km et se clôt à l'ouest par les monuments symboles de la démocratie indienne : le palais du président, les principaux ministères et le Parlement. Édifiés par les Anglais au début du 20e s. sur les plans de l'architecte **Lutyens**, ces bâtiments étaient d'abord destinés à l'administration de l'empire des Indes britanniques, le **British Raj**. La perspective se terminait, à l'est, par le Purana Qila, mais la construction d'un stade dans les années 1930 la brisa. Au sud s'étend le quartier des « bungalows » blancs à colonnades, des années 1920, noyés dans la verdure, qui s'alignent le long d'**avenues rectilignes** plantées de grands arbres. Ici, le terme de « bungalow » désigne de vastes demeures entourées de vérandas, servant de résidences aux ministres, aux généraux…

1

★ LE LONG DE RAJ PATH Plan IV AB2

Les palais gouvernementaux se visitent pas - seuls les jardins moghols, derrière le Rashtrapati Bhawan, sont accessibles de mi-fév. à mi-mars - cérémonie de relève de la garde le sam., 8h-8h30 en été, 10h-10h30 en hiver.

★ Palais du chef de l'État (Rashtrapati Bhawan) Plan IV A2

Sur la butte de Raisina Hill.

Achevé en 1929, il servait de résidence au vice-roi. Depuis 1947, il est habité par le président de la République (« Raisina Hill » désigne communément la présidence de la République). De chaque côté de l'avenue, les bâtiments du **Secrétariat** le précèdent, alignés comme à la parade. Ils renferment les ministères souverains de l'Union indienne. La montée sur **Raisina Hill**, grandiose, permet de découvrir le large dôme du palais qui fut inspiré par le *stupa* (reliquaire) bouddhique de Sanchi (État du Madhya Pradesh).

Parlement (Parliament House) Plan IV B1-2

Légèrement en retrait au nord de Raj Path.

Ce vaste édifice circulaire ceint d'une colonnade, achevé en 1927, accueillit un moment les sessions de la Chambre des Princes et de l'Assemblée, les deux corps législatifs symboliques octroyés par l'Angleterre en 1935. Il sert à présent de siège aux deux assemblées de l'Union, le *Rajiya Sabha* (Assemblée de l'État) et le *Lok Sabha* (Assemblée du peuple).

Revenez sur Raj Path et prenez à gauche. Au bout d'env. 500 m, vous croiserez l'avenue Jan Path ; à droite se trouve le Musée national (voir description p. 160).

India Gate Plan IV D2

À l'extrêmité orientale de Raj Path.

L'**arc de triomphe** fut érigé au milieu de la place octogonale à la mémoire des 100 000 soldats indiens tués durant la Première Guerre mondiale, alors qu'ils combattaient pour l'Angleterre. Le soir venu, les habitants de Delhi viennent ici en famille prendre le frais au milieu des vendeurs de glaces et

NEW DELHI
Plan IV
0
250
500 m
A
B
C
1
2
3
4
N
Gole Dakhana
Bangla Sahib
Tolstoy Marg
Sansad Marg
Baba Kharak Singh Marg
Talkatora Road
Pandit Pant Marg
Patel Chowk
Patel Chowk
(Parliament Street)
Ashoka Road
Jan Path
Firoz Shah Road
Windsor Place
North Avenue
Church of the Redemption
Rakab Ganj
Parliament House
Raisina Road
Central Secretariat
Dr Rajendra Prasad Road
Rashtrapati Bhawan
North Block
South Block
Vijay Chowk
Raj Path
Jan Path
National Museum
Dalhousie Road
Dalhousie Rd.
Maulana Azad Road
Motilal Nehru Marg
Motilal Nehru Place
Udyog Bhawan
South Avenue
Kushak Road
Teen Murti Marg
Rajaji Marg
Jan Path
Akbar Road
Tees January Road
Nehru Memorial Museum
Indira Gandhi Memorial
Kautilya Marg
Aurangzeb Road
Race Course Road
Amrita Sher
Kamal Ataturk Road
Safdarjang Road
Safdarjang Road
Prithviraj Road
Sikandar Lodi's Tomb
Lodi Garden
Alliance française
Panchsheel Marg
Santushti Shopping Arcade
Race Course
Shish Gumbad
Bara Gumbad
India International Center
Vinay Marg
Race Course
Mohammed Shah's Tomb
Nehru Park
Jaipur Polo Ground
Safdar Jang's Tomb
Lodi Road
JORBAGH
Jor Bagh

Temple sikh
Circuit à pied
Circuit en transports
SE LOGER
Ambassador (The)........1
Claridges (The)............2
Devna & Atul................4
Jorbagh 27....................9
Jukaso Inn.................... 10
Oberoi (The)................ 16
Sagrita Tourist Home (La).................. 23
Shervani New Delhi..... 24
Taj Mahal (The)............ 26
SE RESTAURER
Dastar Khwan-e Karim........................5
Ginger Moon................8
Gulati / Veg Gulati....... 9
Pindi.............................17
Mandi House Circle
Mandi House
Haley Road
Kamani Auditorium
Bhagwan Das Road
Copernicus Marg
Kasturba Gandhi Road
Tilak Marg
Ashoka Road
Purana Qila Road
Mathura Road
Crafts Museum
Akshardham temple
War Memorial
Raj Path
India Gate
National Stadium
Bhairon Marg
Bhairon
Purana Qila
Sher Shah
Akbar Road
Bikaner House
Shersha Road
National Gallery of Modern Art (Jaipur House)
Shahjahan Road
Pandara Road
Humayun Rd
Dr Zakir Hussain Road
SUNDAR NAGAR
National Zoological Park
Khan Market
KHAN MARKET
Subramanya Bharati Marg
GOLF LINKS
Delhi Golf Club
Maharshi Raman Marg
HUMAYUN'S TOMB
Isa Khan's Tomb
Lodi Road
Hazrat Nizam ud-Din Dargah
NIZAMMUDIN EAST
Max Mueller Marg
Tibet House
India Habitat Center
JLN Stadium
Asfar Kala ki
Mathura Road
Sarai Kale Khan
Nizamuddin
LODI COLONY

de ballons. Sur le côté droit du rond-point *(en tournant le dos à Rashtrapati Bhawan)* se trouvent les pied-à-terre des maharajas de Bikaner et de Jaipur : **Bikaner House** (devenue l'office de tourisme du Rajasthan ; *voir p. 190*) et **Jaipur House**, occupée par la **National Gallery of Modern Art** *(tlj sf lun. et j. fériés 10h-17h - 150 Rs - photos interdites)*, qui renferme des toiles d'artistes indiens modernes comme Amrita Sher-Gil et Jaya Appasamy.

★★ **MUSÉE NATIONAL** (National Museum) Plan IV C2

M° Central Secretariat ou Udyog Bhawan - à 1 km du métro - www.nationalmuseumindia.gov.in - tlj sf lun. 10h-17h - 300 Rs ; photo 300 Rs ; vidéo interdite - audioguide en français compris dans le billet (bien utile en l'absence de cartouches explicatifs). Certaines galeries ferment régulièrement pour travaux : rens. à l'entrée ou sur www.nationalmuseumindia.gov.in – Comptez 2h de visite.

Installé au carrefour de Raj Path avec Jan Path, la « voie du Peuple », ancienne allée de la Reine, il retiendra surtout votre attention par ses remarquables **collections de statues**★★★, exposées au rdc et couvrant toutes les périodes de l'histoire indienne.

Rez-de-chaussée

La visite commence par la salle consacrée aux civilisations de Mohenjo-Daro et de Harappa, qui dominèrent le nord-ouest de l'Inde jusqu'à l'arrivée des Aryens vers 1600 av. J.-C. Les vitrines présentent des statuettes, dont la célèbre « danseuse de Mohenjo-Daro » en bronze, et différents objets retrouvés lors de fouilles effectuées en 1921 dans le Sindh (actuellement au Pakistan).

Dans les salles suivantes, notez les terres cuites et statues des époques maurya et shunga (3e et 2e s. avant notre ère). De très belles têtes gréco-bouddhiques évoquent l'art du Gandhara (1er au 3e s. apr. J.-C.), qui influença l'école de Mathura. L'art bouddhique se retrouve dans les collections provenant du site de Nagarjunakonda dans l'Andhra Pradesh (frises, plaques et piliers sculptés du 3e s.) et de l'époque gupta (terres cuites du 5e s. et sculptures du 6e s.). Les salles suivantes sont consacrées à la statuaire du sud : périodes chhalukya (8e s.), pallava (9e s.), chola (11e s.) et hoyshala (12e s.), avec des bronzes figurant les divinités hindoues.

La salle des **miniatures**★★ présente les différentes écoles *(kalam)* locales de l'Inde, regroupées en grandes écoles régionales – moghole, rajpute, rajasthanie, *pahari* ou « des montagnes » (notez la superbe école de Kangra), et du Deccan. Parmi les **manuscrits** de la collection suivante, vous verrez un Coran du 8e s.

Promenade en barque dans le parc proche de l'India Gate.
Jon Arnold/hemis.fr

Réouvertes en 2013 après plusieurs années de travaux, les salles des **arts décoratifs★★** regroupent coffrets, vases de jade incrustés de pierres semi-précieuses, objets d'ivoire et d'argent filigrané ainsi que de superbes portes de bois et d'argent ; une série de céladons et de céramiques sont venus enrichir les collections après la rénovation. La collection de **bijoux★★** rassemble des colliers, bracelets, diadèmes… de l'époque de Harappa jusqu'à l'ère moghole. Plus loin, des tableaux retracent l'évolution des **écritures indiennes** en Inde et en Asie du Sud-Est (les alphabets thaï, khmer et birman s'inspirèrent largement des écritures du sud de l'Inde).

1

1er étage

Passé deux salles exposant des antiquités de l'Asie centrale, vous arriverez dans la **salle de la Marine**, dont les tableaux évoquent l'impérialisme hindou du 7e au 11e s., lorsque les navires des souverains chola ou pallava s'aventuraient jusque sur les côtes de Java et de Sumatra. Une salle présente les cultures d'Asie centrale au travers d'objets rapportés au début du 20e s. La pièce consacrée à la numismatique intéressera surtout les passionnés.

2e étage

Affichant une vocation plus ethnographique, il montre des **costumes tribaux★** du Nagaland, des armes (dont une étonnante protection frontale destinée aux éléphants de combat), de magnifiques **boiseries** d'Inde du Sud et une collection d'instruments de **musique★** traditionnels : *sitar, sarod, tabla…*

★★ PURANA QILA Plan IV E2

M° Pragati Maidan - à l'est de Raj Path, de l'autre côté de Mathura Road - ouvert de l'aube au crépuscule - 100 Rs ; vidéo 25 Rs.

Son et lumière *en anglais débutant entre 20h30 et 22h selon la saison. Réserv. des billets (tlj 9h-21h) au Central Reservation Office, Coffee Home, Baba Kharak Singh Marg, en face du temple d'Hanuman (Plan III B3), ✆ (011) 23 36 53 58 - 80 Rs - durée 1h.*

Juché sur une butte aménagée en parc, le « **Vieux Fort** » offre aux Delhiites un de leurs lieux favoris de sortie dominicale : on y vient pique-niquer en famille ou faire du pédalo sur le Plan d'eau au pied des murailles. Cette colline serait le site de la légendaire **Indraprashta** citée dans le *Mahabharata*, autrement dit la première Delhi. Les objets provenant des fouilles archéologiques semblent confirmer le mythe *(petit musée - 2 Rs)*. En outre, jusque dans les années 1910, un village du nom d'Indrapat était installé dans les ruines. Celles-ci datent de l'époque d'Humayun, deuxième empereur moghol, qui fonda le fort au début de son règne, lui donnant le nom de Dinpanah, « refuge de la foi ». Mais dès 1540, l'usurpateur Sher Shah s'appropria le site… et la quasi-totalité de l'Empire. Humayun parvint finalement à récupérer son héritage en 1555, mais se tua l'année suivante en tombant dans l'escalier de sa bibliothèque, toujours visible dans le Purana Qila.

La muraille est percée de **quatre portes** monumentales. Le fort ne contient plus que trois monuments, dont la jolie **mosquée de Sher Shah**, qui marque la transition architecturale entre le temps des Lodis, encore dominé par les techniques hindoues, et l'ère moghole, sous influence persane. On notera ainsi l'importance prise par l'arche centrale de la façade : celle-ci s'élève bien au-dessus des autres et se pare d'un large encadrement à bandeaux épigraphiques, qui s'avance en saillie, formant un véritable *pishtaq* (portail monumental). La décoration de mosaïques et de faïences polychromes est remarquable de finesse. La tour voisine, **Sher Mandal**, percée de niches en *iwan* et surmontée d'un *chhatri*, abritait la bibliothèque d'Humayun *(fermée)*. Entre ces deux monuments se trouve un gracieux *baori* (puits à escalier).

★★ MUSÉE DE L'ARTISANAT (Crafts Museum) Plan IV E2

M° Pragati Maidan - Bhairon Marg - tlj sf lun. 10h-17h - gratuit ; photos autorisées à l'extérieur uniquement - aucun cartouche explicatif mais des guides proposent leurs services à l'entrée pour 150 Rs/h – Prévoyez 45mn. Boutique, cafétéria.

Aménagé avec infiniment de goût, le **Crafts Museum** permet une intéressante plongée dans l'artisanat indien et les arts et traditions ruraux. Il se présente comme un village avec une succession de maisons s'agençant autour de cours. Au cours de la visite, vous admirerez les décorations murales (dont des reproductions des fresques du Shekhawati), les boiseries et la richesse des portes finement sculptées.

Une salle accueille des collections temporaires d'artistes populaires. Dans les pièces voisines, ne manquez pas les **statues de bronze** et les **boiseries sacrées** du sud de l'Inde. Très colorées, ces dernières évoquent la ferveur exubérante régnant dans les temples dravidiens. Dans la salle consacrée à **l'artisanat de cour**, admirez un *jharokha* du 18e s., magnifique balcon de bois richement sculpté, orné de *jali* (écrans ajourés) et provenant du palais d'un *nawab* du Gujarat. La même pièce contient la réplique d'une **demeure gujaratie** aux superbes boiseries. Une intéressante **collection de textiles** présente les différents modes de tissage ainsi que de somptueux saris, des châles du Cachemire et des cotonnades imprimées de Bagru et de Sanganer (Rajasthan).

En hiver, le **parc** accueille des démonstrations-ventes données par des artisans originaires de différents États indiens. Il contient également les reconstitutions d'**habitations traditionnelles** propres aux diverses tribus et régions du pays.

De là, il vous faut prendre un moyen de transport, métro, taxi ou rickshaw, pour atteindre le temple d'Akshardham, à 7 km à l'est.

★★ TEMPLE D'AKSHARDHAM Plan I C2-3

M° Akshardam - www.akshardham.com - tlj sf lun. 9h30-18h30 - gratuit. Tenue correcte exigée (bras et jambes couverts). Venez les mains dans les poches, ce temple détenant le record de la ville en matière de sécurité : il faudra laisser sacs, téléphones portables, appareils photo et, hormis votre passeport et votre argent, jusqu'au moindre objet à la consigne (à vos risques) – Prévoyez 1h de visite.

Ce temple colossal, hymne à la grandeur de l'hindouisme et au kitsch, fut inauguré fin 2005 sur la rive gauche de la Yamuna. Ors, marbres, sculptures en pagaille, fontaines musicales, tout y est placé sous le signe de la démesure. Après avoir passé des contrôles de sécurité plus rigoureux que ceux d'un aéroport, vous franchirez **Bhakti Dwar** (la « porte de la Dévotion ») puis **Mayur Dwar** (la « porte du Paon », l'oiseau national de l'Inde) pour arriver à un bassin où des conques déversent de l'eau sur des empreintes de pieds marquées de 16 signes sacrés : ce sont celles de **Bhagwan Swaminarayan** (1781-1830), saint homme que la secte Swaminarayan Sampraday considère comme un avatar divin.

Engagez-vous dans l'allée principale qui conduit au sanctuaire.

De part et d'autre, de longues colonnades de grès rouge la séparent de deux grands jardins. Celui de gauche dessine un gigantesque *baori* où se tient chaque soir un spectacle de fontaine musicale *(juste après le coucher du soleil ; 30 Rs)*. Une galerie d'exposition diffuse en continu 3 films édifiants *(170 Rs)* présentant la vie du gourou et glorifiant le passé culturel de l'Inde avec force valeurs morales. Dans celui de droite, une fleur de lotus géante, image de la pureté qui émerge d'un monde fangeux, reprend les paroles des plus grands sages de l'humanité.

Le **sanctuaire** proprement dit, au bout de l'allée principale, s'élève sur un Plan en croix surmonté de coupoles. Les avant-corps à colonnes supportent un foisonnement de figures sculptées (plus de 20 000 !) où l'éléphant tient une place de choix. Dans le respect de la tradition architecturale indienne, le temple a été construit sans recours à l'acier, tout de grès rose à l'extérieur et de marbre blanc à l'intérieur. Il abrite une statue dorée de Bhagwan Swaminarayan entouré de statues des quatre couples divins, Radha et Krishna, Sita et Rama, Lakshmi et Narayan, Shiva et Parvati. Les impressionnantes coupoles, les murs et les piliers sont sculptés dans leurs moindres recoins.

Reprenez un moyen de transport pour gagner le mausolée de Safdar Jang, à l'extrémité de Lodi Road.

★★ LE LONG DE LODI ROAD Plan IV

Prévoyez 3h de visite en rickshaw, sans compter la visite de la maison du Tibet.

Cette promenade se déroule dans une succession de parcs joliment entretenus (les massifs de fleurs sont une pure merveille en fév.-mars) qui marque le sud du quartier résidentiel édifié par Lutyens. Elle vous fera percevoir, à travers divers tombeaux et mausolées, l'évolution de l'architecture indo-musulmane entre le 15e et le 18e s. Vous terminerez par une plongée au cœur d'un quartier pittoresque, centre de pèlerinage musulman particulièrement populaire.

★★ Mausolée de Safdar Jang (Safdar Jang Tomb) Plan IV B4

M° Jor Bagh - ouvert de l'aube au crépuscule - 100 Rs.

Souvent décrit comme le dernier chef-d'œuvre de l'art moghol, il sert de sépulture à un Premier ministre *(wazir)* des empereurs, qui avait la dignité de **Safdar Jang**. Édifié en 1754, il possède les caractéristiques propres à tous les mausolées indo-musulmans postérieurs à 1560, dont vous verrez le prototype au mausolée d'Humayun : la disposition au centre d'un jardin moghol *(chahar bagh)*, « jardin divisé en quatre parties » par des canaux et clos de murs, la taille imposante et la plate-forme élevée sur laquelle il est posé pour créer un effet de pyramide. En réalité, la faiblesse des proportions, les façades trop élevées et le dôme fortement outrepassé aux allures de bulbe enlèvent beaucoup de majesté à l'ensemble, qui n'en demeure pas moins une œuvre remarquable. Vous apprécierez particulièrement la qualité de la décoration (mosaïque de marbre aux tours d'angle et plafonds à stalactites de stuc).

★★ Jardin des Lodis (Lodi Garden) Plan IV C4

Suivez Lodi Rd sur env. 300 m, sur le côté gauche - ouvert de l'aube au crépuscule - accès libre.

Véritable havre de paix et de verdure, ce grand parc contient des **tombeaux** *(rauza)* datant de l'époque des dynasties des Sayyids et des Lodis. Par l'entrée sud, on accède au **tombeau du sultan Mohammed Shah** (1450), autrefois clos de murs, aujourd'hui dominé par des palmiers royaux. C'est le premier exemple à Delhi de **tombe octogonale** : une chambre centrale à huit pans, coiffée d'un dôme sphérique *(gumbad)* et entourée d'une galerie qui supporte huit kiosques *(chhatri)*, hérités de l'architecture hindoue. Si l'auvent *(chhajja)* fortement en saillie relève typiquement de la tradition hindoue, les arcs en ogive, eux, témoignent de l'apport persan.

Au centre du parc, deux **rauza** de Plan carré, presque identiques, abritent les sépultures de personnages influents du sultanat. Le premier que vous rencontrez est le **Bara Gumbad** (1494). Notez les embrasures des portes, typiques de l'architecture prémoghole : un linteau soutenu par deux corbeaux opposés. Une mosquée accolée au tombeau se réduit à la salle de prière. Lui faisant face, de l'autre côté d'un bassin, s'élève un hôtel pour pèlerins. À côté, le **Shish Gumbad** a conservé quelques carreaux de faïence bleue. À l'intérieur, le mur occidental possède un joli *mihrab* (niche indiquant la direction de La Mecque).

À l'extrémité nord du jardin, le **tombeau du sultan Sikandar Lodi** (1517) s'élève à l'abri d'un mur crénelé. Il reprend la formule octogonale du *rauza* de Mohammed Shah, mais a perdu ses *chhatri*. Il offre un endroit idéal où s'arrêter au calme, à l'ombre des *chhajja* et des grands arbres peuplés de perruches, qui l'entourent d'un rideau de fraîcheur.

Poursuivez Lodi Rd jusqu'à son extrémité orientale.

Si vous êtes passionné par l'art du Toit du monde, faites une halte à la **maison du Tibet** (Tibet House - Plan IV C4 - *tlj sf w.-end 9h30-17h30 - 10 Rs*) dont la bibliothèque possède plus de 4000 livres. Un petit musée expose *tangka* (peintures religieuses sur tissu), objets rituels, bijoux, instruments de musique…

★★★ MAUSOLÉE D'HUMAYUN (Humayun's Tomb) Plan IV E4

De l'aube au coucher du soleil - 250 Rs ; vidéo 25 Rs.

Classé à l'Unesco en 1993 comme modèle de tombe-jardin moghole, ce complexe s'insère dans un bel espace vert qui abrite également les tombeaux de quelques personnages importants.

Juste après l'entrée, une porte percée dans un mur crénelé *(à droite)* permet d'accéder au **tombeau d'Isa Khan★** (1548), un dignitaire du temps de l'usurpateur Sher Shah. L'œuvre reste fidèle au type de tombe octogonale à véranda, adopté un siècle plus tôt (tel que vous l'avez vu dans les jardins des Lodis).

Regagnez l'allée principale qui conduit au mausolée d'Humayun.

Vous pénétrez dans le vaste **jardin moghol** *(chahar bagh)* clos de murs au centre duquel le **mausolée★★★** fut bâti en 1565, telle une demeure de béatitude au paradis d'Allah. Dès l'entrée, on est saisi par la perfection des proportions et le sobre contraste entre le grès rouge et le marbre blanc… et par la transformation architecturale accomplie depuis la construction de la tombe d'Isa Khan, en 20 ans seulement ! La veuve inconsolable de l'empereur confia la réalisation du monument à un architecte persan. Celui-ci créa une œuvre quasiment parfaite qui servit dès lors de prototype à tous les mausolées indo-musulmans et trouva son apogée dans la réalisation du Taj Mahal d'Agra : le tombeau, de grande taille, est placé, comme un objet à admirer, sur un socle élevé ; un ample *iwan* central (espace voûté) évide le massif sur les quatre faces,

Le mausolée d'Humayun, un modèle de tombe-jardin moghole.
J. Fuste Raga/Premium/age fotostock

créant une impression de légèreté ; enfin, quatre *chhatri* entourent le dôme qui coiffe la construction pyramidale, point de convergence de toutes les lignes. La **coupole intérieure**, aplatie, ne correspond pas à ce dôme extérieur (légèrement outrepassé), ce qui laisse un gigantesque espace vide entre les deux calottes : il s'agit là du premier exemple en Inde d'une coupole « à double coque ». Avant de vous approcher, vous remarquerez des apports typiquement iraniens : les arcs en carène qui remplacent définitivement les linteaux et les consoles d'inspiration hindoue, ainsi que la succession de baies et niches à *iwan* qui scandent le monument par l'alternance de l'ombre et de la lumière.
Au centre de la plate-forme, un escalier conduit sur la terrasse.
À l'intérieur, la **chambre mortuaire** octogonale est un chef-d'œuvre de sobriété et d'équilibre. Des salles annexes l'entourent, fermées par des *jali* monolithes qui jouent de l'opposition entre l'obscurité et la lumière. De la terrasse, vous apercevrez deux dômes dépassant du mur oriental : celui de droite, couvert de faïences bleues, coiffe un tombeau du 17e s. ; celui de gauche, en marbre blanc, orne un *gurudwara*, temple sikh commémorant la visite du gourou Gobind Singh, en 1707.

★★ DARGAH DE HAZRAT NIZAM UD-DIN Plan IV E4

En sortant du complexe d'Humayun, gagnez le rond-point marqué par la tour Sabza Burj (« tour verte »), du 17e s., tournez à gauche dans Mathura Rd et prenez la 1re ruelle à droite.
Cette visite vous fera pénétrer au cœur d'un quartier populaire, essentiellement musulman, l'un des plus pittoresques de la capitale. Hazrat Nizam ud-Din Auliya, saint mystique de la confrérie soufie des Chisti, décédé en 1325, jouit d'une grande popularité, tant parmi les musulmans que chez les hindous.
On accède à son **dargah** (tombeau) par une ruelle tortueuse, de plus en plus étroite, au milieu de petits restaurants qui, à mesure que l'on avance, font place à des échoppes de livres religieux et de musique qui déversent sur le bazar les derniers *qawwali* (chants soufis) à la mode au Pakistan. Dans cet

univers austère, peuplé d'hommes barbus et de mendiants, les boutiques qui vendent les pétales de roses et de jasmin (dont les pèlerins ornent le tombeau) apportent des notes de gaieté, amplifiées par le vert brillant des tchadors suspendus aux devantures, dans l'attente d'être déployés sur le tombeau du saint.

L'allée débouche dans la **cour du dargah** *(couvrez-vous la tête et ôtez vos chaussures)*. De grands personnages tinrent à se faire enterrer près du saint auquel on prête de nombreux miracles. Vous verrez ainsi le tombeau du célèbre poète Amir Khusrau (1253-1324) *(en face de l'entrée)*, disciple du saint; la tombe, close de *jali*, de Jahanara, fille préférée de Shah Jahan; et celle de l'empereur Mohammed Shah (18e s.) *(face au précédent, à droite)*.

Le **tombeau du saint** (1562) s'élève au centre de la cour d'une mosquée, tout contre la salle de prière. Il reçoit la visite de nombreux pèlerins venus chercher quelque bénédiction ou faire un vœu (matérialisé par un fil de coton noué aux *jali* du tombeau) et s'anime chaque jour des chants exaltés des *qawwal* accompagnés à l'harmonium. Ne vous laissez pas intimider par les quémandeurs, plus ou moins officiels, qui vous présentent des livres portant les noms de prétendus donateurs célèbres en espérant tirer quelque argent de votre visite.

★★ Les quartiers sud Plan I

Circuit 4 tracé en vert sur le Plan I (p. 141) – Comptez 6h en taxi pour la promenade complète, et 3h30 seulement si vous n'allez ni à Tughluqabad ni au temple Bahai.

Colonies résidentielles de la petite ou moyenne bourgeoisie alternent ici avec des quartiers chic et d'anciens villages, sans qu'aucun Plan d'ensemble n'ordonne ce développement anarchique. Quelques îlots agréables subsistent cependant dans ce qui, pour des regards étrangers, semble avant tout un vaste capharnaüm.

★ HAUZ KHAS VILLAGE Plan I A4

M° Hauz Khas - à 9 km au sud de Connaught Place.

Jusqu'à la fin des années 1980, **Hauz Khas Village** était un village avec buffles et *charpoy* (lits en corde) comme il en existe encore, dissimulés au milieu des quartiers résidentiels. Puis les stylistes sont arrivés et le village est devenu le centre de la mode ethnique chic (*voir « Achats », p. 186*). Le sultan Ala ud-Din Khilji creusa ici, au tout début du 14e s., un réservoir *(hauz)* pour approvisionner en eau sa nouvelle ville de Siri (Plan I B4). Sur son bord s'élèvent quelques **tombeaux** de la fin du 14e s., en particulier celui du sultan **Feroz Shah Tughluq**, à coupole sur trompes, de style persan. Sobres et austères, ils jouxtent une *madrasa* aux ruines bien conservées. Tamerlan campa parmi ces monuments avant d'attaquer Delhi en 1398.

★ MOSQUÉE DE BEGUMPUR Plan I B5

M° Malviya Nagar - suivez Aurobindo Marg vers le sud - passé le carrefour d'Outer Ring Rd, prenez la 1re rue à gauche ; elle traverse un quartier résidentiel et rétrécit soudain peu avant d'atteindre la mosquée - gratuit.

L'édifice marque le centre d'un îlot paisible qui a préservé son caractère de village. Le dimanche, les *charpoy* sont tirés au pied de la mosquée pour jouer aux cartes ou fumer le *houka* (pipe à eau).

Monument le mieux conservé de l'ancienne **Jahanpanah** (14e s.), une des trois cités fondées par la dynastie Tughluq, la mosquée, surélevée et fortifiée, sert de terrain de jeu aux enfants du quartier et de pâture aux chèvres qui broutent les herbes folles poussant entre les dalles grossières de la vaste cour. L'arche centrale de la salle de prière était autrefois entourée de deux minarets. Grimpez les escaliers et faites le tour du mur d'enceinte pour découvrir, à quelques centaines de mètres au nord, les ruines de l'ancien fort de Jahanpanah.

★★★ COMPLEXE DU QUTB MINAR Plan I A5

M° Saket ou Qutb Minar - à 3 km au sud de Hauz Khas Village - de l'aube au coucher du soleil - 250 Rs ; vidéo 25 Rs – Prévoyez au moins 1h de visite.

Ce beau parc renferme une mosquée, des tombeaux et divers édifices datant essentiellement des 13e et 14e s., le plus célèbre étant le Qutb Minar, monument emblématique de Delhi. Cette tour-minaret commémore la victoire de Mohammed de Ghor – et de l'Islam – sur le souverain hindou Prithviraj III, à la bataille de Tarain (1192). Son nom rappelle le général **Qutb ud-Din Aibak** qui commandait les troupes de Mohammed et devint gouverneur puis sultan de Delhi (1206-1210). Qutb ud-Din édifia une cité à côté de celle de Prithviraj, qui fut constamment enrichie pendant plus d'un siècle. Deux séismes, aux 14e et 19e s., endommagèrent gravement le Qutb Minar et les bâtiments voisins.

1

Minaret du Qutb Minar

L'allée principale débouche sur une esplanade, dominée à gauche par le **Qutb Minar**. La silhouette légèrement conique de ce minaret est connue de tous. Haut de 73 m (le plus haut édifice de toute l'Inde !), il se compose de cinq sections superposées que séparent des stalactites *(muqarna)* soutenant une galerie. Des bandes d'écriture coufique l'ornent comme des brassards.

Juste derrière le minaret se tient une construction cubique percée d'une arche, l'**Ala-i Darwaza**, que vous franchirez afin de contempler son autre face, celle que découvraient les fidèles entrant dans la mosquée. Cette porte fut ajoutée en 1310 par le sultan Ala ud-Din. Des artistes hindous engagés sur place sculptèrent inscriptions coraniques, volutes et entrelacs, qui envahissent chaque centimètre carré selon une « horreur du vide » caractéristique de l'art indien. L'alternance de grès rouge et de marbre blanc apporte un peu de clarté à cette ornementation exubérante. À droite, vous découvrirez la charmante **tombe de l'imam Zamin**, du début du 16e s.

Retournez vers le Qutb Minar.

Quwwat ul-Islam

Un escalier de quelques marches, à gauche, mène dans la cour de la plus ancienne mosquée de l'Inde, **Quwwat ul-Islam** (« la puissance de l'Islam »), commencée dès 1193 puis agrandie par deux fois en l'espace de 100 ans. Elle fut édifiée avec des matériaux prélevés sur une vingtaine de temples hindous et jaïns détruits au nom de la foi musulmane. Ainsi, les piliers de la galerie sont constitués de deux colonnes superposées, d'une forme cubique qui est typique de l'art hindou des 8e-10e s. Presque au centre de la cour se dresse un pilier de fer – sans un grain de rouille ! – dernier témoin intact de l'époque hindoue : dédié à Vishnou au 4e s., il servait de porte-étendard, selon son inscription en sanskrit. De la salle de prière de la mosquée ne restent que les majestueuses **arcades en ogive** de l'entrée, couvertes de pampres et d'inscriptions coraniques. La profusion et la finesse du décor dénotent la parfaite maîtrise des sculpteurs indiens.

Passez sous les arcades et dirigez-vous vers la gauche.

Tombeaux

Les ruines du **tombeau d'Ala ud-Din Khilji** (sultan du début du 14e s.) se trouvent dans une *madrasa*. Cette association d'une tombe et d'un collège, typique de la tradition seldjoukide, rappelle les origines turques des premiers souverains musulmans de l'Inde.

Regagnez les arcades mais sans les franchir, et poursuivez tout droit.

La **tombe d'Iltutmish**, successeur de Qutb ud-Din, fut bâtie de son vivant, en 1235. Cet édifice cubique était à l'origine coiffé d'une coupole qui reposait sur les trompes d'angle. Il fut le premier tombeau monumental élevé en Inde et servit de prototype aux mausolées indo-persans jusqu'à l'époque moghole. Le foisonnement du décor sculpté trahit la verve d'artistes locaux.

Au centre d'une pelouse, un énorme tas de pierres disgracieux *(à gauche quand vous vous dirigez vers la sortie)* rappelle la tentative avortée d'Ala ud-Din pour édifier un minaret, l'**Ala-i Minar**, qui aurait dû être deux fois plus grand que le Qutb. Mais à la mort du souverain, en 1316, nul ne voulut achever ce projet démesuré.

★ KIRAN NADAR MUSEUM OF ARTS Plan I B5

M° Malviya Nagar - à 4 km à l'est du Qutb Minar - 145, DLF South Court Mall - ✆ (011) 49 16 00 00 - www.knma.in - tlj sf lun., 10h30-18h30 - gratuit.

Collectionneuse passionnée, Kiran Nadar a réuni depuis les années 1980 quelque 500 œuvres d'art, allant de la miniature moghole aux créations de plasticiens indiens actuels en passant par des huiles de l'époque coloniale. En 2010, elle décide d'ouvrir au public ses collections et lance le projet de ce musée dynamique. Des expositions temporaires – peintures, sculptures, installations – offrent, chose rare dans le pays, une scène privilégiée à l'art moderne et contemporain du sous-continent indien.

★ FORTERESSE DE TUGHLUQABAD Plan I C5

À la limite sud-est de Delhi - à 8 km du Qutb Minar par Merhauli Badarpur Rd ouvert de l'aube au crépuscule - 100 Rs.

Juchée sur un promontoire, cette gigantesque citadelle fut fondée en 1320 par le sultan Ghiyas ud-Din Tughluq et abandonnée quelques années plus tard, à cause, dit-on, d'une malédiction lancée par le saint soufi Nizam ud-Din. Elle se signale de loin *(à gauche de la route)* par sa formidable enceinte, où vous serez accueilli par des troupes de singes.

L'intérieur, quasiment en friche, ne contient que des ruines informes qui raviront les âmes romantiques. En face, à droite de la route, le **tombeau de Ghiyas ud-Din** fut élevé par son fils après qu'il l'eut assassiné en 1325. Bâti en grès rouge animé de marbre blanc, il se dissimule derrière une enceinte crénelée et entourée d'un lac (aujourd'hui asséché), telle une miniforteresse. Ses murs inclinés en accentuent le caractère défensif.

★ BAHAI TEMPLE (Lotus Temple) Plan I C4

De Tughluqabad, remontez vers le nord et tournez à gauche dans Chiragh Delhi Rd, que vous suivrez jusqu'à Nehru Place - www.bahaihouseofworship.in - tlj sf lun., oct.-mars 9h30-17h30 ; avr.-sept. 9h-19h - gratuit.

Dans un jardin superbement tenu se dresse, tel un gigantesque bouton de lotus à peine éclos, ce temple achevé en 1986 qui symbolise l'unité et la paix prônées par les adeptes du **bahaïsme**. Au sous-sol, une librairie et un musée fournissent des informations sur cette religion apparue en Iran au 19e s., qui prêche l'unité religieuse fondée sur la tolérance et la recherche mystique personnelle.

Civil Lines Plan I B1

Comptez 1h30. M° Kashmere Gate ou Civil Lines.

Dans tout le sous-continent, les Britanniques, désireux de rester à l'écart des masses, s'installaient en dehors des centres-villes, dans des quartiers construits spécialement pour eux, les **« Civil Lines »**, qui comprenaient des bâtiments administratifs, une église et des « bungalows » résidentiels. Une promenade dans les Civil Lines, partie de Delhi un peu à l'écart, évoque le souvenir des familles de résidents britanniques du 19e s., et de la révolte des Cipayes (ou guerre de Libération) de 1857, qui faillit sonner le glas de la domination européenne dans le nord de l'Inde. Le circuit se limite en fait à l'approche sud des Civil Lines, la partie certes la moins plaisante, mais dont les souvenirs sont les plus intéressants.

St James Church

Au sud du M° Kashmere Gate, sur Lothian Rd.

Entourée d'un jardin et d'un petit cimetière, elle ne remonte qu'à 1835, ce qui en fait pourtant la plus ancienne église de Delhi. Elle résulte d'un vœu fait par un aventurier, de père écossais et de mère rajpute, le colonel James Skinner, dont le Skinner's Horse devait rapidement se tailler une réputation de régiment d'élite sur de nombreux champs de bataille jusqu'à la Seconde Guerre mondiale. La maison de Skinner, au vaste dôme hémisphérique, se trouve derrière l'église *(ne se visite pas)*.

1

Kashmere Gate

Env. 100 m au nord, sur Lothian Rd.

Kashmere Gate, vestige des remparts de Shahjahanabad, marque le début de la route du Cachemire et, aujourd'hui, la limite sud des Civil Lines. Lors de la révolte des Cipayes, des combats acharnés s'y déroulèrent et une explosion la fit en partie sauter.

En continuant vers le nord, vous arrivez à l'important carrefour de Lothian Rd et Lala Hardev Sahai Marg, congestionné et bruyant.

Qudsia Bagh

De l'autre côté de Lala Hardev Sahai Marg, à droite. Mieux vaut y accéder depuis le M° Civil Lines car on ne peut traverser Lala Hardev Sahai Marg à pied.

Ancien jardin à la moghole, **Qudsia Bagh** contient les ruines d'une mosquée, mais le vacarme généré par la circulation a fait perdre beaucoup de charme à l'ensemble.

Nicholson Cemetery

Depuis Qudsia : de l'autre côté de Sham Nath Marg.

L'un des plus anciens cimetières britanniques du sous-continent, il est de nos jours livré aux ronces, aux herbes folles et aux singes. Le général John Nicholson, qui perdit la vie en défendant Kashmere Gate, repose ici et prête son nom à ce lieu que l'abandon et l'oubli des vivants rendent émouvant.

Vous pouvez prolonger la promenade en partant à la découverte de l'ancien secrétariat devenu siège de la municipalité, du Mutiny Memorial ou de la colonne d'Ashoka.

NOS ADRESSES À DELHI

Plan I (agglomération) p. 141
Plan II (Old Delhi) p. 146-147
Plan III (Connaught Place) p. 154
Plan IV (New Delhi) p. 158-159

INFORMATIONS UTILES

Les offices de tourisme sont répertoriés en début de chapitre.
Indicatif téléphonique : 011

Banque/Change

Les **distributeurs** automatiques de billets *(Automatic Teller Machine, ATM)* sont nombreux autour de Connaught Place (Plan III) et sur les grandes artères. Ils acceptent les cartes bancaires internationales Visa ou MasterCard, parfois les deux.

ANZ Grindlays Bank – Plan III C2 - *E-10 Connaught Place.*

HSBC – Plan III C3 - *25 Barakhamba Rd, Birla Tower.*

Standard Chartered – Plan III B4 - *10 Sansad Marg, à côté du Jantar Mantar.*

Citibank – Plan III B3 - *Jeevan Bharati Building, Connaught Circus* – Plan I B4 - *F-41 South Extension I.*

Pour changer de l'argent, en espèces ou en chèques de voyage, vous pouvez vous adresser à l'une des banques suivantes. Attention, elles ferment le dimanche.

Bank of Baroda – Plan III B3 - *16 Parliament St., en face de l'hôtel Park - tlj sf dim. 10h-14h, sam.10h-12h.* Distributeur.

American Express – Plan III C3 - *Hamilton House, A-1 Connaught Place - lun.-vend. 10h-14h, sam. 10h-12h.* Change et remboursement des chèques de voyage volés. Retrait avec la carte AmEx.

STIC Travels – Plan III B2 - *G-55, Connaught Circus - ✆ (011) 46 20 66 00 - www.stictravel.com - tlj sf dim. 10h-18h.*

Thomas Cook – Plan III B3 - *4 Parliament Street, PTI building (5e étage) - ✆ (011) 66 50 65 55 - lun.-vend. 9h30-20h, sam. 9h30-18h.* Service Moneygram. *Autre agence au C-35 Connaught Place (1er étage), Radial Rd 4* - Plan III B2 - *✆ (011) 66 27 19 00 - tlj sf dim. 9h30-18h.* L'agence de l'aéroport international sont ouvertes 24h/24.

Central Bank of India – Plan III B5 - *hôtel Ashok - 50-B, Kautilya Marg - Chanakyapuri.* Dans l'enclave diplomatique.

Hôtel Gold Regency – Plan II B3 - *4350 Main Bazar - 24h/24.* Dans le quartier de Paharganj.

Western Union – Plan III C2 - *chez Weizmann Forex LTD - M-22 Connaught Place - ✆ (011) 23 35 20 33.* Pour recevoir de l'argent depuis l'Europe en quelques heures.

BNP – Plan III C3 - *East Towers, 2e étage, 25 Barakhamba Rd - ✆ (011) 41 79 66 00, www.bnpparibas.co.in - tlj sf w.-end 10h-14h.* Pour ceux qui détiennent un compte à la BNP en France.

Poste

GPO – Plan III A4 - *Dak Bhawan, Parliament St. - tlj sf dim. 10h-18h.* EMS Speed Post *(10h-18h)*, recommandés *(10h-16h30)*, bureau philatélique *(10h-13h30, 14h-17h)*, service de fax.

Eastern Court Post Office – Plan III B4 - *Jan Path, en face de l'hôtel Jan Path.* Vente de timbres et oblitération *(tlj sf dim. 10h-18h)*, paquets *(10h-17h)*, recommandés, EMS Speed Post et fax.

Connaught Place Post Office – Plan III B2 - *Bloc A, Connaught Place - tlj sf dim. 10h-17h.*

Envois express : EMS Speed Post, dans les bureaux de poste, ou **DHL** – Plan III BC3 - *Vandana Building, S-1, Tolstoy Marg, en face du STC Building - ✆ (011) 23 73 75 87 - tlj sf dim. 9h-21h.* Nombre de petites officines affichant le logo DHL assurent également l'acheminement.

Internet

Nombreux centres Internet sur Main Bazar, dans le quartier de **Paharganj** (Plan II AB3-4). Sur **Connaught Place**, plusieurs adresses sur Middle Circle, notamment au niveau du bloc N (Plan III C3).

La plupart des hôtels offrent un accès **wifi** à leurs clients.

Téléphone

Vous trouverez partout des boutiques affichant le sigle **PCO/STD-ISD**.

Santé

Conseil – En cas de problème, adressez-vous dans une grande pharmacie ou à la réception d'un hôtel de luxe, où l'on saura vous orienter vers un médecin anglophone, voire francophone.

Médecins accrédités par l'ambassade de France

Dr Surinder Vohra – Plan IV C3 - *62 Khan Market - ✆ (011) 24 61 85 93 ou ✆ (portable) 98 10 00 00 11.*

Dr Dhiraj Bhatia – Plan I A4 - *L-23 Hauz Khas Enclave - ✆ (011) 26 51 31 70 ou ✆ (portable) 98 11 18 98 28.*

Dr Sharwan Kumar Gupta – Plan II B3 - *1468 Sangatrashan - Paharganj - ✆ (011) 23 58 78 41 ou ✆ (portable) 98 11 12 81 79.* Consultations au Care Clinic & Laboratory, dans la rue qui part derrière l'hôtel Vivek *(voir Hébergement, p. 177).*

Dentiste

Dr S. Mehta – Plan IV CD3 - *41 Khan Market - ✆ (011) 24 61 59 14.*

Opticiens

Lawrence & Mayo – Plan III B3 - *76 Jan Path.*

Bon-Ton – *13 Jan Path, en face du précédent.*

Pharmacies

Entre autres nombreuses adresses, deux pharmacies bien fournies sur Connaught Place : **Nath Brothers** – Plan III B2 - *G-2, Radial Rd 3* et **Chaturbhuj & Bros** – Plan III B2 - *G-45, Outer Circle (également opticien).* Une autre à Khan Market : **Crown Drug Store** – Plan IV C3 - *28-B.*

Urgences

Ambulances – *✆ 102.*

Accident & Trauma Service – *✆ 10 99.*

Pompiers – *✆ 101.*

Sécurité

Bon à savoir – Du faux office de tourisme aux boniments des chauffeurs de taxi, l'imagination ne connaît pas de borne dans le monde de l'arnaque. Ne suivez aucun conseil que pourrait vous donner un passant soi-disant désireux de vous aider, particulièrement autour de la gare de New Delhi et de Connaught Place. Les touristes trop crédules sont la proie d'escroqueries et d'abus de confiance de plus en plus nombreux. Retirez de l'argent au distributeur plutôt que de régler vos achats avec votre carte bancaire : les distributeurs automatiques sont légion… et les embrouilles légendaires.

Voir aussi plus loin, dans nos rubriques « Train » et « Visite ».

Police – *✆ 100.*

Ambassades et consulats

La plupart sont réunis dans le quartier de Chanakyapuri (Plan I A3).

Ambassade de France – Plan I A3 - *2/50-E Shanti Path - ✆ (011) 43*

19 61 00 - www.ambafrance-in.org - tlj sf w.-end 9h-19h. En cas d'urgence : ✆ (portable) 98 18 99 84 55.

Ambassade de Belgique – Plan I A3 - *50-N Shanti Path - ✆ (011) 42 42 80 00 - www.diplomatie.be/newdelhifr - tlj sf w.-end 9h-17h.*

Haute Commission du Canada – Plan I A3 - *7/8 Shanti Path - ✆ (011) 41 78 20 00 - http://canadainternational.gc.ca - tlj sf w.-end 8h30-16h45.*

Ambassade de Suisse – Plan I A3 - *Nyaya Marg - ✆ (011) 49 95 95 00 - www.eda.admin.ch/newdelhi - tlj sf w.-end 8h30-11h30.*

Centres culturels

Tous disposent d'un auditorium, d'une galerie d'art et d'une bibliothèque dont on peut devenir membre temporaire.

Alliance française – Plan IV C4 - *72 Lodi Estate - ✆ (011) 43 50 02 00 - http://delhi.afindia.org.*

American Center – Plan III C3 - *24 Kasturba Gandhi Marg - ✆ (011) 23 47 21 15 - tlj sf dim. 11h-18h.*

British Council – Plan III C4 - *17 Kasturba Gandhi Marg - ✆ (011) 42 19 90 00 - tlj sf dim. 10h-18h.*

Max Mueller Bhawan (Goethe Institut) – Plan III C4 - *3 Kasturba Gandhi Marg - ✆ (011) 23 32 95 06 - lun.-vend. 9h30-18h, sam. 11h-16h.*

Journaux et magazines

Plusieurs revues vendues en kiosque annoncent spectacles, concerts et expositions : l'hebdomadaire **Delhi Diary** (parution le lun. - http://delhidiary.in), les deux bimensuels **Delhi City** (paraît le jeu.) et **Time Out**, www.timeoutdelhi.net, et le mensuel **First City**, www.firstcitydelhi.com (vie culturelle, adresses chic et branchées pour les restaurants et la vie nocturne).

La **presse francophone** (quotidiens et magazines) est en vente sur les trottoirs de Connaught Place (Inner Circle), notamment sur les blocs E et F (Plan III BC2-3).

Divers

Archaeological Survey of India – Plan IV C2 - *Jan Path, à côté du National Museum - ✆ (011) 23 01 59 54 - www.asi.nic.in.*

ARRIVER/PARTIR

Avion

Indira Gandhi International Airport (IGI) – en dir. Plan I A4 - *à 20 km au sud-ouest de Connaught Place ✆ 12 43 37 60 00 et 12 44 79 73 00 (nos verts) - www.newdelhiairport.in.* Également appelé **Terminal 3**, il accueille les vols internationaux et bon nombre de vols intérieurs.

Seuls les voyageurs munis d'un billet peuvent pénétrer dans l'aéroport. À l'arrivée, vous trouverez des bureaux de change ouverts 24h/24, un distributeur automatique et un centre de réservation informatisé pour les billets de train *(8h-20h).*

Bon à savoir – Pour les vols intérieurs, vérifiez les fréquences, sujettes à d'incessants changements, et réservez longtemps à l'avance.

Une **navette** gratuite de l'Airport Authority of India (AAI) assure les liaisons entre les différents terminaux de l'aéroport.

Taxe d'aéroport – Elle est comprise dans le prix de votre billet d'avion.

Rejoindre le centre-ville depuis l'aéroport

Taxi – Le comptoir des *pre-paid taxis*, nommé « Delhi Trafic Police », se trouve à l'extérieur. Vous paierez la course *(entre*

350 et 450 Rs) avant de monter en voiture et on vous remettra un reçu indiquant la somme payée et le numéro du taxi. Ne le donnez au chauffeur qu'une fois parvenu à l'hôtel. **Easy Cabs** – ✆ *(011) 43 43 43 43*, et **Mega Cab** – ✆ *(011) 41 41 41 41*, possèdent un comptoir à l'aéroport ; comptez env. 400 Rs pour le centre-ville. L'agence de location de voitures **Ashok Travels & Tours** propose des *tourist taxis* à partir de 800 Rs pour le centre.

Bon à savoir – Les vols internationaux arrivent souvent en pleine nuit et les chauffeurs de taxi en profitent parfois, en chemin, pour faire croire aux touristes fatigués et peu familiers de l'Inde que l'hôtel où ils veulent se rendre est plein, peu sûr, ou qu'il y a des émeutes dans le quartier. Tout cela dans le seul but de les détourner vers un hôtel où ils reçoivent une commission, voire pour les conduire à Jaipur ou Agra… Si vous n'avez pas réservé de chambre et si vous vous sentez peu sûr de vous, attendez qu'il fasse jour pour quitter l'aéroport.

Métro – La ligne orange, ouverte en 2011, permet de rejoindre la gare de New Delhi *(station New Delhi)* ou les abords de Connaught Place *(station Shivaji Stadium)* en 40 à 50mn. *Toutes les 15mn de 5h15 à 23h35 - 150 Rs.*

Bus – À l'extérieur de l'aéroport se trouve l'arrêt du bus n° 780 à destination de Connaught Place *(de 9h à 19h ; trajet env. 1h)*. Des bus climatisés de la DTC (Delhi Transport Corporation) partent ttes les 20mn pour le centre-ville ; ils desservent notamment Connaught Place et l'Inter-State Bus Terminal (Kashmere Gate). Départ en face de l'hôtel Centaur, que vous rejoindrez avec les navettes DIAL de l'aéroport *(ttes les 15mn, 24h/24)*.

Bon à savoir – Attention, si vous arrivez de nuit à Connaught Place, vous risquez d'avoir quelques difficultés à vous faire conduire par un rickshaw à l'hôtel de votre choix.

Au départ de Delhi – Si vous devez quitter tôt le matin votre hôtel pour vous rendre à l'aéroport, faites réserver un taxi la veille.

Compagnies aériennes

Air India – *À l'aéroport, Terminal 3 - ✆ (011) 24 62 22 20 - www.airindia.com.*

Air France – ✆ *1 800 1800 077 (n° vert en Inde) - ✆ (1) 24 272 3000 (service clientèle) - www.airfrance.in.*

Air Canada – Plan III C3 - *à côté de l'Hindustan Times Building, 2e étage, 16 Kasturba Gandhi Marg - ✆ (011) 41 52 81 81 - www.aircanada.com.*

Jet Airways – Plan III C3 - *G 11/12, Outer Circle, G - Block, Connaught Circus - ✆ (011) 39 89 33 33 - www.jetairways.com - tlj sf dim. 9h-18h.* Autre agence à Jetair House, *13 Community Centre, Yusuf Sarai - ✆ (011) 26 52 33 57.*

Train

Quatre gares desservent Agra et le Rajasthan :

New Delhi Railway Station (NDLS) – Plan II B3 - *à 700 m au nord de Connaught Place - M° New Delhi.* C'est la gare la plus importante. Elle se trouve sur la même ligne que Delhi Main, mais relie également Mathura, Agra, Bharatpur, Sawai Madhopur, Kota, Jaisalmer, Udaipur, Jaipur. De New Delhi partent les *Shatabdi*, un peu plus chers que les autres trains mais confortables, climatisés et rapides. L'un dessert Alwar, Jaipur et Ajmer ; l'autre Agra où il arrive vers 8h, ce qui permet de passer une journée entière sur place

1

avant de reprendre un train pour Delhi vers 20h30.
Delhi Main Railway Station (DLI) – Plan II C1 - *au nord de Old Delhi - M° Kashmere Gate.* Pour s'y rendre depuis Connaught Place, il faut traverser Old Delhi qui est souvent embouteillée. Départs essentiellement vers Alwar, Jaipur, Ajmer, Abu Road et Jodhpur.
Nizamuddin Railway Station (NLZ) – Plan I C3 - *à l'est de New Delhi.* Une gare paisible comparée aux deux précédentes. Trains pour Mathura, Agra, Bharatpur, Sawai Madhopur et Kota ; certains partent de New Delhi avant de s'arrêter à Nizamuddin, d'autres partent directement de Nizamuddin.
Sarai Rohilla Railway Station (DEE) – Plan I A1 - *env. 5 km au nord-ouest de Connaught Place.* C'est de là que partent les trains pour Bikaner et pour Udaipur via Jaipur, Ajmer et Chittaurgarh.
Bon à savoir – Vérifiez sur votre billet de quelle gare part votre train. Vous trouverez horaires et tarifs sur les sites www.erail.in et www.indianrail.gov.in.
Billets – Le meilleur moyen pour réserver est de s'adresser à une agence de voyages ; moyennant une commission modique, vous économiserez beaucoup de temps et d'énergie. Sinon, vous trouverez un centre de réservation informatisé dans toutes les gares *(8h-20h)*. Les étrangers disposent d'un bureau qui leur est réservé : l'**International Tourist Bureau** – Plan II B3 - *dans la gare de New Delhi, au 1er étage - (011) 42 62 51 56 (rens. pour ttes les gares) - 8h-20h, dim. 8h-14h.* Il y a souvent foule, surtout le lundi. Intéressant pour profiter du quota de places réservé aux étrangers. On paie en dollars, euros, livres sterling ou roupies, sur présentation du passeport. On peut acheter l'*Indrail Pass* (*voir la rubrique « Transports », p. 46*) ici ou dans les centres de réservation informatisés.
Bon à savoir – Attention aux pickpockets et aux rabatteurs qui hantent les gares, particulièrement celle de New Delhi. Vols et escroqueries sont fréquents sur les trajets les plus touristiques, entre Delhi, Agra et Jaipur. *Voir aussi la rubrique « Sécurité », p. 171.*
Trains des maharajas – Pour le *Palace on Wheels* et le *Heritage on Wheels*, rens. et réserv. auprès du **Rajasthan Tourist Office**, www.rtdc.in. Pour le *Royal Orient*, www.royalorienttrain.com, s'adresser au **Gujarat Tourism** – Plan III A3 - *A-6 Baba Kharak Singh Marg - (011) 23 73 40 15.* *Voir aussi « Transports », p. 46.*

Bus

Quatre **gares routières** principales selon votre destination :
Bikaner House – Plan IV D2 - *Pandara Rd - (011) 23 38 38 37, www.rtdc.in - réserv. 6h-19h.* Bus *Super Deluxe* de la compagnie Rajasthan State Transport Roadways Corporation (RSTRC) : une vingtaine de *Silver Line* (non climatisés) et une dizaine de *Deluxe* (climatisés) partent chaque jour pour Jaipur, entre 6h et 24h *(6h de trajet)*. C'est la meilleure manière de se rendre à Jaipur, hormis le train *Shatabdi*. Tarifs et horaires sur http://rsrtconline.rajasthan.gov.in/.
Inter-State Bus Terminal (ISBT) – Plan I B1 - *Old Delhi, au nord de la gare de Delhi Main - M° Kashmere Gate - réserv. à Bikaner House ou (011) 23 86 88 36, 7h-19h.* Service de *pre-paid taxis* et rickshaws. C'est de là que partent les bus privés (évitez ceux avec vidéo à bord) ainsi que quelques bus ordinaires de la RSTRC.

Sarai Kale Khan Bus Terminal (New ISBT) – Plan I C3 - *Mahatma Gandhi Rd, à l'est de la gare de Nizamuddin.* Bus pour Ajmer, Alwar et Jaipur ainsi que pour Agra via Mathura.
Anand Vihar Bus Terminal – en dir. Plan I C2 - *Trans-Yamuna.* Gare routière très excentrée, à l'est, dirigée par l'Uttar Pradesh State Transport Roadways Corporation (UPSTRC). Départs pour Mathura et Agra ; préférez le train.

TRANSPORTS

Métro

Gigantesque chantier du début du 21e s., le métro de Delhi (*www.delhimetrorail.com*) a ouvert 6 lignes et 142 stations depuis 2002 et prévoit de couvrir l'ensemble de la capitale et sa banlieue **(NCR)** d'ici 2021. C'est le moyen le plus rapide pour parcourir la ville.
Le métro fonctionne de 6h à 23h. Un jeton *(token)* coûte entre 8 et 30 Rs pour 3 à 6 stations. Les forfaits ne présentent pas d'intérêt pour une visite touristique. Plan du réseau disponible dans toutes les stations. Les sacs volumineux ne sont pas admis.
La **ligne jaune**, nord-sud, relie le quartier des Civil Lines au Qutb Minar en desservant Chandni Chowk, la gare de New Delhi, Connaught Place, l'avenue Raj Path, le jardin des Lodis et Hauz Khas Village.
La **ligne bleue**, est-ouest, vous servira surtout pour aller à Connaught Place et à Paharganj (station R.K. Ashram Marg).
La **ligne rouge**, parallèle à cette dernière, passe par Kashmere Gate, mais se révèle d'un intérêt touristique moindre, tout comme la **ligne verte** qui la prolonge vers l'ouest.
La **ligne orange** dessert l'aéroport international ; interconnexion avec la ligne jaune à la gare de New Delhi.
La **ligne violette**, qui dessert Jan Path et Khan Market, devrait à terme relier Kashmere Gate, via le Fort rouge et Juma Masjid.

Rickshaw

Les **auto-rickshaws** de Delhi disposent d'un compteur *(meter)* que les conducteurs refusent souvent de mettre en marche ; et quand bien même vous arriveriez à les décider, soyez sûr qu'ils vous feraient faire tours et détours pour augmenter la note.
Les *rickshawallahs* possèdent une table d'équivalence des **tarifs**, mais ils présentent souvent aux néophytes celle des taxis dont ils ont coupé l'en-tête. Si vous ne connaissez pas bien la ville, mieux vaut convenir d'un prix fixe sur la base de 15 Rs/km. De 23h à 5h, ajoutez 25 % au prix normal.
Guérite de *pre-paid rickshaws* sur Jan Path (face au Jan Path Market) et devant les gares.
Les **cyclo-rickshaws** sont interdits à Connaught Place et dans le sud de la ville.

Taxi

Les taxis de Delhi sont des Ambassador noir et jaune, non climatisée, souvent vétustes et brinquebalants. Le gouvernement de Delhi augmentant régulièrement le prix de la prise en charge et du kilomètre, vérifiez en début de course si le compteur a été actualisé ; s'il ne l'a pas été, le prix à régler sera supérieur à celui affiché au compteur et il faudra vous livrer à des calculs complexes pour déterminer le prix à payer en fin de course, en consultant la table d'équivalence du chauffeur.
Il existe également des *tourist taxis*, des Ambassador blanches,

non climatisées et immatriculées DLY, en meilleur état mais plus chères.

Location à la journée – Elle se négocie soit directement aux têtes de stations, soit par une agence. Comptez env. 1 000 Rs pour 8h et 80 km.

Taxis prépayés – Service de *pre-paid taxis* aux gares. **Easy Cabs**, *(011) 43 43 43 43*, et **Metro Radio Cab**, *(011) 29 22 20 00*, sont deux compagnies fiables.

Tarifs – À titre indicatif, comptez 25 Rs pour le 1er km puis 15 Rs/km. Attente *(waiting charge)* 30 Rs/h. 10 Rs/bagage. De 23h à 5h, majoration de 25 %.

Bus

Trois sortes de bus sillonnent la ville : les *Green Line* de la Delhi Transport Corporation (DTC), qui suivent un trajet fixe et portent un numéro, et les bus privés *Blue Line* et *White Line*. Le prix du billet va de 5 à 15 Rs. Tous sont bondés, ce qui permet aux hommes de se livrer sur les femmes, surtout les étrangères, à leur sport favori : le *Eve teasing*… Embouteillages, absence de Plan du réseau, ce n'est pas le moyen de transport le plus efficace. Si vous tenez absolument à le tester, vous vous rendrez au **City Bus Terminal** (Plan III AB2).

Bus touristique – Les bus panoramiques HoHo suivent 2 circuits (ligne verte et ligne rouge) desservant les principaux monuments de Delhi. Passage ttes les 30 à 60mn, tlj sf lun., de 8h30 à 17h. Également un itinéraire nocturne. *Rens. et trajets sur www.hohodelhi.com - comptez 300 à 500 Rs selon le trajet choisi.*

Location de voitures

Les voitures se louent, toujours avec chauffeur et avec un forfait distance et kilométrage, auprès des agences de voyages *(voir p. ci-dessous)*. Comptez de 1 200 à 1 800 Rs, parfois plus, pour une Toyota Innova climatisée.

VISITE

Bon à savoir – On vous proposera dès votre atterrissage de vous rendre à « l'office de tourisme ». C'est une **arnaque** : refusez catégoriquement. Fatigue du voyage, méconnaissance du pays, arrivée tardive : vous avez toutes les chances de terminer dans un faux bureau (même s'il porte la mention *approved by Government*) et de vous faire vendre n'importe quoi pour 10 à… 100 fois plus cher qu'en ville. Le véritable office de tourisme est fermé la nuit.

Voir aussi les offices de tourisme dans « S'informer », p. 138, ainsi que la rubrique « Bus touristique », ci-contre.

Pour une découverte des environs, voir la rubrique « Excursions », p. 190.

Agences de voyages

Ashok Travels & Tours – Plan III B5 - *hôtel Jan Path - (011) 23 34 90 62 - www.attindiatourism.com*. L'enseigne voyage de l'ITDC possède des comptoirs aux hôtels du groupe Ashok. Service de taxis et de location de voitures (2 200 Rs/j).

Kalka Travels – Plan II A4 - *Panchkuian Marg - Palika Place, Bureau G-35 - Mº Rama Krishna Ashram Marg - (011) 11 23 74 52 86 - www.voyageeninde.net*. Une agence rompue aux conctacts avec les touristes européens. Plusieurs circuits au Rajasthan, locations de voiture avec chauffeur *(tarifs en ligne)*.

Paul Tours – Plan III BC2 - *à la réception du York Hotel, K-10, Connaught Circus - (011) 23 41*

57 69 - www.paultours.com. Agence de toute confiance pour réserver une voiture avec chauffeur. Comptez 400 à 550 € pour un circuit de 2 sem. au Rajasthan.

Thomas Cook – Plan III B2 - *C-35 Connaught Place (1er étage), Radial Rd 4, en face du cinéma Plaza - (011) 66 27 19 00 - www.thomascook.in - tlj sf dim. 9h30-18h.* Réserv. de billets, organisation de circuits. Autre agence : *Post Office - Gurudwara Rd, Karol Bagh* - Plan I A1 - *(011) 65 45 29 36.* Location de voitures à prix raisonnables.

Tripsout Travels – Plan III C3 - *72/7 Jan Path (dans une ruelle en retrait de l'avenue) - (011) 23 72 26 16 - tlj sf dim. 9h30-18h.* Pour acheter des billets d'avion internationaux à des prix intéressants.

Guides

À l'intérieur des principaux monuments, des guides officiels (ils doivent vous montrer leur accréditation) proposent leurs services.

Tours de ville

Delhi Heritage Walk – *http://delhiheritagewalks.com.* Des visites à pied de la ville côté histoire, commentées par une équipe jeune, enthousiaste et sympathique. Réserv. en ligne.

Wii Tours – réserv. *98 18 17 66 37 (portable) - www.wheninindia.com.* Des grands classiques aux trésors cachés de la ville, des tours de Delhi en cyclo-rickshaw. Cher.

HÉBERGEMENT

Même si vous avez réservé une chambre, les chauffeurs de rickshaw et de taxi useront de tous les stratagèmes pour vous amener à un hôtel qui leur verse une commission, généralement dans le quartier de Karol Bagh, éloigné de tout. Soyez ferme, surtout si vous arrivez de nuit, et si vous n'avez pas réservé, attendez le jour pour trouver un hôtel. Sachez aussi que presque tous les établissements disposent de chambres de tous les standards et que leur **gamme de prix** va du simple au quadruple selon le confort, la taille, la vue, etc. La fourchette de prix que nous indiquons pour chaque établissement correspond au prix mini et maxi d'une chambre double (catégories Standard, Superior, Deluxe) en haute saison *(nov.-fév.) : voir aussi le tableau des prix p. 21.*

La basse **saison** s'étend de mi-avril à septembre : à Delhi comme dans toute la région, les hôtels consentent alors des remises de l'ordre de 30 %. Tous proposent par ailleurs un service de laverie.

À Paharganj Plan II

M° Rama Krishna Ashram Marg

Vous trouverez sur Main Bazar Road, l'artère principale du quartier de Paharganj, un nombre impressionnant de petits hôtels bon marché *(800 à 1 000 Rs)*, à l'hygiène aléatoire et au confort sommaire.

PREMIER PRIX

③ **Cottage Yes Please** – Plan II A4 - *1843 Laxmi Narayan St. - (011) 23 56 21 00 - www.cottageyesplease.com - - Wifi, ascenseur, agence de voyages - 45 ch. 950/2 000 Rs.* Cet hôtel en retrait de Main Bazar a choisi de se démarquer des standards du quartier et propose des chambres bien tenues, de taille et d'agencement variables. Pratique pour sa proximité avec le métro.

㉘ **Vivek** – Plan II B3 - *1534-50 Main Bazar - (011) 46 47 05 55 - www.vivekhotel.com - - Consigne, Internet, wifi (payant),*

1

billard - 14 ch. 960/1 900 Rs - ☕ *100 Rs* Ascenseur, réfrigérateur dans certaines chambres. C'est l'une des institutions du quartier : mieux vaut réserver. Vous pourrez prendre le petit-déj. sur le toit-terrasse, bien tenu et joliment fleuri.

⑳ **Relax** – Plan II B4 - *4970 Ram Dawra Rd - ✆ (011) 23 56 28 11 - vidur109@hotmail.com - 23 ch. 1 000/1 700 Rs*. Située en face du *vegetable market*, à l'écart de Main Bazar, une adresse pleine de charme avec ses chambres donnant sur de vastes espaces communs joliment meublés et agrémentés de plantes vertes.

BUDGET MOYEN

⑲ **Parkway Deluxe** – Plan II B3 - *8591 Main Qutab Rd - ✆ (011) 23 53 11 25 - www.hotelparkway.in - Ascenseur - 25 ch. 1 500/2 200 Rs*. Au nord de Paharganj et à environ 100 m de la gare ferroviaire, cet hôtel accueille principalement des hommes d'affaires indiens. Pratique par sa situation mais sans charme, avec des chambres spacieuses mais sombres, sauf pour celles qui donnent sur la rue, bruyante. Les chambres, décorées dans le style des années 1970, sont restées fraîches et bien tenues.

⑪ **Jyoti Mahal Guesthouse** – Plan II A3 - *2488 Nalwa St. - ✆ (011) 23 58 05 23 - www.jyotimahal.net - Wifi - 34 ch. 2 200/2 500 Rs* ☕ Dans une ruelle sans circulation, cet hôtel reproduit une architecture de style indo-moghol avec ses arches et son minuscule patio. Les prix se justifient plus par le cadre du bâtiment que par les chambres elles-mêmes, propres mais sombres.

Sur Connaught Place Plan III

M° Rajiv Chowk

Central, le quartier de Connaught Place propose des hôtels de toutes catégories, qui présentent l'avantage d'être proches des restaurants, des banques, des agences de voyages et des boutiques. Dans l'ensemble, l'emplacement explique des prix plutôt élevés au regard des prestations fournies.

BUDGET MOYEN

㉛ **YWCA Blue Triangle Family Hotel** – Plan III A4 - *Ashoka Rd - ✆ (011) 23 36 01 33 www.ywcaofdelhi.org - 39 ch. 2 250/2 850 Rs* ☕ À 10mn à pied de Connaught Place, cet austère bâtiment de brique rouge, qui, contrairement à ce que laisse entendre son nom, n'accueille pas uniquement les femmes, dispose de chambres sans fioritures mais impeccables.

㉙ **YMCA Tourist Hotel** – Plan III A3 - *Jai Singh Rd - ✆ (011) 43 64 00 00 - www.newdelhiymca.in - 101 ch. 3 325/4335 Rs* ☕. Le confort n'a rien d'extraordinaire, mais l'ambiance est dynamique et plaisante. Sdb commune pour les chambres les moins chères. On ne peut séjourner plus de 15 jours. Nombreux services : agence de voyages, change, grande salle de gym.

㉚ **York** – Plan III C2 - *K-10 Connaught Circus - ✆ (011) 23 41 57 69 - www.hotelyorkindia.com - 28 ch. 4 500 Rs*. Un hôtel bien tenu proposant des chambres à la décoration sobre et soignée, un peu chères tout de même pour leur taille. Demandez-en une avec baignoire – plus grandes que celles avec douche – ou donnant sur la grande terrasse commune. Excellente agence de voyages. Bon accueil.

POUR SE FAIRE PLAISIR

⑱ **The Park** – Plan III B3 - *15 Parliament St. - ✆ 1 800*

102 72 75 - www.theparkhotels.com - ▤ ✕ 🍷 ⛱ *- Internet, spa, salle de gym - 220 ch. 10 000/12 500 Rs* ☕ *- rest. 1 500 Rs.* Le 5 étoiles le plus proche de Connaught Place, mais il ne possède pas le chic de la plupart des hôtels de sa catégorie. Restaurants de cuisine indienne et méditerranéenne, *coffee-shop* 24h/24.

UNE FOLIE

⑮ **Le Méridien** – Plan III B5 - *Windsor Place - ☎ (011) 23 71 01 01 - www.starwoodhotels.com* - ▤ ✕ 🍷 ⛱ *- 355 ch. 13 000/17 000 Rs* ☕ *Coffee-shop 24h/24, spa, salon de beauté.* Immeuble d'acier et de verre datant de la fin des années 1980 dont la tour centrale intérieure vaut le coup d'œil. Chambres « club » et suites. Coffre-fort dans les chambres, qui bénéficient d'une décoration design sobre mais mériteraient d'être plus grandes.

⑦ **Imperial** – Plan III B4 - *1 Jan Path - ☎ (011) 23 34 12 34 - www.theimperialindia.com* - ▤ ✕ 🍷 ⛱ *- Wifi, boutiques, salons de beauté - 231 ch. à partir de 18 000 Rs* ☕ Un hôtel ouvert dans les années 1930, auquel on accède par une allée de palmiers royaux. Restauré dans un style victorien avec une touche Art déco, il allie luxe et bon goût. Restaurants, terrasses et jardins pour prendre un verre.

Dans les Civil Lines Plan I

M° Civil Lines

À 10 km au nord de Connaught Place, ce quartier résidentiel fut construit par et pour les Britanniques au 19e s., à l'écart de l'agitation urbaine de la ville ancienne.

POUR SE FAIRE PLAISIR

⑬ **Maidens** – Plan I B1 - *7 Sham Nath Marg - ☎ (011) 23 97 54 64 - www.maidenshotel.com* - ▤ ✕ 🍷 ⛱ *- Internet, wifi - 56 ch. 8 500/9 500 Rs* ☕ Installé dans un beau bâtiment de style colonial ayant conservé son atmosphère d'antan (il date de 1903), cet hôtel de charme a beaucoup d'allure, sans pour autant être luxueux. Randonnées équestres, court de tennis. Une très bonne adresse.

Au sud de Connaught Place

Plans I et IV

M° Jor Bagh (près du jardin des Lodis) et Khan Market.

Tous les hôtels de standing possèdent des suites.

POUR SE FAIRE PLAISIR

Jorbagh 27 ⑨ – Plan IV C4 - *27 Jorbagh - ☎ (011) 24 69 44 30 - www.jorbagh27.com* - ▤ *- 18 ch. 5 700/7 000 Rs* - ☕ *100 Rs.* À 5 km de Connaught Place mais à une minute à pied de Lodi Garden et du marché de Jorbagh. Dans un quartier résidentiel chic, cette maison avec un petit jardin propose des chambres coquettes, mais l'accueil est désorganisé. L'ensemble mériterait un rafraîchissement.

UNE FOLIE

⑥ **Hyatt Regency** – Plan I A4 - *Bhikaji Cama Place, Inner Ring Rd - ☎ (011) 26 79 12 34 - http://delhi.regency.hyatt.com* - ▤ ✕ 🍷 ⛱ *- Grande galerie marchande - 507 ch. à partir de 13 000 Rs.* Un excellent 5 étoiles, toujours très animé, devenu l'un des centres de vie de la capitale. Les chambres « luxe » ont libre accès à la salle de gym, au sauna, au spa et au court de tennis.

① **The Ambassador** (Taj Group) – Plan IV D3 - *Sujan Singh Park, Khan Market - ☎ (011) 66 26 10 00 - www.vivantabytaj.com* - ▤ ✕ 🍷 ⛱ *- Internet, wifi, spa, boutiques - 88 ch. 13 000/18 000 Rs* ☕ L'accueil pourrait être plus aimable et les couloirs, plaqués de faux bois, manquent quelque peu de « classe », mais les chambres sont vastes, claires et très bien tenues. Agréable situation, à la limite est du Delhi de Lutyens.

② **The Claridges** – Plan IV C3 - *12 Aurangzeb Rd - ✆ (011) 39 55 50 00 - www.claridges.com* - ▤ ✕ 🍷 ⛱ - *Internet, wifi, coffre-fort - 137 ch. 15 000/20 000 Rs* ☕ Dans le quartier des avenues percées par Lutyens et des grands bungalows blancs, cet hôtel a conservé un peu de son charme et de son intimité d'antan. Le dim., brunch autour du buffet *(12h-15h30 - 2 600 Rs).*

⑯ **The Oberoi** (The Oberoi Group) – Plan IV E3 - *Dr. Zakir Hussain Marg - ✆ (011) 23 89 06 06 - www.oberoihotels.com* - ▤ ✕ 🍷 ⛱ - *Boutiques - 279 ch. à partir de 21 000 Rs* ☕ Dominant le parcours de golf et le tombeau d'Humayun, un hôtel où résident essentiellement des hommes d'affaires. Restaurants raffinés et élégants, dont le remarquable **Taipan** (cuisine sichuanaise et cantonaise) et le **Threesixty°**, avec son œnothèque.

㉖ **The Taj Mahal** (Taj Group) – Plan IV C3 - *1 Mansingh Rd - ✆ (011) 23 01 61 62 - www.tajhotels.com* - ▤ ✕ 🍷 ⛱ - *Court de tennis - 294 ch. 25 000/30 000 Rs* ☕ Appelé couramment Taj Mansingh, c'est l'un des 5 étoiles les plus agréables et les plus vivants de Delhi, à 400 m de Khan Market. Grand hall vitré donnant sur un jardin boisé. Si vous êtes en fonds, vous pourrez vous offrir la « suite présidentielle » pour un peu plus de 4 000 € (330 000 Rs).

À Sundar Nagar Plan IV

Le quartier de Sundar Nagar devrait être desservi par le métro à partir de 2015.

À 4 km au sud-est de Connaught Place, ce quartier résidentiel tranquille et vert réunit plusieurs petits hôtels installés dans d'anciennes maisons particulières. La réception y est sympathique et discrète et tous ont une pelouse bien entretenue où il fait bon se prélasser.

BUDGET MOYEN

㉔ **Shervani New Delhi** – Plan IV E3 - *11 Sundar Nagar, face au zoo - ✆ (011) 24 35 10 00 - www.shervanihotels.com* - ▤ ✕ - *Internet, wifi, coffre-fort - 19 ch. 3 500/5 000 Rs* ☕ Non fumeur. Une adresse parfaitement tenue et des chambres décorées dans des tons chauds avec autant de sobriété que de goût. Sdb minuscules pour les chambres les moins chères.

④ **Devna & Atul** – Plan IV E3 - *10 Sundar Nagar - ✆ (011) 24 35 17 98 - www.tensundernagar.com* - ▤ - *Internet, wifi - 5 ch. 5 500 Rs* ☕ Cette adresse de charme propose des chambres tout en longueur disposant d'un agréable balcon fleuri. Le propriétaire des lieux, un antiquaire, a meublé toute la demeure de pièces choisies.

POUR SE FAIRE PLAISIR

⑩ **Jukaso Inn** – Plan IV E3 - *50 Sundar Nagar - ✆ (011) 24 35 03 08* - ▤ ✕ - *Internet, wifi - 24 ch. 5 000/6 500 Rs* ☕ Proche du marché, cet hôtel est bien organisé et bien tenu, avec une réception et des corridors tout en marbre. La haute verrière rend néanmoins l'ensemble fort sonore. Chambres de petite taille pour le prix.

㉓ **La Sagrita Tourist Home** – Plan IV E3 - *14 Sundar Nagar - ✆ (011) 41 50 70 13 - www.lasagrita.com* - ▤ - *Wifi - 19 ch. 5 500/7 800 Rs* ☕. Si les *Deluxe* s'avèrent plaisantes avec leurs grandes fenêtres et leur simili-plancher, les *Standard*, au sol moquetté et aux murs nus, sont un peu tristes. Préférez les chambres donnant sur le jardin, un peu plus chères. L'ensemble a été refait à neuf en 2013.

À Chanakyapuri Plan I

À 5 km au sud-est de Connaught Place. C'est le quartier des ambassades, souvent appelé *Diplomatic Enclave*. Malcha Marg Market, au nord-ouest, regroupe quelques boutiques et de bons restaurants.

PREMIER PRIX

⑧ **International Youth Hostel** – Plan I A3 - *5 Nyaya Marg - (011) 26 11 62 85 - www.yhaindia.org/hostels/index/5 - - 7 ch. 15 dortoirs de 4 à 10 lits, certains avec air conditionné (comptez 500 Rs/lit). 800/1 400 Rs* Nichée au milieu de la verdure, une adresse propre et bien tenue, à l'accueil souriant. Ceux qui ne sont pas membres des auberges de jeunesse devront acquérir la carte *(165 Rs)* une fois sur place. Vous ne pourrez garder votre chambre plus de 3 jours. Réserv. conseillée.

POUR SE FAIRE PLAISIR

⑤ **Diplomat** – Plan I A3 - *9 Sardar Partel Rd - (011) 23 01 02 04 - www.thehoteldiplomat.com - 25 ch. 7 000/9 500 Rs* Vous trouverez ici un hôtel parfaitement tenu, installé dans un bungalow moderne en pleine verdure. Pour être au calme et dans une atmosphère intime. Les 8 suites adoptent chacune une décoration différente.

UNE FOLIE

⑭ **Maurya Sheraton** (ITC Group) – Plan I A3 - *Sardar Patel Marg - (011) 26 11 22 33 - www.starwoodhotels.com - - Boutiques, coffre-fort, wifi, court de tennis - 515 ch. 15 000/19 000 Rs* Un 5 étoiles toujours très animé, comptant parmi les meilleurs de la capitale.

㉗ **Taj Palace** (Taj Group) – Plan I A3 - *2 Sardar Patel Marg - (011) 26 11 02 02 - www.tajhotels.com - - 422 ch. 20 000/28 000 Rs* Ambiance moins vivante qu'au Sheraton mais service impeccable pour des chambres tout confort aux belles salles de bains de marbre noir. Trois restaurants dont un remarquable français et un excellent vietnamien.

RESTAURATION

La cuisine servie à Delhi est le plus souvent un mélange de saveurs punjabies et *mughlai* (mogholes) avec pour grands classiques le *dal makhani* (lentilles mijotées dans des épices et du beurre), le *rajma-chawal* (lentilles et haricots rouges cuits avec tomates et épices, et servis avec du riz) et les *tikka* (morceaux de poisson ou de poulet désossé cuits en brochettes).
Les hôtels 4 et 5 étoiles disposent d'un *coffee-shop* ouvert 24h/24. Un repas (buffet ou large carte de plats indiens et internationaux) y coûte env. 900 Rs, mais les plats sont copieux et un seul peut suffire. Ils disposent aussi d'au moins trois restaurants de qualité, spécialisés dans des cuisines diverses : mughlai, de la frontière du nord-ouest, chinoise, thaïe, française, ou grill.
Profitez d'une variété gastronomique que vous ne retrouverez pas au Rajasthan, hormis à Jaipur !

Pour les indications de prix, voir la rubrique « Se restaurer », p. 24.

À Paharganj Plan II

M° Rama Krishna Ashram Marg

BUDGET MOYEN

③ **Club India Cafe and Restaurant** – Plan II B4 - *4797 Main Bazar, sur la place, à l'étage -*

1

(011) 23 58 93 92 - - Wifi - 8h-23h - 250/400 Rs. Dans la salle du 2e étage ou devant la cuisine ouverte sur le toit-terrasse, vous apprécierez poulet *tandoori*, *chicken burger* et *byriani* : la carte s'est adaptée aux desiderata d'une clientèle en majorité occidentale.

Sur Connaught Place Plan III

M° Rajiv Chowk.
Connaught Place se divise en 3 cercles, Inner Circle, Middle Circle et Outer Circle (ou Connaught Circus) et en 7 avenues radiales (Radial Rd). Les adresses sont données par un ensemble lettre-chiffre renvoyant au « bloc » (pâté de maisons).

PREMIER PRIX

⑭ **Madras Coffee House** – Plan III B2 - *P-5/90 Connaught Circus - (011) 23 36 30 74 - - 9h-22h - 200/350 Rs.* Installé sur des banquettes de moleskine dans un cadre vieillot mais raisonnablement propre, vous découvrirez les saveurs d'une cuisine indienne relevée ; les estomacs sensibles préféreront le riz coco. Carte *pure veg* proposant aussi des *snacks* d'Inde du Sud.

⑱ **Rajdhani Thali** – Plan III C3 - *9A Atmaram Mansion, près de Scindia House - Outer Circle - (011) 43 50 12 00 - www.rajdhani.co.in - - 12h-15h30, 18h30-23h -22h - 300/400 Rs.* Homologue du Rajdhani de Mumbai, celui de la capitale fait honneur à la réputation de cette chaîne spécialisée dans le *thali* à volonté : savoureux !

⑲ **Sagar Ratna** – Plan III B2 - *K-15 Connaught Circus - (011) 23 41 24 70 - www.sagarratna.in - - 8h-23h - 300/500 Rs.* Un établissement essentiellement fréquenté par les Delhiites, venus en famille se régaler des saveurs du Nord. Ce végétarien sert également des glaces et des jus de fruits dans un cadre sobre, sur deux étages.

BUDGET MOYEN

Les inconditionnels des fast-foods trouveront un **Wimpy** *(bloc N-6, Radial Rd 1 - 10h30-23h)* bondé et bruyant et un **Pizza Hut** *(bloc M-20, Outer Circle)* assez agréable. Le **Pizza Pizza Express** *(bloc D-10)* est cher, mais c'est le meilleur et on y sert de l'alcool.

⑯ **Nirula's Pot Pourri** – Plan III C3 - *N-64, Connaught Circus, 1er étage - (011) 41 23 04 04 - www.nirulas.com - - 11h-0h - 400/750 Rs.* Une salle ornée de plantes vertes artificielles où règne à toute heure une ambiance jeune et animée, un peu bruyante. Pizzas, burgers, plats indiens, d'excellentes glaces et un buffet de salades honorable. Souvent complet.

⑪ **Kwality** – Plan III B3 - *7 Regal Building, Parliament St. - (011) 23 74 23 10 - www.kwalitygroup.com - - 12h-23h - 500/650 Rs.* Petites pièces joliment décorées dans les tons rose et abricot. On manque de place et le service est expédié, mais la cuisine tandoorie est bonne, avec des spécialités de poulet et de mouton à la moghole.

York's – Plan III C2 - *rest. de l'hôtel York - (011) 23 41 58 19 - www.hotelyorkindia.com - - 11h30-23h30 - 500/700 Rs.* La salle, confortable, accueille l'un des meilleurs restaurants de Connaught Place. Les kebabs de mouton ou de poulet sont la spécialité du lieu. Goûtez au *murgh malai* ou au *reshmi kebab*.

POUR SE FAIRE PLAISIR

⑥ **Embassy** – Plan III C2 - *D-11 Inner Circle, Radial Rd 6 - (011) 23 41 64 34 - www.embassyrestaurant.in - - 10h-23h - 600/900 Rs.* Créé en 1948, il continue d'accueillir la classe politique et la bourgeoisie de Delhi dans un brouhaha de conversations. Les tables sont trop rapprochées, excluant toute intimité. Évitez les plats en sauce, un peu gras, et préférez les spécialités tandoories ou le *chicken chaat*.

㉑ **The Host** – Plan III C3 - *F-8 Inner Circle* - ✆ *(011) 23 31 63 81* - 🍷 - *10h-23h - 800/1 200 Rs.* Salle confortable avec miroirs et murs en grès apparent, où se retrouve une clientèle d'habitués. Même genre que le United Coffee House *(voir la rubrique « Petite pause »)*, un je-ne-sais-quoi en moins, mais les repas y sont meilleurs.

Au nord de Connaught Place

Plan II

BUDGET MOYEN

⑩ **Karim** – Plan II D2 - *16 Juma Masjid, Gali Kababiyan, Old Delhi - M° Chawri Bazar* - ✆ *(011) 23 26 98 80 - www.karimhoteldelhi.com* - *11h-15h30, 18h30-23h - 400/750 Rs.* Un restaurant installé depuis les années 1930 dans un quartier musulman populaire. Vous y dégusterez la plus authentique des cuisines mughlai, succulente mais très riche. Essayez le *burra kabab*, le *biryani* ou le *mutton pasanda*. Un régal !

POUR SE FAIRE PLAISIR

② **Chor Bizarre** – Plan II D3 - *rest. de l'hôtel Broadway, Asaf Ali Rd* - ✆ *(011) 43 66 36 00- www.chorbizarrerestaurant.com* - 🍷 - *12h-15h, 19h30-23h15 - 700/1 100 Rs.* Décor au style hétéroclite, très original (buffet de hors-d'œuvre présenté à l'intérieur d'une décapotable de collection), et ambiance chic. La carte propose toute une gamme d'excellents plats cachemiris et mughlai.

Au sud de Connaught Place

Plan I, II, III et IV

PREMIER PRIX

⑳ **Saravana Bhavan** – Plan III B4 - *46 Jan Path* - ✆ *(011) 23 31 77 55 - www.saravanabhavan.com - 8h-23h - 200/350 Rs.* Ce *pure veg* a rapporté de Madras les traditions culinaires de l'Inde du Sud : *thali* et *dosa* finement préparés et servis en face d'une vitrine de douceurs bien tentante… *Autre adresse sur Connaught Place, bloc P, Outer Circle.*

BUDGET MOYEN

⑤ **Dastar Khwan-e Karim** – Plan IV E4 - *168/2 Jha House, Nizamuddin West, à côté de la mosquée* - ✆ *(011) 41 82 78 71 - www.karimhoteldelhi.com - 12h-15h30, 18h30-21h30 - 300/500 Rs.* Succursale du fameux Karim situé dans le vieux Delhi, il en est une réplique au décor plus soigné mais sa cuisine mughlai est un peu moins goûteuse.

⑨ **Gulati** et **Veg Gulati** – Plan IV D2 - *8 Pandara Rd Market* - ✆ *(011) 23 38 88 39 - www.gulatirestaurant.in - 12h-0h - 550/800 Rs.* Même genre que le Pindi *(voir plus loin)*. Très prisé par les stars de cinéma. Au déj., vous ferez honneur au buffet pour 589 Rs.

POUR SE FAIRE PLAISIR

⑧ **Ginger Moon** – Plan IV C3 - *73 Middle Lane, Khan Market* - ✆ *(011) 43 59 30 00* - 🍷 - *12h-0h - 600/1 000 Rs.* La mode à Delhi est au minuscule et le Ginger Moon suit la mode ! Une adresse branchée où l'on apprécie une bonne cuisine chinoise alternant soupe à la noix de coco et nouilles aux crevettes, *tofu* de céleri et poulet aux champignons noirs. Il faut aimer manger devant une grande TV écran plat !

⑰ **Pindi** – Plan IV D2 - *16/17 Pandara Rd Market, derrière Bikaner House* - ✆ *(011) 23 38*

1

79 32 - 12h-0h - 600/900 Rs. Le marché du quartier résidentiel de Pandara Park regroupe plusieurs restaurants côte à côte, réputés pour leur cuisine punjabie-mughlai très riche. Le *butter chicken* est la spécialité du lieu. On sert ici à toute heure, ce qui est pratique quand on attend le bus pour Jaipur.

① **Chopsticks** – Plan I B4 - *Siri Fort, Khel Gaon Marg - ✆ (011) 26 49 36 28 - 🍷 - 12h30-15h30, 19h30-23h30 - 750/900 Rs.* Un chinois très apprécié. En sortant d'un concert au Siri Fort Auditorium, essayez le poisson au gingembre ou les crevettes à l'ail.

POUR SE FAIRE PLAISIR

④ **Swagath** – Plan III B5 - *rest. de l'hôtel Jan Path - ✆ (011) 23 34 00 70 - 11h-23h - 800/1 200 Rs.* On vous y servira d'excellentes spécialités du nord de l'Inde, dans un cadre qui ménage l'intimité. Les currys sont délicieux mais épicés pour les palais occidentaux. Essayez le *saagt gosht* (agneau revenu aux épinards) accompagnés d'*appam* (galettes moelleuses de riz fermenté).

Machan – Plan IV C3 - *rest. de l'hôtel Taj Mahal - 🍷 - 24h/24 - 1 500/2 500 Rs.* L'un des plus agréables *coffee-shops* de Delhi, clair et animé, dans un joli décor safari (un *machan* est une plate-forme installée dans les arbres pour observer les animaux). Le dim., brunch de 12h30 à 15h30.

À Chanakyapuri Plan I A3

BUDGET MOYEN

⑮ **Moti Mahal Delux** – Plan I A3 - *20/48 Malcha Marg Market - ✆ (011) 26 11 86 98 - 🍷 - tlj sf mar. - 12h15-16h, 19h-0h - 500/800 Rs.* Une salle confortable au décor un peu lourd, où vous dégusterez une savoureuse cuisine tandoorie et punjabie. Goûtez au *nan* « familial » ou au *dal makhani*, onctueux et parfumé.

POUR SE FAIRE PLAISIR

Dum Pukht – Plan I A3 - *rest. de l'hôtel Maurya Sheraton - ✆ (011) 26 11 22 33 - 🍷 - interdit aux enfants de moins de 12 ans - lun.-sam. 19h-23h45, dim. 12h30-14h45, 19h-0h - 1 500/2 000 Rs.* Une salle en sous-sol, raffinée et élégante, où l'on vous servira une cuisine *awadhi* (région de Lucknow), notamment *dumpukht*, c'est-à-dire mijotée à l'étouffée dans des pots en terre fermés par une abaisse de pâte. Les spécialités du lieu sont le *koh-i awadh* (poulet à la cardamome et au safran), le *dal* au yaourt et à l'ail, le riz aux morilles et les kebabs.

UNE FOLIE

Bukhara – Plan I A3 - *rest. de l'hôtel Maurya Sheraton - ✆ (011) 26 11 22 33 - 🍷 - interdit aux enfants de moins de 12 ans - 12h30-14h45, 19h-23h45 - 4 500/6 000 Rs.* Cuisine mughlai et des kebabs réputés, dans un cadre d'auberge peshawarie. Une vitre permet d'observer la cuisson des plats dans les fours de terre. Choix limité, mais la cuisine est superbe. Réserv. indispensable pour ce restaurant unanimement plébiscité.

PETITE PAUSE

Wengers – Plan III B2 - *A-16 Inner Circle - ✆ (011) 23 32 45 94 - www.wengers.in - 💳 - 11h-20h.* Pour combler un petit creux ou manger sur le pouce, cette excellente boulangerie propose des feuilletés épicés, un choix de sandwichs *veg* ou non et des mini-pizzas.

United Coffee House – Plan III C2 - *E-15 Inner Circle, Connaught Place - ✆ (011) 23 41 60 75 - www.unitedcoffeehouse.com -*

🍷 - *11h-23h30.* C'est un peu l'équivalent indien de la brasserie. Il a ses habitués qui continuent d'y venir chaque jour pour lire le journal ou parler politique pendant des heures, bien que les touristes étrangers s'y fassent de plus en plus nombreux. Le café est parfait; vous l'accompagnerez d'une *apple pie* à la cannelle, servie avec de la crème fraîche. Repas décevants.

Gaylord – Plan III B3 - *16 Regal Building, Connaught Circus - ✆ (011) 23 36 07 17 - 🍷 - 10h30-23h.* Un restaurant *multicuisine* ouvert en 1952, à l'atmosphère feutrée genre salon de thé chic. C'est surtout à l'heure du thé qu'il faut venir ici, car les repas sont quelconques.

Bengali Market – *à 1,5 km à l'est de Connaught Place.* Deux *sweet shops* réputés, vastes et aérés, **Nathu's Sweet** et **Bengali Sweet House** pour une pause sucrée avant d'aller à une exposition ou à un concert à Mandi House.

BOIRE UN VERRE

The Gem Bar – Plan III B3 - *1050 Main Bazar, Paharganj - ✆ (011) 23 58 81 65 - 🍷 - 11h-0h.* Tous les baroudeurs s'y retrouvent autour d'une bière le soir venu, dans un cadre sans prétention.

@Live – Plan III D2 - *K-12 Connaught Circus, à côté de l'hôtel York - www.qba.co.in - 🍷 - 12h-1h.* Brique, bois et cuir composent une ambiance chaleureuse pour écouter le *live band* qui se produit chaque soir à 20h30. Une adresse branchée.

1911 Bar – Plan III B4 - *bar-brasserie de l'hôtel Imperial - ✆ (011) 23 34 12 34 - www.theimperialindia.com - 🍷 - 11h30-0h45.* Cet établissement, très apprécié des habitués pour son ambiance chic et détendue, mérite que l'on s'y arrête pour sa terrasse et sa pelouse qui permettent de se détendre en plein air. C'est l'un des rares endroits de l'hôtel qui n'ait pas été touché par la rénovation; il a conservé son atmosphère de bon ton et ses fauteuils Louis XVI. On vient ici pour discuter, pas pour faire la fête. L'autre bar de l'hôtel, le **Patiala Peg** *(12h30-23h45)* sert de la bière à la pression dans un décor de teck et de gravures célébrant le fameux maharaja Bhupindra de Patiala et sa cavalerie.

Insomnia Bar – Plan IV D3 - *bar de l'hôtel The Ambassador - 🍷 - 13h-1h.* Bar à thèmes : soirées jazz, blues ou country avec menus et boissons assortis, dans un décor de goût colonial. L'endroit propose une bonne sélection de whiskies rares.

Agni & Aqua – Plan III B3 - *discothèque de l'hôtel The Park, 15 Parliament St. - 11h-1h. Tenue correcte exigée.* Bar au bord de la piscine savamment éclairée, nuits barbecue les vend. et sam. Pour danser avec la jeunesse dorée de Delhi.

ACHATS

Parmi les principaux quartiers commerciaux de la ville, celui de **Old Delhi** (Plan II) se compose d'échoppes traditionnelles *(tlj sf dim.).* **Connaught Place** (Plan III) regroupe les magasins modernes *(tlj sf dim.),* mais c'est **Khan Market** (Plan IV CD3) qui est le plus fréquenté par la riche bourgeoisie *(tlj sf dim.),* de même que **South Extension** (Plan I B4) *(tlj sf lun.).*

Les centres chic de la mode « ethnique » et de la décoration sont **Santushti Shopping Complex**, sur Kamal Ataturk Rd (Plan IV A4) *(tlj sf dim.)* et le **Hauz**

1

Khas Village (Plan I A4), lancé à la fin des années 1980 par de jeunes stylistes, mais qui a vu les prix s'envoler *(tlj sf dim)*.

Le quartier du **Qutb** (Plan I A5) s'inscrit peu à peu dans la même mouvance, avec deux centres proches l'un de l'autre, **The Qutb Colonnade**, H-5/6 Mehrauli Rd, à l'angle nord-ouest de l'enceinte du Qutb Minar, et le **Ambawatta Complex**, à l'entrée du village de Mehrauli, à 15 km au sud-ouest *(fermé partiellement dim. et lun.)*.

Artisanat

Les spécialités de Delhi sont la poterie bleue lustrée, les menus objets en laque décorés d'éclats de miroirs, et les animaux en tissu noir et galons dorés que confectionne la communauté Bhat du Rajasthan installée à Delhi. Mais, capitale oblige, Delhi propose aussi – à prix étiquetés – un excellent aperçu de l'artisanat de toute l'Inde.

Cottage Industries Emporium – Plan III B4 - *Jan Path, à l'angle de Tolstoy Marg - www.cottageemporium.in - 10h-19h*. Textiles, bois travaillé, maroquinerie, papier mâché à des tarifs assez élevés, mais la qualité est au rendez-vous et les prix sont fixes et affichés.

State Emporia – Plan III A3 - *Baba Kharak Singh Marg - 10h-19h -* Quatre imposants bâtiments regroupent les magasins de 18 États, dont celui du Rajasthan, **Rajasthali**. Dans le 3e édifice, un petit espace d'exposition présente une superbe collection de minéraux.

La boutique du **Crafts Museum** *(voir p. 162)* propose une bonne sélection d'objets et invite régulièrement une dizaine d'artisans de qualité à venir travailler dans la cour.

En fév. se tiennent la foire de plein air **Surajkund Crafts Mela**, à Surajkund, au-delà de Tughluqabad (en dir. Plan I C5), et le Salon de l'artisanat, **Indian Handicrafts & Gift Fair** – Plan IV E1 - *Pragati Maidan, sur Mathura Rd.*

Chatta Chowk Bazar – Plan II D2 - *dans le Fort rouge*. « Antiquités » indiennes et tibétaines.

Hanuman Mandir Mela – Plan III B3 - *Baba Kharak Singh Marg, sur l'esplanade devant le temple d'Hanuman*. Petit marché en plein air particulièrement animé le mar. et le sam., jours consacrés à Hanuman. On y vend, parmi de modestes objets de l'artisanat local, de jolis *bangles* (bracelets) de verre.

Marché tibétain – Plan III B4 - *Jan Path, au nord de l'hôtel Imperial*. Une dizaine de boutiques vendent colliers de turquoise, masques et autres bronzes descendus du Toit du monde.

Tissus et vêtements

Janpath Lane – Plan III B3-4 - Les tissus rajasthanis et gujaratis, brodés et incrustés de miroirs, sont vendus à même le trottoir de l'allée par des femmes du Rajasthan ainsi que dans les boutiques de Jan Path.

Khadi Gramodyog Bhawan – Plan III B3 - *24 Regal Building, Connaught Place - tlj sf dim. - 10h-19h* - Grande boutique connue pour ses cotons et soies tissés main dans l'esprit gandhien.

Joyce International Handloom – Plan III C2 - *49 Shankar Market, 3e allée*. Propose un coton uni ressemblant, une fois lavé, à de la soie tissée main.

Deux bonnes adresses à Connaught Place pour la soie : **Kalpana**, F-5, et **Handloom House**, bloc A, Radial 3.

En fév.-mars, ne manquez pas le Salon du tissu **Tex-Styles India**, à

Pragati Maidan (Plan IV E1-2). Pour le linge de maison et de table de qualité, les foulards, sacs, vêtements indiens et occidentaux en tissu traditionnel, plusieurs adresses : **Anokhi**, Santushti Shopping Complex et 32 Khan Market ; **The Shop**, 10 Regal Building, Parliament St. ; **Tulsi**, Santushti Shopping Complex et 30 Hauz Khas Village ; **Fabindia**, Archana Shopping Centre, Greater Kailash I (Plan I BC4) *(tlj sf mar.)* ; **Good Earth**, Santushti Shopping Complex et Khan Market (Plan IV CD3) (tissus, objets décoratifs et poteries) ; **Shyam Ahuja**, Santushti Shopping Complex et Greater Kailash II (Plan I C5) (soie et *dhurri*).

Pour la *zari*, broderie de perles et de fils d'or ou d'argent, voir au **Hauz Khas Village** : **Theme for a dream**, **Neelam Jolly's** et **The Marwari's**.

Pour les vêtements (chemisiers en soie ou lin) : **Ensemble**, Santushti Shopping Complex et Ambawatta Complex ; **Christina**, Santushti Shopping Complex.

Marques occidentales

Elles sont regroupées dans les *shopping complexes* ainsi que sur **Connaught Circus** et **Connaught Place** (Plan III BC2-3).

Cuir et chaussures

Les traditionnelles *chappal* (sandales) de Kolhapuri, au Maharashtra, et les *juti* à pointe recourbée sont en vente sur **Jan Path**, dans les boutiques n° 61 et 62. Marques européennes sur **Connaught Place** : **Woodland** (F-18) pour les chaussures et **Da Milano** (E-12) pour les vêtements, sacs et accessoires.

Bijoux

Dariba Kalan – Plan II CD2 - *dans Old Delhi*. Cette rue concentre les bijouteries d'or, argent, pierres fines et semi-précieuses.

Hanuman Mandir Mela – Plan III B3 - *près de Connaught Place*. Vend des bracelets de verre.

Sundar Nagar Market – Plan IV E3. Plusieurs bijoutiers et joailliers y proposent des ornements tribaux, anciens et copies.

Bijoux anciens et modernes :

Kanjimull & Sons – Plan III C3 - *Scindia House, à l'angle de Jan Path.*

Sumtidass & Bros – Plan III B3 - *18 Regal Building, sur Connaught Circus.*

Bharany's – Plan IV E3 - *14 Sundar Nagar Market*. Depuis 1906 : une institution parmi les joaillers revisitant la tradition des bijoux moghols.

Nirmal Vijay & Co – Plan III B2 - *B-7 Connaught Place, Radial Rd 3*, dont les pièces modernes sont dessinées par Nirmal, qui a travaillé pour Cartier.

Tapis

Dhurri de **Shyam Ahuja** dans les centres commerciaux *Santushti Shopping Complex* et *Greater Kailash II.*

Tapis indiens et persans, anciens ou modernes :

Carpet Cellar – Plan I B4 - *1 Anand Lok, Khel Gaon Marg, au nord de Siri Fort.*

Cottage Industries Exposition (CIE) – Plan III B4 - *DCM Building, 16 Barakhamba Rd, à l'angle de Tolstoy Marg.*

Antiquités

Bon à savoir – L'exportation d'antiquités de plus de 100 ans est soumise à des autorisations préalables : rens. à l'Archaeological Survey of India *(voir p. 17, p. 42 et p. 172)*.

Indian Arts Palace – Plan III C2 - *19-E Connaught Place, Radial Rd 7 - (011) 65 80 98 85 - www.indianartspalace.in - tlj sf dim. 11h30-19h*. Bijoux, miniatures, bois

1

et tissus anciens : de beaux objets à prix élevés.

Cosmétiques et soins de beauté

La plupart des grands hôtels disposent d'un salon de beauté.
Biotique – Plan IV CD3 - *Khan Market*. Une enseigne classique pour les produits ayurvédiques à base de plantes.
Shahnaz Husain Herbal – Plan III B2 - *B-13 Connaught Place*. Sous l'égide de Shahnaz Husain, la grande prêtresse des soins esthétiques. Nombreuses autres boutiques, dont une au *Santushti Shopping Complex*.
Hanuman Mandir Mela – Plan III B3 - *marché en plein air face au temple d'Hanuman (voir p. 155)*. Les mar. et sam., les *menhdiwali* vous recouvriront la paume des mains ou la plante des pieds d'arabesques au henné *(menhdi)*.

Parfum

Gulab Singh Johri Mal – Plan II CD2 - *320 Dariba Kalan, Old Delhi*. Bâtons d'encens, *ittar* (essences de parfum), savons et bougies parfumés.
Natural Perfume & Essential Oils – Plan II B3 - *1115 Main Bazar, Paharganj - 11h30-20h*. De bonnes idées de petits cadeaux, dans une présentation soignée.

Spécialités culinaires

Khari Baoli Rd et dans les deux rues voisines – Plan II B2 - *dans l'ouest du vieux Delhi*. Gigantesque **marché aux épices**, fruits secs et condiments, le plus grand d'Asie dit-on.
Dans le quartier de **Connaught Place** – Plan III B3 : **Bharat Dry Fruit Mart**, *3 Municipal Market, au début de Jan Path* ; **Cheap Dry Fruit Mart**, *5 New Janpath Market*.
Au **Bengali Market** – en dir. Plan III C2 - *à 1,5 km à l'est de Connaught Place*. **Nathu's Sweet** et **Bengali Sweet House** vendent *mithayan* et *namkin* (confiseries et amuse-gueules épicés ou sucrés-salés), ainsi que confiseries bengalies, les plus fines.
Sur **Chandni Chowk** – Plan II C2 : **Annapurna Bhandar**, **Haldiram Bhujjiawala**, *près d'Annapurna*, pour des sucreries à la mode de Delhi, et **Ghantewala**, *en face du précédent* (maison fondée en 1790) pour les confiseries bengalies.

Instruments de musique

Rikhi Ram – Plan III B2 - *G-8 Marina Arcade, Connaught Circus - ✆ (011) 23 32 76 85*.
Marques and Co – Plan III B2 - *G-14 Connaught Circus - ✆ (011) 23 32 42 34*.
A. Godin & Co – Plan III B3 - *1 Regal Building, Parliament St. - ✆ (011) 66 30 34 35*. Sitars et tablas.

Disquaire

The Music Shop – Plan IV CD3 - *18-AB Khan Market - ✆ (011) 24 61 84 64*. Les classiques de la musique indienne disponibles sur CD et DVD.

Galeries d'art

Les galeries ouvrent généralement tlj sf dim. 11h-18h.
Dhoomi Mal Art Gallery – Plan III B2 - *A-8 Connaught Place, 1er étage*. La plus ancienne galerie d'art contemporain en Inde.
Kumar Gallery – Plan IV E3 - *11 Sundar Nagar Market*.
Triveni Kala Sangam – Plan IV D1 - *Mandi House Circle*.
Lalit Kala Akademi – Plan IV D1 - *Rabindra Bhawan, Mandi House Circle*.
Galerie Romain Rolland – Plan IV C4 - *Alliance française - 72 Lodi Estate*.

Librairies

De bonnes librairies sur **Connaught Place** (Plan III)

proposent beaux livres sur l'Inde, romans et magazines, essentiellement en anglais :

E. D. Galgotia & Sons – Plan III B2 - *B-17 - ✆ (011) 23 71 32 27.*

The Bookworm – Plan III B2 - *B-29, Radial Rd 4 - ✆ (011) 23 32 22 60.*

Oxford Bookstore – Plan III C3 - *N-81 - Connaught Place - ✆ (011) 33 50 32 91.*

Khan Market (Plan IV CD3) regroupe aussi d'excellentes adresses : **Bahri Sons** – *✆ (011) 24 69 46 10*; **Faqir Chand** – *15-A - ✆ (011) 24 61 88 10*.

Jacksons Books – Plan II A4 - *5106 Main Bazar, Paharganj - 11h-22h.* Propose des ouvrages de photographie et un large choix de livres d'occasion en français.

Papeterie

New Delhi Stationery Mart – Plan III B2 - *C-8 Connaught Place, Radial Rd 4.*

EN SOIRÉE

Delhi est, avec Jaipur, la seule ville offrant des possibilités de loisirs en soirée. Vous trouverez le programme des cinémas, concerts et spectacles dans les hebdomadaires vendus en kiosque (*voir « Journaux et magazines » p. 172)* et sur http://timescity.com/delhi.

Cinéma

Les quelque 70 salles de cinéma que compte la capitale projettent des *masala movies*, films hindis commerciaux; pour des adresses centrales : **Odeon** – Plan III B2 - *Connaught Place* et **Regal** – Plan III B2 - *dans Regal Building.*

Priya – Plan I A4 - *Community Centre, Vasant Vihar,* ainsi que les centres culturels pour voir des films étrangers.

Siri Fort Auditorium – Plan I B4 - *Khel Gaon Marg.* Des festivals mettent à l'affiche la production contemporaine.

Concerts et danses

Plusieurs spectacles de musique et de danse indiennes sont organisés chaque soir, essentiellement en saison (oct.-avr.). Ils commencent vers 18h30 et les entrées se font souvent sur invitation gratuite, à retirer dans divers lieux indiqués dans la presse.

La plupart des auditoriums sont concentrés à proximité de Mandi House Circle (Plan IV D1) : **Kamani, Triveni Kala Sangam** (205 Tansen Marg), **Shri Ram Centre** (Mandi House). À 5 km au sud, l'**India International Centre (IIC)**, sur Max Mueller Marg, et l'**India Habitat Centre** *(www.indiahabitat.org)*, sur Lodi Rd (Plan IV C4). Sur Khel Gaon Marg se dresse le **Siri Fort Auditorium**, la plus grande salle de Delhi (Plan I B4).

Son et lumière

En anglais, entre 19h30 et 21h30 selon la saison, ces spectacles font revivre le **Purana Qila** (Plan IV E2) *(voir p. 161)* et le **Fort rouge** (Plan II D1) *(voir p. 144).*

ACTIVITÉS

Piscines

Les hôtels ouvrent leur piscine de fév. à nov. Le Claridges et le Park Hotel, entre autres, acceptent les non-résidents.

Golf

Delhi Golf Club – Plan IV D3 - *Dr Zakir Hussein Marg - ✆ (011) 24 36 27 68 - www.delhigolfclub.org.* Superbe parcours de 27 trous parsemé de monuments de l'époque des Lodis. *Comptez env. 3 000 Rs/j. en sem., 4550 Rs/j. le w.-end.*

Polo

Jaipur Polo Ground – Plan IV B4 - *Kamal Ataturk Rd.* Deux saisons pour assister à un match : oct.-nov. et fév.-mars.

Cours de musique et de danse

Sangeet Natak Akademi – Plan IV D1 - *Rabindra Bhawan, sur Mandi House Circle - ✆ (011) 23 38 72 46 - www.sangeetnatak.gov.in.*

Kathak Kendra – Plan III B2 - *Bahawalpur House - ✆ (011) 23 38 13 17 - http://kathakkendra.org.*

Yoga et méditation

Morarji Desai National Institute for Yoga – Plan III A4 - *68 Ashok Rd - ✆ (011) 23 72 14 72 - www.yogamdniy.nic.in.*

Sri Aurobindo Ashram – Plan I B4-5 - *Aurobindo Marg - ✆ (011) 65 68 41 53 - www.sriaurobindoashram.net.*

EXCURSIONS

Bon à savoir – Évitez de programmer une excursion à Agra le vend., jour de fermeture du Taj Mahal, et le w.-end, où les sites sont bondés. Évitez aussi les *tours* proposés par les petites compagnies de bus de Jan Path, car elles ne respectent pas toujours les visites annoncées et privilégient les arrêts dans les magasins.

Pour une découverte de la ville, voir la rubrique « Visite », p. 176.

Rajasthan Tourist Office et **Rajasthan Tourism Development Corporation (RTDC)** – Plan IV D2 - *Bikaner House, Pandara Rd - ✆ (011) 23 38 38 37 et 23 38 95 25 - www.rajasthantourism.gov.in - tlj sf 2e sam. du mois 10h-13h30, 14h-17h.* Informations sur le Rajasthan et réservations pour les trains des maharajas *(voir aussi p. 46)* et les hôtels RTDC du Rajasthan.

DTTDC – *voir la rubrique « S'informer » p. 138.* Assure des sorties en car vers Agra 3 fois/sem. *(7h-22h30 - 1 200 Rs en bus climatisé)* ou des combinés Agra-Jaipur *(4 800 Rs).* Propose également plusieurs formules d'excursions incluant transport, hébergement en hôtel RTDC et guide.

Alwar et Sariska – L'**Indian Railways** organise chaque semaine une excursion de 2 j. avec le *Steam Express,* le plus vieux train à vapeur encore en fonctionnement. Départ de Delhi le sam. à 9h, retour le dim. à 18h45. Visite d'Alwar et de la réserve de Sariska, logement au Tiger Den. Comptez 2 245 Rs. Rens. à l'International Tourist Bureau, New Delhi Railway Station, 1er étage.

AGENDA

Republic Day – *26 janv.* Défilé militaire et défilé de chars sur Raj Path.

Beating of the Retreat – *29 janv.* Musique militaire et feu d'artifice face au Rashtrapati Bhawan.

Urs de Nizam ud-Din – *Avr.-mai et nov.-déc.* À la tombée de la nuit, chanteurs et musiciens célèbrent la mémoire du saint soufi au *dargah* de Nizam ud-Din.

Fête de l'Indépendance – *15 août.* Discours prononcé au Fort rouge par le Premier ministre.

Phulwalon ki Sair, quartier de Mehrauli, près du Qutb Minar – *Fin sept.-début oct.* Pour la « procession des fleuristes », des éventails de fleurs, symbolisant les liens traditionnels qui unissent musulmans et hindous, sont offerts au *dargah* de Khawa Qutb ud-Din Bakhtiyar et au temple hindou de Jogmaya.

Gandhi Jayanti – *2 oct.* La naissance du Mahatma Gandhi est commémorée à Raj Ghat.

Agra

★★★

Env. 1,64 million d'hab. – Alt. 180 m – État de l'Uttar Pradesh

NOS ADRESSES PAGE 201

S'INFORMER

Uttar Pradesh (U.P.) Tourism – Plan II A4 - *gare d'Agra Cantonment, quai nº 1 - ✆ (0562) 242 12 04 - 8h-20h.* Autre adresse : Plan II C4 - *64 Taj Rd - ✆ (0562) 222 64 31 - www.up-tourism.com - tlj sf dim. et 2e sam. du mois 10h-17h.* Informations sur Agra et l'Uttar Pradesh ; deux visites guidées chaque jour : l'une couvre le Taj, le fort et Fatehpur Sikri *(8h ; 2 000 Rs)*, l'autre est consacrée uniquement à Fatehpur Sikri *(4h, 700 Rs)*. Départ de la gare d'Agra Cantonment à 10h30.

Government of India Tourist Office – Plan II B3 - *191 The Mall - ✆ (0562) 222 63 78 - tlj sf dim. 9h-17h30, sam. 9h-14h.* On vous y donnera, avec chaleur et compétence, des informations sur Agra et le reste de l'Inde et l'on pourra vous orienter vers un guide francophone. Comptoir à l'aéroport.

1

SE REPÉRER

Carte régionale p. 136 – Agra I : Plan de l'agglomération p. 198 – Agra II : Plan du centre p. 192-193 – *À 203 km de Delhi, 58 km de Mathura, 232 km de Jaipur.*

Voir aussi la rubrique « Arriver/partir » dans « Nos adresses ».

À NE PAS MANQUER

Dans le centre, le Taj Mahal et le fort d'Agra ; à portée de rickshaw, le mausolée de l'Itimad ud-Daula et le mausolée d'Akbar à Sikandra.

ORGANISER SON TEMPS

Comptez 1 journée de visite pour Agra, 2 jours avec une excursion à Fatehpur Sikri ou à Mathura (louez une voiture et groupez l'excursion avec la visite de Sikandra, sur la route). Visitez les sites les plus célèbres dès l'ouverture et en semaine pour éviter l'affluence. Prenez un rickshaw pour vous rendre du Taj Mahal au fort.

La célébrité du Taj Mahal a popularisé le nom d'Agra dans le monde entier. Certains visiteurs viennent en Inde dans le seul but d'admirer ce mausolée bâti par l'empereur Shah Jahan au 17e s. comme un sublime chant d'amour adressé à son épouse décédée, Mumtaz-i Mahal. Agra était l'une des trois plus belles cités de l'Empire moghol, avec Delhi et Lahore (Pakistan), et ses fastes architecturaux ne se limitent pas au seul Taj Mahal : vous y découvrirez certaines des plus belles créations du 17e s. Palais, mosquées et tombeaux y composent une somptueuse symphonie en marbre blanc et grès rouge sur fond de jardins inspirés du paradis d'Allah. Malheureusement, le centre-ville, crasseux, défiguré par une architecture hideuse, pris d'assaut par une circulation anarchique, gangrène toutes ces merveilles. Les usines de pétrochimie et de l'industrie du cuir rejettent des fumées qui mettent en péril le Taj Mahal. Certains jours, les émanations sont telles que ce dernier devient presque invisible depuis le fort, distant d'à peine deux kilomètres…

A
B
1
2
3
4
Sikandra, Mathura, Delhi, NH2
Bharatpur, Jaipur, NH11
Fatehpur Sikri
Karauli
ASHOK NAGAR
NAI KI MANDI
Ghalibpura Road
Hing ki Mandi Road
HING KI MANDI
Kinari Bazar Road
MANTOLA
Juma Masjid
Juma Masjid Rd.
Mantola Road
Subash Park
Mahatma Gandhi Road
Saiyad Ali Nabi Road
PANCHKUIYAN
DHAULIKHAR
Police Lines Road
SHAGANJ
Power Ho
CHHIPITOLA
Fatehpur Sikri Road
Digambar Jain
CHILGARH
RAKABGANJ
Rakabganj Road
Idgah
MOHANPURA
Kohinoor
Chhipitola Road
KATLAPURA
Ajmer Road
Nammer Road
Kutchery Road
Gwalior Road
IDGAH COLONY
Idgah
Fatehpur Sikri Road
MODEL TOWN
Baptist
St Mary
NAMNER
Ajmer Road
Idgah
Ajmer Road
The Mall
Mahatma Gandhi (M.G.) Road
Prithviraj Road
Station Road
SADAR BAZAR
Gopi Chand Shivhare Road
Shopping Arcade
Agra Cantonment
SULTANPUR
Sardar Pat Park
Taj Road
Fatehpur Sikri Road
Station Road
Pharmacies
Sadar Bazar
PURWA NAULAKHA
Gwalior Road
Grand Parade
NH3 Gwalior
SE LOGER
Amar 1
Amar Yatri Niwas 2
Atithi 3
Clarks Shiraz 4
Gateway Hotel (The) (Taj View) 5
Howard Park Plaza 11
Jaypee Palace 6
Lauries' Hotel 7
Mansingh Palace 8
Mayur Tourist Complex 9
Mughal Sheraton 10
Sheela 13
Tourist Rest House 14
Trident (The) 15
SE RESTAURER
Dasaprakash 1
Only 2
Park Dining Room 3
Pizza Hut 7
Prakash 4
Priya 5
Zorba the Buddha 6

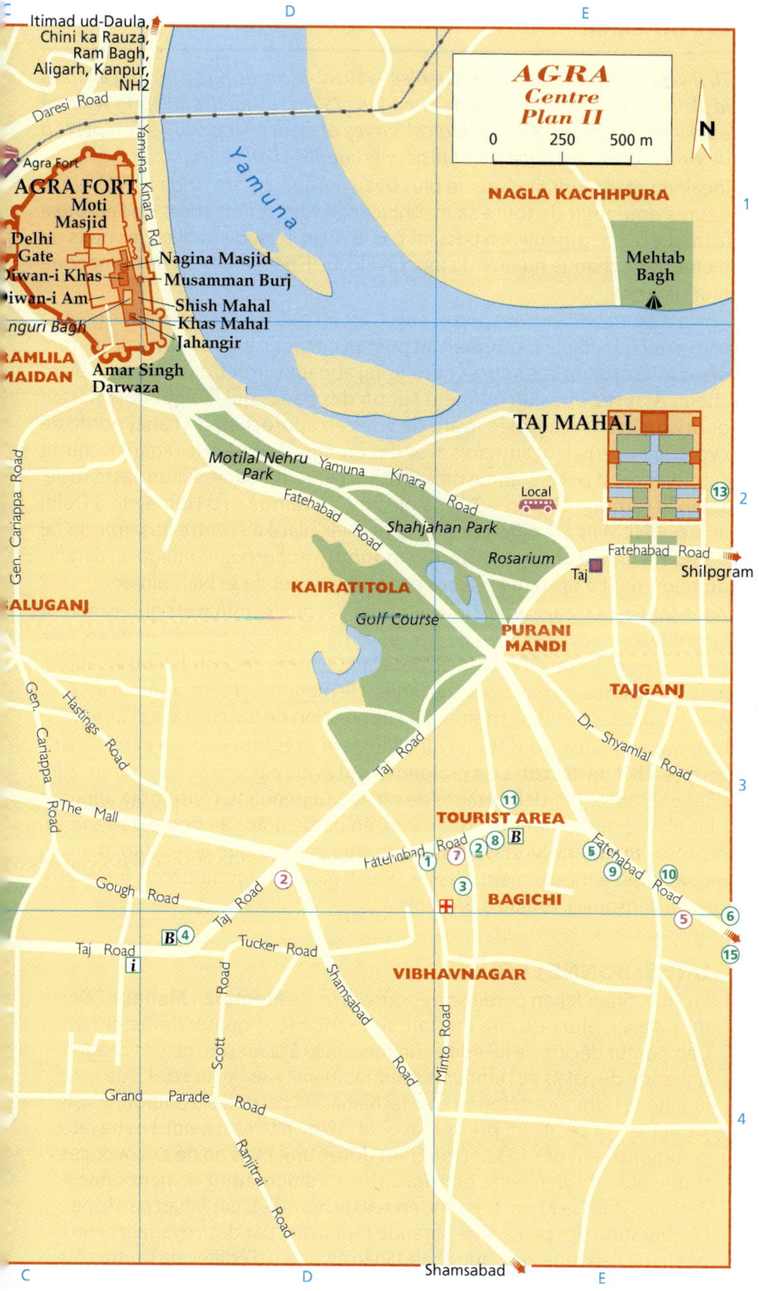
AGRA
Centre
Plan II
0 250 500 m
N
C
D
E
1
2
3
4
Itimad ud-Daula,
Chini ka Rauza,
Ram Bagh,
Aligarh, Kanpur,
NH2
Daresi Road
Agra Fort
AGRA FORT
Moti Masjid
Delhi Gate
Nagina Masjid
Musamman Burj
Shish Mahal
Khas Mahal
Jahangir
Amar Singh Darwaza
Yamuna Kinara Rd
Yamuna
NAGLA KACHHPURA
Mehtab Bagh
TAJ MAHAL
Motilal Nehru Park
Yamuna Kinara Road
Fatehabad Road
Shahjahan Park
Rosarium
Local
Fatehabad Road
Shilpgram
Taj
KAIRATITOLA
Golf Course
PURANI MANDI
TAJGANJ
Dr Shyamlal Road
Gen. Cariappa Road
Hastings Road
The Mall
Taj Road
TOURIST AREA
Fatehabad Road
BAGICHI
Gough Road
Taj Road
Tucker Road
Shamsabad Road
VIBHAVNAGAR
Scott Road
Minto Road
Grand Parade Road
Ranjitrai Road
Shamsabad
1
2
3
4
5
6
7
8
9
10
11
13
15
B
i

Se promener Plan du centre

★★★ TAJ MAHAL Plan II E2

Tlj sf vend. du lever au coucher du soleil - 750 Rs - Visite de nuit 2 j. avant et après la pleine lune, sf vend. et mois de ramadan : 750 Rs ; achat des billets la veille au Booking Counter de l'Archaeological Survey of India (voir p. 207) – Comptez 1h de visite. Venez dès l'aube (vers 6h) pour échapper à l'affluence.

Idéalement, il faudrait visiter le plus beau monument de l'Inde à différentes heures pour jouir de toute sa magnificence : des reflets roses de l'aurore à la magie du crépuscule, en passant par le plein éclat de midi ou les nuits de pleine lune, chaque nuance du jour révèle un aspect différent de ce féerique monument.

Après avoir passé l'une des portes ouest, est ou sud, vous traversez une grande cour pour franchir le **monumental portail** en grès rouge incrusté de marbre blanc. Au sortir de la sombre voûte, le Taj apparaît, irréel, dans toute sa blancheur. Asseyez-vous un moment sur un des bancs qui flanquent le portail pour admirer le mausolée avant de vous en approcher. Un canal bordé de cyprès (ils alternaient autrefois avec des orangers) conduit le regard jusqu'au Taj. Celui-ci est posé, comme présenté à la contemplation, sur un vaste socle, selon la formule élaborée 70 ans plus tôt au tombeau d'Humayun à Delhi *(voir p. 164)*. Mais à la différence de ce dernier, placé au centre du jardin, le Taj occupe le fond d'un superbe **jardin moghol** *(chahar bagh)*, image du paradis où séjournent à présent les âmes de l'empereur et de sa bien-aimée.

Autre innovation par rapport au prototype : les quatre **minarets** qui encadrent le tombeau, isolés aux angles de la plate-forme. Reprenant une formule essayée peu de temps avant au mausolée de Jahangir (père de Shah Jahan), à Lahore, ils contribuent à « amarrer » visuellement le monument central au socle : sans eux, le colossal tombeau donnerait l'impression de basculer vers l'arrière.

Comme au mausolée d'Humayun, le massif présente un Plan carré à pans coupés ; chacun des côtés est profondément évidé par un *iwan* central encadré d'un *pishtaq*, et par deux étages de niches. Cependant, l'ensemble apparaît plus élancé que la tombe d'Humayun, en partie grâce au dôme outrepassé, posé sur un tambour élevé qui a la même largeur que le *pishtaq*, d'où un incomparable mouvement d'ascension. Notez, autour du dôme, les quatre *chhatri* (kiosques), toujours présents.

UNE SI BONNE ÉPOUSE...

En 1631, Shah Jahan perdit son épouse favorite **Mumtaz-i Mahal**, « l'élue du palais », alors qu'elle mettait au monde leur quatorzième enfant. L'empereur décida de lui édifier un mausolée à la mesure de son chagrin, une sorte de palais de l'amour : « Mumtaz Mahal », le « palais de l'Élue ». Par la suite, le nom sera déformé en « Taj Mahal » (« palais de la Couronne »), le « z » et le « j » s'écrivant presque avec la même lettre en hindi. Les travaux commencèrent dès 1632 et durèrent douze ans, mais on ne sait avec certitude qui fut l'architecte principal. Une tradition du 19e s. mentionne le Persan Ustad Isa Khan. Il est sûr, en revanche, que Shah Jahan participa à l'élaboration des plans. Une légende rapportée par des voyageurs européens de l'époque veut que Shah Jahan ait prévu d'édifier, de l'autre côté de la Yamuna, une réplique exacte du Taj Mahal – mais en marbre noir –, qui lui aurait servi de mausolée.

Traverser de la Yamuna devant le Taj Mahal, Agra.
Dinodia/Stock Connection/age fotostock

Le **bassin** occupe le centre exact du jardin. Sa largeur a été calculée pour que le Taj s'y reflète en entier : le tombeau et son double fantomatique semblent ainsi échapper à la pesanteur, emportés par le bleu du ciel et de l'eau.
Déchaussez-vous au pied de l'escalier montant à la **plate-forme du mausolée**. Sur la blancheur du marbre provenant des carrières de Makrana (près d'Ajmer), l'ornementation, suprêmement élégante, allie motifs floraux sculptés en bas relief, volutes et inscriptions coraniques incrustées de pierres semi-précieuses, selon la technique de la *pietra dura*. On pénètre à l'intérieur par l'*iwan* central dont la voûte est tapissée d'un réseau de nervures dessinant des motifs géométriques. La chambre mortuaire octogonale abrite, sous une coupole plate, les **fausses sépultures** du couple impérial (les tombes réelles se trouvent dans une crypte). À l'origine, elles étaient entourées d'une grille en or et pierres précieuses. Aurangzeb, pressé par des soucis financiers, l'aurait vendue et fait remplacer par l'actuelle balustrade de marbre, ajourée et ornée d'arabesques florales d'un raffinement exquis.
Deux monuments identiques, en grès rouge, encadrent le Taj dont ils sont séparés par un bassin suffisamment grand pour que leur image s'y reflète en entier – jeux de miroir, d'apparence… Ils feraient la fierté de bien des villes indiennes, mais la proximité du Taj les relègue à un rôle secondaire. Seul l'édifice de gauche, orienté vers l'ouest, est réellement une mosquée. Son double, dépourvu de *mihrab* (niche indiquant la direction de La Mecque), servait à abriter les pèlerins ou les poètes et musiciens venus rendre hommage à la défunte et proclamer la grandeur d'Allah, à l'occasion de fêtes et feux d'artifice qui se donnaient dans les jardins de cette demeure de béatitude.
Vous pouvez aussi découvrir le Taj depuis l'autre berge de la Yamuna *(accès par le pont de la voie ferrée, autorisé aux piétons)*. Après quelques villages populeux *(évitez de vous attarder après le coucher du soleil)*, vous gagnerez les vestiges d'anciens jardins moghols, le Mehtab Bagh *(voir p. 199)*. Le spectacle est au rendez-vous, que la Yamuna soit à sec ou gonflée des eaux de la mousson. Vous trouverez sans difficulté une barque pour regagner la ville *(100 Rs env.)*.

La ville du Taj Mahal

Mentionnée dans le *Mahabharata* (5e-4e s. av. J.-C.) sous le nom d'Agrabana ainsi que dans la *Géographie* de Ptolémée (125 apr. J.-C.), la ville ne sort de l'ombre qu'en 1492, lorsque le sultan de Delhi, **Sikandar Lodi**, y établit sa cour. Ses successeurs lui préfèrent Delhi, mais Agra retrouve son rôle de capitale dès 1526, sous le règne de **Babur**, le premier souverain moghol. Son fils Humayun s'établit à Delhi avant d'en être chassé par Sher Shah, mais avec l'avènement au pouvoir du sultan **Akbar** (1556-1605) *(voir également « Des empereurs prestigieux » p. 104 et « L'art moghol » p. 117)*, une ère fastueuse commence pour Agra, qui attire marchands, artistes et scientifiques venus du monde entier.

UNE CAPITALE BOUDÉE

En fait, l'empereur Akbar ne gouverne depuis Agra que durant les 15 premières années de son règne : à partir de 1570, il transporte sa capitale dans sa toute nouvelle cité de Fatehpur Sikri, à 38 km à l'ouest d'Agra *(voir p. 208)*, puis à Lahore, et ne revient à Agra que pour y terminer ses jours. Le fils d'Akbar, **Jahangir** (1605-1627), délaisse quelque peu les rives de la Yamuna, naviguant entre Lahore, Delhi et Agra, et **Shah Jahan** (1627-1658) rétablit définitivement la capitale à Delhi. Pourtant, en fastueux bâtisseur, il enrichit Agra de joyaux – dont le Taj Mahal.

UN FILS PEU RECONNAISSANT

En 1657, l'empereur Shah Jahan manque mourir d'une attaque. La fausse nouvelle de sa mort se propage dans tout le nord de l'Inde. Trois de ses fils, Murad, Shuja et Aurangzeb, se lancent alors dans une lutte sans merci pour le trône. La découverte de la réalité n'empêche pas le plus jeune, Aurangzeb, de prendre le pouvoir. En 1658, il emprisonne son père dans le fort d'Agra et se débarrasse de ses frères. Le décès de Shah Jahan en 1666 marque la fin des fastes architecturaux de l'ère moghole. La principale activité d'Aurangzeb en la matière sera de détruire des temples hindous et de les remplacer par des mosquées sans grande valeur artistique.

L'ÈRE DE TOUS LES RAVAGES

Après le règne austère d'Aurangzeb, l'Empire décline et les souverains, établis au Fort rouge de Delhi, arrivent à peine à gouverner leur capitale. Agra est pillée par les **Jats** de Bharatpur (1761) et les **Marathes** hindouistes (1770), avant que les Anglais ne prennent le contrôle de la région en 1803.

Après l'indépendance, l'ancienne capitale n'est plus qu'une ville moyenne, gagnée peu à peu par le chaos urbain, le chômage et les émissions de dioxyde de soufre.

LE TAJ DANS LES BRUMES... DE LA POLLUTION

Le gouvernement indien a pris, dans les années 1990, des mesures drastiques à l'encontre des usines et des ateliers les plus pollueurs, et lancé une vaste campagne d'opinion pour la sauvegarde d'un « Agra vert », hélas bien utopique... Il serait sans doute plus facile à l'Unesco de démonter le Taj Mahal pierre par pierre et de le rebâtir sur une plage californienne qu'à un gouvernement indien d'édicter une loi efficace pour la protection de l'environnement.

★★★ **FORT D'AGRA** (Red Fort) Plan II C1

Du lever au coucher du soleil - 300 Rs (250 Rs avec le ticket du Taj daté du jour); vidéo 25 Rs – Comptez 1h30 de visite - http://agrafort.gov.in.

Avec sa double **muraille** de grès rouge entourée d'une profonde douve, le fort d'Agra, également appelé « Fort rouge », affiche sa vocation militaire. Akbar le fit édifier en 1565 sur le site d'une forteresse des Rajputs du clan des Chauhans, et son petit-fils Shah Jahan l'embellit de palais et mosquées en marbre blanc, mais l'ensemble a beaucoup souffert des pillages. Le fort soutint son dernier siège en 1857, lors de la révolte des Cipayes : les Anglais résistèrent quatre mois à l'abri de ses murailles, avant que des renforts venus de Delhi ne les libèrent. De nos jours, l'armée occupe le site et seule la partie sud-est, celle où sont rassemblés les édifices les plus intéressants, se visite.

Franchissez vaillamment le pont menant à la porte sud, **Amar Singh Darwaza★** (Plan II C2), en faisant fi du harcèlement des conducteurs de rickshaw, marchands de souvenirs et autres pseudo-guides en quête de quelque client généreux. Amar Singh, un prince de Jodhpur aux velléités antimogholes, fut exécuté ici en 1644 sur ordre de Shah Jahan.

La porte de la seconde enceinte ouvre sur une rampe qui débouche dans une cour-jardin bordée, à gauche, par la façade rouge du **palais de Jahangir★★**. Celui-ci fut bâti vers 1585 par Akbar et servit de demeure à son fils Jahangir. Des arcatures aveugles en forme de *mihrab* rythment la façade, de part et d'autre d'un profond *iwan* central par lequel vous pénétrerez dans le palais. Dans les pièces ordonnées autour de deux cours, vous remarquerez la coexistence de formes architectoniques hindoues (auvents saillants, consoles...) et persanes (arcs en ogive...), associées dans un syncrétisme typique de l'architecture moghole.

Ressortez du palais et revenez vers la rampe; vous franchissez alors une double porte monumentale pour pénétrer dans la 2e cour-jardin. Admirez, à droite, l'élégance sobre du **Diwan-i Am★** (hall des Audiences publiques), salle hypostyle en grès couvert de stuc, où l'empereur recevait dans toute sa pompe.

Un passage sur la droite conduit aux quartiers privés du fort.

L'**Anguri Bagh** (jardin des Raisins), patio moghol entouré d'arcades sur trois côtés, doit son nom à quelque 300 grappes de raisin en or, rubis et émeraude qui le décoraient – trésor probablement confisqué par les Jats en 1761.

En face s'ouvre le **Khas Mahal★★** (Palais privé) en marbre blanc qui servait d'appartement à l'empereur. Il est flanqué de pavillons au toit bengali (en demi-lune) ouverts sur la Yamuna. La silhouette du Taj se dessine dans le lointain. Sur votre gauche, le **Shish Mahal** (palais des Miroirs) comprend deux petits hammams, l'un pour le bain chaud, l'autre pour le bain froid.

Derrière les bains, la **Musamman Burj★★** (Tour octogonale) servit d'appartement à Mumtaz-i Mahal, puis de prison – dorée – à son époux Shah Jahan durant les dernières années de sa vie : on raconte qu'il y recevait les visites de courtisanes venues égayer ses vieux jours. De la fenêtre, il pouvait contempler son cher Taj Mahal...

L'escalier qui part en face de la tour mène à un patio dominé par une terrasse. Shah Jahan y fit construire le **Diwan-i Khas★★** (hall des Audiences privées) pour recevoir ses invités de marque.

En faisant le tour de la cour, à l'étage, on atteint la ravissante **Nagina Masjid★**, mosquée miniature réservée aux femmes du palais. De la terrasse, vous apercevrez les dômes de la **Moti Masjid** (mosquée de la Perle) (1646), réputée pour son élégance; elle se trouve dans la partie du fort qui est fermée au public.

QUARTIER DE LA MOSQUÉE (Juma Masjid) Plan II C1

Sortez du fort et gagnez en rickshaw la mosquée Juma Masjid, de l'autre côté de la voie ferrée.

Achevée en 1648, la **mosquée Juma Masjid** (mosquée du Vendredi) est beaucoup moins spectaculaire que sa sœur du même nom de Delhi, elle aussi bâtie par Shah Jahan. Elle se dresse au fond d'une cour entourée d'arcades polylobées. Surmontée de trois dômes à bandes alternées, rouge et blanc, elle abrite une salle de prière badigeonnée de peinture bleue… Au nord s'ouvre **Kinari Bazar Rd**, artère principale d'un quartier commerçant traditionnel. Peu de touristes vont baguenauder dans ces immenses bazars, et vous y serez bien moins sollicité qu'ailleurs, tout en découvrant une Inde plus authentique.

À voir aussi Plan d'ensemble

★ RIVE GAUCHE DE LA YAMUNA Plan I C1-2

Louez un rickshaw ou un taxi pour effectuer la visite des sites qui se succèdent le long de la Yamuna sur une distance d'env. 4 km (la balade à pied n'a rien de plaisant) – Prévoyez 2h de visite.

★★ Mausolée de l'Itimad ud-Daula Plan I C2

À env. 3 km au nord-est du fort - de l'aube au crépuscule - 110 Rs ; vidéo 25 Rs.

Tandis que l'empereur Jahangir se consacrait aux plaisirs de la poésie ou du vin, son épouse Nur Jahan dirigeait l'État avec son père, le Persan **Mirza Ghiyas Beg**, honoré du titre d'Itimad ud-Daula (« pilier de l'État »). À la mort

de celui-ci, en 1628 – quatre ans avant le début de la construction du Taj Mahal –, elle lui édifia ce tombeau, une merveille de délicatesse qui évoque un précieux coffret en ivoire ciselé et incrusté.

Le Plan carré, délimité par quatre minarets trapus, rappelle la formule adoptée au mausolée de Jahangir à Lahore (Pakistan), mais en dimensions plus modestes (Ghiyas Beg n'était pas de sang royal !). Un auvent à corbeaux, de type hindou, fait saillie au pourtour du rez-de-chaussée ainsi qu'au pavillon sommital, se mariant avec les arcs persans. Les **façades★★** semblent avoir été peintes par un pointilliste, ou ajourées par une dentellière : aucune interruption dans l'ornementation, où alternent les fines *jali* (claustras) et la **marqueterie polychrome** de pierre et de marbre blanc. Ce mausolée serait le premier édifice moghol entièrement en marbre blanc incrusté selon la technique de la *pietra dura*.

À l'intérieur, murs et plafonds peints dans de délicats tons bleu, brun et vert imitent cette technique au travers de gracieux motifs évoquant les délices du paradis : iris, cyprès, grenades, flacons contenant l'élixir d'immortalité… Les deux sarcophages des parents de Nur Jahan occupent la salle funéraire du rez-de-chaussée tandis qu'à l'étage *(fermé au public)*, de fausses tombes sont posées sur un dallage dont les arabesques imitent un tapis. Une demeure de béatitude où il ferait bon vivre éternellement !

1

Tombeau Chini ka Rauza Plan I C1

À 1,5 km plus au nord - de l'aube au crépuscule - gratuit – Si vous avez le temps.

En surplomb sur la rivière se dresse le « mausolée de faïence » où repose, depuis 1639, **Afzal Khan**, poète persan et Premier ministre de Shah Jahan. Seuls quelques-uns des carreaux émaillés subsistent sur les murs de la tombe abandonnée.

Jardin de Ram Bagh Plan I C1

À 600 m au nord - de l'aube au crépuscule - 100 Rs.

L'empereur Babur, se languissant des parcs afghans, fit édifier ce jardin clos de murs dès son arrivée à Agra. Sa dépouille y fut inhumée en 1530, avant d'être transférée à Kaboul. Ce jardin moghol ou *chahar bagh* (« jardin en quatre parties »), l'un des plus anciens de l'Inde, s'agrémente de pavillons de plaisir et de hammams au bord de la Yamuna. L'ensemble reprend le symbolisme iranien du jardin assimilé au paradis, mais au lieu d'être divisé en huit parties comme son modèle persan, il est séparé en quatre par deux canaux se coupant à angle droit en leur milieu. La municipalité travaille à la remise en valeur des jardins.

Jardin de Mehtab Bagh Plan II E1

Au sud, face au Taj Mahal - de l'aube au crépuscule - 100 Rs.

Le « jardin de la Lune », en cours de restauration, offre une vue originale sur le complexe du Taj Mahal, avec la Yamuna au premier plan. Le site est celui d'anciens jardins moghols, jadis doté de fontaines entourant un grand bassin octogonal. Sa situation privilégiée a longtemps nourri la légende du fameux « Taj noir » de Shah Jahan *(voir encadré p. 194)*.

★★ MAUSOLÉE D'AKBAR À SIKANDRA (Akbar's Tomb) Plan I A1

À 10 km du centre, par la route de Mathura et Delhi (env. 200 Rs AR en auto-rickshaw, avec 1h d'attente sur place) - du lever au coucher du soleil - 110 Rs – Comptez 1h. Si vous êtes en voiture, cumulez cette visite avec une excursion d'1/2 j. à Fatehpur Sikri (p. 208) ou à Mathura (p. 214).

Ci-gît, sur le site de la capitale fondée par Sikandar Lodi, l'une des figures majeures de l'histoire indienne : l'**empereur Akbar**, enterré dans un monument

AKBAR, SOUVERAIN ÉCLAIRÉ DE L'ORIENT

Contrôlant un territoire aussi vaste que l'Europe et peuplé de cent millions d'habitants, Akbar apparaît dans l'histoire comme le plus grand souverain du nord de l'Inde après l'empereur Ashoka (3e s. av. J.-C.). Fin politique et grand réformateur, il centralisa le pouvoir et unifia la monnaie, la langue (il imposa le persan comme langue de cour) et… ses sujets : pour réduire les différences entre musulmans et non-musulmans, il supprima la taxe imposée à ces derniers, abolit l'islam en tant que religion d'État, autorisa les mariages interreligieux. Sa curiosité et sa tolérance le poussèrent à s'entourer de philosophes et de théologiens de toutes les religions et à organiser de longs débats œcuméniques entre eux. Il donna un précepteur chrétien à l'un de ses fils. Guidé par un maître zoroastrien, il songea même à créer un système religieux faisant la synthèse de toutes les traditions existantes.

à sa mesure, dont il dessina lui-même les plans. Les travaux débutèrent en 1602 et furent achevés en 1613 – huit ans après le décès d'Akbar – par son fils Jahangir.

La somptueuse **porte** d'accès au parc est entièrement recouverte d'une mosaïque polychrome de marbre incrusté dans le grès rouge, qui compose une ornementation purement géométrique. Parmi les motifs de structure octogonale, on note dans un carré, à mi-hauteur, répété de chaque côté des *iwan*, l'introduction d'un *svastika* hindou (croix gammée, symbole de bon augure). La porte franchie, vous déboucherez dans un agréable parc où vous pourrez musarder à l'issue de la visite, en compagnie d'une troupe de singes langur et de cervidés.

Au centre s'élève le **mausolée**, le dernier de l'époque moghole à avoir été édifié en grès rouge. Il se présente comme une pyramide à quatre degrés, enrichie de galeries et de *chhatri*, d'un caractère bien éloigné de la tradition persane malgré les quatre *pishtaq* (grands portails à *iwan*) qui la flanquent. Le dernier étage, tout de marbre blanc, est occupé par une terrasse ceinte d'une galerie à *jali*.

À l'intérieur de l'édifice, on découvre une première pièce ornée de peintures murales, dorures et inscriptions coraniques. Un couloir sombre descend dans la **crypte**, entièrement nue à l'exception du tombeau : elle était décorée de fresques évoquant les différentes religions du monde, que l'intégriste Aurangzeb fit effacer. Les ossements d'Akbar furent éparpillés par les Jats en 1761 ; cependant, le lieu suscite une profonde émotion (à moins que des visiteurs peu respectueux ne poussent des cris pour tester l'écho de la voûte…). Selon la pratique du double ensevelissement propre aux peuples de la steppe, une fausse tombe se trouve sur la terrasse du dernier étage.

À 400 m env. en dir. de Delhi, sur la droite, vous apercevrez la **tombe de Maryam** *(du lever au coucher du soleil - 100 Rs)*, où repose la première épouse rajpute d'Akbar, fille du maharaja d'Amber, qui portait le nom de Maryam dans son titre musulman.

D'Agra, vous pouvez enchaîner la visite sur Mathura (p. 214) ou sur Bharatpur (p. 262). La visite de Fatehpur Sikri (p. 208), souvent proposée en excursion depuis Agra, peut aussi se faire depuis Bharatpur si vous préférez loger dans une atmosphère moins touristique.

NOS ADRESSES À AGRA

Plan I (agglomération) p. 198
Plan II (centre) p. 192-193

INFORMATIONS UTILES

Les offices de tourisme sont répertoriés en début de chapitre.
Indicatif téléphonique : 0562

Banque/Change

Les banques ci-dessous changent espèces et chèques de voyage :
Allahabad Bank – Plan II D4 - *hôtel Clarks Shiraz - tlj sf dim. 13h-16h, sam. 13h-14h.*
Andhra Bank – Plan II B4 - *Taj Rd, Sadar Bazar.*
Canara Bank – Plan II B4 - *M.G. Rd, Sadar Bazar.*
LKP Forex – Plan II E3 - *Fatehabad Rd, en face de l'hôtel Park Plaza - 9h-21h.*
Western Union – *À la GPO.* Pour recevoir de l'argent depuis l'Europe.
Distributeurs de billets *(ATM)* sur les principales artères (Taj Rd, Ajmer Rd, etc.), autour des grands hôtels et des centres commerciaux.

Poste

GPO – Plan II B3 - *Gopi Chand Shivhare Rd - tlj sf dim. 10h-17h.* Un guichet pour la vente des timbres et l'oblitération ouvre dès 8h.
Envois express par **EMS Speed Post** – *Dans les bureaux de poste.*

Internet/Téléphone

Shopping Arcade – Plan II B3 - Plusieurs officines regroupent services de téléphonie, Internet *(tlj 9h-22h - env. 20 Rs/h)*, photocopie, envoi de colis par Fedex et DHL.

Urgences/Santé

Ambulances – *✆ 102.*
Amit Jaggi Memorial Nursing Home – Plan II E3 - *Minto Rd - ✆ (0562) 233 06 00.* Clinique privée.
Pharmacies – Plan II B4 - *Sadar Bazar St., à l'angle de M.G. Rd.*

Sécurité

Police et **Control Room** – *✆ 100.*
Tourist Police – *Fatehabad Rd ✆ (portable) 94 54 40 27 64.*
Pompiers – *✆ 101.*

ARRIVER/PARTIR

Train

Bon à savoir – Attention, les trains venant de loin peuvent accumuler plusieurs heures de retard, surtout en hiver (brouillard).
Agra Cantonment Railway Station – Plan II A3 - *dans le quartier de Sultanpur - ✆ 139 (centre de réservation).* Le meilleur moyen de se rendre à Delhi est de prendre l'un des quelque 30 trains qui rejoignent tlj la capitale *(2 à 4h de trajet)*, via Mathura *(50mn)*. Presque tous arrivent en gare de New Delhi et certains poursuivent jusqu'à Nizamuddin *(20mn)*. Préférez le *Karnataka Express*, en matinée, le *Jhelum Express* qui part vers 17h, ou le *Shatabdi* qui quitte Agra vers 20h30 – un peu plus cher *(930 Rs)* mais confortable, climatisé et rapide *(2h10)*. Pour Jaipur *(env. 4h)*, 2 départs/j.
Agra Fort Railway Station – Plan II C1 - *près du Fort. Rens - ✆ 139 - réserv. ✆ (0562) 236 41 63.* Assure les liaisons avec le Rajasthan (Jaipur, Sawai Madhopur) ; 4 trains/j pour Fatehpur Sikri *(1h)*. Quand il y en a, mieux vaut prendre les trains qui partent d'Agra Cantonment.

Bus

La compagnie de bus de l'État, l'Uttar Pradesh State Roadways Transport Corporation **(UPSRTC)**, www.upsrtc.com, gère deux gares routières. La principale est **Idgah**

1

Bus Stand – Plan II A3 - *à l'angle d'Ajmer Rd et de Fatehpur Sikri Rd - ✆ (0562) 236 75 43 - 24h/24 - centre de réservation 8h-20h.* Départs pour Delhi *(4h30)* via Mathura ttes les 30mn de 5h à 20h, et pour Fatehpur Sikri *(1h)* ttes les 45mn de 6h à 20h. Bus pour Jaipur *(6h)* via Bharatpur *(1h30)* ttes les heures de 6h à 23h30; 4 bus continuent sur Ajmer. Un *Express* en fin d'apr.-midi pour Udaipur *(12h)*.

Autres départs de **Power House Bus Stand** – Plan II C1 - *Gwalior Rd, à l'ouest du fort - 6h-22h - Pas de réserv.* Dans un indescriptible capharnaüm, crasseux et bruyant, partent les bus qui desservent les villes de l'Uttar Pradesh. Bus locaux pour Mathura *(1h30)*.

TRANSPORTS

Utilisez un véhicule entre les principales curiosités : les distances sont importantes. La circulation est fluide dans le Cantonment, le quartier résidentiel qui s'étire le long du Mall, ainsi qu'entre le Taj Mahal et le fort, mais elle est très dense dans les quartiers situés au nord d'Ajmer Rd, à l'ouest et au nord du fort. Elle est interdite autour du Taj.

Taxi

Les chauffeurs de taxi de la gare d'Agra Cantonment ont constitué une union qui propose diverses formules à prix fixes. Ce ne sont pas les tarifs les plus avantageux que l'on puisse trouver, mais c'est pratique. Si vous venez de Delhi pour la journée avec le *Shatabdi*, vous pouvez, à votre arrivée, louer pour 800-1 100 Rs un taxi que vous garderez jusqu'au départ du train, soit 11h. En raison des embouteillages à la sortie d'Agra, comptez 1h pour rejoindre Fatehpur Sikri.

Rickshaw

Guérite de *pre-paid rickshaws* à la gare d'Agra Cantonment. Comptez 100 Rs pour le Taj Mahal. Location à la journée : env. 350 Rs pour 8h en cyclo-rickshaw (500 Rs en auto-rickshaw). *Voir aussi la rubrique « Visite ».*

Location de voitures

Les tarifs (chauffeur compris) vont de 1 500 à 2 000 Rs/j. Ajoutez-y le montant des péages et parkings ainsi qu'env. 500 Rs si vous devez franchir la frontière du Rajasthan.

VISITE

Agra est avec Jaipur et Jodhpur la ville où le système des commissions versées par les commerçants, hôteliers et restaurateurs aux conducteurs de rickshaw ou de taxi est le plus développé; il est indispensable de se montrer ferme avec les chauffeurs et de refuser catégoriquement tout détour que vous n'auriez pas souhaité. Avoir le Plan de la ville en tête peut vous éviter des déboires (détours inutiles, « malentendu » sur la destination). Attention aussi aux escroqueries en tout genre dont Agra s'est fait une triste spécialité, à commencer par les arnaques aux pierres précieuses.

Agences de voyages

Bag Paker Travels – *4/62 Kutchery Rd, Baluganj (dans l'hôtel Tourist Rest House) - www.bagpackertravels.com - ✆ (0562) 246 39 61 ou ✆ 99 97 11 32 28 (portable).* Réserv. d'hôtels et de billets d'avion, bus et train. Location de voitures *(1 300 à 1 600 Rs/j)*. Une agence fiable et sérieuse; le patron parle français.

Travel Corporation India (TCI) – *Hôtel Clarks Shiraz - ✆ (0562) 222 65 21 - www.tcindia.com - tlj sf dim. 9h30-18h, sam. 9h30-14h.*

Excellente agence largement représentée en Inde. Billetterie, réserv. d'hôtels. Location de taxis et de voitures, guide francophone sur demande préalable.

Touraids – en dir. Plan II E4 - *derrière l'hôtel Trident, VIP Rd* - *(0562) 223 07 41 - www.touraids.in*. Autre adresse : Plan II B3 - *46 Gopi Chand Shivhare Rd* - *(0562) 223 07 94 - 10h-17h30*. Agence sérieuse assurant les réservations d'avion, train, bus et hôtels. Location de taxis à prix raisonnables, mais voitures assez chères. Change les dollars en espèces et en chèques de voyage.

HÉBERGEMENT

Votre hôtel a brûlé, a fermé, est complet malgré votre réservation (preuve à l'appui : on téléphonera devant vous et on vous passera la « réception » !) : tous les prétextes sont bons pour vous détourner de votre choix initial, d'autant que les hôtels renommés ne versent pas de commission. Soyez ferme ou changez de taxi. Vous trouverez pléthore de *guest houses* pour petits budgets, surtout dans les ruelles au sud du Taj Mahal, mais aucun hôtel vraiment agréable, sinon dans la catégorie 4 étoiles. La partie ouest de Fatehabad Rd, à 5 km de la gare d'Agra Cantonment, aligne en une succession ininterrompue hôtels, restaurants et boutiques pour touristes. Les pannes d'électricité sont quotidiennes à Agra : choisissez un hôtel doté d'un générateur ou munissez-vous d'une lampe de poche et de bougies. La plupart des hôtels accordent 10 à 20 % de réduction entre avril et sept. La taxe « luxe » se monte à 5 %.

PREMIER PRIX

Autour du Taj Mahal

⑬ **Sheela** – Plan II E2 - *Porte est du Taj* - *(0562) 233 11 94 - www.hotelsheelaagra.com* - *22 ch. 600/800 Rs*. Un hôtel qui sort du lot des innombrables *guest houses* plus ou moins borgnes du quartier. Chambres simples dans un jardin fleuri. Consigne à bagages.

Autour de Sadar Bazar

⑭ **Tourist Rest House** – Plan II C4 - *4/62 Kutchery Rd, Baluganj* - *(0562) 246 39 61 - www.dontworrychickencurry.com* - *- Internet - 30 ch. 750/1 100 Rs - 150 Rs - rest. 250/350 Rs*. La meilleure adresse d'Agra pour les petits budgets. Les chambres s'agencent en U autour d'une petite cour. Celles à l'étage, plus claires, permettent de profiter de la véranda. L'atmosphère est conviviale et le tout bien tenu. Le patron parle français et organise de bons circuits à travers le Rajasthan.

⑦ **Lauries' Hotel** – Plan II B3 - *M.G. Rd, Pratap Pura* - *(0562) 242 14 47* - *- 28 ch. 975 Rs* Un grand bâtiment blanc décrépi, dont on devine qu'il a connu des jours meilleurs, accueille devant une immense pelouse des chambres à prix unique, grandes mais peu soignées. Néanmoins, l'hôtel est d'un calme total et le service aussi aimable que respectueux.

BUDGET MOYEN

Sur Fatehabad Rd

② **Amar Yatri Niwas** – Plan II E3 - *Fatehabad Rd* - *(0562) 223 30 30 - www.amaryatriniwas.com* - *- 41 ch. 1 300/2 500 Rs*. Plus simple que la maison mère, l'hôtel Amar, il vous réservera un excellent accueil. Demandez une chambre lumineuse (les fenêtres sont petites). Dommage que les finitions laissent à désirer.

1

⑨ **Mayur Tourist Complex** – Plan II E3 - *Fatehabad Rd - (0562) 233 23 02 - www.mayurcomplex.com - Internet - 24 ch. 3 500 Rs* À l'écart de la route, ambiance familiale. Les bungalows, disséminés dans un agréable jardin fleuri, disposent d'une baignoire et du chauffage. Aire de jeux pour enfants, fontaines.

③ **Atithi** – Plan II E3 - *en retrait de Fatehabad Rd, dans la ruelle qui part à côté de Pizza Hut - (0562) 233 08 80 - www.hotelatithiagra.com - Internet - 44 ch. 4 000/5200 Rs - 250 Rs - rest. 400/450 Rs.* L'ensemble est propre et l'accueil agréable, mais la décoration des chambres, partout identique, manque de chaleur. Restaurant et *coffee-shop* sur le toit-terrasse.

① **Amar** – Plan II D3 - *Fatehabad Rd - (0562) 233 18 85 - www.hotelamar.com - Spa, massages ayurvédiques, agence de voyages - 68 ch. 3 300/5 800 Rs* . Un bon rapport qualité-prix, notamment pour les chambres les plus chères. Douze suites, grandes et vraiment kitsch. Évitez les chambres sans fenêtre et celles avec moquette. Chambres fumeur et non-fumeur. Souvent complet, réserv. conseillée.

POUR SE FAIRE PLAISIR

Sur Fatehabad Rd

⑪ **Howard Park Plaza** – Plan II E3 - *Fatehabad Rd - (0562) 404 86 00 - www.howardplazaagra.com - 79 ch. 6 200/7 300 Rs* Hôtel moderne et tout confort, mais à l'atmosphère un peu triste, moins agréable que celle du Mansingh. Salon de beauté, bon restaurant donnant sur le Taj.

④ **Clarks Shiraz** – Plan II D4 - *54 Taj Rd - (0562) 222 61 21 - www.hotelclarksshiraz.com - Galerie marchande, salon de beauté, spa, salle de sport, Internet - 237 ch. 7 000/9 500 Rs - 400 Rs - rest. 700/800 Rs.* Ce vieil hôtel noyé dans un jardin de 3 ha possède incontestablement beaucoup de chic. *Coffee-shop* 6h-0h.

⑩ **Mughal Sheraton** – Plan II E3 - *Fatehabad Rd, Taj Ganj - (0562) 402 17 00, www.starwoodhotels.com - Billard, salon de beauté, boutiques, salle de gym, court de tennis - 285 ch. 7 500/10 000 Rs* Quelques chambres offrent une vue lointaine sur le Taj Mahal. Excellentes prestations : de la décoration aux équipements en passant par les restaurants et le service, tout est parfait ! Beaucoup de groupes : réservez.

⑧ **Mansingh Palace** (Mansinghgroup) – Plan II E3 - *Fatehabad Rd - (0562) 233 17 71 - www.mansinghhotels.com - 97 ch. 9 500/10 500 Rs - 700 Rs - rest. 1 200 Rs.* Hôtel moderne de bon standing avec du style. Des halls aux chambres et aux sdb, l'espace est au rendez-vous. Un bon rapport qualité-prix même si l'ensemble, qui a connu des jours meilleurs, manque de chaleur.

UNE FOLIE

⑥ **Jaypee Palace** – Plan II E4 - *Fatehabad Rd - (0562) 233 08 00 - www.jaypeehotels.com - Billard, spa, boîte de nuit, court de tennis - 350 ch. à partir de 13 000 Rs.* Un hôtel de luxe installé en pleine campagne. Son architecture contemporaine et les matériaux utilisés (beaucoup de verre) en font un modèle du genre.

⑤ **The Gateway Hotel** (Taj Group) – Plan II E3 - *Fatehabad Rd, Taj Ganj - (0562) 660 20 00 - www.thegatewayhotels.com - Galerie marchande - 100 ch. 13 500/17 500 Rs*

Également connu sous le nom de Taj View. Beau jardin à l'abri de la route avec piscine au milieu des palmiers. Couloirs et chambres décorés avec beaucoup de goût. Des chambres les plus chères, on peut apercevoir le Taj Mahal.

⑮ **The Trident** – Plan II E4 - *Fatehabad Rd, Tajnagri Scheme (à 2 km de la Tourist Area) - ✆ (0562) 233 50 00, www.tridenthotels.com - Boutiques, internet - 138 ch. à partir de 15 000 Rs* L'hôtel cultive son propre petit potager pour le restaurant.

RESTAURATION

PREMIER PRIX

Autour du Taj Mahal Plan II

Les *German bakeries* fleurissent dans les ruelles au sud du Taj aux côtés de nombreuses gargotes à l'hygiène souvent déplorable, installées dans des cours ou sur les toits. Ils attirent de jeunes voyageurs à petit budget. Au menu : *thali*, macaronis, crêpes à la banane, plats israéliens… Estomacs sensibles s'abstenir : la fraîcheur n'est pas toujours au rendez-vous.

Autour de Sadar Bazar

④ **Prakash** – Plan II B4 - *49 Taj Rd - tlj sf vend. 11h-22h30 - 100/150 Rs.* Vous aurez le choix entre quatre sortes de *thali* et des plats de poulet dans un décor réduit à sa plus simple expression. Idéal pour un déjeuner rapide.

BUDGET MOYEN

Autour de Sadar Bazar

① **Dasaprakash** – Plan II C3 - *Meher Theatre Complex, Gwalior Rd - ✆ (0562) 401 61 23 - 12h-22h45 - 400/600 Rs.* Cette succursale du Dasaprakash de Delhi ménage une halte confortable et coquette pour savourer les spécialités végétariennes du Sud. Quelques plats européens. Ses glaces sont réputées dans tout Agra. Service impeccable mais, rançon du succès, ensemble bruyant.

③ **Park Dining Room** – Plan II B4 - *183-A Tal Rd, à l'angle de Gopi Chand Shivhare - ✆ (0562) 222 63 23 - 10h-23h - 400/600 Rs.* Dans une salle sans décoration excessive, les plats *veggy*, le poulet et le mouton se déclinent façon mughlai, tandoorie ou chinoise. Service efficace et rapide.

⑥ **Zorba the Buddha** – Plan II B3 - *E-19 Shopping Arcade, Sadar Bazar - ✆ (0562) 222 60 91 - fermé en juin - 12h-22h - 550/750 Rs.* Les disciples d'Osho apprécient cette petite salle blanche toute propre où légumes et fruits sont à l'honneur : soupes, salades accompagnées de *nan* au fromage ou aux épinards.

Sur Fatehabad Rd

Les inconditionnels feront halte à **Pizza Hut** sur Fatehabad Rd, à côté de l'hôtel Amar Yatri Niwas.

② **Only** – Plan II D3 - *45 Taj Road - ✆ (0562) 222 68 34 - 12h-22h - 500/700 Rs.* Selon le temps, vous vous installerez sur la pelouse ou dans la grande salle tapissée de canne. Le service est un peu bruyant et les nappes auraient besoin d'une bonne lessive, mais on y savoure une cuisine mughlai très correcte (bien qu'adaptée au goût occidental). Musique *live* en soirée.

⑤ **Priya** – Plan II E4 - *Fatehabad Rd - ✆ (0562) 223 15 79 - 12h-22h30 - 650/800 Rs.* La salle, propre et stricte, a pour seule décoration trois chromos kitsch. Cuisine mughlai classique tout à fait honorable, notamment le *shahi korma gosht* (mouton à la crème et aux fruits secs). Agréable terrasse à l'étage. Buffet à 350 Rs midi et soir. Service attentionné.

1

Sur Fatehabad Rd

Sheesh Mahal – Plan II E3 - *Rest. de l'hôtel Mansingh* - 🍷 - *12h-15h, 19h-0h - 700/1 000 Rs.* Sert de la cuisine mughlai, accompagnée de *ghazal* (chants traditionnels) à partir de 20h.

POUR SE FAIRE PLAISIR

Sur Fatehabad Rd

Les grands hôtels proposent des formules de buffet : le Clarks Shiraz et le Gateway lorsqu'il y a des groupes *(env. 800 Rs)*, ainsi que le Mughal Sheraton.

The Mughal Room – Plan II D4 - *Rest. du 5e ét. de l'hôtel Clarks Shiraz* - 🍷 - *12h30-14h45 et 19h-23h30 - 1 200/1 500 Rs.* Cadre agréable et service stylé. Goûtez au *murgh begum baha*, poulet farci servi avec une sauce aux noix de cajou. *Ghazal* à partir de 20h30.

PETITE PAUSE

Ripples – Coffee-shop *de l'hôtel Mansingh - Fatehabad Rd* - 🍷 - *24h/24.* On vient surtout ici pour l'ambiance et le cadre lumineux et frais, car la cuisine, indienne et internationale, reste sans surprise.

BOIRE UN VERRE

Maikhana – *Bar de l'hôtel Mughal Sheraton* - 🍷 - *12h-0h.* Banquettes moelleuses et atmosphère feutrée, bienvenues en fin d'apr.-midi le temps d'une bière ou d'un thé. Groupe de musique 6j/7.

Tapas – *Bar de l'hôtel Jaypee Palace* - 🍷 - *12h-0h - entrée payante.* Nombreux bars à thème. Billard, ping-pong, jeux vidéo, bowling, discothèque.

ACHATS

Le système de commissions et la qualité de l'artisanat proposé rendent les achats à Agra de moins en moins intéressants.

Articles courants

Sadar Bazar – Plan II B3 - *tlj sf mar.* Le plus important quartier commercial du **Cantonment**. Produits d'usage quotidien.

Artisanat

Les magasins d'artisanat et de souvenirs *(ouverts tlj)* sont concentrés au sud du Taj Mahal et dans la **Tourist Area**. Montrez-vous particulièrement circonspect dans vos achats car arnaques et fraudes en tout genre sont monnaie courante à Agra. Évitez de régler par carte bancaire et négociez fermement les prix.

Cottage Industries Exposition (CIE) – Plan II D3 - *39 Fatehabad Rd - 8h30-20h.* Dans un beau bungalow perché sur une butte, entre l'hôtel Amar et le restaurant Only, des produits artisanaux de la région d'Agra et du Cachemire (châles, broderies, tapis). Prix assez élevés mais produits de qualité.

Shilpgram – en dir. Plan II E2 - *1 km à l'est du Taj Mahal.* Ce complexe d'échoppes en plein air a été créé par l'U.P. Tourism pour accueillir chaque mois de nouveaux artisans. Mal entretenu et le plus souvent désert, il présente peu d'intérêt sinon durant le festival annuel Taj Mahutsav *(voir « Agenda »)*.

Marbre incrusté

Vous trouverez boîtes, dessous de verre, plateaux de table dans les échoppes d'artisans de la petite rue au sud du Taj Mahal. Ne confondez pas le marbre ou l'albâtre incrustés de pierres fines selon le procédé de la *pietra dura* avec les imitations en pierre à savon et verre coloré, vendues dans les magasins de souvenirs peu scrupuleux. Pour des matériaux nobles, demandant un travail minutieux et long, les prix sont assez élevés. Deux fabricants sérieux à Sadar Bazar *(ouverts tlj)* : **Subhash Emporium**, *18/1 Gwalior Rd (tlj 10h-19h)* et, quoique plus cher, **Oswal Emporium**, *30 Munro Rd* – tous deux privés contrairement à ce que pourrait laisser croire leur nom.

Tapis

Depuis l'époque des Grands Moghols, on fabrique à Agra des tapis de laine ou de soie – plus souvent artificielle que naturelle en dépit de ce que vous diront les vendeurs. Vous en trouverez, ainsi que des *dhurri*, dans Main Bazar et la Tourist Area.

Bijoux

Kohinoor – Plan II B2 - *41 M.G. Rd, à l'angle de Chhipitola Rd - ✆ (0562) 246 08 56 - www.kohinoorjewellers.com - 10h-19h.* Joaillier réputé depuis cinq générations pour la qualité de ses pierres précieuses. Petit musée de broderies.

Broderies

Les artisans musulmans ont développé un type de broderie au fil d'or ou d'argent sur velours noir, la *zari* *(voir p. 74)*. Autre spécialité : la broderie en relief, très appréciée au Moyen-Orient. On en fait des tableaux en trois dimensions. Un des artisans les plus réputés est Sheikh Shasuddin, qui expose à Kohinoor *(voir ci-dessus)*.

Spécialités culinaires

Les gourmandises d'Agra, en vente dans les *namkin shops* et les *sweet shops*, sont le *dalmoth*, mélange de lentilles jaunes frites et salées, le *petha*, pulpe de citrouille confite, et la *gazak*, à base de sucre roux et de sésame.

Librairies

Modern Book Depot – Plan II B4 - *Taj Rd, Sadar Bazar - ✆ (0562) 222 56 95 - tlj sf mar. 10h-21h.* Quelques classiques sur l'Inde en français. Bonnes librairies aux hôtels Clarks Shiraz, Mughal Sheraton et Taj View (Gateway).

EN SOIRÉE

Archaeological Survey of India – Plan II B3 - *22 The Mall, en face de l'office du tourisme de l'Inde - ✆ (0562) 222 72 63 - http://asi.nic.in - 10h-18h, réserv. la veille.* Pour admirer le Taj par une nuit de pleine lune, en groupe de 50 pers. strictement encadré par la police, c'est là que vous achèterez votre billet *(750 Rs, 40mn de visite)*.

ACTIVITÉS

Piscine – Plusieurs hôtels (Amar, Atithi, Agra Ashok, Mansingh) ouvrent leur piscine aux non-résidents. Comptez 150 à 200 Rs/j.

EXCURSIONS

Toutes les agences de voyages proposent des visites guidées combinant le Taj et le fort d'Agra ainsi que des sorties à Fatehpur Sikri et Sikandra. Il vous en coûtera de 1 800 Rs pour une excursion d'1/2 j. et 2 500 Rs pour la journée complète. Pour Mathura, comptez 1h30 de route et 3 000 à 3 500 Rs pour la journée, Vrindavan inclus. Pour Bharatpur, 1h15 de trajet.

Bon à savoir – On reproche souvent aux tours organisés de privilégier les haltes dans les boutiques au détriment du temps passé dans les monuments eux-mêmes. Sachez que toutes ces excursions sont très faciles à réaliser par vos propres moyens, en bus ou en voiture.

AGENDA

Taj Mahutsav – *www.tajmahotsav.org - 10 j. en fév.* Foire rassemblant au Shilpgram des artisans de tout le pays. Procession « moghole » avec éléphants et dromadaires, stands de dégustation.

1

Fatehpur Sikri

★★★

Env. 31 000 hab. – Alt. 180 m – État de l'Uttar Pradesh

NOS ADRESSES PAGE 213

SE REPÉRER
Carte régionale p. 136 – Plan du site p. 210 – *À 38 km d'Agra, 26 km de Bharatpur. Voir aussi la rubrique « Arriver/partir » dans « Nos adresses ».*

À NE PAS MANQUER
Tout le site !

ORGANISER SON TEMPS
Prévoyez 2h de visite pour l'essentiel, 3h30 pour tout voir. Venez en excursion d'une demi-journée depuis Agra (où vous pourrez louer une voiture) et groupez cette visite avec celle du tombeau d'Akbar à Sikandra (Agra). Depuis Bharatpur, il est très simple d'effectuer l'excursion par ses propres moyens ; prévoyez une demi-journée. Évitez le w.-end, les touristes indiens, nombreux, n'étant pas réputés pour leur calme.

La route venant d'Agra traverse une plaine fertile, bien cultivée. Des couples étranges la sillonnent : des ours « à collier » au pelage noir, accompagnés de leur montreur, toujours prêt à leur faire exécuter virevoltes et pas de danse pour quelques roupies. Soudain apparaissent les murailles rouges de la cité fantôme, glorieux vestiges d'une ancienne capitale moghole juchés sur une éminence. Fatehpur, la « ville de la victoire », semble bien paisible. Et pour cause : l'éphémère capitale de l'empereur Akbar est inhabitée depuis quatre siècles, et le seul monument qui connaisse encore quelque animation est un tombeau… Un modeste village occupe encore les murs, habité par des tailleurs de pierre dont les ancêtres édifièrent ces étonnants palais de grès rouge, restés intacts.

Découvrir Plan du site

Circuit tracé en vert sur le Plan du site (p. 210) au départ de l'entrée sud de la mosquée – Comptez 2h à 3h30. Commencez la visite par le sud.

★★★ MOSQUÉE JUMA MASJID

De l'aube au crépuscule - gratuit – Ôtez vos chaussures et gardez-les avec vous pour la suite de la visite.

Vous pénétrerez dans la « **mosquée du Vendredi** » par la Sublime Porte, **Buland Darwaza★★★**, entrée triomphale qu'Akbar fit édifier en 1575 pour célébrer sa victoire sur le sultan du Gujarat. « Le monde est un pont. Franchis-le ; ne construis rien dessus » est-il écrit en persan sur la paroi intérieure. La vaste cour de grès rouge est ceinte sur trois côtés d'arcades que surmontent des *chhatri* quadrangulaires dressés à intervalles réguliers.

Dès l'entrée, le regard est attiré par une merveille de marbre blanc : le **mausolée de Sheikh Salim Chisti★★** *(se couvrir la tête et prévoir une petite donation)*. Le *pir* (saint musulman), qui descendait du saint soufi inhumé à Ajmer, avait

Les « jali » (écrans ajourés) de la grande mosquée moghole de Fatehpur Sikri.
P. Tisserand/MICHELIN

coutume de se retirer en cet endroit pour prier. Lorsqu'il mourut, en 1572, l'empereur Akbar fit élever ici un tombeau en grès rouge qui fut englobé en 1606, sous Jahangir, dans ce pavillon à galerie fermée de *jali* d'une incomparable finesse. Il s'agirait du premier monument moghol entièrement construit en marbre blanc. Vous remarquerez la corniche proéminente que soutiennent d'élégantes consoles serpentines.
À côté, le **mausolée d'Islam Khan**, bâti en grès rouge, abrite la tombe d'un neveu du saint, qui fut gouverneur du Bengale au début du 17e s. Entre les deux tombeaux sont éparpillées les pierres tombales marquant les sépultures de parents ou de disciples de Sheikh Salim Chisti – des hommes uniquement, les femmes reposant sous les arcades qui courent derrière ces deux mausolées ; le lieu sacré est appelé en cet endroit **Zanana Rauza**.
La **salle de prière** de la « mosquée du Vendredi », sur le côté ouest de la cour, se signale par un gigantesque *pishtaq* (portail central ; *voir ill. p. 127*). À l'intérieur, trois *mihrab* indiquent la direction de La Mecque. Celui du milieu, somptueusement rehaussé de carreaux émaillés, est doté d'un *minbar*, chaire d'où l'imam prononce le prêche du vendredi.
Pour gagner les palais, vous sortirez de la mosquée par la **Badshahi Darwaza** (Porte royale), *celle empruntée par l'empereur.*

★★★ PALAIS

De l'aube au crépuscule - 260 Rs ; vidéo 25 Rs - des guides proposent leurs services à l'entrée (200 Rs pour 2h) - brochures en anglais.
Fatehpur était, au 16e s., une ville aussi peuplée qu'Agra. Aujourd'hui, les maisons privées, faites de brique, ont disparu des flancs de la colline sur lesquels elles s'étageaient. Seuls demeurent les palais, construits en grès rouge. Ceux-ci expriment parfaitement le syncrétisme cher à Akbar en mêlant des apports turco-persans (clarté des structures, arcs en ogive…) et des éléments propres à la tradition hindoue (entablement à corniches et consoles, surabondance de l'ornementation…) ; *voir la planche d'architecture p. 124-125.*

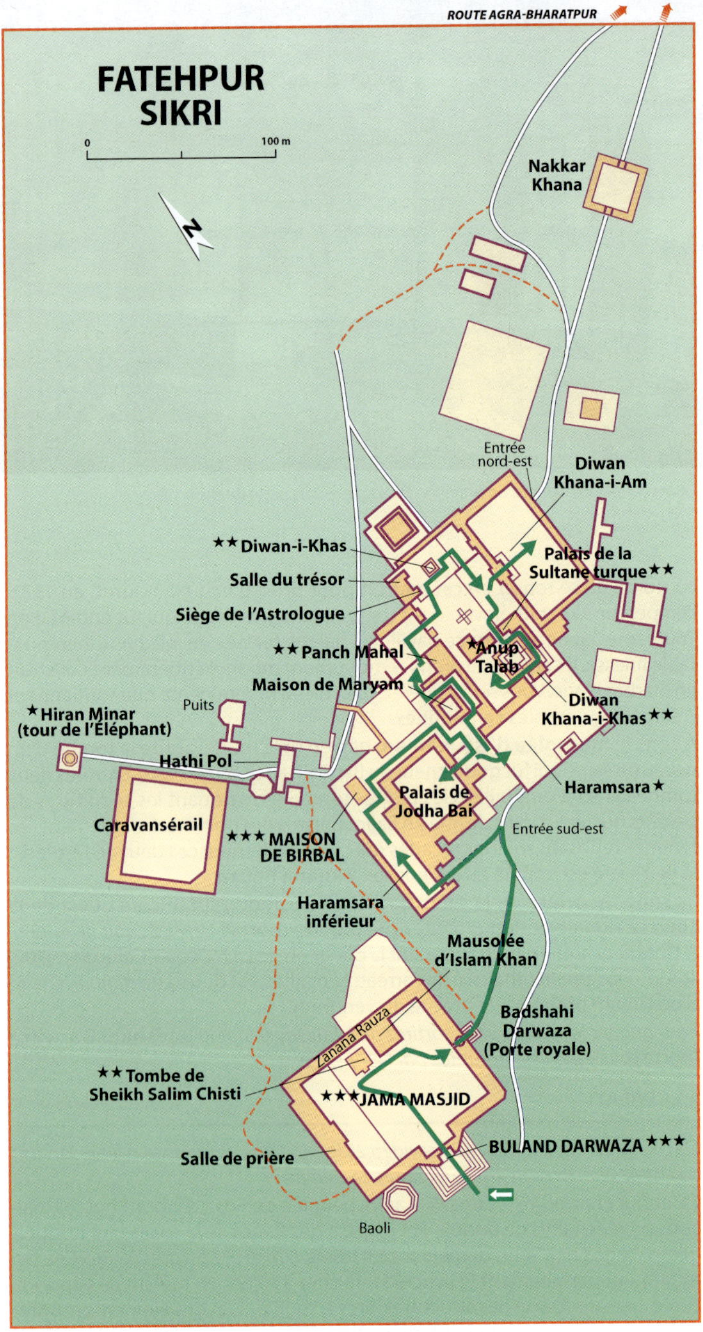
ROUTE AGRA-BHARATPUR
FATEHPUR SIKRI
0
100 m
N
Nakkar Khana
Entrée nord-est
Diwan Khana-i-Am
★★ Diwan-i-Khas
Salle du trésor
Siège de l'Astrologue
Palais de la Sultane turque ★★
★★ Panch Mahal
★ Anup Talab
Maison de Maryam
Puits
★ Hiran Minar (tour de l'Éléphant)
Diwan Khana-i-Khas ★★
Hathi Pol
Haramsara ★
Caravansérail
Palais de Jodha Bai
★★★ MAISON DE BIRBAL
Entrée sud-est
Haramsara inférieur
Mausolée d'Islam Khan
Badshahi Darwaza (Porte royale)
Zanana Rauza
★★ Tombe de Sheikh Salim Chisti
★★★ JAMA MASJID
BULAND DARWAZA ★★★
Salle de prière
Baoli

★★★ Maison de Birbal

Sitôt passée la billetterie, prenez à gauche pour gagner le **Haramsara inférieur** ; cette vaste cour accueillait probablement les quartiers des servantes du harem, et non les écuries comme on le prétend parfois. À son extrémité nord se dresse la **maison de Birbal** (du nom d'un conseiller de l'empereur), où logeait en fait une épouse ou une fille d'Akbar. Un réseau d'arabesques et d'entrelacs d'une extraordinaire finesse recouvre la totalité de l'édifice, imitant le travail sur bois. *Tournez à droite.*

★★ Palais de Jodha Bai

Il fut nommé ainsi en l'honneur d'une épouse hindoue d'Akbar, fille du maharaja de Jodhpur. On y pénètre, à l'est, par un porche flanqué de niches où se tenaient des eunuques en armes, et que surplombent des *jharokha* (balcons couverts). Les pièces s'ordonnent autour d'une unique cour centrale. Vous remarquerez un petit sanctuaire aménagé sur le côté ouest, face à l'entrée, pour les épouses hindoues. *Ressortez du palais.*

★ Haramsara (quartier des femmes)

Au sud-est. Vous l'apercevrez en contrebas. Selon le père Monserrate, jésuite portugais ayant séjourné à la cour de l'empereur, ce harem aurait compté jusqu'à 300 épouses, gardées par des guerriers rajputs et des eunuques.

Maison de Maryam

À gauche en sortant du palais de Jodha Bai. Également appelée « maison dorée », elle servait de résidence à la mère ou à la première épouse d'Akbar, fille du maharaja d'Amber (toutes deux portaient le nom de Maryam dans leur titre musulman). Des oies et des éléphants, motifs typiquement hindous, ainsi que les dieux Rama et Hanuman, figurent sculptés sur les corbeaux de la façade tandis qu'à l'intérieur s'effacent inexorablement des peintures bleues et dorées. Derrière s'ouvrent les jardins des Dames.

★★ Panch Mahal (palais à cinq étages)

Il se reconnaît de loin à sa haute silhouette triangulaire et marque la séparation avec le quartier des hommes. Ses cinq étages hypostyles, de surface décroissante, se superposent comme un château de cartes. Les 176 colonnes sculptées sont toutes différentes, dit-on. L'édifice devait être autrefois clos par des *jali*, qui captaient la brise et le transformaient en un lieu idéal où dormir par les chaudes nuits d'été.

ÉPHÉMÈRE CAPITALE MOGHOLE

En 1570, l'empereur **Akbar** (règne : 1556-1605), arrivé au sommet de sa gloire, entreprit de déplacer sa capitale d'Agra jusqu'à ce site de Sikri, sans intérêt stratégique ou économique véritable. Sa principale motivation, outre le prestige de fonder une nouvelle cité, était de se rapprocher d'un saint soufi qu'il vénérait, **Sheikh Salim Chisti**. Celui-ci avait annoncé la naissance de trois fils à l'empereur, qui n'avait toujours pas de descendant, et, dès l'année suivante, un enfant (le futur Jahangir) vit le jour, qui fut nommé Salim en l'honneur du saint. Akbar fit donc édifier sur le promontoire de Sikri une ville entière, close de remparts sur trois côtés et bordée, sur le quatrième, par un lac aujourd'hui en partie comblé. La cité s'avéra cependant difficile à alimenter en eau, et surtout trop éloignée des routes principales de l'Empire et des frontières sensibles. Dès 1585, Akbar décida de l'abandonner et de transférer sa cour à Lahore (actuel Pakistan). Une épidémie de peste au début du 17e s. finit de vider la cité de ses habitants.

★★ Diwan-i Khas (hall des Audiences privées)

Isolé au nord de l'esplanade. Les quatre *chhatri* qui se dressent aux angles de son toit-terrasse entouraient sans doute, à l'origine, un kiosque central plus important (aujourd'hui disparu). Les quatre portes axiales ouvrent sur une salle dont le milieu est marqué par une extraordinaire **colonne★★★**. Celle-ci s'épanouit en un énorme chapiteau fait de consoles superposées qui soutient une plate-forme circulaire. Quatre passerelles convergent vers ce balcon central sur lequel trônait l'empereur, en maître des quatre parties du monde. Installé sous un dais, il y recevait ses invités de marque ou y présidait des débats philosophiques et religieux. En ressortant, notez les **anneaux de pierre**, en haut de la façade. Vous en trouverez de similaires sur plusieurs autres bâtiments. Ils servaient à fixer des marquises, vélums, tentes, écrans de vétiver que l'on tendait entre les édifices, à l'aide de poteaux, pour se protéger du soleil ou délimiter des espaces d'intimité, créant ainsi une architecture mobile qui rappelle le mode de vie nomade des Turco-Mongols, ancêtres d'Akbar.

Salle du trésor

À l'ouest du Diwan-i Khas. Dans ses trois salles s'entassait l'or de l'État. La légende veut que ce pavillon ait servi de cadre à de joyeuses parties de colin-maillard entre l'empereur et ses courtisanes, d'où son surnom d'« Ankh Michauli » (« les yeux fermés »). Le kiosque attenant, dit **« siège de l'Astrologue »**, présente des **arches** *(torana)* délicatement sculptées qui s'inspirent de l'art des sculpteurs jaïns. Servait-il de loge à l'astrologue de la cour, ou à l'empereur lui-même qui, de là, pouvait observer l'évolution des pions sur l'échiquier *(pachisi)* géant qui se déploie en forme de croix sur le dallage de l'esplanade, au centre ? Il s'agit en fait d'un *chaupar*, sorte de jeu de dames ; les chroniqueurs rapportent que des esclaves nues et des prisonniers de guerre faisaient office de pions. *Dirigez-vous vers le centre de l'esplanade.*

★★ Palais de la Sultane turque

Sur votre gauche. Ce délicieux pavillon en L imite une cabane de bois qu'entoure une véranda ouvragée de manière exquise. À l'intérieur, des panneaux de bas-reliefs montrent lions et oiseaux folâtrant dans une végétation foisonnante. Le bassin carré, l'**Anup Talab★**, divisé en quatre comme un *chahar bagh* (jardin moghol) inversé, est occupé par une estrade où prenaient place les musiciens et les danseuses chargés d'animer les soirées de l'empereur.

★★ Diwan Khana-i Khas (hall des Audiences privées)

Dominant le bassin, il servait de salle de séjour et de travail à l'empereur. Ce dernier y recevait ses conseillers, assis sur la haute tribune que l'on recouvrait de tapis. De la fenêtre donnant sur la cour des Archives, au sud, il se présentait chaque matin à la vue de ses sujets, leur offrant son *darshan* pour les assurer de sa bonne santé. *Retraversez l'esplanade vers le nord.*

Par une porte à l'est, on accède au **Diwan Khana-i Am** (hall des Audiences publiques), cour entourée de portiques où l'empereur rendait la justice.

★ Hiran Minar

Si vous n'êtes pas fatigué, rendez-vous à l'ouest du plateau *(accessible par différents sentiers)*. Le chemin passe sous la **Hathi Pol** (porte des Éléphants), longe un **caravansérail** et arrive à **Hiran Minar** (tour de l'Éléphant), hérissée de défenses en pierre, qui commémore Hiran, l'éléphant préféré d'Akbar, enterré en dessous. Au-delà s'étendait le terrain de polo.

NOS ADRESSES À FATEHPUR SIKRI

Indicatif téléphonique : 05613

ARRIVER/PARTIR

Train
Gare à 1 km au sud-est de Juma Masjid. 4 trains/j pour Agra Fort *(1h)*.

Bus
Les bus s'arrêtent dans la rue principale, en contrebas de Buland Darwaza (porte sud de la mosquée, à 5mn à pied). Départs fréquents pour Agra *(env. 1h)*, de 6h à 20h. Env. 6 bus/j pour Bharatpur *(30mn)*.

Tempo
Taxis collectifs pour Bharatpur et pour Agra sur la grand-route, à 1 km au nord-est du site. Ils partent quand ils sont pleins *(ttes les 20mn env.)*.

VISITE

La visite de Fatehpur Sikri est incluse dans divers tours organisés, au départ d'Agra ou de Delhi. Rens. dans les agences de voyages de ces deux villes.

HÉBERGEMENT

Si vous voulez explorer le site dès l'aube, voici quelques adresses pour dormir sur place. Le rapport qualité-prix ne vaut toutefois pas celui de Bharatpur, à 30mn de route. Évitez les hôtels autour de la gare routière (aucune hygiène).

PREMIER PRIX

Goverdhan Tourist Complex – *Buland Darwaza Rd Crossing, à 400 m de l'arrêt des bus - ✆ (05613) 28 26 43 - www. hotelfatehpursikriviews.com – ✕ ⊠ - 15 ch. 875/1 250 Rs - ☕ 250 Rs.* Les chambres entourent une large pelouse bien entretenue. L'adresse la plus confortable de la ville.

Gulistan Tourist Complex (UPTDC) – *1er hôtel en arrivant à Fatehpur, à gauche après l'Agra Gate, à 1 km de l'arrêt des bus - ✆ (05613) 28 24 90 - ▤ ✕ 🍷 ⊠ - 24 ch. 1 250/1 600 Rs ☕* Hôtel géré par l'État de l'U.P. et cela se voit : aucun soin n'a été accordé aux finitions et l'entretien est bâclé. Le bâtiment, de plain-pied autour d'une cour, est humide. Un minimum de soin en ferait pourtant une halte agréable.

RESTAURATION

Quelques gargotes se tiennent au pied de Buland Darwaza. Pour plus de confort :

PREMIER PRIX

Gulistan Tourist Complex (UPTDC) – *rest. de l'hôtel - 🍷 ⊠ - 6h-22h - env. 300 Rs.* C'est le seul endroit agréable pour boire une bière. Faites-vous servir dans la cour-jardin, plus agréable que la grande salle, genre cantine. Lorsqu'un groupe est de passage, vous profiterez du buffet, sans quoi la carte propose les classiques *chicken tikka, dal makhani, palak-paneer…*

BUDGET MOYEN

Joshi Resort – *20 km à l'est, sur la route d'Agra (NH 11) - ✆ 94 12 25 95 79 - 400/550 Rs.* Ceux qui sont en voiture déjeuneront plutôt ici, sous les parasols. Cuisine *tandoorie* et plats continentaux ou chinois. Essayez le *thali*, composé de douze mets différents.

AGENDA

Urs de Sheikh Salim Chisti – *Durant le ramadan.* Des *qawwali* (chants soufis) sont chantés de manière ininterrompue devant le *dargah* du saint.

1

Mathura

★

Env. 380 000 hab. – Alt. 187 m – État de l'Uttar Pradesh

NOS ADRESSES PAGE 220

SE REPÉRER
Carte régionale p. 136 – Plan de la ville p. 217 – *À 145 km de Delhi, 58 km d'Agra, 39 km de Bharatpur.*
Voir aussi la rubrique « Arriver/partir » dans « Nos adresses ».

À NE PAS MANQUER
Chhatta Bazar et les *ghat* bordant la Yamuna ; les sculptures du musée.

ORGANISER SON TEMPS
Comptez une demi-journée pour Mathura (une journée entière avec Vrindavan), en logeant sur place ou en excursion depuis Agra. Lors de la fête de Krishna Janmashtami, en août-sept., réservez votre hôtel.

AVEC LES ENFANTS
Une balade en bateau sur la Yamuna, au départ des *ghat* de Mathura ou de Vrindavan.

Située dans une plaine fertile, au cœur du pays Braj (ou Vraj Bhumi), Mathura est avant tout l'une des sept villes sacrées de l'hindouisme. Krishna lui-même, l'un des dieux les plus populaires de l'Inde, naquit ici et passa sa jeunesse dans la campagne environnante. C'est dire l'importance du lieu, véritable Bethléem du krishnaïsme, qui attire toute l'année des foules de dévots. Ceux-ci ont coutume d'effectuer à pied un pèlerinage qui les conduit de temple en temple, parfois à travers toute la région du Braj. Car chaque parcelle de cette terre est sanctifiée par le dieu à la peau bleue : ici le bassin dans lequel étaient lavés ses langes, là le bosquet où il folâtrait avec les bouvières, ailleurs le site où il extermina quelque redoutable démon. Il règne dans le Braj une atmosphère de merveilleux mêlée d'intense dévotion religieuse. Sanctuaires, échoppes de souvenirs, restaurants – végétariens bien sûr ! – ne désemplissent pas d'une foule venue se rapprocher du dieu.

Prières et offrandes à la Yamuna sur les « ghat » de Mathura.
P. Tisserand/MICHELIN

Se promener Plan de ville

La ferveur religieuse qui imprègne chaque heure de la journée à Mathura, particulièrement le long de la Yamuna, vous fera plonger au cœur de l'hindouisme. En flânant sur les *ghat*, n'hésitez pas à entrer dans l'un des innombrables sanctuaires où les fidèles entonnent des *bhajan* (hymnes religieux) à la gloire du divin bouvier, Krishna. Et surtout, ne manquez pas le musée dont les remarquables sculptures rappellent le passé glorieux de Mathura, ancien centre bouddhiste et capitale politique et culturelle de l'empire kushan, où fleurit au 1er s. l'art du Gandhara.

★ MUSÉE DU GOUVERNEMENT (Government Museum) B4

Tlj sf lun. 10h30-16h30 - 25 Rs ; photo 20 Rs – Comptez 30mn.

Il regroupe des sculptures et des bronzes trouvés dans la région et datant pour la plupart du 1er au 6e s. Cette époque (règnes des Kushans et des Guptas) vit l'apogée de l'**école de Mathura**, qui se caractérise par l'usage du grès rouge moucheté de crème, provenant des carrières de Sikri, par la beauté des visages et la vigueur mêlée de grâce avec laquelle les corps sont traités.

La salle 1 évoque le passage d'un art assez grossier (1er s. av. J.-C.) à des représentations plus élaborées, comme ce **jeune homme debout** au collier et à la chevelure détaillés. Dans la salle 2 (période kushan, 1er-3e s. de notre ère), remarquez la tête de **Parshvanatha**, 23e *tirthankara* ; la région de Mathura comptait alors des communautés tant hindoues que jaïnes et bouddhistes, vivant en bonne harmonie. La salle 3 est consacrée à l'art gréco-bouddhique du **Gandhara** (1er s.), qui influença grandement la statuaire bouddhiste du nord de l'Inde. La salle 4 abrite un beau **Bouddha** du 1er s. (époque kushan) en position d'*abhaya* (la main droite levée en signe d'apaisement). Les salles 5 et 6 sont occupées par des frises décrivant la vie des cours royales, et par des statues de *naga* et de *nagini*, divinités aquatiques et souterraines en forme de serpents. Admirez dans la salle 7 la collection de **piliers** (époque kushan) et barrières de stupas, qu'animent des *yakshini* (nymphes gardiennes des sanctuaires) à la robustesse voluptueuse, telle cette gracieuse jeune femme épanouie devant son miroir, ou celle-là offrant de copieuses grappes de raisin en même temps que sa nudité. La salle 8 possède une statue du **Bouddha** du 5e s. (ère gupta), merveilleuse de sérénité et d'harmonie. Dans les dernières salles (Moyen Âge hindou, 7e-12e s.), vous verrez notamment un beau **Vishnou à quatre bras**.

Un grand centre religieux

Mathura était déjà une cité importante lorsque le Bouddha vint y prêcher au 6e s. av. J.-C. La foi nouvelle s'y implanta durablement et la ville devint un important foyer culturel et religieux, doté de nombreux monastères et stupas. Promue capitale d'hiver sous la dynastie des **Kushans** (1er-3e s.) convertis au bouddhisme (leur capitale d'été était Begram, dans les montagnes afghanes), Mathura devint un creuset de cultures, favorisant l'éclosion d'une célèbre **école de sculpture** *(voir p. 114)* qui atteignit son plein épanouissement sous les **Guptas** (4e-6e s.) et fut interrompue net par l'invasion des Huns, à la fin du 6e s.

LA TERRE SAINTE DU VISHNOUISME

Vers le 12e s., on commença à diffuser dans le nord de l'Inde le *Bhagavata Purana*, texte rédigé dans le sud vers le 10e s., qui popularisa les légendes entourant l'enfance de Krishna et donna une impulsion incomparable au mouvement de la *bhakti* (dévotion, *voir p. 93*). Le pays Braj devint alors lieu de pèlerinage pour les vishnouistes (Krishna est un avatar de Vishnou), attirant de nombreux saints et poètes qui se consacrèrent aux louanges de Dieu ; parmi eux, on trouve la célèbre princesse Mira Bai, au 15e s. *(voir p. 410)*, ou encore des penseurs tel le réformateur bengali Chaitanya (début du 16e s.).

KRISHNA, LE DIEU À LA PEAU BLEUE

La vie et les enseignements de Krishna font l'objet de multiples récits, souvent contradictoires selon qu'ils proviennent du *Mahabharata* (env. 4e s. av. J.-C.-3e s. apr. J.-C.), de la *Bhagavad Gita* (poème intégré dans le *Mahabharata*) ou du *Bhagavata Purana* (10e s.). Alors que la Terre était menacée par le démon Kamsa, roi de Mathura, Vishnou décida, pour la sauver, de s'incarner une huitième fois. Ainsi naquit Krishna, dans la communauté des Yadavs. Il fut élevé par des parents adoptifs, bergers à Vrindavan et, rapidement, ses exploits – mais aussi ses frasques et ses conquêtes féminines – le rendirent célèbre dans toute la région. Après avoir tué Kamsa, il partit fonder la ville de Dvarka (Gujarat) et servit de cocher au guerrier Arjuna au cours de la bataille finale rapportée dans le *Mahabharata*. Il mourut plus tard, à Dvarka, d'une flèche qui l'atteignit au talon, seule partie vulnérable de son corps.

QUERELLES DE VOISINAGE

Du 16e au 18e s., Mathura fut pillée à cinq reprises, notamment par l'empereur **Aurangzeb** (17e s.), qui détruisit la quasi-totalité des temples. Parmi ceux-ci, le sanctuaire commémorant le lieu de naissance de Krishna, à la place duquel il fit construire une mosquée.

Cette intolérance empoisonne aujourd'hui encore les relations entre les deux principales communautés religieuses. Dans les années 1990, des groupes hindous extrémistes ont à leur tour envisagé la destruction de la mosquée… Un dossier similaire ayant eu des conséquences dramatiques en 1992 à Ayodhya, ville natale du dieu Rama, dans l'Uttar Pradesh, les tensions ont fait craindre un bain de sang. Les marches entreprises pour revendiquer la restitution des lieux saints aux hindouistes ces dernières années s'étant déroulées pacifiquement, l'armée a fini par se faire plus discrète et l'atmosphère aux abords du site retrouve peu à peu sa sérénité.

MATHURA

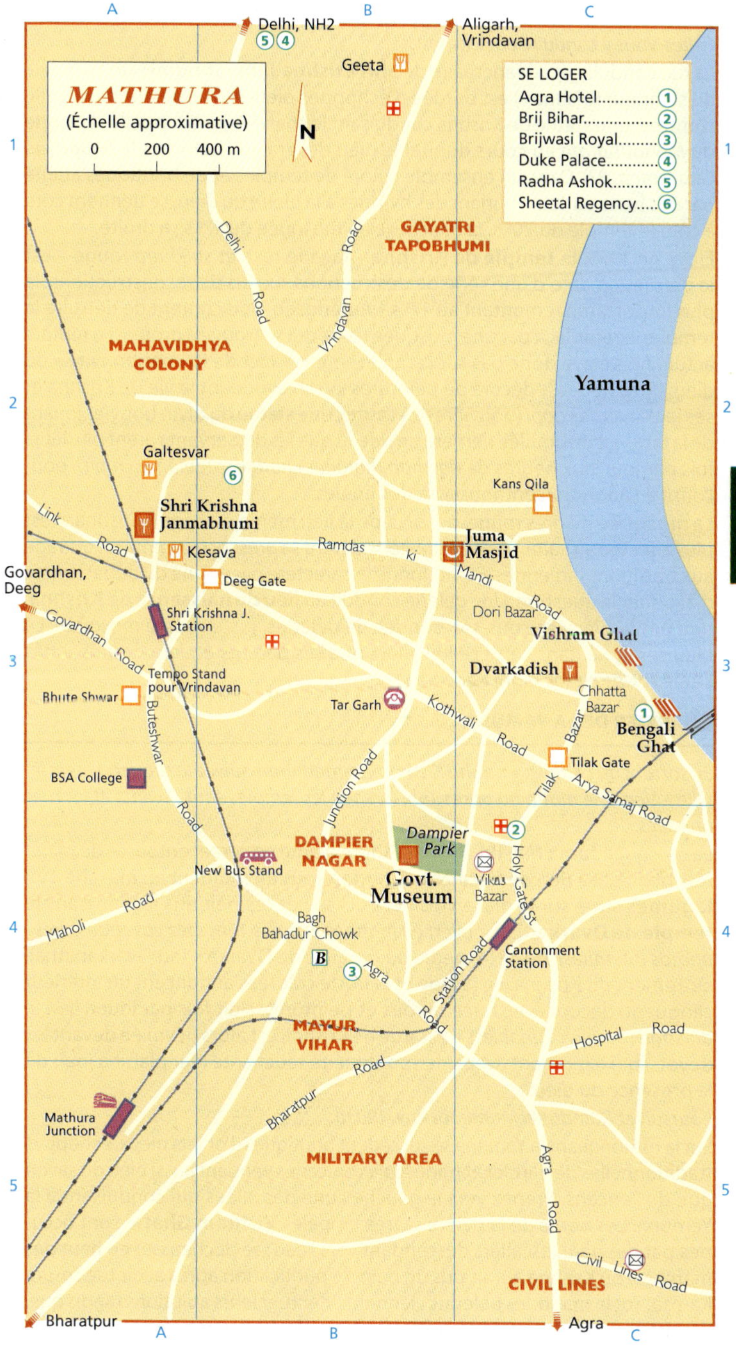
MATHURA
(Échelle approximative)
0 200 400 m
N
SE LOGER
Agra Hotel............1
Brij Bihar............... 2
Brijwasi Royal.........3
Duke Palace............4
Radha Ashok......... 5
Sheetal Regency.....6
Delhi, NH2
Aligarh, Vrindavan
Geeta
GAYATRI TAPOBHUMI
MAHAVIDHYA COLONY
Delhi Road
Vrindavan Road
Yamuna
Galtesvar
Kans Qila
Shri Krishna Janmabhumi
Link Road
Ramdas ki Mandi Road
Juma Masjid
Kesava
Deeg Gate
Govardhan, Deeg
Govardhan Road
Shri Krishna J. Station
Dori Bazar
Vishram Ghat
Dvarkadish
Tempo Stand pour Vrindavan
Bhute Shwar
Buteshwar Road
Tar Garh
Kothwali Road
Chhatta Bazar
Bengali Ghat
Tilak Gate
Tilak Bazar
Arya Samaj Road
BSA College
Junction Road
DAMPIER NAGAR
Dampier Park
Govt. Museum
Vikas Bazar
Holy Gate St.
New Bus Stand
Maholi Road
Bagh Bahadur Chowk
Agra Road
Station Road
Cantonment Station
MAYUR VIHAR
Hospital Road
Bharatpur Road
Mathura Junction
MILITARY AREA
Agra Road
Civil Lines Road
CIVIL LINES
Bharatpur
Agra
A
B
C
1
2
3
4
5

SHRI KRISHNA JANMABHUMI A2

Faites-vous y conduire en rickshaw.

La rue conduisant au sanctuaire de **Shri Krishna Janmabhumi** (« terre natale du seigneur Krishna ») est bordée d'échoppes pieuses. Au-dessus de la grille d'entrée, une statue de Krishna conduisant le char d'Arjuna rappelle l'épisode du *Mahabharata* au cours duquel le dieu délivra aux hommes la *Bhagavad Gita* *(voir p. 92)*. Dans un ensemble coloré de temples et de boutiques animé par des haut-parleurs hurlant des hymnes à la gloire du dieu, se tiennent côte à côte le temple du 20e s., à gauche, et la mosquée du 17e s., à droite.

Élevé en 1975, le **temple de Krishna** – façade rose et *shikhara* rouge – est le dernier en date d'une série de destructions suivies de reconstructions, la plus importante remontant au 17e s. : Aurangzeb, non content de détruire le temple, le remplaça par une mosquée (celle qui se trouve à droite). Le temple actuel ne s'élève donc pas sur l'emplacement exact de la « natibonvité » du dieu. L'intérieur est décoré de peintures kitsch évoquant la vie de Krishna et ses jeux avec les *gopi* (bouvières). À l'autel, une statue du divin bouvier jouant de la flûte est dissimulée derrière un rideau que les desservants tirent plusieurs fois par jour, aux heures de *darshan (horaires changeant selon les mois)*, pour l'offrir à l'adoration enthousiaste des fidèles.

La **mosquée** de grès rouge, qui occupe le lieu même où naquit Krishna, n'est plus affectée au culte. Les hindous considèrent sa présence comme un outrage aux traditions indiennes. Étant donné le caractère passionné du débat, évitez d'évoquer la question. Une galerie conduit au **lieu de naissance de Krishna**, une petite pièce en sous-sol, bondée de pèlerins, juste sous la mosquée. Le dieu serait né dans cette cellule alors que ses parents étaient emprisonnés par le roi-*asura* (démon) Kamsa.

QUARTIER DE LA YAMUNA C3

En sortant du complexe de Shri Krishna Janmabhumi, suivez la rue vers le centre-ville – Venez le matin ou après 16h, lorsque les temples sont ouverts et les rues animées.

La mosquée **Juma Masjid**, du 17e s., toute peinte en vert et entourée de minarets blancs, n'a rien de fascinant. Attardez-vous un moment au **marché aux légumes** situé sur la place voisine, puis suivez les pèlerins jusque dans le **temple de Dvarkadish** *(ouvert en matinée et après 16h ; ôtez vos chaussures - photos interdites)*, de 1814, dédié au « maître de Dvarka » (ou Dvarkanatha), autrement dit Krishna. La façade et la porte colorées annoncent un intérieur clinquant, décoré avec force miroirs et peintures. Huit fois par jour a lieu le *darshan (horaires variables)*. La statue de Krishna est alors dévoilée devant les dévots, qui expriment avec une spontanéité touchante leur plaisir à jouir de la présence du dieu.

Poursuivez Ramdas ki Mandi sur env. 100 m.

Sur la rue longeant la Yamuna se succèdent boutiques d'objets pieux, échoppes traditionnelles de barbier et minuscules épiceries vendant aussi bien du savon que de l'encens. Prenez vers la gauche l'une des allées qui conduisent à la Yamuna. Les bords de la rivière sacrée, appelés **Vishram Ghat★**, sont occupés par des *ghat* (escaliers descendant vers l'eau ; se déchausser en haut des marches) où Krishna aurait pris un bain de purification après avoir tué l'*asura* Kamsa. Tôt le matin, les pèlerins viennent effectuer leurs ablutions tandis que, le soir venu, le quartier résonne du chant des cloches annonçant la cérémonie de l'*arti* (offrande du feu) dans les nombreux petits sanctuaires voisins.

À proximité

★ **VRINDAVAN** en dir. B1

À 15 km au nord de Mathura - de Mathura, des tempo *partent face au New Bus Stand ou au sud du temple de Shri Krishna Janmabhumi (35mn - 10 Rs/pers.) – Comptez une demi-journée.*

Conseil – *Programmez votre excursion en fonction des heures de visite des temples (5h-11h et 16h30-20h env.)*

Si le brouhaha de Mathura vous pèse, dirigez-vous vers Vrindavan, la « forêt de basilic », qui abrita les exploits du jeune Krishna. Au cours des siècles, de nombreux ermites et penseurs vishnouistes vinrent s'y établir ; on y édifia des temples et des *ghat*. Le centre de ce gros bourg conserve des allures de village vivant au rythme d'antan ; il compte des centaines de temples que vous découvrirez au hasard des ruelles. Dans ses paisibles bazars, vous rencontrerez autant de vaches et de singes que d'humains.

La magie de Vrindavan réside dans l'harmonie de ses ruelles bordées de vieilles maisons et de temples. La Yamuna coule toujours au pied des *ghat* au nord de la ville, et quelques canotiers proposent leurs services près du *ghat* Chir. De là, une balade vers l'est au long des *ghat* conduit à un petit pont *(env. 500 m)*, au son des haut-parleurs diffusant les prières sans relâche.

1

Temple de Govind Dev

À droite en descendant la rue principale depuis le pont - au nord-est de la ville.

Détruit par le sultan Sikandar Lodi au 15e s., il fut reconstruit en 1590 par le maharaja d'Amber dans le style indo-musulman. Ce massif édifice de grès rouge comptait alors sept étages, mais les quatre supérieurs furent rasés au siècle suivant par Aurangzeb. Prévoyant l'expédition iconoclaste de l'empereur, le maharaja Jai Singh II avait fait transférer la statue principale du sanctuaire, Govind Dev (le « dieu bouvier »), vers sa ville de Jaipur.

Temple de Rangaji

En face du temple de Govind Dev - photos interdites à l'intérieur.

Reconnaissable à son haut *gopuram*, cet étonnant temple fut bâti en 1851 dans un style des plus éclectiques. Lui aussi dédié à Krishna, il est desservi par des prêtres du sud de l'Inde.

Temple de Krishna Balaram

À env. 4 km des précédents, au sud-ouest de la ville. Faites-vous y conduire en rickshaw.

Le siège indien de l'**ISKCON** *(International Society for Krishna Consciousness)*, connue sous le nom de secte des Hare Krishna, s'élève dans un parc où sont rassemblés des locaux administratifs, une pension pour pèlerins et un **mausolée** de marbre blanc *(à l'entrée du complexe)* qui commémore le fondateur de l'ISKCON, décédé en 1977. Le complexe regorge de pèlerins à la peau blanche et au crâne rasé, dansant et tapant sur leurs tambours pour célébrer Krishna dans une ambiance de carnaval. Il n'est pas sûr qu'un Indien, ignorant la culture occidentale, comprendrait le cheminement spirituel de ces « nouveaux hindous » convertis à la dévotion de Krishna…

NOS ADRESSES À MATHURA

INFORMATIONS UTILES

Indicatif téléphonique : 0565

Banque/Change

State Bank of India – B4 - *Bagh Bahadur Chowk, Station Rd*. Change. Distributeurs automatiques sur les artères principales.

Poste/Téléphone

GPO – C5 - *Civil Lines Rd, à env. 4 km du centre - tlj sf dim. 10h-16h, sam. 10h-15h.*

City Post Office – C4 - *Vikas Bazar, 1er étage - tlj sf w.-end 10h-16h.*

Santé

Maheshwari Hospital – en dir. B1 - *Masani Bypass, Delhi Rd - ☎ (0565) 253 03 81*. Clinique privée.

Sécurité

Police – *☎ (0565) 240 59 79.*

ARRIVER/PARTIR

Train

Mathura Junction Railway Station – A5 - *au sud-ouest, à env. 4 km de la Yamuna - ☎ 139 (centre de réservation)*. Départs fréquents pour Agra Cantonement *(env. 1h)*. Pour Delhi (gares de New Delhi ou de Nizamuddin), env. 10 *Superfast (2h)* et de nombreux *Express (3h)* ; le train le plus rapide, le *Shatabdi (45mn)*, part vers 7h30. Départs fréquents pour Bharatpur *(30mn)*, Sawai Madhopur *(3h)* et Kota *(4h30)* ; pour ces deux dernières villes, le plus pratique est le *Superfast* du matin, le *Golden Temple Mail*.

Bus

New Bus Stand – B4 - *Agra Rd.* Les horaires ne sont affichés qu'en hindi et il est difficile d'obtenir des informations. Départ fréquents pour Delhi (préférez le train) ainsi que pour Agra *(1h30) via* Deeg *(1h)*, Jaipur *(5h)* ; quelques bus pour Govardhan *(1h de trajet)*.

TRANSPORTS

Le seul endroit où il soit plaisant de se promener à pied est la rue qui longe la Yamuna. Ailleurs, empruntez plutôt les rickshaws, *tempo* (taxis collectifs) ou *tonga* (carrioles à cheval).

Rickshaw

Le trajet de la gare au centre-ville vous coûtera env. 40 Rs en auto-rickshaw et 25 Rs en cyclo-rickshaw.

HÉBERGEMENT

PREMIER PRIX

① **Agra Hotel** – C3 - *Bengali Ghat - ☎ (0565) 240 33 18 - ▤ ✕ ▭ - 14 ch. 500/600 Rs.* Auberge traditionnelle pour pèlerins sur le bord de la Yamuna. Chambres basiques mais pas trop désagréables quand leurs fenêtres donnent sur le fleuve.

② **Brij Bihar** – C4 - Holy Gate St - *☎ (0565) 250 10 90 - ▭ - 40 ch. 600/900 Rs.* Il propose des chambres toutes simples mais d'un meilleur rapport qualité-prix que les auberges des *ghat*. Celles sur rue disposent d'un balcon.

BUDGET MOYEN

⑥ **Sheetal Regency** – B2 - *Deeg Gate, Masani Rd - ☎ (0565) 240 44 01 - www.hotelsheetalregency.com - ▤ ✕ - Internet, agence de voyages - 28 ch. 2 550/2 950 Rs - ☕ 185 Rs - rest. 175/200 Rs.* Cet hôtel du centre offre tout le confort que prise sa clientèle d'hommes d'affaires.

③ **Brijwasi Royal** – B4 - *State Banque Crossing, Station Rd - ☎ (0565) 240 12 24 -*

www.brijwasihotels.com - *- 40 ch. 2600/3 000 Rs* Entre les gares routière et ferroviaire, cet hôtel est très bien tenu. Décoration agréable et chambres confortables même si l'ensemble opte plus pour la fonctionnalité que pour le charme.

④ **Duke Palace** – B1 - *Sarswati Kund, Masani Bypass, Delhi Rd, à 3 km du centre-ville - (0565) 243 03 54 - - 25 ch. 2 600/4 000 Rs.* Dans sa grande salle de cérémonie, cet hôtel accueille régulièrement des mariages de couples venus de l'Inde entière.

POUR SE FAIRE PLAISIR

⑤ **Radha Ashok** (Best Western) – B1 - *Masani Bypass, Delhi Rd - (0565) 253 03 95 - www. radhaashok.com - - Wifi - 28 ch. 5 200/9 800 Rs : - rest. 450/600 Rs.* À la sortie nord de Mathura, en bordure de champs, cet hôtel, quoique sans grand cachet, dispose de tout le confort, loin du bruit de la ville.

À Vrindravan

Ceux qui ne redoutent pas le manque de confort trouveront des *dharamsala* (auberges pour pèlerins, ici appelées *ashram*) sur Mahatma Gandhi Rd et autour du temple de Krishna Balaram.

PREMIER PRIX

Shri Krishna Balaram Guest House (ISKCON) – *Bhaktivedanta Swami Rd, dans la rue longeant le temple de Krishna Balaram - (0565) 254 00 22 - www. iskconvrindavan.com - - 44 ch. 300 Rs* Le repaire des Occidentaux convertis au culte du berger bleu. Couloirs et chambres sont décorés de chromos de Krishna et Radha. L'endroit est calme, clair et parfaitement propre. Eau chaude, mais pas de chauffage en hiver. Réservez au moins 15 j. à l'avance.

Dhanuka Ashram – *Parikrama Rd, 2e ruelle à droite après le temple de Krishna Balaram - (0565) 254 00 75 - - 35 ch. 300 Rs* Atmosphère paisible et jardin ensoleillé. Les chambres sont relativement propres et pourvues d'eau chaude ; pas de chauffage.

RESTAURATION

BUDGET MOYEN

Radha Ashok – B1 - *rest. de l'hôtel - - 6h15-22h30 - 450/600 Rs.* Une cuisine variée et *non veg* – ce qui est rare dans cette ville de pèlerinage. Cadre propre et clair. Inespéré !

ACHATS

Bazars – Dans la rue menant au sanctuaire de Shri Krishna Janmabhumi, dans **Chhatta Bazar** et le long des *ghat*, des magasins de souvenirs vendent images du dieu bleu, flûtes (instrument avec lequel il attirait à lui la gent féminine du Braj), foulards portant le *mantra « Hare Rama, Hare Krishna ».*

Articles courants – Le long de **Tilak Bazar** (C3-4) et dans **Vikas Bazar** (C4).

AGENDA

Krishna Janmashtami – *8e-9e j. après la pleine lune d'août-sept. (5-6 sept. 2015).*Commémoration de la naissance de Krishna, particulièrement fêtée au temple Janmabhumi et à Vrindavan.

Divali – *11 nov. 2015, 30 oct. 2016, 19 oct. 2017.* Moments intenses sur Vishram Ghat la nuit venue, lorsque chacun confie sa lampe à huile à la Yamuna.

Kamsa ka Mela – *Oct.-nov.* On célèbre la victoire de Krishna sur Kamsa en organisant un *Ram Lila* qui conte les exploits du dieu.

1

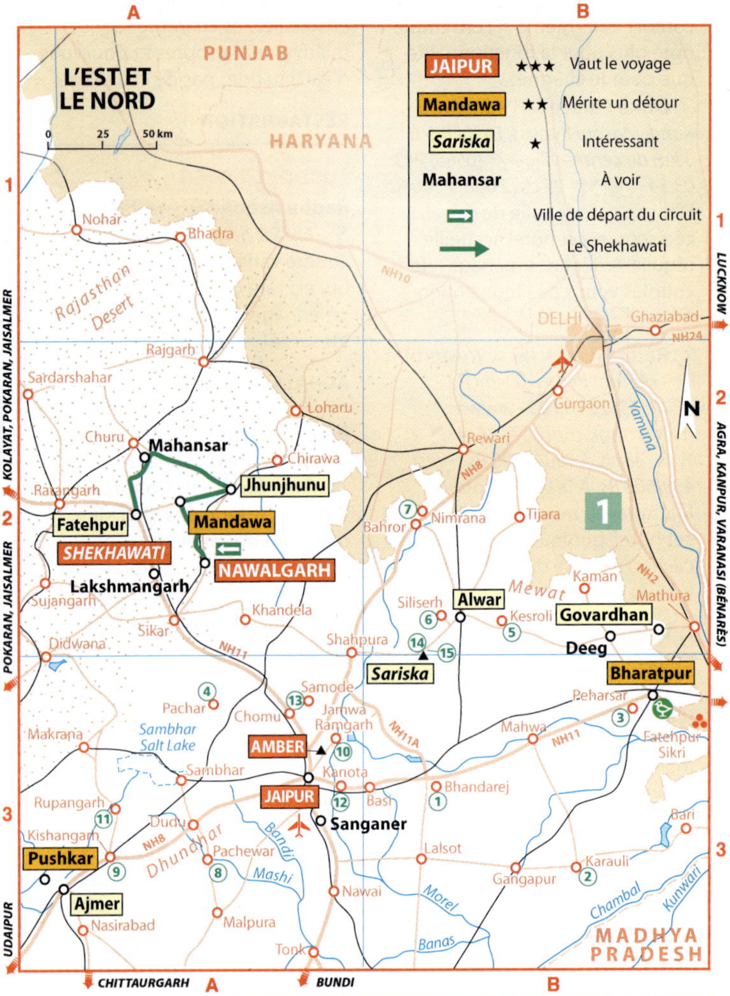

SE LOGER

- Bhadrawati Palace .... (1)
- Bhanwar Vilas Palace .... (2)
- Chandra Mahal Haveli .... (3)
- Golden Castle Resort .... (4)
- Hill Fort Kesroli (The) .... (5)
- Lake Palace .... (6)
- Nimrana Fort Palace .... (7)
- Pachewar Garh .... (8)
- Phool Mahal Palace .... (9)
- Ramgarh Lodge (The) .... (10)
- Roopangarh Fort .... (11)
- Royal Castle Kanota .... (12)
- Samode Bagh et Samode Palace .... (13)
- Sariska Palace .... (14)
- Tiger Den .... (15)

L'Est et le Nord 2

Jaipur

★★★

3,1 millions d'hab. – Alt. 430 m – Capitale de l'État du Rajasthan

NOS ADRESSES PAGE 246

S'INFORMER

Tourist Reception Centre (RTDC) – A2 - *à la gare, quai n° 1 - ✆ (0141) 231 57 14 - tlj sf w.-end 10h-17h.* Autre antenne – B3 - *M.I. Rd, à l'angle de Sardar Patel Rd - ✆ (0141) 237 54 66 et 237 58 35 - www.rtdc.in - tlj sf w.-end 10h-17h.* Brochures et plans des principaux centres touristiques du Rajasthan, liste des guides et chambres d'hôtes de Jaipur. Accueil sympathique et efficace.

Tourist Reception Centre (Gouvernement de l'Inde) – A2 - *Khasa Kothi Hotel - ✆ (0141) 237 22 00 - lun.-vend. 9h-18h, sam. 9h-13h.* Informations sur l'Inde et liste des guides.

Visites guidées – Le **RTDC** *(voir ci-dessus)* organise des tours de la ville en bus *(8h-13h, 11h30-16h30, 13h30-18h30 - 250 Rs hors guide et droits d'entrée)*, un circuit à la journée *(9h-18h - 300 Rs)* et une excursion *Pink City by night* avec dîner *veg* au fort de Nahargarh *(18h30-22h30 - 375 Rs)*. Tous incluent la visite d'Amber mais ne font que passer devant le palais des Vents et Gaitor.

SE REPÉRER

Carte régionale p. 222 – Plan de la ville p. 228-229 – *À 258 km de Delhi, 232 km d'Agra, 405 km d'Udaipur, 146 km de Pushkar.*

Le centre-ville moderne s'organise autour de deux axes principaux : **Station Rd** et **Mirza Ismail (M.I.) Rd**. Sur cette dernière, on se repère par rapport au restaurant Niro's, à l'est (C3), et au complexe de commerces et de bureaux **Ganpati Plaza**, à l'ouest (B2). Les remparts délimitent la **« Ville rose »**, cœur historique de Jaipur, au nord.

Voir aussi la rubrique « Arriver/partir » dans « Nos adresses ».

À NE PAS MANQUER

La façade du palais des Vents le matin ; une demi-journée de shopping ; la forteresse d'Amber.

Marché dans le quartier de Chhoti Chaupar à Jaipur.
C. Heeb/John Warburton-Lee/Photononstop

ORGANISER SON TEMPS

Comptez deux jours de visite avec les balades aux environs. Promenez-vous dans la « Ville rose » tôt le matin, lorsqu'il y a moins de circulation ; comptez 2 à 3h de balade à pied. Attendez la fin de votre séjour à Jaipur pour y effectuer vos achats.

AVEC LES ENFANTS

Les constructions gigantesques du Jantar Mantar ; un après-midi piscine dans un hôtel ; un spectacle folklorique à Chokhi Dhani ; la montée vers la forteresse d'Amber à dos d'éléphant.

2

Avec ses remparts crénelés d'opérette, sa couleur rose omniprésente, son architecture de folies orientales, Jaipur s'offre comme l'une des villes les plus séduisantes de l'Inde. Même si elle a perdu de sa superbe au cours des dernières décennies et que le bruit et la pollution y ont pris leur place, elle reste cette cité d'artisans prodigieusement habiles dont le nom évoque des images de palais et de bazars odorants, regorgeant de pierres précieuses et de soie colorée... Et l'inscription de son observatoire astronomique du 18e s. sur la prestigieuse liste de l'Unesco en 2010 a donné un coup de pouce supplémentaire à la fréquentation touristique de la ville. Étalée au pied d'un chaînon des Aravalli, la capitale du Dhundhar, royaume des puissants maharajas du clan des Kachhvahas, fut conçue au 18e s. comme un gigantesque damier. Toutes les rues se coupent à angle droit et les façades des maisons, de même style et conjuguant tous les tons de rose, s'alignent au cordeau, créant une impression d'unité et d'harmonie – à la plus totale indifférence des voitures et des motos, roulant en tous sens, klaxon enfoncé. Si vous êtes lassé par tant d'agitation et de bruit, faites-vous conduire à la forteresse d'Amber ou aux temples de Galta, dissimulés dans les collines à moins de dix kilomètres, et passez la fin de l'après-midi dans l'un des nombreux hôtels installés dans des « haveli » ou d'anciens palais, afin de goûter aux charmes de la vie princière le temps d'une tasse de thé ou d'un repas.

★★★ La Ville rose (Pink City) Plan de ville

Circuit 1 tracé en vert sur le plan de ville (p. 228-229) – Comptez 2 à 3h.
Malgré l'agrandissement de la capitale rajasthanie, la « Ville rose » demeure le centre nerveux de la cité. Son plan, conçu dans les années 1720 à la demande du maharaja **Jai Singh II**, fondateur de Jaipur, organise la ville selon un tracé

Le rêve d'un maharaja épris de progrès

LE DHUNDHAR, ALLIÉ DES MOGHOLS

Jaipur fut fondée en 1727 par le maharaja **Jai Singh II** (1699-1743), du clan rajput des Kachhvahas. Depuis le 12e s., cette dynastie de rajas régnait sur le **Dhundhar**, avec pour capitale la forteresse d'Amber, cachée dans les collines à 8 km de là. Petit royaume parmi d'autres pendant 400 ans, le Dhundhar fut catapulté à une position de prééminence au 16e s., lorsque le raja **Bhar Mal** (1548-1574) s'allia avec l'empereur moghol Humayun : Bhar Mal se plaça sous la suzeraineté de ce dernier, mit son fils au service de l'Empire et, geste sans précédent pour un hindou, donna sa fille en mariage au fils de l'empereur, le futur Akbar. En contrepartie, Humayun lui confia le commandement d'une troupe et le nomma gouverneur des provinces qu'il conquérait au nom de l'Empire. Ce type d'échange allait devenir traditionnel entre les Grands Moghols et les Kachhvahas, bientôt imités par d'autres souverains rajputs. Quant aux Moghols, ils avaient tout intérêt à maintenir cette alliance avec Amber, car celle-ci occupait une position stratégique sur la route qui reliait Delhi à Ajmer, important centre de pèlerinage musulman et capitale d'une province moghole. La puissance du Dhundhar connut son apogée sous **Man Singh I** (1589-1614) puis **Jai Singh I** (1621-1667), soldats hors pair qui remportèrent des victoires décisives pour le compte des Moghols.

UNE NOUVELLE CAPITALE

Le règne de **Jai Singh II** (1699-1743) marqua un autre sommet de la puissance des Kachhvahas. Grand soldat et brillant homme d'État, le souverain était aussi un érudit d'une insatiable curiosité intellectuelle et un astronome réputé qui conçut et fit construire cinq observatoires révolutionnaires. Enfin, il fut un bâtisseur visionnaire qui donna au Dhundhar sa nouvelle capitale : Jaipur.
À la mort de l'empereur Aurangzeb (1707), Jai Singh II unit les royaumes rajputs dans une alliance défensive afin de se libérer de la puissance moghole vacillante. Allié aux Sisodyas d'Udaipur (des ennemis de longue date) et aux Rathors de Jodhpur, il tint victorieusement tête aux Moghols, avec lesquels une paix fut signée en 1710. La ville d'Amber, à l'étroit dans la passe rocheuse où elle se nichait, était devenue trop petite pour un royaume si puissant. Jai Singh II décida alors, en 1727, de bâtir dans la plaine une nouvelle capitale qui serait une ville idéale et qu'il nomma Jaipur, « ville de Jai », mais aussi « ville de la Victoire ».

UN URBANISME DICTÉ PAR L'ASTRONOMIE

Jai Singh II confia la réalisation de sa nouvelle capitale à un prêtre-architecte d'origine bengalie, **Vidyadhar Bhattacharya** ; également mathématicien, celui-ci organisa la ville selon un plan tracé au cordeau. Il adopta pour cela le diagramme rituel prescrit par le *Vastu Vidya* , traité ésotérique d'architecture des temps anciens : un carré divisé en neuf portions égales (dix si l'on compte l'extension au sud-est) par quatre larges avenues se coupant à angle droit. En réalité, l'une des deux artères est-ouest est interrompue par le palais et le tracé se révèle irrégulier, au nord, à cause de la topographie et du non-respect du plan original par les successeurs de Jai Singh. Les neuf quartiers *(muhalla)* ainsi délimités, assimilés aux neuf planètes de l'astrologie hindoue, furent répartis par caste, autrement dit par corps de métier, les deux centraux étant dévolus au souverain. On retrouve aujourd'hui des descendants des tailleurs de pierre ou des bijoutiers installés dans le quartier qui leur fut affecté au 18e s. Chaque *muhalla* est lui-même divisé par des rues et des ruelles parallèles aux avenues. Pour créer un sentiment d'unité, tous les bâtiments devaient avoir le même nombre d'étages et le même style.

Attirés par la paix exceptionnelle qui régnait dans le Dhundhar, marchands, prêteurs, joailliers, artisans affluèrent dans la nouvelle cité, notamment beaucoup de jaïns, tandis que la noblesse locale y construisait des *haveli*.

DU ROSE POUR LES ANGLAIS

Jusqu'au début du 19e s., le Dhundhar demeura un havre de sécurité et de prospérité, tandis que les sikhs paralysaient les voies commerciales traversant le Punjab, et que les agressions des Jats et des Marathes affaiblissaient les autres États rajputs, en proie à des querelles de succession. Cependant, en 1818, comme les autres souverains du Rajputana, les Kachhvahas finirent par signer avec les Britanniques un traité séparé d'alliance défensive qui garantissait la sécurité de leurs frontières en échange d'une certaine perte d'indépendance. Un résident s'installa à Jaipur et les souverains, profitant de la *pax britannica*, se lancèrent dans des travaux d'intérêt public qui allaient moderniser la cité. En 1876, le maharaja Ram Singh II (1835-1880) fit repeindre la ville afin d'accueillir dignement le prince de Galles (le futur Édouard VII), adoptant une teinte rose unique pour toute la cité. Cette tradition sera maintenue : aujourd'hui encore, les autorités locales veillent à ce que la vieille ville soit régulièrement repeinte dans sa couleur fétiche.

MAN SINGH II, LE DERNIER MAHARAJA RÉGNANT

En 1922 monta sur le trône un jeune garçon, fils d'un petit noble local. Il venait d'être adopté par le maharaja précédent, dépourvu de descendance. Un physique séduisant, des exploits sur les meilleurs terrains de polo et une existence mondaine cosmopolite lui valurent célébrité et sympathie. Avec sa troisième épouse, Gayatri Devi, que *Vogue* avait classée parmi les dix plus belles femmes au monde, ils donnaient l'image d'un couple moderne et romantique, recevant les célébrités du moment dans leur palais de Rambagh. En 1962, la maharani Gayatri Devi fut élue au Parlement indien avec une majorité record, figurant au *Guinness Book*. Les fils du maharaja Man Singh II, décédé en 1970 sur un terrain de polo anglais, furent hommes d'affaires ou industriels. L'aîné, **Sawai Bhavani Singh**, fut membre du Parlement de l'Union. Décédé en avril 2011 sans descendance masculine, il a vu lui succéder au titre de maharaja de Jaipur **Sawai Padmanabh Singh**, le fils de sa sœur, âgé de 12 ans.

UNE GRANDE VILLE DE L'INDE MODERNE

Man Singh II décida de fondre son royaume dans l'État du Rajasthan nouvellement constitué en 1949, deux ans après l'indépendance de l'Inde. Jaipur devint capitale et son maharaja gouverneur du nouvel État. Dans le développement anarchique propre à l'Inde contemporaine, l'harmonieux cadre du 18e s. est mis à mal ; la belle géométrie voulue par Jai Singh II semble totalement oubliée dans les nouveaux quartiers qui s'étendent au-delà des murailles, au sud et à l'ouest. Il faut dire que la population de Jaipur a quadruplé en cinquante ans… Une situation difficile à gérer, même pour les urbanistes les plus consciencieux.

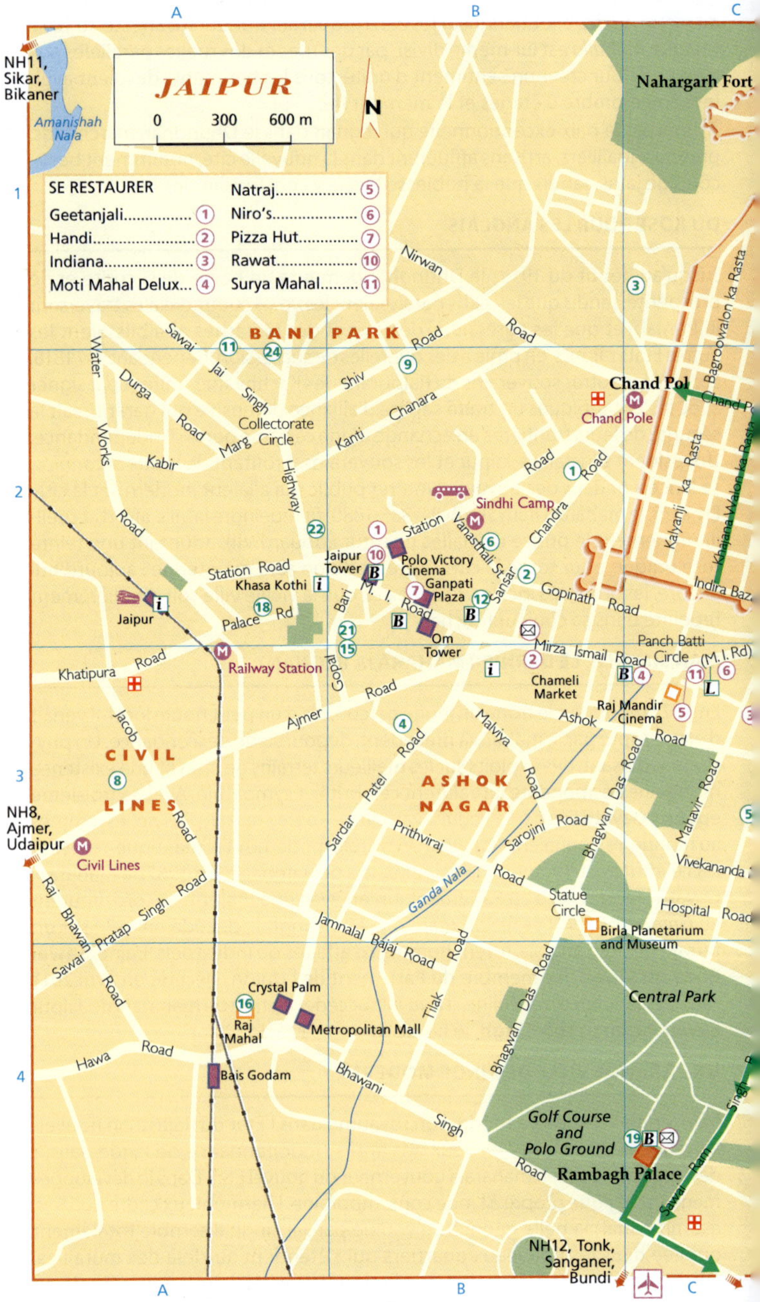
JAIPUR
0 300 600 m
N
SE RESTAURER
Geetanjali 1
Handi 2
Indiana 3
Moti Mahal Delux 4
Natraj 5
Niro's 6
Pizza Hut 7
Rawat 10
Surya Mahal 11
NH11, Sikar, Bikaner
Amanishah Nala
Nahargarh Fort
BANI PARK
Nirwan Road
Sawai Jai Singh Marg
Water Works Road
Durga Road
Kabir
Shiv Road
Kanti Chanara Road
Collectorate Circle
Highway
Chand Pol
Chand Pole
Bagroowalon ka Rasta
Chand P
Kalyanji ka Rasta
Khajana Walon ka Rasta
Sindhi Camp
Station Road
Vanasthali St
Chandra
Jaipur Tower
Polo Victory Cinema
Ganpati Plaza
M. I. Road
Om Tower
Sansar
Gopinath Road
Indira Baz
Khasa Kothi
Palace Rd
Bari
Gopal
Jaipur
Railway Station
Khatipura Road
Mirza Ismail Road
Panch Batti Circle
(M.I. Rd)
Chameli Market
Raj Mandir Cinema
Ashok Road
Ajmer Road
Malviya Road
Jacob Road
CIVIL LINES
ASHOK NAGAR
Patel Road
Sardar
Prithviraj Road
Sarojini Road
Bhagwan Das Road
Mahavir Road
Vivekananda
NH8, Ajmer, Udaipur
Civil Lines
Raj Bhawan Road
Sawai Pratap Singh Road
Ganda Nala
Statue Circle
Hospital Road
Birla Planetarium and Museum
Jamnalal Bajaj Road
Tilak Road
Crystal Palm
Raj Mahal
Metropolitan Mall
Central Park
Hawa Road
Bais Godam
Bhawani Singh Road
Golf Course and Polo Ground
Rambagh Palace
Sawai Ram Singh
NH12, Tonk, Sanganer, Bundi
A
B
C
1
2
3
4

D
E
23 7 NH8 Delhi, Amber Fort, Jaigarh
Ramgarh
Gaitor
Zorawar Singh Gate
17
20
Ganga Pol
Talkatora
Chaugan
Jai Niwas Garden
Govind Dev
Saras Sadan Haveli
Gangauri Bazar
CITY PALACE
Ishwari Minar Swarga Sal
Sireh Deorhi Bazar Gate
Sireh Deorhi Bazar
Ganga Pol Road
Char Darwaza
National Highway N° 8
1
Bazar
Chhoti Chaupar
Tripolia Gate
Tripolia Bazar
1
Hawa Mahal
Jantar Mantar
Shri Biseswarji
Bari Chaupar
Ramganj Bazar
Dayanand Road
Mani Pol Bazar
Haron ka Rasta
Gopalji ka Rasta
Kishan Pol Bazar
Chaura Rasta
B
Jaïn Shriji Amber
Goupalji Temple
PINK CITY
Murlimanohar
Suraj Pol Bazar
2
10
L. M. B.
Johari Bazar
Ajmeri Gate
Suraj Pol
Galta
Nehru Bazar
Bapu Bazar
Ghat Darwaza Bazar
Paharganj ka Road
ndian Coffee House
Mirza Ismail Rd
New Gate
2
Sanganeri Gate
Zoo
Ram Niwas Gardens
Ghat Darwaza
Rasta Balaji ki Kothi
T
Sawai Ram Singh Road
Albert Hall Museum
Roman Catholic Church
Agra Road
3
13
FATEH TIBBA
Nehru Road
Moti Dungri Road
Jawaharlal Nehru
Gita Bhawan
Adarsh Nagar Road
ADARSH NAGAR
Sisodya Rani Palace, Galta, Agra, NH11
4
14
Lakshmi Narayan Temple, Moti Dungri Fort
SE LOGER
Alsisar Haveli...... 1
Arya Niwas......... 2
Bissau Palace...... 3
Chirmi Palace...... 4
Diggi Palace........ 5
Gaurav............... 6
Holiday Inn......... 7
Jai Mahal Palace. 8
Jaipur Inn........... 9
L.M.B. Hotel........ 10
Madhuban Guest House.... 11
Mansingh............ 12
Nana ki Haveli.... 13
Narain Niwas Palace. 14
Pearl Palace............... 15
Raj Mahal Palace...... 16
Raj Palace (The)........ 17
Rajputana Palace Sheraton................ 18
Rambagh Palace....... 19
Samode Haveli.......... 20
Sunder Palace Guest House........... 21
Teej........................... 22
Trident (The)............. 23
Umaid Bhawan Guest House........... 24

resté intact. Il s'agit là du seul plan d'urbanisme hindou de l'époque moderne. Malheureusement, tous les traités théoriques à son sujet ont été détruits, un des successeurs de Jai Singh II ayant vendu comme papier d'emballage une partie de la bibliothèque du palais.

★★★ COMPLEXE DU CITY PALACE D1-2

La visite débute sur Sireh Deorhi Bazar, devant la façade du palais des Vents.
Ce vaste complexe palatial fondé par Jai Singh II (première moitié du 18e s.) regroupe, outre des bâtiments de l'administration du Rajasthan, les principales curiosités touristiques de la ville : le palais des Vents, l'observatoire et le palais proprement dit, transformé en musée. L'ensemble est entouré d'un mur d'enceinte du 18e s. auquel s'adossent boutiques, habitations privées et petits temples.

★★ Palais des Vents (Hawa Mahal) D2

La façade donne sur Sireh Deorhi Bazar - pour visiter l'intérieur, gagnez Tripolia Bazar et franchissez la 1re porte sur la droite - 9h-16h30 (dernière entrée) - billet combiné (voir p. 248) ou 50 Rs, droits photo et vidéo inclus ; audioguide en anglais, 110 Rs.

Conseil – Venez tôt le matin pour avoir la meilleure lumière sur la façade.
Le palais des Vents est englobé dans le mur d'enceinte de l'ensemble palatial, mais son étonnante **façade★★★** à cinq étages se dresse à même la rue. Elle est tout en logettes faisant saillie côte à côte – 61 *jharokha* (balcons couverts) fermés par de fines *jali* (claustras) qui permettent de capter la brise sur trois côtés et de voir dans trois directions. Voir, regarder, observer, c'est à cela seulement que servait ce palais – mais voir sans être vu ! En effet, le Hawa Mahal se réduit quasiment à sa façade : il n'est qu'un gigantesque paravent ajouré, construit en 1799 pour que les femmes du City Palace puissent jouir en toute fraîcheur du spectacle de la rue tout en respectant les règles strictes du *purdah* qui les obligeaient à rester invisibles aux yeux étrangers. Des souterrains, encore utilisés sous le dernier maharaja régnant, relient le *zenana* royal au palais des Vents.
Dans les étages, attardez-vous à contempler à travers les *jali* l'animation de la rue et la vie quotidienne se déroulant sur les terrasses, tout en savourant la fraîcheur des courants d'air. De l'étage supérieur, vous découvrirez un panorama superbe sur le palais de la Cité, la ville et sa ceinture de collines.
En sortant du palais des Vents, revenez sur Tripolia Bazar, tournez à droite et pénétrez dans le complexe du City Palace par la 1re porte à droite. Au-delà se trouve **Tripolia Gate**, la « triple porte », réservée autrefois au seul souverain. Elle est assez haute pour permettre le passage d'un éléphant portant un *howdah*. Le passage mène à Chandni Chowk, la place du Clair de lune, sur laquelle se dressent les formes insolites de l'observatoire et, au fond, le palais de la Cité.

★★ Observatoire du Jantar Mantar (Jantar Mantar) D2

9h-16h30 - billet combiné (voir p. 248) ou 200 Rs, droits photo et vidéo inclus ; audioguide en français, 250 Rs - guides à l'entrée – Comptez 30mn de visite. Son et lumière en anglais à 18h30 - durée env. 50mn.
Ces étranges structures à la géométrie très pure ne sont pas de géantes sculptures abstraites mais des instruments astronomiques colossaux que Jai Singh II fit construire entre 1728 et 1733 et que l'Unesco a inscrits en 2010 sur la liste du patrimoine de l'humanité. Le souverain éclairé entendait, grâce à ces constructions, affiner ses observations et calculs sur la course des astres, en vue de réviser les calendriers hindou et musulman à des fins astrologiques.

Quelques années plus tôt, il avait fait édifier des instruments plus ou moins semblables (mais moins nombreux) à Delhi *(voir p. 155)*, à la demande de l'empereur. Le génial maharaja était en effet très au fait des dernières connaissances en matière d'astronomie. Il avait lu les écrits de tous les spécialistes – hindous, grecs, arabes, persans et européens – et avait fait venir à sa cour des astronomes, dont deux jésuites, l'un français, l'autre portugais.
Ces 17 instruments, construits en maçonnerie et enduits de stuc badigeonné de jaune, sont dépourvus de toute décoration, ce qui accentue l'étonnante force plastique de leurs volumes géométriques. Juste à gauche de l'entrée, le **Laghu Samrat Yantra**, petit cadran solaire, sert entre autres à déterminer l'heure exacte de Jaipur, pouvant varier de 10 à 41mn avec l'heure officielle de l'Inde. À côté, deux blocs hémisphériques forment le **Nari Valaya Yantra** : ils représentent l'hémisphère nord et l'hémisphère sud, et permettent de calculer les heures en différents points du globe. L'immense disque métallique voisin, le **Yantra Raj**, aurait inspiré deux volumes entiers à Jai Singh II ; le trou central représente l'étoile polaire, tandis que la ligne située 27° au-dessus correspond à la latitude de Jaipur. L'instrument aide à calculer la position de diverses constellations. Près du petit cadran solaire, l'instrument constitué de deux cavités hémisphériques, le **Jai Prakash Yantra**, est une invention du maharaja pour vérifier les calculs effectués avec les autres instruments. Douze **Rashi Valaya Yantra**, petites constructions trapézoïdales, occupent le côté droit du parc, chacune servant à mesurer l'apparition d'un signe du zodiaque au-dessus de l'horizon. Le **Ram Yantra**, astrolabe formé de deux structures cylindriques de douze colonnes chacune, a pour fonction de calculer l'altitude et l'azimut des astres. Au fond du parc, l'immense cadran solaire (gnomon) gradué, **Brihat Samrat Yantra**, permet de déterminer les coordonnées locales grâce à l'ombre projetée par une « aiguille » longue de 27 mètres.

★★ Palais de la Cité (City Palace - Maharaja Sawai Man Singh II Museum) D1-2

http://msmsmuseum.com - 9h-17h45 (dernière entrée 17h) - 300 Rs incluant droit photo (dans les faits, photo souvent interdite…) ; vidéo 200 Rs - audioguide en français 80 Rs - pour apprécier la sérénité des lieux, venez dès l'ouverture et de préférence en semaine – Comptez 1h30.

Cette partie du complexe palatial appartient à la famille royale, qui en habite toujours le bâtiment central.
Au centre de la 1re cour s'élève le **Mubarak Mahal** (palais de Bienvenue) *(photo interdite à l'intérieur)*, édifice en marbre entouré d'une loggia aux colonnettes graciles. Le maharaja Madho Singh II (règne : 1880-1922) le fit édifier en 1899 pour loger ses hôtes de marque. Il abrite la section des **vêtements royaux★**, composée de riches saris en soie, d'étoffes somptueusement brodées ou

SAWAI JAI SINGH II

La tradition raconte que lorsque Jai Singh II, alors agé de 11 ans, vint payer son tribut au Grand Moghol Aurangzeb, celui-ci saisit ses mains dans les siennes et, se moquant, lui demanda à quoi pouvait lui servir une épée à présent que ses mains étaient liées. Le jeune garçon répliqua avec tact : « Quand un fiancé prend la main de sa future épouse, il s'engage à la protéger sa vie durant. À présent que l'empereur a daigné prendre ma main, qu'aurais-je à craindre ? » Conquis par tant de présence d'esprit, Aurangzeb se radoucit et lui décerna le titre héréditaire de *sawai* (« un et quart ») en reconnaissance de sa supériorité intellectuelle sur les autres rajas.

imprimées selon le savoir-faire des artisans de Sanganer, de magnifiques châles du Cachemire, en laine de chèvre *(pashmina)* ou en poil d'antilope *(shahtush)* ; la tradition affirme que les meilleurs sont si fins qu'ils pourraient passer à travers la bague d'une princesse. Notez la **robe de Madho Singh I** (règne : 1750-1768), en soie de Bénarès ; sa taille gigantesque s'explique par les mensurations de ce maharaja : plus de 2 m de haut pour 200 kg !

Derrière cet édifice, le bâtiment des **Friends of Museum** regroupe les objets, restaurés, qui ornaient jadis le Diwan-i Am : une belle collection d'**instruments de musique** utilisés pour les concerts donnés à la cour, de somptueux **howdah** (nacelles pour voyager à dos d'éléphant) et palanquins, ainsi qu'une balançoire en argent, des **tapis** d'Herat, de Lahore et d'Agra du 17e s., une très précieuse série de **manuscrits** et de **miniatures** moghols et rajputs, dont une représentation inattendue de la Sainte Famille (école du Deccan, 1627), peinte d'après une œuvre européenne ; Marie y arbore le doux visage d'une princesse indienne, orné d'un *tika* (le point rouge des femmes mariées) et d'une chevelure de jais. Vous noterez aussi le splendide **Razm Nameh** en persan, réalisé pour Akbar dans les années 1580, ainsi qu'un exemplaire richement illustré de la *Gita Govinda* relatant la vie de Krishna, un minuscule exemplaire de la *Bhagavad Gita*, et des ouvrages d'astronomie ayant appartenu à Jai Singh II, dont certains sont ses propres écrits.

La **Singh Pol★** (porte du Lion) en marbre blanc est gardée par deux statues d'éléphants ainsi que par deux serviteurs du palais en tenue : pantalon blanc, *achkan* blanc ou noir selon la saison, et turban rouge.

Avant de la franchir, montez au 1er étage du **Maharani Palace** *(à gauche de la Singh Pol)*. Sa galerie d'accès expose des miniatures à différents stades d'achèvement, intéressantes car elles en montrent le processus de réalisation. Dans une suite de salles du 18e s., sous de superbes **plafonds★★** richement ornés, est exposée l'une des plus belles **collections d'armes★** hindoues et mogholes de l'Inde *(photo interdite)*. Parmi ce déluge de fer, notez la délicatesse des arabesques damasquinées sur les lames en acier, ou la beauté des poignards moghols *(khanjar)* aux manches en jade incrusté de rubis et d'émeraudes serties d'or. Certains *katar* (poignards aux lames impressionnantes) sont renforcés de deux petits pistolets. Vous remarquerez aussi un canon de petite taille *(rekhla)* provenant d'Amber, l'une des premières pièces d'artillerie rajpute, ainsi que le sabre du maharaja Ram Singh II, au manche orné de rubis, cadeau de la reine Victoria.

De retour dans la cour, passez la Singh Pol.

Elle ouvre sur une deuxième cour, close par trois étages de galeries fermées de *jali*. Au centre se dresse un harmonieux pavillon à toit plat, de style moghol, le

LES JARRES EN ARGENT DU « GUINNESS BOOK »

Le Diwan-i Khas abrite deux jarres en argent gigantesques, polies à en briller comme des miroirs. Chacune peut contenir 8 182 litres, un volume tellement colossal qu'elles figurent au *Guinness Book of Records*. Le pieux maharaja Madho Singh II les fit fabriquer avant un voyage en Angleterre, où il se rendait à l'occasion du couronnement d'Édouard VII, en 1901. Elles étaient destinées à contenir de l'eau du Gange, la seule suffisamment pure pour être bue et utilisée pour ses ablutions. Pendant les six mois que dura ce voyage, les deux récipients furent régulièrement remplis d'eau du Gange arrivée par bateau. Pour la petit histoire, notons que le maharaja refusa de s'incliner devant Édouard VII.

Foule dans Purohitji ka Katla.
Anurag Mallick, Priya Ganapathy/MICHELIN

Diwan-i Khas★ (hall des Audiences privées). Le rose saumon domine, rythmé en mineur par le marbre blanc des colonnes et des arabesques ornementales. L'ensemble compose une superbe synthèse des styles rajput et moghol du 18e s. Dans cette cour, le maharaja participe chaque année à un rituel religieux *(puja)* célébré avec tout le faste prescrit, porteurs de chasse-mouches et éléphants compris. Aux voûtes du Diwan-i Khas, peintes d'arabesques florales en camaïeu de rose, sont accrochés des lustres en cristal de Lalique. Ici a lieu l'onction du nouveau maharaja – dernier en date, le prince Padmanabh Singh l'a reçue en avril 2011, à l'âge de 12 ans.

2

Sur le côté gauche de la cour quand on tourne le dos à la Singh Pol, une porte mène au **Pritam Niwas Chowk**, une ravissante petite cour aux quatre **portes★** admirablement décorées. Leurs vantaux recouverts de plaques de cuivre ouvragé sont comme nimbés par la peinture chatoyante du porche qui les encadre, représentant des paons faisant la roue. Les couleurs vives de l'oiseau d'immortalité évoquent les spectacles de danse qui se déroulaient autrefois dans cette cour.

Dominant la cour, le **Chandra Mahal** (palais de la Lune) dresse sa façade jaune pâle sur six niveaux parés de galeries, la dernière formant un belvédère qui surplombe toute la ville. Le palais constitue les appartements privés du maharaja et de sa famille. Ses plus belles salles font l'objet d'une visite à part *(2 500 Rs, guide ou audioguide en français compris - ticket à se procurer sous la Singh Pol - durée 1h)* au cours de laquelle vous découvrirez le **Chandra Mandir**, orné de motifs floraux moghols et datant de l'époque de Jai Singh II, le **Sukh Niwas**, salle à manger aux meubles d'argent massif et aux lustres Lalique, le **Sobha Niwas**, pièce de réception réservée aux grandes occasions et somptueusement parée en conséquence, les délicieuses peintures bleues et blanches du **Chhavi Niwas**, et l'éblouissant **Sri Niwas**, tout constellé d'éclats de miroirs.

Retournez dans la cour du Diwan-i Khas que vous traverserez pour gagner l'aile opposée au Pritam Niwas Chowk, le **Sabha Niwas**.

Sur les murs, des photographies que Ram Singh II (1835-1880) prit et développa lui-même offrent des témoignages émouvants de la Jaipur du 19e s. Au fond du couloir s'ouvre le **Diwan-i Am★★** (hall des Audiences publiques) *(photo interdite)*, où les maharajas rassemblaient leur *durbar* (ensemble des nobles) et recevaient leurs hôtes. Sous les lustres en cristal de Bohème, la beauté des volumes et la délicatesse des arabesques et des motifs floraux peints en teintes vives, d'inspiration moghole, font de cette salle l'un des plus beaux exemples de pièce de réception du 18e s.

En sortant du palais, prenez à gauche le passage menant au Jaleb Chowk.

La vaste cour du **Jaleb Chowk** est bordée par les anciens logis des serviteurs du palais, devenus aujourd'hui des bureaux administratifs de l'État du Rajasthan. Autrefois champ de manœuvre et de revue, c'est de nos jours un perpétuel capharnaüm où se mêlent fonctionnaires, animaux de toutes sortes, automobiles, charrettes…

Sortez du Jaleb Chowk par la porte Sireh Deorhi (à droite) et tournez à gauche dans Sireh Deorhi Bazar - à l'extrémité de celui-ci, une allée vous mènera au temple de Govind Dev.

Temple de Govind Dev D1

En face du Jai Niwas Garden - ouvert toute la journée - gratuit.

Adossé au magnifique jardin Jai Niwas Udthan, c'est un ancien pavillon de chasse que Jai Singh II transforma en temple dans les années 1730, à la construction de Jaipur, afin d'y installer une statue de Govinda, le dieu **Krishna** sous la forme du jeune bouvier. Cette image sainte était autrefois vénérée à Vrindavan *(voir p. 219)*, où Krishna passa son enfance. Jai Singh II la sauva de la folie destructrice des troupes d'Aurangzeb et en fit la divinité protectrice des maharajas de Jaipur. Dès lors, et jusqu'en 1947, ceux-ci gouvernèrent au nom de Govind Dev.

Le temple se présente comme un simple hall précédant le sanctuaire où demeure le dieu. Tâchez de venir à l'heure du *darshan*, qui a lieu sept fois par jour *(horaires changeant selon les mois lunaires ; consultez le panneau à l'entrée)*. Celui célébré à la tombée de la nuit est particulièrement fréquenté. Rassemblés dans le hall, les fidèles attendent que les prêtres ouvrent les rideaux protégeant l'autel. Lorsque apparaît la statue du divin bouvier accompagné de Radha et d'une vache, la foule éclate en cris d'enthousiasme et en *bhajan* (hymnes religieux). Ce moment de ferveur rompt avec l'ambiance plutôt mercantile de la ville.

Revenez sur vos pas et passez devant la façade du palais des Vents pour rejoindre Bari Chaupar.

★★ LES BAZARS CD2

La promenade débute sur Bari Chaupar - la plupart des magasins ouvrent de 10h à 20h (sf le dim.).

LES MAISONS À TERRASSE

Tous les immeubles qui bordent les larges avenues de la vieille ville (bazars) sont construits sur le même plan : le premier étage est en retrait par rapport au rez-de-chaussée, ménageant ainsi des terrasses où les enfants font virevolter leurs cerfs-volants pendant que les femmes trient les lentilles en papotant et que les singes chapardeurs essaient de se faufiler dans les demeures. Au niveau de la chaussée, ce n'est que succession d'échoppes à touche-touche qui ne désemplissent pas.

DANS LES BAZARS DE LA VILLE ROSE

Voici les clés des *muhalla*, les quartiers de la « Ville rose », qui ont chacun leur(s) spécialité(s), à ramener dans vos bagages ou… en photo.

Argent – Hawa Mahal (D2), Kishan Pol Bazar (C2) et, hors les murailles, Chameli Market (B3)
Chaises de paille – Chhoti Chaupar (C2)
Chaussures – Ramganj Bazar (D2)
Cuir – Hawa Mahal (D2)
Cuivre et bronze – Thateron ka Rasta (près de Chaura Rasta) (D2)
Feuilles d'or et d'argent – autour de Jauhari Bazar (D2)
Laque – Mani Haron ka Rasta (C2)
Pickles – Chand Pol (C2)
Pierres semi-précieuses – Gopalji ka Rasta (D2)
Poterie – Kumharon ki Nadi (près de Ramganj Bazar) (D2)
Tailleurs et namkins – Chaura Rasta (D2)
Tailleurs de marbre – Kalyanji ka Rasta (C2)
Tampons de bois – Purani Basti (ensemble des rues au nord de Chand Pol Bazar) (C1-2)
Tissus – Jauhari Bazar (D2)
Turbans – Bari Chaupar (D2)

2

Une promenade dans les vieux bazars bruyants et colorés de Jaipur offre une véritable immersion dans cette ville d'artisanat et de commerce très active, réputée pour son travail des gemmes et des émaux, ses tissus imprimés, ses poteries bleues et son marbre. Les bazars sont encore spécialisés par corps de métier et leur cadre n'a guère changé depuis le 18ᵉ s. Les ruelles relativement larges de cette ville en damier favorisent certes moins le dépaysement que le dédale de venelles tortueuses d'autres villes comme Jodhpur ou Bikaner. En outre, les motos au klaxon impérieux envahissent les ruelles les plus étroites, obligeant les promeneurs à rester perpétuellement sur leurs gardes. Pour échapper au plus gros du trafic et aux rabatteurs qui cherchent à vous attirer dans des boutiques sans intérêt ou dans quelque arnaque, quittez les grandes artères : n'hésitez pas à explorer, à pénétrer dans les cours et les recoins des bazars, à monter les escaliers ; la cité fourmille de secrets…

Jauhari Bazar D2

Au nord de **Bari Chaupar** (D2) se trouve le palais des Vents *(voir p. 230)*, que jouxte l'Assemblée législative du Rajasthan. Vers l'est part **Ramganj Bazar**, fief des cordonniers et des vendeurs de chaussures. Au sud s'étend **Jauhari Bazar**, le « marché des bijoutiers », l'un des centres les plus actifs du commerce jaipuri. Comme les autres avenues qui divisent la Ville rose en *muhalla* (quartiers), Jauhari Bazar mesure 35 m de large et est bordé de maisons dont les terrasses servent de toit aux échoppes du rez-de-chaussée. Ici, ce sont essentiellement des boutiques de textiles, les bijoutiers occupant les ruelles alentour où ils voisinent avec les confiseurs – le travail des métaux précieux et celui de l'huile sont, pour les hindous, d'un degré de pureté à peu près équivalent. C'est dans ce quartier que vous découvrirez les diverses phases de la fabrication des émaux, les gestes des artisans qui polissent les pierres, le savoir-faire des étameurs qui fabriquent les *vark* (pellicules d'argent qui décorent les sucreries).

En descendant Jauhari Bazar sur le trottoir de droite, engagez-vous dans la 1ʳᵉ venelle, **Purohitji ka Katla**, où l'on vend tous les vêtements nécessaires à

un mariage hindou. Le rouge y domine, bien sûr (c'est la couleur du mariage pour les femmes), ainsi que l'or – celui de la passementerie qui décore ces vêtements de cérémonie.
Continuez à descendre Jauhari Bazar et prenez la rue suivante sur la droite, Gopalji ka Katla.

Gopalji ka Katla D2

Ici, l'essentiel de la population vit du travail des pierres précieuses et semi-précieuses, et l'on estime que les deux tiers du commerce international transitent par cette rue. Il s'y cache de véritables trésors ; les négociants vous montreront leurs plus belles pierres « pour le plaisir des yeux ». En fin d'après-midi et jusqu'au coucher du soleil se tient, tous les jours depuis 200 ans (sauf les jours de couvre-feu), le *flea market* (marché aux puces) dans une petite allée à une cinquantaine de mètres de Jauhari Bazar.
Plus loin dans la rue, vous passerez devant les deux éléphants qui gardent le **Goupalji Temple** *(ouvert matin et fin d'apr.-midi, cérémonies vers 18h et 21h)* avant de trouver, sur votre gauche, le temple jaïn **Shriji Amber** *(ouvert toute la journée, cérémonies à 7h et 18h30. Enlevez chaussures et chaussettes).* Remarquez l'étonnante machine à l'entrée : des percussions et des gongs mécaniques pour appeler les dieux. Le sanctuaire abrite plusieurs dizaines de statuettes des passeurs de gué en cristal, bronze, marbre blanc ou pierres semi-précieuses.
Revenez sur Bari Chaupar en empruntant la ruelle parallèle à Jauhari : c'est le bazar aux cartons d'invitation de mariage.

Chhoti Chaupar C2

De retour sur Bari Chaupar, suivez **Tripolia Bazar**, l'avenue des ustensiles de cuisine et objets en cuivre, jusqu'à **Chhoti Chaupar**, à l'angle sud-ouest du complexe palatial. À grand renfort de klaxon, les bus bringuebalants se frayent un passage au milieu des rickshaws et des motos, tandis que quelques attelages de dromadaires et des carrioles à cheval progressent vaille que vaille dans cet indescriptible chaos.
L'avenue qui part vers le nord au niveau de Chhoti Chaupar, Gangauri Bazar, traverse un muhalla *moins commerçant.*

Saras Sadan Haveli C1

Poursuivez la rue Gangauri Bazar jusqu'à la **Saras Sadan Haveli** *(demandez la Vidhya Vihar School)*, dont le rez-de-chaussée abrite une école. Cette demeure familiale bâtie par le maharaja Ram Singh au 19e s. était, il y a peu encore, une école de courtisanes. Le 1er étage recèle une magnifique pièce de réception aux **fresques★★** précieuses, dans les tons rouge et or, qui sert aujourd'hui de salle d'exposition à une bijouterie.
Redescendez jusqu'à Chhoti Chaupar.

★ Ishwari Minar Swarga Sal C2

9h-16h - 10 Rs ; photo 10 Rs.
Vous distinguez à gauche ce minaret de 35 m, également connu sous le nom d'**Isarlaat**. Une rampe vous permettra d'accéder au sommet pour découvrir une vue panoramique sur la ville. Le plus haut édifice de la vieille ville fut élevé dans l'enceinte du palais royal par le maharaja Ishwari Singh, successeur de Jai Singh II. Moins courageux que son prédécesseur, Ishwari Singh se serait donné la mort plutôt que d'affronter une armée marathe ennemie. Ses 21 épouses s'immolèrent alors sur son bûcher funéraire, devenant ainsi *sati* *(voir p. 286)*.
De Chhoti Chaupar, continuez plein ouest sur Chand Pol Bazar, prolongement de Tripolia Bazar.

Chand Pol Bazar C2

Sur le terre-plein central de cette grande artère, l'une des quatre qui divisent la ville, chaque lampadaire arbore l'image du soleil, rappelant l'origine solaire du clan rajput des Kachhvahas qui régna sur la ville.

Plus loin sur la gauche, vous trouverez **Khajana Walon ka Rasta** (C2), rue traditionnellement dévolue aux tailleurs de pierre de la communauté des Adi Gauds, qui se disent équivalents aux brahmanes car ils devaient donner vie aux images saintes, dans le respect des règles canoniques. Leurs descendants, dont la plupart continuent à travailler la pierre, habitent toujours le *muhalla*.

L'avenue principale vous conduira hors des murs crénelés, à l'ouest, par **Chand Pol★** (porte de la Lune) (C2), l'une des portes qui, au début du 20e s. encore, étaient fermées à clef chaque soir. Ses alentours, proches des halles, s'animent tôt le matin de mille activités : marché au poisson, à la volaille, aux fruits et légumes…

La ville nouvelle Plan de ville

Circuit 2 tracé en vert sur le plan de ville (p. 228-229) au départ de New Gate – Comptez 3h en rickshaw (env. 200 Rs).

Au 19e s., les maharajas de Jaipur se lancèrent dans des projets de construction et de développement. Ainsi, Ram Singh II (1835-1880) dota la ville d'un département des Travaux d'intérêt public, d'un service postal, de l'éclairage au gaz, de collèges et d'instituts… Les murs de la vieille ville devenant trop étroits pour contenir toutes les activités de la capitale, cette dernière commença à s'étendre vers le sud.

2

ALBERT HALL MUSEUM C3

Ram Niwas Garden - http://alberthalljaipur.gov.in - tlj sf j. fériés 9h-17h - billet combiné (voir p. 248) ou 150 Rs - photo et vidéo interdites.

Bâti dans les jardins Ram Niwas, cet imposant bâtiment de style hybride, à la structure pyramidale, fut dessiné par le colonel Jacob pour le maharaja Ram Singh II, qui souhaitait doter Jaipur d'un musée équivalent au Victoria and Albert Museum de Londres. La première pierre fut posée par le futur Édouard VII en 1876. Au rez-de-chaussée, d'intéressantes vitrines présentent les divers costumes traditionnels du Rajasthan et un aperçu de l'art populaire. Les collections du 1er étage cultivent l'hétéroclite, des miniatures voisinant avec des échantillons de minéralogie ou une momie égyptienne…

LES CARNETS DU COLONEL JACOB

Le colonel Sir Samuel Swinton Jacob (1841-1917) passa l'essentiel de sa carrière à Jaipur, où il s'était installé en 1867. Cet ingénieur s'affirma comme le pape de l'architecture indo-sarracénique (*voir p. 122*), encore appelée architecture « coloniale », « hybride » ou « Renaissance orientale » – style éclectique néo-indo-musulman qui fit fureur à la fin du 19e s. Il avait relevé le dessin de milliers de formes et motifs décoratifs, hindous et moghols, et son catalogue raisonné fit longtemps autorité en la matière. Dans les années 1900, Lutyens s'en inspira pour dessiner les bâtiments de la nouvelle Delhi.

★ RAMBAGH PALACE C4

Le très religieux Madho Singh II transforma cet ancien pavillon de chasse en palais au début du 20e s., avec l'aide du colonel Jacob. Le dernier maharaja régnant, Man Singh II, y passa sa jeunesse et en fit sa résidence principale en 1931, l'agrandissant et le mettant au goût – Art déco – du jour. Après l'indépendance, ne pouvant maintenir son train de vie, il eut l'idée, en 1957 – le premier en Inde – de convertir son palais en hôtel de luxe *(voir « Hébergement » p. 251).*

Les lieux conservent un peu de la magie d'une vie facile et luxueuse. La bâtisse blanche, sobre et élégante, rehaussée d'une touche de grès rouge, est posée sur d'immenses pelouses prolongées par un terrain de polo. L'endroit est superbe à la mousson, lorsque les paons l'envahissent pour leur grande parade de séduction.

TEMPLE DE LAKSHMI NARAYAN (Birla Mandir) en dir. C4

Suivez l'avenue Jawaharlal Nehru vers le sud sur env. 2 km - au pied de la butte que couronne le petit fort de Moti Dungri (propriété de la famille royale, entrée interdite) s'élève le temple de Lakshmi Narayan.

Édifié au début du 20e s. par les Birla, famille d'industriels originaire du Shekhawati, le sanctuaire, tout de marbre blanc, est dédié à Narayan (autre nom de Vishnou) et à sa parèdre Lakshmi, déesse de la prospérité, chère aux castes de commerçants. De surprenants **vitraux** représentent les dieux hindous tandis que les murs extérieurs sont décorés de **peintures** où figurent, entre autres, le Christ, Zarathoustra, Moïse, Socrate et saint Antoine. Belle illustration du syncrétisme hindou !

À voir aussi Plan de ville

★ CÉNOTAPHES DE GAITOR D1

Ils se trouvent juste à l'extérieur des remparts nord de la vieille ville, dominés par la forteresse de Nahargarh - la route qui y mène traverse des quartiers traditionnels aux rues tranquilles - 9h-16h30 - 30 Rs.

Au milieu des arbres et des buissons, une vingtaine de kiosques à coupoles *(chhatri)* de toutes tailles, en marbre blanc ou en grès ocre, s'élèvent sur le lieu de crémation des maharajas et des princes de la dynastie des Kachhvahas (les *chhatri* des femmes se trouvent plus loin, à proximité du lac Man Sagar). Le plus ancien est le **cénotaphe de Jai Singh II**, en marbre blanc, dont la coupole s'orne de sculptures représentant 18 *apsara* (nymphes) et *gandharva* (musiciens célestes). Attardez-vous aussi devant le **cénotaphe de Madho Singh II**, précédant celui de ses enfants, emportés par la malaria.

À droite de l'entrée, un long escalier part à l'assaut de la colline ; son ascension vous offrira une belle vue plongeante sur l'ensemble des cénotaphes.

★ FORT DE NAHARGARH (Nahargarh Fort ou Tiger Fort) C1

10h-17h30 - billet combiné (voir p. 248) ou 50 Rs - en voiture, on gagne le fort par la même route que celle qui dessert la forteresse de Jaigarh (p. 244) mais, à la bifurcation, on tourne à gauche - la splendide ligne de crête se termine au fort de Nahargarh (env. 5 km).

Pour monter à pied, depuis Jaipur, faites-vous déposer par un rickshaw « en bas de Nahargarh » (« Nahargarh Qilé ké nitché ») *et comptez 20mn de marche par un joli chemin à flanc de colline.*

Jai Singh II fit édifier ce « fort du Tigre » en 1734 pour protéger sa nouvelle capitale. Une légende rapporte que cette construction aurait contrarié l'esprit du prince Rathor Nahar Singh, mort en héros sur ces terres, dont Jai Singh avait fait raser le cénotaphe : chaque matin, on retrouvait les travaux de la veille mystérieusement anéantis. Une cérémonie apaisa l'esprit et permit aux travaux de progresser normalement.
La cour principale possède un joli *baori* (puits à degrés). Le bâtiment le plus intéressant, le palais **Madhavendra Bhawan**, fut aménagé au 19e s. pour les épouses de Ram Singh II. On aperçoit sa façade ornée de kiosques depuis Jaipur. L'intérieur, vide de tout mobilier, a conservé quelques peintures murales. Un dédale de couloirs, patios et pièces, dont certaines percées de vitraux, entoure la cour. La terrasse supérieure offre une belle vue sur la Ville rose.

À proximité Plan de ville

Tandis que les forteresses d'Amber, de Jaigarh et de Nahargarh évoquent les temps glorieux des souverains de la dynastie des Kachhvahas, une excursion aux temples de Galta, perdus dans un fond de vallée sauvage, vous fera oublier pour quelques heures les avenues bruyantes et polluées de Jaipur. Comptez une demi-journée pour chacune de ces deux balades nature dans les collines. Profitez aussi de votre séjour dans la région de Jaipur pour goûter à la vie princière : l'ancien royaume du Dhundhar fourmille de palais et châteaux reconvertis dans l'hôtellerie de charme ou de luxe.

BALADE DANS LES COLLINES DE L'EST en dir. E4

À 8 km à l'est de Jaipur – Cette excursion s'effectue en voiture ou en auto-rickshaw (250 Rs pour env. 4h), en quittant Jaipur par la route d'Agra.
Vous pouvez faire à pied cette jolie balade d'env. 5 km : comptez alors au moins 4h ; vous vous ferez déposer aux jardins de Vidyadhar et rentrerez par la porte orientale de Jaipur, Galta Gate.
Cette promenade dans les collines boisées d'acacias, qu'habitent les chèvres et les singes, offre une pause nature plaisante et permet de découvrir de belles architectures et des fresques dans un cadre sauvage. Au bout de 7 km, la route d'Agra descend soudain entre deux rangées de bâtiments surmontés de *chhatri* : il s'agit d'**anciens magasins** bâtis près des premières fortifications et qui font aujourd'hui l'objet d'une vaste campagne de restauration.
À droite, une esplanade ouvre sur les **jardins de Vidyadhar** *(Vidyadharji ka Bagh - accès libre)*, aménagés en l'honneur de l'architecte qui dessina le plan de Jaipur et agrémentés de pavillons et de bassins. Ayant eux aussi bénéficié d'une rénovation récente (2011), ils viennent de retrouver tout leur lustre d'antan.

★ Palais de Sisodya Rani

Env. 200 m après les jardins de Vidyadhar, prenez la petite route qui part vers la gauche ; le palais se trouve immédiatement à droite - 8h-18h - 10 Rs ; photo et vidéo 20 Rs - en soirée (19h-20h - 20 Rs), fontaines et illuminations.
Il fut bâti en 1710 pour une épouse de Jai Singh II, princesse de la dynastie des Sisodyas, les souverains du Mewar. L'alliance entre les deux familles stipulait que le fils aîné issu de cette union deviendrait roi, en priorité sur les enfants des autres épouses de Jai Singh II. Perspective qui suscita bien des jalousies… Pour échapper aux intrigues de cour, la princesse fit édifier ce petit palais et y éleva son fils, le futur Madho Singh I. Des **peintures murales** restaurées représentent des scènes de cour et de chasse, ainsi que divers dieux du panthéon vishnouiste. Du charmant pavillon aux arches polylobées, vous visiterez

la salle de réception et la galerie supérieure, quelque peu poussiéreuse, avec son mobilier des années 1950. Le **jardin** en terrasses, bien entretenu et orné de pavillons et de bassins, constitue un agréable lieu de promenade. En face du palais, de l'autre côté de la route, s'élève un **temple à Shiva** (1745).

Passez derrière le palais pour prendre la route qui serpente dans les collines, au milieu de bosquets d'acacias et de bougainvillées - après 1,5 km, à la bifurcation, suivez la flèche « Vipasana center » (à gauche).

Env. 300 m plus loin s'élève un temple dédié à **Hanuman**, particulièrement animé lors des prières du mardi et du samedi, jours consacrés au dieu-singe. Sa façade, parée de *chhatri* et de *jharokha* (balcons), lui donne des airs de palais. L'intérieur, modeste, possède quelques jolies peintures murales représentant Krishna et, à l'étage, un autel dédié à Shiva.

★★ Temples de Galta

À 3 km du palais de Sisodya Rani par une jolie route dans les collines - gratuit; photos 30 Rs, vidéo 50 Rs – C'est la même famille qui s'occupe du site depuis sept générations et lance un cri d'alarme pour sauver l'endroit des déchets qui s'y accumulent.

Une dizaine de temples construits au 18e s. se fondent dans le cadre sauvage d'une gorge étroite et pittoresque peuplée de hordes de macaques – attention à vos chaussures à l'entrée des temples ! Une source dotée de vertus miraculeuses, vous expliquera-t-on, jaillit d'un rocher dont la forme évoque le museau d'une vache *(gomukh)*. L'eau semble ne jamais tarir et le paisible vallon est (presque) toujours vert. Il aurait abrité la méditation d'un pieux ascète, **Galtav**, au début de l'ère chrétienne.

Très vastes, les édifices religieux frappent par une impression de raffinement mêlée à un état de délabrement bien avancé… Des temples et un *dharamsala* (auberge pour pèlerins) aux murs ornés de **fresques** bordent l'allée centrale ; remarquez le mur couvert de peintures représentant l'armée des singes d'Hanuman.

L'allée mène aux **bassins**, étagés à flanc de rocher, au plus étroit de la passe, où s'écoule l'eau sainte. Celui du bas est réservé aux femmes, celui du haut aux hommes. S'y baigner avec dévotion délivrerait du cycle des réincarnations. Certains pèlerins sautent du mur haut de plusieurs mètres.

Du bassin supérieur part un chemin dallé qui serpente à travers les rochers. Il permet de rejoindre en 20mn la ligne de crête qui surplombe Jaipur. Avant d'arriver au col, remarquez deux minuscules **sanctuaires** dédiés à Rama et à Hanuman, que fréquentent des *sadhu* à l'allure plutôt décontractée. Un sentier *(à gauche en arrivant au col)* conduit au petit **temple de Surya**, bâti au 18e s.

La forteresse d'Amber, classée Patrimoine Mondial de l'UNESCO.
F. Guiziou/hemis.fr

en l'honneur du Soleil, ancêtre des Kachhvahas. De sa terrasse, la vue porte jusqu'aux forts d'Amber, de Jaigarh et de Nahargarh.

De là, un chemin redescend vers Galta Gate (800 m), où stationnent des rickshaws - le City Palace se trouve à env. 3 km.

AMBER en dir. E1

À 8 km au nord de Jaipur, sur la route de Delhi - accès en taxi ou en minibus (n° 5 à prendre devant le palais des Vents ; bondés à l'indienne…) - en voiture, cette excursion peut se grouper avec les visites de Gaitor et de Nahargarh (p. 238).

2

Lac Man Sagar

Depuis Jaipur, la route menant à Amber longe le lac Man Sagar où, au 19e s., les maharajas venaient chasser le canard. En son centre semble flotter le **Jal Mahal** *(ne se visite pas)*, palais construit au 18e s. et qui a fait l'objet d'une restauration minutieuse ces dernières années. Il est question de convertir l'édifice en hôtel de luxe. Nettoyé, débarrassé des jacinthes d'eau qui l'étouffaient, le lac Man Sagar attire à nouveau les échassiers, au grand bonheur des ornithologues.

Plus loin *(à droite)*, à l'extrémité du lac, l'agréable jardin moghol **Kanak Vrindavan** *(9h-18h - 10 Rs)* fut dessiné au début du 18e s. Restauré par la famille Birla dans les années 1990, il a retrouvé ses fontaines et offre des pelouses accueillantes très prisées des Indiens, qui adorent venir s'y faire photographier.

La route s'élève pour pénétrer dans une gorge étroite. Après avoir franchi une ligne de murailles, elle débouche dans une vallée encaissée à la beauté sauvage. Apparaît alors, impressionnante, la gigantesque masse du palais fortifié d'Amber, ancrée à flanc de coteau. Elle est dominée par le fort de Jaigarh et protégée par un cercle de collines fortifiées. À son pied s'étend un petit lac artificiel, **Maota Sagar**, souvent à sec en hiver.

★★★ Forteresse

8h-17h30 (dernière entrée 17h) - billet combiné (voir p. 248) ou 200 Rs – Le site étant vaste, comptez au moins 1h30 de visite ; évitez le w.-end. Son et lumière en anglais à 18h30 - 200 Rs- Réserv. au ✆ (141) 253 08 44.

Bon à savoir – C'est le matin que vous ferez les plus belles photos d'Amber, avec le fort de Jaigarh en toile de fond.

Rampe d'accès – Une longue **rampe** permet d'accéder à la forteresse. Vous la remonterez à pied *(10mn)* ou à dos d'éléphant *(900 Rs pour 2 pers.)*. Les touristes étant nombreux, les pachydermes sont réquisitionnés pour convoyer des familles endimanchées et bruyantes ou des étrangers en short

AMBER, UNE FORTERESSE DISPUTÉE

Ce site qui contrôle la route de Delhi au Rajasthan appartint à la tribu aborigène des **Meenas** jusqu'au 12e s., période à laquelle le prince kachhvaha **Duleh Rai** s'en empara pour en faire la capitale de son royaume naissant, le Dhundhar. On ne sait si le nom d'Amber provient de la déesse Amba Mata (Durga), vénérée par les Meenas, ou d'Ambikeshvara (Shiva), divinité protectrice des Kachhvahas. La forteresse actuelle remonte au règne de **Man Singh I** (fin du 16e s.) et fut agrandie au 17e s. par **Jai Singh I** (1621-1667). Jai Singh II y vécut quelque temps avant de l'abandonner, vers 1733, pour s'installer à Jaipur, qu'il venait de fonder dans la plaine. Amber perdit son rôle de capitale mais conserva son importance stratégique. Le fort, qui appartient aujourd'hui à l'État du Rajasthan, a été inscrit en 2013 au patrimoine mondial de l'Unesco, avec cinq autres « forts de collines » de la région, dont ceux de Jaisalmer, Chittauragarh et Kumbalgarh.

et chapeau de soleil, que des photographes « professionnels » immortalisent pour quelques dizaines de roupies. *Peu après le début de la rampe, prenez le chemin qui part à gauche.*

★★ **Dilaram Bagh** – Ce délicieux jardin à la moghole fut aménagé en 1588 sur une île artificielle pour accueillir dignement l'empereur Akbar. Les massifs géométriquement structurés en étoile s'étagent sur trois terrasses, traversées par un canal central dans lequel l'eau dévalait jusqu'au Maota Sagar. Vous en découvrirez une belle vue d'ensemble depuis l'intérieur du palais.

La rampe passe sous plusieurs portes avant d'arriver au palais.

Jaleb Chowk – *Vous trouverez la billetterie au fond de Jaleb Chowk.* La sobriété toute militaire des **façades**, nues et lisses, sans fenêtres, s'anime seulement de quelques tourelles. La dernière porte, **Suraj Pol** (« porte du Soleil »), ouvre sur **Jaleb Chowk**, esplanade fermée par des bâtiments qui abritaient jadis écuries, corps de garde et logements pour les serviteurs. Une rampe au fond à gauche mène au **temple de Kali** (Devi sous sa forme terrible), qui est, encore aujourd'hui, le sanctuaire privé du maharaja. Jusqu'au milieu du 20e s. on sacrifiait quotidiennement un chevreau à l'image de Kali, rapportée de Jessore (au Bengale) par Man Singh I. *L'escalier voisin conduit à une porte monumentale.*

★ **Ganesh Pol** – Une première porte donne accès à une terrasse sur laquelle s'élève le **Diwan-i Am**★ (hall des Audiences publiques), un pavillon de style moghol à toit plat datant du début du 17e s. et remarquable pour ses **colonnes de marbre** aux fûts renflés. La monumentale **Ganesh Pol**, de 1639, est exceptionnelle de puissance et d'harmonie. Sa façade couverte de peintures (1727) associe des motifs d'inspiration purement moghole à la figure du dieu éléphant, Ganesh, qui trône au centre de l'*iwan*, sous une voûte à nervures croisées. Derrière s'ouvrent les **appartements privés** des maharajas, en grande partie aménagés sous Jai Singh I.

★ **Mardana** (quartier des hommes) – Il s'ordonne autour d'un petit jardin central. Dans le **Sukh Mahal** (palais des Plaisirs) *(à droite)*, vous remarquerez un ingénieux système de climatisation : de l'eau parfumée venue d'un réservoir sur le toit tombait en cascade dans le petit canal en pente qui passe à travers les *jali*, au fond de la pièce. Elle traversait la salle qu'elle rafraîchissait avant de rejoindre les rigoles du jardin. Sur le mur, une porte en bois de santal a conservé des incrustations en ivoire, témoins d'un luxe en partie effacé par le temps.

★★★ **Jai Mandir** – Sur le côté opposé du jardin se dresse le **Jai Mandir**, un ensemble de trois pièces à la splendeur sophistiquée qu'entoure une véranda.

Les petits éclats de miroirs convexes, incrustés dans le plâtre, y sont omniprésents. Le **Shish Mahal** (palais des Miroirs) en est entièrement constellé ; dans le **Diwan-i Khas** (hall des Audiences privées), au centre, et au plafond du portique, ils sont associés à des mosaïques en pâte de verre polychrome, à des arabesques peintes, à des formes découpées dans le plâtre et fermées par de la pâte de verre colorée. Ces diverses techniques décoratives développent tout le répertoire iconographique emprunté par les Moghols à l'Iran : bouteilles et flacons, coupes de fruits et bols à couvercle, cyprès et bouquets... Remarquez aussi les superbes plinthes en marbre blanc, sculptées de bouquets et incrustées de pierre noire. *Le côté nord du jardin est barré par une muraille austère, parcourue de sombres corridors que vous suivrez.*

Étage supérieur – Engagez-vous dans le couloir en pente (pour qu'un homme puisse le monter à cheval) dont les murs sont couverts d'un enduit au contact doux et frais : il s'agit d'*arayish*, un mélange de poudre de marbre, de yaourt et autres ingrédients dont on revêtait les murs, parfois même les sols.

À l'étage supérieur, le **Jas Mahal★** montre le même style de décoration sophistiquée et précieuse que le Jai Mandir, situé juste en dessous. La salle qui domine la vallée offre de superbes perspectives sur le lac Maota et les jardins de Dilaram. Fermant le pavillon qui recouvre l'étage supérieur de Ganesh Pol, des *jali* présentent un beau treillis de motifs hexagonaux à travers lequel les dames de la cour pouvaient suivre en toute discrétion les réceptions se déroulant dans le Diwan-i Am. *Redescendez au rdc.*

Zenana (quartier des femmes) – *Accès par une petite porte ouverte au milieu de la muraille sud.* Après le luxe des appartements royaux, le *zenana* paraît bien sobre, pour ne pas dire sinistre... Une chambre à droite de l'entrée a conservé quelques peintures, très endommagées. À se promener dans ces galeries sombres et ces salles minuscules, dépourvues de fenêtres et de décoration, on comprend que la vie des épouses et des concubines ne devait pas être rose tous les jours. Chaque épouse avait son appartement, qui formait une unité indépendante, avec petite cour et hammam ; l'ensemble, ordonné sur deux niveaux autour d'une vaste cour close de murs élevés, évoque pourtant davantage une prison que les palais de reine dont rêvent les petites filles... *Le circuit fléché vous reconduira dans la cour principale via la cafétéria et de nombreuses boutiques de souvenirs.*

Revenu dans Jaleb Chowk, gagnez la **terrasse** *(sur la gauche)*, d'où la vue embrasse les fortifications et la colline toute proche, couronnée par la forteresse de Jaigarh, ainsi que l'ancienne ville d'Amber en contrebas.

Vous pouvez gagner à pied le fort de Jaigarh depuis Jaleb Chowk en sortant par Chand Pol (à l'opposé de l'entrée principale). Au pied de la colline, la route passe entre une *madrasa* et une ancienne demeure royale avant de

JEUX DE LUMIÈRE ET D'ESPRITS

L'usage de petits miroirs, *shish*, est très répandu dans l'architecture du nord-ouest de l'Inde, où ils sont disposés en mosaïque, sertis d'or, parfois associés à des pierres semi-précieuses. Ils revêtent une fonction décorative, bien sûr, mais, en reflétant les flammes des chandelles, ils servent également à éclairer, offrant d'étonnants jeux de lumière. La tradition veut aussi qu'ils éloignent les mauvais esprits. C'est pourquoi on les retrouve brodés sur les parures féminines de l'ouest du Rajasthan et du Gujarat. Ils rehaussent l'éclat des vêtements même les plus modestes et assurent en même temps la vertu des filles et des épouses...

mener au temple de Jagat Shirimani, le « joyau du monde ». Comptez une demi-heure de marche.

Musée Anokhi (Anokhi Museum of Hand Printing)
Chanwar Palkiwalon ki Haveli - Sagar Rd (Kheri Gate) - à la sortie nord d'Amber, derrière le temple Bihariji - ✆ (141) 253 02 26 ou 253 12 67 - www.anokhi.com - mar.-sam. 10h30-17h, dim. 11h-16h30 (fermé 1er mai-15 juil.) - 30 Rs. Belle boutique.
À 20mn à pied *(1,5 km)* de la forteresse, ce musée aménagé dans une ancienne *haveli* restaurée vous fera plonger dans un tout autre univers : celui des textiles traditionnels du Rajasthan, des teintures naturelles et de l'impression au tampon, dont il raconte tout le processus.

★ FORTERESSE DE JAIGARH en dir. E1

À 1 km du fort d'Amber par un chemin fléché (30mn à pied) - en voiture, retournez vers Jaipur ; en face du lac Man Sagar, vous prendrez la petite route qui monte (à droite) vers Jaigarh et Ramgarh - au bout de 1,5 km env., la route bifurque - prenez l'embranchement de droite (1 km) - 9h-16h30 - 85 Rs ; photo 50 Rs, vidéo 200 Rs.
Moins intéressante qu'Amber, la forteresse de Jaigarh demeure pourtant un témoin spectaculaire de la puissance militaire des Rajputs de la dynastie des Kachhvahas. Sa fondation remonte au 12e s., quand les Kachhvahas prirent ces collines aux Meenas et firent de ceux-ci les gardiens de leur trésor. Lorsque Man Singh I construisit le palais d'Amber, Jaigarh fit office de donjon, de réservoir, d'armurerie et de trésor. Les bâtiments actuels remontent au 18e s. mais de nombreuses modifications furent apportées par la suite.
Après l'animation touristique d'Amber, la visite de Jaigarh s'avère paisible. La porte donne sur un ensemble de cours, bâtiments et temples, dont beaucoup sont fermés. Une imposante tour de guet, **Diva Burj**, domine les puissantes murailles.
À droite, juste après l'entrée, se trouve l'ancienne **fonderie de canons** qui fut, en son temps, l'une des plus importantes de l'Inde. Le matériel du 18e s. qui servait à la fabrication est presque intact : haut-fourneau, système de moulage… mais il intéressera surtout les spécialistes. Le charme principal de cette partie du fort réside dans les très **belles vues★** sur Amber et les collines avoisinantes.
Retournez à l'entrée du fort. L'allée qui part vers la gauche conduit aux principaux bâtiments. La 1re cour à droite, **Subhat Niwas**, servait de lieu de rassemblement des soldats. Un hall abrite un incroyable bric-à-brac de palanquins et de coffres que l'on entrevoit derrière des vitres et des grilles.
Au fond de la **cour principale** s'élèvent deux petits temples du 12e s., l'un consacré à **Kali Bhairava** (formes terribles de Devi et de Shiva), l'autre (remanié au 20e s.) à **Hari-Hara**, cette divinité syncrétique dont une moitié représente Vishnou tenant un disque, et l'autre, Shiva armé de son trident. Dans la **collection d'armes** de la salle voisine, vous remarquerez surtout les canons, dont une petite pièce ornée d'une tête de tigre. Les bâtiments opposés renferment divers objets ayant appartenu à la famille royale.

LES PREMIERS CANONS DE L'INDE

Lorsqu'il envahit le nord de l'Inde en 1526, Babur, fondateur de la dynastie moghole, dut sa supériorité à ses canons : les souverains rajputs ignoraient les secrets de l'artillerie. Ils ne les découvrirent qu'au tout début du 17e s., en partie grâce au maharaja Man Singh I, qui ramena ce savoir-faire de Kaboul, dont il fut gouverneur pour le compte d'Akbar.

UN TRÉSOR LÉGENDAIRE

Au 18e s., le maharaja Jai Singh II aurait fait enterrer dans le fort de Jaigarh le butin amassé par les armées des Kachhvahas durant les campagnes qu'ils avaient menées sous la bannière moghole. Il en aurait confié la surveillance à de farouches guerriers de la tribu des Meenas qui se transmettaient le secret du lieu de génération en génération (*voir également « Les populations tribales », p. 69*). Chaque maharaja de Jaipur conservait le droit de voir le site fabuleux au moins une fois dans sa vie. Il était alors guidé, les yeux bandés, par le gardien Meena, dépositaire du secret, jusqu'au mystérieux butin. Nul ne sait ce qu'il advint de ces bijoux fabuleux qui firent rêver même les agents du fisc : ceux-ci se transformèrent en chasseurs de trésor, dans les années 1970, creusant et pelletant pendant plusieurs mois. En vain : le fort de Jaigarh conserve son mystère.

À l'autre extrémité de la cour se trouvent les **réservoirs d'eau** du fort. C'est sous l'un d'eux que Jai Singh II aurait, dit la légende, enterré le trésor des Kachhvahas *(voir encadré ci-dessus)*.

Rendez-vous au sud de l'enceinte pour voir le fameux **Jaivan** (« la flèche de Jai »), le plus grand canon sur roues du monde, assure-t-on, qui fut fondu à Jaigarh en 1720. Il est censé n'avoir tiré qu'un seul boulet.

SANGANER

À 15 km au sud de Jaipur - bus ttes les 30mn au départ de la gare routière ou d'Ajmeri Gate.

Jonchée de détritus, parcourue par des égouts à ciel ouvert et des colonies de porcs noirs, Sanganer offre un assez triste spectacle et ne devrait attirer que les passionnés de textile *(voir la rubrique « Achats » de Jaipur, p. 255)*.

La ville doit son nom au prince kachhvaha **Sangaji** (17e s.) et sa célébrité à ses ateliers de tissus imprimés. L'activité textile connut son véritable essor au 18e s. sous le patronage de la famille royale de Jaipur. À présent, Sanganer semble bien endormie malgré les nombreux magasins d'étoffes qui bordent ses rues poussiéreuses.

Un temple jaïn du 16e s., **Shri Digambara Jain Mandir**, s'élève dans le bazar principal, à côté de la porte Tripolia. Dédié à Adinatha, le premier *tirthankara* (ascète inspirateur de la religion jaïne), il a conservé de belles sculptures qui forment un étonnant contraste avec la décrépitude générale de la cité. Sur les berges du *nala* (canal de drainage), au nord de la ville, sèchent des kilomètres de tissus colorés.

CHOKHI DHANI

À 25 km au sud de Jaipur - bus depuis Ajmeri Gate - www.chokhidhani.com - entrée 500 Rs, repas compris – Si vous y allez en soirée, prévoyez un taxi pour le retour.

Ce « village typique » du Rajasthan, entièrement recréé à la manière d'un parc de loisirs, a pour principale clientèle des Indiens et en particulier des jeunes couples « branchés ». Il propose, outre un petit musée, quelques échoppes d'artisanat et toute une série de restaurants, des soirées animées avec danses traditionnelles, chants et spectacles de marionnettes, et pour quelques dizaines de roupies supplémentaires, un petit tour à dos de dromadaire ! Le week-end, l'endroit ne désemplit pas.

NOS ADRESSES À JAIPUR

Plan de la ville p. 228-229

INFORMATIONS UTILES

Les offices de tourisme sont répertoriés en début de chapitre.
Indicatif téléphonique : 0141

Banque/Change

Nombreux **distributeurs**, notamment autour de Panch Batti Circle (C3) et Ashok Rd (BC3).
Central Bank of India – B2 - *Sansar Chandra Rd, à côté de l'hôtel Mansingh* et **State Bank of Bikaner and Jaipur** – *Chaura Rasta* (D2) *ou Ganpati Plaza* (B2) changent espèces et chèques de voyage.
Les établissements ci-dessous assurent les mêmes opérations mais à des heures plus pratiques. Ils sont fermés le dim.
Thomas Cook – B2 - *A/B-2 (102) Jaipur Towers, M.I. Rd - (0141) 511 41 41 - www.thomascook.co.in - 9h30-18h.*
Paul Merchants – B2 - *M.I. Rd, face à Ganpati Plaza - (0141) 238 86 26. Cash advance* et change.
Pour recevoir de l'argent depuis l'Europe : **Western Union** *(chez Paul Merchants et DHL)* ou **Thomas Cook**.

Poste

GPO – B2 - *M.I. Rd - lun.-vend. 10h-18h, sam. 10h-15h.* Bureau philatélique et petit musée. Autres bureaux *(tlj sf dim. 10h-17h)* :
Tripolia Bazar Post Office – D2 - *Tripolia Bazar, peu après l'entrée du palais des Vents* ; **Jaipur City Post Office** – D3 - *à l'extérieur de Sanganeri Gate, en face du cinéma Minerva* ; petit bureau à l'hôtel **Rambagh Palace** (C4) pour l'achat de timbres et l'oblitération.
Envois express – **EMS Speed Post**, dans les bureaux de poste ; **DHL** – B3 - *G-8 Geeta Enclave, derrière la Standard Chartered Bank - (0141) 236 11 59 - tlj sf dim. 10h-21h.* Assure aussi les envois par cargo.

Internet/Téléphone

Plusieurs centres Internet autour de la gare et sur Station Rd, à l'ouest du Polo Victory Cinema. La plupart des hôtels proposent un accès wifi à leurs clients. Vous trouverez des boutiques STD/ISD partout.

Urgences/Santé

Ambulances – *102.*
Pharmacies modernes – Plusieurs officines sur Station Rd, près de Chand Pol (B2), ainsi qu'à l'angle de Sawai Ram Singh et d'Hospital Rd (C3).
Pharmacies ayurvédiques – dans Kishan Pol Bazar (C2).
Santokba Durlabhji Memorial (SDM) Hospital – C4 - *Bhawani Singh Rd - (0141) 256 62 51.* Clinique privée.

Sécurité

En cas de litige ou d'escroquerie : **Tourist Assistance Force**, aux gares routière et ferroviaire, près du City Palace et à Amber.
Police – *100.*

Formalités

Foreigners Regional Registration Office – D2 - *Direction de la police, à côté du Jantar Mantar.* Prolongation de visa (accordée à titre exceptionnel).

ARRIVER/PARTIR

Avion

Aéroport international de Sanganer – *À 15 km au sud de Jaipur.* À l'arrivée, service de *pre-paid taxis* et Tourist Information Bureau - *(0141) 255 02 22.* Les compagnies **JetKonnect** *(www.jetkonnect.com)*, **Jet Airways** *(www.jetairways.com)*, **SpiceJet** *(www.spicejet.com)* et **Air India** *(www.airindia.com)* assurent des liaisons tlj avec Delhi *(50mn de vol)*.

Train

Jaipur Railway Station – A2 - *à l'ouest de la ville - Rens. ✆ 139 (centre de réserv.) - www.indianrail.gov.in. Bureau de l'office de tourisme, quai n° 1 - ✆ (0141) 231 57 14.* Le train le plus rapide pour Delhi, le *Shatabdi (4h30 de trajet)*, part vers 17h50 tlj et passe par Alwar *(2h)*. Env. 15 trains tlj pour Delhi *(5h30 en Superfast)* via Alwar *(2h30)*. Le *Jaipur Passenger* dessert la région du Shekhawati 3 fois/j. *(4h30 pour Churu via les gares de Sikar, Lakshmangarh, Fathepur, Ramgarh, Mahansar et Bissau)*. 7 départs/j pour Agra *(env. 4h)*. 6 trains/j pour Kota *(3h30)* via Sawai Madhopur *(2h)*, et env. 15 pour Ajmer *(2h avec le Shatabdi ou un Superfast)*. Chaque jour, 4 trains dont 1 *Superfast* pour Chittaurgarh *(4h)*, 3 pour Udaipur *(7h30)*, 8 pour Jodhpur *(5h30)* et 4 pour Bikaner *(7h30 par le train de nuit)*.

Bus

Central Bus Stand – B2 - *Sindhi Camp, Station Rd - Rens. pour les bus Silver Line, quai n° 3 ; pour les Express, quai n° 1 - ✆ (0141) 220 57 90 - http://rsrtc.rajasthan.gov.in. Consigne 24h/24.* Env. 30 *Express* et une dizaine de bus climatisés partent tlj pour Delhi, entre 6h30 et minuit *(5h30 de trajet)*. Bus fréquents pour Agra *(5h)* et Mathura *(5h)*, certains via Bharatpur ; 7 pour Kota *(5h)* via Bundi, 20 pour Chittaurgarh *(6h)* et Udaipur *(8h45)*, 1 pour Mount Abu *(11h)*, 10 pour Jodhpur *(6h30)*, 4 pour Ajmer *(2h30)* dont 3 font halte à Pushkar, 3 pour Jaisalmer *(13h)*. Pour Alwar, départ ttes les 30mn *(4h)*, via Sariska *(3h15)*. Les centres touristiques du Shekhawati (Nawalgarh et Jhunjhunu) sont reliés par des *Express (2h30 à 4h30)*. Pour Sawai Madhopur, le train s'avère plus pratique. Les bus privés partent aussi du Central Bus Stand.

TRANSPORTS

À pied

Même si la pollution et le grouillement chaotique de la foule et des motos, qui s'insinuent dans la moindre ruelle, rendent fatigante la visite de la Ville rose, ne manquez pas d'y flâner afin d'explorer ses bazars ou de découvrir ses multiples temples.

Métro

Deux lignes, interconnectée au niveau de la gare routière **Sindhi Camp** (B2), doivent entrer en service en 2014. La **verte**, au départ de Bari Chaupar (D2), descend vers Civil Lines (A3) en passant par Chand Pol et la gare ferroviaire. L'**orange** passe par Ajmeri Gate avant de redescendre vers l'aéroport.

Bus urbains

Toujours pleins à craquer, ils s'arrêtent le long des artères majeures et aux grands carrefours. Le bus n° 2 assure la liaison entre la gare ferroviaire (A2), le City Palace et le Jantar Mantar (D1-2). Pour le fort d'**Amber** (en dir. E1), le bus n° 5 part de la gare ttes les 10 à 20mn et s'arrête au palais des Vents (Hawa Mahal), à New Gate et au croisement M.I. Rd/Railway Rd. Départs de la gare aussi pour le palais de **Sisodya**, via Ajmeri Gate (C2).

Rickshaw

Les auto-rickshaws sont équipés d'un compteur, mais vous aurez du mal à obtenir qu'il soit utilisé.

Négociez toujours le prix avant la course *(20 Rs pour 2 km ou 60 Rs/h, pour 10 km maxi)*. Comptez 30 % de moins pour un cyclo-rickshaw. Guérites de *pre-paid rickshaws* devant la gare et le Central Bus Stand.

Taxi

Stations à la gare (A2) et sur M.I. Rd (CD3), entre Ajmeri Gate et Sanganeri Gate. En passant par une agence ou par votre hôtel, vous obtiendrez souvent de meilleurs prix. *Comptez 800 Rs pour 4h (40 km maxi).*

Meri Car – ✆ (0141) 418 88 88 - www.mericar.in - assure des liaisons interurbaines (aéroport de Delhi, Agra, Ajmer/Pushkar…).

Location de voitures

Adressez-vous à votre hôtel ou à une agence de voyages. Comptez au moins 2 500 Rs/j (voiture avec chauffeur, 250 km maxi).

VISITE

Billets combinés

Un billet combiné à 350 RS (étudiants 175 Rs) donne accès à cinq monuments : Palais des Vents (Hawa Mahal), Jantar Mantar, Albert Hall Museum, forteresse d'Amber et fort de Nahargarh. Disponible à la billeterie de chacun de ces sites.

Tour de ville

Jaipur Heritage Walk – C4 - *Diggi House - Shivaji Marg - C-scheme - ✆ (0141) 236 97 23 - http://jaipurvirasatfoundation.org.*
La Jaipur Virasat Foundation, qui porte un intérêt particulier aux expressions musicales traditionnelles du Rajasthan, organise des visites commentées de la Ville rose sur des thèmes historiques et culturels (artisanat, art, architecture). Également des tours à bicyclette.

HÉBERGEMENT

Malgré la forte capacité hôtelière de la ville, mieux vaut réserver en haute saison touristique (nov.-mars), période coïncidant avec celle des mariages.

Autour de Station Rd et de Sansar Chandra Rd

PREMIER PRIX

⑥ **Gaurav** – B2 - *Vanasthali Marg - ✆ (0141) 510 75 51 - sp_kjana@hotmail.com - 32 ch. 800/1 500 Rs.* Il s'agit de l'un des dix à quinze petits hôtels basiques et impersonnels se succédant dans la ruelle qui part face à la gare routière. Certaines chambres, dépourvues de fenêtre, manquent singulièrement de charme. Pratique par sa situation et sa formule « *check-out 24h* » (la chambre se loue par tranches de 24h).

㉑ **Sunder Palace Guest House** – B2 - *Sanjay Marg - ✆ (0141) 236 01 78 - www.sunderpalace.com - - Wifi, presse anglophone - 20 ch. 950/1 550 Rs - 90 Rs - rest. 150/250 Rs.* Des chambres spacieuses et impeccablement tenues au joli toit-terrasse accueillant le restaurant (excellent *thali*), avec un soin du détail qui ne se dément pas. Le personnel, avenant, vous fournira toutes les informations sur la ville et la région. Agréable jardin. Une excellente adresse.

⑮ **Pearl Palace** – B3 - *Hari Kishan Somani Marg - ✆ (0141) 237 37 00 - www.hotelpearlpalace.com - 25 ch. 1 250/1 350 Rs.* Sa façade rose tape-à-l'œil cache des chambres plaisantes montrant un louable effort de décoration. Souvent plein, c'est le rendez-vous des jeunes voyageurs anglo-saxons. Réservez un bon mois à l'avance.

⑳ **Teej** (RTDC) – A2 - *Sawai Jai Singh Highway* - ✆ *(0141) 220 54 82 - www.rtdc.in* - - *47 ch. 1 200/2 900 Rs* Propre, presque coquet et paisible, à mi-chemin entre les gares routière et ferroviaire, c'est l'un des quatre hôtels RTDC de Jaipur. La seule différence entre les chambres tient à la présence ou non de l'air conditionné.

④ **Chirmi Palace** (Heritage Hotels Association) – B3 - *Dhuleshwar Garden, Sardar Patel Rd* - ✆ *(0141) 236 50 63 - www.chirmi.com* - - *24 ch. 1 450/2 600 Rs* - *200 Rs - rest. 400 Rs.* Cette demeure du 18e s. érigée dans un quartier paisible et aéré, à 8mn à pied de M.I. Rd, constitue une étape agréable. Vous y trouverez des chambres grandes et confortables quoique un peu sombres. Belle salle à manger ornée de fresques.

BUDGET MOYEN

② **Arya Niwas** – B2 - *En retrait de Sansar Chandra Rd* - ✆ *(0141) 407 34 56 - www.aryaniwas.com* - *- Boutique, librairie, Internet, wifi - 94 ch. 1 900/3 100 Rs* *- rest. 250 Rs.* Un hôtel parfaitement tenu et sympathique, aux chambres sobres mais vraiment grandes, surtout pour les 13 *Deluxe*, dotées de TV à écran plat et de coffre-fort. Jardinet et agréable terrasse où prendre les repas. Un excellent rapport qualité-prix ; bonne agence de voyages.

③ **Bissau Palace** (Heritage Hotels Association) – C1 - *Chand Pol* - ✆ *(0141) 230 43 71 - www.bissaupalace.com* - *- Internet, agence de voyages - 51 ch. 3 600/5 000 Rs.* Dans un quartier populaire au nord de Chand Pol, cette belle propriété fut construite en 1919 pour le *rawal* de Bissau, dont les descendants habitent toujours les lieux. Choisissez une chambre dans le bâtiment ancien mais visitez-en plusieurs : toutes sont différentes. Vous pourrez faire un tour en ville dans un antique cabriolet de 1931.

POUR SE FAIRE PLAISIR

⑫ **Mansingh Hotel** et **Mansingh Towers** (Mansinghgroup) – B2 - *En retrait de Sansar Chandra Rd* - ✆ *(0141) 237 87 71 - www.mansinghhotels.com/jaipur.aspx* - *- Spa, salon de beauté, wifi - 159 ch. 4 600/7 600 Rs* *- rest. 1 000 Rs.* Hôtel de standing international doté de tout le confort (écran plat, coffre-fort). De belles baies vitrées illuminent les chambres. Le bâtiment le plus récent, Mansingh Towers, a été conçu particulièrement pour les hommes d'affaires.

① **Alsisar Haveli** (Heritage Hotels Association) – B2 - *Sansar Chandra Rd* - ✆ *(0141) 236 82 90 - www.alsisarhaveli.com* - *- Internet - 45 ch. 6 600/8 300 Rs* - *350 Rs - rest. 750 Rs.* Cette *haveli* restaurée avec goût est protégée de la rue par un jardin et précédée d'une grande terrasse plaisante. Charmantes cours intérieures, joli salon et salle à manger avec arcs polylobés. Les chambres sont nettes, décorées avec soin, et ont toutes une baignoire. TV dans quelques-unes d'entre elles.

⑱ **Rajputana Palace Sheraton** (ITC Group) – A2 - *Palace Rd* - ✆ *(0141) 510 01 00 - www.itchotels.in* - *- Boutiques, salon de beauté, Internet, wifi, spa - 218 ch. 9 000/12 000 Rs* Hôtel de grand standing dans un immense bâtiment de brique dont les ailes se déploient sur de belles pelouses. Des couloirs (interminables) aux chambres et aux sdb, une décoration soignée avec sols de marbre vert et mobilier *design*. L'ensemble, très confortable, manque toutefois de chaleur.

Quartier de Bani Park

Ce quartier résidentiel chic et très calme s'étend à env. 2,5 km à l'ouest de la vieille ville ; seul bémol, les restaurants du quartier se limitent à ceux des hôtels.

PREMIER PRIX

⑨ **Jaipur Inn** – B2 - *B-17 Shiv Marg, Bani Park - (0141) 220 11 21 - www.jaipurinn.com - - Wifi - 25 ch. 1 500/2 000 Rs - 150 Rs - rest. 300 Rs (buffet veg ou non ; réserver avant 17h).* Accueil charmant pour cet hôtel bien tenu où l'on se retrouve entre touristes, dans une ambiance sympathique, avec tous les services (échange de livres, ping-pong…). La poterie bleue de Jaipur orne les parties communes. Les chambres, grandes et lumineuses, décorées de cotonnades traditionnelles, se partagent de belles terrasses arborées. Agréable restaurant sur le toit, ouvert aux non-résidents.

BUDGET MOYEN

㉔ **Umaid Bhawan Guest House** – A2 - *Behari Marg, Bani Park - (0141) 231 61 84 - www.umaidbhawan.com - - Internet, ascenseur - 32 ch. 2 200/3 300 Rs .* Dans une grande maison à l'architecture moghole foisonnante, couloirs, chambres à la décoration chargée et patios remplis de mobilier traditionnel et d'artisanat régional assurent le dépaysement. Ensemble très bien tenu. On viendra vous chercher à votre arrivée en ville.

⑪ **Madhuban Guest House** – A1 - *D-237 Behari Marg, Bani Park - (0141) 220 00 33 - www.madhuban.net - - Wifi - 26 ch. 2 500/3 100 Rs.* Une maison avenante, propre et paisible, précédée d'un jardinet et meublée en style anglo-indien. L'atmosphère familiale compense le manque de cachet des chambres *(non-fumeur)*, assez quelconques.

Quartier de Civil Lines

POUR SE FAIRE PLAISIR

⑯ **Raj Mahal Palace** – A4 - *Sardar Patel Marg - (0141) 414 30 00 - www.rajmahalpalacejaipur.com - - Bibliothèque pour les hôtes, wifi - 29 ch. 5 000/7 000 Rs.* Cet élégant palais construit au début du 18e s. par Jai Singh II, le fondateur de Jaipur, fut la demeure du représentant britannique au 19e s., puis devint résidence royale dans les années 1960. Sa conversion en hôtel n'a pas modifié sa structure ni entamé son atmosphère intime et raffinée. Les *superior* sont de tailles très diverses pour un prix identique ; l'une d'elles se compose de quatre pièces.

UNE FOLIE

⑧ **Jai Mahal Palace** (Taj Group) – A3 - *Jacob Rd, Civil Lines - (0141) 660 11 11 - www.tajhotels.com - - Wifi, boutiques, salon de beauté, spa, petit parcours de golf - 100 ch. à partir de 22 000 Rs* Ce palais de style indo-musulman, où résida le général-chirurgien Thomas Holbein à la fin du 19e s., devint la demeure officielle des Premiers ministres de Jaipur. Il a opté pour un style résolument contemporain : décoration *design*, esthétique monochrome dans les chambres « turquoise » ou « rouges » ; ensemble très réussi.

Dans la vieille ville

BUDGET MOYEN

⑩ **L.M.B. Hotel** – D2 - *Jauhari Bazar - (0141) 256 58 44 - www.hotellmb.com - - Ascenseur - 33 ch. 3 200/5 500 Rs.* Fermez les yeux sur les couloirs, franchement sinistres, car les chambres, malgré une décoration simplissime, sont lumineuses, spacieuses et tout à fait correctes. L'hôtel bénéficie surtout de sa situation au cœur de la vieille ville et au-dessus du restaurant du même nom.

Au sud de la vieille ville

BUDGET MOYEN

⑬ **Nana ki Haveli** – D3 - *Fateh Tiba, Moti Dungri Rd - ✆ (0141) 261 55 02 - www.nanakihaveli.com - ▤ ✕ - Internet - 15 ch. 2 500/3 600 Rs.* Dans un quartier d'artisans, à 700 m de la vieille ville, cette demeure de la fin du 19e s. est habitée par une charmante famille rajpute. Chambres nettes et claires, décorées simplement mais avec soin de beaux tissus et de *dhurri*.

⑤ **Diggi Palace** (Heritage Hotels Association) – C3 - *Diggi House, Shivaji Rd, à 1 km de la vieille ville - ✆ (0141) 236 61 20 - www.hoteldiggipalace.com - ▤ ✕ 🍷 ⛱ - Internet - 60 ch. 5 000/6 000 Rs* ☕ Le *zenana* du palais des *thakur* de Diggi (début du 18e s.) abrite des chambres fonctionnelles, sans plus ; vous leur préférerez celles de la *haveli* au fond du jardin, spacieuses et lumineuses. Agréables cour et terrasses prolongées par un grand jardin paisible qui donne l'impression d'être à la campagne. Le propriétaire, passionné de polo, organise aussi des rencontres littéraires et musicales.

POUR SE FAIRE PLAISIR

⑭ **Narain Niwas Palace** (Heritage Hotels Association) – C4 - *Kanota Bagh, Narain Singh Rd, à 2,5 km de la vieille ville - ✆ (0141) 256 12 91 - www.hotelnarainniwas.com - ▤ ✕ 🍷 ⛱ - Billard, Internet - 37 ch. 7 700/10 000 Rs ☕ - rest. 1 000 Rs.* Cette demeure patricienne de style hybride, agrémentée d'un grand jardin, fut construite en 1881 par Narain Singh de Kanota et agrandie vers 1930 par le général diplomate Amar Singh. La famille Kanota gère elle-même cet hôtel de charme au chic un peu désuet. On traînerait volontiers des heures sous la véranda et dans le salon où meubles fin 19e s. et souvenirs de famille sont restés en place. Les chambres, spacieuses mais sombres, mériteraient un coup de peinture.

UNE FOLIE

⑲ **Rambagh Palace** (Taj Group) – C4 - *Bhawani Singh Rd, à 3 km de la vieille ville - ✆ (0141) 221 19 19 - www.tajhotels.com - ▤ ✕ 🍷 ⛱ - Wifi, boutiques, spa - 79 ch. à partir de 30 000 Rs* ☕ Ancien pavillon de chasse agrandi en 1905 par Sir Swinton Jacob puis décoré dans le style Art déco pour Man Singh II, qui en fit sa résidence principale avant de le transformer en hôtel dès 1957, ouvrant ainsi le premier palais-hôtel d'Inde. Côté jardin, deux ailes en U entourent une pelouse, formant comme un salon de marbre, endroit superbe pour prendre un thé. Immenses, les chambres disposent de sdb parfaitement équipées, avec ces mille et une petites attentions qui font toute la différence.

Sur la route d'Amber

Les hôtels suivants se situent à la limite nord de la vieille ville, sur la route du fort d'Amber et de Delhi.

BUDGET MOYEN

⑦ **Holiday Inn** – E1 - *Amber Rd, à 500 m de Zorawar Gate - ✆ (0141) 267 20 00 - www.holidayinnjaipur.com - ▤ ✕ 🍷 ⛱ - Wifi, boutiques, gym - 84 ch. 4 100/5 900 Rs* ☕ Excellent hôtel construit autour d'une cour intérieure dans le style *haveli* et disposant de tout le confort. Atmosphère quelque peu aseptisée cependant.

2

UNE FOLIE

㉓ **The Trident** (The Oberoi) – E1 - *Amber Fort Rd, Jal Mahal - (0141) 267 01 01 - www.tridenthotels.com - - 132 ch. env. 16 000 Rs* Face au Jal Mahal posé comme un mirage sur le lac, cet hôtel de grand standing à la décoration impersonnelle cultive néanmoins une ambiance vivante et agréable. Demandez une chambre sur le lac.

⑳ **Samode Haveli** – E1 - *Ganga Pol - (0141) 263 24 07 - www.samode.com - - Wifi, spa, agence de voyages - 39 ch. 17 000/19 000 Rs* Dans un recoin paisible de la ville intra-muros, en retrait de la route d'Amber, cette superbe *haveli* du 18e s. appartenant aux *thakur* de Samode est l'une des meilleures adresses de Jaipur. Les pièces de réception et la salle à manger ont conservé leurs remarquables fresques d'origine; les chambres sont décorées à l'ancienne avec infiniment de goût. Superbe piscine dans un grand jardin. L'ensemble est un délice.

⑰ **The Raj Palace** – E1 - *Chomu Haveli, Zorawar Singh Gate, Amber Rd - (0141) 263 40 77 - www.rajpalace.com - - Wifi, spa - 40 ch. 30 000/46 000 Rs - 1 750 Rs - rest. 4 000/5 000 Rs.* Cette impressionnante *haveli* jaune pâle de cinq étages, construite en 1728 pour le seigneur de Chomu, compte parmi les plus anciennes de Jaipur. Architecture, *arayish* (enduits), sols en marbre : la qualité ne se dément pas, sauf dans les chambres, dont la décoration laisse à désirer. Service désorganisé. Une nuit dans le pavillon du maharaja vous coûtera la bagatelle de 10 000 €…

RESTAURATION

Les restaurants de Jaipur, particulièrement nombreux, proposent une variété de cuisines unique au Rajasthan.

Autour de Station Rd et de Sansar Chandra Rd

PREMIER PRIX

⑩ **Rawat** – B2 - *Station Rd - (0141) 236 35 93 - - 10h-22h - 170/250 Rs.* Ce groupe de grands bâtiments rouges s'est fait une réputation pour ses *kachori* et ses *bengali sweets* que vous pourrez apprécier sur la terrasse en retrait de la rue. On paie à la commande; service rapide.

POUR SE FAIRE PLAISIR

Peshawri – A2 - *rest. de l'hôtel Rajputana Palace Sheraton - - 12h30-14h45, 19h30-23h30 - env. 1 200 Rs.* C'est le frère du fameux restaurant Bukhara de Delhi. Même décor, genre auberge des montagnes d'Afghanistan, où l'on sert une cuisine de la frontière nord-ouest, à base de somptueux kebabs.

Dans la vieille ville

BUDGET MOYEN

Lakshmi Mishtan Bhandar (L.M.B.) – D2 - *Rest. de l'hôtel du même nom - (0141) 257 88 45 - www.hotellmb.com - 8h-23h - 350/450 Rs.* Une institution ! Aucun Indien ne viendrait à Jaipur sans prendre au moins un repas dans la grande salle aux sièges recouverts de velours et aux nappes blanches du L.M.B. La carte, *pure veg*, est bien fournie en spécialités du nord de l'Inde et du Rajasthan, avec une mention spéciale pour les *thali*. Cuisine *sattvic*, élaborée selon les principes énoncés par Krishna dans la *Bhagavad Gita*. Terminez votre repas par une sucrerie : c'est la spécialité du lieu *(voir aussi rubrique « Petite Pause »)*.

Sur Mirza Ismail Rd (M.I. Rd)
Cette rue concentre sur 2 km les restaurants les plus prisés de Jaipur et quantité d'établissements populaires.

PREMIER PRIX

⑦ **Pizza Hut** – B2 - *Ganpati Plaza - ✆ (0141) 400 86 28 - www.pizzahut.co.in - 💳 - 11h-23h - 200/500 Rs.* Un cadre aseptisé mais les meilleures pizzas de la ville.

BUDGET MOYEN

⑪ **Surya Mahal** – C3 - *M.I. Rd, près de Niro's - ✆ (0141) 236 28 11 - www.suryamahal.com - 8h-23h - 300/450 Rs.* Deux salles animées d'un perpétuel va-et-vient où l'on sert une cuisine *veg* d'Inde du Nord et du Sud, des plats continentaux et chinois, des pizzas, des glaces…

⑤ **Natraj** – C3 - *M.I. Rd - Ne pas confondre avec l'hôtel Natraj, également sur M.I. Rd. - ✆ (0141) 237 58 04 - 9h30-23h - 350/450 Rs.* Petite salle confortable mais aveugle où l'on sert les grands classiques de la cuisine *pure veg* d'Inde du Nord et du Sud. Sa spécialité : les *kofta* de légumes (boulettes de légumes hachés, cuites dans une sauce épicée). Vous choisirez votre dessert à la vitrine de *bengali sweets*.

① **Geetanjali** – B2 - *rest. de l'hôtel Maharani Palace, Station Rd - ✆ (0141) 220 43 78 - 13h30-15h, 19h30-23h - 400/550 Rs.* Grande salle climatisée confortable, avec fresques et boiseries. Le *maharani thali* vous donnera l'occasion de tester plusieurs spécialités du Rajasthan. *Ghazal* à partir de 20h. Bar attenant.

② **Handi** – B3 - *M.I. Rd, en face de la GPO - ✆ (0141) 236 48 39 - www.handirestaurant.com - 12h30-15h30, 18h30-23h - env. 500 Rs.* Bonne cuisine tandoorie et mughlai, mais les portions pourraient être plus copieuses. Spécialités de *handi*, de la viande mijotée dans un pot en terre, et de *roomali roti*, une galette fine comme un mouchoir. L'endroit reste cher compte tenu du cadre, parfois très enfumé.

Hightz – B2 - *rest. de l'hôtel Mansingh -19h-22h30 - env. 550 Rs. Bar adjacent.* Une salle confortable au sous-sol où l'on vous servira la meilleure cuisine mughlai de Jaipur. Goûtez aux spécialités, le *paneer pudina masala* (épinards et fromage cuits dans la menthe) et les *tarkari pappad rolls* (crêpes craquantes de farine de lentilles, farcies de pomme de terre, herbes, raisins et noix de cajou). On y chante des *ghazal* à partir de 19h30, sf le sam. où la discothèque prend le relais.

④ **Moti Mahal Delux** – C3 - *M.I. Rd - ✆ (0141) 401 77 33 - 🍷 -11h-23h - 450/600 Rs.* Poulet, mouton et poisson préparés au *tandoor* ou en curry sont servis dans une salle climatisée sur deux niveaux. Un établissement sans grand charme mais apprécié de la clientèle locale.

POUR SE FAIRE PLAISIR

⑥ **Niro's** – C3 - *M.I. Rd - ✆ (0141) 221 85 20 - www.nirosindia.com - 🍷 - 10h-23h - 600/1 000 Rs.* Cet établissement, l'un des principaux points de repère de la ville, affiche une large carte aussi bien de poissons que de viandes. C'est animé, et de grandes glaces aux murs compensent le manque de lumière naturelle. Bonne cuisine indienne, tandoorie et continentale.

③ **Indiana** – C3 - *J2-34 Mahaveer Rd - ✆ (0141) 236 20 61 - www.indianajaipur.com - 🍷 - 12h-15h, 19h-22h - 800/1 000 Rs.* Fauteuils en osier et tables disséminés sur une pelouse et dans deux maisonnettes aux murs de terre.

Goûtez au poulet *indiana*, cuit au *tandoor* et fini dans une sauce aux tomates et à la crème parfumée aux herbes. Spectacle folklorique de 19h à 22h. Prix surévalués.

Quartier de Civil Lines

POUR SE FAIRE PLAISIR

The Marble Arch – A3 - *rest. de l'hôtel Jai Mahal Palace* - 🍷 - *6h30-23h30 - env. 1 500 Rs.* Une des bonnes tables de Jaipur. La carte propose toute une gamme de plats continentaux, chinois, indiens et rajasthanis, dont le fameux *lahsuni murg tikka*, un *tikka* de poulet à l'ail.

Au sud de la vieille ville

BUDGET MOYEN

Flow – C3 - *rest. de l'hôtel Diggi Palace* - 🍷 ⛱ - *tlj sf mar. 13h30-22h - 350/500 Rs.* Quelques tables dressées au bord de la piscine se prêtent à un déjeuner au calme. La carte, réduite, propose des mets choisis avec soin, mêlant saveurs méditerranéennes et asiatiques, cuisinés avec des légumes bio.

POUR SE FAIRE PLAISIR

Narain Niwas Palace – C4 - *rest. de l'hôtel du même nom* - 🍷 ⛱ - *7h-23h - env. 1 000 Rs.* C'est pour beaucoup de Jaipuri l'une des meilleures tables de la ville. Vous y savourerez des plats tandooris, continentaux ou chinois dans une jolie salle à colonnes, ou dans le verger lorsque le temps le permet. L'alcool est servi dans le salon attenant et sous la véranda.

UNE FOLIE

Rajput Room – C4 - *rest. de l'hôtel Rambagh Palace* - 🍷 - *6h-0h - env. 2 000 Rs.* Marbres et lustres composent un cadre raffiné sous de grandes arches. Dans les assiettes, caviar, coquilles Saint-Jacques à la tapenade, risotto et autres recettes sophistiquées pour une *multicuisine* de luxe. Un vrai délice dans un cadre d'exception.

Suvarnal Mahal – C4 - *rest. de l'hôtel Rambagh Palace* - 🍷 - *12h-15h, 19h-0h - env. 3 500 Rs.* L'un des trois restaurants du plus bel hôtel de la ville met à sa carte les plats favoris des familles royales de quatre régions de l'Inde. Tout y est spécialité ! Carte des vins superbe (mais chère).

PETITE PAUSE

Bake Hut – C3 - *Arvind St., près du restaurant Surya Mahal.* Pour ses biscuits frais et ses pâtisseries emballés dans de jolies boîtes.

Lassiwala – C3 - *en face du restaurant Natraj.* Vous dégusterez les *lassi* les plus réputés de la ville dans l'une des trois minuscules échoppes contiguës qui portent le même nom. Elles servent aussi *samosa*, *mirchi* (beignets au piment fort) et *kachori* dans leur arrière-salle.

Lakshmi Mishtan Bhandar (L.M.B.) – D2 - *Jauhari Bazar* - ✆ *(0141) 256 58 46 - 8h-23h.* À déguster sur place ou à emporter, *sweets* et *namkin* emplissent des vitrines alléchantes. Goûtez aux *rasmalai*, des boules de semoule et de lait condensé, parfumées au citron et à la cardamome, servies dans une crème aux pistaches.

BOIRE UN VERRE

The Indian Coffee House – C2-3 - *M.I. Rd, dans le même bâtiment que Lacoste, au fond de la cour - 8h-21h.* Trois petites pièces aux murs d'un vert pistache peu engageant servent de rendez-vous aux intellectuels qui commentent l'actualité à longueur de journée, dans une ambiance chaleureuse de café du commerce. Vous y dégusterez un vrai café et des snacks pour quelques dizaines de roupies.

Bouncer Bar – C2-3 - *M.I. Rd, à l'est de Niro's* - ⊭ - *11h-23h.* Un vrai bar à l'indienne, tout en longueur et sombre à souhait, avec son décor de fausses briques et de bois bon marché. Vous pourrez accompagner votre bière de quelques snacks.
Mansagar – en dir. D1 - *bar de l'hôtel The Trident* - 🍸 - *11h-23h.* Une halte très agréable au retour d'Amber. Terrasse couverte avec vue sur le lac et le Jal Mahal.
Polo Bar – C4 - *bar du Rambagh Palace* - *12h-0h.* C'est la seule pièce du palais qui n'ait pas été modifiée par la création de l'hôtel. Fauteuils et canapés entourent un bassin en faïence bleue. Sur les murs, des maillets, des photos et des gravures témoignent de la passion du maharajah Man Singh II pour le polo. Vin au verre, grand choix de cocktails et de cigares cubains.

ACHATS

Jaipur, où transite la production de toute la région, est la ville rajasthanie qui réunit le plus grand nombre d'artisans de qualité.
Les magasins les plus modernes et les plus réputés se trouvent le long de **M.I. Rd** où se sont par ailleurs installées bon nombre de marque de prêt-à-porter occidentales. Les échoppes modernisées de **Bapu Bazar** (D3) et **Nehru Bazar** (C2), à l'intérieur des remparts, assurent la transition entre M.I. Rd et les bazars traditionnels de la vieille ville, où vous devrez marchander ferme. La plupart ferment le dim., à l'exception des boutiques de Nehru Bazar, qui ferment le mar.
Conseil – Prenez le temps de comparer les articles et les échoppes des bazars ; effectuez vos achats en fin de séjour, une fois plus au fait des prix.

Marchés

Les plus animés se tiennent à l'extérieur de **Chand Pol** (C2), ainsi que sur **Chhoti Chaupar** (C2) et dans le sud de **Jauhari Bazar** (D2-3). Vous remarquerez le lourd bâton dont sont armés les vendeurs : à l'affût sur les toits et dans les arbres, d'innombrables macaques attendent en effet le moment propice pour chaparder impunément fruits et légumes…

Artisanat

Dans les bazars, au gré de vos flâneries, vous trouverez de quoi faire de menus achats : bijoux fantaisie, petit artisanat, etc.
Rajasthali – C3 - *M.I. Rd, près d'Ajmeri Gate - www.rajasthali.gov.in - tlj sf dim. 11h-19h30.* Ce magasin d'État offre un bon aperçu de l'artisanat régional ; prix excessifs.

Souvenirs

Les magasins *(ouverts tlj)* où s'arrêtent les cars de touristes se succèdent sur Amber Rd, notamment autour de **Zorawar Singh Gate** (DE1). Ils proposent bijoux, textiles, tapis, peintures… Tout y est plus cher qu'ailleurs, car la commission versée au chauffeur se répercute sur le prix de vente. Précisez que vous venez seul pour échapper à cette taxe d'au moins 40 %. Autres boutiques de souvenirs autour du City Palace et face au palais des Vents.

Tissus

Grande spécialité de la région de Jaipur, les **cotonnades** de Sanganer et de Bagru, imprimées à la planche de bois et teintes avec des pigments naturels ou synthétiques, se vendent au mètre ou sous forme de nappes, foulards, vêtements… Autre spécialité : les cotons ou soies décorés de chevrons *(lahariya)* ou de petits ronds blancs sur fond de couleur *(bandhani)*, obtenus par des techniques de teinture par ligature *(tie-and-dye)*. On les trouve au mètre mais aussi en saris, *dupatta* (longues écharpes) et turbans.

Jauhari Bazar – D2 - *Dans la vieille ville.* C'est le centre traditionnel du marché des tissus.

Purohitji ka Katla – D2 - Étroite ruelle partant sur la gauche de Jauhari Bazar *(env. 80 m avant Bari Chaupar)* ; abrite exclusivement des échoppes de vêtements de mariage – rouges, brodés de fils d'or. Vaut le coup d'œil !

Rajasthan Handloom House – C3 - *M.I. Rd, à côté de Rajasthali.* Étoffes tissées main, vendues au mètre. Les prix, affichés, ne se marchandent pas.

Textorium – C3 - *M.I. Rd, entre Indian Coffee House et Ajmeri Gate - www.textorium.com - tlj sf dim. 10h-20h30.* Bonne adresse pour la soie : tissus au mètre, saris, *dupatta*, foulards. Quelques châles en laine fine. Un peu cher.

À Sanganer – Vous pourrez voir teinturiers et imprimeurs au travail et acheter leurs réalisations. **J.K. Arts** – *Main Rd - 10h-19h.* Exporte beaucoup vers le Japon. La fabrique se tient sur le quai du *nala* (cours d'eau).

Shilpi Handicrafts – *Dans une ruelle parallèle au* nala *- www.shilpihandicraft.com - tlj sf dim. 8h-19h30.* Spécialiste des soies imprimées à la planche avec des teintures naturelles.

Vêtements, linge de maison

La mode « ethnique », qui a fait fureur en son temps, et l'apparition de stylistes et de couturiers ont revivifié les motifs traditionnels rajasthanis, faisant de la production textile de Jaipur l'une des plus créatrices et dynamiques de l'Inde. Vous trouverez plusieurs adresses de qualité où acheter, à prix étiquetés, vêtements, accessoires ou linge de table et de maison, comme les célèbres *razai* (édredons piqués) légers comme le vent.

Anokhi – B3 - *Prithviraj Rd - www.anokhi.com - tlj 9h30-20h.* Engagé dans la défense de l'artisanat et de l'environnement du Rajasthan, Anokhi a contribué au renouveau des textiles traditionnels. Également à Amber, dans la *haveli*-musée *(voir p. 244)*.

Soma – A3 - *Jamnalal Bajaj Rd - www.somashop.com - lun.-sam. 10h-20h, dim. 10h-18h.* Linge de maison, accessoires et prêt-à-porter teints au tampon.

Sodhi's – en dir. E1 - *Amber Rd, près de l'hôtel The Trident.* Des tissus haut de gamme, mais attention aux couleurs vives qui s'affadissent au lavage. Prix élevés.

Tapis

Les entrepôts de textiles qui bordent **Amber Rd**, au nord de Zorawar Singh Gate (E1), proposent un grand choix de tapis neufs, en laine nouée et en coton tissé *(dhurri)*. En prime, ils présentent les diverses étapes de la fabrication des tapis. Attention, ils sont fréquentés par les cars de touristes : précisez bien que vous n'en faites pas partie.

Carpet Mahal – E1 - *Amber Rd, à gauche après Zorawar Singh Gate - www.carpetmahal.com.* Spécialiste des tapis de laine.

Arihant Arts – E1 - *Amber Rd, à droite après Zorawar Singh Gate, dans une ruelle qui longe l'hôtel Raj Palace.* Une petite maison familiale, ignorée des touristes, qui ne vend que des *dhurri*.

Papier fait main

Salim's Paper – *À Sanganer - Gramodyog Rd (perpendiculaire à Main Rd) - www.handmadepaper.com.* Entreprise famiale tournée vers l'exportation. Avant de passer dans la boutique, vous découvrirez les diverses étapes de la fabrication de ce papier fait à partir de chutes de vêtements, et sa décoration à base de pétales de fleurs, de fragments d'herbes ou de feuilles.

Poterie bleue

Depuis le 19e s., on fabrique à Jaipur une poterie lustrée à dominante bleue, rehaussée de blanc, jaune ou vert. Bouquets de fleurs ou motifs géométriques décorent les vases, petites boîtes, colliers fantaisie, etc.

Kripal Khumb – B2 - *Shiv Rd, Bani Park - www.kripalkumbh.com.*

Neerja International – A3 - *Anand Bhawan, Jacob Road - Civil Lines - www.neerjainternational.com - tlj sf dim. 9h30-18h.* Beaucoup de choix.

Blue Pottery Art Centre – en dir. E1 - *Amber Rd, à proximité de l'hôtel Holiday Inn.* Bijouterie et céramiques.

À Sanganer – Jaipur India Blue Art Potery – *Sous-sol du magasin de textiles Sakshi, Main Rd.*

Chaussures

Ramganj Bazar – D2. *Juti* en cuir de mouton ou de chèvre, brodées de fils colorés ou recouvertes de velours surbrodé de fils d'or.

Joaillerie

Jaipur est l'une des capitales mondiales de la taille des pierres fines et précieuses, notamment des émeraudes. Spécialité de la région, les bijoux en or associent pierres précieuses polies en cabochon *(kundankari)* sur une face, et travail d'émail *(minakari)* au revers. Tous les joailliers disposent de pièces anciennes mais ils ne les sortent qu'à la demande.

Conseils – Profitez de votre passage dans la capitale rajasthanie pour faire vos achats de bijoux ; vous y ferez d'excellentes affaires, mais n'achetez que dans des maisons réputées. Si vous avez un doute, faites expertiser les pierres au **Gem Testing Laboratory** – D3 - *en retrait de M.I. Rd, près de New Gate - ✆ (0141) 256 82 21 - lun.-vend. 10h-17h30.* Résultat le lendemain à 16h.

Refusez **catégoriquement** d'acheter des pierres en gros ou d'en exporter pour le compte d'un bijoutier : à Jaipur comme à Agra, les arnaques sont très au point.

Gem Palace – C3 - *M.I. Rd - www.gempalacejaipur.com - 10h30-18h30.* Une institution ! Les Kasliwal, joailliers de génération en génération depuis 1852, sont fournisseurs de la famille royale de Jaipur. Plusieurs de leurs confrères de la place Vendôme s'approvisionnent chez eux en pierres précieuses. Dans la cour, collection de voitures anciennes.

Jaipur Emporium – C3 - *M.I. Rd, à côté du Gem Palace - tlj sf dim 11h-19h30.*

Gem Plaza – C3 - *M.I. Rd.* Gyan Chand Dhaddha fait découvrir aux amateurs sa collection personnelle d'embouts de *houka*.

Royal Gems & Arts – C1 - *Saras Sadan Haveli, Gangauri Bazar (entrée par une école primaire) - www.royalgemsandarts.com - tlj sf dim. 10h-20h.* Le magasin se trouve à l'étage, dans une superbe salle entièrement peinte à fresque. Une bonne adresse associant joaillerie, bijoux ethniques et objets d'art.

Bijoux ethniques

Tholia's Kuber – C3 - *M.I. Rd, en face de Niro's - tlj sf dim. 10h30-19h30.* Pièces originales ou copies de qualité.

Amrapali – C3 - *Panch Batti Circle - www.amrapalijewels.com - tlj 11h-21h.* Bijoux à l'ancienne et créations inspirées des motifs traditionnels.

Jauhari Bazar (« marché des bijoutiers ») et les rues avoisinantes (notamment Gopalji ka Rasta et Haldiyon ka Rasta) (D2) regroupent un grand nombre de bijoutiers. Préférez les boutiques citées précédemment, sauf pour de petits achats si vous avez la chance de trouver un véritable agent (parlant bien l'anglais ; il sera payé à la commission).

Bijoux en argent et bangles

Les échoppes traditionnelles de bijoux en argent se succèdent à l'angle sud-est de **Bari Chaupar** et au début de **Ramganj Bazar** (D2). Pour les *bangles* (bracelets), ceux en verre sont proposés sur des étals installés à l'angle nord-ouest de **Bari Chaupar** (D2), tandis que ceux en laque brillamment colorée sont fabriqués et vendus dans **Mani Haron ka Rasta** (C2).

Spécialités culinaires

Les amateurs de *mithayan* (confiseries) et de *namkin* (amuse-gueules épicés ou sucrés-salés) ne manqueront pas de se rendre au **L.M.B.** *(voir « Petite pause » p. 254).* Vous pourrez voir comment sont confectionnés *mithayan* et *paneer* (fromage de lait caillé) en vous rendant dans les ruelles qui partent au nord et au sud du L.M.B. Jetez un œil à **Acharwallon ki Galli**, la « ruelle des vendeurs d'achars » (légumes et fruits confits dans l'huile, le vinaigre ou le jus de citron, et épicés).

Soins de beauté

Shahnaz Husain Herbal – D4 - *C-70, Raman Marg, Tilak Nagar.* Produits et soins à base de plantes. Manucure, massage du visage, applications de henné.

Biotique – C3 - *M.I. Rd, à l'est de Niro's.* Massage du visage ; plus cher que chez Shahnaz Husain.

Librairies

Books Corner – C3 - *M.I. Rd, à côté de Niro's - 10h-22h.* Presse, romans, beaux livres. Également dans les hôtels **Rajputana Palace Sheraton** (**Bookwise**), **Arya Niwas** (beaux livres) et **Rambagh Palace** (dont des livres anciens).

Conseil – Si vous enchaînez sur la visite du Shekhawati, procurez-vous ici le guide de Ilay Cooper, *The Painted Towns of Shekhawati (mise à jour 2008).*

Centres commerciaux

Les *shopping complexes* et les *malls* tels que **Crystal Palm**, Sadar Patel Rd (A4), **Metropolitan Mall**, en face (A4), ou **Gaurav Towers**, sur Jawaharlal Nehru Rd (C4), vendent marques indiennes et européennes.

ACTIVITÉS

Cinéma

Raj Mandir – C3 - *Bhagwan Das Rd, Panch Batti Circle - ✆ (0141) 237 93 72 - séances (env. 110 Rs. et près de 3h !) à 12h30, 15h30, 18h30, 21h30.* Une extravagante salle de cinéma, temple rutilant du film commercial bollywoodien. À ne pas manquer.

Activités sportives

Piscine – Plusieurs hôtels ouvrent leur piscine aux non-résidents : Umaid Bhawan Guest House, Raj Mahal Palace, Narain Niwas Palace.

Équitation et polo – **Rajasthan Polo Club** – B4 - *près du Rambagh Palace et du Polo Ground - ✆ (0141) 238 53 80 - www.indianpolo.com.* Des tournois se déroulent en déc.-janv. et en mars, durant la saison de polo, mais certains matchs commencent dès le mois d'oct. Ils se déroulent généralement entre 15h et 17h. Le propriétaire de l'hôtel Diggi Palace renseignera les passionnés.

Méditation et yoga

Séances de yoga gratuites au **Central Park** (BC4), de 6h30 à 7h30 et de 18h à 19h.

Dhamma Thali Vipasana Meditation Center – en dir. E2 - *route de Galta - ✆ (0141) 268 02 20 - www.thali.dhamma.org*. En pleine nature, stages de méditation de 10 j. selon l'enseignement de S.N. Goenka. Prévoir une donation.

EXCURSIONS

Agences de voyages

Rajasthan Tourism Development Corporation (RTDC) – B3 - *Transport Unit, Old Govt. Hostel Campus, M.I. Rd, à l'angle d'Ajmer Rd - ✆ (0141) 237 54 66 - 8h-20h*. L'agence de l'État du Rajasthan organise des visites quotidiennes de la ville *(voir « S'informer », p. 224)*. Location de voitures *(mini 60 km, 1 600 Rs ; maxi 120 km, 12h pour env. 2 100 Rs)*. Réserv. pour les hôtels RTDC, y compris le camp de toile durant la foire de Pushkar et le *Heritage on Wheels* (train des maharajas à destination du Shekhawati). Liste de guides.

Arya Niwas – B2 - *hôtel Arya Niwas, Sansar Chandra Rd - ✆ (0141) 237 24 56 - www.tours2rajasthan.com*. Organise des excursions vers Amber et Sanganer, le Shekhawati, Pushkar, Agra, etc. Loue des voitures.

Athens Tours – C1 - *Kinnra Guest House, face à l'hôtel Bissau Palace - ✆ (0141) 230 03 24 - www.athenstours.in*. Randonnées à dromadaire ou à cheval, excursions à la journée à Pushkar, Ranthambore, Sariska et dans le Shekhawati. Location de véhicules à bon prix.

Travel Corporation India (TCI) – B3 - *19-C Gopal Bari - ✆ (0141) 236 98 61 - www.tcindia.com - tlj sf dim. 9h30-18h*. Organise des voyages haut de gamme. Location de taxis et de voitures à prix intéressants. Billets d'avion sur les lignes intérieures.

Jaipur Towers – B2 - *M.I. Rd* - Ce bâtiment de 3 étages regroupe de nombreuses agences de voyages représentant les principales compagnies aériennes, notamment **Air France** et **Air India**.

AGENDA

Makar Sankranti – *14-15 janv.* Fête qui marque l'entrée du Soleil dans le signe du Capricorne par un concours de cerfs-volants.

Festival des éléphants – *La veille de Holi (5 mars 2015, 22 mars 2016, 12 mars 2017)*. Processions d'éléphants caparaçonnés d'étoffes somptueuses, matchs de polo à dos d'éléphant, etc.

Gangaur – *3e et 4e j. après la nouvelle lune de mars-avr. (22-23 mars 2015, 10-11 avr. 2016, 30-31 mars-1er avr. 2013)*. En l'honneur du printemps et de la déesse Gauri (Parvati), une procession avec éléphants et dromadaires défile du City Palace au Tal Katora pour conduire Shiva et Parvati à leur demeure de jeunes époux. Les festivités durent 18 jours.

Teej – *3e et 4e j. après la nouvelle lune de juil.-août (17-18 août 2015, 5-6 août 2016, 26-27 juil. 2017)*. Afin de célébrer l'arrivée de la mousson et le mariage de Teej (Parvati) avec Shiva, une procession est organisée, semblable à celle de Gangaur. On suspend des balançoires décorées de feuilles de l'arbre ashoka.

NOS ADRESSES DANS LA RÉGION DE JAIPUR

Les établissement que nous avons retenus dans la région de Jaipur sont repérés par des puces de couleur verte sur la Carte régionale p. 222.

Bon à savoir – Ces hébergements de charme disposent souvent d'un nombre limité de chambres : il est indispensable de réserver, surtout en haute saison et durant les périodes de vacances ou de fêtes indiennes.

HÉBERGEMENT Carte régionale

BUDGET MOYEN

À Pachar

Par la NH 11, à 85 km au nord-ouest de Jaipur. À Chomu, tournez à gauche vers Kishangarh, où vous prendrez à droite. Pachar possède un beau temple jaïn.

④ **Golden Castle Resort** (Heritage Hotels Association) – A3 - *Réserv. à Jaipur - (0141) 222 69 20, www.castlepachar.com - - 15 ch. 4 200 Rs* Cooler *fourni à la demande - réserv. indispensable.* Entre les dunes de sable et le lac se trouve un joli château familial plein de caractère, dont la restauration n'a altéré ni la structure, ni la décoration. Excursions en jeep et à dromadaire, visite du Shekhawati.

À Bhandarej

Sur la route de Bharatpur et d'Agra (NH 11), à env. 65 km à l'est de Jaipur. 9 km après Dausa, tournez à droite. Intéressant baori *dans le joli village.*

① **Bhadrawati Palace** (Heritage Hotels Association) – B3 - *Bhandarej - (01427) 28 33 51 - réserv. à Jaipur (0141) 236 32 62 - http://hotelbhadrawatipalace.com - - 35 ch. 3 500/4 500 Rs - réserv. conseillée.* Un grand palais du 16e s. tout en longueur, avec jardins et cours intérieures fleuries. Les chambres, de taille inégale, sont toutes jolies et confortables et disposent de sdb récentes. On vous servira les repas dans la belle salle du *durbar*, où se mêlent harmonieusement le marbre blanc et l'*arayish* turquoise. Randonnées à cheval.

À Pachewar

Sur la route d'Ajmer et de Pushkar (NH 8), à 90 km au sud-ouest de Jaipur. À Dudu, prendre à droite la route de Malpura.

⑧ **Pachewar Garh** (Heritage Hotels Association) – A3 - *(0941) 334 01 69 - réserv. à Jaipur - (0141) 260 10 07 - www.pachewargarhfort.com - - 10 ch. 5 500 Rs - réserv. conseillée.* Charmant petit fort rustique du 17e s. Les chambres sont moyennement confortables, les coupures d'électricité fréquentes et le service peu organisé, mais l'ensemble a du caractère et l'accueil est sympathique.

POUR SE FAIRE PLAISIR

À Kanota

Sur la route de Bharatpur et d'Agra (NH 11), à 15 km à l'est de Jaipur.

⑫ **Royal Castle Kanota** (Heritage Hotels Association) – A3 - *Kanota, à droite à la sortie du bourg - (0141) 256 12 91 - www.hotelnarainniwas.com - - 15 ch. 10 000 Rs - rest. 1 000 Rs - réserv. indispensable à l'hôtel Narain Niwas Palace de Jaipur.* Belle demeure élevée au 19e s. dans l'enceinte d'un fort médiéval. L'architecture et le jardin ont du charme, et les chambres ont gardé leur aspect d'antan – certains les trouveront un peu vieillottes. Randonnées à cheval.

À Samode

À 40 km au nord de Jaipur par la NH 11. À Chomu, prendre une petite route à droite (8 km).

⑬ **Samode Bagh** (Heritage Hotels Association) – A3 - *Fatehpura, à 3 km de Samode - ✆ (0141) 263 23 70 - www.samode.com ou réserv. à l'hôtel Samode Haveli de Jaipur - ▤ ✕ ▼ ⛱ - 44 ch. 10 000 Rs* ☕ Dans un superbe jardin moghol avec canaux, bassins, jets d'eau et pavillons de marbre s'alignent au cordeau 44 tentes luxueuses aux sdb en dur. Les repas sont cuisinés au Samode Palace *(voir ci-dessous)* et réchauffés ici.

UNE FOLIE

À Samode

Voir ci-dessus.

⑬ **Samode Palace** (Heritage Hotels Association) – A3 - *Samode - ✆ (0141) 263 23 70 - www.samode.com - ▤ ✕ ▼ ⛱ - 43 ch. dont 18 suites. 21 000 Rs ☕ - réserv. assez longtemps à l'avance sur Internet ou à l'hôtel Samode Haveli de Jaipur.* Dans une passe rocheuse, cet impressionnant palais fortifié à la belle architecture rajpute et à la décoration raffinée constitue l'une des meilleures adresses du Rajasthan. Tout y est parfait, jusqu'au moindre détail. Il vous faudra payer 500 Rs ou déjeuner à l'hôtel *(env. 1 500 Rs)* pour visiter la somptueuse salle où les *rawal* de Samode tenaient leur *durbar*.

À Jamwa Ramgarh

À 22 km au nord-est de Jaipur. Sortez par la route d'Amber et tournez à droite 1,5 km après Zorawar Singh Gate. L'accès à l'hôtel se fait par le barrage, sur le côté gauche de la route.

⑩ **The Ramgarh Lodge** – A3 - *Ramgarh Lake - Jamwa Ramgarh - ✆ (0142) 621 40 27 - www.thegatewayhotels.com - ▤ ✕ ▼ ⛱ - Billard, court de tennis - 14 ch. 14 000/18 000 Rs ☕ Demi-pension seult.* Également connu sous le nom de Gateway Hotel Ramgarh, ce pavillon de chasse royal niché entre collines et lac fut construit en 1931 dans le style Art déco. Rien n'a changé depuis cette époque, semble-t-il. Une pelouse descend doucement de la véranda jusqu'au lac, dans un cadre empreint de sérénité. Des trophées de chasse animent l'escalier de bois et le salon. Chambres vastes et raffinées ; les *superiors* ont vue sur le lac.

Bharatpur

★★

Env. 263 000 hab. – Alt. 250 m. – État du Rajasthan

NOS ADRESSES PAGE 267

S'INFORMER

Tourist Reception Centre – *À l'extrémité est de Bird Sanctuary Rd, à 4 km au sud de la vieille ville - 9h30-17h30.* Photos des espèces résidentes et migratrices. Plan de la ville.

SE REPÉRER

Carte régionale p. 222 – *À 56 km d'Agra, 174 km de Jaipur, 251 km de Delhi.* Le **fort Lohagarh**, entouré de murailles et de douves, marque le centre de Bharatpur, ville de taille moyenne. La **gare** se situe à 3,5 km au nord, sur la route de Mathura. Le **Main Bus Stand** se trouve à l'extérieur de la ville, à l'ouest. Le **parc de Keoladeo Ghana** borde Bird Sanctuary Rd (route de Jaipur), à 5 km au sud du centre-ville. Env. 700 m à l'est de ce dernier, le **carrefour de l'hôtel Saras** regroupe l'office de tourisme et la plupart des *guest houses* ; c'est là aussi que se trouve l'arrêt des bus effectuant la liaison Agra-Jaipur.

Voir aussi la rubrique « Arriver/partir » dans « Nos adresses ».

À NE PAS MANQUER

La réserve ornithologique de Keoladeo Ghana.

ORGANISER SON TEMPS

Prévoyez au moins une demi-journée (3h pour le parc de Keoladeo Ghana et 45mn pour la ville). Levez-vous à l'aube pour être dans le parc dès son ouverture, muni de jumelles. Évitez le w.-end, les j. fériés et les période de fêtes ou de vacances scolaires : la foule, bruyante, fait fuir les oiseaux.

AVEC LES ENFANTS

Un tour en cyclo-rickshaw dans la réserve ornithologique.

Bharatpur, grosse bourgade agricole établie dans une plaine cultivée, fut au 18e s. la capitale du seul royaume jat de quelque importance en Inde. Elle conserve de cette époque de puissantes fortifications, mais le grand attrait du lieu, c'est sa réserve ornithologique, l'une des plus riches au monde, inscrite au Patrimoine mondial de l'Unesco : une dépression marécageuse, paradis de verdure où vous pourrez identifier, avec l'aide d'un guide, quelques-unes des 365 espèces de volatiles, dont la grue antigone – mais plus la grue de Sibérie, qui a récemment disparu du parc. Bharatpur vous servira de « camp de base » pour la visite du palais de Deeg, et éventuellement celle de de Fatehpur Sikri.

Découvrir

L'observation des oiseaux migrateurs venus par milliers passer l'hiver au parc national de Keoladeo est la principale motivation d'une halte à Bharatpur. C'est d'octobre à février que l'étape présente le plus d'intérêt.

Route traversant le parc de Keoladeo Ghana à Bharatpur.
I. Hogstrom/Danita Delimont Agency/age fotostock

★★**PARC DE KEOLADEO GHANA** (Keoladeo Ghana National Park)

Bird Sanctuary Rd - www.rajasthanwildlife.com - tlj du lever au coucher du soleil, fermé en mai et juin - 400 Rs ; vidéo 200 Rs - voiture 100 Rs (accès limité à la zone tampon, à 1,5 km de l'entrée) ; au-delà, seuls sont autorisés piétons et cyclo-rickshaws - guide (100 Rs/h pour 1 à 5 pers.), cyclo-rickshaws (70 Rs/h/pers.), jumelles (50 Rs/j) disponibles à l'entrée. Comptez au moins 3h.

Parc national classé à l'Unesco depuis 1985, la réserve date du milieu du 18e s. ; elle était alors réserve… de chasse. Le maharaja Suraj Mal l'avait aménagée en édifiant une digue au confluent de deux rivières, créant ainsi une zone d'étangs propice au séjour des canards et autres oiseaux migrateurs, bien mal inspirés de venir se reposer ici : les archives de Bharatpur ont en effet gardé les traces de sanglantes parties de chasse.

Lieu d'hivernage de quelque 365 espèces venues d'Afghanistan, du Turkménistan, de Chine et de Sibérie, le parc concentre des milliers d'oiseaux sur 29 km^2 de marais riches en herbes et roseaux, ombragés par des arbres au feuillage ténu laissant passer la lumière. Des chemins surélevés permettent de sillonner le sanctuaire même lorsqu'il est submergé par l'eau de la mousson.

HÉCATOMBE

Dans les Indes anglaises, la chasse au canard de Bharatpur constituait l'un des événements majeurs du calendrier mondain. Toutes les personnalités de marque étaient conviées à ces cruels divertissements que la proximité de Delhi rendait encore plus populaires. Au milieu des ballets de Rolls Royce (l'autre passion des maharajas de Bharatpur), les hôtes prestigieux, accompagnés de leur suite, se transformaient en fous de la gâchette. Ainsi, en 1914, Lord Hardinge, vice-roi des Indes, massacra 4 082 oiseaux en un seul jour, tandis qu'en 1921 le duc de Windsor en tua 1 560 en trois heures, et qu'en 1938 le vice-roi Lord Linlithgow en abattit 4 273 en une journée !

Si la saison pour observer les oiseaux s'étend d'août à mars, chaque mois offre un intérêt particulier. Avec les premières pluies *(début juil.)*, le parc s'emplit de volatiles venus nidifier et se reproduire : hérons, aigrettes, ibis blancs, coqs de bruyère… Mais c'est durant l'hiver *(oct.-fév.)* que la réserve compte le plus de pensionnaires : cigognes, oies de Greylag, tantales indiens, ibis, oiseaux-serpents, marabouts, rapaces, grues antigone et, vedettes du lieu, les grues de Sibérie, une espèce menacée d'extinction. Le parc compte aussi ses résidents permanents, dont plusieurs variétés de canards, ainsi que de nombreux cerfs, loutres, mangoustes, macaques…

Visitors Centre

En bordure de la zone tampon, au niveau du 2e check-point.

Il fournit des repères visuels pour identifier les différentes espèces et vous éclairera sur les menaces pesant sur les oiseaux, qui tendent à bouder la réserve certaines années en raison de pénuries d'eau récurrentes (moussons insuffisantes, création en 2003 d'une retenue d'eau en amont).

FORT DE LOHAGARH

Au nord du bazar de Bharatpur – Comptez 45mn ; affrétez un cyclo-rickshaw pour faire le tour et demandez-lui de vous attendre 20mn au musée.

Il mérite amplement son surnom de Lohagarh, la « forteresse de fer » : construit au début du 18e s., il résista à plusieurs assauts moghols, puis anglais, et ne fut conquis qu'en 1826 par les Britanniques. Vous franchirez les **murailles★** entourées de douves par l'une des deux portes que le raja Jahawar Singh avait rapportées en trophée du sac de Delhi, en 1764. Celle qui se trouve au nord avait déjà subi un sort analogue, en 1303 : le sultan Ala ud-Din l'avait arrachée aux murailles de Chittaurgarh pour la remonter à Delhi. À l'intérieur du fort subsistent trois palais en mauvais état.

Musée du Gouvernement (Government Museum)

Tlj sf lun. 10h-17h - 10 Rs.

Il occupe deux ailes d'un palais au centre du fort. Intéressante collection de **sculptures** du 10e au 18e s. et joli **hammam★** *(au fond de l'aile droite)* mais l'ensemble souffre du manque d'entretien. Montez néanmoins sur la terrasse pour découvrir la vue sur Bharatpur et ses anciens palais.

LE ROYAUME DES JATS : UNE PUISSANCE ÉPHÉMÈRE

Les Jats forment, encore aujourd'hui, une caste de paysans établis dans tout le nord-ouest de l'Inde. Ils sont réputés pour leurs qualités d'agriculteurs, mais aussi méprisés pour la rudesse de leurs mœurs et – autrefois – pour la tendance au brigandage de leurs chefs de clan. L'ascension de la puissance jat débute à la fin du 17e s., lorsque l'empereur Aurangzeb entreprend de raser les temples hindous du Braj (région de Mathura) : les Jats lancent aussitôt des raids en territoire moghol. Au début du 18e s., coalisés sous **Badan Singh** de Bharatpur, ils se taillent un royaume qui s'étend de Delhi à Agra. Contraint de reconnaître cette nouvelle puissance, l'empereur accorde à Badan Singh, en 1752, le titre de raja. Redoublant d'audace, les nouveaux rajas, **Suraj Mal** et **Jawahar Singh**, pillent Delhi et Agra dans les années 1760. Ils en rapportent un butin qui embellit leurs deux capitales, Bharatpur et Deeg. Confrontée aux envahisseurs marathes puis anglais, la puissance jat s'effrite, et, en 1818, le raja de Bharatpur est le premier souverain du Rajasthan à signer un traité avec les Anglais.

Excursion Carte régionale

Vous effectuerez cette excursion d'une petite demi-journée depuis Bharatpur ou Mathura (voir p. 214) ; vous pouvez aussi passer la nuit au fort de Kesroli (voir « Hébergement », près d'Alwar, p. 274).

DEEG

Bus de 7h à 20h, ttes les 30 à 45mn de et pour Bharatpur (1h, 32 km) et Mathura (1h, 35 km), et ttes les h pour Alwar (2h30, 70 km).

Difficile d'imaginer que cette petite localité agricole de 45 000 hab. était, au 18e s., la capitale d'été de la puissante principauté des Jats. Au terme d'une route cahoteuse et poussiéreuse dans une plaine sans relief, le palais de Deeg apparaît comme un mirage bienfaisant.

★ Palais

À 200 m de la gare routière - tlj sf ven. 9h30-17h30 - 100 Rs – Comptez au moins 1h de visite.

Conseil – *Venez l'après-midi pour pouvoir photographier le palais se reflétant dans le lac.*

Enrichi grâce à ses raids et pillages, le souverain de Bharatpur **Badan Singh** entreprit, en 1730, de construire un palais à Deeg. Celui-ci fut régulièrement agrandi et embelli au cours du 18e s. par les rajas successifs, grâce au butin ramené de leurs incessantes razzias, notamment de Delhi et d'Agra *(voir encadré ci-dessous).*

Deux pavillons à toits bengalis, qui s'avancent comme suspendus au dessus du bassin dans lequel ils se reflètent, flanquent la belle façade rose. En suivant l'allée principale, vous pénétrez dans le **jardin moghol★**. Séparé en quatre parties égales par des canaux, selon le plan classique des *chahar bagh*, il est agrémenté de 500 fontaines *(leur mécanisme n'est actionné que les sam. d'août).* Des palais et des pavillons le bordent de tous côtés, dont le plus important est le Gopal Bhawan, à l'ouest.

Construit par Suraj Mal en 1756 et baptisé de l'un des noms de Krishna, le **Gopal Bhawan** (palais de Gopal) *(enlevez vos chaussures avant d'entrer ; visite du rdc et du 1er étage)* s'ordonne sur quatre étages (dont un souterrain), qui servirent d'appartements royaux jusqu'au début des années 1970. Meubles, tableaux, porcelaines, tout est encore en place. Les deux ailes *(fermées)* du palais contiendraient chacune un trône, l'un de marbre noir, l'autre de marbre blanc, provenant du pillage de Delhi en 1764.

En sortant du palais, dirigez-vous vers l'un des deux pavillons qui encadrent celui-ci et surplombent le lac. Ils portent les noms des deux mois de la mousson, **Shravan** et **Bhadon**, qui vont de la mi-juillet à la mi-septembre et durant lesquels on profitait de la fraîcheur apportée par les pluies.

LE SAC DE DELHI

Le maharaja Suraj Mal de Bharatpur ayant été capturé et sauvagement assassiné par des soldats de l'empereur, son fils, Jawahar Singh, lança une expédition punitive contre la capitale moghole en 1764. Au bout de six mois de siège, Delhi se rendit et fut mise à sac. On raconte que 2 000 chevaux et 500 éléphants furent nécessaires pour transporter l'immense butin jusqu'à Bharatpur et Deeg.

KRISHNA SOULÈVE LA MONTAGNE DE GOVARDHAN

Le passage du brahmanisme à l'hindouisme moderne (à partir du 5e s. av. J.-C.) est marqué par des transferts de dévotion. Indra, figure prééminente du panthéon védique, perd peu à peu de son importance au profit de Shiva, Vishnou, Rama ou Krishna. La légende rapporte que, furieux de n'être plus imploré par les hommes, Indra aurait déclenché un déluge qui menaça pendant sept jours de noyer la Terre et ses habitants. Le jeune Krishna, qui vivait près d'ici, à Vrindavan, aurait alors soulevé le mont Govardhan du bout de son petit doigt, et l'aurait maintenu ainsi, tel un parapluie sous lequel les bouviers vinrent se mettre à l'abri avec leurs troupeaux.

Traversez le jardin en son centre et gagnez, à l'est *(en face du Gopal Bhawan)*, le **Keshav Bhawan**, élégant pavillon d'été à colonnades et toit plat, qui domine un bassin et servait de hall pour les audiences publiques.
En revenant vers le Gopal Bhawan *(par le côté sud)*, vous verrez successivement : le **Purana Mahal** (partie la plus ancienne du palais, de 1730), le **Kishan Bhawan**, et enfin le **Suraj Bhawan**, pavillon moghol en marbre blanc qui aurait été pris à Agra lors du pillage de la ville par Suraj Mal, en 1761, et remonté ici bloc par bloc.
En sortant du palais par le sud, vous gagnerez le bazar coloré, qui s'anime en fin d'après-midi.

★ GOVARDHAN

À 16 km de Deeg par la route de Mathura.
À proximité du bourg de Govardhan, centre de pèlerinage krishnaïte, s'élèvent en pleine campagne, au bord d'un lac, les **cénotaphes royaux** de deux maharajas de Bharatpur (19e s.). Couronnés de kiosques et de toits bengalis à pinacles dorés, ils font face à un temple de Hari (autre nom de Vishnou) du 16e s. Celui de **Ranjit Singh** *(fermé au public)* est le plus somptueux.
Avant **Radha Kund**★ *(3 km plus loin)*, un village de 6 000 âmes établi autour d'un bassin *(kund)* sacré, vous découvrirez le **cénotaphe de Suraj Mal**, construit au 18e s. au bord du Kusum Sarovar, le « lac des Fleurs ».

NOS ADRESSES À BHARATPUR ET ALENTOURS

INFORMATIONS UTILES

Les offices de tourisme sont répertoriés en début de chapitre.
Indicatif téléphonique : 05644

Banque/Change

State Bank of Bikaner and Jaipur – *Binarayan Gate, 1re ruelle à droite en entrant dans la vieille ville.* Autres distributeurs sur la route de la gare et sur Old Agra Rd.

Poste

GPO – *Gandhi Park, au nord du fort.*
City Head Post Office – *Au centre, près de la Juma Masjid.*

Internet/Téléphone

Plusieurs cybercafés autour des *guest houses* et sur la route menant de l'hôtel Saras au centre.

Sécurité

Police – *(05644) 22 24 44.*

ARRIVER/PARTIR

Train

Railway Station – *À 3,5 km au nord de la ville et à 7 km de la réserve - 139 (centre de réservation).* 9 trains/j pour Delhi *(3h à 4h30 de trajet)*, via Mathura *(env. 1h* et 4 à 6 trains/j pour Jaipur *(env. 3h).)* ; départs fréquents pour Kota *(3h30 à 5h)*, via Sawai Madhopur *(2h30)* ainsi que pour Agra *(1 à 2h).*

Bus

Main Bus Stand – *À l'ouest, à 4 km de la réserve - (05644) 26 03 30.* Des *Express* s'arrêtent ttes les h à Bharatpur, en route pour Jaipur *(4h)* ou Agra *(1h30)*. Départ fréquents pour Delhi *(4h)*, 24h/24 ; ttes les 2h pour Alwar *(2h)* via Deeg *(1h15)*. 2 ou 3 bus/j pour Ajmer *(7h)* et Jodhpur *(12h)* mais mieux vaut changer à Jaipur.

Bon à savoir – La plupart des bus passent par le carrefour de l'hôtel Saras **(Saras Circle)**, en face du Tourist Reception Centre, tout près des hôtels. Descendez ici et non à la gare routière, à 4 km.

Tempo

C'est le meilleur moyen pour se rendre à Fatehpur Sikri ; départ ttes les 15mn au Saras Circle *(20 km, 30mn de trajet).*

TRANSPORTS

Rickshaw

De la gare à la réserve, comptez 50 à 80 Rs en auto-rickshaw. Autour du parc, c'est le domaine des cyclo-rickshaws *(env. 50 Rs/h)*, presque tous conduits par des sikhs. Ceux qui sont autorisés à entrer dans la réserve portent une plaque jaune.

Tonga

Calèche *(env. 100 Rs/h).*

Location de vélos

Dans les *guest houses* et à l'entrée du parc *(40 Rs/j)*. La solution la plus agréable pour visiter la réserve.

HÉBERGEMENT, RESTAURATION

À Bharatpur

Les *guest houses* sont groupées à l'est de la réserve, le long de la route de Jaipur. Certaines louent des jumelles et des livres d'ornithologie. Les tarifs baissent sensiblement d'avr. à août-sept. En l'absence de véritable restaurant, vous devrez dîner dans l'un de ces hôtels.

PREMIER PRIX

Falcon Guest House – *À côté du Jungle Lodge - (05644) 22 38 15 - http://falconguesthouse.com - - 16 ch. 600/1 000 Rs - 250 Rs.* Petite

2

maison tenue par une famille chaleureuse. Ch. spacieuses et bien entretenues, certaines avec baignoire ; jardin fleuri.

Jungle Lodge – *Dans une allée à l'est de Bird Sanctuary Rd, au-delà de l'office de tourisme - ✆ (05644) 22 56 22 - www. junglelodge.dk -* - *8 ch. dont 4 avec* cooler. *600/1 200 Rs.* Pension familiale et sympathique dont les chambre, spacieuses, donnent sur une petite pelouse fleurie. Le patron, naturaliste, vous donnera des informations sur les oiseaux du parc.

BUDGET MOYEN

Sunbird – *Bird Sanctuary Rd - ✆ (05644) 22 57 01 - www. hotelsunbird.com -* - *10 ch. 2 300/3 400 Rs - rest. 150/200 Rs.* Bâtiment en brique dans un joli jardin, tout près de la réserve. Ch. correctes ; demandez celles en retrait de la route, très passante. Paniers pique-nique pour l'excursion au parc.

Bharatpur Ashok Forest Lodge – *1,5 km à l'intérieur de la réserve - ✆ (05644) 22 27 22 - www. bharatpurashok.com -* - *17 ch. 4 700 Rs.* L'attrait de cet hôtel géré par l'ITDC tient avant tout à sa situation, au milieu des arbres et des animaux. Les chambres, elles, sont assez quelconques et les abords négligés. Agréable restaurant en terrasse.

POUR SE FAIRE PLAISIR

Laxmi Vilas Palace (Heritage Hotels Association) – *Sur l'ancienne route d'Agra, à 2,5 km de la réserve - ✆ (05644) 23 11 99 - www.laxmivilas.com -* - *Internet, change, massages - 30 ch. 7 000/8 000 Rs - 300 Rs - rest. 750 Rs.* Petit palais agréablement décoré dans le style indo-rajput de la fin du 19e s. Chambres et sdb ont été rénovées dans le respect du style colonial. L'ensemble a beaucoup de caractère. Bon restaurant et bar dans une jolie salle à colonnes ou dans la cour intérieure. Excursions dans la région.

À Peharsar Carte régionale B3

Sur la route de Jaipur, à 23 km à l'ouest de Bharatpur ; à 1 km au nord de la NH 11, après Luharu.

POUR SE FAIRE PLAISIR

③ **Chandra Mahal Haveli** (Heritage Hotels Association) – B3 *- Agra Rd, Peharsar - réserv. (indispensable) à Delhi ✆ (11) 25 68 68 68 -* - *23 ch. 5 000/8 000 Rs* . Une petite *haveli* de 1850 rénovée, située au centre du village. Charmante cour intérieure. Préférez les chambres du 1er étage qui donnent sur une petite cour. Excursions à Bharatpur et Deeg.

À Karauli Carte régionale B3

À 110 km au sud de Bharatpur (104 km au nord-est de Sawai Madhopur).

BUDGET MOYEN

② **Bhanwar Vilas Palace** (Heritage Hotels Association) – B3 *- www.karauli.com - ✆ (992) 977 37 44 -* - *45 ch. 4 400/5 000 Rs - rest. 500/600 Rs.* Palais construit dans les années 1930 par le grand-père du maharaja actuel, chef des Rajputs du clan des Yaduvanshis. L'éclairage insuffisant confère un brin de tristesse et de nostalgie à cet ensemble qui a conservé une atmosphère d'antan, avec ses meubles, ses peintures et ses photographies de l'époque. Huit belles suites. La cuisine est délicieuse. Randonnées équestres.

AGENDA

Braj Festival – *3 j. en fév.-mars, peu avant Holi.* Bharatpur résonne de chants et danses célébrant l'amour de Krishna et Radha.

Alwar

★

Env. 313 000 hab. – Alt. 268 m – État du Rajasthan

NOS ADRESSES PAGE 273

S'INFORMER

Tourist Reception Centre (RTDC) – *En face de la gare - tlj sf w.-end - 9h30-18h.* Dispose d'un plan de la ville. Accueil souriant.

SE REPÉRER

Carte régionale p. 222 – *À 143 km de Jaipur, 163 km de Delhi.*
Voir aussi la rubrique « Arriver/partir » dans « Nos adresses ».

À NE PAS MANQUER

La collection de miniatures et manuscrits du musée ; le cénotaphe de Bakhtawar Singh en fin d'après-midi ; une excursion au parc de Sariska.

ORGANISER SON TEMPS

Comptez 2h pour visiter Alwar. Évitez Sariska le w.-end et en période de fêtes ou de vacances scolaires.

AVEC LES ENFANTS

Une excursion en jeep dans le parc animalier de Sariska.

Cette petite ville étendue au pied d'un cercle de collines rugueuses marque le point où se rencontrent la plaine rectiligne de Delhi et les premiers contreforts orientaux des monts Aravalli. La campagne plate et monotone du nord-est s'arrête net à Alwar, faisant place à des reliefs qui se dressent brusquement et parent le paysage de couleurs vives, dans tous les tons de rose imaginables. Dans ce cadre naturel somptueux, Alwar, porte historique du Rajasthan et capitale de district, n'en demeure pas moins une cité tranquille. Peu d'automobiles circulent dans les allées étroites menant au palais, et rares sont les touristes étrangers qui s'y aventurent. Cette ville est l'une des dernières du Rajasthan où il fait encore bon s'asseoir au coin d'une rue et siroter un « chaï » en observant le déroulement d'une vie provinciale inchangée.

LE BENJAMIN DES ROYAUMES RAJPUTS

La ville d'Alwar est fondée au tournant de l'an mille. Très vite, sa position stratégique de sentinelle avancée attire les convoitises. Elle passe alors de main en main : des Rajputs aux Moghols et aux Pathans puis aux Jats de Bharatpur. Enfin, en 1771, le Rajput **Pratap Singh** (apparenté aux Kachhvahas de Jaipur) conquiert Alwar et fonde un royaume indépendant, le plus récent de tous ceux du Rajasthan. Une habile diplomatie permet à la nouvelle dynastie de subsister face aux souverains rajputs et jats, et aux chefs militaires marathes. Dès 1803, Bakhtawar Singh s'allie aux Anglais, garantissant ainsi la paix pour son royaume. Libérés de leurs devoirs militaires, les souverains devenus maharajas se transforment en protecteurs des arts et des lettres, versant parfois dans des dépenses somptuaires, tel l'extravagant **Jai Singh**, maharaja de 1892 à 1933 *(voir encadré p. 270)*.

Se promener

Pour prendre l'atmosphère de la ville, vous déambulerez sur Sarafa Bazar, une ruelle commerçante paisible où bijoutiers et pâtissiers tiennent échoppe côte à côte ; elle commence à la porte Tripolia.

★ **PALAIS** (City Palace ou Vinay Vilas)

Si vous venez de la gare routière, suivez la grande avenue qui part vers la gauche sur 200 m env. ; puis prenez à droite, juste avant le cinéma Ashok Theater, *pour rejoindre la Tripolia - gratuit.*

La monumentale **Tripolia★** (Triple porte), impressionnante malgré sa décrépitude, abrite un petit temple dédié à Shiva.

Une ruelle à gauche mène à une place qu'investissent, aux heures de bureau, les écrivains publics et les avocats du palais de justice ; l'administration du district a en effet élu domicile dans le palais. Les gratte-papier font de fréquentes pauses sur la place pour bavarder, tout en grignotant des amuse-gueules servis dans une feuille d'arbre maintenue en coupelle par une épine d'acacia ; la coupelle vidée fera les délices des porcs et des vaches passant par là. Quant aux épines d'acacia, elles servent encore fréquemment à agrafer les documents de l'administration.

Le **palais royal**, dont la façade ornée de balcons à toit bengali s'élève à droite de la place, fut bâti à la fin du 18e s. par Pratap Singh et son successeur Vinay Singh. Pénétrez dans la **cour principale**, au dallage de marbre polychrome. Un escalier d'honneur, paré d'une loggia à toit bengali et flanqué de deux *chhatri*, conduit au **Durbar Hall** (salle de réception), à présent entièrement vide, mais dont les murs blanc et or ont conservé leur fraîcheur.

★ **Musée** (Government Museum)

Accès par la rampe située dans l'aile donnant sur la place - tlj sf lun. 10h-16h30 - 10 Rs - photos interdites.

Il occupe le dernier étage du palais. Ses collections sont présentées d'une manière désuète qui ne dépare pas avec le charme suranné des lieux. Les vitrines de bois, vétustes et poussiéreuses, réservent toutefois d'agréables surprises, même si les explications ne sont écrites qu'en hindi.

La **1re salle** évoque la vie de la cour dans un sympathique bric-à-brac : costumes royaux, bibelots, nu-pieds en ivoire, **instruments de musique**, dont deux magnifiques *dilruba* (instrument à cordes pincées) en forme de paon. La **section des manuscrits et miniatures★★** conserve des exemplaires richement illustrés de la *Bhagavad Gita* et du *Ramayana* datant du 18e s., du *Babur Nameh* (Mémoires de l'empereur Babur) ainsi que du *Gulistan*

DÉPOSÉ POUR CRUAUTÉ

Jai Singh se considérait comme une incarnation de Rama. Il avait fait reconstituer la couronne du dieu d'après les textes sacrés, et la portait à la place du traditionnel turban rajput. Grand amateur de voitures, surtout d'Hispano Suiza, il les achetait par trois, les faisait peindre en bleu – la couleur d'Alwar – ou plaquer d'or, et les enterrait lorsqu'il estimait qu'elles avaient suffisamment vécu. Fastueux et raffiné, chasseur hardi, aimant s'entourer de jeunes garçons, il était également sadique. Déposé par les Britanniques (pour cruauté envers les animaux : il avait brûlé vif son cheval), il s'éteignit à Paris en 1937.

Sur fond de monts Aravalli, « chhatri » se mirant dans le réservoir d'Alwar : un cadre somptueux.
P. Tisserand/MICHELIN

(« La Roseraie »), œuvre de Saadi, poète persan du 13e s. Parmi les miniatures des diverses écoles rajputes figurent quelques réalisations de l'*Alwar kalam* (école de peinture d'Alwar), aux larges aplats violemment colorés. La section des **armes** est bien fournie en sabres, poignards et *katar*, parmi lesquels des épées et armures ayant appartenu à Mohammed de Ghor, Akbar, Aurangzeb… De la **terrasse**, vous découvrirez de belles vues sur Alwar, les collines et la vieille forteresse.

★★ CÉNOTAPHE DU MAHARAJA BAKHTAWAR SINGH

De retour sur la place, longez la façade du palais vers la droite jusqu'à un escalier à ciel ouvert ; il conduit à la plate-forme où s'élève le cénotaphe.

Élevé en 1815 par son fils, il porte aussi le nom de **Rani Mausi ki Chhatri**, en l'honneur de la veuve du souverain qui se sacrifia sur le bûcher funéraire de son époux. Le grès rouge de l'étage inférieur, tout hérissé de kiosques, contraste joliment avec le marbre blanc de l'étage supérieur *(enlevez vos chaussures)*.

L'élégante **coupole nervée** porte encore sur sa base quelques restes de **peintures** (cavaliers et dromadaires, motifs géométriques bleu et or) et de belles **sculptures** (musiciens, divinités, processions de dromadaires et d'éléphants). Sur le sol dallé de blanc, des empreintes de pieds en relief rappellent le sacrifice de la reine. Les admirateurs et admiratrices de cette épouse si dévouée y déposent régulièrement des fleurs, prouvant par ce geste combien le culte des *sati* reste vivace en terre rajpute.

Le site s'avère particulièrement photogénique en fin d'après-midi, lorsque le soleil éclaire la façade arrière du palais.

Entouré de *ghat*, que rythment de graciles *chhatri*, le **réservoir** serait parfaitement romantique s'il ne disparaissait sous une croûte de mousse verdâtre. Le massif piton rocheux qui domine l'ensemble est couronné par le **fort Bala Qila**, l'un des plus anciens du Rajasthan *(station radio - accessible sur demande préalable - rens. dans les bureaux du palais)*.

Excursion

★ PARC DE SARISKA

À 35 km d'Alwar et 108 km de Jaipur. Ttes les 30mn, des bus en provenance d'Alwar (45mn) ou de Jaipur (3h) passent devant l'entrée de la réserve - du lever au coucher du soleil.

Tiger Project Reception Centre – *Au bord de la route, à 300 m de l'entrée de la réserve - oct.-mars 7h-15h30 ; avr.-sept. 6h-16h.* Vente des tickets d'entrée et réservation des jeeps.

Deux formules de visite – En Gypsy (6 passagers), comptez env. 950 Rs/pers. ; en Canter (mini-bus), comptez env. 780 Rs/pers. (les tarifs comprennent droit d'entrée + véhicule + guide obligatoire). Droit supplémentaire pour caméra vidéo : 400 Rs. Départs à 7h et à 14h. Réserv. en ligne sur *www.rajasthanwildlife.rajasthan.gov.in.*

Possibilité de visiter la réserve avec son propre véhicule les mar. et sam. seult, mais avec interdiction de quitter la route principale. Pour louer une jeep privée, réserv. la veille (comptez 2 000 Rs).

Meilleure saison – nov.-mars. C'est au lever du jour ou avant le coucher du soleil que vous verrez le plus d'animaux. Évitez les w.-ends et les périodes de vacances indiennes : les habitants de Delhi et de Jaipur viennent alors nombreux et montrent bien peu de respect pour l'environnement et les animaux. N'oubliez pas vos jumelles !

À noter – Le parc de Sariska abritant des félins, il n'est pas possible de s'y promener à pied.

Ces collines sauvages couvertes d'acacias et parsemées de rochers accueillent l'une des deux réserves de tigres existant au Rajasthan (l'autre étant celle de Ranthambore ; *voir p. 430*). Le site constituait autrefois l'un des terrains de chasse favoris des maharajas d'Alwar. Le fantasque Jai Singh, qui aimait y chasser le sanglier et le tigre à la lance, y fit construire en 1902 un palais, transformé depuis en hôtel, dont les tourelles et l'orgueilleuse façade détonnent dans ce cadre sylvestre.

Observation des animaux

La réserve, créée dans les années 1950, a été rattachée au **Tiger Project** *(voir encadré ci-dessous)*. Elle est devenue Parc national en 1982. Ses 866 km² sont encore occupés par quelques villages. Les tigres, décimés par le braconnage, n'ont été réintroduits qu'en 2009. Soyons honnête, les probabilités de croiser

TIGER PROJECT : CHRONIQUE D'UN ÉCHEC

Ce programme de protection des tigres, qui regroupe une vingtaine de réserves en Inde, fut lancé en 1973 conjointement par le gouvernement de l'Union et les gouvernements des États. Malgré un départ prometteur, la négligence et la corruption l'emportèrent rapidement. L'organisation de chasses pour de riches citadins et autres irrégularités transformèrent le projet en désastre, à tel point qu'au début des années 1990 le nombre de tigres était inférieur à ce qu'il avait été dix ans auparavant. À cela s'ajouta un scandale de braconnage, qui mit fin à la présence des tigres dans le parc jusqu'en 2009, lorsque le parc de Ranthambore offrit à Sariska un couple de ces félins. La situation n'est pas rose pour autant : manne financière oblige, le projet d'interdire l'accès aux voitures particulières demeure lettre morte, comme celui de limiter le nombre quotidien de visiteurs.

l'un des rares **tigres** de la réserve (ils sont moins de dix) restent minces. Vous aurez plus de chances d'apercevoir l'une des autres espèces de félins que compte le parc, léopards, panthères ou chats sauvages.
Pour mettre tous les atouts de votre côté, bravez la chaleur et venez entre avril et juin : la sécheresse de la prémousson rend les animaux dépendants des réservoirs artificiels que l'administration du parc a aménagés à proximité des pistes carrossables. Au moins êtes-vous assuré de croiser des cervidés : daims *(chital)*, cerfs *(sambar)*, antilopes nilgaut (les plus grandes) ou tétracères (c'est-à-dire à quatre cornes), ou encore des gazelles d'Arabie *(chinkara)*, des sangliers, des paons et des légions de singes langur…

Vestiges et ruines

À 20 km à l'intérieur du parc, les ruines du **fort de Kankwari** (17e s.) s'élèvent au bord d'un plan d'eau. L'empereur Aurangzeb y aurait fait emprisonner l'un de ses frères, héritier légitime du trône. Un autre vestige, **Pandu Pol** (la porte des Pandava), remonterait à l'époque mythique du *Mahabharata*, lorsque les cinq frères Pandava et leur unique épouse, Draupadi, vivaient en exil dans cette région. L'un des frères, Bhim, à la force légendaire, aurait fracassé ce rocher d'un coup d'épée, faisant jaillir la cascade qui abreuve, encore aujourd'hui, les animaux assoiffés.
Plus loin *(env. 35 km)* se trouve l'ancienne ville de **Neelkanth**, où des temples hindous, bouddhistes et jaïns ont été mystérieusement enterrés il y a dix siècles. Il y en aurait 300…

NOS ADRESSES À ALWAR ET AUX ALENTOURS

Les établissement que nous avons retenus autour d'Alwar et de Sariska sont repérés par des puces de couleur verte sur la Carte régionale p. 222.

INFORMATIONS UTILES

Les offices de tourisme sont répertoriés en début de chapitre.
Indicatif téléphonique : 0144 pour Alwar et Sariska

Banque/Change

Nombreux distributeurs et banques dans le quartier des hôtels ainsi que sur la grande avenue passant derrière la gare routière.

Poste/Téléphone

GPO – *Raghu Marg, Civil Lines.* Autre bureau en face de la gare ferroviaire.

Sécurité

Police secours – *(0144) 238 82 00.*

ARRIVER/PARTIR

Train

Alwar Railway Station – *À l'est de la ville, à env. 4 km du palais - 139 (centre de réservation).* Départs fréquents pour Jaipur *(2 à 4h de trajet)*. Env. 10 trains/j pour Delhi *(3 à 4h)*, 6 pour Ajmer *(4h à 5h30)* et 4 pour Jodhpur *(env. 8 à 9h)*.

Bus

Roadways Bus Stand – *À 2 km du palais - (0144) 233 82 85.* Aucun bus *Deluxe*, mais des *Express* ttes les 30mn de 6h à minuit pour Jaipur *(4h)*, dont 3 via Sariska *(45mn)*. Départ ttes les h, de 5h à 21h30, pour Delhi *(4h)*, 6 pour Bharatpur *(3h30)*, via Deeg *(2h30)*. 8 bus/j pour Agra *(6h)* dont 3 via Mathura *(4h)*.

TRANSPORTS

Rickshaw

De la gare au palais, comptez env. 50 Rs.

Taxi
Station de taxis à la gare.

HÉBERGEMENT

À Alwar
Six ou sept hôtels pour petit et moyen budgets entourent une placette en retrait de Manu Marg, à l'est de la gare routière, derrière l'Imperial Guest House.

PREMIER PRIX
Ankur – *Manu Marg - ✆ (0144) 233 30 25 - ankurhotelalwar@gmail.com - 27 ch. 700/1 800 Rs.* Réparties dans deux bâtiments de part et d'autre d'une petite place tranquille, les chambres sont acceptables.

Aravali – *Près de la gare, à 200 m au sud de l'office de tourisme - ✆ (0144) 233 23 16 - www.unahotels.in - 42 ch. 1 500/2 500 Rs.* Pratique par sa situation mais loin des bazars et du palais, cet hôtel peut devenir bruyant en fin de semaine, quand son bar et sa piscine attirent les Indiens en goguette.

À Siliserh Carte régionale B2
Par la route de Sariska, à 12 km au sud-ouest d'Alwar. La route longe un canal qui alimentait jadis en eau les jardins d'Alwar.

BUDGET MOYEN
⑥ **Lake Palace** (RTDC) – B2 - *✆ (0144) 288 63 22 - www.rtdc.in - Location de pédalos - 12 ch. 2 000/2 600 Rs (demi-pension obligatoire le w.-end).* Ce pavillon royal du 19e s. surplombe un lac niché au creux de collines sauvages. Vaut surtout pour la situation et le cadre, car l'entretien laisse sérieusement à désirer.
La terrasse du restaurant jouit d'une vue superbe. Vous y croiserez plus de jeunes mariés que de touristes.

À Kesroli Carte régionale B2
Sur la route de Deeg et Mathura, à 12 km à l'est d'Alwar.

BUDGET MOYEN
⑤ **The Hill Fort Kesroli** (Neemrana Hotels et Heritage Hotels Association) – B2 - *✆ (0146) 828 93 52 - www.neemranahotels.com - 18 ch. 3 500/6 000 Rs - rest. 770/850 Rs - réserv. indispensable en fin de semaine.* Ce charmant fortin à sept tours occupe la totalité d'une butte dominant la campagne. Atmosphère paisible et intime où l'on apprécie des chambres et sdb aussi raffinées que confortables. Leur prix est identique pour une, deux ou trois personnes.

À Nimrana Carte régionale B2
À 75 km au nord d'Alwar, à 2 km de la NH 8, entre Shahjahanpur et Bahror. Beau baori *(puits à escalier) dans le village.*

POUR SE FAIRE PLAISIR
⑦ **Nimrana Fort Palace** (Neemrana Hotels et Heritage Hotels Association) – B2 - *✆ (01494) 24 60 07 - www.neemranahotels.com - Sauna, salle de sport, théâtre - 55 ch. 4 600/8 000 Rs - 8 suites (env. 14 000 Rs) - réserv. indispensable le w.-end.* Cet extraordinaire palais fortifié du milieu du 15e s. compte huit étages de style indo-musulman s'échelonnant à flanc d'une colline rocheuse. L'élégance de la décoration intérieure, l'attention accordée aux sdb, qui ont toutes une fenêtre avec vue, le raffinement de la cuisine rajasthanie et française en font l'une des meilleures étapes de la région.

À Sariska Carte régionale B2
Pour visiter le parc dès l'aube, vous choisirez de loger sur place plutôt qu'à Alwar.

BUDGET MOYEN

⑮ **Tiger Den** (RTDC) – B2 - *À 200 m de la réserve - ✆ (0144) 284 13 42 - www.rtdc.in - 30 ch. 2 800/3 500 Rs (en demi-pension, obligatoire)* En lisière de forêt, à côté de l'entrée du parc, ce bâtiment moderne propose des chambres fonctionnelles et correctement entretenues, quoique dans le plus pur style RTDC.

POUR SE FAIRE PLAISIR

⑭ **Sariska Palace** (Heritage Hotels Association) – B2 - *En face du Tiger Project - ✆ (0144) 284 13 23 - www.thesariskapalace.in - - Internet, massages, yoga, court de tennis, randonnées équestres - 100 ch. 9 500 Rs - 600 Rs - rest. 900/1 200 Rs - réserv. indispensable.* Imposant palais de 1902 entouré d'immenses pelouses. Avec leurs 6 m de plafond, les chambres du bâtiment principal, plaisamment décorées, ont davantage de cachet. Plus simples, celles des bâtiments attenants donnent directement sur les jardins. Agréable terrasse où prendre un verre. Piscine dans un cadre superbe *(accessible aux non-résidents moyennant un droit d'entrée).*

RESTAURATION

À Alwar

PREMIER PRIX

Thali House - South Indian Cafe – *Face au cinéma Gopal - 9h-22h - - 100/150 Rs.* Dans cette petite salle carrée sans fioritures mais propre, on vous servira les classiques du Sud, façon *fast-food*. Un *veg* très correct.

À Sariska

La réserve se trouvant à 3 km du village le plus proche, les hôtels Tiger Den et Sariska Palace représentent la seule option pour se restaurer.

EXCURSION

Indian Railways organise chaque semaine une excursion tout compris de 2 jours sur le plus vieux train à vapeur encore en fonctionnement, le *Steam Express*. Départ de Delhi le sam. à 9h, retour le dim. à 18h45. Visite d'Alwar et de la réserve de Sariska, logement au Tiger Den. Rens. à l'International Tourist Bureau, gare de New Delhi *(voir p. 174)*.

AGENDA

Matasya Utsav – *21-22 oct. 2015.* Ce festival destiné à promouvoir l'héritage culturel de la région d'Alwar donne lieu à toute une série de concours, de jeux traditionnels et d'expositions d'artisanat.

Le Shekhawati

★★★

Alt. 330 à 500 m – État du Rajasthan

NOS ADRESSES PAGE 289

S'INFORMER

Informations touristiques – *À Jhunjhunu, Mandawa Circle, Churu By-pass Rd - ☏ (01592) 23 29 09 - tlj sf dim. et 2e sam. du mois, 10h-13h30, 14h-17h.* Loin de tout et d'une efficacité très relative.

Visites guidées – En l'absence de visite organisée par l'office du tourisme, il faudra vous adresser à l'un des hôtels *(voir « Excursions », p. 293).*

SE REPÉRER

Carte régionale p. 222 – Carte de circuit du Shekhawati p. 279 – Plan de Nawalgarh p. 281 – Plan de Jhunjhunu p. 285 – *Nawalgarh : à 145 km de Jaipur ; Jhunjhunu : à 245 km de Delhi ; Fatehpur : à 160 km de Bikaner.*

Les différentes curiosités sont assez proches les unes des autres (en moyenne 20 km entre chaque village) mais, à l'intérieur des villes, les rues étroites et encombrées ne se prêtent guère à la circulation automobile. Pour trouver aisément votre chemin d'une *haveli* à l'autre, demandez l'aide d'un guide à votre hôtel ou, si vous n'êtes pas pressé, découvrez-les au hasard des rues ; la population saura vous les indiquer et, les villages étant petits, vous ne risquez pas de vous perdre.

Voir aussi la rubrique « Arriver/partir » dans « Nos adresses ».

À NE PAS MANQUER

Les façades peintes de Nawalgarh et de Mandawa ; une visite guidée de la *haveli* Nadine Le Prince à Fatehpur.

ORGANISER SON TEMPS

Louez une voiture à Jaipur pour deux jours et demi de circuit et partez avec un guide connaissant bien les villages et les *haveli.*

CONSEIL

Pour une visite détaillée des *haveli*, procurez-vous le guide de Ilay Cooper *The Painted Towns of Shekhawati*, en vente dans les libraires de Jaipur.

Scènes mythico-religieuses sur une façade de Mandawa.
P. Tisserand/MICHELIN

Adossée aux derniers chaînons des monts Aravalli, la région du Shekhawati se déploie en une longue steppe aride, prolongement oriental du désert du Thar. Cette contrée où tout revêt la couleur du sable apparaît moins touchée que d'autres par le progrès ; le long de ses routes étroites, vous croiserez autant de carrioles tirées par des dromadaires ou des ânes que de véhicules à moteur. Peu d'arbres sur ces terres inhospitalières ; dans les parcelles sablonneuses que protègent des clôtures d'épineux, seuls poussent le millet, l'orge, les lentilles et les oléagineux. Les villes ne comptent guère plus de 50 000 habitants – autant dire des villages à l'échelle de l'Inde… Dans ce contexte pour le moins austère, on découvre avec émerveillement d'innombrables « haveli », ces imposantes maisons patriciennes, abondamment décorées de fresques naïves qui apportent couleur et gaieté dans ce paysage monochrome, et constituent l'une des plus étonnantes concentrations au monde de peintures murales. Dromadaires et chevaux y voisinent, sur les murs, avec ces fascinants symboles d'une modernité introduite par les Anglais : chemin de fer, automobiles ou… machines à coudre. Un patrimoine qu'il convient de découvrir sans tarder car il est menacé par l'incurie des propriétaires, par l'ignorance des villageois quant à sa valeur artistique et historique – et par l'avidité des antiquaires qui n'hésitent pas à démembrer les édifices pour le compte d'amateurs occidentaux peu scrupuleux.

2

Circuit conseillé Carte du Shekhawati

Circuit d'env. 175 km tracé en vert sur la carte du Shekhawati (p. 279) – Comptez 2 jours et demi.

Tout au long de vos balades, vous serez poursuivi par des gamins moqueurs qui semblent se demander pourquoi les Occidentaux s'intéressent tant aux vieilles peintures des *haveli*, beaucoup moins attrayantes à leurs yeux que les photos des stars du cinéma hindi qui font la une des magazines ou les Donald Duck et autres personnages de Disney qui fleurissent sur les murs, comme à Nawalgarh… Souvent, les familles vous laisseront visiter la première cour, parfois quelques pièces d'un intérêt très inégal, et pour des sommes tout aussi inégales. Gardez surtout à l'esprit qu'en visitant les *haveli*, vous entrez dans l'intimité des familles, parfois lassées d'une telle invasion dans leur vie privée. Lors de vos pérégrinations dans les villages, hormis pour les *haveli* affichant une vocation muséale (souvent les mieux conservées, d'ailleurs), cantonnez-vous aux façades : il y a bien assez à découvrir ainsi !

L'argent des caravanes

La région sort de l'anonymat au 15e s., lorsqu'un roitelet local, parent et vassal des rajas d'Amber, **Mokul Singh**, désespéré de ne pas avoir d'enfant, se rend en pèlerinage à Vrindavan, lieu d'enfance du dieu Krishna. Un *sadhu* lui promet alors un fils, pourvu qu'une fois rentré chez lui il recueille et protège les vaches, si chères à Krishna. Il s'exécute, mais, peu après, rencontre un pieux *sheikh* (musulman d'origine arabe), qui s'engage à lui donner un fils à condition qu'il baigne le nouveau-né dans le sang d'une vache. Le fils tant souhaité arrive en 1433. Il est finalement plongé dans le sang… d'une chèvre.

LE ROYAUME DE SHEKHA

Ce fils tant désiré, **Rao Shekha**, ambitieux et habile, parvient à se libérer de la suzeraineté d'Amber et à contrôler presque toute la région, qui prend alors le nom de Shekhawati. Au 16e s., le *rao* (prince) Raisal Das fait serment d'allégeance, de son propre chef, à l'empereur Akbar, et ses successeurs servent avec fidélité dans les armées impériales. Profitant du déclin de l'empire, au 18e s., le maharaja de Jaipur impose à nouveau sa suzeraineté sur le Shekhawati, alors gouverné par le *rao* **Sardul Singh**.
À la mort de ce dernier, en 1742, ses cinq fils se partagent la contrée, conformément à sa volonté, créant ainsi une confédération de villes – système unique en terre rajpute. La division égale des terres entre tous les fils entraîne, dès la génération suivante, d'incessantes luttes intestines et razzias, tandis que le morcellement des fiefs cause leur appauvrissement.

L'ÈRE DES « HAVELI »

À partir du 18e s., les *baniya* (nom donné en Inde du Nord aux marchands) tirent profit du passage des voies commerciales convergeant vers Delhi. Au 19e s., l'arrivée du chemin de fer sonne le glas des caravanes. Les négociants les plus dynamiques gagnent alors Delhi, Bombay et surtout Calcutta, où ils amassent de colossales fortunes en devenant courtiers pour les compagnies britanniques de négoce. À Calcutta, on les désigne à tort sous le nom de **Marwaris**, par référence au Marwar, le royaume de Jodhpur. Ce sont eux et non les chefs rajputs qui donnèrent au Shekhawati sa notoriété. Les Marwaris utilisèrent leurs énormes bénéfices pour édifier sur leur terre d'origine des *haveli* magnifiquement peintes, ordonnées autour de plusieurs cours *(chowk)*.

NOUVEAUX RICHES

On notera avec un peu d'ironie que le mouvement d'émigration des Marwaris s'est répété à la fin du 20e s. De nombreux habitants de la région, ceux de confession musulmane en particulier, partirent travailler sur les gigantesques chantiers de construction des pays du Golfe. L'argent qu'ils envoyaient à leur famille servit à bâtir des demeures spacieuses, équipées de tous les biens de consommation modernes. L'intrusion de ces nouvelles valeurs ne contribua guère à la préservation du patrimoine architectural, jugé vieillot, inconfortable et sans rapport avec les modèles prônés par la publicité et la télévision. La crise économique qui frappe les pays du Golfe oblige depuis 2009 ces émigrés à rentrer chez eux, désormais dépourvus de sources de revenu ; une situation qui ne va certainement pas favoriser la revalorisation des monuments historiques et des fresques du Shekhawati…

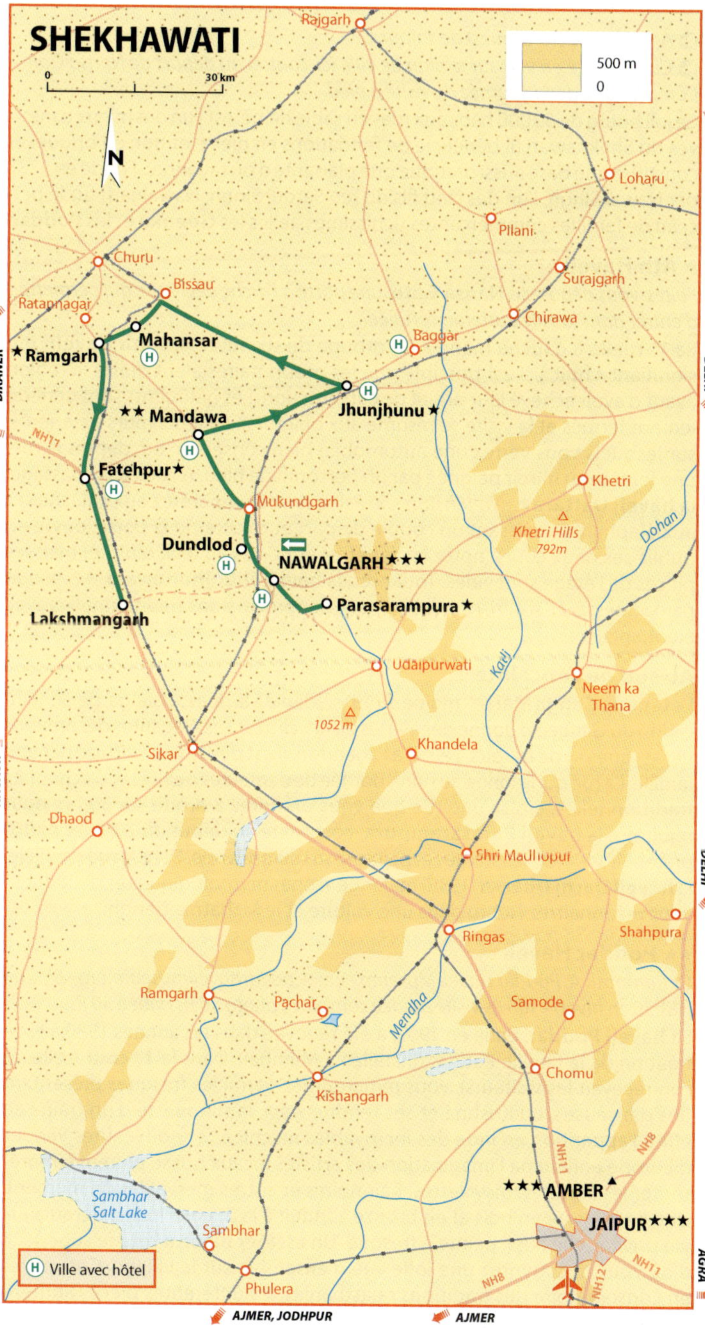
SHEKHAWATI
0
30 km
N
500 m
0
Rajgarh
DELHI
Loharu
Pilani
Churu
Surajgarh
Bissau
Ratannagar
Chirawa
Baggar
Mahansar
Ramgarh
RATANGARH, BIKANER
Jhunjhunu
DELHI
Mandawa
NH11
Khetri
Fatehpur
Khetri Hills
792m
Dohan
Mukundgarh
Dundlod
NAWALGARH
Parasarampura
Lakshmangarh
2
Udaipurwati
Karli
Neem ka Thana
1052 m
NAGAUR
Sikar
Khandela
Dhaod
Shri Madhopur
DELHI
Shahpura
Ringas
Ramgarh
Pachar
Mendha
Samode
Chomu
Kishangarh
NH11
NH8
AMBER
Sambhar Salt Lake
JAIPUR
Sambhar
Ville avec hôtel
Phulera
NH8
NH12
NH11
AGRA
AJMER, JODHPUR
AJMER

2

★★★ NAWALGARH Plan de ville

À 145 km au nord-ouest de Jaipur.

Circuit tracé en vert sur le plan de ville (ci-contre) au départ de Nansa Gate – Comptez une demi-journée de visite à pied.

Ce joli bourg de 60 000 hab., aux rues en sable damé, est l'un des mieux conservés du Shekhawati (il bénéficie de fondations en pierre et non en brique) et constitue une base aussi pratique que plaisante d'où rayonner. Fondé en 1737 par Nawal Singh, l'un des cinq fils du *rao* Sardul Singh, Nawalgarh fut le berceau de familles commerçantes richissimes, telles les **Goenka** et les **Poddar**.

★ Ath Haveli A1

Faites-vous déposer à **Nansa Gate**, *une porte à l'arche décrépite qui permettait d'entrer dans la ville autrefois fortifiée.*

La 1re ruelle à gauche mène à un groupe de six *haveli*, les **Ath Haveli** ; *ath* signifiant « huit », il est possible que les propriétaires aient quitté la région avant d'avoir achevé leur projet de construction. Les bâtiments sont généralement fermés et la visite se résume aux peintures de leurs murs extérieurs, sur lesquels vous verrez une automobile bien conservée ou, depuis la rue, une femme au miroir peignée par un personnage bleu. À l'ouest du passage, la **haveli Uattara★** (A1) *(8h-18h - 50 Rs)*, que vous repérerez aux calèches et aux éléphants bénissant un couple de part et d'autre de la porte, ouvre au public ses deux cours (notez les fenêtres et portes en teck sculpté) mais les pièces de l'étage sont vides. Tout près, la **haveli Jhunjhunuwala** (A2) séduit par la finesse de ses frises représentant des processions traditionnelles avec éléphants, trains…

Au sud de l'enceinte B2

Le **temple Ganga Mai** (2de moitié du 19e s.), dédié à la déesse Ganga, personnification du Gange, se donne des allures de *haveli* avec ses élégantes décorations de fresques et de miroirs. Laissé à l'abandon, il est désormais occupé par une famille. La rue qui le longe au nord, bordée de demeures peintes et d'échoppes traditionnelles, croise une rue que vous prendrez à droite sur 300 m pour rejoindre la **haveli Parasarampura**, construite au début du 20e s. et plutôt prétentieuse avec ses statues et peintures à l'européenne. Dans la rue parallèle, la **haveli Darni Dharka** (1930) mélange scènes mythologiques et politiques : vous reconnaîtrez Nehru dans une voiture et le Mahatma Gandhi.

★★ Poddar Haveli B1

Dr Ramnath A. Poddar Haveli Museum - www.podarhavelimuseum.org - 8h-20h (18h30 en hiver) - 100 Rs visite guidée comprise ; photo 30 Rs ; vidéo 50 Rs.

La **haveli Poddar**, bâtie en 1902, a été rénovée dans les années 1980 à l'instigation de la famille Poddar (installée à Mumbai). Dans la **1re cour** (celle où l'on recevait les visiteurs), vous remarquerez parmi les fresques présentant des danseuses, ou Krishna et ses tendres *gopi*, la silhouette d'un train : en effet, l'apparition en Inde des incroyables machines et nouveautés venues d'Europe enflamma l'imagination des artistes locaux qui se plurent à représenter les voitures, bicyclettes, baignoires et autres merveilles du moment. Une belle porte en bois et en bronze conduit à la **2e cour** (où se déroulait la vie privée), elle aussi peinte à fresque. Un escalier mène à l'étage supérieur, d'où vous découvrirez une jolie vue d'ensemble sur le village. Converties en conservatoire des traditions rajasthanies, les différentes pièces abritent des collections thématiques : costumes de mariage, bijoux, instruments de musique, maquettes des forts de la région… en polystyrène.

SE LOGER
Apani Dhani (Eco Farm)....1
Koolwal Khoti....................2
Roop Niwas Kothi.........3
Roop Vilas Palace..........4
Shekhawati Guesthouse...5
● Puits

★ Morarka Haveli B1

À 50 m au nord - 9h-18h - 50 Rs.

Elle a bénéficié d'une restauration discrète et respectueuse des techniques d'origine. Notez les vitraux en queue de paon au-dessus des portes et, dans la cour des femmes, un inattendu portrait du Christ (vous en verrez un second sur le mur extérieur ouest).

★★ Bhagat Haveli (Bhagaton ki Haveli) B1

7h-18h - 20 Rs.

La **haveli des Bhagat** arbore des peintures bien conservées sur sa **façade extérieure** et dans la **cour** : processions, le dieu Krishna et les *gopi* (bouvières), un bateau à vapeur… Les **chambres** de l'étage renferment de jolies fresques, dont une dame à l'accordéon et un homme portant un chien sur l'épaule, dans le goût des scènes anecdotiques européennes des années 1930.

★ Sheesh Mahal B1

7h-18h - 20 Rs - laisser ses chaussures avec celles de la famille.

Par la **Poddar Gate** et en suivant les petites rues, vous arriverez dans la cour d'un fortin à l'aspect bien peu martial, **Bala Qila**, qu'occupent un marché, des commerces et des tailleurs. À gauche, au fond de la cour, un escalier discret conduit au **Sheesh Mahal** (1737), la chambre de la reine, renfermant une mosaïque de miroirs et entièrement peinte de miniatures mogholes.

AUTOUR DE NAWALGARH

★ Parasarampura

À 20 km au sud-est de Nawalgarh. Mieux vaut effectuer cette visite en fin de journée pour bénéficier de la meilleure lumière.

Rares sont les visiteurs qui s'aventurent dans ce hameau. Celui-ci abrite pourtant le **cénotaphe de Sardul Singh★★**, dont les fresques à la **coupole** comptent parmi les plus anciennes du Shekhawati. Élevé dans un jardin ombragé *(vous trouverez le gardien sur la petite place ; laissez 10 Rs de pourboire)*, ce *chhatri* fut élevé en 1750 sur le lieu de crémation du *rao* Sardul Singh. Les couleurs sont tirées de pigments naturels. Sur la partie inférieure de la coupole, vous reconnaîtrez Rama et son épouse Sita, le dieu-éléphant Ganesh, les avatars (incarnations) successifs de Vishnou… Au-dessus se déploient des scènes de la mythologie hindoue : le retour de Rama dans sa capitale Ayodhya, Krishna soulevant le mont Govardhan pour protéger les hommes du déluge *(voir encadré p. 266)*, et la cour de Dharmaraj, le dieu tenant la comptabilité du *karma* (les bons et les mauvais actes). On y voit aussi des scènes historiques, avec le souverain Sardul Singh, une fleur à la main, qui partage son royaume entre ses cinq fils. La partie supérieure est occupée par Krishna, la divinité tutélaire des Rajputs du clan des Shekhawats.

En 1742, peu avant sa mort, Sardul Singh fit édifier le petit **temple de Gopinathji** (Krishna) *(dans le village)*, dont les vénérables peintures sont restées inachevées. La façade de la **haveli Saraf** (fin du 18e s.) a été repeinte en blanc (sans doute à l'occasion d'un mariage) mais sa belle **cour intérieure** conserve ses fresques d'origine.

Dundlod

À 7 km au nord-ouest de Nawalgarh, par la route de Jhunjhunu – Comptez 1h de visite.

Réputé pour son **fort** *(8h-18h - 20 Rs)* du 18e s. transformé en hôtel *(voir « Hébergement » p. 290)*, le village de Dundlod s'avère quelque peu décevant. Une branche de la richissime famille Goenka s'établit à Dundlod avant de se fixer à Calcutta et y édifia de nombreuses *haveli*, désormais fermées la plupart du temps et laissées à l'abandon.

En sortant du fort, descendez la rue principale sur 150 m.

Sur la gauche, juchée sur une esplanade, la **Seth Arjundas Goenka Haveli Museum★★** *(9h30-18h30 en hiver, 8h-20h en été - 40 Rs)*, la seule du bourg à ouvrir ses portes au public, a installé dans les différentes pièces des mannequins mimant la vie quotidienne d'antan : le comptable et ses aides, des femmes installées à la cuisine parmi le mobilier d'époque. Les deux cours arborent des fresques superbement restaurées en 2006. Remarquez la magnifique porte d'entrée, l'ingénieux système des ventilateurs à cordon et les portes en bronze incrustées d'éclats d'ivoire.

En sortant du musée à droite, voyez la **Jagathia haveli** qui montre un long train courant sur toute la façade. Les mille et une saynètes la surmontant méritent le coup d'œil.

Revenez sur la place et traversez la rue principale.

En bas de la ruelle perpendiculaire s'élève l'un de ces **puits** à la silhouette si typique du Shekhawati, qui se compose d'une plate-forme élevée, agrémentée de pavillons à kiosques. À côté, le **cénotaphe**, édifié en 1888 à la mémoire de Ram Dutt Goenka, possède une coupole décorée de belles peintures représentant, entre autres, des épisodes du *Mahabharata*.

Un patrimoine à vau-l'eau

Les *haveli* peintes à fresques du Shekhawati constituent un patrimoine artistique exceptionnel. Mais pour combien de temps encore ?

UNE GALERIE D'ART À CIEL OUVERT

Les artistes qui ont peint les *haveli* du Shekhawati semblent avoir eu horreur du vide : jusque dans les moindres recoins, chaque centimètre carré des murs est égayé de fresques. Façades extérieures, murs des cours intérieures, salles de réception ou simples passages, rien n'échappa à leur pinceau. Mais le soleil, les moussons, les vents de sable ont fait pâlir l'éclat originel des façades enluminées. Publicités et slogans peints, graffitis, affiches collées, badigeons de chaux achèvent de les dégrader, tandis qu'à l'intérieur les fresques sont noircies par la fumée des fourneaux ou des lampes à pétrole des *chowkidar*, ainsi que par l'incurie des propriétaires absents, qui laissent l'humidité s'installer.

DU NATUREL AU SYNTHÉTIQUE

Les peintres de la région commencèrent à utiliser les couleurs synthétiques à partir de 1880 environ. Auparavant, ils employaient des pigments naturels : ocre pour les rouges et les jaunes, safran et urine de vache nourrie aux feuilles de manguier pour les jaunes, cinabre pour le rouge orangé, indigo et lapis-lazuli pour les bleus, suie pour le noir, chaux pour le blanc, argile pour les verts… Les couleurs étaient appliquées sur enduit humide selon la technique du *fresco buono*, chaque couche étant polie à l'agate pour la rendre plus résistante. Avec l'apparition des pigments chimiques venus d'Allemagne à la fin du 19e s., qui permettaient d'appliquer les couleurs sur plâtre sec *(fresco secco)*, les tons se firent plus vifs (vert émeraude, bleu outremer…) et la palette s'enrichit de teintes nouvelles.

AUX BONS SOINS DU « CHOWKIDAR »

De nos jours, les descendants des riches familles qui furent à l'origine de la construction des *haveli* forment une partie de l'élite économique de l'Inde moderne. Ils n'ont plus d'attache avec les campagnes du Shekhawati et laissent leurs belles demeures à la garde d'un *chowkidar* (gardien), qui vit dans la première cour. Par le jeu des successions, les *haveli* appartiennent aujourd'hui à de multiples héritiers et aucun ne se sent responsable de leur entretien. Certains mettent un point d'honneur à les visiter une fois par an, d'autres les laissent dans un état de quasi-abandon.

CONFLITS D'INTÉRÊT

Beaucoup de visiteurs étrangers s'avouent déçus par l'état dans lequel se trouvent les monuments du Shekhawati, et horrifiés par la négligence des habitants envers leur patrimoine. Il est vrai que les villageois ont d'autres priorités que de restaurer ces vieilles demeures dont ils ne voient par ailleurs guère l'intérêt. Au moins faudrait-il combattre l'ignorance qui les amène à défigurer les façades ornées de précieuses peintures à coups de graffitis et d'affichage sauvage. Cette indifférence générale fait bien l'affaire des marchands locaux, qui dépouillent les bâtiments de leurs portes, linteaux et fenêtres en bois sculpté pour les vendre à des amateurs occidentaux.

★★ MANDAWA

À 18 km au nord de Dundlod – Comptez 1h30 de visite.
Env. 1 km avant d'arriver à Mandawa, faites une halte au grand **réservoir d'eau** *(johad) (à droite de la route)* orné de kiosques, où les caravaniers avaient autrefois coutume de se baigner. Un réservoir voisin servait à abreuver les dromadaires.

L'une des raisons d'un arrêt à Mandawa est de séjourner dans le **fort** *(voir « Hébergement » p. 291)* qui se dresse en son centre, propriété des descendants du *rao* (prince) Shekha. Ses terrasses offrent une intéressante **vue** d'ensemble sur la ville et ses immenses *haveli*, dont les hauts murs sont souvent noircis par l'humidité.

Même si la plupart des *haveli* de la bourgade souffrent du manque d'entretien – beaucoup ont perdu une partie de leurs portes et fenêtres en bois ouvragé, envolées vers l'étranger –, leur concentration et l'ampleur de leurs fresques justifient une balade dans les ruelles.

Parmi les plus intéressantes, citons la **double haveli de Goenka**, au nord-ouest du bourg, dont les deux bâtiments s'ornent d'éléphants et de chevaux délavés. Au sud de la gare routière, vous longerez plusieurs demeures aux façades somptueuses : la **Chokani double haveli**, construite en 1875, et la **haveli Saraf**, de 1890, qui a conservé une partie de ses peintures. Demandez à voir aussi **Ladia Haveli** *(derrière le fort)*, qui ouvre sa 1re cour au public ; à l'extérieur, sur le mur ouest, sont peintes des scènes de la vie agricole, où l'on retrouve la représentation des puits, encore utilisés de nos jours.

★ JHUNJHUNU Plan de ville

À 25 km au nord-est de Mandawa
Circuit tracé en vert sur le plan de ville (ci-contre) – Comptez une petite demi-journée ; la ville se visite à pied.
Avec ses 127 000 habitants, Jhunjhunu est la deuxième ville du Shekhawati, après Sikar. La taille de la ville se fait néanmoins oublier lorsque l'on déambule dans le centre historique, paisible et partiellement fermé à la circulation. De ses 350 ans de domination par les *nawab* Qaimkhani (1384-1730), la cité a conservé un certain cachet musulman. Elle possède bien sûr des *haveli*, mais aussi un *dargah* (tombeau d'un saint musulman) fort vénéré, un fort, des temples… de quoi offrir une balade panachant les plaisirs.

Dargah de Qamr ud-Din Shah A2

Accès par la route qui part de la gare routière.
Il s'élève à flanc de colline, dans un décor serein à l'écart du bazar. Qamr ud-Din (1784-1859) était un *pir* (saint musulman) vénéré par les souverains hindous. Ces derniers lui donnèrent un terrain pour y construire une école et, à sa mort, firent édifier ce sanctuaire. Coiffé d'un **dôme blanc**, il s'égaye de **peintures** représentant des jardins, un lac, des motifs floraux – aucun être humain ni animal, conformément aux enseignements de l'islam. À l'intérieur, la tombe, que les fidèles jonchent de pétales de roses, est couverte d'un tchador vert, couleur emblématique de la religion musulmane.

★★ Nehru Bazar A1

Commencez la visite par le Khatri Mahal, à 400 m du dargah *- les ruelles du cœur historique se parcourent à pied – Comptez 1h.*
La balade s'avère particulièrement plaisante le matin, lorsque les vendeurs de fruits et légumes installent leurs étals au pied des vieilles demeures. Les

ruelles étroites et tortueuses abritent de nombreuses *haveli*, parmi lesquelles plusieurs ont conservé leurs fresques d'origine.
Quoique dépourvu de peintures, le **Khatri Mahal**, élevé à la fin du 18e s., comptait parmi les plus beaux monuments de la région ; ses deux étages de grès ocre, ornés de balcons et de *chhatri*, sont aujourd'hui laissés dans un total abandon. Aventurez-vous dans ses couloirs malodorants et notez l'absence d'escaliers, remplacés par des rampes inclinées pour atteindre la terrasse, d'où la vue embrasse toute la ville. Vous verrez au loin le **Badal Fort** (fort des Nuages) (A1) qui renferme derrière ses murailles puissantes une statue de Sardul Singh, deux petits temples sans intérêt et un jardin. Dans le quartier, à majorité musulmane, les barbiers exercent en plein air et les teinturiers, spécialisés dans le *tie-and-dye*, répandent dans les rues de longs ruisseaux rouges.
Sur une placette à 200 m du Khatri Mahal, juchée sur une esplanade, la **haveli Modi** (A1-2) montre en façade des peintures représentant Krishna enfant (au-dessus de la porte), des cavaliers, une femme en sari écoutant un gramophone…
Dans une ruelle voisine, le **temple de Biharji★** (A1) (1776) abrite de vénérables peintures, parmi les plus anciennes du Rajasthan.
Revenez sur la rue principale du bazar pour trouver la **haveli Tibrewala** (A1), dont vous vous hâterez d'admirer les fresques avant qu'elles ne disparaissent derrière les boutiques en béton qui poussent sur ses façades.
Un peu plus loin sur la rue principale, une autre **haveli Modi★** (A1) *(7h-18h ; 50 Rs)* a conservé de belles fresques où figurent notamment Krishna et Lakshmi, la déesse de l'Abondance, particulièrement courtisée par les marchands marwaris. Remarquez aussi un Anglais avec son casque colonial.

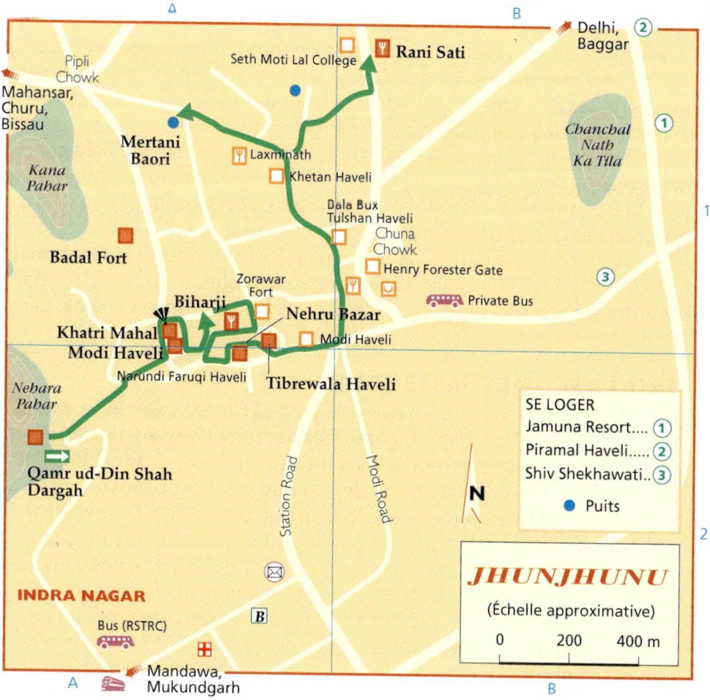

Le nord de la ville

Prenez un rickshaw pour cette partie de la ville où les curiosités sont plus distantes les unes des autres – Comptez 1h.

À env. 1 km au nord de Nehru Bazar, le **temple de Rani Sati** (B1), vaste ensemble des plus kitsch évoquant un gâteau crémeux à la pistache et à la rose, se compose d'un *dharamsala* (auberge pour pèlerins), de cours, halls et sanctuaires aux couleurs criardes rehaussées de miroirs, d'argent et de statues bariolées. Il commémore Rani Sati, épouse d'un commerçant local de la fin du 16e s., qui devint *sati* en se jetant dans le bûcher funéraire de son mari *(voir encadré ci-dessous)*, s'attirant ainsi la dévotion de tous les défenseurs des valeurs traditionnelles. Ceux-ci sont nombreux, semble-t-il, puisque ce temple est le sanctuaire de l'Inde qui reçoit le plus de donations après celui de Tirupati (en Andhra Pradesh), et qu'il possède des antennes à Hong Kong, New York… Invoquée comme une incarnation de Durga, Rani Sati est adorée sous la forme d'un trident vêtu d'une jupe. Attardez-vous surtout dans le **hall principal** *(ôtez vos chaussures)*, dont les murs et le plafond portent des fresques édifiantes évoquant le sacrifice de la sainte.

À env. 800 m à l'ouest, le **Mertani Baori★**, un puits à degrés construit à la fin du 18e s., offre une saisissante perpective d'arches et d'escaliers plongeant à quelque 30 m sous terre.

Tout au nord de la ville, le petit lac artificiel **Ajit Sagar**, aménagé au début du 20e s., s'agrémente de **pavillons à kiosques** conservant quelques peintures. En chemin, le **puits de Badani Chand** se signale par ses quatre hautes tours.

MAHANSAR

À 40 km à l'ouest de Jhunjhunu, par la route de Churu puis celle, à gauche, de Ramgarh – Comptez 45mn de visite.

Ce village paisible, à l'écart des grands axes, produit une liqueur célèbre à base de miel, orange, anis, gingembre et cardamome, l'*asha*. Quelques ruelles poussiéreuses convergent vers le **fort** délabré, aux hauts murs ocre, qui a été en partie aménagé en hôtel *(voir « Hébergement » p. 291)*. Tout près, dans la rue principale du hameau, se trouve une *haveli* construite vers 1850 par un membre de la famille Poddar, négociant en opium et en métaux précieux. La **Sone ki Dukan★★**, ou « boutique de l'or » *(100 Rs !)*, ouvre au rdc une salle de réception recouverte de minutieuses peintures où dominent les rouges et les ors – ces derniers, peu usités dans la région, ont contribué à la renommée du lieu. Celles du plafond illustrent les avatars de Vishnou *(au centre)* ; de part et d'autre, des épisodes montrent deux d'entre eux, Krishna et Rama, dans

SATI, LA FEMME CHASTE ET FIDÈLE

Le dieu Daksha s'était opposé au mariage de sa fille Sati avec Shiva, mais, passant outre à l'interdiction paternelle, la jeune déesse épousa celui qu'elle aimait. À plusieurs reprises, Daksha se querella avec son gendre. Un jour, il omit – volontairement – de l'inviter à un sacrifice où tous les autres dieux étaient conviés. Sati supplia son père d'accueillir Shiva. En vain… Elle se jeta alors dans le feu sacrificiel pour défendre l'honneur de son époux. Cet exemple de dévotion expliquerait l'origine du sacrifice des veuves qui, en se brûlant dans le bûcher funéraire de leur mari, deviennent *sati*. Interdite par les Anglais en 1829, cette coutume se perpétua cependant, notamment au Shekhawati, région de l'Inde qui, depuis 1947, compte le plus grand nombre de *sati*.

Le temple hindouiste de Rani Sati à Jhunjhunu.
P. Frilet/hemis.fr

la terrible bataille au cours de laquelle ce dernier, secondé par Hanuman et l'armée des singes, affronte le démon Ravana, roi de Lanka, reconnaissable à ses multiples têtes.

À 100 m à gauche en sortant, la **Tola Ramji ka Kamra** *(50 Rs)* cache une fastueuse salle de réception *(Diwan Khana)*, que les gens de la rue connaissent sous le nom de **Dancing Hall**. Elle a conservé ses lustres en verre de Belgique et d'Autriche sous une grande arche d'un seul tenant.

Revenez sur vos pas et continuez la rue sur 200 m. Le **temple de Raghunatha**, édifié à la même époque par la famille Poddar, adopte l'architecture des *haveli*. Au fond de la cour ornée de peintures florales, vous reconnaîtrez, sur les trois autels, les images de Krishna et Radha, Rama et la chaste Sita, ainsi que Shiva, son épouse Parvati et son fils Ganesh. De la terrasse supérieure, belle vue sur les toits du bourg.

★ RAMGARH

À 6 km au sud-ouest de Mahansar – Comptez 1h30 de visite.

Fondée à la fin du 18e s. par la famille Poddar, Ramgarh connut une activité commerciale intense durant le 19e s. Les Poddar y firent construire de nombreuses *haveli* qui, de nos jours, sont en majorité fermées et démantelées par les antiquaires. À défaut de pouvoir visiter les *haveli*, vous apprécierez l'atmosphère de ce petit bourg ignoré des touristes. La rue du bazar offre un séduisant coup d'œil : elle est entièrement bordée de *haveli*, dont le 1er étage fait saillie au-dessus des échoppes. Un perpétuel va-et-vient l'anime : villageois ou paysans des environs viennent y faire leurs emplettes dans des carrioles tirées par de minuscules ânes affublés de jupettes colorées.

Sur le côté ouest, à 200 m de cette rue, s'élèvent les **cénotaphes des Poddar★** (seconde moitié du 19e s.) aux dômes et aux toits bengalis noircis par les pluies de la mousson. Plusieurs bâtiments imposants les entourent ; ne vous laissez pas tromper par leurs airs de *haveli*, ce sont en fait des temples destinés à Ganesh et à Hanuman.

Côté est, vous arriverez au **chhatri de Ram Gopal Poddar★**, de 1872 ; sa coupole porte des fresques réalisées avec des colorants naturels qui représentent le combat final du *Ramayana* : le général Hanuman ouvre la voie au char de Rama, tandis que ses singes luttent avec les démons cornus de Ravana, qui maintient Sita prisonnière.
Terminez par la visite du **temple de Shani** (Saturne) *(à l'ouest de la grande porte enjambant la rue principale)*, des années 1840, dont la décoration associe peintures, jeux de miroirs et mosaïques multicolores.

★ FATEHPUR

À 19 km au sud de Ramgarh, par la route de Jaipur – Comptez 2h de visite.
Cette bourgade fut la capitale de la dynastie musulmane des *nawab* Qaimkhani jusqu'en 1731, date à laquelle elle passa sous le contrôle des *rao* hindous. Elle compte de nombreuses *haveli* en piteux état (il s'en effondre plusieurs chaque année), dont certaines recèlent pourtant de remarquables fresques. Ses égouts à ciel ouvert et ses rues jonchées de détritus ne mettent guère en valeur ces trésors…
Construite en 1802 par un marchand de soie, la **haveli Nadine Le Prince★★★** *(✆ (0157) 123 30 24 - 8h-19h ; 200 Rs ; visite commentée en français)* fut acquise par une artiste peintre française qui consacra dix ans à la restaurer. Sa visite vous fournira de précieuses clés de compréhension pour les autres demeures anciennes, où vous retrouverez les mêmes structures architecturales de type indo-moghol : cour des visiteurs, loge des musiciens, salon des invités richement décoré. Au fond, désaxée pour la protéger des regards, une porte donne sur la cour des femmes et la double cuisine, tandis qu'à l'étage, la chambre du maître donne sur les deux cours. En retrait, le caravansérail pour les bêtes de bât. La visite se prolonge par les galeries d'art contemporain du **Cultural Centre** *(www.cultural-centre.com)*, exposant peintures et sculptures d'artistes indiens et étrangers.
Au nord de la ville, la **haveli Jagannath Singhania★** est décorée de fines peintures à dominante bleue où vous reconnaîtrez Lakshmi entourée d'éléphants. Vous pourrez entrer dans la 1re des trois cours. La **haveli Mahavir Prasad Goenka★★** *(souvent fermée)* possède de magnifiques peintures montrant Indra et Shiva, des éléphants et des chevaux, ainsi que Nehru tenant le drapeau national. À côté se trouve un puits du 18e s.

LAKSHMANGARH

À 20 km au sud de Fatehpur – Comptez 45mn de visite.
Seuls les passionnés feront le déplacement jusqu'à ce gros bourg ignoré des touristes. Lakshmangarh fut construit au début du 19e s. par le souverain de Sikar, qui le dota d'un plan en damier imitant celui de Jaipur. Ce raffinement fait sourire de nos jours si l'on considère la rusticité du lieu. Les ruelles mal entretenues plongent le voyageur dans les profondeurs du Rajasthan rural, dominées par la silhouette du **fort** *(ne se visite pas)*. Du haut de la rampe qui y monte, vous distinguerez la gigantesque **Char Chowk Haveli** *(haveli à quatre cours)*.
Quelques mètres plus loin, des toits bengalis noircis signalent le **temple de Radha Murlimanohar** (Radha et Krishna), qui a conservé quelques peintures. Au hasard de votre promenade dans la bourgade, notamment autour de la tour de l'Horloge, vous découvrirez de nombreuses demeures peintes, dont les fresques répètent les thèmes en vogue dans le Shekhawati du 19e s. et du début du 20e s., éléphants et chevaux, trains et automobiles.

NOS ADRESSES DANS LE SHEKHAWATI

Carte du Shekhawati p. 279
Plan de Nawalgarh p. 281
Plan de Jhunjhunu p. 285

INFORMATIONS UTILES

Les offices de tourisme sont répertoriés en début de chapitre.

Indicatifs téléphoniques :
Baggar, Jhunjhunu : 01592
Dundlod, Mahansar, Mandawa, Mukundgarh : 0159
Fatehpur : 01571
Nawalgarh : 01594

Vous trouverez un **office de tourisme** à Jhunjhunu *(voir « S'informer », p. 276)*, des **banques** à Jhunjhunu, Mandawa et Nawalgarh (*voir ci-dessous* ; veillez cependant à prendre assez d'argent liquide avec vous, les distributeurs n'étant pas légion dans le Shekhawati), des **cybercafés** à Fatehpur, Nawalgarh, Jhunjhunu (la plupart des hôtels proposent également un service de connexion) et des **téléphones** un peu partout. Pour les services tels que **poste** et **santé**, attendez plutôt d'être à Jaipur. En cas d'**urgence**, adressez-vous à la réception des grands hôtels où vous trouverez un interlocuteur anglophone.

À Jhunjhunu

Banque/Change – State Bank of Bikaner and Jaipur, à 50 m de la poste. Distributeur. Autre ATM sur la route conduisant au temple Rani Sati.

À Mandawa

Banque/Change – State Bank of Bikaner and Jaipur, dans la rue principale. Change les chèques de voyage. En face, deux boutiques de souvenirs assurent aussi un service de change.

À Nawalgarh

Banque/Change – State Bank of Bikaner and Jaipur, à côté de la poste. Distributeur. Autre ATM au sud du groupe des Ath Haveli.

ARRIVER/PARTIR

Train

De Jaipur, 3 trains partent chaque jour pour **Churu** (sur la ligne Delhi-Bikaner ; env. *5h*) et desservent successivement les gares de Sikar, Lakshmangarh, Fatehpur, Ramgarh, Mahansar et Bissau. Actuellement en travaux, la **ligne Sikar/Loharu**, desservant les gares de Nawalgarh, Mukundgarh et Jhunjhunu, devrait prochainement réouvrir à la circulation ferroviaire.

Bus

Les principaux centres touristiques du Shekhawati sont reliés par des *Express* à Jaipur *(2h30 à 4h30 de trajet)*, Bikaner *(4h)* et Delhi *(7h)*. Autres destinations possibles au départ des principales villes : Ajmer *(6h)*, Jodhpur *(9h)* et Agra (au départ de Sikar seulement).

Pour les déplacements en bus dans le Shekhawati, voir plus loin, rubrique « Transports ».

Voiture

C'est de loin la solution la plus confortable et la plus rapide. Nous vous conseillons de louer une voiture à Jaipur pour 2 ou 3 jours. L'agence peut se charger de reconduire la voiture à votre point de départ, tandis que vous poursuivrez votre route dans une autre direction. Vous pouvez aussi gagner en bus Nawalgarh ou Jhunjhunu, d'où vous rayonnerez en louant une voiture à la journée par l'intermédiaire de votre hôtel.

TRANSPORTS

Bus – C'est la manière la moins commode d'approcher le Shekhawati. Les bus locaux sont nombreux mais généralement bondés et excessivement lents. Les utiliser pour se déplacer d'une ville à l'autre vous prendra énormément de temps et d'énergie.

Jeep collective – Départ près des gares routières et des marchés. Partant quand elles sont pleines, elle assurent les liaisons inter-urbaines de proximité. Comptez env. 1 Rs/km.

Taxi – Il n'y en a pas : envisagez plutôt la location d'une voiture.

Location de voitures – Tous les hôtels peuvent s'occuper de vous en trouver une *(env. 1 500 Rs/j, maxi 250 km)*. Attendez-vous cependant à ce que votre chauffeur ne parle pas un mot d'anglais.

Location de vélos – Votre hôtelier vous renseignera sur les points de location en ville *(env. 50 Rs/j)*.

Voir aussi la rubrique « Excursions », p. 293, pour une découverte du Shekhawati à cheval ou à dromadaire.

HÉBERGEMENT, RESTAURATION

Carte de circuit

Vous trouverez beaucoup d'hôtels de charme et de caractère au Shekhawati, mais il est vivement recommandé de **réserver**, surtout en période de vacances pour les Européens.

La plupart n'ont pas d'adresse exacte mais tous sont connus : demandez votre chemin en arrivant dans la ville.

Le Shekhawati ne compte pas de **restaurants** à proprement parler ; il vous faudra prendre vos repas dans l'un des hôtels.

À Baggar

À 13 km au nord-est de Jhunjhunu.

BUDGET MOYEN

Piramal Haveli (Neemrana Hotels) – *Baggar - (01592) 22 12 20 - www.neemranahotels.com - - 8 ch. 2 000/2 500 Rs - rest. 350/500 Rs.* Cette *haveli*, construite en 1928 par un riche marchand, comprend une cour intérieure à fines colonnettes sur laquelle ouvrent les chambres. Décoration raffinée, mobilier colonial… on est ici comme chez soi. Un peu cher toutefois car le service, bien que courtois, reste assez limité.

À Dundlod

POUR SE FAIRE PLAISIR

Dundlod Fort – *Dundlod - (0159) 425 21 99 - www.dundlod.com - - 22 ch. 3 900 Rs* Cette propriété fortifiée du 17e s. située au cœur du bourg pâtit d'un entretien bien négligeant. Au fond de la cour d'entrée, ceinte de murailles, un perron mène à la salle du *durbar*. Les chambres, inégales, sont aménagées avec un mobilier de peu de goût. L'ensemble, très vaste, attire plutôt les groupes que les voyageurs individuels. Le fort accueille cependant un centre équestre renommé *(voir rubrique « Excursions », p. 293)*.

À Fatehpur

PREMIER PRIX

Haveli Hotel (RTDC) – *Fatehpur - 400 m après l'arrêt des bus d'État, à la sortie de la ville en dir. de Jaipur - (01571) 23 02 93 - www.rtdc.in - - 28 ch. 1 300/1 650 Rs* Loin du bruit et de la poussière de la ville, cette maisonnette propose des chambres claires mais négligées. L'hôtel, qui pourrait être agréable s'il était mieux entretenu, constitue néanmoins une étape pratique.

À Jhunjhunu Plan de ville

PREMIER PRIX

③ **Shiv Shekhawati** – B1 - *Muni Ashram, à la sortie est de la ville - ✆ (01592) 51 26 95 - www.shivshekhawati.com -* - *10 ch. 1 000/1 400 Rs.* Ce petit hôtel, propre mais sans gaieté, constitue une étape somme toute acceptable. N'attendez pas de raffinement dans les chambres. Le propriétaire, Laxmi Kant Jangid, un ancien avocat passionné par la culture du Shekhawati, saura vous orienter pour d'intéressants tours des *haveli* de la ville.

BUDGET MOYEN

① **Jamuna Resort** – B1 - *À 500 m du Shiv Shekhawati, dont il dépend - ✆ (01592) 23 28 71, http://hoteljamunaresort.com -* - *36 ch. 3 500/4 000 Rs.* Atmosphère paisible et champêtre. Les chambres sont disposées de part et d'autre d'une petite pelouse. Quatre d'entre elles feront les délices des amateurs de kitsch : elles sont entièrement incrustées de bris de miroirs ou peintes de fresques « à l'ancienne » représentant des couples enlacés façon *Kama Sutra*. Cours de cuisine rajasthanie.

À Mahansar

PREMIER PRIX

Narayan Niwas Castle – *Mahansar - ✆ (0159) 526 43 22 - http://mehansarcastle.com -* - *14 ch. 1 850/2 100 Rs - 150 Rs - rest. 300/400 Rs.* Au centre du bourg, ce grand fort massif du 18e s. comporte un véritable labyrinthe de terrasses et d'escaliers. Ambiance familiale, chaleureuse et rustique ; c'est l'endroit idéal pour expérimenter la vie d'un *thakur* (seigneur) du désert. Les chambres ont beaucoup de caractère (colonnes, fresques anciennes), mais il n'y a aucun souci de coquetterie ou de confort. De la plus haute terrasse, vous jouirez d'une vue splendide sur la région. Organise des excursions à cheval et à dromadaire.

À Mandawa

Trois « restaurants » visant les étrangers de passage ont ouvert dans la ville. Ils pratiquent des tarifs excessifs pour une nourriture fort médiocre. Tous les hôtels possèdent un service de restauration.

BUDGET MOYEN

Mandawa Haveli – *Dans la rue principale, près de Sonthaliya Gate - ✆ (0159) 222 30 88 -* - *20 ch. 2 500/3 800 Rs - 300 Rs - rest. 450/600 Rs.* Dans cette *haveli* restaurée avec soin, les chambres, meublées d'antiquités régionales, conservent le cachet de l'ancien. Fresques, peintures, terrasses, cour intérieure, tout concourt à un séjour de charme. Peut vous trouver un guide.

POUR SE FAIRE PLAISIR

The Desert Resort – *À 1,5 km au sud, sur la route de Nawalgarh - ✆ (0141) 237 41 12* - *74 ch. 6 000/8500 Rs.* Surplombant la plaine, ces confortables *cottages* aux murs recouverts de pisé et aux toits de chaume ont adopté le style du désert. Les chambres ordinaires, dans le bâtiment principal, sont moins agréables que les *superior*. Balades guidées, en jeep, à cheval ou à dromadaire. Une adresse très prisée par les groupes en voyage organisé.

Castle Mandawa (Heritage Hotels Association) – *Au centre du bourg, ✆ (0159) 222 31 24 - www.mandawahotels.com -* - *86 ch. 6 000/8 000 Rs* Cet important fort rajput de la

2

moitié du 18e s. est un véritable dédale de cours, d'escaliers et de terrasses. Confortable et aménagé avec beaucoup de goût, dans un mélange de styles rajput et colonial, il jouit d'un cadre grandiose. Demandez les chambres *Deluxe* en duplex, une réussite architecturale. Service discret et souriant. À la salle à manger, comportant de jolies fresques mais sombre, préférez le buffet servi le soir dans le jardin ou dans un patio autour d'un feu de bois : un enchantement. Balades guidées à dromadaire et randonnées équestres.

À Nawalgarh Plan de ville

PREMIER PRIX

⑤ **Shekhawati Guesthouse** – B1 - *À 800 m à l'est de Poddar Gate - (01594) 22 46 58 - www.shekhawatiguesthouse.com - - 10 ch. 600/1 100 Rs - 150 Rs - rest. 250/350 Rs.* 5 ch. dans le corps du bâtiment (la plus belle donne sur la terrasse, à l'étage) et 5 *cottages (1 500/2 500 Rs)* en retrait, reprenant l'architecture traditionnelle du désert, où vous bénéficierez d'un calme parfait. Accès wifi, excursions, potager bio pour la préparation des repas, à laquelle la maîtresse de maison se fera un plaisir de vous initier.

① **Apani Dhani** (aussi appelée « Eco Farm ») – A1 - *À la lisière ouest de la bourgade, sur la route Jaipur-Jhunjhunu - (01594) 22 22 39 - www.apanidhani.com - - 9 ch. 1 500 Rs - 150 Rs.* Joli décor « ethnique », souci du détail et grande propreté pour ces maisonnettes en terre séchée et au toit de chaume entourant l'aire centrale. Sdb écologiques, eau chauffée à l'énergie solaire, lait tiré des buffles attachés à l'arrière des *cottages* et légumes du potager au menu *(pure veg)*. D'aucuns pourront trouver trop contraignants les règles, obligations et interdits (de fumer et de boire notamment) du lieu.

BUDGET MOYEN

④ **Roop Vilas Palace** – B1 - *Juste derrière le Roop Niwas Khoti - (01594) 22 43 21 - www.roopvilas.com - - Internet - 26 ch. et tentes. 3 500/5 300 Rs - 350 Rs* Sur 2 étages autour d'un patio. Les *Deluxe*, 3 fois plus grandes que les *Standard*, s'avèrent nettement plus agréables. Un grand jardin propret ouvert sur les champs invite au farniente.

③ **Roop Niwas Kothi** (Heritage Hotels Association) – B1 - *1 km à l'est de Poddar Gate - (01594) 22 20 08 - www.roopniwaskothi.com - - 26 ch. 4 700/5 300 Rs - 300 Rs - rest. 550 Rs.* Une grande demeure jaune pâle, précédée de pelouses ombragées et d'une véranda où il fait bon s'attarder. Les chambres, dotées d'un mobilier de style anglo-indien, sont très inégales, bien qu'au même prix : visitez-en plusieurs. Organise des randonnées équestres – les écuries au fond du jardin accueillent une cinquantaine de chevaux marwaris –, à dromadaire ou à vélo, à l'heure ou à la journée *(voir ci-contre, rubrique « Excursions »)*.

POUR SE FAIRE PLAISIR

② **Koolwal Khoti** (WelcomHeritage Hotels) – A1 - *Dans le centre historique - (01594) 22 58 17 - www.koolwalkothi.com - - 10 ch. 6 100/7 500 Rs* Cette somptueuse demeure construite en 1934 dans le goût anglais et convertie en hôtel de charme en 2008 constitue une belle option logement au cœur même des *haveli* de Nawalgarh.

ACHATS

Vous aurez peu d'occasions de dépenser votre argent dans le Shekhawati…
Quelques magasins de souvenirs ont ouvert à **Nawalgarh** et à **Mandawa**, le long de la rue principale et dans l'hôtel Castle Mandawa : vous y trouverez livres, cartes postales, bibelots, artisanat, vêtements.
À Mandawa et à Nawalgarh, des brocanteurs vendent tout un bric-à-brac de meubles et de curiosités diverses, dont certains éléments architecturaux arrachés aux *haveli*. Achat déconseillé pour ne pas encourager ce pillage.
Ceux qui préfèrent une ambiance plus authentique flâneront dans le Nehru Bazar de **Jhunjhunu**, qui s'anime en fin de matinée.

EXCURSIONS

Si vous n'avez pas loué votre propre véhicule à Jaipur, sachez que la plupart des hôtels organisent des visites guidées de la région, en jeep, voiture ou van. Comptez 2 000 Rs la demi-journée pour 4 pers. (maxi 80 km) et 2 500 Rs la journée (pour 250 km).

À dromadaire

Presque tous les hôtels proposent des promenades à dos de dromadaire *(500 Rs/h/pers., 2 000 Rs/j)*.
Bon à savoir – Il est plus intéressant de faire une balade au départ de Mandawa que de Nawalgarh, où l'acheminement par la route est plus long.

À cheval

The Shekhawati Brigade Horse Safari – *À l'hôtel Roop Niwas Kothi de Nawalgarh - www.royalridingholidays.com.*
Royal Equestrian and Polo Centre – *À l'hôtel Dundlod Fort (Dundlod) - www.dundlod.com.* Ces deux excellents centres équestres organisent des promenades *(env. 1 000 Rs/h, 6 000 Rs/j, déj. compris)* et des randonnées dans le Shekhawati *(env. 10 000 Rs/j/pers. selon le type d'hébergement choisi)* ou des formules d'excursion plus longues vers Pushkar *(1 sem.)* et Bikaner. Vous pouvez également construire votre propre itinéraire. Réservation impérative. Le centre de Dundlod propose aussi du polo… à vélo !

À vélo

L'hôtel **Roop Niwas Khoti**, à Nawalgarh, organise des sorties vers Dundlod et Mukundgarh en passant par des villages éloignés des circuits touristiques. *Comptez 1 400Rs/j/pers. ou 600Rs/pers. la 1/2 j.*

AGENDA

À Dundlod

Annual Horse Show – *Durant la fête de Gangauri (mars-avr., voir p. 53)*. Ce rendez-vous veut promouvoir le cheval marwari, aux oreilles recourbées en forme de lyre.

À Jhunjhunu

Fête de Rani Sati – *Nouvelle lune d'août-sept*. Grande fête au temple de Rani Sati, en hommage à la plus célèbre *sati* du Shekhawati.

À Nawalgarh

Shekhawati Festival – *En fév. (dates mobiles)*. Musiques et danses folkloriques animent la bourgade durant 3 j. Les principales attractions se tiennent sur Surya Mandar, près de Ganga Mai (B2).

Pushkar

★★

Env. 18 000 hab. – Alt. 510 m – État du Rajasthan

NOS ADRESSES PAGES 299 ET 307

S'INFORMER

Tourist Reception Centre (RTDC) – B2 - *à côté de l'hôtel Sarovar - ✆ (0145) 277 20 40 - 10h-17h.* Informations générales sur la ville (plan succinct) et ses environs ; vous n'y apprendrez rien que vous ne sachiez déjà...

SE REPÉRER

Carte régionale p. 222 – Plan de Pushkar p. 297 – Plan d'Ajmer p. 305 – *À 15 km d'Ajmer, 146 km de Jaipur, 215 km de Jodhpur, 289 km d'Udaipur, 206 km de Chittaurgarh.*

Voir aussi la rubrique « Arriver/partir » dans « Nos adresses ».

À NE PAS MANQUER

Le lac et les *ghat* à l'aube ou au crépuscule, à l'heure des prières ; une excursion à Ajmer.

ORGANISER SON TEMPS

Pour apprécier pleinement la tranquillité de la ville, évitez de venir en nov., durant la foire aux dromadaires. En revanche, si vous voulez assister à cette dernière, réservez votre hôtel plusieurs mois à l'avance.
Comptez 3h de flânerie à pied, 4h30 avec une excursion au temple de Savitri. Prévoyez une demi-journée supplémentaire pour effectuer une excursion à Ajmer.

CONSEIL
N'acceptez aucune offrande (pétales de fleurs ou autres) à jeter dans le lac : c'est une arnaque – et beaucoup s'y laissent encore prendre !

Pushkar, la ville sainte de l'hindouisme, est l'un des lieux favoris des jeunes voyageurs occidentaux en Inde, certains venant y passer plusieurs mois d'affilée. La population locale a développé pour eux des restaurants en terrasse (tous strictement végétariens), des pensions bon marché et des magasins proposant de l'« artisanat » à la chaîne. Il est vrai qu'avec son charmant lac entouré de collines et ses ruelles fermées à la circulation automobile, la petite ville en lisière de la steppe s'avère un lieu fort agréable pour se reposer quelques jours. Pour les hindous, son lac demeure le plus sacré de toute l'Inde, et un bain de purification dans ses eaux est considéré comme particulièrement bénéfique à certaines dates, notamment à la pleine lune d'octobre-novembre, occasion d'une extraordinaire foire aux dromadaires. Celle-ci, hypermédiatisée par les agences touristiques du monde entier, attire des visiteurs venus en Inde spécialement pour cette occasion. Cette notoriété donne à Pushkar une atmosphère assez artificielle. Laissez-vous cependant porter par le son des cloches rythmant les cérémonies des nombreux temples, et sortez du centre-ville pour vous retrouver aussitôt dans des collines paisibles, animées par le seul chant des grillons.

La foire aux chameaux de Pushkar.
J. Bennett/Alaska Stock Images /age fotostock

Se promener Plan de ville

Circuit tracé en vert sur le plan de ville (p. 297) – Comptez 3 à 4h à pied.

Dans la ville sainte, la foi et la vénération sont de tous les instants, de tous les gestes. Les vendeurs installés à l'entrée des temples disposent des montagnes de soucis ou de poudre colorée qui servent aux offrandes des pèlerins. Les dévots font sonner les cloches pendues à l'entrée pour attirer l'attention de la divinité et, du même coup, effrayer les démons. Ils déposent ensuite leurs dons (y compris de l'argent) aux pieds de la divinité, avec des gestes qui nous semblent parfois automatiques, comme si l'observance du rite suffisait pour plaire aux dieux. En effet, l'adoration et la recherche intérieure se font davantage devant l'autel domestique que dans le temple. Dans ce dernier, on se recharge en énergie par la vision *(darshan)* des images saintes. À la tombée du jour, la foule se presse dans les sanctuaires pour assister à l'*arti*. L'officiant *(pujari)* rend alors hommage au dieu en agitant une lampe devant sa statue, au son des cymbales, des cloches et des tambours. Les singes, paroissiens bien singuliers, toujours en quête de quelque chose à grappiller (attention à vos sacs…) raffolent des offrandes déposées pour les dieux. Sur la rue principale, ouvrant régulièrement des perspectives sur les *ghat*, l'ambiance se fait plus mercantile, longue tradition touristique oblige.

★ LE LAC

Enlevez vos chaussures sur les ghat *et avant d'entrer dans les temples. Il est interdit de photographier les fidèles sur les* ghat.

Le lac de Pushkar serait apparu lorsqu'un pétale de lotus, tombant des mains de Brahma, toucha terre en cet endroit. Bordé au nord et à l'ouest d'une succession de *ghat* (ces larges escaliers gardés et desservis par une classe particulière de brahmanes), le lac donne à la ville des allures de Bénarès en miniature qui serait blanchie à la chaux. Levez-vous avant l'aurore si vous souhaitez observer les pieux hindous se livrer au bain rituel – et échapper aux « offreurs

BRAHMANES ET PÉTALES DE ROSES
Durant votre promenade sur les *ghat*, vous serez sûrement abordé par des brahmanes vous offrant d'effectuer quelque sacrifice fumeux. Avec le développement du tourisme de masse, Pushkar a en effet vu fleurir diverses arnaques dont celle aux pétales de roses est la plus répandue : un « ami » vous tend une poignée de pétales à jeter dans le lac en offrande ; c'est le début d'une escalade aux demandes de « donations » aussi pressantes qu'astronomiques auxquelles il vous sera difficile d'échapper. Car les affaires vont mal pour les brahmanes : traditionnellement, les fidèles s'adressent à eux pour accomplir les nombreux rites qui rythment la vie des hindous. Les personnes pieuses observant tous les rites prescrits se faisant de plus en plus rares, les brahmanes se voient contraints de trouver d'autres sources de profit… Refusez catégoriquement toute « offre » visant à votre « bien-être spirituel » et à celui de vos proches.

d'offrandes » qui ne manqueront pas de venir vous solliciter *(voir encadré ci-dessus)*. Debout, face au soleil levant, le fidèle puise de l'eau dans sa main et la verse en énonçant la formule : « Je prends ce bain pour me laver de mes péchés de corps, d'esprit, de parole et de contact. » Il plonge alors deux fois sous la surface, puis s'asperge la tête d'eau en priant pour avoir la force de se maintenir en état de pureté. Puis il récite jusqu'à 108 fois certains mantras, dont la célèbre *Gayatri* : « Le soleil est Brahma. » La même prière est répétée à midi et au soleil couchant.

★ LES TEMPLES

La plupart sont ouverts du lever du soleil jusque vers 20h30 - accès au sanctuaire principal souvent interdit aux non-hindous – Se déchausser à l'entrée.
Pour les hindous, il n'est pas de cité plus sainte au Rajasthan que Pushkar. Certes, elle a perdu tous ses temples anciens, rasés au 17e s. par le fanatisme religieux de l'empereur Aurangzeb, et les sanctuaires que l'on voit aujourd'hui, rebâtis aux 18e et 19e s., ne présentent que peu d'intérêt architectural ; mais l'atmosphère qui y règne constitue une expérience unique, véritable plongée dans l'hindouisme populaire le plus fervent.
Étant donné leur nombre (la ville en compte plus de 400 !), il serait vain de vouloir visiter tous les temples. Nous décrivons ici les plus intéressants.

Temple de Brahma A2

À l'ouest du lac - laissez appareils photo et sacs à la consigne à l'entrée.
Il est l'un des rares sanctuaires de l'Inde affecté au culte de Brahma ; c'est aussi le temple le plus fameux de la ville sainte. Le dieu « principe créateur » de la triade hindoue *(trimurti)* n'a en effet guère de sectateurs, au contraire de Shiva et de Vishnou. Cependant, il est adoré comme le « grand ancêtre » sans lequel (à l'instar du soleil) il ne pourrait y avoir de vie sur terre. Le temple s'élève au sommet d'un escalier de marbre. Dans la cour, de nombreux ex-voto témoignent de la popularité du lieu.
Pénétrez dans le petit hall, grossièrement peint en bleu, et avancez-vous vers la cella qui renferme une **statue de Brahma** à quatre têtes, symboles des quatre Veda. À l'origine, Brahma n'avait qu'une seule tête, mais, étant tombé amoureux de Sarasvati et ne pouvant la quitter des yeux, trois nouvelles têtes lui poussèrent, qui lui permettaient de suivre la belle où qu'elle allât. Sarasvati, embarrassée par ce regard, s'échappa alors vers le ciel, mais une cinquième

tête apparut au sommet du crâne de Brahma, coupée plus tard par Shiva. Au pied des marches, vendeurs de pétales de roses, d'encens et d'images pieuses témoignent de l'intense respect dont fait l'objet ce temple.

Temple de Savitri en dir. A2

Contournez le temple de Brahma sur la droite, puis prenez le premier chemin à gauche.

Le sentier s'enfonce dans une campagne paisible et mène au sommet de la colline *(comptez une bonne heure de marche)*, où s'élève le petit **temple de Savitri**. Il offre de magnifiques points de vue sur la région de Pushkar, surtout en fin d'après-midi.

Temple de Radha et Krishna A2

Du temple de Brahma, revenez vers le lac. Prenez la première rue à gauche en suivant l'indication « Paramount Hotel ». La famille qui habite ici laisse en principe entrer les visiteurs étrangers moyennant une obole. Elle ne semble cependant pas tenir à voir trop de touristes : restez donc discret.

Le **temple de Radha et Krishna**, aménagé dans une *haveli* de la fin du 19e s., montre une étonnante **façade★** couverte de **fresques** représentant musiciens,

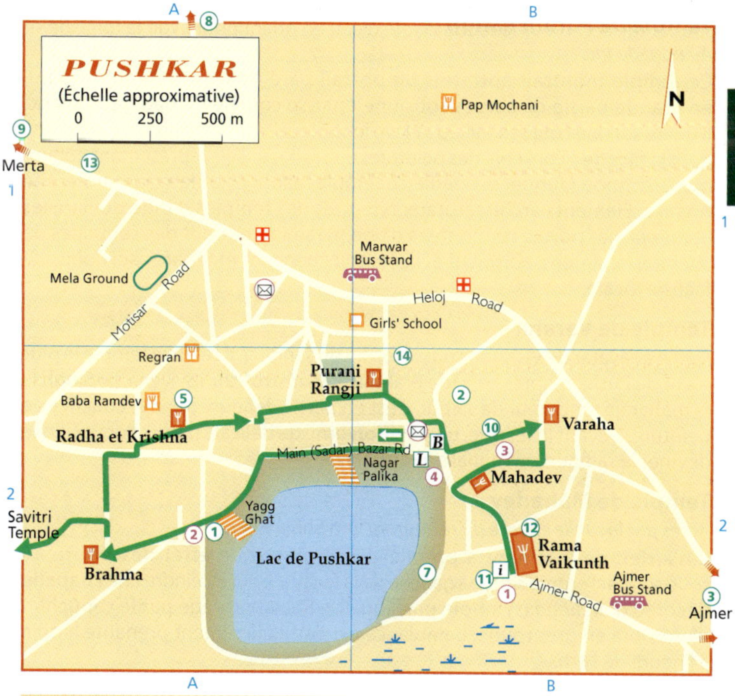

SE LOGER			SE RESTAURER
Bharatpur Palace... ①	Royal Desert Camp... ⑨		Om... ①
Inn Seventh Heaven... ②	Sai Baba Haveli... ⑩		Rainbow... ②
Jagat Palace... ③	Sarovar... ⑪		Rainbow... ③
Paramount... ⑤	Shyam Krishna Guesthouse... ⑫		Shiva... ④
Pushkar Palace... ⑦	Tourist Village... ⑬		
Royal Camp... ⑧	White House... ⑭		

UNE DÉESSE JALOUSE

Brahma avait convié l'assemblée des dieux et des déesses à un rituel sur la rive du lac de Pushkar. Les invités étaient tous arrivés sauf Savitri (autre nom de Sarasvati, épouse de Brahma), qui était encore à sa toilette. Or le sacrifice prévu nécessitait, comme c'est souvent le cas, la présence de son épouse au côté du sacrificateur. Brahma, refusant d'attendre plus longtemps, demanda aux dieux de lui trouver une seconde compagne. On lui présenta une bergère, Gayatri, qu'il épousa sur-le-champ. Savitri, furieuse, maudit Brahma : désormais il serait oublié des hommes et aucun nouveau temple ne lui serait dédié. La malédiction porta ses fruits : le dieu n'a plus d'adeptes et moins d'une demi-douzaine de temples dans toute l'Inde lui sont dédiés. En revanche, Savitri et Gayatri possèdent toutes deux un sanctuaire dans les environs de Pushkar.

éléphants, chars à bœufs, et même, témoins d'une véritable fascination pour les nouveautés venues d'Europe, des automobiles et un avion. Le temple se trouve dans l'aile gauche de la cour et s'orne de **peintures murales** évoquant la vie du dieu bouvier à la peau bleue.

Temple de Purani Rangji B2

Au nord du lac.

Ce temple montrait autrefois un portail paré de fresques, aujourd'hui en grande partie disparues sous une épaisse couche de badigeon blanc. Il ouvre sur une cour ; au milieu s'élève le sanctuaire *(interdit aux non-hindous)*, dont la **façade** a conservé des peintures et des bas-reliefs représentant notamment Vishnou (auquel est dédié ce temple) allongé sur le serpent-éternité Ananta. Éléments architecturaux typiques des temples d'Inde du Sud, les *gopuram*, ces portes surmontées d'une pyramide portant des centaines de divinités sculptées, voisinent avec les toits bengalis et les arcs polylobés de facture locale.

Temple de Varaha B2

Dédié à l'avatar de Vishnou sous la forme du sanglier, il serait le temple le plus sacré de Pushkar après celui de Brahma. Reconstruit au 18e s. par Jai Singh II, le maharaja fondateur de Jaipur, il est en partie défiguré par des couches de peinture. Devant le temple, un **pavillon** orné de délicats motifs floraux laisse deviner le raffinement initial du sanctuaire.

Temple de Mahadev B2

Accès par la ruelle en face du restaurant Om Shiva.

Il n'a rien de fascinant à première vue ; il faut en effet descendre au sous-sol, par l'entrée située à gauche de la façade, pour atteindre une **chapelle** décorée d'un *linga* (symbole phallique de Shiva) protégé par le capuchon d'un cobra en grès rouge. L'ambiance est particulièrement prenante le soir, à l'heure de l'*arti*.

Temple de Rama Vaikunth B2

Au sud du temple de Mahadev, face au point d'information touristique.

C'est probablement le plus beau de Pushkar mais il est en grande partie interdit aux étrangers. Vaikunth est le paradis où réside Vishnou, dont Rama est un avatar. Le pagne blanc et la coiffure en chignon des *pujari*, ainsi que le *gopuram* (tour pyramidale ornée de statues) de cinq étages qui domine le sanctuaire, indiquent qu'il s'agit d'un temple de l'Inde du Sud.

NOS ADRESSES À PUSHKAR

Plan de la ville p. 297

INFORMATIONS UTILES

Les offices de tourisme sont répertoriés en début de chapitre.
Indicatif téléphonique : 0145

Banque/Change

State Bank of Bikaner and Jaipur – B2. Chèques de voyage. Distributeur à l'est du lac, au-dessus du temple de Brahma.

Poste

Main Bazar Post Office – B2 - *Main Bazar Rd*. Elle dispose d'un service **EMS Speed Post** pour les envois express.

Internet/Téléphone

Les cybers n'ont pas de nom mais vous n'aurez aucun mal à les dénicher : entre l'office de tourisme et le restaurant Om (B2) ; devant le temple Purani Rangji (B2), ou encore sur Main Bazar Rd (B2). Pour vous connecter, graver un DVD ou téléphoner par Internet (type Skype™). Comptez env. 60 Rs/h.

Sécurité

Poste de police – *(0145) 277 20 46.* *Voir aussi encadré p. 296.*

ARRIVER/PARTIR

Bus

Liaisons avec Ajmer ttes les 10mn (30mn de trajet) au départ de l'**Ajmer Bus Stand** (B2) ou du **Marwar Bus Stand** (AB1). Pour les autres destinations, il est plus rapide de se rendre à Ajmer et, une fois là-bas, de prendre un bus du RSTRC ou d'une compagnie privée *(voir p. 307)*. Plusieurs agences de Pushkar, sur Main Bazar Rd, vendent des billets pour les autocars privés au départ d'Ajmer et assurent gratuitement la correspondance entre les deux villes : liaisons tlj en bus *Deluxe* pour Udaipur, Jaipur et Jodhpur et en *Sleeper* pour Delhi, Agra, Mount Abu et Jaisalmer.

Taxi

Adressez-vous à votre hôtel ; comptez 1 500 Rs/j.

VISITE

Elle s'effectue à pied, à bicyclette (nombreux points de location en ville) ou en voiture (la circulation des trois et quatre roues est néanmoins interdite dans le centre).

Agence de voyages

Ekta Travels – AB1 - *en face du Marwar Bus Stand - (0145) 277 21 31.* Autre adresse – B2 - *à côté de l'Ajmer Bus Stand - (0145) 277 29 31 - 9h-20h.* Peut réserver vos billets d'avion et de train, vous renseigner sur les horaires de bus et vous trouver une location de taxi à la journée.

HÉBERGEMENT

Pushkar dispose d'un vaste choix de maisons privées transformées en pensions pour touristes à petit budget. Le confort y est généralement sommaire et l'hygiène aléatoire. Les hôteliers consentent de 10 à 20 % de réduction sur le prix des chambres de mars-avr. à juin-juil.

Bon à savoir – Attention, pendant les sept jours que dure la *mela* de nov., la fameuse foire aux dromadaires, la moindre chambre coûte dix fois plus cher et il est presque impossible de trouver à se loger si l'on n'a pas réservé plusieurs mois à l'avance.

PREMIER PRIX

⑤ **Paramount** – A2 - *Badi Basti, derrière le temple de Radha et*

2

Krishna - ✆ (0941) 466 65 27 - hotelparamountpalace@hotmail.com - ✕ ▭ - Wifi - 20 ch. dont 4 sans sdb. 350/800 Rs. Ceux qui recherchent le calme apprécieront cette maison de trois étages, à flanc de colline, à l'extrémité d'une impasse. Le restaurant en terrasse et quelques chambres (un peu petites) jouissent d'une vue superbe sur le temple de Krishna, les toits de la petite ville et, au loin, le lac entouré de collines. On apprécie un effort de propreté mais les finitions laissent à désirer.

⑫ **Shyam Krishna Guesthouse** – B2 - *À côté du restaurant Venus - ✆ (0145) 277 24 61 - ✕ ▭ - Wifi - 30 ch. 400/600 Rs.* Les chambres s'agencent sur deux étages autour d'une grande pelouse et d'un petit temple. D'un confort limité au strict minimum (certaines n'ont pas de sdb privée), elles vous garantissent néanmoins une halte calme et ensoleillée. Une adresse populaire car située à deux pas de l'un des principaux *ghat.*

⑩ **Sai Baba Haveli** – B2 - *Dans la rue montant au temple de Varaha - ✆ (0145) 510 51 61 - ✕ ▭ - 35 ch. 400/700 Rs.* Nichée dans les ruelles de la vieille ville, cette belle demeure ancienne propose des chambres ouvrant sur un patio triangulaire fort plaisant. Les prix grimpent (raisonnablement) avec les étages, vue oblige, pour un confort qui reste toutefois rudimentaire.

③ **Jagat Palace** (Heritage Hotels Association) – B2 - *Sur la route d'Ajmer - ✆ (0145) 277 29 53 - www.hotelpushkarpalace.com - ▤ ✕ ⛱ - Ascenseur - 85 ch. 7 800 Rs - ☕ 400 Rs - rest. 650/800 Rs.* Légèrement excentré, à 500 m de la patte-d'oie marquant l'entrée du village, il séduira les amateurs de calme avec son grand jardin à l'écart de l'agitation. Nombreuses activités (excursions, balades à dromadaire, etc.). Reçoit beaucoup de groupes.

⑭ **White House** – B2 - *Entre le Marwar Bus Stand et le lac - ✆ (0145) 277 21 47 - www.pushkarwhitehouse.com - ▤ ✕ ▭ - Change, Internet - 16 ch. 850/1 050 Rs ☕ - 200 Rs.* Situé au fond d'une impasse, cet hôtel tout en hauteur se repère de loin. Ses chambres, bien entretenues et très propres, entourent un petit patio, à 5mn à pied des rives du lac.

① **Bharatpur Palace** – A2 - *Sur le lac, près de Yagg Ghat - ✆ (0145) 277 23 20 - ▤ ▭ - 20 ch. 600/1 000 Rs.* Très bien situé mais le cadre se paie : les chambres restent chères pour le confort (basique) proposé. Demandez l'une de celles qui surplombent le lac.

⑪ **Sarovar** (RTDC) – B2 - *À l'entrée de Pushkar en venant d'Ajmer - ✆ (0145) 277 20 40 - www.rtdc.in - ▤ ✕ ▭ - 24 ch. 1 200/1 900 Rs ☕* Enfin un hôtel RTDC correctement entretenu ! Chacun devrait trouver ici une chambre selon sa bourse car la gamme de prix est étendue. La moitié des chambres occupent la partie ancienne et trois d'entre elles (les plus chères et les plus agréables, même si elles sont à peine moins spartiates que les autres) ont vue sur le lac. Les chambres de l'aile moderne ouvrent sur les champs.

② **Inn Seventh Heaven** – B2 - *À côté du temple Mali ka Mandir - ✆ (0145) 510 54 55 - www.inn-seventh-heaven.com - ▤ ✕ ▭ - 12 ch. 1 000/2 950 Rs.* Dans cette *haveli* d'une centaine d'années, restaurée et reconvertie dans le tourisme, les chambres entourent un petit jardin. Toutes différentes par leur taille et leur style. Sachez que les réservations effectuées ne sont pas toujours honorées : venez le nez au vent et/ou prévoyez un plan B.

POUR SE FAIRE PLAISIR

⑦ **Pushkar Palace** (Heritage Hotels Association) – B2 - *Pushkar Palace Rd - ✆ (0145) 277 30 01 - www.hotelpushkarpalace.com - ▤ ✕ - 53 ch. 8 500/18 000 Rs - ☕ 400 Rs - rest. env. 700 Rs.* L'ancienne demeure du maharaja de Kishangarh, située sur le bord du lac, constitue une excellente étape à condition d'obtenir l'une des chambres du 1er ou du 2e étage. Celles-ci, claires et confortables, disposent de jolis meubles coloniaux et, pour certaines, d'une véranda avec vue sur le lac. Évitez les chambres du rdc, étouffantes et sombres, d'autant qu'elles sont au même prix que les autres. Service un peu désorganisé.

Durant la foire

Au moment de la foire aux dromadaires *(voir rubrique « Agenda »)*, des campements provisoires sont installés à la périphérie de la ville. Il est important de choisir un camp sûr et pas trop excentré car on y déplore beaucoup de vols.

BUDGET MOYEN

⑬ **Tourist Village** (RTDC) – A1 - *Mela Ground - réserv. ✆ (0145) 227 20 74 - www.rtdc.in/tvillagepush.htm- ✕ - 30 ch. 3 500/4 100 Rs.* Hébergement en chambres ou tentes, eau chaude au baquet et toilettes à la turque. La solution la moins onéreuse durant la foire de Pushkar. Réservez au moins deux mois à l'avance.

UNE FOLIE

⑨ **Royal Desert Camp** – A1 - *Ganahera, Motisar Rd - réserv. ✆ (0145) 277 20 01 - www.hotelpushkarpalace.com - ✕ - 351 tentes et bungalows 14 000 Rs - ☕ 700 Rs - rest. 850 Rs.* Camp mis en place par l'hôtel Pushkar Palace. Tentes agréables et soignées, toutes dotées d'une sdb privée.

⑧ **Royal Camp** (Jodhana Heritage Resort) – A1 - *Au nord du Mela Ground - ✆ (0291) 257 23 21 - http://royaltentspushkar.jodhanaheritage.com - ✕ - 100 tentes. 17 000 Rs - ☕ 650 Rs - rest. 800/1 000 Rs* Chaque chambre, confortable et joliment décorée, occupe une tente individuelle. Animations et feux de camp le soir.

RESTAURATION

Pushkar étant une **ville sainte**, viande, poisson, œufs et alcool en sont totalement bannis. Ce statut de territoire *pure veg* n'empêche pas la bourgade de regorger de cafés et restaurants, ouverts du petit-déj. au dîner, et se distinguant surtout par leur **cadre**. Nichés au fond d'un jardin ou surplombant les rues de la ville et le lac, ils constituent l'un des charmes de Pushkar et vous prendrez plaisir à vous y prélasser, même si leur aménagement est souvent sommaire et que la cuisine n'y est pas toujours d'un raffinement exceptionnel.
De nombreux établissements proposent des **buffets** (à ne fréquenter que s'il y a assez de monde pour garantir le débit, donc la fraîcheur), assortiments de plats occidentaux plus ou moins réussis et de viennoiseries. Parmi les plus agréables, citons **Om** ① (B2), **Shiva** ④, au-dessus de l'hôtel VK Tourist Palace (B2), ou encore les deux restaurants **Rainbow** ② et ③ situés de part et d'autre de la ville.

PREMIER PRIX

Sai Baba Haveli – B2 - *dans l'hôtel du même nom - ✆ (0145) 510 51 61 - ▭ - 8h-21h - 250/400 Rs.* Le beau four en terre qui vous accueille à

2

l'entrée annonce la spécialité : les pizzas au feu de bois ! Vous les savourerez sur de massives tables en bois ouvragé, sous les arches de l'ancienne *haveli*. Le sam. soir, buffet et spectacle de danse.

BUDGET MOYEN

Prince's Restaurant – B2 - *rest. de l'hôtel Pushkar Palace - ✆ (0145) 277 30 01 - ▭ - 6h-23h - 600/800 Rs.* La salle à manger manque de coquetterie, mais on pourra prendre ses repas sur la pelouse qui mène au lac. Cuisine honnête, présentée sous forme de buffet.

PETITE PAUSE

Moon Dance – B2 - *en face du temple Rama Vaikunth - ✆ (0145) 277 26 06 - 8h30-20h* Dans ce jardin en retrait de la rue, on vient grignoter des *pancakes* ou un croissant au chocolat. Des tentatives de cuisine mexicaine, italienne (pizzas, pâtes), chinoise et française.

ACHATS

Souvenirs

Main Bazar Rd n'est qu'une succession de boutiques proposant toutes le même style de vêtements, d'articles de décoration, de bijoux de pacotille destinés aux touristes occidentaux. Les achats sont plus intéressants durant la foire, lorsque des étals temporaires, dressés un peu partout en ville, proposent un vaste choix de l'artisanat du désert.

Librairies

Trois librairies se succèdent sur Main Bazar Rd (B2) : **Lalchand Ram Chand**, **Vijay Book House** et **The Book Worm** vendent des livres de photos sur la région et proposent quelques grands classiques sur l'Inde en français. Vous trouverez ici un choix plus large que dans les autres villes du Rajasthan.

ACTIVITÉS

Tous les hôtels pourront vous organiser un « safari » à dromadaire *(env. 1 500 Rs/3h)* ou une randonnée à cheval *(env. 600 Rs/h - demandez à voir les bêtes avant de vous engager).*

Bon à savoir – Si l'étape est à votre programme, attendez plutôt d'arriver à Jaisalmer pour effectuer une balade à dromadaire : c'est là-bas que se trouve le vrai désert.

AGENDA

Foire de Pushkar – Kartik Purnima *(pleine lune du mois de kartik, 18-25 nov. 2015). Rens. : www.rajasthantourism.gov.in.* Grande foire aux dromadaires. Elle débute 8 j. après la fête de Divali *(voir p. 54)* et se poursuit durant 7 j. pour se terminer à la pleine lune. La plupart des spectacles de danse, de musique ou de marionnettes sont organisés spécialement pour les touristes, venus du monde entier, et cette assemblée disparate pourra paraître artificielle aux puristes de l'Inde. La foire de Pushkar a certes perdu beaucoup de son authenticité mais l'événement reste spectaculaire et coloré. Il faudra l'aborder davantage comme une « fête globale » que comme une plongée dans les réjouissances traditionnelles de l'Inde rurale. Le meilleur moyen de la savourer est encore de venir une huitaine de jours avant le début de la foire pour assister à l'arrivée des chameliers et de leurs troupeaux, et à l'installation de leurs campements.

Excursion

★ **AJMER** Plan de ville

À 15 km de Pushkar.

Circuit tracé en vert sur le plan de ville (p. 305) au départ de Delhi Gate – Comptez 3h de visite.

Tourist Reception Centre (RTDC) – B1 - *dans l'enceinte de l'Hôtel Khadim - (0145) 262 74 90 - tlj sf w.-end 9h30-18h. Liste des chambres d'hôtes, location de voitures. Petit bureau à la gare, ouvert à l'arrivée des principaux trains.*

De nombreux voyageurs, pressés d'atteindre Pushkar, ne connaissent que la gare ou la station de bus d'Ajmer. Et c'est dommage car cette ville d'un demi-million d'habitants, au premier abord bruyante, mérite que l'on s'attarde dans les ruelles de ses vieux quartiers. À Ajmer, les turbans colorés cèdent la place aux calots, et les cloches des temples à l'appel du *muezzin* : tout au long de l'année, des fidèles, venus parfois de contrées lointaines, se recueillent dans le *dargah* (tombeau) du saint soufi Khwaja Main ud-Din Chisti, le sanctuaire musulman le plus vénéré de l'Inde. L'animation atteint son comble au moment de la fête de l'Urs, qui commémore le décès du saint en 1236 *(voir « Agenda », p. 309).*

Autour de Dargah Bazar A2

L'entrée de la vieille ville est marquée par une porte monumentale, **Delhi Gate**. Vous vous promènerez à pied dans les ruelles du cœur historique, bordées de restaurants populaires et d'échoppes colorées. Descendez **Dargah Bazar**, la rue principale menant au *dargah*. Confiseries et épiceries alternent avec les boutiques de livres saints en ourdou, de tchadors rutilants qui seront déployés sur le tombeau du *pir* ou de pétales de fleurs odorants destinés aux offrandes. Si vous êtes d'humeur à flâner, engagez-vous dans les ruelles sur la gauche, calmes et pittoresques, avant de rejoindre le *dargah*.

★★ Dargah de Main ud-Din Chisti A2

Laissez vos chaussures à l'entrée et pensez à vous couvrir la tête - gratuit mais les solliciteurs de « donations » se montrent assez pressants.

Le complexe qui accueille la tombe du saint soufi s'ouvre par une **grande porte** kitsch, blanche et verte, surmontée de deux minarets. Elle donne sur une cour dallée de marbre, égayée par les étals de pétales de roses. De chaque côté, deux immenses **chaudrons** servent à recueillir les offrandes de riz et d'argent. Lors de la fête de l'**Urs** *(voir « Agenda » p. 309)*, on y prépare d'impressionnantes quantités de riz, dont la distribution provoque de belles bousculades parmi les pèlerins. Sur le côté droit de la cour s'élève la **mosquée** bâtie par Akbar et repeinte aux couleurs de l'Islam.

Dans la deuxième cour, le **tombeau** de Khwaja Main ud-Din Chisti se signale par un dôme de marbre blanc et un groupe de *qawwal* qui, assis face à la porte, chantent avec un enthousiasme extatique leur amour pour *Khuda* (Dieu) en s'accompagnant à l'harmonium. La **porte**, décorée de motifs floraux et d'inscriptions coraniques, ouvre sur le saint des saints, protégé par une barrière en argent. Les fidèles, vêtus de blanc et coiffés du calot, déambulent autour du tombeau qu'ils couvrent de pétales de roses. Sans doute serez-vous sollicité pour une donation. Durant la fête de l'**Urs**, l'accès devient difficile tant la foule est compacte.

Derrière le tombeau se trouvent la sépulture de la fille du sage, **Bibi Hafez Jamal**, vénérée pour sa sainteté, ainsi que la tombe d'une fille de l'empereur Shah Jahan. Au fond du *dargah*, admirez la façade à onze arches de la **mosquée**, bâtie en marbre blanc par Shah Jahan.

L'empreinte de l'Islam

Située dans une passe des monts Aravalli, sur la route reliant Delhi aux ports de la mer d'Arabie, Ajmer était la ville-clé permettant de contrôler le Rajasthan. Dès le 7e s., le souverain rajput Ajai Pal, de la dynastie des **Chauhans**, fit construire une forteresse sur le piton qui domine la passe. Ajmer (contraction d'Ajai Meru, « la montagne d'Ajai, l'invincible ») resta sous le contrôle des Chauhans jusqu'à l'invasion de l'Inde par l'Afghan **Mohammed de Ghor** (fin du 12e s.), qui pilla la ville.

CONVERTIR L'INDE À L'ISLAM

Dans le sillage des armées musulmanes arrivèrent quelques pieux zélateurs de l'islam, dont le soufi **Main ud-Din Chisti** (1142-1236). Le saint homme, que l'on dit descendre d'Ali, gendre du Prophète, aurait reçu une mission divine lors d'un pèlerinage à La Mecque : prêcher l'islam dans le nord de l'Inde. Il profita alors de l'expédition de Mohammed de Ghor pour s'établir à Ajmer vers 1190 et y implanter la secte soufie chistiya, largement représentée en Afghanistan. Influencé par les *Upanishad* et tout dévoué aux pauvres, il s'acquit une réputation de *pir* (saint) et attira, de son vivant même, de nombreux hindous à Ajmer. La ville devint un important centre religieux et s'embellit de mosquées bâties par les successeurs de Mohammed de Ghor : Qutb ud-Din puis Iltutmish. Malheureusement, les traditions de mysticisme et de tolérance des ordres soufis eurent peu d'impact sur les sultans musulman de Delhi, pourtant fervents disciples de Main ud-Din : plus fins militaires que théologiens, ces derniers s'illustrèrent par la destruction de nombreux temples hindous et jaïns, inaugurant une ère d'intolérance.

UNE ENCLAVE MUSULMANE EN TERRE RAJPUTE

Les sultans de Delhi ne parviennent pas à contrôler durablement la région. Celle-ci passe de main en main jusqu'en 1556 : **Akbar** annexe la ville, qui devient enclave musulmane en terre rajpute, servant de base à ses campagnes militaires, et y construit un palais. Son petit-fils **Shah Jahan** y réside souvent, mais avec le déclin de la dynastie moghole (18e s.), la ville devient la proie de nouvelles convoitises. Les Marathes et les souverains du clan des Rathors de Jodhpur se disputent le site jusqu'à l'arrivée des Anglais, qui y établissent une importante garnison.

De nos jours, la présence de petits temples hindous entre les grands édifices musulmans symbolise la situation religieuse de l'Inde : il faut y voir un exemple de promiscuité – non choisie – suscitant parfois bien des rivalités, mais à Ajmer, le pèlerinage apporte une note de détente et les deux communautés vivent en assez bonne harmonie.

VŒUX EXAUCÉS

La tradition rapporte que tout vœu formulé lors d'une visite à la tombe de Main ud-Din sera exaucé durant l'année. On dit aussi que sept pèlerinages à Ajmer équivalent à un à La Mecque. Peu avant la fête de l'Urs, vous croiserez sur les routes des alentours des cohortes de pèlerins marchant jusqu'à Ajmer derrière le drapeau vert de l'Islam. Akbar lui-même effectua plusieurs pèlerinages sur la tombe du saint en guise d'action de grâce pour des vœux accomplis.

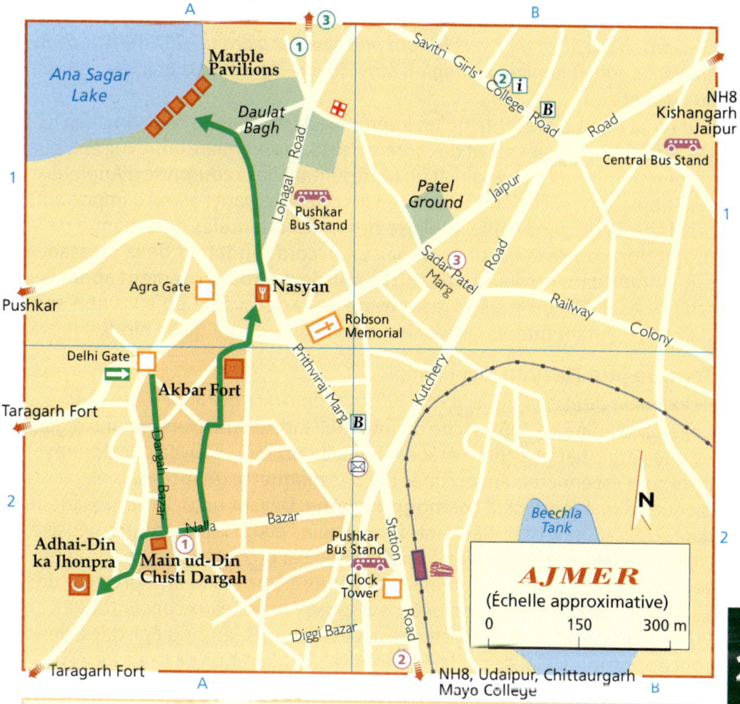

SE LOGER		SE RESTAURER	
Ambassador (The)... ①	Mansingh Palace.... ③	Gharib Nawaz...... ①	Mango Curry........ ③
Khadim.................... ②		Honey Dew........... ②	

★★ Mosquée Adhai-din ka Jhonpra A2

Sortez du dargah et contournez-le par la gauche - passez sous une porte et continuez tout droit sur 150 m - à droite, prenez l'escalier qui mène à la mosquée.
L'édifice doit son nom énigmatique – « la hutte de deux jours et demi » – au fait que la fête de l'Urs se déroulait ici auparavant, et durait… deux jours et demi. Une autre version affirme qu'il n'aurait pas fallu plus longtemps à Mohammed de Ghor et à son lieutenant, **Qutb ud-Din**, pour détruire, en 1198, les bâtiments jaïns qui se trouvaient sur le site et les transformer en mosquée. La façade fut rajoutée au début du 13e s. par le sultan Iltutmish.

Au fond d'une vaste cour se dresse la magnifique **façade**★★ de la salle de prière, rappelant le **style seljoukide** : sept arches monumentales en arc de carène, celle du centre dominant les autres par sa taille et la présence des deux minarets qui la surmontaient (il n'en reste plus que les bases). L'écran constitué par ces arches est entièrement recouvert de fines sculptures, arabesques et inscriptions coraniques superbement calligraphiées. Dans la **salle de prière**★, dont les piliers sont constitués de trois colonnes superposées provenant de temples hindous et jaïns du 12e s., détruits par les musulmans, levez les yeux vers les **cinq coupoles** enrichies de rosaces et de motifs floraux.

Regagnez la rue et poursuivez-la vers la droite. Vous arriverez *(en 1h30 de montée…)* aux ruines du **fort de Taragarh**, fondé en 1100. Vous serez récompensé de votre ascension par une belle **vue** sur Ajmer et ses environs.

2

Fort de l'empereur Akbar A2

De Dargah Bazar, prenez vers le nord puis tournez à droite - 10h-16h30 - 50 Rs. En soirée, son et lumière en anglais (env. 50 mn - faites-vous préciser l'horaire au guichet).

Bâti en 1570, il ne présente qu'un intérêt modeste. Dans la cour, un beau hall des Audiences privées servit de cadre, en 1616, à la première entrevue entre un empereur moghol (Jehangir) et un représentant de la couronne d'Angleterre (Sir Thomas Roe). Elle déboucha sur un accord prévoyant l'octroi d'importants privilèges à la Compagnie anglaise des Indes orientales en échange de la protection contre la flotte portugaise – accord fondateur de la puissance britannique dans le sous-continent. Le **musée du Gouvernement** abrite des sculptures du 7e au 14e s. Sa visite s'avère assez décevante pour les non-spécialistes, d'autant que les cartouches explicatifs ne sont qu'en hindi.

Temple jaïn Nasyan (Soni Temple) A1

À l'extérieur de la vieille ville, à env. 100 m au nord du fort - 8h30-17h - 10 Rs.

Ce temple édifié en 1865 cache un intérieur surprenant. Derrière une gigantesque vitrine haute de deux étages, une salle aux murs couverts de dorures et de miroirs est entièrement occupée par une **maquette géante★** aux éléments plaqués d'or évoquant la **cosmogonie jaïne**. Devant un palais bruissant de danseuses, musiciens et éléphants à palanquin s'étend la région intermédiaire, celle dans laquelle nous vivons, représentée par un cercle plat. En son centre se trouve l'île de Jambu, dominée par le mont Sumeru et entourée par une alternance de continents et d'océans disposés en anneaux concentriques. La **vie d'Adinatha**, le premier *tirthankara*, est racontée en cinq épisodes, de sa conception miraculeuse par le dieu Indra à sa « libération de la vie terrestre ». L'ensemble évoque davantage une salle de jeux d'enfants inventifs qu'un lieu de culte. La salle de prière *(au rdc ; fermée aux non-jaïns)* présente une façade ornée de **peintures murales** retraçant la vie des *tirthankara*.

Lac Ana Sagar A1

Vous terminerez votre promenade sur le bord du lac **Ana Sagar**, créé au 12e s. L'empereur Shah Jahan y fit aménager, au 17e s., un jardin moghol, le **Daulat Bagh**, aujourd'hui transformé en jardin public où l'on vient en famille pique-niquer le week-end, et qu'agrémentent cinq beaux **pavillons de marbre**.

À VOIR AUSSI

Mayo College en dir. B2

Dans la banlieue est, à 3 km du centre d'Ajmer.

Cet « Eton des Indes », fondé en 1875 par le vice-roi, Lord Mayo, était réservé aux fils de maharajas. Depuis les années 1950, il accueille les enfants issus des classes fortunées (900 inscrits par an ; prix de la scolarité : plus de 300 000 roupies) et se double d'un collège de filles. Les façades composites de marbre blanc, typiques des fastes anglo-indiens, évoquent davantage un palais qu'une école. À l'intérieur, vous pouvez voir le **grand parloir**, un hall sombre, orné des portraits des maharajas qui furent formés ici.

NOS ADRESSES À AJMER ET AUX ALENTOURS

INFORMATIONS UTILES

Offices de tourisme : voir p. 303.
Indicatif téléphonique : 0145

Banque/Change

State Bank of India – B1 - *en face du Collectorate.*
Bank of Baroda – B2 - *Prithviraj Rd, Madar Gate Circle.*
Toutes deux ont un distributeur.

Poste/Téléphone

GPO – B2 - *Madar Gate Circle, Prithviraj Rd.* Service d'envois express par **EMS Speed Post**.

ARRIVER/PARTIR

Train

Ajmer Railway Station – B2 - *Station Rd - 139 (centre de réservation).* 7 trains/j pour Delhi *(6h30 à 9h de trajet)* via Jaipur *(2 à 3h)* et Alwar *(4 à 5h)* ; 7 trains/j pour Chittaurgarh *(env. 3h)* ; 5 trains/j Udaipur *(5 à 6h)* ; 6 trains/j pour Abu Road *(4 à 5h).*

Bus

Central Bus Stand – B1 - *Jaipur Rd.* Il regroupe bus d'État et autocars privés. Pour ces derniers, les billets sont en vente dans les agences de Kutchery Rd. Vous pouvez aussi acheter votre billet à Pushkar ; la correspondance entre Pushkar *(voir p. 299)* et Ajmer sera alors assurée par l'agence de voyages. Jaipur *(2h30h de trajet)* ; Delhi, Agra *via* Bharatpur *(10h)* ; Kota *(5h), via* Bundi ; Chittaurgarh *(5h)* ; Udaipur *(7h)* ; Abu Road *(9h)* ; Mount Abu *(10h)* ; Jodhpur *(4h30)* ; Jaisalmer *(10h)* ; Bikaner *(8h).* La douzaine de bus qui circulent tlj entre Jaipur et Jodhpur s'arrêtent à Ajmer ; l'un d'eux poursuit jusqu'à Jaisalmer.
Bon à savoir – Des bus pour Pushkar *(30mn)* partent ttes les 10mn env. du **Pushkar Bus Stand** de Station Rd (B2) ou de celui situé face au Daulat Bagh (A1).

Taxi

Vous trouverez une station de taxis à la gare.

TRANSPORTS

La **vieille ville**, fort commerçante, appelle à la flânerie ; vous la visiterez à pied.
Calèches *(tonga)*, **cyclo** et **auto-rickshaws** vous conduiront aux pavillons de marbre ou à la vieille ville depuis la gare routière.

HÉBERGEMENT

Nous vous conseillons de loger à Pushkar *(15 km, 30mn de bus)*, beaucoup plus agréable qu'Ajmer. Si besoin, vous trouverez de nombreux hôtels pour pèlerins musulmans, d'une propreté approximative, dans les environs de Delhi Gate et sur Station Rd. Durant la foire de Pushkar (en novembre, *voir p. 302*), les prix explosent aussi à Ajmer – jusqu'à 10 fois le tarif ordinaire ! Il est alors impératif de **réserver** plusieurs mois à l'avance.
Les établissements que nous avons retenus sont repérés par des puces de couleur verte sur le Plan d'Ajmer p. 305, sur la Carte régionale Est et Nord p. 222 ou sur la Carte régionale Sud p. 366-367.

À Ajmer Plan de ville

PREMIER PRIX

② **Khadim** (RTDC) – B1 - *Savitri Girls' College Rd, dans le centre moderne, à 5mn à pied du Central Bus Stand - (0145) 262 74 90 - www.rtdc.in - - 57 ch. 1 450/2 500 Rs* Le bâtiment se trouve dans la même enceinte que l'office de tourisme. Quoique sans cachet particulier, les chambres, spacieuses, sont très correctement tenues. Le meilleur rapport qualité-prix de la ville dans cette gamme de budget. En revanche, restaurant déprimant.

BUDGET MOYEN

① **The Ambassador** – A1 - *Najina Bagh, Ashok Marg - à 500 m du fort - ✆ (0145) 242 50 95 - www.ambassadorajmer.com* - *Ascenseur - 27 ch. 3 000/3 900 Rs.* Demandez les *Super Deluxe* donnant sur la rue (elle n'est pas trop passante), leurs grandes façades vitrées apportant un peu de chaleur à un ameublement hétéroclite. Le ménage est approximatif…

POUR SE FAIRE PLAISIR

③ **Mansingh Palace** (Mansinghgroup) – A1 - *Vaishali Nagar - à 1 km du centre - ✆ (0145) 242 59 56 - www.mansinghhotels.com* - *Boutique - 60 ch. 6 000/7 000 Rs* - *rest. env. 1 100 Rs.* Dans de paisibles jardins sur le bord du lac, cet hôtel moderne dispose de tout le confort. Les chambres sont grandes et lumineuses. Choisissez-en une standard avec vue sur le lac (même prix que celles avec vue sur la route). Quelques suites, plus chères *(10 500 Rs).*

À Kishangarh Carte régionale Est et Nord p. 222

Sur la route de Jaipur, à env. 35 km au nord-est d'Ajmer. Le village doit sa célébrité à son école de miniatures.

BUDGET MOYEN

⑨ **Phool Mahal Palace** – A3 - *Kishangarh - ✆ (01463) 24 74 05 - www.royalkishangarh.com* - *21 ch. 3 500/5 000 Rs.* Vous pourrez, depuis ce château situé au cœur de la nature, observer les oiseaux. Atmosphère familiale. Le calme et l'empreinte historique des lieux compensent le manque de confort et de service.

À Rupangarh Carte régionale Est et Nord p. 222

Par la route de Kishangarh, à 50 km au nord-est d'Ajmer, dans un pittoresque village fortifié.

BUDGET MOYEN

⑪ **Roopangarh Fort** – A3 - *Rupangarh - ✆ (01497) 22 02 17 - www.royalkishangarh.com* - *23 ch. 5 000/6 000 Rs*. Une bonne étape pour goûter à l'atmosphère d'un fort marwari plein de caractère. D'immenses chambres offrent une vue étendue sur la plaine. Excellente cuisine servie sous les arcades. N'omettez pas de réserver car, en l'absence de clients, l'hôtel risque d'être fermé.

À Bijaynagar Carte régionale Sud p. 366-367

Sur la route de Chittaurgarh, à 67 km au sud d'Ajmer.

POUR SE FAIRE PLAISIR

⑬ **Bijay Niwas Palace** (WelcomHeritage Hotels) – B1 - *Bijaynagar - ✆ (941) 400 40 42 - www.bijayniwaspalace.com* - *20 ch. 8 000/9 500 Rs* - *450 Rs - rest. 700/800 Rs.* À proximité d'une réserve, cette agréable demeure dresse sa silhouette trapue dans un parc paisible. À l'intérieur, les pièces ont conservé leurs frises florales. L'ensemble possède le charme des maisons de campagne à la jolie décoration un peu désuète. Organise des excursions en char à bœuf dans les villages des environs.

RESTAURATION

Si, logeant dans la sainte et végétarienne Pushkar, vous vous sentez en manque de viande, vous trouverez des plats de mouton et

de poulet au **Honey Dew** ② (B2), en face de la gare d'Ajmer, ainsi qu'au **Mango Curry** ③ (B1), sur Sadar Patel Marg.
Dans le quartier musulman, autour du *dargah* de Main ud-Din Chisti, plusieurs restaurants populaires, comme le **Gharib Nawaz** ① (A2), servent d'appétissants poulets tandooris avec un débit qui vous garantit la fraîcheur des viandes.

POUR SE FAIRE PLAISIR

Sheesh Mahal – en dir. A1 - *rest. du Mansingh Palace Hotel* - 🍷 - *12h30-15h, 19h30-23h - 800/1 000 Rs.* Dans une pièce d'angle confortable, largement ouverte sur le jardin et le lac Ana Sagar, on vous servira des spécialités de l'Inde du Nord, ainsi que des plats continentaux et chinois. L'apéritif est servi en soirée sur la terrasse.

ACHATS

Bazars

Dans la vieille ville, sur **Dargah Bazar** et **Nalla Bazar** (A2), les artisans fabriquent et vendent des bracelets en verre ou laqués et incrustés de brillants, les *bangles (churri)*. Vous verrez aussi à l'œuvre potiers et tresseurs d'osier confectionnant tabourets et fauteuils. Nombreux articles religieux musulmans et hindous, calots brodés, offrandes, et des montagnes de pâtisseries et de sucreries au nougat.

AGENDA

Toutes les grandes **fêtes musulmanes** prennent à Ajmer une résonance particulière : Id ul-Fitr, Bakr Id, Muharram, Id-i Milad… *Pour les dates, reportez-vous à la rubrique « Agenda », p. 55.*
Urs Mela – *21 avr. 2015, 9 avr. 2016, 30 mars 2017.* La fête de l'Urs commence avec le mois de *rajab*, 7e mois du calendrier musulman, et dure 6 jours. Elle commémore la mort de Main ud-Din Chisti et donne lieu à d'incessants concerts de *qawwali* devant sa tombe, dans le *dargah*. On assiste alors à un spectacle impressionnant de processions et de foules pieuses s'engouffrant dans le *dargah*. La nuit du 5e jour marque le sommet de la fête – mais aussi la période où les pickpockets sont le plus actifs…

2

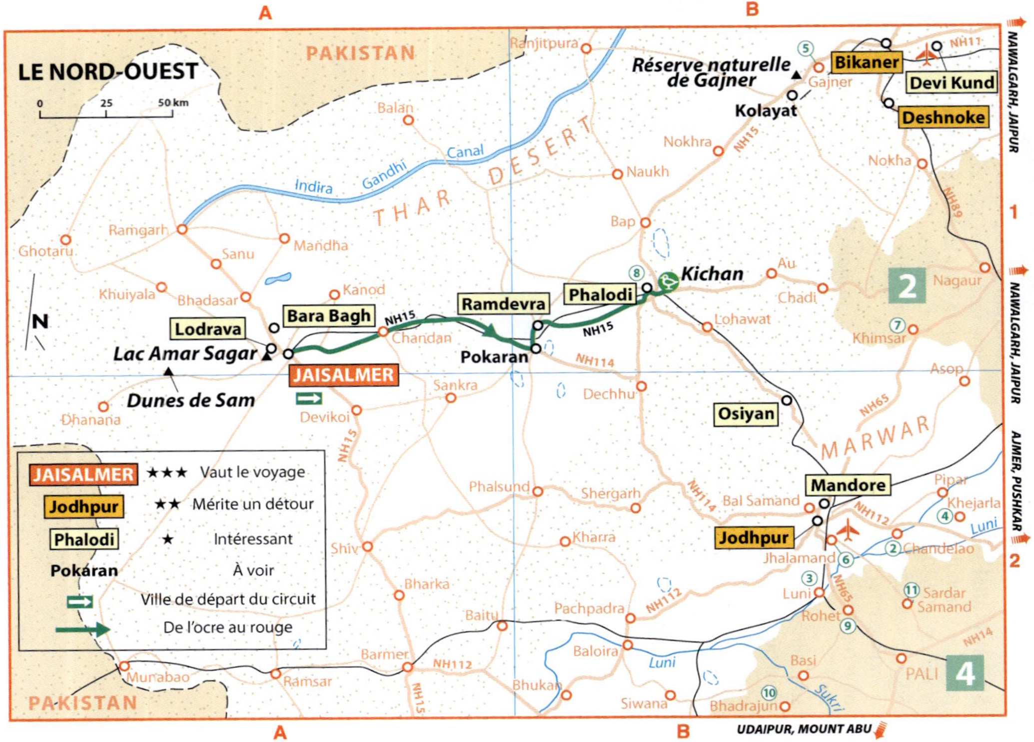

SE LOGER

Chandelao Garh 2
Fort Chanwa 3
Fort Khejarla 4
Gajner Palace 5
Jhalamand Garh 6
Khimsar Fort 7
Lal Niwas 8
Rohet Garh 9
Royal Rajwada 10
Sardar Samand Palace 11

Le Nord-Ouest 3

Bikaner

★★

Env. 636 000 hab. – Alt. 237 m – État du Rajasthan

NOS ADRESSES PAGE 320

S'INFORMERT

Tourist Reception Centre – B2 - *dans l'enceinte de l'hôtel Dhola Maru - (0151) 222 67 01 - tlj sf w.-end 10-17h.* Dispose d'un plan de la ville. Accueil sympathique.

SE REPÉRER

Carte régionale p. 310 – Plan de la ville ci-contre – *À 321 km de Jaipur, 333 km de Jaisalmer, 243 km de Jodhpur.*

Voir aussi la rubrique « Arriver/partir » dans « Nos adresses ».

À NE PAS MANQUER

La visite du fort de Junagarh et les *haveli* de la vieille ville ; le temple des Rats à Deshnoke.

ORGANISER SON TEMPS

Comptez une journée pour la visite de Bikaner et une demi-journée pour une excursion à Desnoke. Visitez Kolayat en oct.-nov., durant le festival.

AVEC LES ENFANTS

La ferme des dromadaires.

Bien moins visitée que Jaisalmer, Bikaner constitue pourtant une étape intéressante, à défaut d'être très plaisante. Le principal attrait de cette ville poussiéreuse, isolée dans l'aridité du nord-ouest rajasthani, réside dans la forteresse de Junagarh, dont les palais sont d'un raffinement exquis. Une balade dans la vieille ville évoque ce Rajasthan quasi médiéval par certains aspects, brusquement projeté dans les cahots du développement à l'indienne. De nombreux attelages de dromadaires sillonnent toujours les rues de la ville, mais scooters et automobiles leur font une concurrence de plus en plus bruyante… Il faudra bientôt beaucoup d'imagination pour retrouver la « Perle du désert » encore décrite par toute une littérature touristique. À moins de deux heures de route, l'étonnant temple des Rats de Deshnoke et le lac sacré de Kolayat montrent deux visages de la spiritualité hindoue.

Se promener Plan de ville

Conseil – S'il est plaisant de flâner dans la vieille ville, la ville moderne ne se prête guère à la balade : circulez-y en rickshaw.

★★★ FORT DE JUNAGARH A2

L'accès au fort s'effectue par le nord-est - http://junagarh.org - 10h-17h (fermeture du guichet à 16h30) - 200 Rs (photo 30 Rs, vidéo 100 Rs, audioguide 150 Rs) - visites guidées en anglais et en français (200 Rs pour 1h30) – Comptez au moins 1h.

L'une des grandes originalités de cette forteresse tient à son emplacement, non pas au sommet d'une colline, mais dans la plaine. Le désert constituait en effet la plus belle défense naturelle que les souverains locaux pouvaient espérer. Le fort fut bâti sous le raja Rai Singh (1571-1611) pour remplacer celui de Rao Bika, dans la ville ceinte de remparts (aujourd'hui détruit). L'énorme **muraille de grès rouge** s'étire sur un périmètre de près d'un kilomètre. Ses **37 bastions** évoquent une gloire militaire bien lointaine mais pratiquement sans faille. Les éléments les plus spectaculaires se trouvent dissimulés à l'intérieur des murailles : palais somptueusement décorés, symboles éloquents de « l'Inde des maharajas ». Le souverain actuel et sa famille résident toujours à Bikaner, mais dans le palais « moderne » de Lalgarh *(voir p. 316)*.

Les portes monumentales

Une série de portes massives conduit à la cour principale. Sur les battants des deux premières, **Karan Pol** et **Daulat Pol**, les piques menaçantes rivées dans le bois servaient à contrer les assauts des éléphants de combat. La quatrième porte, **Suraj Pol**, est gardée par les statues de Jaimal et Patta à dos d'éléphant, deux jeunes guerriers du clan des Rathors morts en défendant Chittaurgarh *(voir p. 409)*. Elle mène au porche principal *(guichet de vente des billets)*.

SE LOGER

- Bhairon Vilas 1
- Bhanwar Niwas 2
- Harasar Haveli 3
- Jaswant Bhawan 4
- Karni Bhawan Palace 5
- Lallgarh Palace 6
- Laxmi Niwas Palace 7
- Palace View 8
- Vijay Guesthouse 9
- Vinod Guest House 10

SE RESTAURER

- Deluxe 1
- Gallops 2

UN ROYAUME AUX PORTES DU DÉSERT

En 1488, **Rao Bika**, l'un des fils du souverain rathor Rao Jodha (le fondateur de Jodhpur), décide d'établir ici un nouveau royaume. Il doit lutter contre les tribus du désert pendant plus de 30 ans avant d'asseoir définitivement son pouvoir sur la région. Dès le 16e s., la nouvelle dynastie se trouve aux prises avec un rival autrement plus puissant : l'empereur **Akbar**. Celui-ci parvient à vaincre militairement la résistance des souverains de Bikaner et, en fin politique, réussit à s'assurer leur fidélité en leur confiant des commandements dans les armées mogholes. Le royaume connaît alors une ère de paix qui lui permet de tirer parti de sa position stratégique et économique sur les routes menant du Moyen-Orient au nord de l'Inde. Les caravanes de marchands prennent l'habitude de faire halte à Bikaner après la traversée du désert du Thar ; la ville prospère et s'embellit d'opulentes *haveli* et de temples richement sculptés.

Vous pénétrez alors dans un fastueux ensemble de palais, cours et halls de réception. Une rampe mène à une cour où un **kiosque de marbre blanc** surmonte un petit réservoir d'eau destiné aux jeux de la cour durant la fête de Holi. En haut de la façade de droite, une fresque colorée représente un train à vapeur : l'arrivée du chemin de fer dans le désert marqua en effet un épisode glorieux de l'histoire locale. Le mur opposé est percé d'une magnifique **fenêtre★** ornée de carreaux de Delft.

Gagnez le **Diwan-i Am** (hall des Audiences publiques), bâti en 1631 par Karan Singh, dont le plafond et les colonnes sont couverts de peintures et de dorures.

★★★ Anup Mahal

Accès par la cour ouvrant derrière le kiosque blanc.

Commencé sous Karan Singh et achevé par son successeur Anup Singh, l'**Anup Maha**, joyau du fort, se distingue par la profusion de ses décorations, la préciosité de ses peintures, mosaïques de miroirs et de tuiles colorées, rehaussées de dorures. Il servait en particulier pour le couronnement des maharajas. Remarquez la richesse du **trône**, dont l'éclat est relevé par des incrustations de verre coloré.

Les murs du **Badal Mahal★** (palais des Nuages) attenant, entièrement recouverts de **peintures de nuages** bleus et blancs, rappellent l'importance que revêt la pluie dans cette région semi-désertique. Sans doute cette simple évocation picturale suffisait-elle à rafraîchir l'atmosphère lors des canicules précédant les faibles pluies de mousson…

★★ Phul Mahal (palais des Fleurs) et Chandra Mahal (palais de la Lune)

À droite en sortant de l'Anuk Mahal - ne se visitent que sur demande : adressez-vous aux bureaux dans la 1re cour.

Certains de leurs murs sont entièrement recouverts de petits miroirs. Le Chandra Mahal, en forme de croissant de lune, était réservé aux femmes de la cour. Ses fenêtres donnent sur les **jardins** du fort.

Les étages

Revenez à la cour du kiosque et empruntez l'escalier sur votre droite.

Le 1er étage ouvre sur un petit autel dédié au dieu-singe **Hanuman**, général d'armée au service du dieu Rama dans le *Ramayana*. On notera surtout la collection de planches à clous et de lames effilées qui servaient aux exercices de surprenants fakirs. Un amusant mélange de faïences hollandaises et chinoises orne le dos de la fenêtre.

Les murs du **Gaj Mandir★★**, en partie couverts de miroirs, portent de belles boiseries de santal. Ils abritent une balançoire sophistiquée, dont le mouvement entraînait la ronde des statuettes disposées sur son cadre. Juste à côté, la porte de la **chambre de la Reine★** est incrustée d'ivoire.

Les terrasses supérieures offrent de belles vues sur le fort et la ville. Les murs du **Hawa Mahal** (palais des Vents), seul bâtiment construit au 2e étage, sont recouverts de carreaux de faïence bleue. Durant la canicule, le maharaja se retirait dans ce petit palais – sans doute en galante compagnie. Un serviteur posté à l'extérieur actionnait une poulie qui agitait un énorme *panka* (éventail suspendu au plafond).

Redescendez et revenez sur vos pas jusqu'à l'autel d'Hanuman ; sur la gauche part une enfilade de couloirs et d'escaliers qui vous conduira dans l'aile **Ganga Niwas**.

Aile Ganga Niwas

Cette partie, la plus récente du palais, fut édifiée sous le maharaja Ganga Singh et réaménagée en **musée**. Sa visite commence par l'inévitable **salle d'armes**, bien fournie, présentant un bel assortiment de *katar* (poignards à large lame, parfois renforcés de deux petits pistolets sur les côtés), une épée de 27 kg et des sabres aux manches incrustés d'ivoire et de pierres semi-précieuses.

Le **Diwan-i Khas** (hall des Audiences privées) paraît presque terne comparé au luxe extravagant de l'Anup Mahal. Orné de dorures et de fresques, éclairé de miroirs importés de Belgique, il ferait pourtant la fierté de bien des souverains.

L'immense **Durbar Hall★** est décoré de motifs ornementaux complexes finement ciselés dans le grès rouge des murs. On retrouve les mêmes motifs sur les arcs et sur le **plafond** de bois ; ils nécessitèrent sept années de travail de la part d'artisans que Ganga Singh avait fait venir spécialement d'Afghanistan. Le hall abrite un magnifique trône en bois de santal.

La salle suivante conserve des objets ayant appartenu au maharaja ; dans le coin salle à manger, notez cette cuiller spécialement conçue pour protéger les légendaires moustaches du souverain. Une photo de Clemenceau, lors d'une chasse au tigre organisée par le maharaja, évoque le prestige diplomatique que connut Ganga Singh. Enfin, l'autre hall du musée abrite un… avion de la guerre de 14-18 offert au fidèle maharaja par le gouvernement britannique.

3

Prachina Cultural Center and Museum

Dans l'enceinte du fort - www.prachinamuseum.org - 9h-18h - 50 Rs ; photo 20 Rs, vidéo 75 Rs.

Créé par la princesse Siddhi Kumari pour faire revivre les métiers et les pratiques culturelles de Bikaner, ce musée expose dans un cadre soigné des objets de cour (éventails de santal, vaisselle précieuse, mobilier) mettant en regard traditions ancestrales et influences britanniques. Superbes costumes de mariage, dont certains pèsent 40 kg !

LE DIPLOMATE DU DÉSERT

L'œuvre la plus prestigieuse du maharaja Ganga Singh reste la création du *Bikaner Camel Corps*, qui s'illustra dans les guerres coloniales britanniques, de la Chine à la Somalie, mais aussi durant la Première Guerre mondiale en France et en Égypte. Chef militaire de premier ordre, le souverain de Bikaner se révéla aussi un fin diplomate. Il représenta l'empire des Indes lors du traité de Versailles (1919), puis fut délégué à la Société des Nations, de 1924 à 1930. Son prestige international lui valut la visite de grands hommes d'État étrangers, venus goûter aux charmes de ce royaume du désert et à ses fameuses chasses à la grouse de Gajner.

POPULAR ARTS MUSEUM B1

Nagar Nigam Rd (autre nom de Lalgarh Palace Rd) - à env. 400 m au nord du fort, en face de Indian Oil Petrol Pump - 13h30-19h - gratuit.
Une petite association française s'occupant d'un orphelinat à Bikaner, l'AFEV (*voir aussi « Activités », p. 325*), a rassemblé ici une collection de 54 types de turbans sur les 108 que compte le Rajasthan, ainsi que des instruments de musique traditionnelle. La boutique attenante vend de l'artisanat réalisé par les villageois des alentours dans l'esprit du tourisme équitable.

★ PALAIS DE LALGARH B1

Près de la gare routière, à env. 3 km au nord-est du centre-ville – Comptez 60 Rs en rickshaw depuis le fort.
Construit à partir de 1900 par le maharaja Ganga Singh sur les plans de l'architecte Sir Swinton Jacob, ce vaste bâtiment de grès rouge, librement inspiré du style rajput auquel il mêle des influences musulmanes et britanniques, servit de résidence à la famille royale à partir des années 1920. Celle-ci l'a transformé en hôtel de luxe dans les années 1960 *(voir « Hébergement » p. 323)*.
En face de cette « fantaisie orientale », hymne à l'art indo-sarracénique, un pavillon moderne abrite le **Shri Sadul Museum** *(tlj sf dim. 10h-17h - 40 Rs ; photo 50 Rs, vidéo 100 Rs)*. Constitué à l'initiative du maharaja Sadul Singh, il consacre sept salles aux souverains de Bikaner. Ses 35 000 photos voisinent avec les nécessaires de toilette ou le matériel de golf des souverains dans un étrange capharnaüm. Vous y verrez une immense jarre d'étain pesant plus de 100 kg : portée à dos de dromadaire de village en village, elle servait à collecter l'impôt. Au milieu de collections d'uniformes, de calèches et de palanquins se trouve la charrue avec laquelle Ganga Singh traça le premier sillon du canal irriguant le nord du Rajasthan. Parmi le déluge de photos, notez les traditionnelles poses avec les trophées de chasse (souvent des tigres). Demandez au gardien de vous montrer la photo de Clemenceau, qui avait pris part à l'une de ces sanglantes expéditions.

GANGA GOLDEN JUBILEE MUSEUM
(Government Museum) B2

À 300 m de l'office de tourisme - tlj sf lun. 10h-16h30 - 10 Rs - photo interdite.
Il regroupe des trophées de chasse, des armes, de la vaisselle dorée et des tableaux retraçant la vie des maharajas, dont celui commémorant la signature du traité de Versailles (1919), en présence de Ganga Singh. La salle du fond abrite quelques **sculptures et terres cuites★** de l'ère gupta (4e-6e s.) et une superbe **Sarasvati★** (déesse de l'Éloquence et des Arts) en marbre, sculptée dans le style jaïn du 11e s. Les belles collections de **miniatures★** font tous les trois mois l'aller-retour entre les musées de Bikaner et de Jaipur.

LE TIGRE FRANÇAIS
Lors d'un séjour en Europe, Ganga Singh gagna l'amitié de Georges Clemenceau. Celui-ci se rendit en Inde après la Première Guerre mondiale et visita le royaume de Bikaner, où il fut convié à une fastueuse partie de chasse. Le surnom de l'homme politique français, « le Tigre », amusait beaucoup le maharaja qui fit l'acquisition d'une figurine représentant l'ancien président du Conseil affublé d'un corps de tigre, visible au musée de Lalgarh.

Détail de la Daulat Pol (porte monumentale), Bikaner.
T. Balaguer / age fotostock

★★ VIEILLE VILLE A2

Comptez 2 à 3h de balade à pied.

Bikaner a attiré les négociants et les banquiers dès la fin du 15e s. Profitant de la situation de la ville, étape obligée des caravanes après la traversée du Thar, les plus habiles ont rapidement amassé de belles fortunes. Comme dans d'autres villes du Rajasthan, cette réussite les incita à édifier de magnifiques sanctuaires. La vieille ville, que délimitent 8 km de remparts percés de cinq portes, compte encore plusieurs dizaines de ces **haveli★★★** et demeures centenaires aux façades flanquées de balcons et de *jali* délicatement sculptés dans le grès rouge. Les plus anciennes, que l'on découvre au hasard d'un véritable labyrinthe de ruelles, remontent au 18e s.

Vous trouverez les plus belles et les mieux conservées dans la partie sud-ouest de la vieille ville. À intervalles réguliers, on fait halte devant de petits autels pour une prière sur le chemin du travail ou de l'école. Sur les grandes tables basses installées en pleine rue, les anciens du quartier se retrouvent pour lire le journal ou jouer aux cartes. Une longue rue bordée par le marché aux épices conduit aux temples principaux.

★★ Temple jaïn de Bhandasar (ou Bhandeshvar) A2

Entrée par la cour donnant sur l'esplanade - gratuit ; photo 20 Rs, vidéo 30 Rs – Le prêtre gardien du temple vous guidera volontiers moyennant une obole.

Il fut commencé à la fin du 15e s. par le marchand jaïn Bhandasa Oswal et achevé par sa fille en 1517. En lieu et place d'eau, trop rare dans la région, on utilisa pour les fondations 14 tonnes de *ghee* (beurre clarifié), raconte la légende. Une haute **tour** *(shikhara)* sculptée, blanche, domine celles des autres sanctuaires. Franchissez la porte de grès rouge surmontée de kiosques, qui date du 17e s., et attardez-vous devant les **peintures murales★★** du *ranga mandapa* (pavillon hypostyle), du 18e s. : couvrant intégralement les murs, les volets et les plafonds, elles présentent des scènes de cour, des processions, des batailles et les hauts

LA RENAISSANCE DE BIKANER

Lorsque les Anglais prennent le contrôle du Rajasthan au début du 19e s., Bikaner, concurrencée par les ports de Calcutta et de Bombay ainsi que par la mise en place de nouvelles routes commerciales, commence à décliner et la région végète. Cependant, la fin du 19e s. voit une reprise d'activité grâce à l'élevage des dromadaires, dont l'armée britannique a grand besoin pour mener ses guerres coloniales sur la frontière du Nord-Ouest. Le royaume connaît un nouvel âge d'or sous le règne de **Ganga Singh** (1898-1934), qui relance les activités économiques et construit un grand canal d'irrigation, le *Ganga Canal*, dans le nord du Rajasthan.

faits des 24 *tirthankara*, les sages « passeurs de gué ». Dans le décor de dorures et de miroirs du saint des saints trône la statue en marbre de Sumtinatha, le 5e *tirthankara*, auquel est dédié le temple. Aux étages supérieurs vous attend un superbe **panorama★** sur la ville et la plaine alentour.

Temple hindou de Lakshminatha A2

Derrière le temple jaïn - 6h-13h, 17h30-22h30 - prévoyez une donation de 5 à 10 Rs à la sortie – Enlevez chaussures et ceintures en cuir - photo interdite.

Il fut édifié au début du 16e s. en face de l'ancien fort de Rao Bika, aujourd'hui détruit. La cella matrice *(garbha griha)* abrite une image de la déesse de la Prospérité et de la Bonne Fortune, Lakshmi, parèdre de Vishnou, la divinité tutélaire de Bikaner.

À proximité Plan de ville

Les auto-rickshaws vous conduiront sans difficulté à la ferme des dromadaires et à Devi Kund.

FERME DES DROMADAIRES (Camel Breeding Farm) en dir. B2

À 9 km au sud de la ville - http://nrccamel.res.in - 14h-17h30 - 100 Rs ; photo 50 Rs, vidéo 100 Rs – Passez vers 16h pour assister au retour des dromadaires dans leurs enclos.

Il s'agit d'un centre de recherche créé en 1960 pour l'élevage des dromadaires. L'Inde compte un million et demi de ces camélidés, qui vivent en majorité au Gujarat et, dans une moindre mesure, au Rajasthan. Instructive, la visite vous apprendra à en distinguer les races : celle de Bikaner, surtout appréciée pour les travaux de trait, diffère de celle du Kutch ou encore de celle de Jaisalmer, utilisée pour la selle.

★ **DEVI KUND** en dir. B2

À 8 km à l'est de Bikaner, par la route de Jaipur puis à droite, vers Napasar - du lever au coucher du soleil - 30 Rs – En rickshaw, comptez 350 Rs avec 30mn d'attente sur place.

Dès le 16e s., les maharajas de Bikaner eurent coutume de se faire incinérer ici, près d'un petit lac artificiel. Une impressionnante série de **cénotaphes** marque l'endroit où se tenaient les bûchers funéraires des rois, des princes et de leur famille ; leurs stèles s'ornent de soleils pour les fils du clan Rathor, de lotus pour les femmes, et l'on voit parfois l'empreinte de leurs pieds lorsque celles-ci se firent *sati*. Le plus imposant des *chhatri*, celui en marbre blanc du maharaja Surat Singh (début 19e s.), porte encore ses fresques.

Excursions Carte régionale

Si l'excursion à Deshnoke s'effectue aisément en bus, mieux vaut disposer d'une voiture pour se rendre à Kolayat.

★★ TEMPLE DE DESHNOKE (Shri Karni Mata)

À 35 km au sud de Bikaner - 7h-19h30 - gratuit ; photo 20 Rs, vidéo 50 Rs – Départs toutes les 30mn du Central Bus Stand (45mn de trajet) ; les bus pour Jodhpur vous laisseront à la bifurcation « Shri Karni Mata », à 600 m du temple ; pour le retour sur Bikaner, des bus privés partent en face du temple.

Plus qu'à son architecture, pourtant fort honorable, **Shri Karni Mata** doit sa célébrité à ses pensionnaires singuliers : une multitude de rats qui se faufilent entre les pieds de pèlerins venus leur apporter des friandises en offrande. Vous pénétrerez dans la cour du temple par une **porte en argent★**, don du maharaja Ganga Singh au début du 20e s. ; là, des musiciens charans perpétuent le métier de cette caste de bardes si vénérée. Dans le sanctuaire proprement dit, les pèlerins déposent leurs offrandes devant une statue grossière de Karni Mata, sans se préoccuper des souriceaux repus qui dorment paisiblement le long des murs. Seuls les rats blancs, dont la vue constitue un bon présage, semblent se faire prier pour assister à la fête !

Âmes sensibles, ne renoncez pas à cette visite : les rats, qui passent leur temps à engloutir les dons des pèlerins (lait, riz et sucreries en vente à l'entrée du temple) se montrent fort sociables ; regardez seulement où vous mettez les pieds car ce petit monde sacré de trotte-menu se sent chez lui et ne cède jamais le passage à l'espèce humaine. La voracité des pensionnaires du temple a suscité de nombreuses vocations de pâtissiers dans la région, mais on ne vous considérera pas comme sacrilège si vous goûtez aux *laddu* (boulettes de farine, de *ghee* et de sucre) étalées aux devantures des échoppes qui fleurissent devant le temple, lieu de pèlerinage très populaire dans le nord du Rajasthan. La musique crachée par les haut-parleurs n'est pas tirée du dernier film *masala* : il s'agit bien de *bhajan*, chants de dévotion traditionnels.

RÉSERVE NATURELLE DE GAJNER

À 25 km au sud-ouest de Bikaner par la NH 15, en dir. de Jaisalmer - accès au Gajner Palace - 250 Rs. La réserve se viste obligatoirement avec les jeep de l'hôtel Gajner Palace (2 500 Rs).

L'ancienne réserve de chasse où les Britanniques accompagnaient les maharajas dans d'épiques traques à la grouse (gros oiseau ressemblant à une perdrix ou à un coq de bruyère) a failli renouer avec la gloire : il était question d'y

LONGUE VIE À LA SAINTE !

Née en 1387, Karni Mata aurait été emportée au ciel 151 ans plus tard, dans un rayon de lumière divine. La sainte, qui avait réalisé de nombreux miracles (guérisons, multiplication de la nourriture), appartenait à la caste des Charans, une communauté de généalogistes et de bardes ; les hindous la tenaient, de son vivant même, pour une incarnation de Durga. Elle aurait un jour demandé au dieu de la Mort, Yama, de ressusciter un enfant charan décédé. Yama ne put la contenter, l'enfant étant déjà réincarné en rat blanc. Karni Mata décida alors que, désormais, tous les Charans morts échapperaient à Yama et deviendraient rats en son temple en attendant d'être jugés et de se réincarner.

3

introduire des *cheetah* (guépards), espèce menacée qui avait disparu d'Inde depuis plusieurs décennies. Las ! l'Iran, qui devait offrir à Gajner un couple de *cheetah* fin 2008, n'a pas donné suite. La réserve forestière, qui abrite daims, antilopes nilgaut, cervicapres (animaux que vous verrez plus aisément autour de Jodhpur, à Bharatpur et à Sariska) ainsi que des milliers d'oiseaux aquatiques venus nicher sur le lac en hiver, dont les fameuses grouses, a pour intérêt majeur… l'hôtel Gajner Palace.

KOLAYAT

À 54 km au sud-ouest de Bikaner ; la bourgade se trouve légèrement en retrait de la NH 15 (route de Phalodi et Jaisalmer) - bus ttes les h de 5h à 21h (1h30 de trajet) du Central Bus Stand - gare ferroviaire à 300 m au sud du lac (1 train/j le matin) – En taxi, comptez 2 500 Rs avec 1h d'attente sur place.

Seules les poules d'eau et quelques barques troublent la paix du petit lac artificiel bordé de ghat. Sur ses berges, à l'ombre des imposants pipals (ou figuiers des pagodes) et des kiosques, les sadhus récitent leurs mantras. Les silhouettes des shikhara de brique et des dômes blancs signalent les temples de ce Pushkar miniature qui s'anime lors du festival annuel, lorsque des milliers de pèlerins viennent rendre hommage à Kapil Muni, un sage ermite qui vécut ici dans les temps védiques. Peu habitués à voir des visiteurs étrangers, les enfants se montrent particulièrement assidus à réclamer stylos, argent et chocolats.

Si vous poursuivez sur la route de Jaisalmer, faites une halte à Phalodi, où vous pourrez loger, à Ramdevra et à Pokaran (p. 335-336).

NOS ADRESSES À BIKANER ET AUX ENVIRONS

Plan de la ville p. 313

INFORMATIONS UTILES

Les offices de tourisme sont répertoriés en début de chapitre.

Indicatif téléphonique : 0151

Banque/Change

State Bank of Bikaner and Jaipur – B2 - *Public Park, à l'est du fort Junagarh.* Change espèces et chèques de voyage. Distributeurs *ATM* à la sortie de la gare et sur les grandes avenues. Bureau de change à l'entrée du fort.

Poste

GPO – A2 - *à l'ouest du fort Junagarh ;* **City Post Office** – A2 - *Kote Gate, à l'intérieur des remparts ;* **Kutchery Post Office** – B2 - *près de la State Bank of Bikaner and Jaipur.* Tous ont un service d'envoi rapide par **EMS Speed Post**.

Internet/Téléphone

Vous trouverez des cybercafés sur **Station Rd** (A2), au carrefour de **Karni Singh Stadium** (B1) et dans la plupart des hôtels.

Santé/Sécurité

Kothari Medical & Research Centre – A1 - *Gajner Rd - ✆ (0151) 20 78 51/52.*

Ambulances – *✆ 102.*

Police secours, *✆ 100.*

ARRIVER/PARTIR

Train

Bikaner Railway Station – A2 - *en plein centre, entre la vieille ville et le fort - ✆ 139 (centre de réservation).* 4 liaisons/j avec Jaipur *(7h30 par l'*Express *de nuit)*, via Churu *(3 à 4h)*, dans le Shekawati. 5 *Express*/j pour Jodhpur *(env. 5h)* et 2 trains pour Abu Road *(10h)*. 1 train de nuit pour Jaisalmer *(6h)* via Kolayat et Phalodi.

Bus

Les bus d'État (RSTRC) partent du **New Bus Stand**, ou **Central Bus Stand** – B1 - *à env. 3 km du centre, en dir. du Lalgarh Palace.* 1 bus *Silver Line* de jour et env. 10 *Express Deluxe* pour Jaipur *(7h)*. 9 *Express* pour Jodhpur, via Nagaur. *Express* également pour Delhi *(11h)* et Jaisalmer *(7h)* via Phalodi *(3h30)* ou Pokaran *(4h30)*. 3 départs/j pour Pushkar, env. 10 pour Ajmer *(7h)*, 1 pour Kolayat *(1h30)*, 3 pour Jhunjhunu *(Shekhawati, 4h)*.

Old Bus Stand – A2 - *au sud du fort.* De là partent les bus privés à destination de Jaipur *(7h)*, Jodhpur *(6h)*, Jaisalmer *(7h)*, Pushkar *(7h)* et Delhi *(11h)*. Les billets sont en vente auprès d'une dizaine de compagnies installées sur place dans des baraques en bois.

TRANSPORTS

Un tracé urbain complexe, des distances kilométriques doublées d'une circulation aussi effrénée que bruyante vous inciteront à limiter vos balades piétonnes à la **vieille ville** (A2).

Rickshaw

Comptez env. 50 Rs pour aller de la gare au Lalgarh Palace. Négociez la course sur la base d'env. 20 Rs/km.

Tonga

Stationnées devant le fort, ces calèches prévues pour 3 passagers vous feront faire le tour de la vieille ville en passant devant les principaux temples et *haveli*. Comptez env. 300 Rs pour 2h.

Taxi

Des *tourist taxis* stationnent à la gare, mais il est difficile d'obtenir d'eux un prix raisonnable. Pour une excursion, mieux vaut louer une voiture avec chauffeur.

Location de voitures

Adressez-vous à votre hôtelier ou à une agence de voyages. Comptez env. 2 000 Rs/j pour 300 km, ou 1 200 Rs/j si vous restez dans les environs immédiats de la ville.

HÉBERGEMENT

Ceux qui ne craignent ni le bruit ni la saleté trouveront plusieurs hôtels bon marché près de la gare, le long de **Station Rd** (A2). La partie nord de Bikaner (B1), elle, ressemble à un vaste terrain vague où il est difficile de se repérer ; on y trouve plusieurs hôtels aux abords du Lalgarh Palace, véritable oasis dans ce quartier par ailleurs désertique, et au-delà, presque hors de la ville. Durant la basse saison *(avr.-mai à août-sept.)*, les hôtels accordent une réduction de 15 à 30 %.

PREMIER PRIX

Dans la ville moderne

⑩ **Vinod Guest House** – A2 - *En face du temple Gopeshwar, à 3 km du fort - ✆ (0151) 227 04 45 - www.vinodesertsafari.com -* ▤ ✕ ⛱ ▭ *- 13 ch. 300/400 Rs.* Les 6 chambres entourant le patio, les plus conviviales, demeurent neanmoins sommaires ; elles conviendront aux petits budgets venus ici spécialement pour un *camel safari*. On pourra aller vous chercher en ville. Le propriétaire possède de nombreux livres sur la région, qu'il connaît parfaitement.

⑨ **Vijay Guest House** – B2 - *En face de l'école Sophia, Jaipur Rd, à 5 km du centre-ville - ✆ (0151) 223 12 44 -* ▤ ✕ ▭ *- 9 ch. 600/1 200 Rs.* Vous choisirez une chambre avec ou sans TV et *cooler* selon votre bourse. Les 2 mini-suites, plus confortables, bénéficient d'un balcon. Bonne nourriture familiale et accueil chaleureux. Location de motos, safaris et excursions *(voir « Excursions », p. 325)*.

3

④ **Jaswant Bhawan** – A2 - *Daudsar House, derrière la gare (fléché) - ✆ (0151) 254 88 48 - www.hoteljaswantbhawan.com - ▤ ✕ ⊠ - 14 ch. 1 400/1 600 Rs - ☕ 150 Rs.*Cette maison de famille construite en 1926 se situe dans un quartier tranquille, bien que proche de la gare. Les chambres, dépouillées, ont pour seule coquetterie de jolis couvre-lits en cotonnade imprimée. Propre et pratique, même si l'ensemble manque de chaleur.

③ **Harasar Haveli** – B1 - *Près du Karni Singh Stadium - ✆ (0151) 220 98 91 - www.harasar.com - ▤ ✕ - 38 ch. 2 100/2 800 Rs ☕. Souvent complet : réservez.* Situé dans un quartier résidentiel récent, ce haut bâtiment sans charme et tourné vers l'accueil des groupes dispose de chambres tous budgets, convenablement tenues. Les chambres les moins chères, dans la nouvelle aile, sont basiques. Excursions, balades à dromadaire.

Autour du Lalgarh Palace

⑧ **Palace View** – B1 - *Lalgarh Palace Campus - ✆ (0151) 220 34 63 - hotelpalaceview@gmail.com - ▤ ⊠ - 20 ch. 900/1 200 Rs ☕.*À l'entrée de la petite voie menant au Lalgarh Palace, cet hôtel paisible et sans prétention vous garantit un accueil chaleureux et attentionné. Propreté et confort pour des chambres sans fioritures ; celles du 1er étage ouvrent sur une véranda offrant une vue dégagée sur le Lalgarh. Repas (*veg* ou non) à la demande, que l'on prendra dans le *living* familial ou sur la grande terrasse, face au palais.

BUDGET MOYEN

Dans la ville moderne

① **Bhairon Vilas** – A2 - *Face au fort et à la GPO - ✆ (0151) 254 47 51 - www.hotelbhaironvilas.com - ▤ ✕ 🍷 - 18 ch. 2 750/4 000 Rs- ☕ 150 Rs.* Transformée en hôtel de caractère, cette demeure fin 19e s. à la haute façade rouge crénelée a conservé l'atmosphère traditionnelle d'une résidence de nobles rajputs. Les petites chambres, basses de plafond, contiennent quantité de tentures et de rideaux privilégiant les rouges et les verts sombres ; certaines ont vue sur le fort. Préférez celles situées dans le corps principal du bâtiment, moins bruyantes.

Autour du Lalgarh Palace

⑤ **Karni Bhawan Palace** (HRH Group et Heritage Hotels Association) – B1 - *Gandhi Nagar - ✆ (0151) 252 47 01 - www.karnihotels.com - ▤ ✕ 🍷 - 24 ch. 3 800/4 700 Rs.* Situé aux limites de la ville, il constitue une étape obligée pour les amateurs d'Art déco : rien n'a en effet changé dans le bâtiment depuis sa construction, dans les années 1940, par Karni Singh, dernier maharaja régnant de Bikaner. Les suites ont conservé leur décoration intérieure d'époque. Chambres standard exiguës et bien moins luxueuses.

POUR SE FAIRE PLAISIR

Dans la vieille ville

② **Bhanwar Niwas** (Heritage Hotels Association) – A2 - *Rampuria St. - ✆ (0151) 252 93 23 - www.bhanwarniwas.com - ▤ ✕ 🍷 - Internet - 28 ch. 5 800/7 000 Rs - ☕ 250 Rs.* Dans un dédale de ruelles au cœur de l'enceinte fortifiée, cet hôtel occupe une belle *haveli* construite en 1927 par une famille de marchands, les Rampuria. Visitez plusieurs chambres avant de faire votre choix : certaines n'ont que de minuscules fenêtres.

Autour du Lalgarh Palace

⑥ **Lallgarh Palace** – B1 - *Lalgarh Palace Complex - ✆ (0151) 254 02 01 - www.lallgarhpalace.com - ▤ ✕ 🍷 ⛱ - 56 ch. 8 000 Rs - ☕ 500 Rs - rest. 750 Rs*. Très hautes de plafond mais simplement meublées, les chambres n'ont pas le charme du palais qui les accueille. Les *superior*, immenses, possèdent plus de cachet que les autres. L'ensemble vaut surtout pour l'architecture indo-sarracénique du bâtiment et ses agréables jardins.

UNE FOLIE

Autour du Lalgarh Palace

⑦ **Laxmi Niwas Palace** (Heritage Hotels Association) – B1 - *Karni Singhji Rd, devant le Lalgarh Palace - ✆ (0151) 220 27 77 - www.laxminiwaspalace.com - ▤ ✕ 🍷 - 60 ch. 12 000/17 000 Rs*. Un imposant palais au cadre majestueux : tout y est très vaste et d'un goût parfait. Les chambres, remarquablement restaurées, ont été meublées dans le goût colonial anglais. La cour intérieure et ses moucharabiehs constituent le clou de cette architecture somptueuse. Ne manquez pas l'impressionnante salle de billard et de jeu, avec ses peaux de tigre et autres trophées de chasse. Spectacles de danse en soirée, dîners aux chandelles dans les dunes.

AUX ENVIRONS

À Gajner Carte régionale

POUR SE FAIRE PLAISIR

⑤ **Gajner Palace** (HRH Group et Heritage Hotels Association) – B1 - *Gajner - ✆ (01534) 27 50 61 - www.eternalmewar.in - ▤ ✕ 🍷 ⛱ - Billard, balades à cheval - 45 ch. 8 500/11 000 Rs ☕*. Niché en pleine nature, au cœur d'une réserve naturelle et au bord d'un lac, cet imposant pavillon de chasse en grès rose fut construit au début du 20e s. par le maharaja Ganga Singh, qui y organisait chaque année une célèbre chasse à la grouse. Les 13 suites historiques se trouvent dans le corps principal du bâtiment, qui se dresse à même le lac. Les chambres standard sont réparties dans les ailes de part et d'autre de l'édifice ; préférez celle de droite, de plain-pied, le long d'une pelouse fleurie. Vous prendrez vos repas sur la terrasse qui surplombe le lac.

RESTAURATION

Excepté les tables des hôtels, Bikaner a très peu d'adresses à proposer en matière de restauration. Ceux qui aiment manger à l'indienne – et épicé ! – auront en revanche l'embarras du choix devant les cuisines ouvertes qui se succèdent près de la gare, sur **Station Rd** (A2).

PREMIER PRIX

Dans la ville moderne

① **Deluxe** – A2 - *Station Rd - ✆ (0151) 252 81 27 - 💳 - 7h-22h - 90/150 Rs*. C'est l'une des rares adresses possédant une salle fermée dans cette « rue des restaurants ». On y vient à toute heure s'attabler autour d'un *thali* bien relevé. Simple et populaire.

POUR SE FAIRE PLAISIR

Dans la ville moderne

② **Gallops** – B2 - *en face de l'entrée du fort - ✆ (0151) 211 10 34 - www.gallopsbikaner.com - 🍷 - 11h-22h - 800/1 200 Rs*. Sa situation en fait la halte déjeuner favorite des groupes, indiens ou étrangers. Large carte *veg* et *non veg*, à des tarifs exagérés.

Dans la vieille ville

Bhanwar Niwas – A2 - *rest. de l'hôtel du même nom - 🍷 -*

700/900 Rs. L'hôtel le plus chic de la vieille ville, avec son antique Rolls blanche à l'entrée, vaut le détour. Sa décoration intérieure a été refaite dans un style rococo-kitsch (torchères, peluches, dorures et faïences à fleurs). Venez y boire un verre ou y dîner *(veg)* sous les lustres de cristal de l'imposante salle à manger.

Autour du Lalgarh Palace

Laxmi Niwas Palace – B2 - *rest. de l'hôtel du même nom* - 🍷 - *1 000/1 500 Rs.* Vous y viendrez autant pour le cadre, tout simplement somptueux, que pour déguster le fameux *lal maas* (curry d'agneau épicé), le plat favori du maharaja, dit-on ici. Selon que vous dînez à la carte ou au buffet, vous aurez le choix entre trois superbes salles aux lustres de cristal bleu et aux plafonds ouvragés. Danse et musique folkloriques durant le repas.

PETITE PAUSE

Prachina Café – A2 - *dans l'enceinte du fort* - ✆ *(0151) 252 56 09* - 🍷 💳̸ - *9h-18h.* Pour un snack ou une bière fraîche au calme devant la blanche façade de Junagarh.

BOIRE UN VERRE

Bhairon Vilas – A2 - *bar de l'hôtel du même nom.* Au pied d'une demeure ancienne, agréable pelouse où venir boire un verre en soirée ou après la visite du fort.

Laxmi Niwas Palace – B2 - *bar de l'hôtel du même nom* - Dans une ambiance de club anglais sous les tropiques, on sirote un cocktail ou un verre de vin sous le regard des cervidés, ours et félins – et, beaucoup plus rare, d'un rhinocéros unicorne – tombés aux chasses du maharaja.

ACHATS

Conseil – Faites vos achats seul : accompagné, où que vous alliez, vous paierez de 30 à 60 % plus cher ; c'est le montant de la commission versée à votre « guide » – quoi qu'il en dise, et qu'il touchera même si vous y revenez sans lui le lendemain.

Bazars

Les mieux approvisionnés se déploient autour de **Kote Gate** (A2), surtout le long de Mahatma Gandhi Rd (M.G. Rd), que l'on appelle aussi par son ancien nom, King Edward Memorial Rd (K.E.M. Rd). Dans la **vieille ville** (A2), la longue rue partant des temples accueille un bazar aux épices et un petit marché dont les étals se tiennent au pied des *haveli*.

Artisanat

La grande spécialité de la région est le travail de la peau de dromadaire, tannée et peinte : on transforme la panse en flacons et en gourdes, tandis qu'avec le cuir on fait des porte-monnaie, des enveloppes de poufs, des abat-jour. Vous trouverez aussi de confortables chaussons en cuir de buffle, les *mojri*. Bikaner, le plus important marché de gros de la laine en Inde, a aussi développé le tissage (châles, tapis, etc.).

Spécialités culinaires

Les *namkin* et les confiseries de Bikaner sont appréciés dans toute l'Inde du Nord, de même que les *bhujiya* (beignets de légumes à la farine de pois chiches). Vous en trouverez dans les *sweet shops* de Station Rd et de K.E.M. Road (A2).

Livre et disques

Rajput Arts – *Laxmi Niwas Palace.* Beaux livres en anglais.

Prachina Museum – *Dans le fort.* Vend des CD de musique traditionnelle.

ACTIVITÉS

Cours de cuisine – L'**AFEV** (Action Formation Éducation Voyage) - *(mob.) 982 986 73 23 - www.afevinde.com*. Association humanitaire française organisant des leçons de cuisine régionale. Comptez 1 500 Rs pour un cours de 2h30 suivi d'une dégustation, livret de recettes et épices compris *(voir aussi p. 316)*.

EXCURSIONS

Randonnées à dromadaire

Depuis quelques années, Bikaner devient un centre actif de randonnées à dos de dromadaire. La destination la plus prisée est la région des villages bishnois. Prévoyez 3 à 6 j. Les mordus de *camel safaris* relieront Bikaner à Jaisalmer (6 à 13 j.). En fait, le départ de Bikaner s'effectue en Jeep et ce n'est qu'à env. 15 km de là que vous enfourcherez votre monture. De même, les 100 derniers km avant Jaisalmer se font en voiture. Réserv. auprès d'une agence de voyages au moins 15 j. à l'avance ; comptez 1 500 à 2 500 Rs/j/pers., transport, nourriture et tente compris. Pour une balade de 3 à 4h au coucher du soleil, comptez 800 Rs/pers. (sur la base de 2 pers.) et 2 000 Rs/pers. pour un dîner aux chandelles dans les dunes, avec musiciens.

Agences de voyages

Rajasthan Tours – B1 - *Lalgarh Palace Rd, au sud du Karni Singh Stadium - (0151) 254 36 93 - www.rajasthantouronline.com*. Des prestations un peu plus chères que la moyenne mais d'excellente qualité. Réserv. de trains et d'hôtels, service de guides, location de voitures et de jeeps, randonnées à dos de dromadaire.

Camel Man – en dir. B2 - *à Vijay Guest House (voir « Hébergement » p. 321) - (0151) 223 12 44*. Vijay Singh Rathore organise des safaris depuis 1983. Son équipe, très professionnelle, garantit une qualité de service (repas, couchage) irréprochable. Excursion à Deshnoke, Kolayat et Gajner pour 1 500 Rs/pers.

Vino Desert Safari – en dir. A2 - *à Vinod Guest House (voir « Hébergement » p. 321) - (0151) 227 04 45 - www.vinodesertsafari.com*. Organise tous types de randonnées à dos de dromadaire à des prix corrects, affichés sur son site Internet. Une adresse sérieuse et fiable.

AGENDA

À Ladera

Camel Festival – *4-5 janv. 2015*. Organisé par le gouvernement du Rajasthan, ce rendez-vous annuel se tient dans les dunes de Ladera *(env. 50 km au nord de Bikaner)* : nombreuses animations autour des dromadaires (défilés, courses, concours de dressage, de traite, de coupe des poils…), spectacles de musique et danse folkloriques.

À Deshnoke

Fête de Karni Mata – *Mars-avr.* Le village de **Deshnoke** s'anime lors de cette fête religieuse pendant laquelle on fait des offrandes *(prasad)* de sucreries aux rats.

À Kolayat

Foire de Kapil Muni – *Commence 4 j. avant la pleine lune d'oct.-nov. et s'achève 4 j. après*. Le pèlerinage amène à Kolayat des milliers de dévots venus célébrer Kapil Muni. La fête se double d'une foire aux bestiaux.

Jaisalmer

★★★

Env. 79 000 hab. – Alt. 242 m – État du Rajasthan

NOS ADRESSES PAGE 337

S'INFORMER

Tourist Reception Centre (RTDC) – E3 - *Station Rd - ✆ (02992) 25 24 06 - tlj sf w.-end 9h30-18h*. Liste des guides et des chambres d'hôtes dans la ville basse. Propose des excursions autour de la ville.

SE REPÉRER

Carte régionale p. 310 – Plan de la ville p. 328 – *À 333 km de Bikaner, 570 km de Jaipur, 308 km de Jodhpur.*

Voir aussi la rubrique « Arriver/partir » dans « Nos adresses ».

À NE PAS MANQUER

Le fort et les *haveli* de Jaisalmer ; en hiver, le rassemblement des grues demoiselles à Kichan.

ORGANISER SON TEMPS

Prévoyez une journée de visite. Évitez la période d'avr. à sept., les températures dépassent les 40°. Durant le Festival du désert, réservez.

AVEC LES ENFANTS

Un spectacle de marionnettes au Desert Cultural Center.

La route s'étire dans une étendue sableuse monotone. Une rangée de « babul » l'ombrage, seule note de verdure dans cette steppe écrasée de soleil. Des dromadaires allongent le cou pour atteindre les meilleures branches, sans se soucier des rares voitures qui passent. Perdue dans le désert du Thar, Jaisalmer apparaît enfin ; sa couleur ocre ne la distingue pas du paysage, mais sa masse imposante, dressée sur la plaine, attire l'œil. Les remparts de grès doré, tout festonnés de bastions, couronnent la forteresse. Plus au nord, sur la route de Bikaner, l'ocre cède le pas au rouge sur les « haveli » de Phalodi et le fort de Pokaran. Ramdevra s'anime à la fin de l'été pour célébrer son saint homme, tandis que Kichan attend chaque hiver le retour des oiseaux migrateurs.

Les cénotaphes royaux de Bara Bagh, au nord de Jaisalmer.
P. Tisserand/MICHELIN

Se promener Plan de ville

Circuit tracé en vert sur le plan de ville (p. 328) – Comptez une journée.

L'ère des combats et des charges suicidaires des guerriers rajputs est bien révolue : les voyageurs étrangers ont investi la place et, depuis 1968, Jaisalmer est reliée au reste du Rajasthan par le chemin de fer. Pourtant, malgré la manne que représente le tourisme pour la région, celle-ci a conservé une atmosphère relativement bon enfant. Dans les rues étroites que dominent d'extraordinaires *haveli* aux murs de grès jaune ciselés comme de la dentelle, on se déplace à pied. Peu de circulation automobile dans la ville basse, à l'exception de redoutables rickshaws et de motos au klaxon véhément ; dans la ville haute, le « fort » proprement dit, le temps semble s'être arrêté, et l'on savoure au petit matin le bruissement de la cité qui s'éveille en contrebas et celui du vent sur la plaine ocre qui s'étire à l'infini.

★★★ LE FORT D2

3

Entrée par Akhay Pol - venez le plus tôt possible, avant l'ouverture des commerces – Prévoyez 3h de visite à pied.

Perché au sommet de la butte « triangulaire » de Trikuta, citadelle dans la citadelle, le fort de Jaisalmer surplombe la ville basse de près de 100 m. Jusqu'au 17e s., toute la cité était contenue dans la double ligne des **murailles crénelées★★★**. Hauts de plus de 10 m et renforcés de nombreux bastions, ces remparts évoquent les sièges sans merci achevés dans le feu de sacrifices extravagants. Aujourd'hui, leur pire ennemi est l'eau, qui les infiltre jour après jour…

La première porte, **Akhay Pol**, ouvre sur une rampe escarpée que dominent les murs du palais, sobrement animés de quelques fenêtres et balcons – une austérité presque militaire que vient égayer la musique suave de quelques joueurs de *rawanata* ou de *sarangi*. Beaucoup de petits vendeurs ont installé leurs boutiques d'artisanat sur les murets bordant la voie pavée. La deuxième porte, **Suraj Pol**, exhibe les empreintes de mains de quelques *sati*. Ne vous laissez pas impressionner par les énormes pierres rondes encore en place sur les murailles, attendant d'être jetées sur l'ennemi, et franchissez les dernières portes, **Ganesh Pol** et **Hawa Pol**, qui ouvrent sur l'esplanade de la forteresse, où se déroulèrent les deux *jauhar*. À droite s'élève le palais de sept étages des *maharawal*. En face du palais se dresse le **temple de Durga**, où les guerriers venaient implorer la déesse pour qu'elle leur communique l'énergie *(shakti)* nécessaire au combat.

JAISALMER
(Échelle approximative)
0 100 200 m
N
Bara Bagh
Lodrava
Amar Sagar,
Lodrava,
Sam
Ramgarh Road
Sam Road
RTDC
Government Museum
Collectorate
Hanuman Circle
Govardhan Chowk
Gandhi Chowk
Amar Sagar Pol
Trio
Top Deck
Royal Palace
Chainpura St
Nathmal ki Haveli
Cinéma
Malka Pol Road
Malka Pol
PATWON KI HAVELI
Bhatia Market
Gopa Chowk
Fort View, Mid Town
Salim Singh ki Haveli
Monica
Raj Mahal Palace
Akhay Pol
FORT
Jain Temples
Refreshing Point
Ring Road
Salim Singh ki Haveli Road
Gadi Sagar Road
Kishanghat Pol
Mohangarh Road
Jethwai Road
Railway Station
Pokaran, Bikaner, NH15
Station Road
Gadisar Pol
Desert Cultural Center
Folklore Museum
Tila ki Pol
Gadi Sagar
Main Roadways Bus Stand, Barmer, NH15
Neeraj Bus Stand
Khuri
Desert National Park
SE LOGER
Desert Boy's Guest House 1
Fort Rajwada 2
Gorbandh Palace 3
Jaisal Palace 4
Killa Bhawan 6
Mandir Palace 7
Nachana Haveli 8
Narayan Niwas Palace 9
Paradise 10
Pleasant Haveli 11
Rang Mahal Jaisalmer 12
Ratan Palace 13
Renuka 14
SE RESTAURER
Bikaner 1
Chandan Shree 2
Riddhi Siddhi 3

★ **Palais royal** (Raj Mahal Palace) C2

8h-18h en été, 9h-18h en hiver - 300 Rs, audioguide en français (laisser son passeport en dépôt) - droit photo 100 Rs ; supplément pour les caméras vidéo – Seule une partie du palais est ouverte aux visiteurs.

La **façade★★★**, richement ornée de balcons couverts *(jharokha)*, de *chhatri* et de *jali* (*voir également la planche d'illustrations p. 125*), rompt splendidement avec la simplicité austère entrevue en montant au fort. Un trône en marbre occupe une plate-forme surélevée *(à gauche de l'entrée)* d'où les *maharawal* présidaient les cérémonies.

À l'intérieur, le palais paraîtra bien modeste comparé à ceux des autres capitales des grands royaumes rajputs, Udaipur et Jodhpur. Les salles ont été aménagées entre le 17e et le 19e s. : quelques carreaux de faïence, miroirs ou piliers sculptés, parfois de belles fresques. Un petit **musée** expose des palanquins ainsi que divers objets et documents évoquant l'histoire de la forteresse. À l'étage, dans les chambres royales, vous remarquerez la finesse des *jali*.

L'intérêt majeur de la visite réside dans les vues que l'on découvre, depuis le toit, sur la ville et le grandiose **panorama★★** sur Jaisalmer et le désert. Le parasol dressé sur la terrasse, réservé au *maharawal*, symbolisait le pouvoir royal.

De retour dans les ruelles du fort, éloignez-vous de l'artère principale qui déborde de boutiques de souvenirs pour partir à la recherche des points de vue sur la ville basse et la plaine alentour.

★★ **Temples jaïns** C3

Longez la muraille sud - 7h30-12h30 pour les temples d'Adinatha et de Chandra Prabhu, 11h-12h30 uniquement pour l'autre partie du complexe - 150 Rs incluant le droit photo ; supplément pour les caméras vidéo – Se déchausser à l'entrée ; sacs, bouteilles d'eau et objets en cuir interdits.

Ce groupe de sept sanctuaires se distingue par la grâce de ses proportions et la profusion de sa décoration, ouvragée comme de l'ivoire ; il fut élevé entre le 12e et le 15e s. par de riches marchands jaïns, qui y rassemblèrent 6 666 représentations des *tirthankara*, les inspirateurs de la religion jaïne.

3

UN CHÂTEAU DE SABLE

L'eau fragilise les fondations de sable du fort et a déjà entraîné l'effondrement de plusieurs bastions, dit-on, alarmé, dans la ville basse : il est urgent d'y fermer les hôtels, gros consommateurs d'eau. Faux, répondent ceux qui vivent du tourisme dans le fort : les canalisations ont toutes été refaites. Oui mais, rétorquent ceux « d'en bas », elles ne sont pas aux normes… Bref, qui a raison dans la querelle de l'eau qui secoue Jaisalmer depuis des années ? Faut-il muséifier le fort pour le sauvegarder et déplacer tous les hôtels hors les murailles ? Dans cette ville qui doit tout à la manne touristique, il se peut que l'enjeu réel soit surtout une histoire de gros sous opposant les entrepreneurs venus de Jaipur et de Delhi d'une part, désireux de récupérer dans leurs établissements un surcroît de clientèle, et de l'autre les familles propriétaires depuis des générations des maisons situées dans le fort – le joyau de Jaisalmer. Tous les interlocuteurs ayant un intérêt économique dans l'affaire, il est bien difficile de trancher. Et curieusement, Jaisalmer, cité du désert, est la seule ville du Rajasthan dont on lave les rues à grande eau… L'inscription, avec cinq autres forteresses du Rajasthan, de ce fort de colline au patrimoine de l'humanité en 2013 changera-t-elle la donne ? Une excellente entrée en matière, en tout cas, pour nouer conversation avec les habitants de Jaisalmer.

Le **temple d'Adinatha★** (ou de Rishabdev) *(à droite de la petite place en venant du palais)* fut édifié en l'honneur du premier des 24 *tirthankara*, également connu sous le nom de Rishabdev *(voir encadrés p. 98 et 388)*. Vous apprécierez son atmosphère paisible et la beauté de ses sculptures. Des prêtres drapés d'ocre vaquent à leurs pieuses occupations, tandis qu'un fidèle, mouchoir respectueusement noué sur la bouche, s'arrête devant chaque *tirthankara* pour l'oindre de pâte de safran et de santal avant de l'encenser.

Juste à droite en sortant du temple d'Adinatha, le **temple de Chandra Prabhu★★**, dédié au 8e *tirthankara*, date de 1509. Son *mandapa* (pavillon hypostyle) est coiffé d'une **coupole★★★** décorée d'images du dieu hindou Ganesh et de *mithuna* (amants enlacés). La cella principale abrite Chandra Prabhu, représenté nu comme les ascètes de la secte des *digambara*, « vêtus d'espace ». Un escalier à gauche de l'entrée du temple conduit à l'étage supérieur, entouré d'une galerie contenant 108 représentations de *tirthankara*.

L'autre partie du **complexe★★** *(un peu plus loin dans la ruelle ; même ticket que les précédents)*, la plus intéressante par sa composition architecturale, rassemble cinq temples imbriqués et reliés entre eux par des escaliers et des galeries assurant le passage vers les sanctuaires supérieurs, de part et d'autre de la ruelle. Le temple de **Parshvanatha** (15e s.) se distingue par une coupole richement colorée devant le sanctuaire du 23e *tirthankara*. À l'étage, des piliers peints de couleur pastel annoncent le temple de **Shantinatha** ; celui de **Kunthunatha** (16e s.), en bas, montre de superbes *torana* dans une atmosphère sépulcrale. Les deux derniers temples sont dédiés à Sitalnatha et Sambavnatha (3e *tirthankara*).

★★ LA VILLE BASSE CD1-2

La visite s'effectue à pied – Prévoyez 2 à 3h.

Comme toutes les villes du nord Rajasthan, Jaisalmer s'est enrichie grâce à sa situation sur la route des caravanes reliant l'Asie au Moyen-Orient. À partir du 17e s., la ville a commencé à s'étendre en dehors du fort pour constituer la citadelle, ou ville basse. Marchands, banquiers et édiles y ont fait édifier de splendides **haveli★★**, parmi les plus belles qui soient, surtout au cours du 19e s., période de paix et de prospérité. Trois d'entre elles se visitent mais vous découvrirez au gré de vos déambulations, dans une belle harmonie de grès couleur miel, nombre de façades animées de sculptures ou ajourées en fines *jali*, de balcons en surplomb et de fenêtres ornementées.

★★ Salim Singh ki Haveli D2

D'Akhay Pol, prenez la ruelle à droite qui plonge dans le bazar - au détour d'un virage apparaît, à gauche, la haveli *de Salim Singh - 8h-19h en été, 8h-18h en hiver - 30 Rs ; photo et vidéo 20 Rs – Venez tôt le matin pour voir, de la terrasse, le soleil monter sur le fort.*

Cette *haveli* se distingue par l'étrangeté de sa silhouette : une sorte de tour dont le niveau supérieur s'épanouit en une galerie couverte faisant fortement saillie. Des **paons** ciselés soutiennent le balcon, d'autres se pavanent entre les demi-lunes des auvents. On raconte que Salim Singh Mehta, Premier ministre ambitieux de Jaisalmer au début du 19e s., aurait entrepris de surélever sa maison de deux étages supplémentaires, mais que le *maharawal* les aurait fait détruire afin que son palais reste la plus haute demeure de la ville. Les deux statues d'éléphants en pierre, à l'entrée, indiquent le haut rang du propriétaire. La famille qui occupe à présent la *haveli* a aménagé le 1er étage en boutique de souvenirs. Le niveau supérieur abrite l'ancienne **salle de spectacle**, aux plafonds couverts de miroirs.

Une forteresse dans le désert

La fondation de Jaisalmer remonte à 1156, lorsque **Rao Jaisal**, un souverain rajput du clan des Bhattis, choisit le site pour y édifier sa capitale. Les **Bhattis** appartiennent à la « race de la Lune » (Chandravansh), plus précisément à la branche des Yadavas, celle du dieu Krishna, leur ancêtre.

L'ATTAQUE DES CARAVANES

Chassés des rives de l'Indus par les raids de **Mahmud de Ghazni**, au début du 11e s., les Bhattis vivent de rapines et de brigandages, se fixant d'abord à Tanot puis à Lodrava (à 15 km de Jaisalmer), avant de s'établir sur cette colline escarpée, plus facilement défendable.

Leur transformation de maraudeurs en souverains ne se fait pas immédiatement : pendant des décennies, ils jouent le rôle de **seigneurs de guerre** locaux, rançonnant les caravanes de marchands et les pèlerins qui se rendent à La Mecque. Ils n'hésitent pas à razzier même une caravane du sultan de Delhi, Ala ud-Din Khilji, qui, en représailles, assiège la ville en 1314.

À l'issue d'un siège de huit ans, refusant de se rendre, les guerriers revêtent la robe safran du sacrifice et se lancent dans une contre-attaque sans espoir, tandis que 24 000 femmes et enfants se jettent dans les flammes d'un bûcher.

Dix ans à peine après ce premier drame, Jaisalmer subit une nouvelle attaque pour des raisons similaires, cette fois par le sultan de Delhi, Feroz Shah Tughluq ; et les Bhattis accomplissent à nouveau le rite terrible du *jauhar* (*voir encadré p. 408*).

LA PAIX DU DÉSERT

Après avoir résisté vaillamment à plusieurs offensives mogholes, les *maharawal* de Jaisalmer acceptent, en 1570, la suzeraineté impériale. De place forte, Jaisalmer se transforme en poste commercial. Les rivalités entre les *maharawal* et leurs Premiers ministres, personnages puissants et ambitieux, n'empêchent pas les marchands et banquiers locaux d'accumuler de belles fortunes.

L'arrivée des Anglais et l'avènement des routes commerciales maritimes sonnent le glas des caravanes. Jaisalmer, isolée, s'endort peu à peu dans le désert.

Les **guerres** de 1965 puis de 1971 contre le Pakistan voisin persuadent cependant le gouvernement indien de l'importance stratégique de cette zone. Une base militaire y est créée, des routes sont construites pour la desservir et, en 1974, la région réapparaît de façon spectaculaire dans l'actualité : l'armée effectue les premiers essais nucléaires indiens près de **Pokaran** (*voir encadré p. 336*).

PROVERBES DU DÉSERT

« Si ton âne marche devant toi, ne l'en prive pas. Si ta femme chante, ne l'en prive pas. Si ton fils veut vivre libre, montre-lui comme est fragile la liberté des sots. »

« À qui ne craint de voir son ombre rétrécir, le Seigneur ouvre le chemin. »

« De même que le sage n'a qu'une parole, l'homme riche ne nourrit pas deux maisons. »

★★★ Patwon ki Haveli D2

Gagnez Gopa Chowk, que vous suivrez vers la droite - 8h-19h - 50 Rs ; photo 50 Rs, vidéo 100 Rs.

La *haveli* des Patwa, la plus grande de Jaisalmer, domine un quartier calme, animé seulement par les ritournelles de quelques joueurs de *sarangi*. Sa construction s'étendit sur la première moitié du 19e s. La demeure était destinée aux cinq fils du riche marchand jaïn Guman Chand Patwa, qui importait des fruits secs d'Afghanistan et exportait des broderies de fils d'or *(zari)*, contrôlant un vaste réseau de négoce qui s'étendait jusqu'en Chine. La haute **façade★★★** est ornée de la manière la plus élaborée que l'on puisse rêver : 60 *jharokha* (balcons) de toutes tailles se pressent les uns contre les autres, rectangulaires ou semi-octogonaux, ouverts à tout vent ou clos de *jali*. Chaque centimètre carré du mur, des corbeaux, des colonnettes est délicatement ciselé, créant un treillis d'ombre et de lumière qui transforme la façade en une gigantesque claustra ; l'art des **Silavats** (communauté de sculpteurs sur pierre, de religion musulmane) de Jaisalmer est tel que la pierre ainsi ouvrée, comme au petit point, ressemble à une dentelle. À l'intérieur, un dédale de pièces sombres conservent quelques peintures murales et dorures en mauvais état.

★★ Nathmal ki Haveli C2

Longez la façade de la Patwon ki Haveli et continuez à suivre la rue vers l'ouest - 8h30-18h - gratuit.

Construite en 1885 pour un Premier ministre de Jaisalmer, la *haveli* de Nathmal montre une **façade★★★** d'une délicatesse hors pair, œuvre de deux frères de la communauté des Silavats (fin du 19e s.), chacun sculptant un côté de la demeure. Avant de franchir la porte gardée par deux éléphants, notez le train, la bicyclette et autres motifs figuratifs curieusement imbriqués dans le fin réseau de ciselures géométriques. Seule se visite une belle salle au 1er étage accueillant une boutique d'objets en os de dromadaire.

Tour du palais royal C2

En sortant de la Nathmal ki Haveli, prenez à gauche puis tournez à droite dans Bhatia Market - sur Gandhi Chowk, pénétrez (à gauche) dans la cour du palais royal, où paissent les chevaux du maharawal *– En partie transformé en hôtel, en partie occupé par la famille royale, le palais ne se visite pas.*

Les Silavats réalisèrent cette œuvre étonnante, au début du 20e s., pour l'offrir en cadeau à leur royal patron : une tour de cinq étages décroissants, appelée **tazia**, du nom de ces répliques en bambou de la tombe d'Hussein, petit-fils du Prophète, que les chiites portent en procession le jour de Muharram.

UN PREMIER MINISTRE IMPOPULAIRE

Issus des classes commerçantes, les *diwan*, ou Premiers ministres, étaient au 19e s. beaucoup plus riches que les *maharawal* et, tenant les cordons de la bourse royale, ils exerçaient l'essentiel du pouvoir – d'où des sources de mésentente nombreuses… Le *diwan* Swarup Singh Mehta eut ainsi la tête tranchée sur-le-champ pour avoir exigé d'un prince le règlement immédiat de sa dette impayée. Son fils, le *diwan* Salim Singh, jura de le venger. Aussi habile que féroce, il s'ingénia à ruiner la famille royale. Les lourds impôts qu'il levait ne servaient qu'à son enrichissement personnel et provoquèrent le départ de nombreux artisans et agriculteurs. Ses ennemis finirent par s'entendre pour le faire poignarder en 1827. Sa propre épouse lui aurait fait absorber un poison pour l'achever.

Réservoir de Gadi Sagar, Jaisalmer.
R. Mattes/hemis.fr

HORS LES MURS E3

Louez un rickshaw pour faire le tour de la ville moderne.

La ville déborde de ses remparts depuis les années 1950. Pourtant, les constructions demeurent peu nombreuses et presque toutes utilisent le même grès sable que celui de la citadelle, dans le respect du style traditionnel.

3

★ Musée du Folklore et Desert Cultural Centre E3

Ils se trouvent à quelques dizaines de mètres l'un de l'autre, sur Station Rd et l'allée menant au lac - respectivement 8h-13h30, 15h-18h30, 20 Rs et 10h-18h, 50 Rs – Spectacle de marionnettes à 18h30 et 19h30.

Ces deux musées sont l'œuvre du sympathique Monsieur Sharma, une mine d'informations sur la culture régionale qu'il a à cœur de promouvoir. Il vous guidera volontiers à travers ses collections, rassemblées « *not for business* » : artisanat du désert, instruments de musique (mis en scène dans chaque vitrine par un lecteur DVD), costumes, décorations murales évoquant la richesse des traditions du Rajasthan du Nord-Ouest ; beaux *kawad* (autels portatifs) et impressionnantes reproductions en argile de façades de *haveli*. Plus intimiste que son voisin, le Desert Cultural Centre vous garantira davantage de calme que le musée du Folklore, où se rendent écoles et voyages organisés.

★ Lac Gadi Sagar E3

À 300 m de l'enceinte, au sud-est de la ville.

Aménagé au 14e s., le lac assurait autrefois l'alimentation en eau de Jaisalmer, avant que ce rôle ne soit dévolu, au 20e s., au canal Indira Gandhi. La voie d'accès passe sous la **Tila ki Pol**, une porte édifiée par une prostituée du nom de Tila, favorite d'un prince. Les épouses de ce dernier, prises de jalousie, voulurent démolir la porte ; Tila s'empressa alors de transformer la partie supérieure de l'édifice en un petit temple dédié à Krishna. Ainsi protégée, la porte eut la vie sauve. Dans les mois qui suivent les bonnes moussons, vous pourrez louer un pédalo ou une petite embarcation.

À proximité

La plupart des agences ainsi que le RTDC (voir « S'informer », p. 326, et « Agences de voyage », p. 343) programment des balades, que vous pourrez aussi effectuer en deux-roues. Évitez les bus, rares et aux horaires peu commodes. Comptez 2 à 3h pour l'ensemble des sites.

★ BARA BAGH en dir. A1

À 6 km au nord de Jaisalmer, par la route de Ramgarh - du lever au coucher du soleil - 50 Rs ; photo 50 Rs.

C'est l'une des principales oasis proches de Jaisalmer, mais son petit lac n'est en eau que de juillet à septembre. Les **cénotaphes royaux**, élevés ici depuis le 16e s., ont conservé leurs stèles et forment un point d'observation apprécié au crépuscule. La citadelle se devine au loin… au travers de gigantesques champs d'éoliennes.

LAC AMAR SAGAR en dir. A2

À 5 km à l'ouest de Jaisalmer - du lever au coucher du soleil - 100 Rs ; photo 70 Rs, vidéo 120 Rs.

Le lieu n'est photogénique que dans les mois qui suivent la mousson, lorsque les petits *chhatri* blancs émergent de ses eaux et que s'y mire le temple jaïn dédié à Adinatha. Vous y verrez aussi un petit palais de grès jaune, bâti à la fin du 17e s. par le *rawal* Amar Singh.

De l'autre côté du lac, à l'entrée du village d'Amar Sagar, se trouvent les anciens jardins du maharaja, **Hanubagh** *(5 Rs)*, désormais loués à l'année aux paysans qui en ont fait un potager soigné, à l'ombre d'un grand pipal. Un escalier sur la gauche monte à une esplanade délivrant une jolie vue sur le lac et les temples au loin.

LES DROMADAIRES ONT BON DOS

L'âge d'or des caravanes est bien révolu… mais les dromadaires ont retrouvé du travail grâce au tourisme. Les habitants de la région ne se déplacent plus guère qu'en bus, camion, jeep ou scooter ; qui d'autre que des Occidentaux en quête d'exotisme s'esquinterait aussi volontiers les reins sur le dos des charmants quadrupèdes ? Les *camel safaris* représentent une valeur sûre pour les nombreuses agences touristiques locales, et peu de visiteurs étrangers échappent à cette expérience. Certains s'avouent enchantés du voyage, d'autres simplement endoloris. Si les longues randonnées s'écartent des sentiers battus, les circuits autour de Jaisalmer ne traversent que des villages depuis longtemps habitués à tout ce manège et au commerce qu'il suscite.

★ LODRAVA en dir. A2

Continuez la route pendant env. 1 km vers le nord en dir. de Lodrava - du lever au coucher du soleil - 30 Rs ; photo 70 Rs ; vidéo 100 Rs – Ôter tout objet en cuir et se déchausser.

De **Lodrava**, l'ancienne capitale des souverains du clan des Bhattis, il ne reste plus que ce **temple jaïn★**. Élevé au 10e s. sous le *rawal* Devaraja, le sanctuaire fut pillé au 11e s. par les troupes de Mahmud de Ghazni, puis restauré au 18e s. Un *torana* ouvre sur le *temple de Parshvanatha*, dédié au 23e *tirthankara*, qu'entourent quatre templions secondaires. Réalisés dans la pierre friable de la région, statuettes et bas-reliefs extérieurs ont mal résisté au temps. En revanche, l'intérieur possède une belle coupole ornée d'un **cul-de-lampe★★** sculpté dans une seule pierre. La cella abrite une statue du sage « passeur de gué », que l'on montre aux fidèles vers 16h30. Notez le récipient de lait placé dans une niche du mur extérieur droit : il est destiné aux deux cobras sacrés qui, dit-on, hantent les lieux.

L'étrange arbre à feuilles de métal, à droite dans la cour, représente le **Kalpavriksha**, l'arbre céleste qui nourrissait les premiers hommes.

DUNES DE SAM en dir. A2

À 40 km à l'ouest de Jaisalmer - les agences qui proposent un tour dans les villages incluent Sam au lever ou au coucher du soleil (4h - 550 Rs/pers.) - transport assuré par l'office de tourisme (15h-19h en hiver, 16h30-20h30 en été) pour env. 150 Rs/pers.

Ces dunes de sable constituent la destination favorite des *camel safaris*. Ne vous attendez pas à y trouver l'immensité du Sahara ni le calme propice à la méditation. Certes, la lumière est superbe en fin d'après-midi… Mais avec tout l'attroupement suscité par le tourisme, le site évoque davantage un parc d'attractions qu'un désert. Tout comme Khuri, à 45 km au sud, l'endroit attire avant tout les touristes indiens et les groupes en voyage organisé.

Circuit conseillé Carte régionale

Circuit d'env. 140 km tracé sur la carte régionale (p. 310) – Comptez 2 jours en faisant étape à Phalodi.

À peine perdue de vue la forteresse de Jaisalmer, on retrouve les étendues pierreuses du Thar, que des champs d'éoliennes immenses, loin sur l'horizon, rattachent résolument au 21e s. Quelques buissons d'épineux émergent çà et là. Là où la terre est irriguée par le canal Indira Gandhi, on cultive le colza et la canne à sucre ; ailleurs, seul l'acharnement des paysans parvient à faire pousser un peu de millet *(bajra)*, de pois chiches et de piment dans cette région que la mousson oublie régulièrement. Sécheresse tous les trois ans, famine tous les huit ans… Dans cette région austère, vous retrouverez un Rajasthan bien éloigné du tourisme de masse.

POKARAN

À 110 km à l'est de Jaisalmer, sur la route de Bikaner – Comptez 6h si vous faites l'excursion en voiture depuis Jaisalmer - prévoyez une étape à Jaisalmer ou à Phalodi.

La petite ville s'est fait connaître en devenant le site des essais nucléaires de 1974 et 1998 *(voir encadré page suivante)* ; les nombreux camions militaires témoignent de son importance stratégique.

Le **fort Balagarh**, élevé au 16e s., servait de poste avancé aux souverains de Jodhpur et contrôlait la route de Jaisalmer à Bikaner. Ses **remparts** de grès rouge et l'austérité des bâtiments paraissent bien lugubres en dépit des quelques peintures murales qui égaient la cour. Le **palais** principal a été transformé en hôtel *(www.fortpokaran.com)* tandis qu'un petit **musée** abrite une modeste collection d'armes, des vêtements et quelques objets traditionnels.

LA FIERTÉ DU PAYS

Les essais nucléaires de 1998 ont été accueillis avec une réelle fierté dans l'ensemble du pays. Le reste du monde a réagi avec moins d'enthousiasme, à commencer par les autres puissances nucléaires. Alors que les États-Unis envisageaient des sanctions économiques, le Pakistan effectuait à son tour plusieurs essais. Les relations pour le moins houleuses entre les deux frères ennemis, prompts à désigner le voisin comme cause de tous les maux, se trouvaient ainsi remises sur le devant de la scène internationale – dans un climat d'inquiétude accrue. En 2008, la ratification par le Congrès du pacte nucléaire indo-américain entérinait le statut de grande puissance nucléaire du pays.

★ RAMDEVRA

À 10 km au nord de Pokaran - jeeps collectives ttes les 15mn de la gare routière de Pokaran.

Avec celle de Deshnoke, cette minuscule localité constitue l'un des principaux centres de pèlerinage du nord Rajasthan *(voir la rubrique « Agenda », p. 343)*. Les fidèles, de toutes confessions, vénèrent ici la mémoire d'un héros local du 15e s., que les hindous nomment **Baba Ramdevji** (ou Ramdeoji) et les musulmans **Pir Ram Shah**. Ce défenseur des opprimés et des basses castes – d'où sont issus la majorité des fidèles qui viennent aujourd'hui lui rendre hommage –, serait apparu miraculeusement dans le berceau d'une famille rajpute ; il est parfois considéré comme un avatar de Vishnou. Boutiques de souvenirs et petits restaurants populaires jalonnent les allées menant au sanctuaire. Les fidèles apportent leurs offrandes de noix de coco, de poudre colorée et de figurines de chevaux en bois ou en tissu en l'honneur de la monture du héros. Ils les déposent sur l'autel, devant la statue en argent de Baba Ramdevji.

★ PHALODI

À env. 12 km au sud-est de Ramdevra (165 km de Jaisalmer, 160 km de Bikaner et 140 km de Jodhpur) - train et bus depuis ces trois villes – Comptez une petite journée, avec l'excursion à Kichan.

Aux couleurs ocre et sable de Jaisalmer succèdent les rouges brique sombres, aux boutiques de souvenirs les étals de fruits et légumes : dans l'atmosphère paisible de cette bourgade provinciale ignorée par le tourisme, une dizaine de vieilles **haveli★★** du 18e s. se concentrent entre le **fort** *(ne se visite pas)* et le marché. Avec leurs portes et volets de bois ouvragé peints en bleu vif, leurs balcons finement travaillés et leurs fenêtres à *jali*, elles forment un ensemble architectural harmonieux, même si l'absence de restauration fait craindre pour leur avenir.

Du nord au sud, vous partirez à la recherche des plus belles : **Sangidas Ji ki Haveli**, **Kanuga Haveli** ou encore **Dadha's Haveli**, dont le petit **musée** *(10h30-19h - 40 Rs - photo interdite)* abrite statuettes en bronze, bibelots d'ivoire et d'argent, *Kama Sutra*, manuscrits jaïns et hindous sur feuille de palme, ainsi qu'une étonnante chaise en os de dromadaire.

À env. 300 m, le temple jaïn **Parshvanatha** *(gratuit - photo 20 Rs, vidéo 30 Rs - se déchausser à l'entrée)* cache derrière sa façade massive une profusion de miroirs et de verroteries ; un escalier dessert la galerie supérieure, livrant d'autres points de vue sur ce chef-d'œuvre du kitsch.

KICHAN

À 4 km à l'est de Phalodi, par la route de Nagaur – En rickshaw, comptez 300 Rs l'AR avec 2h d'attente sur place (à négocier).
D'oct. à fév., près de 10 000 **grues demoiselles** (*Anthropoides virgo, kurja* en hindi) fuyant les frimas d'Asie centrale se rassemblent autour du lac Gadi Sar. Kichan n'est pas leur lieu de migration naturel : l'aménagement de réservoirs en eau une bonne partie de l'année et l'entretien d'un *bird feeding home* que la communauté jaïne approvisionne en grain tous les jours les ont incitées à venir hiverner ici depuis quelques années. Entre 8h et 11h, ces gracieux oiseaux gris à l'envergure impressionnante (env. 1,80 m) viennent en masse sur l'aire de nourrissage ; ils rejoignent le lac au crépuscule.

NOS ADRESSES À JAISALMER ET ENVIRONS

Plan de la ville p. 328

INFORMATIONS UTILES

Les offices de tourisme sont répertoriés en début de chapitre.
Indicatif téléphonique : 02992

Banque/Change

Bank of Baroda – C2 - *Gandhi Chowk - tlj sf dim. lun.-vend. 10h-13h, sam. 10h-11h.* Chèques de voyage et distributeur. Bureaux de change sur Gandhi Chowk et Govardhan Chowk.

Poste

GPO – B2 - *au sud d'Hanuman Circle, à 5mn à pied d'Amar Sagar Pol - tlj sf dim. 10h-17h.* Envois express par **EMS Speed Post**.

Internet/Téléphone

Vous trouverez plusieurs points de connexion, généralement sans nom, sur Gandhi Chowk, Govardhan Chowk et dans la rue principale de Bhatia Market (C2).

Urgences/Santé

Ambulances – *☎ 102.* **Shri Maheshwari Hospital** – en dir. E3 - *sur Barmer Rd - ☎ (02992) 25 00 24.* Clinique privée. **Pharmacies** sur Bhatia Market Street (C2) et sur Hanuman Circle (B2).

Sécurité

Police secours *☎ 100.*

ARRIVER/PARTIR

Bon à savoir – Les rabatteurs se montrent particulièrement nombreux et insistants à Jaisalmer : soyez en forme pour l'arrivée ! Si vous avez réservé une chambre d'hôtel, demandez que l'on vous envoie un véhicule à l'arrivée du bus ou du train – service assuré gracieusement.

Train

Railway Station – E3 - *☎ 139 (centre de réservation).* Isolée à l'est, hors de la ville, la petite gare s'anime uniquement à l'arrivée du train qui la relie à Delhi *(18h)* via Phalodi *(2h30)*, Jodhpur *(4h30)* et Jaipur *(12h)*. Un train de nuit dessert Bikaner *(6h)* via Phalodi et Kolayat.

Bus

Bus d'État et bus privés partent du **Neeraj Bus Stand**, derrière l'hôtel Neeraj (C3), puis se rendent au **Main Roadways Bus Stand**, près de la gare (E3), d'où s'effectue le départ officiel. 8 bus/j. pour Jodhpur *(4h30)*, via Pokaran *(2h30)*. 3 *Express*/j pour Jaipur et 1 *Deluxe* poursuivant sur Delhi ; 1 bus/j Bikaner *(7h)* via Phalodi *(3h30)*. 1 départ à l'aube pour Mount

Abu *(11h)*. Presque tous les hôtels et agences de voyages assurent les réservations pour les bus privés. Les bus gouvernementaux (RSTRC), qui respectent leurs horaires et ne cherchent pas à remplir les sièges à tout prix, sont néanmoins préférables.

TRANSPORTS

La citadelle et le fort se découvrent à pied, tandis qu'un véhicule vous sera nécessaire pour effectuer les excursions hors les murs.

Pour les environs immédiats et les camel safaris, *voir la rubrique « Excursions », p. 342.*

Rickshaw

Stations d'auto-rickshaws sur Govardhan Chowk et à l'entrée du fort *(accès interdit entre 8h et 19h)*. Ne vous inquiétez pas, ils sauront vous trouver ! Ici plus qu'ailleurs, négociez le prix avant la course.

Taxi

Stations de jeeps sur Hanuman Circle et Govardhan Chowk, mais le mieux est de vous adresser à votre hôtel, au RTDC ou à une agence de voyages. Comptez env. 800 Rs pour 4h, ou 10 Rs/km sur route et 15 Rs/km sur tout terrain.

Location de voitures

Louez par l'intermédiaire de votre hôtel ou d'une agence ; le RTDC *(voir « S'informer » p. 326)*, propose de bons tarifs. Comptez 1 500-2 500 Rs/j (forfait de 300 km).

Location de vélos et motos

C2 - autour d'Amar Sagar Pol.
40 à 50 Rs/j. Locations de motos (Activa, Enfield Bullet) pour env. 300 Rs/j.

HÉBERGEMENT

Les hôtels abondent à Jaisalmer : on y trouve le pire comme le meilleur. Tous proposent des *camel safaris* et la concurrence est si rude que certains établissements modestes proposent des chambres à un prix dérisoire, escomptant que vous réserviez un safari par leurs soins ; si vous ne partez pas avec eux, vous risquez d'être expulsé de votre chambre… Soyez circonspect dans votre choix et, parce qu'il est difficile de trouver une chambre en haute saison *(oct.-fév.)*, réservez. D'avr.-mai à juin-juil., les prix baissent de 20 à 30 % mais ils triplent – voire décuplent dans les hôtels les moins chers ! – pour le Desert Festival.

Pour élire un hôtel, vous aurez le choix entre **trois quartiers** : le fort, la ville basse et les quartiers extérieurs. Les organismes officiels déconseillent de loger dans le **fort**, l'usage intensif de l'eau par les hôtels mettant en danger, disent-ils, ses fondations de sable. À vous de vous faire une opinion dans la controverse qui fait rage *(voir encadré p. 329)*… Par ailleurs, l'ambiance mercantile du fort peut ne pas plaire. Dans la **ville basse**, une dizaine d'adresses pour petits budgets se succèdent dans les deux rues qui partent au nord de Gandhi Chowk. Enfin, dans la plaine, **hors les murs** de la vieille ville, sont rassemblés des hôtels modernes de bon standing, construits en grès ocre dans un style inspiré de la citadelle et de ses *haveli*. L'un de leurs attraits tient à la vue qu'ils offrent sur la forteresse. Rançon de la tranquillité, mieux vaut être motorisé.

PREMIER PRIX

Dans le fort

① **Desert Boy's Guest House** – *C2 - Vyasa Para - ✆ (02992) 25 30 91 - www.desertboysguesthouse.*

com - ▤ ✕ ⊠ - *20 ch. 1 000/3 000 Rs.* Ambiance sympathique. Chambres simples avec une recherche dans l'agencement compensant leur exiguïté. Celles à l'étage sont les plus agréables.

⑩ **Paradise** – C3 - *Avant d'arriver aux temples jaïns* - ✆ *(02992) 25 26 74 - www.paradiseonfort.com* - ▤ ✕ - *23 ch. 1 750/2 150 Rs.* Cette demeure du 16e s., qui faisait jadis partie du palais royal, possède beaucoup de charme avec sa cour intérieure au jardin fleuri. Chambres simples mais très bien tenues; préférez les *Deluxe*, agréablement décorées. Ensemble convivial avec une belle terrasse donnant sur le Raj Mahal.

Dans la ville basse

⑭ **Renuka** – C1 - *Chainpura St.* - ✆ *(02992) 25 27 57* - ▤ ✕ ⊠ - *Wifi - 10 ch. dont 8 avec sdb mais 7 sans fenêtre. 600/800 Rs.* Atmosphère familiale et ambiance sympathique pour cette adresse de toute confiance. Les chambres sont cependant spartiates et ne respirent pas une folle gaieté.

⑬ **Ratan Palace** – C1 - *Chainpura St.* - ✆ *(02992) 25 36 15 - hotelrenuka@rediffmaill.com* - ⊠ - *Wifi - 12 ch. 800 Rs.* Plus récent que le Renuka dont il dépend, cet hôtel propose des chambres un peu plus spacieuses. Accueil souriant et serviable.

④ **Jaisal Palace** – C2 - *Derrière le palais royal* - ✆ *(02992) 25 14 17 - www.moonlighthotelresort.com* - ▤ ✕ - *14 ch. 1 700/2 100 Rs* ☕ - *rest. 250 Rs.* Accès par un passage couvert, dans l'angle sud-est de Govardhan Chowk. Cet hôtel récent ne brille pas par son charme; il constitue plutôt une adresse de dépannage pratique. Choisissez une chambre au 1er étage avec balcon.

BUDGET MOYEN

Dans la ville basse

⑪ **Pleasant Haveli** – C1 - *Chainpura St.* - ✆ *(02992) 25 32 53 - www.pleasanthaveli.com* - ▤ ✕ ⊠ - *Wifi - 9 ch. 3 000/5 000 Rs.* Jouant sur les lumières pour créer une ambiance intimiste, cet hôtel a privilégié les matériaux traditionnels et fait des efforts de décoration. Vous y trouverez plus de confort que dans les autres *guest houses* de la rue.

⑧ **Nachana Haveli** – C2 - *Govardhan Chowk* - ✆ *(02992) 25 21 10 - www.nachanahaveli.com* - ▤ ✕ 🍷 - *Internet - 12 ch. 3 750 Rs* ☕. L'âme de cette *haveli* du 17e s. est une jeune noble rajpute, gracieuse et charmante, qui rassemble ses hôtes le soir autour d'un dîner pris en commun sur la superbe terrasse. Murs de pierre apparente, lits à baldaquin, tentures, tapis, peaux et tout un bric-à-brac d'objets disparates un peu défraîchis : chaque chambre revêt une personnalité bien à elle. Visitez-en plusieurs avant de faire votre choix.

Hors les murs

⑫ **Rang Mahal Jaisalmer** en dir. A2 - *Tourist Complex, Sam Rd, à 1,5 km d'Hanuman Circle* - ✆ *(02992) 25 09 07 - www.jaisalmerhotels.com* - ▤ ✕ 🍷 🏊 - *Billard, Internet, gym, boutiques - 120 ch. 3 500/8 000 Rs* - ☕ *700 Rs - rest. 1 000/1 250 Rs.* Le directeur de cet hôtel en perpétuel agrandissement déborde d'énergie et d'idées. La décoration fait un peu tape-à-l'œil, mais l'ambiance est vivante.

Choisissez une chambre en façade avec loggia sur le jardin ou la piscine plutôt que dans la nouvelle aile, qui accueille souvent des groupes.

3

POUR SE FAIRE PLAISIR

Dans le fort

⑥ **Killa Bhawan** – D2 - *445 Kotari Para - ✆ (02992) 25 12 04 - www.killabhawan.com - ▤ - 8 ch. 6 800/10 000 Rs ☕ - rest. 650 Rs.* Décoration choisie et perfection des détails pour cet hôtel installé dans une tour des murailles. Les chambres les plus chères jouissent d'une vue exceptionnelle sur les bastions et la ville basse, mais demeurent de taille modeste.

Dans la ville basse

⑨ **Narayan Niwas Palace** (Heritage Hotels Association) – C1 - *Malka Pol Rd - ✆ (02992) 25 24 08 - www.narayanniwas.in - ▤ ✕ 🍷 ⛱ - 51 ch. 6 000/7 500 Rs ☕.* Beau caravansérail auquel a été adjointe une partie moderne. Les chambres peuvent décevoir, surtout celles du rdc, mais la cour, avec bar, boutique et librairie, est un havre de paix. La piscine aménagée dans les anciens thermes princiers ne manque pas de cachet. Le prix augmente pour une chambre avec vue sur le fort.

⑦ **Mandir Palace** (Welcom-Heritage Hotels) – C2 - *Sur Gandhi Chowk - ✆ (02992) 25 27 88 - www.mandirpalace.com - ▤ ✕ 🍷 ⛱ - 28 ch. 8 200 Rs.* Certes, on s'attendrait à un entretien plus soigné dans un établissement de ce prestige, mais le cadre unique du palais royal compense largement cette insouciance. Les 5 suites, où les murs anciens richement décorés ont été préservés, font preuve d'une réelle originalité.

Hors les murs

③ **Gorbandh Palace** (HRH Group) – en dir. A2 - *Tourist Complex, Sam Rd, à 2 km d'Hanuman Circle - ✆ (02992) 25 38 01 - www.hrhhotels.com - ▤ ✕ 🍷 ⛱ - Internet, wifi, boutiques, spa - 83 ch. 8 500 Rs ☕.* Voici une excellente adresse pour un séjour dans une ambiance raffinée. La décoration est de bon goût et le service soigné pour des chambres dotées de tout le confort, disposées autour de petits jardins fleuris. Belle piscine au centre d'une cour intérieure.

② **Fort Rajwada** – en dir. E3 - *Jodhpur-Barmer Link Road - ✆ (02992) 25 32 33 - www.fortrajwada.com - ▤ ✕ 🍷 ⛱ - Boutiques, salon de beauté, billard, court de tennis - 91 ch. 9 300/11 000 Rs ☕.* Ce somptueux hôtel allie avec beaucoup de savoir-faire le moderne et l'ancien. Les chambres spacieuses sont décorées avec tout autant de goût. Remarquez le petit arbuste sacré au centre de la cour extérieure, censé apporter prospérité à l'hôtel.

AUX ENVIRONS

À Phalodi Carte régionale

BUDGET MOYEN

⑧ **Lal Niwas** – B1 - *Dadha's Haveli - ✆ (02925) 22 38 13 - www.lalniwas.com - ▤ ✕ 🍷 ⛱ - Internet - 27 ch. 3 500/4 700 Rs - ☕ 300 Rs - rest. (veg) 500 Rs.* Cette belle bâtisse du 18e s. constitue le seul hébergement convenable de la ville. Chambres tout confort aux plafonds de bois ouvragé, autour de patios intimistes. Organise des excursions à Kichan, Osiyan et Ramdevra.

RESTAURATION

Dans la citadelle et le fort, les cuisines ont pris de la hauteur et, panorama oblige, se sont installées sur les toits-terrasses, donnant la priorité au plaisir des yeux plutôt qu'à celui des papilles. Pour déguster une authentique cuisine indienne, franchissez l'enceinte et rendez-vous sur Hanuman Circle.

PREMIER PRIX

Autour d'Amar Sagar Pol

② **Chandan Shree** – C2 - *entre Hanuman Circle et Amar Sagar Pol - ✆ (02992) 25 39 65 - 7h30-22h - 100/150 Rs.* Ce *pure veg* décline les *thali* à la mode gujaratie, bengalie ou rajasthanie. Ici, on oublie le cadre pour se concentrer sur les saveurs des mets.

① **Bikaner** – B1 - *sur la rue partant au nord d'Hanuman Circle - ✆ (02992) 25 06 72 - http://bikanerrestaurant.com - 7h-23h - 150/200 Rs.* Fréquenté par une clientèle de touristes indiens, cet établissement fait part égale à la cuisine punjabie et aux spécialités d'Inde du Sud. Vous y croiserez peu d'Occidentaux.

③ **Riddhi Siddhi** – B1 - *à côté du restaurant Bikaner - ✆ (02992) 25 06 76 - 7h-23h - 150/200 Rs.* Les dieux hindous vous regarderont manger l'un des délicieux *thali* qui font la spécialité de la maison. Savoureuse, la cuisine conserve toute la subtilité des épices indiennes. Avant de sortir, faites une pause au comptoir de *sweets*.

BUDGET MOYEN

Autour d'Amar Sagar Pol

Saffron – C2 - *Rest. de l'hôtel Nachana Haveli - 🍷 - 600/800 Rs.* Cette belle *haveli* dispose d'une salle en sous-sol et de plusieurs terrasses où, selon la saison, l'on vous servira une bonne cuisine régionale où les *kebabs* tiennent la place d'honneur.

POUR SE FAIRE PLAISIR

Hors les murs

Rasoda – A2 - *rest. de l'hôtel Gorbandh Palace - 🍷 - 12h-22h30 - 800/1 000 Rs.*Cuisine classique d'Inde du Nord privilégiant les spécialités régionales, végétariennes ou non, que le chef saura épicer à votre convenance. Buffet ou carte. Cadre raffiné, bonne carte des vins.

Rang Mahal Jaisalmer – en dir. A2 - *Rest. de l'hôtel du même nom - 🍷 - 1 000/1 250 Rs.* Vous y ferez provision des saveurs du désert : le chef donne la priorité à la cuisine rajasthanie. Goûtez aux divers *sule* (brochettes de viande, à commander à l'avance) accompagnées de *ker sangri* (gousses d'acacia aux câpres) et de *bajre ki roti* (galettes de millet).

PETITE PAUSE

Il y a dans la ville pléthore de petits restaurants en terrasse, offrant pour la plupart une vue sur le fort. Tous proposent une cuisine indienne occidentalisée (autrement dit largement affadie), continentale ou chinoise. Pour un petit-déj. ou un en-cas, citons deux végétariens, **Fort View Hotel** et **Mid Town**, sur Gopa Chowk (C2), et deux *non veg*, **Monica**, sur Asni Rd (D2), et **Top Deck**, sur Govardhan Chowk (C2).

The Refreshing Point – C3 - *Rajmahal Chowk.* Vous l'apprécierez autant pour sa cuisine que pour la vue sur le palais et la plaine ; un panorama à savourer devant une assiette de *momo*, une moussaka ou un strudel aux pommes.

Trio – C2 - *Gandhi Chowk.* L'endroit chic de la ville vit sur sa réputation ; dès midi, ou 19h en soirée, il est difficile d'y trouver une table libre. Musiciens le soir.

BOIRE UN VERRE

Narayan Niwas Palace – C1 - *rest. de l'hôtel du même nom - 🍷* Sa terrasse aménagée au 3e étage offre une vue panoramique sur Jaisalmer. En été, vous apprécierez le bar agencé le long de la cour intérieure. Spectacle folklorique le soir en saison.

ACHATS

Artisanat

La rue montant d'Amar Sagar Pol à la porte du fort traverse **Bhatia Market** où vous trouverez articles courants et artisanat local : tissus brodés et incrustés de miroirs, couvertures en laine rêche filée à la main sur fond blanc *(pattu)* ou noir *(khes)*, châles en laine douce, tissus de coton imprimés à la réserve en indigo et rouge *(ajrak)* et *kilim* de Barmer, articles en cuir et sculptures sur pierre.

Il faut avoir l'œil pour trouver dans ces boutiques quelques bonnes pièces parmi des monceaux d'objets dénaturés. En outre, l'insistance des boutiquiers et des rabatteurs payés à la commission n'incite guère à s'éterniser…

Desert Handicraft – C2 - *Bhatia Market - ✆ (02992) 25 00 62.* L.N. Khatri vend des patchworks pour touristes mais aussi quelques belles pièces de vêtement anciennes.

Khadi Gramodaya – C2 - *entre Hanuman Circle et Amar Sagar Pol - tlj sf jeu. 11h-19h.* Grand centre commercial affichant ses prix. Très belle collection de châles.

Librairies

Deux bouquinistes, **Bhatia News Agency**, au début de Bhatia Market en venant de Govardhan Chowk (C2), et **Students'Book Store**, sur la place du Raj Mahal dans le fort (C2), vendent des romans d'occasion, notamment en français.

Les boutiques des grands hôtels (Narayan Niwas Palace, Gorbandh Palace) vendent beaux livres et romans sur le Rajasthan et l'Inde, dont certains en français.

Le **Desert Cultural Centre** (E3) propose une sélection choisie d'ouvrages sur la ville et le Rajasthan, mais aussi des CD de musique traditionnelle.

ACTIVITÉS

Théâtre de marionnettes – Tous les soirs à 18h30 et 19h30 au **Desert Cultural Center** – E3 - *www.folkculturemuseum.com - 50 Rs ; photos 20 Rs.*

Cinéma – À l'angle avant l'hôtel Narayan Niwas, une petite salle passe les derniers succès de Bollywood, en hindi bien sûr.

EXCURSIONS

Les agences proposent un circuit « non touristique » dans les environs nord et ouest de Jaisalmer ; en fait, hormis les cénotaphes de Bara Bagh, le temple jaïn de Lodrava et le lac Amar Sagar *(p. 334)*, les sites proposés ne présentent aucun intérêt et les haltes dans les villages, entre familles surprises dans leur quotidien et enfants mendiant stylos et chocolats, se révèlent plutôt inconfortables.

Safari à dromadaire

Conseils – Le *camel safari* est la grande affaire de Jaisalmer : vous n'y échapperez pas. Adressez-vous à des professionnels *(voir « Agences de voyages »)* et comparez leurs tarifs et surtout leurs prestations.

Une balade de quelques heures autour de la citadelle *(env. 300 Rs)* requiert peu de préparation ; en revanche, avant de partir pour plusieurs jours, lisez attentivement les conseils donnés en introduction *(voir p. 33)*.

Prévoyez au moins 1 500 Rs/j/pers. pour un « safari » sans tente et sans chariot à bagages (en dessous, méfiance !) et à partir de 2 000 Rs pour un « safari » avec tente et chariot (groupe de 5 à 10 pers.). Les tarifs montent jusqu'à 5 000 Rs pour les plus luxueux.

Toutes les agences se vanteront de vous emmener sur des pistes « non touristiques » ; jetez un coup d'œil à leurs albums de photos et ne vous attendez pas à y être tout seul… Les randonnées menant vers Barmer, Pokaran, Jodhpur ou Bikaner *(6 à 13 j.)* sont un peu plus onéreuses que celles de 3 ou 4 j., qui se cantonnent autour de Jaisalmer ; elles s'adressent aux passionnés seulement.

Bon à savoir – S'il y a toujours foule au coucher du soleil pour les *camel safaris*, vous serez beaucoup plus tranquille à l'aube (même prix : env. 850 Rs/pers.).

Agences de voyages

Toutes les agences ci-dessous assurent les réservations de train et de bus. N'hésitez pas à utiliser aussi les petites agences présentes dans chaque hôtel ; fonctionnant principalement grâce au bouche à oreille, elles auront à cœur de vous satisfaire. Comparez et faites jouer la concurrence.

Safari Tours – C2 - *Gandhi Chowk - ✆ (02992) 2510 58 - www.safaritoursindia.com.* Adresse de confiance pour balades et randonnées à dromadaire, à prix correct. Location de véhicules.

Thar Safari – C2 - *Govardhan Chowk - ✆ (02992) 25 61 61.* Équipe dynamique proposant de bonnes prestations à des tarifs raisonnables. Safaris, excursions en jeep, circuits à la carte, location de voitures.

Jaisal Tours – C1 - *Narayan Niwas Palace - ✆ (02992) 25 19 03.* Un bon spécialiste des *camel safaris* à prix moyen *(une nuit dans le désert revient à 1 500 Rs/pers.)*, mais les tarifs de véhicules sont trop élevés *(2 000 Rs pour les seuls environs de Jaisalmer).*

Comfort Travels & Tours – A1 - *dans l'hôtel Gorbandh Palace - ✆ (02992) 25 38 11.* Agence spécialisée dans les prestations haut de gamme. Location de véhicules, service de guides, *camel safaris* de luxe, réserv. de billets d'avion.

Desert National Park

Situé à 50 km au sud de Jaisalmer, c'est le point de rendez-vous des oiseaux migrateurs venus de Sibérie pour passer ici l'hiver. La réserve se visite en jeep, à louer à partir de Jaisalmer. Votre agence de voyages se chargera de faire établir le permis requis *(env. 200 Rs, comptez 24h).*

AGENDA

À Jaisalmer

Desert Festival – *1er-3 fév. 2015.* Créé en 1979 par le Département du tourisme, ce festival se déroule sur 3 jours et se termine à la pleine lune de janv.-fév. Danse du feu, concours de nouage de turban, élection de « Mister Desert », courses et danses de dromadaires, polo à dos de dromadaire… Réservez votre hôtel bien à l'avance.

À Pokaran

Desert Festival – *1er-3 fév. 2015.* Pokaran organise son propre festival, aux mêmes dates que sa prestigieuse voisine et avec les mêmes programmes. Atmosphère bon enfant.

À Ramdevra

Fête de Ramdevji – *Durant les 10 j. qui suivent la nouvelle lune d'août-sept.* Hindous et musulmans célèbrent Baba Ramdevji.

Jodhpur

★★

Env. 1 million d'hab. – Alt. 240 m – État du Rajasthan

NOS ADRESSES PAGE 353

S'INFORMER

Tourist Reception Centre (RTDC) – C3 - *dans l'enceinte de l'hôtel Ghoomar - (0291) 254 50 83 - tlj sf w.-end 9h30-18h*. Infos sur la ville et la région, liste des guides et des chambres d'hôtes. Si vous envisagez une excursion à Phalodi, procurez-vous ici un plan de la localité. Accueil aimable.

SE REPÉRER

Carte régionale p. 310 – Plan de la ville p. 348 – *À 331 km de Jaipur, 266 km d'Udaipur, 308 km de Jaisalmer.*

Voir aussi la rubrique « Arriver/partir » dans « Nos adresses ».

À NE PAS MANQUER

Le fort de Mehrangarh ; les cénotaphes des jardins de Mandore ; une excursion à Osiyan.

ORGANISER SON TEMPS

Prévoyez un jour en ville et une journée d'excursion dans les environs, de préférence le matin pour les villages bishnois et l'après-midi pour Osiyan ; pour une meilleure lumière, visitez la forteresse et la « Ville bleue » l'après-midi.

AVEC LES ENFANTS

L'ascension à la forteresse de Mehrangarh ; un pique-nique dans les jardins de Mandore.

L'arrivée à Jodhpur provoque un choc quand apparaît la colossale forteresse de Mehrangarh, véritable nid d'aigle dressé au sommet d'un promontoire. Son nom, le « fort de la Majesté », évoque le passé héroïque des princes cavaliers de Jodhpur. L'intérieur dissimule un véritable décor des « Mille et Une Nuits », facette courtoise de la vie des souverains rajputs. Bien que Jodhpur ait utilisé dans toutes ses constructions le grès rose de

Ses murs chaulés d'indigo ont donné son surnom à la vieille ville de Jodhpur.
B. Morandi/hemis.fr

la région, vous comprendrez en arpentant le cœur ancien de la cité son surnom de « Ville bleue » : toutes les demeures y sont chaulées d'indigo. Nul doute que vous y serez séduit par la gentillesse de la population. Une courte excursion à Osiyan vous plongera dans les mystiques jaïne et hindoue, deux mondes religieux contrastés.

Se promener Plan de ville

Deuxième ville du Rajasthan, cité moderne et bruyante, Jodhpur a laissé trafic et pollution s'emparer d'une ville basse enlaidie par des constructions sans grâce ; alors dépassez la Clock Tower pour vous perdre dans le cœur ancien de la Ville bleue, qui a gardé son charme de capitale de l'ancien royaume du Marwar.

★★★ FORTERESSE DE MEHRANGARH AB2

3

Avr.-sept. : 8h30-17h30 ; oct.-mars : 9h-17h - si vous êtes en jambes, accès possible à pied par la vieille ville - après 15h, la lumière éclaire magnifiquement la « Ville bleue » – Comptez 2h de visite.

Bon à savoir – Si vous venez surtout pour le point de vue, sachez que vous pouvez monter gratuitement aux remparts et au Chokelao Bagh : le contrôle des billets ne s'effectue qu'à l'entrée du musée.

La route du fort se termine sur une esplanade *(parking)* qui débouche sur la première des sept portes, **Jai Pol** (porte de la Victoire, du 19e s.). Juste après le guichet *(achat des billets pour le musée)* s'élève le **cénotaphe** dédié à Kiran Singh Sodha, un guerrier mort héroïquement en repoussant l'offensive menée par les troupes de Jaipur en 1808 ; la deuxième porte a d'ailleurs conservé les impacts des boulets tirés lors de ce siège.

Une chicane conduit à **Loha Pol** (porte de Fer, du 15e s.), où une plaque *(à gauche)* porte les empreintes des mains de maharanis devenues **sati**, ces épouses qui suivaient leur mari jusque dans les flammes du bûcher (*voir encadrés p. 286 et p. 346*). L'allée longe ensuite les remparts et monte au musée.

★★★ Musée du fort

Mêmes horaires que la forteresse - www.mehrangarh.org - 300 Rs incluant audio-guide (laisser un passeport ou 2 000 Rs en garantie) en français et droit photo - supplément vidéo : 200 Rs.

Il occupe les plus belles pièces du fort. Sa gestion est assurée par le maharaja actuel, Gaj Singh II, qui réside avec sa famille dans le palais d'Umaid Bhawan, situé dans la ville nouvelle.

Une ville, un fort

Avant de devenir cette « ville bleue » bourdonnant d'activité au pied de sa puissante forteresse, la cité des fils du Soleil traversa des heures tumultueuses.

LA VILLE DE RAO JODHA

Le clan des **Rathors** auquel appartient **Rao Jodha**, le fondateur de Jodhpur, descendrait de Rama, le divin héros du *Ramayana*, et ferait partie, comme lui, de la branche aînée de la « race du Soleil », issue du dieu Surya. Historiquement, la famille régnante aurait gouverné dès le 6e s. la région de Kanauj (sur le Gange, dans l'actuel État de l'Uttar Pradesh). À la fin du 12e s., les souverains du clan des Rathors, fuyant les troupes musulmanes de Mohammed de Ghor, trouvent refuge dans cette région semi-désertique, le Marwar, ou « pays de la mort ». De leur capitale, établie à Mandore (9 km au nord de Jodhpur), ils exercent leur pouvoir jusqu'au royaume du Mewar (Chittaurgarh).
Craignant la rivalité de ce puissant voisin, Rao Jodha décide, en **1459**, d'établir une nouvelle capitale, plus facile à défendre, sur ce rocher qui domine toute la région : Jodhpur voit alors le jour.

FACE AUX MOGHOLS

En 1527, le premier empereur moghol, Babur, défait l'armée des Rathors alliée à celles des Sisodyas (Chittaurgarh) et des Kachhvahas (Amber). À l'instar de ces derniers, les souverains de Jodhpur finissent par s'allier à la dynastie musulmane, sous le règne de l'empereur **Akbar** (1556-1605), qui épouse une princesse rathor, Jodha Bai (dont on peut voir la demeure à Fatehpur Sikri, *p. 211*).
Cette entente dure jusqu'au règne d'**Aurangzeb** (1658-1707). Celui-ci nomme le maharaja Jaswant Singh gouverneur de Kaboul – exil doré où il le fait empoisonner – et emprisonne ses fils. L'un d'eux, Ajit Singh, finit par rétablir l'autonomie du royaume… avant d'être tué par son propre fils, Abhai Singh.

DE NOUVEAUX ENNEMIS

Le déclin de la dynastie moghole n'assure pas la paix à la région : le Marwar s'épuise en querelles de succession et doit résister aux offensives des Marathes. En 1808, c'est le maharaja de Jaipur qui attaque Jodhpur (*voir encadré p. 373*). Sans succès. Finalement, en 1818, la région tombe sous le contrôle des **Anglais**. Avec la **Pax Britannica**, le royaume connaît enfin une ère de prospérité et de prestige sans faille.

ÉPOUSES TROP FIDÈLES…

En 1829, les Anglais interdisent aux veuves de devenir *sati* en s'immolant sur le bûcher de leur époux. Pourtant, lors de la crémation du maharaja Man Singh, en 1843, six de ses épouses se jettent dans le brasier ; les plus jeunes ont à peine 15 ans. En 1865, le souverain Jaswant Singh assiste au sacrifice de ses deux tantes, veuves du raja de Thalamand. *Plus près de nous, en* 1952, la veuve d'un dignitaire du palais accomplit le rite interdit, vénérée par une foule respectueuse. « La police est arrivée trop tard… », expliqua le lendemain un journal local…

La 1re salle comprend un ensemble unique de *howdah* (nacelles servant à se déplacer à dos d'éléphant) en argent repoussé. La pièce suivante, **Palki Khana**, abrite de somptueux palanquins (ce mot vient du hindi *palki*).

Suit une cour bordée par la **façade★★** spectaculaire du Daulat Khana, ornée de balcons à *chhatri*. L'intérieur recèle un énorme **palanquin★** doré, le *Mahadol*, butin rapporté par le maharaja Abhai Singh, vainqueur du sultan du Gujarat en 1730. Vous visiterez ensuite la **salle d'armes**, riche en sabres, épées et poignards de toutes tailles… Notez un petit canon dont la bouche a la forme d'une tête de tigre.

Au 1er étage, l'**Umaid Mahal★★** renferme une collection de **miniatures** appartenant à différentes écoles du Rajasthan. Elles illustrent des épisodes de l'histoire de Krishna et, bien sûr, la vie des maharajas, avec des scènes de cour, de chasse ou des passe-temps royaux. Une création originale décrit des « mangeurs d'opium effrayés par un rat ». Le **Takhat Mahal★**, situé au fond de la salle des miniatures, est abondamment décoré de miroirs et de peintures, ainsi que de boules en verre coloré, suspendues au plafond comme aux branches d'un sapin de Noël.

Gagnez, au 2e étage, le **Phul Mahal★★**, où vous serez ébloui par la magnificence du plafond doré à la feuille. Cette pièce fut construite pour le maharaja Abhai Singh (1724-1750) et servait de *durbar hall* (salle de réception). Les peintures murales (19e s.), les dorures des colonnes, l'immense tapis et les vitraux des fenêtres accentuent encore la somptuosité de la salle.

Le 3e étage possède lui aussi un trésor : le **Takhat Vilas★**. Cette chambre à coucher du maharaja Takhat Singh (mi-19e s.) s'orne d'un plafond en marqueterie de bois de santal et de peintures murales représentant des divinités au rang desquelles vous reconnaîtrez Krishna, Durga ou encore Vishnou couché sur le serpent Ananta.

De l'autre côté de la terrasse, un escalier conduit aux étages inférieurs de l'aile opposée.

Du **Jankhi Mahal** (palais des Coups d'œil), les dames de la cour pouvaient observer le monde extérieur à travers les délicates *jali* éclairant la pièce. Celle-ci contient à présent une étonnante collection de berceaux royaux. Le **Moti Mahal★** qui lui fait suite, aux grandes fenêtres de verre coloré, daterait du 16e s., mais on ne sait s'il servait de *Diwan-i Am* (hall des Audiences publiques) ou de salon pour le *zenana* (quartier des femmes).

Remparts

Accès par le chemin partant à droite à la sortie du musée.

De la plate-forme aménagée sur les remparts et défendue par d'impressionnants

LES CULOTTES DU « MAHARAJ » PRATAP SINGH

Les pantalons resserrés aux jambes et amples sur les cuisses, qui permettent de monter à cheval en se passant de bottes, étaient utilisés par tous les cavaliers de la région. L'incorporation de soldats marwaris dans les armées mogholes puis britanniques a beaucoup joué dans leur diffusion. Les Anglais, qui les appelaient *leggins*, les surnommèrent *jodhpurs* en référence affectueuse au *maharaj* (prince) Pratap Singh (1845-1922), dont c'était la tenue vestimentaire favorite. Celui-ci avait fondé le régiment des lanciers de Jodhpur et combattu au côté des Britanniques en Afghanistan, en Chine et en Égypte. Son dernier exploit eut lieu en 1917 : âgé de 70 ans, le *maharaj* anéantit, à la tête de ses lanciers, des positions allemandes près de Cambrai.

3

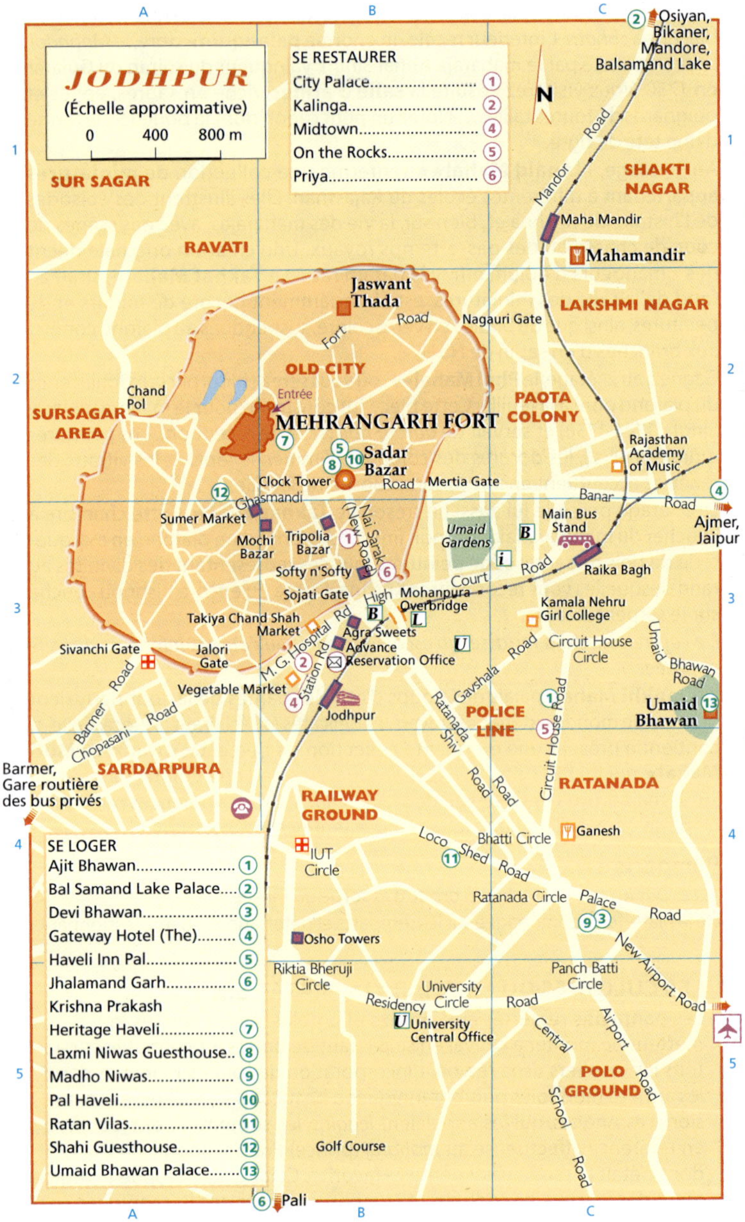
JODHPUR
(Échelle approximative)
0 400 800 m
SE RESTAURER
City Palace ... 1
Kalinga ... 2
Midtown ... 4
On the Rocks ... 5
Priya ... 6
N
Osiyan, Bikaner, Mandore, Balsamand Lake
SUR SAGAR
RAVATI
SHAKTI NAGAR
Mandor Road
Maha Mandir
Mahamandir
LAKSHMI NAGAR
Jaswant Thada
Fort Road
Nagauri Gate
OLD CITY
Entrée
Chand Pol
SURSAGAR AREA
MEHRANGARH FORT
PAOTA COLONY
Sadar Bazar
Clock Tower Road
Mertia Gate
Rajasthan Academy of Music
Banar Road
Ajmer, Jaipur
Ghasmandi
Sumer Market
Mochi Bazar
Tripolia Bazar
Nai Sarak (New Road)
Umaid Gardens
Main Bus Stand
Raika Bagh
Softy n'Softy
Sojati Gate
Court Road
High
Mohanpura Overbridge
Kamala Nehru Girl College
Takiya Chand Shah Market
Agra Sweets
Advance Reservation Office
Circuit House Circle
Umaid Bhawan Road
Sivanchi Gate
Jalori Gate
M.G. Hospital Rd
Station Rd
Gavshala Road
Vegetable Market
Jodhpur
Ratanada Shiv Road
POLICE LINE
Circuit House Road
Umaid Bhawan
Barmer Road
Chopasani Road
Barmer, Gare routière des bus privés
SARDARPURA
RATANADA
RAILWAY GROUND
Ganesh
Loco Shed Road
Bhatti Circle
IUT Circle
Ratanada Circle
Palace Road
New Airport Road
Osho Towers
Riktia Bheruji Circle
Panch Batti Circle
University Circle
Residency Road
University Central Office
Central School Road
Airport Road
POLO GROUND
Golf Course
Pali
SE LOGER
Ajit Bhawan ... 1
Bal Samand Lake Palace ... 2
Devi Bhawan ... 3
Gateway Hotel (The) ... 4
Haveli Inn Pal ... 5
Jhalamand Garh ... 6
Krishna Prakash Heritage Haveli ... 7
Laxmi Niwas Guesthouse ... 8
Madho Niwas ... 9
Pal Haveli ... 10
Ratan Vilas ... 11
Shahi Guesthouse ... 12
Umaid Bhawan Palace ... 13

MAISONS BLEUES
Nombre de maisons du Rajasthan sont peintes en bleu. Certains prétendent que cette couleur éloignerait les moustiques ; d'autres expliquent que les hindous les plus dévots, souvent des brahmanes mais pas seulement, peignent ainsi leurs maisons en bleu, couleur populairement attribuée aux dieux, pour attirer la bénédiction divine ou pour marquer leur piété.

canons, une vue splendide s'offre à vous : la cité bleue à 120 m en contrebas et, dans le fond, le dôme imposant de l'Umaid Bhawan.
Poursuivez le chemin de ronde jusqu'à l'extrême pointe du fort où se dresse, telle une figure de proue, le petit **temple** dédié à Chamunda (autre nom de Durga), déesse tutélaire de la famille royale.

Chokelao Bagh

Revenez vers la porte principale de la forteresse et prenez le chemin qui descend vers la gauche - 10h-17h30 - 30 Rs.
Dans ces jardins rajputs du 18e s. se tenaient des spectacles de musique et de danse pour la cour du maharaja. Réaménagé en jardin botanique, le Chokelao recense aujourd'hui une trentaine d'espèces endémiques.
Vous pouvez rejoindre la vieille ville à pied en revenant à la Jai Pol ou en continuant à suivre le chemin en contrebas du Chokelao Bagh.

★Jaswant Thada B2

Env. 1 km au nord-est de la forteresse - gratuit.
Dominant un réservoir, ce cénotaphe en marbre blanc, de style composite, fut élevé en 1899 sur le lieu de crémation du maharaja Jaswant Singh II. Il est accompagné des cénotaphes, plus modestes, des quatre derniers maharajas.

★★LES BAZARS B2-3

Vous gagnerez les bazars en coupant à travers la vieille ville par les ruelles qui descendent du fort.
À mesure que l'on approche de **Ghasmandi Rd**, l'activité des quartiers se fait plus intense. Le principal marché, le pittoresque **Sadar Bazar** (B2), se reconnaît à la **tour de l'Horloge** (Clock Tower) qui se dresse en son centre. Celle-ci fut construite par les Anglais en même temps que les bâtiments qui s'étendent à ses pieds et qui servaient de bureaux à l'administration locale jusqu'en 1947. À présent, les dossiers ont été remplacés par des sacs de lentilles ou de riz et des pyramides de légumes.
Quittez l'artère principale pour vous enfoncer dans les ruelles à l'ouest où vendeurs de craie, de fruits secs, de pots en laiton s'assemblent par corporation ; l'atmosphère y est plus sereine, les marchands moins accrocheurs.
Au bout de cette ruelle, vous parviendrez au **Sumer Market**, où les vendeurs de graines tiennent commerce au pied d'une belle bâtisse ancienne de grès rouge : elle servait d'intendance aux serviteurs veillant sur les chevaux du maharaja. Plus à l'ouest, vous traverserez **Tripolia Bazar** et ses échoppes de tissus, **Mochi Bazar** où l'on vend les *juti* (babouches de cuir), le quartier des orfèvres ou encore celui des parfumeurs.

À proximité

L'endroit idéal pour faire une pause en chemin est l'hôtel Bal Samand (voir p. 357), installé dans un ancien palais royal, entre Mahamandir et Mandore – Comptez 1h30 en voiture.

★ UMAID BHAWAN C3

À 5 km de la Clock Tower – Venez en taxi, le matin, pour voir la façade du palais ensoleillée.

Ce monumental palais s'élève sur une colline qui domine le quartier de Ratanada. Il sert de résidence à la famille royale, mais la majeure partie a été aménagée en hôtel de luxe en 1977 *(voir « Hébergement » p. 357)*. La construction (1927-1944) de cette demeure de 350 pièces – l'une des plus grandes résidences privées au monde – fut commandée par le maharaja Umaid Singh (règne de 1918 à 1947), dans le but de fournir du travail aux milliers de Marwaris que la famine de 1920 avait privés de ressources. L'architecte H.V. Lanchester, qui en dessina les plans, s'inspira du palais des vice-rois à New Delhi (aujourd'hui Rashtrapati Bhawan ; *p. 157*), auquel il ajouta des touches Art déco. Dans les jardins, quelques voitures américaines des années 1940 rappellent les fastes d'un autre temps.

Seule l'aile droite, transformée en **musée** *(9h-17h ; 50 Rs)*, est ouverte au public ; si ce dernier déçoit par la modestie de ses collections (pendules, mobilier, porcelaines...), la visite se justifie par l'architecture grandiose qui leur sert de cadre.

TEMPLE DE MAHAMANDIR C1

À 3 km au nord du centre-ville, dans le quartier du même nom.

Ses piliers sculptés et ses peintures murales constituent le seul intérêt de ce sanctuaire shivaïte fortifié qui fut édifié par le maharaja Man Singh (1803-1843) après sa victoire sur les troupes de Jaipur, en 1808. Il abrite une école, dont les collégiens en uniforme bleu et marron vous réserveront un accueil enthousiaste.

★ JARDINS DE MANDORE en dir. C1

À 9 km au nord, sur la route de Bikaner - de l'aube au crépuscule - gratuit – Depuis le centre-ville, comptez 300 Rs l'AR en rickshaw, avec 40mn d'attente.

Conseil – Si vous aimez le calme, venez plutôt en semaine.

Ce beau parc établi sur le site de l'ancienne capitale des souverains du clan des Rathors fut le lieu de crémation royal jusqu'à la fin du 19e s. Dommage que les pelouses soient jonchées de plastique, car les édifices de grès rose valent vraiment le détour.

Les **cénotaphes** adoptent deux types architecturaux distincts : le classique *chhatri* (pavillon à coupole) et le *deval*, en forme de temple. Le **deval d'Ajit Singh★★** (1724-1750) est le plus spectaculaire. Sa coupole possède de délicates sculptures d'*apsara*. Au fond du parc, à droite, le **Zenana Bagh** *(accès par le Government Museum - 10-16h - 10 Rs)* forme un surprenant ensemble de verdure et de grès. Juste sur la gauche, une allée mène au **hall des Héros** : une quinzaine de sculptures taillées dans le roc au 18e s. et peintes de couleurs vives, qui présentent les dieux et les héros locaux.

De Jodhpur, vous pourrez continuer votre périple à l'ouest vers Jaisalmer (308 km) ; au nord vers Bikaner (243 km) ; à l'est vers Pushkar (215 km) et Jaipur (331 km) ; au sud vers Udaipur (266 km) via Ranakpur et Kumbhalgarh.

Excursions Carte régionale

Vous devrez impérativement prendre un guide (voir p. 360) pour faire le tour des villages d'artisans environnant Jodhpur. Abusivement nommés « bishnoi villages safaris », ces circuits ne traversent en fait qu'un seul village véritablement bishnoi,

Détail du temple de Mahavira à Osiyan près de Jodhpur.
R. Ashworth/Robert Harding Picture Library/age fotostock

et le terme de safari ne fait référence qu'aux animaux croisés sur le bord de la route. Vous pourrez en revanche rejoindre Osiyan par vos propres moyens (voiture ou bus). Si vous voulez cumuler les deux excursions dans la journée, commencez par les villages d'artisans (c'est le matin que vous les verrez à l'œuvre) et visitez Osiyan l'après-midi.

LES VILLAGES D'ARTISANS

Circuit en jeep d'env. 70 km à l'est et au sud de Jodhpur – L'excursion, organisée, dure une grosse demi-journée et comprend une halte déjeuner.

Connus à l'origine sous le nom de Vishnois (car ils adoraient Vishnou), les **Bishnois** constituent une communauté regroupée au 15e s. par le *guru* Jambheshwar autour de 29 principes (*bish* signifie 20, *noi*, 9, d'où l'évolution du nom), à commencer par l'interdiction de tuer des animaux et d'abattre des arbres. Ce profond respect de la nature explique la présence dans la région d'animaux ailleurs plus discrets : antilopes nilgaut (ou *blue bulls*) et gazelles, mangoustes et chacals, paons et surtout cervicapres (ou *black bucks*), l'animal sacré par excellence car l'esprit du *guru* fondateur est réputé s'être réincarné en lui. C'est en tout début de matinée et au crépuscule que vous aurez le plus de chances d'en apercevoir.

Après une halte au mémorial commémorant le sacrifice de 1730, d'intérêt plus historique qu'architectural, le « bishnoi villages safari » vous fera traverser différents hameaux de

L'ARBRE DU SACRIFICE

En 1730, le maharaja de Jodhpur envoya ses hommes couper du bois au village de Khejrali afin d'alimenter les fours à briques pour la construction d'un nouveau palais. Plus de 350 Bishnois de ce village se sacrifièrent pour que soit mis fin à l'abattage des *khejri (Prosopis cineraria)*, arbres dont la communauté a, depuis, fait son symbole.

DES BUVEURS D'OPIUM

L'usage de l'opium (le pavot se cultive surtout dans la région du Mewar) est répandu chez les Bishnois, qui ont coutume d'en offrir à leurs invités en signe d'hospitalité. Ils conservent l'opium sous forme d'une boulette cuite avec du lait et du sucre. Au moment d'être consommée, la boulette est broyée dans un mortier allongé ; l'opium est alors mélangé à de l'eau puis filtré. Tout ce qui a trait à l'opium (ainsi que le chanvre) est associé au dieu Shiva.

potiers, une activité généralement pratiquée par des musulmans, et de **tisserands** réalisant couvertures en poil de chèvre et tapis de laine. Vous verrez les campements des **bergers** rabaris et raikas établis dans cette zone semi-désertique et ferez une halte dans les villages où l'on tisse les *dhurri* et où l'on pratique la teinture au tampon. Avec un peu de chance, vous pourrez peut-être assister à une reconstitution de la cérémonie de l'opium.

★ OSIYAN

À 63 km au nord de Jodhpur - si vous visitez Osiyan en route vers Jaisalmer (240 km) ou vers Bikaner (210 km), passez la nuit au fort de Khimsar (à 60 km d'Osiyan, voir p. 363) – Comptez une demi-journée.

Une visite à Osiyan permet de comparer l'ambiance d'un temple jaïn, relativement sobre, avec celle d'un sanctuaire hindou, plus animée. Il est difficile d'imaginer que ce village fut un grand centre commercial et religieux entre le 8e et le 12e s. Quelque 20 sanctuaires, ayant échappé aux razzias musulmanes des 12e et 13e s., se dressent pourtant là pour en témoigner. Seuls deux d'entre eux sont toujours en service. Ce sont aussi les plus magnifiques : le temple hindou de Sachiya Mata et le sanctuaire jaïn de Mahavira. Les autres, moins spectaculaires, n'ont pas été restaurés ; ils conservent cependant de belles sculptures qui évoquent la gloire passée de la ville.

★★ Temple de Sachiya Mata

À 300 m de l'arrêt des bus, au sommet de la colline.

Le premier temple édifié ici en l'honneur de la déesse hindoue Sachiya Mata (un aspect local de Devi, la déesse-mère) daterait du 8e s. Saccagé par les raids musulmans du 12e s., il fut aussitôt reconstruit.

À la suite des pèlerins et des couples venus prier Sachiya Mata de leur accorder un enfant, vous gravirez l'escalier qui mène au sanctuaire, sous une tonnelle d'arches *(torana)* plaquées d'argent. L'intérieur du temple a conservé sa beauté malgré quelques ajouts kitsch, comme les carreaux verts et bleus qui recouvrent les piliers du hall. Remarquez la coupole ornée d'*apsara*.

Des musiciens accompagnent à l'harmonium et au *tabla* la déambulation des fidèles qui vont déposer leurs offrandes devant la statue en marbre noir de Sachiywa Mata : argent, fleurs, noix de coco et boulettes de camphre, qui brûlent en dégageant une odeur âcre.

En sortant, allez voir, à gauche de la tour *(shikhara)*, deux petits sanctuaires dédiés à **Ganesh★** et **Shiva★**, qui possèdent de jolies coupoles. Leurs murs extérieurs s'ornent de sculptures ; qualifiées d'« érotiques » par les locaux, elles vous paraîtront sans doute bien sages.

★★ Temple de Mahavira

En sortant du temple de Sachiya Mata, prenez la rue à gauche - le temple de Mahavira se trouve à env. 300 m.

Le plus beau monument d'Osiyan est consacré à Mahavira, dernier des 24 *tirthankara* et fondateur de la communauté jaïne. Le prêtre qui le dessert se révélera un guide précieux ; comme la plupart des prêtres officiant dans les temples jaïns, il est hindou.

Bâti au 8e s. et agrandi au 10e s., le complexe fut maintes fois restauré, y compris ces toutes dernières années. Au milieu de la cour s'élève le temple de Mahavira. Vous apprécierez la finesse de l'ornementation qui se déploie sur les piliers et les coupoles des *mandapa* (halls). La cella recèle une statue de Mahavira que l'on dit faite d'un mélange de sable et de lait. Elle est recouverte de feuilles d'or et ses yeux seraient des diamants. De chaque côté de la cella s'élèvent deux chapelles dédiées à Adinatha, le premier *tirthankara*.

Au fond de la cour, une galerie abrite des statues trouvées sur divers sites d'Osiyan. Celle représentant **Surya** (le dieu solaire) remonterait au 6e s. Sur la façade extérieure droite du temple de Mahavira, une niche recouverte de peinture rouge est consacrée à **Bharu**, nom local de Bhairava (une forme terrible de Shiva). Comme Sachiya Mata, la divinité est vénérée par les couples désirant un enfant.

Les autres édifices sacrés, bâtis aux 8e et 9e s., ont beaucoup souffert des pillages successifs. De taille modeste, ils présentent l'architecture classique de leurs homologues du nord de l'Inde : porche-hall-chapelle surmonté d'une tour. Les plus remarquables se trouvent non loin du temple de Mahavira *(par la 1re rue à droite en sortant, puis la 1re à gauche)*. Vous passerez successivement devant les sanctuaires dédiés à Pipla (nom local de Durga), Surya, Vishnou, et Hari-Hara (dieu syncrétique représentant à la fois Vishnou et Shiva).

Derrière cet ensemble s'étend un terrain dont les friches dissimulent un **baori** (puits à escalier). Endommagé, celui-ci impressionne cependant par la savante disposition de ses marches descendant vers le bassin.

D'Osiyan, rejoignez Khimsar et Nagaur pour continuer vers Bikaner (210 km, p. 312), ou Dechhu pour poursuivre sur Jaisalmer (240 km, p. 326).

3

NOS ADRESSES À JODHPUR

Plan de la ville p. 348

INFORMATIONS UTILES

Les offices de tourisme sont répertoriés en début de chapitre.

Indicatif téléphonique : 0291

Banque/Change

State Bank of India – C3 - *High Court Campus*. Change les devises et les chèques de voyage American Express et Thomas Cook.

Bank of Baroda – B3 - *Ratanada Rd, Sojati Gate*. Chèques de voyage.

Thomas Cook – C3 - *à côté de l'hôtel Ajit Bhawan.*

Distributeurs – B3 - *sur Nai Sarak, en face du restaurant City Palace et sur les grands axes.*

Poste

GPO – B3 - *Station Rd - ℘ (0291) 263 66 95 - 10h-18h, dim. 10h-16h. Bureau philatélique tlj sf dim. 10h-13h, 14h-18h*. Envois express par **EMS Speed Post**.

DHL – B3 - *Nai Sarak High Court Rd (à coté du Jodhpur Cofee House)- ℘ (0291) 255 65 94 - tlj sf dim. 9h30-21h30.*

Internet/Téléphone

Net Hut – B2 - *entre les guest houses Shivam et Sunrise.*

Raj Cyberpoint – B2 - *un peu plus loin derrière la Haveli Guesthouse.*

Ces deux établissements assurent les services de connexion et de téléphonie, mais aussi la gravure de CD et de DVD de photos, l'impression, etc.

Urgences/Santé

Goyal Hospital – A4 - *961/3 Residency Rd - ✆ (0291) 243 21 44.* Clinique privée.

Pharmacies – B3 - *sur M.G. Hospital Rd, près de Sojati Gate.*

Ambulances – *✆ 102.*

Sécurité

Police – *✆ 100.*

ARRIVER/PARTIR

Avion

Ratanada Airport – C5 - *à 5 km au sud-est de la ville.*

Jet Airways – *www.jetairways.com.* Dessert Delhi tlj *(1h10 de vol).*

Air India – *www.airindia.com.* Un vol quotidien pour Delhi *(1h).*

Train

Jodhpur Railway Station – B3 - *sur Station Rd - ✆ 139(centre de réservation).* C'est la gare principale. 8 trains/j pour Jaipur *(env. 6h)* et 4 pour Alwar *(env. 8h)*; les 2 trains du soir poursuivent vers Delhi *(12h).* 4 départs/j pour Abu Road *(4h30).* Également 2 *Express* pour Jaisalmer *(6h)* et 4 pour Bikaner *(6h).*

Comptoir d'informations touristiques – *à la gare, quai n° 1.* Attention, il a tendance à orienter les touristes vers les hôtels et chauffeurs de taxi qui lui versent une commission.

Bon à savoir – Certains trains s'arrêtent à **Raika Bagh Railway Station** – C3 - *à l'est de High Court Rd.* Un arrêt commode pour ceux qui logent dans le quartier de Ratanada.

Centre de réservation informatisé – B3 - *Station Rd, près de la GPO, 8h-20h, dim. 8h-14h.* Vous aurez plus vite fait de passer par l'agence la plus proche de votre hôtel.

Bus

Main Bus Stand – C3 - *à l'est de High Court Rd - ✆ (0291) 254 46 86 - Réserv. 8h-19h.* Les principales destinations sont desservies par des *Express Deluxe* de la RSTRC. 11 départs/j pour Jaipur *(6h30)*, 15 pour Ajmer *(4h45)*; 6 bus/j pour Delhi *(12h)*, 3 pour Kota *(11h)*, 8 pour Jhunjhunu *(9h)*, 2 pour Bharatpur *(12h)*, 6 pour Bikaner *(7h)* via Nagaur, une dizaine pour Abu Road *(7h)* et Jaisalmer *(7h)*. 4 départs/j vers Chittaurgarh *(9h)* et 3 vers Udaipur *(6h30)*, via Ranakpur *(5h)*. Des compagnies de **bus privés** desservent également Jaisalmer *(ttes les h de 7h à 22h, 5h de trajet)*, Ajmer et Udaipur *(4 départs/j, respectivement 4h et 6h de trajet)*, Mount Abu *(1 bus à 9h30, 7h de trajet)*.

Billets en vente dans la rue reliant la gare ferroviaire à M.G. Hospital; **départs** à l'ouest de la ville (en dir. A4).

TRANSPORTS

Vous vous promènerez à pied dans le dédale des ruelles de la vieille ville, du **fort** (AB2) jusqu'à **Sojati Gate** (B3), mais ailleurs, notamment dans le quartier résidentiel de **Ratanada** (C4) et pour rejoindre **Umaid Bhawan** (C3), un moyen de locomotion sera le bienvenu en raison des distances.

Rickshaw

Comptez 80 Rs pour aller de la gare à Ratanada Circle, 50 Rs de la gare routière à la Clock Tower, ou env. 100 Rs si vous l'affrétez pour 1h.

Taxi

Stations à la gare et devant l'hôtel Ghoomar, mais vous obtiendrez de meilleurs prix par l'entremise de votre hôtel ou d'une agence de voyages *(env. 1 200 Rs/j)*.

Location de voitures

Adressez-vous à votre hôtelier ou à une agence de voyages. Il vous en coûtera au moins 1 500 Rs/j.

Location de vélos et motos

Sur **Station Rd** (B3), entre la gare et la GPO, ainsi qu'à côté du restaurant Kalinga (B3). Comptez 50 Rs/j et 200 Rs/j pour une moto.

HÉBERGEMENT

Plusieurs hôtels pour petits budgets sont regroupés autour de la **gare** et sur **Nai Sarak** (B3) ; nous vous les déconseillons cependant, le centre-ville étant pollué et bruyant. Vous trouverez des adresses plus plaisantes, dans des établissements de moyenne gamme, dans la **vieille ville** (B2). Vous pourrez aussi vous loger dans le quartier de **Ratanada** (BC3-4), un quartier résidentiel aéré mais peu vivant situé à mi-distance entre la gare et l'aéroport (2 km) ; on y trouve facilement un taxi pour se rendre dans le centre.

La plupart des adresses mentionnées pratiquent une gamme de **prix** très étendue ; nous indiquons la fourchette moyenne pour une chambre avec sdb privée, mais vous y trouverez aussi bien des chambres économiques (sdb commune) ou, à l'inverse, des suites plus ou moins luxueuses.

Bon à savoir – La plupart des hôtels que nous indiquons refusant de leur verser une commission, les rickshaws vous affirmeront que l'endroit de votre choix est complet, a brûlé, a fermé, etc. Insistez, dites que vous avez une réservation.

PREMIER PRIX

Dans la vieille ville

Derrière la **Clock Tower** (B2), une dizaine de demeures familiales ouvrent leurs portes aux hôtes de passage. Si l'atmosphère y est souvent conviviale, l'entretien et l'hygiène fluctuent. Visitez-en plusieurs : **Achal Niwas**, **Sunrise**, **Shivam**, **Ganpati**, **Gopal** se trouvent à quelques dizaines de mètres les unes des autres. Elles disposent souvent d'une unique chambre plus luxueuse, non sans un certain charme, au dernier étage.

⑧ **Laxmi Niwas Guesthouse** – B2 - *Derrière la Clock Tower - (mob.) 99 29 25 20 09 - laxmi_niwas@hotmail.com - - 11 ch. 1 500/2 000 Rs.* Vous la reconnaîtrez facilement à sa façade d'un bleu pétant. L'ameublement hésite entre l'hétéroclite et le kitsch. Les chambres les plus agréables ouvrent sur le grand toit-terrasse. N'héitez pas à téléphoner à votre arrivée en ville : on viendra vous chercher.

Dans le quartier de Ratanada

⑫ **Shahi Guest House** – A2 - *Gandhi Street - (0291) 262 38 02 - www.shahiguesthouse.net - - Wifi - 6 ch. 2 250/2 750 Rs.* Dans une *haveli* modeste du 17e s., un labyrinthe d'escaliers dessert les chambres étagées sur 3 niveaux. Petites ou grandes, certaines avec balcon, d'autres meublées d'ancien, chacune revêt sa propre personnalité. Celle de la reine possède 18 fenêtres ! La terrasse au cœur de la Ville bleue offre une belle vue sur le fort. On viendra vous chercher à la gare routière ou ferroviaire.

3

BUDGET MOYEN

Dans la vieille ville

⑦ **Krishna Prakash Heritage Haveli** – B2 - *Au pied du fort - (0291) 320 02 54 - http://kpheritage.net - - 28 ch. 2 800/3 500 Rs*. Il y en a pour tous les budgets dans cette ancienne *haveli* totalement refaite, à 5mn de l'animation des bazars. Évitez cependant les chambres les moins chères, plutôt sinistres, et choisissez l'une de celles dont les grandes baies vitrées ouvrent sur les terrasses. Propose aussi quelques ch. petit budget.

⑤ **Haveli Inn Pal** – B2 - *Derrière la Clock Tower - entrée par la cour du Pal Haveli - (0291) 261 25 19 - www.haveliinnpal.com - - Wifi - 4 ch. 3 200/3 800 Rs*. Cette ancienne demeure du commandant en chef du fort de Jodhpur constitue l'une des meilleures adresses pour la situation, les prix et la qualité des prestations. Toutes les chambres sont joliment meublées à l'ancienne ; en été, privilégiez celles du rdc, plus fraîches. Au 2e étage, les fenêtres donnent sur le fort et le Gulab Sagar.

⑩ **Pal Haveli** – B2 - *Derrière la Clock Tower - (0291) 263 83 44 - www.palhaveli.com - - 21 ch. 4 500/7 000 Rs - 350 Rs - rest. 750 Rs*. À ne pas confondre avec son voisin et quasi homonyme ; il possède plus de cachet que ce dernier même si l'atmosphère y est moins intime. Hautes de plafond, les chambres *standard*, dont les tissus orangés réchauffent le marbre, constituent le meilleur rapport qualité-prix.

Dans le quartier de Ratanada

⑨ **Madho Niwas** – C4 - *Bhenswara House - New Airport Rd, Ratanada - (0291) 251 24 86 - www.bhenswarahotels.com - - 17 ch. 2 300/3 500 Rs*. Vous apprécierez l'atmosphère paisible de cet hôtel sans prétention. Malgré un confort un peu sommaire et une décoration quelconque, ses chambres de plain-pied sur les pelouses plairont aux familles avec enfants. Bonne cuisine marwarie servie dans le jardin.

③ **Devi Bhawan** – C4 - *1 Ratanada Area - dans une allée qui longe Karni Bhawan - (0291) 251 10 67 - www.devibhawan.com - - Wifi - 20 ch. 2 700/3 200 Rs*. Cultivant la simplicité et le bon goût, voici une excellente adresse tenue par une sympathique famille rajpute. Les chambres, confortables et joliment aménagées dans le style colonial, sont séparées du bâtiment principal par un grand jardin ombragé. Pour une différence de prix très raisonnable, les 8 chambres *Deluxe* offrent deux fois plus d'espace que les chambres *standard*. Une retraite idéale pour un séjour paisible et raffiné.

⑪ **Ratan Vilas** – B4 - *Loco Shed Rd - (0291) 261 30 11 - www.ratanvilas.com - - Wifi - 21 ch. 4 500/5 800 Rs*. Dans un grand jardin se dresse un bungalow en grès rouge de 1920, doté de chambres vastes, confortables et décorées avec goût. Atmosphère à la fois familiale et raffinée. Excellent rapport qualité-prix.

À Jhalamand

À 10 km au sud de Jodhpur.

⑥ **Jhalamand Garh** (Heritage Hotels Association) – en dir. A5 et Carte régionale B2 - *Jhalamand - (0291) 272 04 81 - www.heritagehotelsofrajasthan.com - - 18 ch.*

3 500/4 000 Rs. Dominant le village et la campagne jusqu'à Jodhpur, dont on voit le fort depuis la terrasse, c'est une bonne adresse pour ceux qui veulent découvrir la région – en particulier les villages bishnois –, sans craindre l'éloignement. Vastes chambres restaurées avec soin. Une adresse très prisée des groupes.

UNE FOLIE

Dans le quartier de Ratanada

① **Ajit Bhawan** – C3 - *Circuit House Rd - ✆ (0291) 251 33 33 - www.ajitbhawan.com - Spa, salle de gym, Wifi - 70 ch. 12 000/18 000 Rs*. Dotées de tout le confort, les chambres se répartissent dans des *cottages* individuels décorés en style ethnique et disséminés dans un jardin rocailleux ombragé. Comme elles entourent l'extravagante piscine *(accessible aux non-résidents moyennant un droit d'entrée)*, les suites peuvent s'avérer bruyantes. Comptez 40 000 Rs pour une suite.

À Bal Samand

À 7 km au nord de Jodhpur, sur la route de Mandore.

② **Bal Samand Lake Palace** (WelcomHeritage Hotels) – en dir. C1 (① sur la Carte régionale B2) *- Mandore Rd - ✆ (0291) 257 23 21 - www.jodhanaheritage.com - Wifi, golf, cricket, massages, randonnées équestres - 36 ch. 12 000/20 000 Rs.* L'architecture a belle allure sur cet immense terrain arboré se déployant devant le lac. Les chambres, installées dans les anciennes écuries, en bordure de très beaux jardins, sont souvent occupées par des groupes. Isolées et plus au calme, les 10 suites occupent le pavillon ancien qui se dresse sur un petit lac entouré d'escarpements rocheux. *Kebab corner* au dîner.

⑬ **Umaid Bhawan Palace** (Taj Group) – C3 - *Umaid Bhawan - ✆ (0291) 251 01 01 - www.tajhotels.com - Billard, galerie marchande, salon de beauté, court de tennis - 64 ch. à partir de 50 000 Rs* Cet immense palais des années 1930 a été édifié au sommet d'une colline. Le cadre est majestueux, et les chambres et suites sont vraiment royales, mais l'atmosphère reste guindée et triste. Superbe piscine Art déco en sous-sol. Réservez impérativement avant de vous déplacer.

Sur la route de Banar

À 9 km à l'est de Jodhpur, sur Jodhpur-Jaipur Highway.

④ **The Gateway Hotel (ex-Ummed)** – en dir. C2 - *Banar Rd - ✆ (0291) 662 11 11 - www.thegatewayhotels.com - Spa, gym, excursions - 88 ch. 17 500/27 000 Rs* Vous y trouverez tout le confort d'un hôtel moderne de bon standing. Si le charme des *haveli* et des vieilles bâtisses fait défaut, vous apprécierez en revanche le calme des grands jardins paysagers.

RESTAURATION

PREMIER PRIX

Dans le centre-ville B3

⑥ **Priya** – B3 - *Nai Sarak Rd - ✆ (0291) 254 74 63 - 7h30-22h30 - 90/120 Rs.* Une ambiance populaire anime cette grande salle en terrasse sur la rue (pour le moins bruyante…), où les gens du quartier se retrouvent autour d'un *thali* ou d'un *masala dosa*. Service rapide pour un gros débit continu, ce qui est une garantie de fraîcheur.

① **City Palace** – B3 - *32 Nai Sarak - ✆ (0291) 262 71 30 -*

3

8h30-22h - 150/250 Rs. Installée au 1er étage d'un hôtel, cette salle impersonnelle mais propre, rafraîchie par une dizaine de ventilateurs au plafond, sert une cuisine honnête. Carte végétarienne classique de plats indiens et chinois.

④ **Midtown** – B3 - *dans la rue qui part face à la gare - ✆ (0291) 263 73 01 - ⊠ - 7h30-23h - 150/250 Rs.* Une salle et une terrasse pour ce *pur veg* où vous pourrez goûter au *rajasthani maharaja thali*, cuisiné avec des légumes spécifiques aux environs de Jodhpur. Les formules *today's special* constituent une bonne option.

② **Kalinga** – B3 - *dans la rue qui part face à la gare - ✆ (0291) 262 73 38 - ⊠ - 7h-23h - 200/300 Rs.* Une adresse agréable fréquentée aussi bien par la bourgeoisie locale que par les voyageurs en attente de leur train. Vous y dégusterez les grands classiques de la cuisine du Nord, notamment des plats de mouton et de poulet, dans un cadre parfaitement propre, à défaut d'être original. Salle climatisée.

BUDGET MOYEN

Dans le quartier de Ratanada

⑤ **On the Rocks** – C3-4 - *Circuit House Rd - à côté de l'hôtel Ajit Bhawan (voir rubrique « Hébergement »), dont il dépend - ✆ (0291) 251 33 33 - 🍷 - 12h30-15h, 18h-23h - 500/900 Rs.* Les tables rondes sont dressées sous les arbres, à bonne distance les unes des autres pour préserver l'intimité. Vous pouvez aussi vous installer dans une salle style cabane de bûcheron. Le soir, vous dînerez aux chandelles, mais la musique orchestrée par le DJ peut nuire au romantisme. On vous y servira une cuisine locale, tandoorie et chinoise, *veg* ou non. Service attentionné.

Jodhpur Cafe – C3 - *dans l'hôtel Ajit Bhawan - ✆ (0291) 251 33 33 - 🍷 - 12h-22h - 650/850 Rs.* Buffet indien et continental à déguster à l'ombre des arbres, près de fourneaux en terre séchée et d'abris au toit de chaume. Danses folkloriques au dîner. Pour les non-résidents, mieux vaut réserver. Agréable bar au-dessus de la piscine.

UNE FOLIE

Dans le quartier de Ratanada

The Pillars – C3 - coffee-shop *de l'Umaid Bhawan Palace (voir rubrique « Hébergement ») - ✆ (0291) 251 01 01 - 🍷 - 6h-23h - 3 000 Rs.* Si vous souhaitez vous offrir un moment de sérénité dans un superbe cadre, c'est l'adresse qu'il vous faut, mais le choix reste très limité (plats indiens et continentaux). Les tables disposées sur le perron dominent les jardins, d'autres sont dressées sur la pelouse. À côté, le restaurant de style anglo-indien propose de la cuisine internationale. Les non-résidents doivent impérativement réserver.

PETITE PAUSE

Snacks

Pour manger sur le pouce ou combler un petit creux sans quitter le centre-ville, arrêtez-vous au sud de **Nai Sarak** (B3) pour goûter les *kachori* (beignets plats fourrés) et autres snacks servis par les vendeurs ambulants, ou les glaces et *lassi* de **Softy n'Softy** (B3).

Jus de fruits et lassi

Jus de fruits pressés à la demande et excellents *lassi* dans les nombreux *sweet shops* situés à l'extérieur de Sojati Gate, et notamment chez **Agra Sweets**

(B3), réputé pour son onctueux *makhaniya lassi* à la cardamome et au safran. Essayez aussi celui de **Mishrilal Lassi** au goût unique, sous la grande porte d'entrée de Clock Tower (B2).

Café

Si l'expresso vous manque, rendez-vous au **Sheesh Mahal**, au pied de l'hôtel Pal Haveli (B2).

ACHATS

Les boutiques les plus modernes sont rassemblées à l'ouest de **Sojati Gate**, à l'extrémité de Station Rd et de M.G. Hospital Rd (B3) ; la qualité n'est pas nécessairement au rendez-vous. Le long de **Nai Sarak** (New Road) (B3) se succèdent les grands magasins de tissus, vêtements et chaussures.
Les **bazars traditionnels** (B2), particulièrement animés à partir de 17h, regroupent quant à eux une succession ininterrompue d'échoppes autour de Ghasmandi Rd.
Bon à savoir – Contrairement à ce qu'affirment certains vendeurs, jamais à court d'idées pour tripler les prix, ce n'est pas ici que les grands couturiers achètent leurs matières premières ; ne vous laissez pas abuser par les appellations « Armani » ou « Hermès » données à certains tissus – et négociez !

Artisanat

Sumer Mahal, à l'entrée de Sumer Market (A3). Ce beau bâtiment rouge, ancienne dépendance des écuries du maharaja, accueille dans un décor d'époque un choix d'artisanat des environs de Jodhpur à prix fixes… et affichés.

Cuir

Jodhpur est réputé pour ses cuirs et ses *juti* (pantoufles) que l'on dit être les plus souples du Rajasthan. Vous les trouverez dans **Mochi Bazar** (B2) ; demandez la boutique de **Shabbir Hassan**, artisan célèbre pour la finesse et la légèreté de ses chaussures.

Tapis et tissus

Voir aussi p. 74 et 75.
On tisse dans les environs de Jodhpur de beaux **dhurri** en coton, soie ou laine de dromadaire. Démonstration-vente par des artisans regroupés en coopérative au **Pukhraj Durry Udhyog** de Salawas *(22 km au sud de Jodhpur, sur la route de Luni)*, où tous les « Bishnoi Safari Tours » font une halte. Autres spécialités de la ville : les étoffes *bandhani* (teintes par nouage) et les turbans *laheria* (tissu orné de chevrons).

Antiquités

Meubles, « antiquités » et objets décoratifs divers, produits dans la région, s'amoncellent dans quelques magasins et entrepôts regroupés sur **Umaid Bhawan Rd** (C3) et sur **High Court Rd** *(à l'ouest de l'hôtel Ghoomar)* (C2-3). Les acheteurs des grands magasins occidentaux viennent y passer commande en gros. Vous trouverez quelques boutiques plus modestes dans la **partie nord de Nai Sarak** et au **fort** – quartiers touristiques donc onéreux.

Spécialités culinaires

Les *namkin* (amuse-gueules épicés ou sucrés-salés) de Jodhpur rivalisent avec ceux de Bikaner ; vous en trouverez dans le sud de **Nai Sarak** et à l'extérieur de **Sojati Gate**.
Chandra Vilas Namkin – B3 - *la 5e boutique sur High Court Rd, passé Nai Sarak. La meilleure adresse pour les namkin.*
Mohanlal Verhomal – B2 - *209-B, Kirana Merchant - dans Sadar*

Bazar. Une véritable institution pour les épices et condiments, célèbre dans tout le Rajasthan. À titre indicatif, comptez 150 à 350 Rs pour 200 g du thé le plus coûteux, le Darjeeling (vente en vrac).

Librairies

Livres sur le Rajasthan et cartes postales sont en vente à l'entrée du fort et dans les boutiques des grands hôtels.

Rathi's Media Centre – B3 - *Ratanada Rd - sur le pont au-dessus des voies ferrées*. Propose des livres sur l'Inde, des romans et des magazines indiens ou étrangers.

Gulab Electronics – B3 - M. G. Hospital Rd. Pour des CD et DVD de musique.

EXCURSIONS

Les villages d'artisans

Toutes les agences de voyages et tous les hôtels de Jodhpur et de sa région vous proposeront des « safaris » vers les villages alentour *(voir p. 351)*. Vous pouvez éviter ces intermédiaires en vous adressant directement à l'**association des guides locaux** *(✆ (mob.) 98 29 12 63 98, www.bishnoivillagesafari.com)*, qui pratique les mêmes tarifs mais reverse une partie de ses bénéfices aux communautés villageoises. Les visites par l'association privilégient la découverte humaine plus que les haltes shopping. Comptez env. 750 Rs/pers. pour 4 à 5h de visite.

Bon à savoir – Nous vous déconseillons de partir seul ou avec un guide non accrédité dans les villages bishnois (en réalité des hameaux) ; outre que ces derniers ne sont pas indiqués, les habitants pouvent parfois se montrer hostiles vis-à-vis des visiteurs n'ayant pas versé de commission.

Randonnées à dromadaire

Une randonnée correctement organisée, avec tente et chariot pour les bagages, revient entre 1 500 à 3 000 Rs/j selon les prestations fournies. Si vous le pouvez, mieux vaut cependant attendre de faire étape à Jaisalmer, où les paysages sont bien plus spectaculaires.

Voir aussi chapitre « Organiser son voyage », p. 34.

Randonnées à cheval

L'hôtel **Rohet Garh**, à Rohet *(voir p. 363)*, organise des circuits équestres de 1 à 7 jours autour de Jodhpur, avec logement en palais ou en campement de luxe.

Agences de voyages

Toutes les agences assurent la location de véhicules, l'organisation de *villages safaris* ou de randonnées à dromadaire, et fournissent un service de guides anglophones *(comptez 750 Rs/4h, 1 500 Rs/8h)*. Elles s'occupent en outre de réserver billets de train, d'avion et hôtels. Dans la rue partant en face de la gare, autour du restaurant Kalinga, de nombreuses officines assurent les réservations pour des bus *Deluxe* privés et les trajets en train. La plupart des hôtels proposent les mêmes services.

Travel Corporation India (TCI) – C3 - *à côté de l'hôtel Ajit Bhawan, Circuit House Rd - ✆ (0291) 251 41 76*. Une excellente adresse, mais ses prestations sont un peu plus chères que la moyenne.

AGENDA

International Desert Kite Festival – *3 j. à la mi-janv.* Des centaines de cerfs-volants rivalisent de hauteur et de couleur dans le ciel du Polo Ground de Jodhpur.

Nag Panchami – *5e j. après la nouvelle lune de juil.-août.* On suspend dans les rues des serpents en papier pour célébrer tous les cobras – réels ou divins.

Festival du Marwar – *26-27 oct. 2015, 14-15 oct. 2016.* La veille et le jour de la pleine lune de sept.-oct., un festival organisé par le gouvernement du Rajasthan vise à promouvoir la culture marwarie : spectacles de danse et de musique, matchs de polo, concours de nouage de turban…

Jodhpur International Folk Festival – *www.jodhpurriff.org - 4 j. autour de la pleine lune d'oct.* Patronné par le maharaja de Jodhpur et du Marwar, ce festival mêlant musique du monde et musique traditionnelle rajasthanie se déroule dans le fort de Mehrangarh et le Chokelao Bagh.

À Nagaur

Foire au bétail – *8 j en janv.-fév.* Quelque 70 000 dromadaires, chevaux et bovins s'y vendent chaque année. Cette foire, l'une des plus importantes du Rajasthan, se tient à Nagaur, entre Jodhpur et Bikaner, à l'occasion des célébrations en l'honneur de Baba Ramdev. Démonstrations d'adresse, combats de coqs, marionnettes, artisanat.

NOS ADRESSES AUTOUR DE JODHPUR

HÉBERGEMENT Carte régionale

La région de Jodhpur regorge d'hébergements de charme : anciens palais, petits forts, pavillons de chasse ou demeures de maharajas dont les murs content avec nostalgie des fastes enfuis. Reconvertis dans l'hôtellerie haut de gamme dans les décennies qui suivirent l'indépendance de l'Inde, ils vous convient à un séjour d'exception, hors du temps et loin de l'agitation urbaine. Souvent situés loin des grands axes, ils nécessitent que vous soyez motorisé.

Les établissement que nous avons retenus sont repérés par des puces de couleur verte sur la Carte régionale du Nord-Ouest p. 310.

BUDGET MOYEN

À Bhadrajun

Sur la route d'Ahor et de Jalor, à 100 km au sud de Jodhpur.

⑩ **Royal Rajwada** – B2 - *réserv. à Mumbai - ✆ (022) 25 55 05 55 - 12 ch. 3 500 Rs - Réserv. indispensable.* Ce fort rustique niché au pied d'un escarpement rocheux qui le protège sur trois côtés se trouve loin de tout. Les seules raisons pour faire halte ici tiennent à la richesse ethnographique de cette région encore préservée du tourisme, et à la beauté de la vue et du site. Confort plus que rudimentaire.

À Chandelao

Sur la route d'Ajmer via Beawar, à 45 km à l'est de Jodhpur. Une fois sur la route d'Ajmer, tournez à droite peu après Binawas.

② **Chandelao Garh** (Heritage Hotels Association) – B2 - *Réserv. à Jodhpur - ✆ (0921) 440 32 92 - www.chandelao.com - 20 ch. 4 000 Rs - 300 Rs - rest. env. 600 Rs. Réserv. conseillée.* Petit fort du 17e s. établi dans une région peuplée de gazelles. Une adresse au charme campagnard et familial, à ne pas négliger malgré son architecture peu impressionnante. Les chambres sont décorées avec soin et l'hôtel organise des excursions et des safaris dans les environs.

POUR SE FAIRE PLAISIR

À Khejarla

Sur la route d'Ajmer via Beawar, à 85 km à l'est de Jodhpur. À Bhawi, vous prendrez à gauche vers Pipar. Env. 5 km plus loin, tournez à droite.

④ **Fort Khejarla** – B2 - *✆ (02930) 25 84 86 - www.jodhpurfortkhejarla.com - Wifi, massages, spa, gym - 38 ch. 6 500/8 500 Rs* Un fort rustique dans une région de cimenteries. La partie la plus ancienne, datant du 16e s., est constituée de neuf tours accolées – très impressionnant ! Les chambres possèdent charme et caractère. Grimpez sur la terrasse pour apprécier la vue sur la région.

À Luni

Sur la route de Pali, à 35 km au sud de Jodhpur. Tournez à droite au niveau de Kankani. Les trains qui relient Jodhpur à Abu Road s'arrêtent à Luni (35mn de trajet depuis Jodhpur).

③ **Fort Chanwa** (Heritage Hotels Association) – B2 - *✆ (02931) 28 42 16 - www.fortchanwa.com - Boutique, excursions - 60 ch. 6 000/7 200 Rs - rest. 850/1 000 Rs. L'hôtel recevant souvent des groupes, réservez.* Ancienne résidence du maharaja Dalip Singh, ce petit palais du 19e s. à la belle architecture propose des chambres et suites de style rajasthani d'un goût exquis, décorées de *dhurri* tissés dans le village de Salawas. Nombreuses activités nature et folklore (reconstitution de mariages traditionnels rajputs), soirées à thèmes.

À Khimsar

Sur la route de Bikaner via Nagaur, à 90 km au nord-est de Jodhpur.

⑦ **Khimsar Fort** (WelcomHeritage Hotels) – B1 - *✆ (01585) 26 23 45 - www.khimsar.com - ▤ ✕ 🍷 ≋ - Randonnées équestres, court de tennis - 67 ch. 7 000/8 500 Rs ☕ - rest. env. 1 000 Rs* Hôtel de grand standing dans un superbe fort du 15e s. qui a conservé ses murailles d'époque. Les luxueuses voitures anciennes du « garage royal » sont exposées dans les jardins. Les chambres de l'aile ancienne du palais affichent davantage de caractère. Réserv. indispensable pendant la foire de Nagaur *(voir p. 52)*.

À Rohet

Sur la route de Pali, à 40 km au sud de Jodhpur.

⑨ **Rohet Garh** (Heritage Hotels Association) – B2 - *✆ (02936) 26 82 31 - www.rohetgarh.com - ▤ ✕ 🍷 ≋ - Wifi, randonnées équestres, court de tennis - 34 ch. 8 600 Rs - ☕ 550 Rs - rest. 700/850 Rs.* Demeure familiale du 17e s. ménageant de multiples endroits où s'installer pour lire ou prendre un verre : dans le salon avec poutres au plafond, sous la véranda attenante ou sur la pelouse… Les chambres sont parfaites, avec dallage recouvert de *dhurri* et beaux meubles anciens. Réservez car l'endroit est souvent complet. Observation ornithologique, sorties nature, balades à vélo.

UNE FOLIE

À Sardar Samand

À 60 km au sud-est de Jodhpur. Sortez par la route de Pali, puis prenez à gauche vers Jhalamand et Jadan.

⑪ **Sardar Samand Palace** (WelcomHeritage Hotels et Heritage Hotels Association) – B2 - *✆ (291) 257 23 21- http://sardarsamand.jodhanaheritage.com - ▤ ✕ 🍷 ≋ - Court de tennis - 19 ch. 10 000/18 000 Rs ☕* Superbe pavillon de chasse construit en 1933 pour le maharaja de Jodhpur. Étagé sur une butte rocheuse, il surplombe le lac, devenu réserve ornithologique. Décoration raffinée, entièrement Art déco, jusqu'aux tapis. Un régal !

VAL PERSON
YAL CHOICE
SATHI
LASSI
साथी
लस्सी
SATHI
LASSI
Daisy

Le Sud 4

Devanture d'un café à Bundi.
Ph. Michel/age fotostock

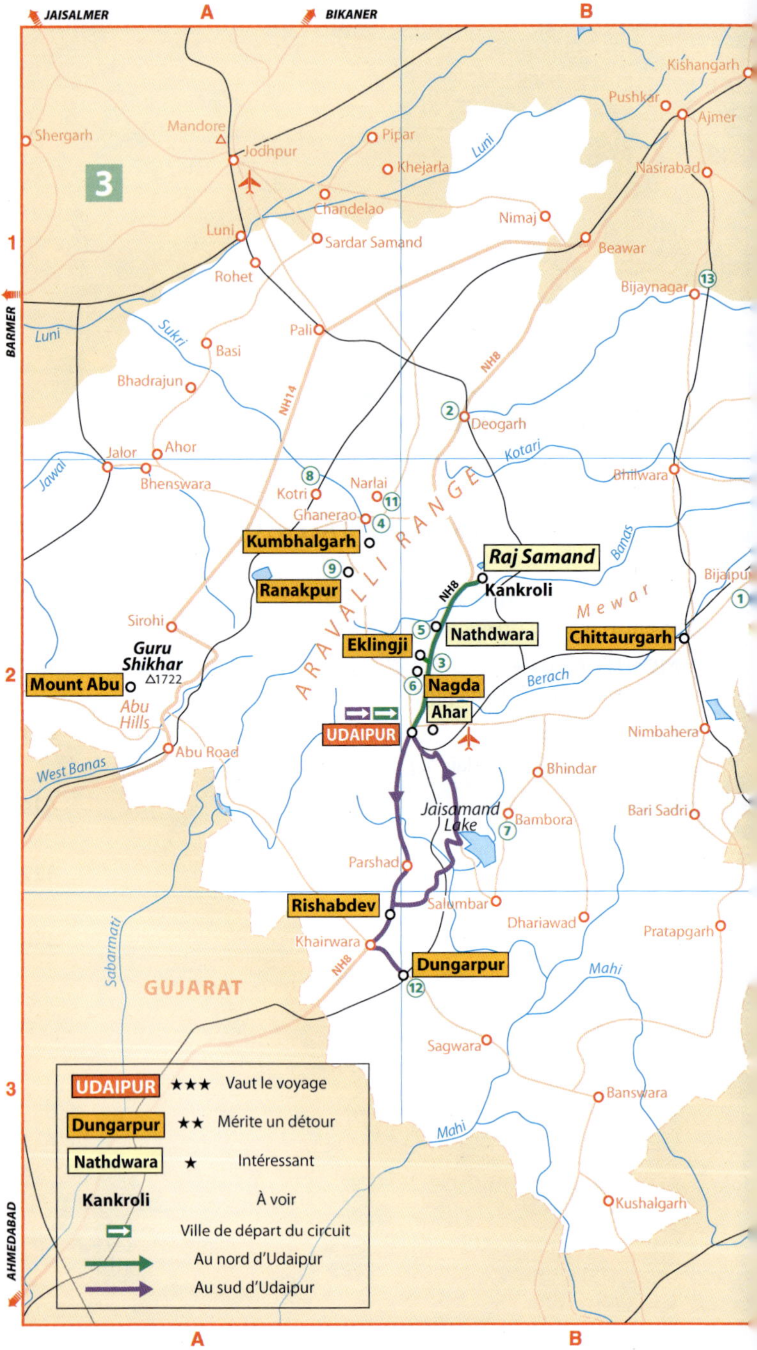
JAISALMER
A
BIKANER
B
Kishangarh
Pushkar
Ajmer
Shergarh
Mandore
Jodhpur
Pipar
Khejarla
Luni
3
Chandelao
Nasirabad
Nimaj
1
Luni
Sardar Samand
Beawar
Rohet
Bijaynagar
13
BARMER
Luni
Sukri
Pali
Basi
NH8
Bhadrajun
NH14
2
Deogarh
Kotari
Jalor
Ahor
Jawai
Bhenswara
8
Kotri
Narlai
11
Bhilwara
Ghanerao
4
ARAVALLI RANGE
Kumbhalgarh
Banas
Raj Samand
9
Ranakpur
Bijaipur
NH8
Kankroli
Mewar
1
Sirohi
5
Nathdwara
Chittaurgarh
Guru Shikhar
Eklingji
3
2
Mount Abu
△1722
6
Nagda
Berach
Abu Hills
Ahar
UDAIPUR
Nimbahera
Abu Road
Bhindar
West Banas
Jaisamand Lake
Bambora
7
Bari Sadri
Parshad
Rishabdev
Salumbar
Dhariawad
Pratapgarh
Khairwara
NH8
Dungarpur
Mahi
Sabarmati
GUJARAT
12
Sagwara
3
UDAIPUR ★★★ Vaut le voyage
Banswara
Dungarpur ★★ Mérite un détour
Mahi
Nathdwara ★ Intéressant
Kankroli À voir
Kushalgarh
Ville de départ du circuit
AHMEDABAD
Au nord d'Udaipur
Au sud d'Udaipur
A
B

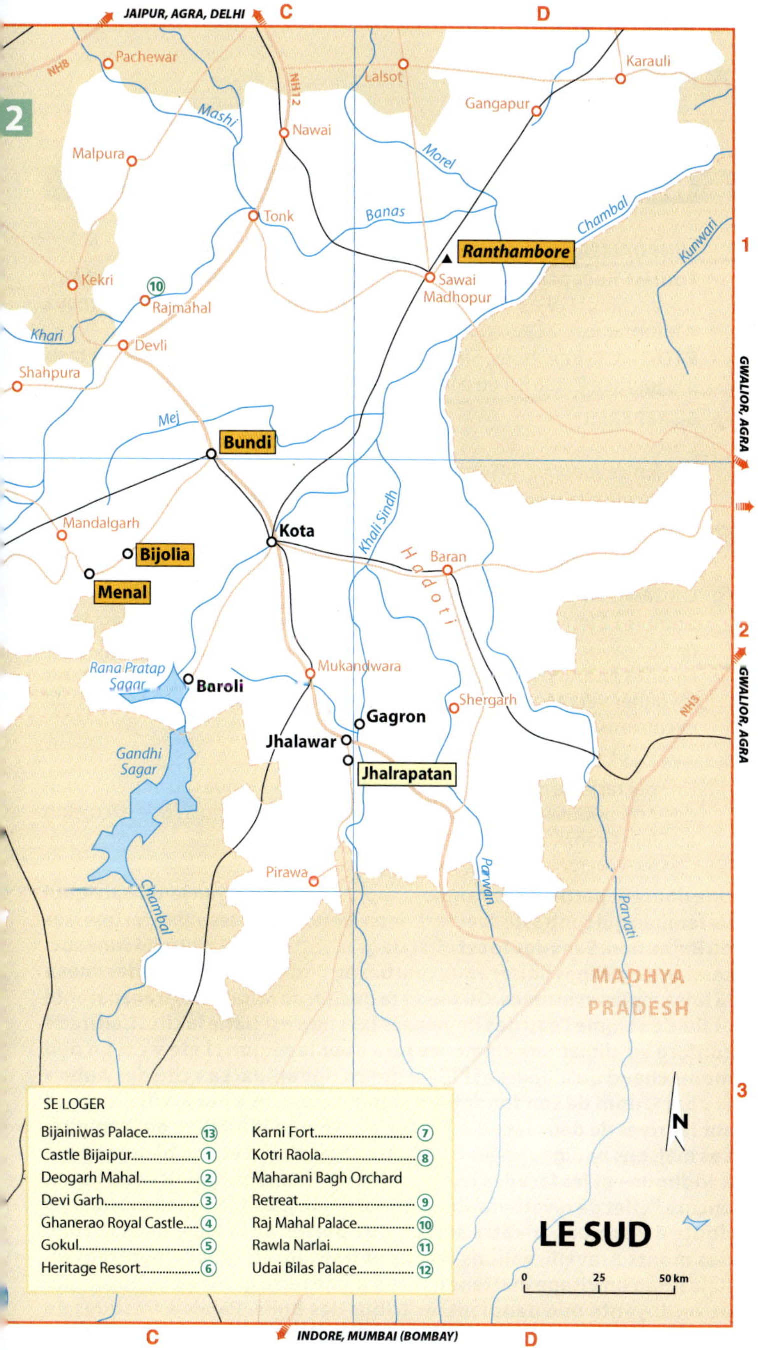
LE SUD
JAIPUR, AGRA, DELHI
INDORE, MUMBAI (BOMBAY)
GWALIOR, AGRA
GWALIOR, AGRA
C
D
1
2
3
2
NH8
NH12
NH3
Pachewar
Malpura
Mashi
Nawai
Lalsot
Gangapur
Karauli
Morel
Banas
Chambal
Kunwari
Tonk
Ranthambore
Sawai Madhopur
Kekri
Rajmahal
Khari
Devli
Shahpura
Mej
Bundi
Mandalgarh
Bijolia
Menal
Kota
Khali Sindh
Hadoti
Baran
Rana Pratap Sagar
Baroli
Mukandwara
Shergarh
Gagron
Jhalawar
Jhalrapatan
Gandhi Sagar
Chambal
Pirawa
Parwan
Parvati
MADHYA PRADESH
N
0
25
50 km
SE LOGER
Bijainiwas Palace 13
Castle Bijaipur 1
Deogarh Mahal 2
Devi Garh 3
Ghanerao Royal Castle 4
Gokul 5
Heritage Resort 6
Karni Fort 7
Kotri Raola 8
Maharani Bagh Orchard Retreat 9
Raj Mahal Palace 10
Rawla Narlai 11
Udai Bilas Palace 12

Udaipur

★★★

Env. 465 000 hab. – Alt. 570 m – État du Rajasthan

NOS ADRESSES PAGES 377 ET 391

S'INFORMER

Tourist Reception Centre – C3 - *Fateh Memorial - au pied de la Clock Tower - Suraj Pol - ✆ (0294) 241 15 35 - tlj sf dim. 9h-17h.* Autres bureaux d'informations à l'aéroport et à la gare.

RTDC – C3 - *Kajri Hotel, Shastri Circle - ✆ (0294) 241 05 01.* Loue des taxis à la journée (2 100 Rs) ou à la demi-journée (1 600 Rs). Une adresse fiable.

SE REPÉRER

Carte régionale p. 366-367 – Plan de la ville p. 370 – *À 663 km de Delhi, 266 km de Jodhpur, 405 km de Jaipur.*

Voir aussi la rubrique « Arriver/partir » dans « Nos adresses ».

À NE PAS MANQUER

Le palais de la Cité ; les bazars de la vieille ville.

ORGANISER SON TEMPS

Comptez 2 jours pour visiter Udaipur, 4 jours avec les circuits aux environs *(p. 387)* si vous voulez tout voir. Prenez un taxi à la journée pour rejoindre les sites les plus excentrés. Prenez Udaipur comme camp de base pour rayonner vers Mount Abu *(p. 399)*, Kumbhalgarh et Ranakpur *(p. 392)* en excursions à la journée.

AVEC LES ENFANTS

Un spectacle de marionnettes ou de danses folkloriques au musée indien des Arts populaires ; un tour en barque sur le lac Pichola ; une excursion au Shilp Gram.

Une douceur particulière baigne la capitale du Mewar, un je-ne-sais-quoi de féminin qui contraste avec la rudesse de nombreuses villes-forteresses du Rajasthan. Sans doute cet effet de grâce est-il dû au paysage : une succession de collines boisées aux courbes arrondies, ménageant des vues à la fois amples et intimes. Ou bien à la qualité de la lumière, transparente et fluide comme l'eau des immenses lacs où s'est bâtie la cité. L'altitude confère au climat une clémence rare pour la région : l'été y est un peu moins chaud qu'ailleurs et l'hiver moins rigoureux. La « cité de l'Aube » (« udai », nom de son fondateur, signifie aube, et « pur », ville) s'étend sur les rives de deux lacs dont la surface charge la lumière de limpidité. Les maisons badigeonnées à la chaux – blanche ici et non bleue comme à Jodhpur – et les façades jaune crème de l'immense palais accroissent encore l'effet de réverbération. L'atmosphère paisible vous incitera sans doute à y prolonger votre séjour. Aux portes de la ville, dans la zone des monts Aravalli, vallons étroits et frais, forêts et lacs montrent du Rajasthan un visage inattendu : celui d'une terre généreuse, bucolique et verdoyante que peuplent les tribus des Bhils. Palais à fresques de Dungarpur, dentelles de marbre de Rishabdev, élégantes sculptures des temples de Nagda ponctuent ces campagnes riantes.

Mewar Festival, au bord du lac Pichola, Udaipur.
E. Rooney/Robert Harding Picture Library/age fotostock

★★★ La vieille ville Plan de ville

Circuit tracé en vert sur le plan de ville (p. 370), au départ de Delhi Gate – Comptez 3h à pied.

Ceinte de remparts, fermée à l'ouest par le lac Pichola et au sud par un ensemble de jardins, la vieille ville conserve un rythme paisible où il fait bon flâner. Vous savourerez tout particulièrement son atmosphère en fin de journée, lorsque la chaleur se dissipe et que les marchés s'animent à nouveau. La plupart des curiosités se situent dans ce cœur historique d'Udaipur, où vous circulerez tantôt à pied, tantôt en rickshaw.

4

LE QUARTIER DU MARCHÉ B3 ET LES GHAT A3

Les parties les plus pittoresques de la vieille ville s'étendent dans le secteur nord-est, autour du **Vegetable Market** (marché aux légumes) (C3), où sacs de thé venus de l'Assam lointain ou du Darjeeling et vendus en vrac, débordements d'épices, dont le fameux safran, montagnes de cassonade, amoncellements de piments séchés et de pâtes, savons naturels, turbans, babouches, parfums vous plongeront dans un univers coloré.

Dans les ruelles avoisinant **Dhan Mandi** et **Bara Bazar** (B3), vous retrouverez l'ancestrale organisation des villes, où petits métiers et échoppes se regroupent par corporation.

Allez musarder également du côté de **Gangaur Ghat** (A3) pour y saisir la vie des bords du lac et découvrir les maisons blanchies à la chaux que des peintures naïves, réalisées à l'occasion d'un mariage, égaient parfois : cavaliers, éléphants, divinités, bananiers…

La partie sud de la vieille ville est occupée par des jardins plus ou moins bien entretenus. Le plus agréable, le **Manak Lal Verma Park** (B4), s'étage sur une colline d'où l'on découvre une vue inhabituelle sur le lac Pichola.

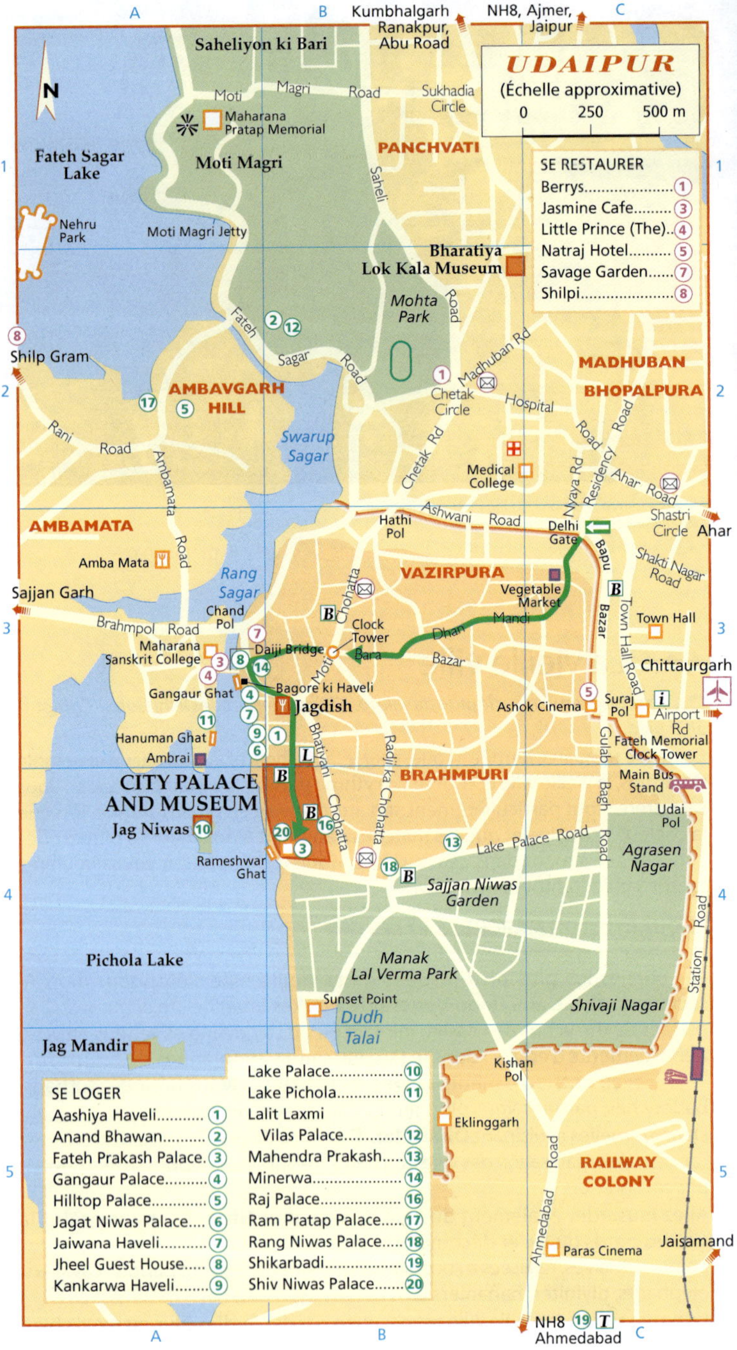
UDAIPUR
(Échelle approximative)
0 250 500 m
N
A
B
C
1
2
3
4
5
Kumbhalgarh Ranakpur, Abu Road
NH8, Ajmer, Jaipur
Saheliyon ki Bari
Moti Magri Road
Sukhadia Circle
Maharana Pratap Memorial
Moti Magri
PANCHVATI
Saheli
Fateh Sagar Lake
Nehru Park
Moti Magri Jetty
Bharatiya Lok Kala Museum
Mohta Park
Road
Fateh Sagar Road
Shilp Gram
AMBAVGARH HILL
Madhuban Rd
Chetak Circle
Hospital
MADHUBAN
BHOPALPURA
Rani Road
Ambamata Road
Swarup Sagar
Cherak Rd
Medical College
Nyaya Rd
Residency Road
Ahar Road
AMBAMATA
Hathi Pol
Ashwani Road
Delhi Gate
Shastri Circle
Ahar
Amba Mata
Rang Sagar
VAZIRPURA
Shakti Nagar Road
Sajjan Garh
Chand Pol
Chohatta
Vegetable Market
Bapu Bazar
Town Hall Road
Town Hall
Brahmpol Road
Clock Tower
Mandi
Dhan
Maharana Sanskrit College
Daiji Bridge
Bara Bazar
Moti
Chittaurgarh
Gangaur Ghat
Bagore ki Haveli
Jagdish
Ashok Cinema
Suraj Pol
Airport Rd
Hanuman Ghat
Bhatiyani Chohatta
Radji ka Chohatta
Gulab Bagh Road
Fateh Memorial Clock Tower
Ambrai
BRAHMPURI
Main Bus Stand
CITY PALACE AND MUSEUM
Jag Niwas
Udai Pol
Lake Palace Road
Agrasen Nagar
Rameshwar Ghat
Sajjan Niwas Garden
Pichola Lake
Manak Lal Verma Park
Station Road
Sunset Point
Dudh Talai
Shivaji Nagar
Jag Mandir
Kishan Pol
Eklinggarh
Ahmedabad Road
RAILWAY COLONY
Paras Cinema
Jaisamand
NH8 Ahmedabad
SE RESTAURER
Berrys..................... 1
Jasmine Cafe......... 3
Little Prince (The).. 4
Natraj Hotel.......... 5
Savage Garden...... 7
Shilpi..................... 8
SE LOGER
Aashiya Haveli........... 1
Anand Bhawan.......... 2
Fateh Prakash Palace. 3
Gangaur Palace.......... 4
Hilltop Palace............ 5
Jagat Niwas Palace.... 6
Jaiwana Haveli........... 7
Jheel Guest House..... 8
Kankarwa Haveli........ 9
Lake Palace................ 10
Lake Pichola.............. 11
Lalit Laxmi Vilas Palace.............. 12
Mahendra Prakash..... 13
Minerwa..................... 14
Raj Palace.................. 16
Ram Pratap Palace..... 17
Rang Niwas Palace..... 18
Shikarbadi.................. 19
Shiv Niwas Palace....... 20

★ BAGORE KI HAVELI A3

Derrière Gangaur Ghat - 10h-17h30 - 25 Rs, photo 10 Rs - guides à l'entrée. Spectacles : voir la rubrique « En soirée », p. 386.
Elle occupe la demeure du maharaja de Bagore, édifiée au 18e s. et restée en activité jusqu'en 1947. La moitié de ses 138 pièces ont été reconverties en musée. Une salle laissée en l'état permet de mesurer l'ampleur de la rénovation, achevée en 1980. Dans les anciens appartements des femmes, mobilier d'époque, textiles et ustensiles retracent la vie quotidienne d'antan. Intéressante série de turbans et de saris déclinant les spécificités régionales et la signification sociale des vêtements. Le sous-sol abrite un beau **kawar★**, livre de bois peint contant le *Ramayana* à la manière d'une bande dessinée, avec ses panneaux coulissants.

★ TEMPLE DE JAGDISH B3

À l'angle de la rue conduisant au City Palace - se déchausser à l'entrée.
Il fut bâti en 1651 par le *maharana* Jagat Singh Ier, en l'honneur de **Jagannatha** (Seigneur du monde), communément appelé Jagdish (contraction de *jagat*, « monde », et *ishvara*, « Dieu ») – autrement dit Vishnou.
Gravissez l'escalier et pénétrez dans l'enceinte du temple.
Le plan reprend la disposition des sanctuaires de Chittaurgarh : une cour carrée occupée par un temple principal avec une chapelle à chaque angle. Le sanctuaire principal est précédé d'un élégant pavillon abritant une image en bronze de **Garuda**, la monture ailée de Vishnou. Il s'ordonne selon le schéma classique : porche-hall-cella, surmonté d'une tour *(shikhara)*.
Attardez-vous le long du **mur extérieur**, richement sculpté de danseuses, éléphants, *mithuna* (amants enlacés), yogis… Le plafond du porche porte un joli bas-relief de Krishna (un avatar de Vishnou) jouant de la flûte pour Radha, son amante préférée. Le hall, surmonté d'une coupole, ouvre sur la cella *(garbha griha)* et la statue noire de Vishnou-Jagannatha, pourvue de quatre bras.

★★★ COMPLEXE DU CITY PALACE B4

Accès principal par la façade nord, en remontant la ruelle à gauche du temple de Jagdish - 9h-17h30 (dernière entrée 16h30) - 25 Rs pour le complexe seul ; 145 Rs pour le City Palace Museum ; 525 Rs pour la Crystal Gallery ; suppl. de 225 Rs pour les appareils photo et vidéo - audioguide en français - ***son et lumière*** *à 19h (150 à 350 Rs selon la place choisie ; durée 1h) – Comptez 1h30 à 2h de visite.*
Ce somptueux palais, le plus grand du Rajasthan, comprend en fait plusieurs palais accolés (dont le City Palace proprement dit), qui forment une façade unique et massive sur près de 500 m de longueur. Les variations de style, de l'extrémité nord à l'extrémité sud, indiquent la progression chronologique : les premiers travaux commencèrent sous Udai Singh II, dans la seconde moitié du 16e s., et se poursuivirent jusqu'au début du 20e s. Le palais mêle ainsi les styles rajput et moghol aux inspirations plus ou moins baroquisantes.

Portes monumentales

L'accès se fait par deux portes successives, **Bari Pol** (17e s.) et **Tripolia** (18e s.). Entre les deux se dressent à gauche huit arches *(torana)* en marbre où les *maharana* se faisaient peser. L'équivalent de leur poids en pièces d'or et d'argent était alors distribué à leurs sujets. La cour principale constitue la partie la plus ancienne du complexe et sert à présent de parking.

La nouvelle capitale du Mewar

LA DYNASTIE DES SISODYAS

Udaipur date seulement du 16e s., mais les origines de la dynastie fondatrice des **Sisodyas** remontent, selon la légende, à un chef dénommé Guhil, né dans une grotte *(guha)* alors que sa famille fuyait le Gujarat et les envahisseurs huns, au 6e s. Ses descendants, les **Guhilots**, se réclament de la branche aînée de la « race du Soleil » *(Suryavansh)*, à laquelle appartient aussi le dieu Rama. Ils s'installent dans le **Mewar** au 7e s., établissent leur capitale à Nagda puis à Ahar (à quelques kilomètres de l'actuelle Udaipur) et prennent le nom de Sisodya. Au 8e s., un monarque issu de la branche cadette des Sisodyas, **Bappa Rawal**, fonde la citadelle de **Chittaurgarh**, qui devient pour huit siècles la capitale du Mewar et l'une des plus puissantes cités du nord de l'Inde.

LE REFUGE D'UN SOUVERAIN EN FUITE

En 1568, l'empereur Akbar assiège et ruine définitivement Chittaurgarh. Le *maharana* **Udai Singh II** (règne de 1537 à 1572) parvient à s'échapper et se réfugie dans ce site à l'écart des grands axes. Conquis par la sérénité des collines avoisinantes et la protection naturelle qu'elles offrent, il décide d'y bâtir une ville à son nom, suivant en cela les conseils d'un ermite visionnaire qui annonçait l'essor d'une nouvelle capitale pour le Mewar.

RÉSISTANCE

Alors que la plupart des Rajputs s'allient à la dynastie moghole sous l'empereur Akbar, réputé pour sa tolérance, les *maharana* du Mewar poursuivent leur combat pour l'indépendance. Le fils d'Udai Singh II, le fameux *maharana* **Pratap Singh** (1572-1597), incarne cette lutte désespérée avec une bravoure qui lui vaut de devenir le héros le plus célèbre du Rajasthan. Soutenu par quelques chefs militaires et les archers de la tribu des Bhils, il parvient à conserver son royaume. Jamais cependant il ne réussira à reprendre Chittaurgarh, symbole de la puissance perdue des Sisodyas.

En 1576, lors de la **bataille de Haldighati** *(à 27 km d'Udaipur)*, il affronte pour la dernière fois les troupes impériales, commandées par un général rajput, le maharaja d'Amber… Les hommes d'Akbar écrasent son armée. Encerclé de toutes parts, il ne doit le salut qu'à son fidèle cheval, Chetak, qui le mène en lieu sûr avant de périr de ses blessures. Aujourd'hui, une statue de Chetak marque le champ de bataille.

LE GLAS DE L'INDÉPENDANCE

Pratap Singh, vaincu, parvient toutefois à préserver l'indépendance du Mewar – pour un temps seulement : son successeur Amar Singh (1597-1620) se voit contraint de négocier avec Jahangir. Mais l'accord est honorable : les Sisodyas sont dispensés d'envoyer une princesse dans le lit de l'empereur. La paix puis le déclin des Moghols favorisent l'essor d'Udaipur, jusqu'à ce que de nouveaux adversaires menacent la capitale : les Marathes, venus du sud. Incapables d'assurer leur indépendance, les *maharana* d'Udaipur acceptent finalement la suzeraineté britannique en 1818.

★★★ City Palace Museum

Parcours unique, fléché tout du long.

Le musée se présente comme un dédale de palais, de couloirs et d'escaliers. *Montez les escaliers et entrez dans le 1er bâtiment à gauche.*

Au 1er niveau à droite, les salles présentent, parmi des collections de miniatures et d'armes, l'armure de Pratap Singh, pesant 75 kg, et la cotte de mailles de son cheval Chetak (*voir « La nouvelle capitale du Mewar », ci-contre*), dotée d'une trompe d'éléphant supposée mystifier les montures de l'ennemi et les effrayer. *Entrez dans l'aile gauche.* Après quelques salles et volées de marches, vous déboucherez dans une plaisante cour arborée en hauteur, le **Bodi Mahal** ou **Amar Vilas★**, aménagée en 1699 par Amar Singh II (1698-1710).

De là, un couloir conduit au **Dilkush Mahal★★** (palais du Cœur joyeux) ; édifié au début du 17e s., il comprend deux salles principales qui furent décorées ultérieurement : à droite, Kanch ki Burj (début du 19e s.) est tapissée de petits miroirs *(shish)*, tandis qu'à gauche, Chitran ki Burj (18e s.) possède de somptueuses **miniatures** rehaussées à l'or fin évoquant la vie de la cour et les passe-temps favoris des princes. La cour attenante, **Chini Mahal★★** (18e s.), est recouverte de carreaux en faïence de Chine et de Delft, dont certains *(au fond à gauche)* représentent des scènes de genre typiquement européennes et des thèmes chrétiens, comme la *Fuite en Égypte*.

Un escalier descend à l'étage inférieur au **Moti Mahal★★**, autre somptueuse salle à miroirs que flanquent deux portes d'ivoire. Toute de bleu pastel, la pièce suivante, **Bhim Vilas★**, fut décorée à la fin du 18e s. sous le *maharana* Bhim Singh, le père de l'héroïque Krishna Kumari (*voir encadré ci-dessous*). De belles peintures évoquant la vie du dieu Krishna ornent la loge d'où le *maharana* se montrait à sa cour.

Encore une volée de marches et vous descendez au **Surya Chaupar★**, qui abrite un masque en cuivre couvert d'or du dieu Soleil, Surya, dont descendrait la dynastie des Sisodyas, à qui il sert d'emblème. La cour voisine, **Mor Chowk** (19e s.), est ornée de mosaïques en pâte de verre colorée et de paons *(mor)* faisant la roue. Tapissés de miroirs, les murs du **Manak Mahal** (1620) démultiplient la perspective de la cour qui s'y reflète ; remarquez l'ivoire ornant l'intérieur des portes.

Un passage couvert conduit au **palais de la Reine**. Après avoir jeté un œil sur la chambre de la *maharani* et traversé quelques salles ornées de photos défraîchies, calendriers et blasons, vous parviendrez à une série de pièces en enfilade encadrant la **Laxmi Chowk** (cour). De nombreuses miniatures

LE SUICIDE HÉROÏQUE D'UNE PRINCESSE DE 16 ANS

Dans les premières années du 19e s., la princesse Krishna Kumari d'Udaipur, réputée pour sa beauté, fut promise au maharaja de Jodhpur, mais celui-ci mourut avant les fiançailles. Le père de la jeune fille, le *maharana* Bhim Singh, la fiança alors au prince héritier de Jaipur. Le frère du maharaja décédé, estimant avoir des droits sur la belle Krishna, réclama son dû. Il s'ensuivit une succession de conflits, dont le siège de Jodhpur par l'armée de Jaipur, en 1808. Finalement, le *maharana* reçut un ultimatum de la part des deux prétendants : chacun promettait la paix s'il obtenait la main de la belle, la guerre si on la lui refusait. Devant cet insoluble dilemme (la guerre était inévitable), la belle décida de supprimer la cause du conflit : elle s'enferma dans la Chitran ki Burj et avala un violent poison préparé par ses dames de compagnie.

y content moult chasses au tigre et combats d'éléphants, mais les appartements féminins sont loin d'être aussi somptueux que ceux des hommes. Une collection de palanquins et de calèches occupe la cour.
En traversant Laxmi Chowk, vous reviendrez à l'entrée du City Palace Museum. À gauche, un écriteau signale le **Government Museum** *(tlj sf lun. 10h-17h ; 10 Rs, photo interdite)*, un triste rassemblement d'animaux empaillés, d'armes et de turbans poussiéreux derrière des vitrines sales.
Regagnez la cour principale et dirigez-vous vers le fond, à droite. Franchissez la grille qui donne accès à la cour du palais de Fateh Prakash.

Palais de Fateh Prakash

Édifié par le *maharana* Fateh Singh (règne de 1884 à 1930), il a été en partie transformé en hôtel de luxe *(voir « Hébergement » p. 381)*. Il est remarquable pour son immense **Durbar Hall** (salon de réception) orné de superbes lustres en cristal et de portraits de souverains.
À l'étage supérieur, un musée, **Crystal Gallery** *(525 Rs - voir plus haut, conditions d'accès au complexe du City Palace)*, regroupe un ensemble de 7 000 meubles et objets en cristal : fauteuils – grandeur nature ! – tables, lits, chandeliers… Le *maharana* Sajjan Singh les commanda en 1877 à la compagnie Osler de Birmingham. Le malheureux souverain ne put jamais les admirer : il mourut avant l'arrivée du bateau convoyant cet étonnant trésor.
Bon à savoir – Pour avoir un aperçu du Durbar Hall sans débourser un ticket d'entrée surévalué, allez simplement prendre une collation au **Surya Darshan** *(voir « Boire un verre », p. 384)*.
Ressortez du palais de Fateh Prakash par une porte qui donne directement sur le lac. Une route descend à l'embarcadère.

★ LAC PICHOLA A3-5

Promenades sur le lac au départ de Lal Ghat (A3) ou de Rameshwar Ghat (A4) : oct.-mars 10h-17h ; avr.-sept. 8h-18h - comptez 200 Rs pour 30mn, 300 Rs pour 1h avec visite de Jag Mandir.
Cette paisible étendue d'eau ponctuée de palais de marbre blanc compte pour beaucoup dans le charme d'Udaipur. On raconte qu'au 15e s., un marchand de la région avait édifié un muret sur la rivière pour permettre à ses convois de passer à gué. Udai Singh II, le fondateur de la ville, fit fortifier l'ouvrage et disposa d'autres digues, qui permirent d'agrandir le lac. Malgré sa superficie (12 km^2), le plan d'eau est peu profond. Certains affirment qu'il serait possible de le traverser à pied avant la mousson, thèse que les faibles pluies de ces dernières années commencent à créditer : le niveau des eaux a tant baissé que les buffles viennent y pâturer. Le lac est bordé, à l'est, par la ville ancienne : palais, *haveli* et *ghat* animés par les cris des lavandières. Ailleurs, il est ourlé de collines sauvages portant pavillons de chasse et restes de fortifications.

Île de Jag Niwas A4

Accès réservé aux résidents de l'hôtel et aux clients du restaurant ayant réservé.
L'île, qui s'étend sur 1,5 ha, est entièrement occupée par un ancien **palais** transformé en un hôtel de luxe, le légendaire **Lake Palace** *(voir la rubrique « Hébergement » p. 382)*. Ses murs de marbre, d'une éclatante blancheur, semblent sortir de l'eau – ou s'y enfoncer – dans une parfaite osmose avec elle. Le palais fut édifié en 1746 par un prince héritier qui le conçut comme un lieu de plaisir où savourer les délices de la brise en galante compagnie. En y tournant *Octopussy*, James Bond (Roger Moore) lui conféra un supplément d'aura. De nos jours, on y vient du monde entier pour convoler.

Complexe du City Palace.
C. Boisvieux/age fotostock

Île de Jag Mandir A5

Elle porte un autre **palais**, plus modeste, édifié en 1620 et agrandi une vingtaine d'années plus tard. À deux reprises, il servit de refuge, d'abord en 1623-1624 au futur Shah Jahan, alors en rébellion contre son père, l'empereur Jahangir ; puis aux familles anglaises d'Udaipur, en 1857, lors de la révolte des Cipayes : le *maharana* aurait alors fait détruire tous les bateaux de la ville pour empêcher les révoltés de poursuivre ses hôtes occidentaux et de les massacrer. Le palais, ordonné autour d'une imposante tour ronde, compte quelques belles sculptures, tels ces éléphants montant la garde.

À voir aussi

4

Jardins, cénotaphes et village d'artisans reconstitué vous offriront une bouffée d'oxygène à moins d'une heure du centre-ville. Nous vous conseillons de les visiter l'après-midi avant de finir la journée au palais de la Mousson. Comptez env. 3h en taxi.

★ LAC FATEH SAGAR A1

Il fut créé deux siècles environ après le lac Pichola, en 1678. À la suite d'inondations qui détruisirent sa digue, à la fin du 19e s., le *maharana* Fateh Singh entreprit de le réaménager. Au sud du lac, un îlot est occupé par un **jardin botanique** *(Nehru Park, accès en bateau depuis la jetée de Moti Magri).*

Moti Magri A1

7h30-19h30 ; 50 Rs.

Le jardin a malheureusement perdu de son charme depuis que les touristes indiens ont pris l'habitude de parcourir ses allées en voiture. Étagé sur une colline, il est dominé par un mémorial au *maharana* Pratap Singh monté sur son légendaire Chetak (*voir « La nouvelle capitale du Mewar » p. 372*), et ménage de belles vues sur le lac Fateh Sagar.

★ **Saheliyon ki Bari** (jardin des Demoiselles) B1
Au nord de Moti Magri - ouvert de l'aube au crépuscule - 10 Rs.
Ce délicieux jardin clos a conservé son charme d'antan. Dessiné au début du 18e s. pour les dames de la cour et réaménagé sous Fateh Singh (fin du 19e s.), il s'orne d'un bassin animé par de complexes jeux d'eau : jets jaillissant de la trompe de quatre éléphants en marbre, fin rideau de pluie s'écoulant du *chhatri* édifié au centre du bassin. Au sommet du dôme se tient un oiseau métallique : il était autrefois mû par un mécanisme intérieur qui le faisait battre des ailes.

★ MUSÉE INDIEN DES ARTS POPULAIRES (Bharatiya Lok Kala Museum) B2

9h-18h - http://kalamandal.org - 40 Rs ; suppl. pour appareils photo et vidéo.
Il rassemble d'intéressantes collections consacrées au Rajasthan : instruments de musique, costumes, bijoux, peintures et figurines retraçant des scènes de la vie rurale.
Un spectacle de marionnettes a lieu toutes les heures. Le soir, le musée organise des spectacles de danse (*voir « Activités », p. 386*).

★ AHAR en dir. C3

À 3 km à l'est d'Udaipur.
Des fouilles archéologiques y ont révélé l'existence d'une cité datant de 2000 ans av. J.-C. et appartenant à la **civilisation de l'Indus**.
Plus près de nous, Ahar servit de capitale au clan des Guhilots avant que celui-ci ne se fixe à Chittaurgarh. Dans un parc, une vingtaine de **cénotaphes royaux** s'élèvent à l'endroit où les souverains de la dynastie des Sisodyas se faisaient incinérer. Sous chaque dôme de marbre blanc repose le *linga* de Shiva accompagné d'une stèle commémorant le *maharana* pour lequel le pavillon *(chhatri)* a été élevé, et ses épouses devenues *sati*. Un peu plus loin, le **musée** *(tlj sf lun. 10h-16h30 - 35 Rs)* expose les objets découverts lors de fouilles menées dans la cité.

SHILP GRAM en dir. A2

À 5 km à l'ouest d'Udaipur, par la route qui longe la rive sud du lac Fateh Sagar - 11h-19h - www.shilpgram.in - 30 Rs – Festival (Shilp Gram Fair) en nov.-déc.
Conseil – *Venez le w.-end quand tous les stands sont ouverts et que se jouent des spectacles de danse.*
Ce « village artisanal » inauguré par Rajiv Gandhi en 1989 s'étend dans un joli cadre de collines. Il a pour vocation de présenter l'**artisanat** et les **traditions** de quatre des États occidentaux de l'Inde : le Rajasthan, le Gujarat, le Maharashtra (Mumbai) et l'État de Goa. Tout cela évoque une Inde rurale d'opérette, mais vous passerez un moment agréable parmi les reconstitutions d'**habitations rurales** : huttes tribales du désert du Thar ou du « Rann of Kachchh » (au Gujarat), maisons de pêcheurs goans… En hiver, des artisans effectuent des démonstrations-ventes dans les allées du parc. Un **musée** présente des objets traditionnels, instruments de musique, outils, costumes…

SAJJAN GARH (Monsoon Palace) en dir. A3

À 8 km à l'ouest d'Udaipur, au sommet d'une colline escarpée - entrée de la réserve naturelle 8h-18h - 100 Rs/pers. avec le transport, 130 Rs/voiture – Venez en taxi au lever ou au coucher du soleil. Le palais est fermé au public, mais un bakchich au gardien vous permettra d'accéder au chemin de ronde.

Ce palais fortifié de la fin du 19e s. doit son nom (« de la Mousson ») au *maharana* Sajjan Singh, qui en entreprit la construction. Celle-ci fut achevée par son successeur, Fateh Singh, qui avait coutume de se réfugier ici durant la saison des pluies pour échapper à l'air moite de la ville. La vue splendide sur Udaipur et ses lacs, que vous découvrirez du haut de la colline (ou depuis le palais), justifie amplement l'excursion.

NOS ADRESSES À UDAIPUR

Plan de la ville p. 370

INFORMATIONS UTILES

Les offices de tourisme sont répertoriés en début de chapitre.
Indicatif téléphonique : 0294

Banque/Change

Nombreux distributeurs : à la Punjab National Bank (en face de Town Hall), à la HDFC Bank (Chetak Circle), à l'entrée du City Palace, entre autres.
Outre les changeurs autorisés, vous trouverez dans la vieille ville plusieurs banques qui changent espèces et chèques de voyage :
Vijaya Bank – B4 - *cour du City Palace, à droite après la 1re porte d'enceinte.*
Thomas Cook – B4 - *Lake Palace Rd, à 100 m du Rang Niwas Palace - tlj sf dim. 9h30-18h.* Transfert d'argent, *cash advance.*
Pour recevoir de l'argent d'Europe rapidement, adressez-vous à **Western Union** – Sur Lake Palace Rd (plusieurs représentants) ou utilisez le service **MoneyGram**, disponible chez Thomas Cook.

Poste

GPO – B2 - *Madhuban Rd, Chetak Circle - tlj sf dim. 10h-13h, 13h30-18h.* Autres bureaux en ville :
Shastri Circle Post Office – C2 - *Shastri Circle.* Bureau philatélique.
Udaipur City Post Office – B3 - *Moti Chohatta.*
Rang Niwas Post Office – B4 - *Radji ka Chohatta.*
City Palace Counter – B4 - *dans la cour du City Palace.* Achat de timbres, oblitération.
Envois express : EMS Speed Post, dans les bureaux de poste, ou **DHL** – C3 - *1 Townhall Rd, en face de U.N. Automobile, près de Suraj Pol - ✆ (0294) 242 23 45, ou 7 Durga Nursary Rd (hors du centre) - tlj sf dim. 10h-19h.*

Internet/Téléphone

Plusieurs boutiques autour du **Jagdish Temple** (B3) et sur **Gangaur Ghat Rd** (A3) ouvrent de 9h à 21h ; env. 60 Rs/h.

Urgences/Santé

Ambulances – *✆ 102.*
GBH American Hospital – C2 - *101 Kothi Bagh (à côté de Meera Girls College Rd) - ✆ (0294) 305 60 00.* Clinique privée *(24h/24).*
Sécurité – **Police secours** – *✆ 100.*

ARRIVER/PARTIR

Avion

Maharana Pratap Airport (ou **Dabok Airport**) – en dir. C3 - *à 25 km à l'est - ✆ (0294) 265 59 50.* Il n'y a pas de service de navette. Un taxi pour le centre coûte env. 500 Rs ; en rickshaw, comptez la moitié.
Jet Airways/JetKonnect – C2 - *À l'aéroport - ✆ (0294) 513 40 00 - www.jetairways.com.* Dessert Delhi *(1h30)* 2 fois/j et Mumbai 2 à 3 fois/j *(1h30).*
Air India – A3 - *222/16 Mumal Towers - Saheli Marg - ✆ (0294) 241 09 99.* Vol quotidien pour Delhi.

Train

Udaipur City Railway Station – C5 - *au sud-est de la ville, sur Station*

Rd - ✆ *139 (centre de réservation).* Chaque soir, 1 départ pour Delhi *(12h de trajet)*, via Chittaurgarh *(2h)*, Bundi *(4h15)*, Kota *(5h)*, Sawai Madhopur *(6h30)*, Bharatpur *(8h30)* et Mathura *(9h30)* ; attention, le train arrive en gares de Sawai Madhopur, Bharatpur et Mathura entre 1h et 4h du matin. 5 trains/j pour Ajmer *(5h30)* dont 3 continuent sur Jaipur *(7h30)*.

Bureau d'informations touristiques – *À la gare, quai n° 1.* Ouvert à l'arrivée des trains.

Bus

Main Bus Stand – C4 - *Udai Pol* - ✆ *(0294) 248 41 91 - réserv. 8h-13h30, 14h-21h.* 8 ou 9 bus *Silver Line* desservent tlj Ajmer *(7h30)* et Jaipur *(9h30)*. L'un passe par Chittaurgarh *(2h30)*, également desservi par 4 bus *Deluxe*. Chaque jour, 3 *Express* partent pour Delhi *(12h)* et 5 bus pour Jodhpur *(6h)*, 2 pour Ranakpur *(2h30)* ; 2 bus/j pour Kota *(10h)*, 5 pour Mount Abu *(6h)*. Bus à 19h30 pour Bikaner *(12h de trajet)*. 5 bus de passage desservent Dungarpur *(4h30)*. Départs tte la journée pour Eklingji *(45mn)*, Nathdwara *(1h30)* et le lac Raj Samand *(1h45)*. Les compagnies de **bus privés** desservent toutes les villes importantes.

Billets en vente dans de nombreuses agences autour du Jagdish Temple (B3) et sur Gangaur Ghat Rd (A3).

TRANSPORTS

Vous circulerez à pied ou en rickshaw dans la vieille ville. Un véhicule est indispensable pour découvrir les sites excentrés.

Rickshaw

Négociez autour de 40 Rs pour un trajet de 2 km. Comptez env. 40 Rs/h dans Udaipur et 200 Rs pour un AR au palais de la Mousson.

Bon à savoir – Aux abords des sites touristiques, les rickshaws demandent 2 à 3 fois le prix : marchez 200 m pour retrouver des tarifs normaux.

Taxi

Stations sur **Chetak Circle** (B2) ainsi qu'aux gares ferroviaire et routière. Pour une excursion, adressez-vous plutôt à votre hôtel ou à une agence de voyages ; les prix seront plus avantageux. À titre indicatif : de centre-ville à l'aéroport, comptez 500 Rs ; pour Chittaurgarh ou Ranakpur, comptez env. 2 500 Rs.

Location de voitures

Vipul Tours – B4 - *Lake Palace Rd, devant l'hôtel Rang Niwas Palace* - ✆ *(mob.) 90 01 28 23 65 - vipultours@yahoo.com.* Comptez env. 1 500 Rs/j pour une voiture entrée de gamme, env. 1 800 Rs/j avec climatisation avec un forfait de 300 km.

RTDC – C3 - *Kajri Hotel, Shastri Circle* - ✆ *(0294) 241 05 01.* Location de taxis et voitures avec chauffeur *(comptez env. 2 100 Rs/j, 1 600 Rs pour 1/2 j)*.

Location de deux-roues

Nombreux points de location dans la vieille ville.

Heera Cycle Store – A3 - *Gangaur Ghat Rd, dans une impasse* - ✆ *(0294) 513 06 25.* Comptez 25 Rs/j pour un vélo, 50 Rs/j pour un VTT, 250 à 600 Rs/j pour un scooter, et 800 Rs/j pour la mythique Bullet.

VISITE

Guides

L'office du tourisme *(voir p. 368)* pourra vous mettre en contact avec un guide anglophone ou francophone accrédité. Comptez 600 Rs pour 1/2 j, 850 Rs pour une journée entière (jusqu'à 5 pers.).

Balades sur le lac
Au départ des embarcadères Lal Ghat et Rameshwar Ghat, des bateaux assurent des mini-croisières pour 200 à 300 Rs/h (demandez la liste des tarifs officiels), certaines avec un arrêt sur l'île de Jag Mandir.

HÉBERGEMENT

Dans le **quartier du City Palace**, c'est sur **Gangaur Ghat**, **Lal Ghat** ou en face, sur **Hanuman Ghat**, autour du lac Pichola, qu'il faut résider pour sentir battre le cœur historique et touristique de la cité. Les hôtels de très bon standing se sont installés **autour du lac Fateh Sagar** AB1-2, dans un quartier résidentiel peu vivant, qui ne se prête guère à la balade à pied.
Où que vous logiez, **réservez** plusieurs jours à l'avance car les hôtels d'Udaipur affichent souvent complet.
La **basse saison**, qui ne s'étend guère au-delà des mois les plus chauds *(avr.-juin)*, donne lieu à une réduction d'env. 25 %.
La plupart des hôtels proposent une **gamme de prix** très étendue (du simple au triple selon la taille, la vue, etc.) ; les établissements bon marché étant plus difficiles à trouver, nous ordonnons nos adresses dans les catégories inférieures, mais vous y trouverez aussi des chambres *Deluxe*, *Royal* et des suites.

PREMIER PRIX

Autour du City Palace

⑭ **Minerwa** – A3 - *5 Gangaur Ghat - ✆ (0294) 252 34 71 - www.hotelminerwaudaipur.com* - ▤ ✕ ▭ - *Wifi - 20 ch. 700/1 500 Rs.* Toutes simples et repeintes de blanc, les chambres sont bien entretenues mais l'insonorisation laisse à désirer. Personnel serviable et agence de voyages au pied de l'hôtel. Consigne gratuite.

④ **Gangaur Palace** – A3 - *339 Gangaur Ghat Rd - ✆ (0294) 242 23 03 - www.ashokahaveli.com* - ▤ ✕ ▭ - *21 ch. 800/1 500 Rs.* Très apprécié des jeunes voyageurs du monde entier, cet hôtel bien entretenu propose l'un des meilleurs rapports qualité-prix du quartier dans la gamme « petit budget ». Il offre à ses hôtes un joli toit-terrasse. Pensez à réserver.

⑧ **Jheel Guest House** – A3 - *52 et 56 Gangaur Ghat - ✆ (0294) 242 13 52 - www.jheelguesthouse.com* - ▤ ✕ ▭ - *14 ch. 1 500/2 500 Rs.* Les chambres, dénudées mais propres, sont réparties dans deux bâtiments, de part et d'autre de la rue. Préférez le plus moderne, qui se dresse à même le lac. Les chambres les plus chères disposent d'un balcon et jouissent d'une superbe vue.

① **Aashiya Haveli** – B3 - *17 Lal Ghat ✆ (0294) 325 03 94 - www.aashiyahaveli.com* - ▤ - *12 ch. 1 700/2 200 Rs* - ☕ *100 Rs.* Le prix des chambres grimpe avec les étages. Certaines, sans vue sur le lac mais particulièrement spacieuses, constituent un excellent rapport qualité-prix pour le quartier, à 50 m des berges.

BUDGET MOYEN

Autour du City Palace

⑯ **Raj Palace** – B4 - *23 Bhatiyani Chohatta - ✆ (0294) 241 03 64 - www.hotelrajpalaceudaipur.com* - ▤ ✕ - *33 ch. 1 500/2 900 Rs.* Ce bâtiment crème aux vitres colorées s'agence autour d'une cour ombragée envahie de plantes en pots. De la *haveli* du 18e s. ne reste que le portail. Les chambres sont relativement bien tenues ; les moins chères offrent le meilleur rapport qualité-prix pour un service qui reste cependant nonchalant.

⑱ **Rang Niwas Palace** (Heritage Hotels Association) – B4 - *Lake Palace Rd - ✆ (0294) 252 38 90 - www.rangniwaspalace.com - ▤ ✕ ⛱ - Billard, excursions - 24 ch. 1 600/3 000 Rs.* Construite vers 1880, cette demeure, propriété d'un membre de la famille royale, se compose de deux bâtiments se faisant face de part et d'autre d'un jardin plaisant. Le charme d'antan a été préservé : dallages d'origine, mobilier anglo-indien, gravures et objets anciens. Les suites, climatisées, disposent d'une belle terrasse avec balancelle. Propose quelques chambres pour budget moyen, mais d'un rapport qualité-prix inférieur à celui que vous pourrez trouver sur Gangaur Ghat. Excursions à Ranakpur et Kumbhalgarh.

⑬ **Mahendra Prakash** – B4 - *Lake Palace Rd - ✆ (0294) 241 98 11 - www.hotelmahendraprakash.com - ▤ ✕ ⛱ - Wifi - 25 ch. 1 600/3 300 Rs* ☕. Cet hôtel familial vous réservera un accueil sympathique. Les chambres, toutes différentes, sont distribuées autour d'une piscine et d'une grande pelouse où le bruit de la rue se fait oublier.

⑨ **Kankarwa Haveli** – A3 - *26 Lal Ghat - ✆ (0294) 241 14 57 - http://kankarwahaveli.com - ▤ - Wifi - 16 ch. 1 850/3 500 Rs.* Atmosphère familiale pour cette belle *haveli* crème du début du 19e s. qui se dresse au bord de l'eau. Les chambres ont été rénovées et décorées avec goût de tentures et de tableaux. Chacune possède son caractère bien distinct : visitez-en plusieurs avant de faire votre choix. Plusieurs jouissent d'une vue directe sur le lac.

⑥ **Jagat Niwas Palace** – A3 - *25 Lal Ghat - ✆ (0294) 242 28 60 - www.jagatniwaspalace.com - ▤ ✕ 🍷 - Librairie, Wifi - 29 ch. 2 200/5 000 Rs.* Cette demeure du 17e s. se dresse directement sur le lac. Les chambres, fraîches et soignées, s'ordonnent autour de deux cours intérieures à l'atmosphère vivante et gaie. La plupart des *Deluxe* donnent directement sur le lac. Agence de voyages en bas de l'hôtel.

⑦ **Jaiwana Haveli** (Heritage Hotels Association) – A3 - *14 Lal Ghat, à côté du lac Pichola - ✆ (0294) 241 11 03 - www.jaiwanahaveli.com - ▤ ✕ - Internet, boutique, service de taxis - 24 ch. 2 500/2 800 Rs - ☕ 350 Rs - rest. 400/600 Rs.* Un véritable hôtel, parfaitement tenu mais dénué de chaleur. La décoration est réduite au strict minimum et les chambres peuvent se révéler bruyantes car les vasistas des sdb ouvrent sur les couloirs. La moitié d'entre elles ont vue sur le lac Pichola et sont climatisées ; demandez celles qui se trouvent à l'angle (nos 21, 31 et 43), ce sont les plus agréables.

⑪ **Lake Pichola** – A3 - *Sur la rive ouest du lac Pichola - ✆ (0294) 243 11 97 - www.lakepicholahotel.com - ▤ ✕ 🍷 - Internet, agence de voyages - 31 ch. 3 500/4 500 Rs.* Joliment restauré, cet hôtel où les bougainvillées apportent une touche de couleur à la façade blanche propose des chambres d'un excellent rapport qualité-prix. Choisissez celles qui disposent d'une loggia (au 1er étage) ou d'une alcôve vitrée (au 2e étage) avec vue splendide sur le lac et le City Palace. Une adresse plaisante.

Autour du lac Fateh Sagar

② **Anand Bhawan** (Rajasthan State Hotels Corporation) – B2 - *Fateh Sagar Rd - ✆ (0294) 252 30 18 - www.rtdc.in/anandbhawan.htm - ▤ ✕ 🍷 - 15 ch. 1 500/3 500 Rs.* Aujourd'hui géré par le gouvernement, ce palais fut construit en 1926 sur une butte pour accueillir les hôtes du *maharana*. Sa situation offre de très belles vues sur le lac et une tranquillité absolue, mais les chambres, quoique spacieuses et propres, conservent un air irrémédiablement triste. Celles du rdc, à la décoration désuète, sont à éviter.

⑰ **Ram Pratap Palace** – A2 - *Fateh Sagar Lake - ☏ (0294) 243 17 01 - www.hotelrampratap.com - Internet - 25 ch. 3 100/4 700 Rs - 250 Rs - rest. 500/650 Rs.* Un hôtel agréable, dans le style *haveli*, situé sur le bord du lac. Les chambres *Deluxe* avec loggia sont parfaites – vastes, jolies et claires, avec balcon pour certaines – mais les *standard*, au rdc, laissent à désirer. Beau restaurant sur la pelouse bordant le lac.

⑤ **Hilltop Palace** – A2 - *5 Ambavgarh, Fateh Sagar - ☏ (0294) 243 22 45 - www.udaipurhotelhilltoppalace.com - Galerie marchande - 60 ch. 4 000/4 500 Rs.* Élevé sur une colline, cet hôtel de standing international dispose de tout le confort souhaité. Toutes les chambres ont été construites sur le même modèle, leur grand balcon offrant une vue superbe sur les lacs et collines environnants. L'ensemble, très bien tenu, reste néanmoins impersonnel.

POUR SE FAIRE PLAISIR

Au sud d'Udaipur

⑲ **Shikarbadi** (HRH Group) – en dir. C5 - *4 km au sud par la NH 8, Goverdhan Vilas - ☏ (0294) 258 32 01 - www.hrhhotels.com - Équitation - 25 ch. 7 000 Rs.* Vous séjournerez dans le haras royal, en pleine nature, au milieu d'animaux en semi-liberté (biches, sangliers…). Les chambres, confortables, ont été aménagées dans le style « safari ». Trois suites (plus chères) occupent le pavillon royal. Également neuf tentes, confortables et plus abordables, mais dressées uniquement en hiver. Mieux vaut être motorisé pour pouvoir aller dîner en ville.

UNE FOLIE

Autour du City Palace

⑳ **Shiv Niwas Palace** (HRH Group) – B4 - *City Palace - ☏ (0294) 252 80 16 - www.hrhhotels.com - Billard, spa, wifi, tennis - 36 ch. à partir de 16 000 Rs.* À côté du Fateh Prakash Palace, dans un somptueux palais de la fin du 19e s. C'est l'hôtel idéal, à condition de séjourner dans l'une des quatre petites suites qui ont vue sur le lac, ou l'une des neuf suites, vraiment royales, car les 17 chambres *standard*, quoique grandes et décorées de belles miniatures de l'école du Mewar, n'ont pas de fenêtre !

③ **Fateh Prakash Palace** (HRH Group) – B4 - *City Palace - ☏ (0294) 252 80 16 - www.hrhhotels.com - tennis - 35 ch. à partir de 25 000 Rs.* Élégant hôtel aménagé dans un palais du City Palace, datant du début du 20e s. et décoré dans le style anglo-indien. Son charme tient à l'atmosphère intime et feutrée qui y règne ; tout est fait pour que l'on s'y sente comme chez soi. Superbes miniatures et belle vue sur le lac, mais on regrettera que les chambres soient si exiguës.

⑩ **Lake Palace** (The Taj Group) – A4 - *Jag Niwas, Lake Pichola - ☏ (0294) 242 88 00 - www.tajhotels.com - galerie marchande - réserv. obligatoire, à effectuer longtemps à l'avance. 83 ch. à partir de 40 000 Rs.* On accède en bateau, à partir du Taj

Lake *jetty*, à ce fabuleux palais de marbre blanc, flottant sur le lac tel un mirage. Il a malheureusement perdu de son charme en adoptant une atmosphère internationale aseptisée. Les chambres les moins chères n'ont pas vue sur le lac et une partie d'entre elles seulement donne sur le City Palace.

Autour du lac Fateh Sagar

⑫ **Lalit Laxmi Vilas Palace** (Lalit Group) – B2 - *Fateh Sagar Rd - ✆ (0294) 252 97 11 - www.thelalit.com - - tennis - 55 ch. à partir de 20 000 Rs.* Ce beau palais du milieu du 19e s. abrite l'un des hôtels les plus luxueux d'Udaipur. Comme l'Anand Bhawan voisin, il servait jadis de résidence aux hôtes royaux. Il propose des chambres confortables mais sans grand génie, avec vue sur le jardin ou sur le lac. Service impeccable.

RESTAURATION

Dans le **quartier du City Palace**, les rues les plus touristiques, **Gangaur Ghat Rd** (A3) et, dans le prolongement, **Bhatiyani Chohatta** (B3), abondent en cafés-restaurants installés en terrasse *(roof-top)* et dotés d'une jolie vue. Ces établissements, conçus pour les touristes étrangers, ouvrent de 8h à 22h30 et proposent à peu près tous la même carte. Quelques suggestions pour un arrêt agréable, mais sans prétention gastronomique :

Lake Shore Hotel, sur le bord du lac Pichola, à côté de l'hôtel Lake Pichola (A3) et face au Gangaur Ghat ;

Ambrai Restaurant, au bout de la presqu'île (A3), avec l'une des plus belles vues de la ville ;

Sunset Terrace, sur Lake Palace Rd (B4), au-dessus de l'embarcadère, dans l'enceinte du City Palace ;

Gokul, sur le toit de l'hôtel Minerwa (A3).

Dans la **ville moderne**, c'est autour de **Chetak Circle** (B2) et surtout de **Suraj Pol** (C3) que vous trouverez de vrais restaurants indiens de qualité.

PREMIER PRIX

Dans le quartier du City Palace

③ **Jasmine Café** – A3 - *Hanuman Ghat - - 10h-21h - 80/120 Rs.* Moins fréquentée que le Little Prince voisin, cette adresse met l'accent sur les snacks d'Inde du Sud, les sandwiches et les *burgers*. Bon *thali* et service souriant.

④ **The Little Prince** – A3 - *Hanuman Ghat - - 10h30-21h, plus tard s'il y a du monde - 80/120 Rs.* Certes, succès touristique oblige, les saveurs indiennes ont été adoucies pour plaire aux palais occidentaux, mais la cuisine *(veg)* demeure convenable, et la situation, les pieds dans l'eau, mérite une petite halte.

Rang Niwas Palace – B4 - *rest. de l'hôtel du même nom - - 7h-22h - 250/350 Rs.* On attendrait un décor plus soigné dans un hôtel par ailleurs si agréable, mais la cuisine rajasthanie est savoureuse. Essayez le *lamb sula*, des brochettes d'agneau aux clous de girofle (à commander au moins 3h à l'avance). Attention, en basse saison, l'établissement n'assure que les petits-déjeuners.

Dans la ville moderne

⑤ **Natraj Hotel** – C3 - *New Bapu Bazar, derrière le cinéma Ashok - ✆ (0294) 242 12 49 - www.hotelnatrajudaipur.com - - 10h30-15h30, 18h-22h30 - 110 Rs.* On ne vous demandera pas ce que vous voulez manger : ici, c'est *thali* pour tous, servi à volonté sur de grandes tablées communes.

Si le cadre ne paie pas de mine (les salles à l'étage sont plus agréables que le rdc), c'est que l'on y vient vraiment pour la cuisine, ni fade ni trop épicée : tout simplement délicieuse.

① **Berrys** – B2 - *Chetak Circle* - 🍷 - *9h-23h - 150/250 Rs.* Un restaurant multicuisine classique fréquenté par une clientèle issue de la classe moyenne. Décoration inexistante mais propreté parfaite et service rapide. Ses spécialités sont le *butter chicken* et le poisson tandoori à la tomate.

BUDGET MOYEN

Dans le quartier du City Palace B4

Jagat Niwas Palace – A3 - *rest. de l'hôtel du même nom - 🍷 - 7h-22h30 - 400/700 Rs.* Terrasse plaisante où, dans des alcôves surplombant le lac, vous savourerez des plats soigneusement préparés. Arrivez tôt pour avoir une place car l'endroit, l'un des plus agréables d'Udaipur, est populaire auprès des touristes. Goûtez aux spécialités de mouton et de poisson ; quelques vins, dont le fameux Grover de Mysore.

⑦ **Savage Garden** – A3 - *entre Gangaur Ghat et Chand Pol - ✆ (0294) 242 54 40 - 🍷 - 19h30-22h30 - 500/700 Rs.* Au calme d'une petite cour-jardin peinte en bleu vif, dans un cadre étudié où fleurs et miroirs tiennent une bonne place, ce restaurant sert d'intéressantes compositions de pâtes italiennes assaisonnées à la mode indienne. Bon et copieux. Carte des vins.

À l'extérieur de la ville

⑧ **Shilpi** – en dir. A2 - *Rani Rd, 5 km à l'ouest d'Udaipur, à côté de Shilp Gram - 🍷 ~~💳~~ - 8h-23h - 400/600 Rs.* Lors d'une visite à Shilp Gram, vous pourrez faire une pause déjeuner dans ce restaurant multicuisine de plein air qui sert jusqu'à 200 couverts sur des terrasses étagées, dominant un jardin avec piscine.

Cheetal – en dir. C5 - *rest. de l'hôtel Shikarbadi, 4 km au sud - 🍷 - 10h30-22h30 - 650/800 Rs.* Cuisine rajasthanie servie sur la pelouse. L'endroit vous offrira un agréable moment de détente dans la nature, au milieu des animaux. À partir de 17h, on vous y servira le *high tea* avec sandwichs et gâteaux.

POUR SE FAIRE PLAISIR

Dans le quartier du City Palace

Paantya – B4 - *Shiv Niwas Palace Hotel - 🍷 - 7h-22h30 - 1 000/1 400 Rs.* À ne pas manquer ! La cour intérieure, en demi-cercle autour de la piscine de marbre blanc, est splendide et le prix d'un repas à la carte tout à fait raisonnable pour l'endroit. Le soir, dîner aux chandelles et concert de *sitar* (19h30). Dans la salle qui domine le lac, vous commanderez à la carte ; en revanche, autour de la piscine, un buffet est parfois imposé. Goûtez la spécialité du lieu, le *safed maans*, de l'agneau aux noix de cajou – sublime ! Carte des vins.

UNE FOLIE

Jharokha – B4 - *rest. de l'hôtel Lake Palace - ✆ (0294) 242 88 00 - 🍷 - 24h/24 - 3 500/5 000 Rs.* Théoriquement réservé aux résidents, mais en insistant… À la carte ou en buffet, la cuisine opte ici pour une orientation résolument internationale. Décor très frais, tout de blanc rehaussé de bleu, avec des arcs polylobés. Vue exceptionnelle sur le lac et le City Palace d'un côté, et la cour intérieure de l'autre. Excellent poulet *tikka* à la menthe.

Neel Kamal – B4 - *rest. de l'hôtel Lake Palace - ✆ (0294) 242 88 00 - 🍷 - 7h-22h30 - 3 500/5 000 Rs. Sur réserv. seult.* Atmosphère élégante et tenue habillée de rigueur. Plats indiens et spécialités rajasthanies parmi lesquelles deux recettes hors pair : le *machli jaisamand* (filets de poisson nappés d'une sauce verte) et le *lasani tikka* (poulet à l'ail).

BOIRE UN VERRE

Surya Darshan – B4 - *bar de l'hôtel Fateh Prakash Palace - 🍷 - 11h-22h30.* Pour découvrir cet endroit magique sans dépenser une fortune, venez de 15h à 17h pour l'*afternoon cream tea* (thé servi avec gâteaux ou sandwichs) ou de 11h à 23h pour boire une bière ou un cocktail. Vous prendrez place dans la galerie qui longe l'impressionnante salle du *durbar* et ménage plusieurs niches dominant le lac. Tentures de velours rouge et atmosphère feutrée, comme dans des loges de théâtre.

Panera – B4 - *bar de l'hôtel Shiv Niwas Palace - 🍷 - 11h-23h.* Un cadre somptueux avec portraits royaux, lustres en cristal et tapis anciens, le tout dans une dominante crème et turquoise où les frises en incrustation de pâte de verre apportent une admirable fraîcheur de coloris. Loggia avec vue sur la ville. Un lieu d'exception pour apprécier un cocktail, un verre de vin ou une boisson typiquement rajasthanie comme celle à base d'*elashi* (cardamome).

ACHATS

Les magasins les plus modernes se trouvent sur **Bapu Bazar** (C3), tandis que le marché aux fruits et légumes *(vegetable market)* occupe le bas de **Dhan Mandi** (C3). Les boutiques d'artisanat à destination des touristes se succèdent dans les rues autour du **City Palace** et du **Jagdish Temple** (B3), et sur **Lake Palace Rd** (B4).

Artisanat

Rajasthali – B2 - *1 Chetak Circle ;* B3 - *2 Jagdish Temple Square - tlj sf dim. 10h30-19h.* Ces boutiques modestes proposent tentures brodées main et textiles imprimés au tampon, meubles et jouets en bois peint, saris, turbans et les produits de l'artisanat local, le tout à des prix étiquetés.

Sadhna – en dir. B1 - *Old Fathepura - à 3 km, après le Saheliyon ki Bari- près du temple Seva Mandir - www.sadhna.org - tlj sf dim. 10h-18h.* Cette association caritative vend patchworks et broderies réalisés par les femmes des villages avoisinants. Autre boutique en ville, sur Jagdish Temple Rd.

Mewar The Craft Boulevard – C4 - *à gauche du Garden Hotel.* Une galerie marchande spécialisée dans la production artisanale haut de gamme : miniatures, bijoux, tapis et artisanat de tout le pays.

Cottage Industries Exposition (CIE) – B4 - *dans la cour du City Palace.* Longue galerie proposant tapis et châles du Cachemire, broderies avec incrustations de pierres, bois sculpté d'Inde du Sud. Des objets chers mais de qualité.

Shilp Gram – en dir. A2 - *Rani Rd - 5 km à l'ouest d'Udaipur* *(voir p. 376).* Dans le cadre d'un village « ethnique » est regroupé l'essentiel de la production des États du Rajasthan, du Gujarat, de Goa et du Maharashtra (Mumbai).

Miniatures

Pichhwai de Nathdwara, *phad* de Bhilwara *(voir p. 41 et 72)* et surtout miniatures d'Udaipur, sur papier, soie ou faux ivoire, sont en vente dans des boutiques se présentant pour la plupart comme des « écoles d'art » ; ne vous laissez pas impressionner et marchandez ferme. Vous les trouverez dans le **quartier du City Palace**, notamment sur Lake Palace Rd et sur Gangaur Ghat Rd. Bien des boutiques de qualité médiocre s'octroient de façon abusive les noms des plus sérieuses, soyez vigilant !

Art Attack – A3 - *Chand Pol, le long de la rivière, entre les deux ponts.* Des miniatures singulières, très intéressantes ; beaucoup d'animaux.

Rajputana Art – B4 - *Lake Palace Rd, en face du restaurant Samor Bagh.* Cette boutique fait l'effort de présenter, à côté de la production stéréotypée pour touristes, des œuvres plus inspirées.

Tissus et vêtements

Tissus au mètre et *juti* (pantoufles de cuir) se vendent dans les échoppes de Bara Bazar.

Nagda – A3 - *59 Gadiya Devra, devant l'hôtel Minerwa.* Parmi les boutiques réalisant des vêtements sur mesure, celle-ci propose de belles soies tissées main. Également des châles brodés.

Soma – B4 - *Lake Palace Road - à côté de l'hôtel Mahendra Prakash - www.somashop.com.* Sur le même principe que son homonyme de Jaipur, il vend des accessoires, du prêt à porter aux dessins originaux et du linge de maison déclinant les motifs de la tradition rajasthanie.

Cosmétiques

Biotique – B3 - *Lal Ghat Rd, à côté de l'hôtel Poonam - 10h-21h.* La grande marque indienne de produits de soins corporels à base de plantes. Massages ayurvédiques : comptez env. 1 200 Rs pour un massage de la tête aux pieds *(1h10)* ; soins du visage *(45mn, env. 600 Rs).*

Hibtula Abdul Ali – B3 - *38 Bara Bazar.* Boutique traditionnelle d'essences de parfum *(ittar)* : lotus, ylang-ylang, opium et cent autres fragrances.

Bijoux

Bara Bazar – B3 - *À deux pas de la Clock Tower.* C'est le quartier des bijoutiers. Vous y trouverez des bijoux en argent anciens ou récents ; comptez 50 à 150 Rs/g en fonction de la teneur de l'alliage, de son âge et de la finesse du travail.

Librairies

Sun Book Point – B3 - *117 Bhatiyani Chohatta, en face du temple de Laxmi.* En français, le *Kama Sutra* illustré, des recettes de cuisine indienne, des livres de photographies et des classiques sur le pays.

Sunrise Book Palace – A3 - *sur Lal Ghat.* Propose un choix plus limité de livres en français. *Autre librairie devant le Jagat Niwas Palace* (A3).

EN SOIRÉE

Spectacles

Bharatiya Lok Kala Museum – BC2 - *400 m au nord de Chetak Circle - ✆ (0294) 252 92 96 - séance tlj à 18h (durée 1h ; 40 Rs).* Théâtre de marionnettes de qualité et danses folkloriques régionales.

Bagore Ki Haveli – A3 - *Gangaur Ghat - ✆ (0294) 242 25 67 - tlj à 19h (durée 1h ; 100 Rs ; photo 50 Rs).* Le spectacle alterne sept types de danses traditionnelles, des épisodes musicaux et des marionnettes.

ACTIVITÉS

Cinéma

Ashok Cinema et **Picture Palace** – C3 - *Suraj Pol - ✆ (0294) 242 13 99.* D'interminables *masala movies* en hindi : une expérience à tenter au moins une fois durant votre séjour. Billets de 20 à 80 Rs.

Spectacles

Shilp Gram – en dir. A2 - *Rani Rd - 5 km à l'ouest de la ville - 11h-19h.* Spectacles folkloriques, balades à dromadaire.

Piscines

Certains hôtels ouvrent leur piscine aux non-résidents moyennant un droit d'accès d'env. 150 à 250 Rs : Mahendra Prakash, Rang Niwas Palace, Laxmi Vilas Palace par ex.

EXCURSIONS

Les agences de voyages et la plupart des hôtels proposent diverses excursions à la journée dans et autour d'Udaipur. Pour **Ranakpur** et **Kumbhalgarh**, comptez env. 3 500 Rs/pers. pour la journée d'excursion en voiture particulière. Pour **Chittaurgarh**, vous pouvez aussi louer une voiture (prévoyez 4h de trajet AR et 3h de visite) ou emprunter les transports publics.

Randonnée équestre

Pratap Country Inn en dir. C5 - *6 km au sud-est par la route de Jaisamand - ✆ (0294) 258 31 38 - http://pratapcountryinn.com - 7h-18h.*

Princess Trails – BC4 - *Boheda Haveli, à côté de Lake Palace Rd - ✆ (982) 904 20 12 - www.princesstrails.com.*

Ces deux centres proposent un large éventail de formules. Hébergement dans des demeures historiques ou des campements de luxe pour les chevauchées organisées à travers le Rajasthan *(de 3 à 9 j., 4 000 à 5 500 Rs/j/pers.).* Pour des balades aux alentours de la ville, vous pouvez aussi vous adresser aux hôtels Rang Niwas Palace et Shikarbadi *(voir « Hébergement » p. 380 et 381).* Comptez env. 1 800 Rs l'excursion d'1/2 j., à réserver la veille.

AGENDA

Mewar Festival – *22-24 mars 2015, 10-12 avr. 2016, 31 mars-2 avr. 2017.* Durant la fête de Gangaur, procession de la déesse Gauri (Parvati) et feux d'artifice sur le lac Pichola.

Shilp Gram Crafts Mela – *Nov.-déc.* À l'occasion de la grande foire *(mela)* annuelle destinée à promouvoir les arts et les techniques traditionnels, les artisans viennent en nombre démontrer leur savoir-faire. Danses et spectacles.

Circuits conseillés Carte régionale

Circuits tracés sur la carte régionale (p. 366-367) – Comptez 2 jours, l'un pour le nord d'Udaipur, l'autre pour les environs sud. Les bus locaux étant rares, lents et bondés, mieux vaut louer une voiture. Tous les hôtels des environs d'Udaipur proposent une visite des villages bhils, banjaras et kalbeliyas.

Dans la campagne autour d'Udaipur surgissent, telles des cartes postales d'un autre temps, les images d'un Rajasthan rural : un troupeau de buffles ralentissant la circulation, des femmes aux saris colorés rentrant du bois ou portant sur la tête de lourdes cruches d'eau, le joyeux chahut des collégiens en uniforme gagnant quelque lointaine salle de classe… N'hésitez pas à vous arrêter un instant, au hasard de ces rencontres. Des merveilles architecturales jalonnent la route : les temples de Nagda et d'Eklingji, le sanctuaire jaïn de Rishabdev ou le palais de Dungarpur.

AU NORD D'UDAIPUR

Circuit de 140 km tracé en vert sur la carte régionale (p. 366-367) – Comptez une journée ou deux demi-journées en logeant à Nagda ou à Nathdwara.

Ce circuit vous mènera de temple en temple, petits sanctuaires rendus à la nature et au silence ou centres de pèlerinage fréquentés, entre collines et lacs.

Prenez la route d'Ajmer sur 20 km - au nord d'un petit lac, tournez à gauche dans une route étroite et rocailleuse que vous suivrez sur 2 km.

★★ Nagda

À 20 km au nord d'Udaipur, par la NH 8.

De cette cité fondée au 7e s., il ne reste plus que des temples désaffectés, groupés sur une plate-forme perdue en pleine verdure, dans un paysage doucement vallonné. Dédiés à Vishnou, ces sanctuaires dateraient du 10e s. Les deux principaux, « Sas-Bahu », ou « de la belle-mère *(sas)* et de la belle-fille *(bahu)* », font référence, dit-on, aux reines qui les firent édifier. Leurs élégantes **sculptures** composent un monde charmant de divinités, danseuses, *mithuna* (amants enlacés), musiciens, animaux… Le **temple de la Belle-mère** *(à gauche)*, le plus grand et le plus richement ciselé, comporte un vestibule, un hall flanqué d'un transept et une cella *(garbha griha)*. À côté, le **temple de la Belle-fille** paraît plus sobre, malgré le gracieux *torana* (arche) qui le précède.

Poursuivez la route d'Ajmer, vers le nord.

★★ Eklingji

À env. 3 km au nord de Nagda.

Ce village étalé dans un vallon rocheux est réputé pour ses **temples shivaïtes** *(dans la rue principale, à droite - 5h30-7h, 10h-13h - photo interdite ; laissez vos chaussures à l'entrée)*. **Bappa Rawal**, le fondateur de Chittaurgarh au 8e s., aurait suivi ici l'enseignement d'un ermite qui l'aurait incité à vouer sa dynastie au dieu Shiva sous la forme d'Eklingji (seigneur du *linga*). Depuis lors, les *maharana* se considèrent comme les *diwan* (Premiers ministres) du dieu d'Eklingji, et chaque lundi, le jour dédié à Shiva, le *maharana* Arvind Singh se rend dans ce village pour la *puja*. Les temples – prétendument 108, un chiffre sacré –, consacrés aux 108 aspects de Shiva, sont regroupés dans une même enceinte. Traversez la première cour, occupée par des marchandes de fleurs qui enfilent des œillets en guirlandes destinées aux dieux. La **cour intérieure** rassemble une multitude de temples dont certains sont minuscules. Au fond à gauche se dresse un sanctuaire dédié à **Vishnou★** que fit construire la princesse Mira Bai, poétesse mystique du 16e s. *(voir p. 410)*, toute dévouée à l'adoration de Krishna (une des incarnations de Vishnou).

Gagnez l'allée centrale et le **temple d'Eklingji** proprement dit. Le *maharana* Raimal Singh l'édifia à la fin du 15e s. sur l'emplacement du sanctuaire initial élevé par Bappa Rawal. Le pavillon qui le précède abrite une statue en laiton de **Nandi**, la monture de Shiva, symbole de la puissance génératrice du dieu au même titre que le *linga*. Suivez les pèlerins à l'intérieur du sanctuaire, jusqu'aux portes en argent de la cella. À l'intérieur, dans la demi-pénombre, se tient la statue en marbre noir de Shiva-Eklingji à quatre têtes.

D'Eklingji, reprenez la route d'Ajmer, que vous suivrez sur 24 km.

★ Nathdwara

À 50 km au nord d'Udaipur, par la NH 8.

En 1691, Aurangzeb décida de détruire tous les temples hindous tombant sous son contrôle. Le *maharana* d'Udaipur fit alors déplacer une statue de Krishna particulièrement sainte, adorée à Mathura (Uttar Pradesh) sous le nom de **Shri Nathji**, afin de la soustraire à l'ire du souverain iconoclaste. Le chariot transportant l'idole se serait embourbé ici même. Ne parvenant plus à le faire bouger, on décida d'édifier un sanctuaire à Nathji sur le lieu qu'il avait choisi pour s'arrêter.

Le **pèlerinage** de Nathdwara vaut pour son ambiance festive et le rituel élaboré qui entourent la statue du dieu, davantage que pour la beauté du **temple** aux grands murs blancs ornés de peintures modernes *(photo interdite)*. Essayez d'assister, à 16h, au *darshan* (« vision »), lorsque la statue est présentée aux pèlerins, saisis alors d'une fervente émotion.

Nathdwara est aussi célèbre pour ses **pichhwai** (littéralement « ce qui est derrière »), tentures que l'on suspend derrière la statue de Krishna. Autrefois brodées ou imprimées, elles sont de nos jours peintes.

Continuez la route en dir. d'Ajmer - au bout de 16 km, bifurquez sur la droite, avant le lac de Raj Samand : Kankroli se trouve à 2 km.

★ Kankroli et le lac de Raj Samand

Au nord de Nathdwara.

Le lac artificiel de Raj Samand, creusé au 17e s. par le *maharana* Raj Singh Ier, s'étend au creux de collines verdoyantes. Pour marquer la fin des travaux, en 1671, le souverain fit élever dans le village de Kankroli un sanctuaire au dieu Krishna, vénéré ici sous le nom de Dvarkadish. Les murs du temple s'ornent de peintures récentes. Tâchez de visiter le sanctuaire à l'heure du *darshan* (16h). À droite du temple, des escaliers descendent jusqu'à la **rive du lac**. Les pèlerins ont coutume d'y faire leurs ablutions tandis que des lavandières agitent leurs battoirs avec des gestes vigoureux.

LE DIEU TAUREAU

Le *Bhagavata Purana*, texte sacré recensant 22 avatars de Vishnou (la liste la plus courante en compte seulement 10), considère le roi Rishabha comme la huitième incarnation du dieu. Rishabha était le fils de Meru (la montagne située au centre du monde) et de Nabhi (le nombril du monde). Pour montrer à ses fils la voie de la sagesse, il abandonna son royaume et vécut en ascète, se livrant à des mortifications qui ne lui laissèrent plus que « la peau et les nerfs ». On le vénère sous le nom de Rishabdev, le « dieu taureau » (du sanskrit *vrishabha*) et on le représente accompagné de cet animal. Celui-ci étant également la monture de Shiva, beaucoup d'hindous assimilent Rishabdev à Shiva.

Peintures murales dans le Juna Mahal à Dungarpur.
J. H. Claude Wil/Robert Harding Picture Library/age fotostock

Revenez sur la rue principale ; au carrefour central, tournez à droite. Sur la colline dominant Kankroli s'élève un **sanctuaire jaïn** bâti au 18e s. L'ascension des 250 marches menant au temple permet de découvrir une belle vue sur le lac. La **digue** du lac, aménagée en *ghat*, est agrémentée de *torana* et de *chhatri*.

AU SUD D'UDAIPUR

Circuit de 285 km (225 km sans le lac de Jaisamand) tracé en violet sur la carte régionale (p. 366-367) – Comptez une journée, ou deux demi-journées en passant la nuit à Dungarpur.

La route d'Ahmedabad (capitale du Gujarat) traverse un paysage de collines au réseau de moins en moins dense à mesure qu'on s'éloigne d'Udaipur. Les collines cachent des mines d'or et d'argent, de tourmaline et de pyrite, et l'on aperçoit en bord de route les tailleries de marbre blanc ou vert. Plus on approche du Gujarat, plus on voit de panneaux rédigés en gujarati, cette langue proche du hindi qui s'écrit avec des lettres assez similaires à celles du devanagari mais dépourvues de la barre qui rassemble les lettres en mot.

★★ Rishabdev

À 65 km d'Udaipur, tournez à gauche : Rishabdev (1 km) est fléché.

Ce lieu de pèlerinage jaïn est consacré à Adinatha, premier des 24 *tirthankara*. Il est vénéré tant par les jaïns que par les hindous. Ces derniers, par esprit de syncrétisme, visitent fréquemment les sites sacrés d'autres religions ; ils identifient d'ailleurs Adinatha à Rishabdev, un des avatars de Vishnou. Quant aux Bhils, ils nomment le dieu Kalaji ou Kala Baba, le « Noir ».

Construit au 15e s., le **temple** *(ôtez chaussures et tout objet en cuir ; photo interdite à l'intérieur)* se dresse au milieu du bourg, dans un bazar interdit à la circulation. On accède à la cour par une porte que gardent deux statues d'éléphants. Les **murs extérieurs** du temple sont sculptés avec profusion tandis que l'**intérieur** abrite, dans sa cella centrale, une statue de Rishabdev en marbre noir. À droite de la cella se trouve un petit autel consacré au dieu hindou Ganesh. Les pèlerins s'arrêtent devant chaque statue, déposant à ses pieds des pétales de roses en offrande et l'oignant de poudre de safran, puis de santal, aux neuf points sacrés du corps (gros orteil, genoux, nombril…).

Accès par la NH 8 puis la route d'Indore - de Rishabdev, revenez sur la route d'Ahmedabad, que vous poursuivrez sur 17 km - env. 2 km après Khairwara, tournez à gauche vers Dungarpur (20 km).

★★ Dungarpur

À 100 km au sud d'Udaipur.

Au bord d'un lac, dans un cadre de collines sauvages, cette paisible cité fut fondée au 13e s. par la branche aînée de la dynastie des **Sisodyas**. Cette capitale d'une principauté indépendante, trop éloignée des axes commerciaux pour connaître le même essor qu'Udaipur, conserve une allure provinciale. Avec son fort rajput, son palais du 18e s. et son bazar, elle possède tous les attraits propres à séduire les voyageurs partis à la recherche de l'« Inde traditionnelle ». Sur le lac, en partie aménagé en réserve ornithologique *(meilleure saison : nov.-fév.)*, un temple à Shiva aux graciles pavillons de marbre blanc flotte, tel un songe. Sur la rive, le **palais d'Udai Bilas** (18e s.) sert de résidence à la famille royale *(la majeure partie est transformée en hôtel ; voir « Hébergement » p. 391)*. Au centre de la cour s'élève un bâtiment tarabiscoté, l'**Ek Thambia Mahal★★** (le « palais-colonne »), sorte de folie baroque dont les façades sont ciselées dans les moindres recoins et surchargées d'arcades, d'auvents, de *jharoka*, de *chhatri*…

Perché sur la colline voisine, le **Juna Mahal★★** *(150 Rs - achat des tickets à la réception de l'Udai Bilas Palace - visite accompagnée)* paraît bien austère vu de l'extérieur. Construit au 13e s., ce palais répond aux critères essentiellement militaires de l'époque. Cependant, derrière sa sévère **façade** typiquement rajpute, il recèle des **décorations murales★★** vibrantes de couleurs. Un vaste et somptueux **Durbar Hall** occupe le rdc. Sur les murs, les scènes de chasse voisinent avec des épisodes de la vie de Krishna, le dieu bleu. Le siège en velours du souverain est toujours en place sur l'immense tapis, sous les lampes colorées importées de Belgique ; on pourrait croire que les musiciens, installés dans les loges aménagées sur les côtés, vont se mettre à jouer… Les **cinq étages** du fort réservent mille surprises et émerveillements – notamment les peintures murales au dessin alerte, d'une grande fraîcheur d'inspiration et d'une étonnante vivacité de coloris. Dans une salle du 1er étage, la reine Victoria a été immortalisée sur un gigantesque éventail de bois. La pièce voisine se pare d'une mosaïque de miroirs, une autre salle présente un ensemble d'assiettes en porcelaine de Chine. Enfin, le palais conserve bien des secrets… Parmi eux : ce placard, dans un couloir sombre du dernier étage, dont les parois intérieures sont parées d'une véritable bande dessinée pornographique.

Reprenez la route d'Udaipur. Env. 10 km après Rishabdev, bifurquez sur la droite en dir. du lac de Jaisamand (itinéraire indiqué). Beaucoup plus pittoresque, la route de l'intérieur par Aspur (90 km de Dungarpur), avec ses oasis et ses palmiers ombrageant des parcelles de blé et de pois, n'est fléchée qu'en hindi.

Lac de Jaisamand

Le *maharana* Jai Singh fit aménager ce vaste plan d'eau à la fin du 17e s. dans un décor sauvage de collines et de forêts peuplées de cervidés. La digue est ornée de *ghat* et de *chhatri* gardés par des éléphants statufiés. Là, des bateliers vous proposeront une excursion vers les îles du lac *(comptez env. 300 Rs/bateau pour 30mn)*.

Du lac, une route rejoint Udaipur en 50 km.

NOS ADRESSES AUX ENVIRONS D'UDAIPUR

Carte régionale p. 366-367

HÉBERGEMENT Carte régionale

BUDGET MOYEN

À Nathdwara

Prenez à gauche à la sortie de Nathdwara, en dir. de Lal Bagh.

⑤ **Gokul** (RTDC) – B2 - *(02953) 23 09 17 - www.rtdc.in* - *6 ch. 1 700/2 800 Rs* De grandes chambres bien entretenues dans un beau bâtiment de la fin du 19e s.

POUR SE FAIRE PLAISIR

À Bambora

À 55 km au sud-est d'Udaipur, à env. 10 km au nord du lac Jaisamand.

⑦ **Karni Fort** – B2 - *(mob.) 94 14 13 61 57 - www.karnihotels.com* - *30 ch. 6 000 Rs - 350 Rs.* Ce fort du 18e s. se dresse sur une butte en pleine campagne. Chambres vastes et aérées, aux couleurs vives sur fond d'arches et d'alcôves.

À Nagda

⑥ **Heritage Resort** – B2 - *(0982) 925 25 07 - www.heritageresort.com* - *28 ch. 6 500 Rs demi-pension seult.* L'intérêt de cet hôtel tient à sa situation unique sur le lac Bagela plus qu'à ses chambres.

À Dungarpur *(voir ci-contre)*

⑫ **Udai Bilas Palace** (Heritage Hotels Association) – B3 - *(02964) 23 08 08 - www.udaibilaspalace.com* - *23 ch. 6 800/8 600 Rs - 550 Rs - rest. 850/1 000 Rs.* Le *maharawal* vous recevra avec courtoisie dans son palais des 19e et 20e s. érigé au bord du lac, non loin de la réserve ornithologique. Trois ailes, ajoutées en 1940 au bâtiment originel, encadrent un pavillon ciselé et sculpté à foison. La plupart des chambres, vastes et raffinées, sont meublées dans le style Art déco et disposent de sdb spacieuses. La suite du maharaja *(25 000 Rs)* est un petit bijou. Balades en bateau, location de vélos.

À Deogarh

À 135 km au nord d'Udaipur, par la NH 8 (70 km au nord de Kankroli).

② **Deogarh Mahal** (Heritage Hotels Association) – B1 - *(02904) 25 25 55 - www.deogarhmahal.com* - *50 ch. et suites à partir de 9 500 Rs - 400 Rs - rest. 650/800 Rs.* Dans cet imposant château du 17e s., la famille du *rawat* réunit ses hôtes dans une ambiance raffinée. Excursions en jeep ou à cheval, balades à vélo, etc.

UNE FOLIE

À Delwara

À 28 km au nord d'Udaipur, par la NH 8, entre Nagda et Eklingji.

③ **Devi Garh** – B2 - *(02953) 28 92 11 - www.lebua.com/devi-garh* - *Wifi - 30 suites à partir de 28 000 Rs* Un hôtel unique au Rajasthan, installé dans un fort du 18e s. Architecture intérieure moderne et minimaliste faisant honneur au marbre vert de la région. Suites avec jacuzzi et jardin privés.

AGENDA

À Nathdwara

Annakut – *Le lendemain de Divali (nouvelle lune d'oct.-nov. ; 12 nov. 2015, 31 oct. 2016, 20 oct. 2017).* Les Bhils viennent célébrer Krishna en tant que bouvier. C'est le seul jour de l'année où ils sont autorisés à pénétrer dans le temple.

À Rishabdev

Fête de Rishabdev – *6e-8e j. de Chaitra (mars-avr.)* Jaïns, vishnouistes et Bhils célèbrent Rishabdev, assimilé à Adinatha.

Kumbhalgarh et Ranakpur

★★

Alt. 1 100 m (Kumbhalgarh) et 486 m (Ranakpur) – État du Rajasthan

NOS ADRESSES PAGE 396

SE REPÉRER

Carte régionale p. 366-367 – *Kumbhalgarh : à 85 km d'Udaipur, 102 km de Jodhpur – Ranakpur : à 35 km de Kumbhalgarh, 65 km d'Udaipur, 150 km de Jodhpur.*

Voir aussi la rubrique « Arriver/partir » dans « Nos adresses ».

À NE PAS MANQUER

Le temple d'Adinatha à Ranakpur.

ORGANISER SON TEMPS

Les transports publics étant aléatoires, le mieux est de prévoir une excursion depuis Udaipur ou Jodhpur, où vous pourrez louer une voiture. Programmez Kumbhalgarh le matin et Ranakpur l'apr.-midi (les temples sont fermés le matin). Avec les temps de trajet, comptez une journée pour la visite des deux sites.

Perdue dans un site sauvage, entre des collines boisées et d'étroites vallées encore peuplées de loups, la forteresse de Kumbhalgarh commande la route qui mène de la plaine de Jodhpur aux hauteurs du Mewar. Ses impressionnantes murailles témoignent de l'obsession guerrière qui marqua les temps anciens et des rivalités qui déchirèrent la région jusqu'à l'arrivée des Anglais. Par son isolement et la sobriété militaire de son architecture, elle rappelle que les fastes des cours royales ne furent que des détails dans l'histoire de la région. À quelques dizaines de kilomètres de là, peu de monuments sauraient mieux illustrer l'expression « dentelle de pierre » que le temple de Ranakpur, le plus grand sanctuaire jaïn de l'Inde et l'un des cinq plus sacrés. La sérénité du lieu et le charme de la campagne environnante devraient vous inciter à prolonger votre étape à Ranakpur – sans conteste la plus bucolique de votre périple au Rajasthan.

Murs extérieurs du temple de Parshvanatha (Ranakpur).
F. Soreau/Photononstop

★★ Forteresse de Kumbhalgarh

À 85 km d'Udaipur, 102 km de Jodhpur - 8h-18h - 100 Rs - video 25 Rs - son et lumière à 19h (100 Rs, en hindi seult) – Comptez 1h.

Seules quelques familles de paysans occupent aujourd'hui la forteresse qui domine, solitaire, une forêt transformée en réserve naturelle. Plus que Jaisalmer ou Jodhpur, Kumbhalgarh a conservé toute la charge émotionnelle de siècles cruels. Dès la première porte franchie, le visiteur aura laissé loin derrière lui les embouteillages et l'animation des bazars…

La route qui serpente à l'assaut des collines franchit une première porte à quelque 2 km de la forteresse, toujours dissimulée derrière les collines. Soudain, au détour d'un virage, apparaissent les **murailles** : grises, impressionnantes de puissance avec leurs 7 m d'épaisseur et leurs bastions aux parois renflées.

À leur vue, on réalise quel formidable organisme défensif constituait la forteresse. Celle-ci englobait la totalité d'un plateau, avec champs, puits, magasins et une centaine de temples, le tout enclos par 36 km de remparts. Après avoir passé deux autres portes, la route débouche dans l'enceinte du fort. Des quelque 300 temples et palais qui ornaient l'ensemble, moins d'une dizaine sont à peu près intacts.

LA DAME DE FER DU MEWAR

La situation stratégique de Kumbhalgarh sur les contreforts occidentaux des Aravalli fut exploitée dès le 3e s., période à laquelle remonterait la première forteresse construite ici. Au début du 15e s., le souverain du Mewar, le puissant et belliqueux **Rana Kumbha** (1433-1468), s'empare du site, alors en possession d'un chef local. Il l'agrandit pour en faire l'une des pièces maîtresses de son royaume. Kumbhalgarh devient ainsi la principale forteresse du Mewar après Chittaurgarh. Cette dernière est conquise en 1568 par l'empereur Akbar, qui se tourne alors vers Kumbhalgarh. En vain : la place forte ne perd définitivement son importance militaire qu'au 19e s., avec l'arrivée des Anglais et la pacification du nord-ouest de l'Inde. Depuis leurs palais raffinés d'Udaipur, les *maharana* n'attachent plus d'importance, dès lors, à ces murailles austères, si ce n'est Fateh Singh (1884-1930), qui, charmé par la majesté du décor, fait édifier un nouveau palais au sommet du fort.

UN OUVRAGE (PRESQUE) INEXPUGNABLE
Selon la tradition, Kumbhalgarh ne serait jamais tombée aux mains de l'ennemi. En réalité, il semble qu'un général d'Akbar, Shahbaz Khan, s'en soit emparé en 1578. Vaincu par les Moghols à la bataille d'Haldighati *(voir p. 372)*, le *maharana* Pratap Singh s'était réfugié ici; mais à l'arrivée de la puissante armée impériale, il déserta la place, qu'il confia à une garnison rajpute. Cette dernière opposa une résistance si héroïque que les assaillants durent empoisonner l'eau pour parvenir à investir la forteresse. Selon une autre version, Shahbaz Khan dut sa victoire à une explosion qui détruisit les réserves de vivres. Quoi qu'il en soit, Pratap Singh parvint à reprendre Kumbhalgarh quelques années plus tard.

Avec cinq autres forteresses du Rajasthan, celle de Kumbalgarh a rejoint en 2013 la prestigieuse liste des biens classés au patrimoine mondial de l'humanité par l'Unesco.

Temples de Vedi et de Nilkantha

Sur une plate-forme à droite de l'entrée s'élève le **temple de Vedi** (15e s.), le plus imposant sanctuaire de Kumbhalgarh, dont l'austérité s'harmonise avec la rigueur militaire qui imprègne le site.
Derrière, sur une autre esplanade, le **temple de Nilkantha**, dédié à Shiva, paraît plus raffiné. Il est précédé d'un pavillon abritant le taureau Nandi, monture du dieu. À droite, un petit temple jaïn est consacré au 23e *tirthankara* (sage « passeur de gué »), Parshvanatha.

Palais de Rana Kumbha

Traversez la cour d'entrée pour gravir la rampe conduisant au palais.
Passé un temple hindou voué à Ganesh, le dieu à tête d'éléphant, le chemin franchit trois portes avant d'arriver au **palais de Rana Kumbha**. Seul le temple dédié à Kali, particulièrement populaire dans la région, a échappé à la ruine. Un escalier sur la gauche conduit au **Badal Mahal** (palais des Nuages), édifié par Fateh Singh à la fin du 19e s. Bâti sur deux étages, il compte un *durbar hall* (salle de réception) aux murs bleus, et des chambres pastel – jaunes, roses, vertes. Montez sur la terrasse pour découvrir le **panorama** sur Kumbhalgarh et les montagnes.
Redescendu au rdc, rendez-vous dans la courette à droite du durbar hall.
Les murs s'animent de **fresques** présentant des troupeaux d'éléphants sauvages batifolant dans la forêt ou affrontant d'autres animaux.

★★ Temples de Ranakpur

À env. 35 km de Kumbhalgarh, 9 km de Sadri (le village le plus proche), 65 km d'Udaipur - 12h-17h (coucher du soleil pour les temples secondaires) - gratuit; photo 100 Rs; vidéo 300 Rs – Vos sacs devront être déposés à la consigne; déchaussez-vous avant d'entrer et défaites-vous de tout objet en cuir (sacs, ceintures, etc.); il est interdit de photographier les statues à l'intérieur du sanctuaire principal – Comptez 1h de visite.

Bon à savoir – Attention, Ranakpur n'est pas un village et vous ne trouverez aucun commerce ni service avant Sadri.
Isolés dans un frais vallon, sur le bord d'une rivière qui s'épand en lac, les temples de Ranakpur constituent l'un des fleurons de l'art jaïn, au même titre que les sanctuaires de Mount Abu (Rajasthan), Palitana et Junagadh (Gujarat). La beauté de l'ensemble témoigne du raffinement et de l'opulence de l'élite

jaïne au 15e s. Une petite communauté de moines et une colonie de singes langur sont les seuls résidents du site.

★★★ Temple d'Adinatha

Le temple élevé par Dipak au 15e s. est dédié à Adinatha, le premier des 24 *tirthankara*, que les hindous nomment Rishabdev (*voir encadrés p. 98 et 388*). La **façade extérieure**, hérissée d'une nuée de tours *(shikhara)*, ne donne qu'une faible idée de la splendeur qui vous attend à l'intérieur : un labyrinthe de cours et de halls que rythme une incroyable forêt de 1 400 piliers, tous différents, ciselés avec une infinie délicatesse.

L'escalier d'entrée, surmonté d'un pavillon à trois étages, donne accès à la cour et à son éblouissant décor de marbre ouvragé. La moindre surface est recouverte par une profusion de **sculptures** ornementales d'une finesse de dessin et d'un poli rarement égalés. La fluidité des formes ciselées se plie avec une telle souplesse aux lignes architectoniques, dont elles soulignent l'élégance, que ce décor pourtant si chargé apparaît dénué de toute lourdeur. Volutes, motifs floraux, animaux, musiciens, *apsara* (*voir encadré p. 94*), tout ce monde pétrifié s'anime avec grâce sous les jeux subtils de la lumière qui semble rebondir de pilier en pilier.

Le **sanctuaire** se dresse au centre de la cour. Son plan en forme de croix grecque ordonne plusieurs halls hypostyles *(mandapa)* autour d'une cella centrale qui s'ouvre en direction des quatre points cardinaux. Le mur qui clôt la cour abrite 84 cellules servant de chapelles aux statues, toutes identiques, des 24 *tirthankara*.

La **deuxième coupole**★★★ dans l'axe de l'entrée, juste devant la cella, constitue l'un des plus beaux éléments du sanctuaire. Sa hauteur, la délicatesse des **statues** (musiciens et *apsara*) et la remarquable **clef pendante** qui se détache sur le travail en filigrane font preuve d'une prodigieuse habileté.

Mêlez-vous aux pèlerins, simples villageois ou riches hommes d'affaires venus de Mumbai (l'ancienne Bombay). Certains se sont drapés de blanc en signe de renoncement et portent un masque devant la bouche : ils ne veulent nuire à aucune existence, aussi ténue soit-elle, et considéreraient comme une faute grave d'avaler involontairement un insecte. Ils oignent de poudre de safran et de santal les statues, aux neuf points sacrés du corps (nombril, plexus, troisième œil…) ou composent des dessins de bon augure avec des grains de riz.

Une **arche**★ *(torana)* finement sculptée ouvre sur la cella où se tiennent quatre statues d'Adinatha en marbre, d'où le surnom de « Chaumukha » (« quatre visages ») donné au temple.

4

LA FORTUNE DE LA COMMUNAUTÉ JAÏNE

Au Mewar comme dans le reste du Rajasthan, les marchands jaïns amassèrent à l'époque médiévale d'immenses fortunes et s'assurèrent des postes d'influence dans l'administration du royaume. Au 15e s., l'un eux, **Sanghvi Dharnak Shah**, Premier ministre de Rana Kumbha, fit édifier un sanctuaire censé évoquer le royaume céleste où demeurent les *tirthankara* (les « passeurs de gué », inspirateurs de la religion jaïne). La réalisation de cette entreprise fut confiée à l'architecte **Dipak**, renommé à l'époque dans tout le nord de l'Inde. D'autres sanctuaires furent élevés à proximité, mais bientôt un raid musulman endommagea gravement les temples, qui furent laissés à l'abandon. Ils ne retrouvèrent vie qu'au 19e s., lorsque les descendants de Dipak entreprirent de les restaurer en employant les mêmes techniques de sculpture que leurs ancêtres.

Le côté droit du sanctuaire recèle une plaque en haut relief : le 23e *tirthankara*, **Parshvanatha★★**, s'y tient debout sous le capuchon d'un cobra à mille têtes qui le protège de la pluie déclenchée par un démon malfaisant. Des entrelacs sophistiqués nimbent le saint comme d'une rosace.

★ Autres temples

Ranakpur possède trois autres sanctuaires de taille plus modeste.

Le **temple de Parshvanatha★★**, le 1er à droite en sortant du temple d'Adinatha, est de loin le plus intéressant. Bâti selon le plan classique (porche, hall et chapelle surmontée d'un *shikhara*), il se signale par les sculptures ornant ses **murs extérieurs** : danseuses, musiciens, *tirthankara* y côtoient des représentations érotiques.

Au centre, le **temple de Neminatha★**, dédié au 22e *tirthankara*, est construit sur un plan similaire à celui du précédent. Il présente lui aussi de belles ornementations, bien que moins denses.

Le **temple hindou de Surya**, à droite en sortant du temple de Neminatha, porte des sculptures plus grossières, mais qui, réalisées dans un autre site, retiendraient sûrement l'attention des visiteurs. Vous reconnaîtrez le dieu solaire Surya à son char tiré par sept chevaux et aux lotus épanouis qu'il tient dans ses mains.

NOS ADRESSES À KUMBHALGARH ET À RANAKPUR

Indicatif téléphonique : 02954 pour Kumbhalgarh ; 02934 pour Ranakpur.

ARRIVER/PARTIR

Bon à savoir – En l'absence de bus directs pour relier Kumbhalgarh et Ranakpur, il est plus économique de louer une voiture que de prendre les transports publics, dont la lenteur vous obligerait à passer une nuit sur place et à faire un AR en taxi entre les deux sites.

Voir aussi la rubrique « Excursions » dans « Nos adresses à Udaipur », p. 386.

À Kumbhalgarh

Bus – Très peu de bus directs de/vers Udaipur *(3h30 de trajet)* : vous prendrez une correspondance à Nathdwara *(50 km)*, qui est mieux desservie. L'arrêt des bus se trouve dans un vallon boisé, au carrefour de la route Nathdwara-Desuri et de celle qui monte au fort *(2 km)*. Pour Ranakpur *(35 km)*, 4 bus entre 9h et 17h pour Saira *(20 km au nord de Ranakpur)*, où il faut changer : un trajet long et peu pratique, mieux vaut faire l'excursion en taxi *(env. 2 000 Rs AR - adressez-vous à la réception de votre hôtel)*.

À Ranakpur

Bus – Les bus reliant Udaipur à Jodhpur s'arrêtent sur la route en contrebas des temples, à 50 m du complexe. Chaque jour, 6 passages pour Udaipur *(2h30)*, 2 pour Jodhpur *(3h30)*… mais attendez-vous à voyager debout. Pour Mount Abu *(6h)*, il faudra vous rendre à Sadri, à 9 km *(env. 200 Rs en taxi)*.

Taxi – Service de jeeps à l'arrêt des bus, à l'entrée des temples.

VISITE

Les agences de voyage d'Udaipur organisent l'excursion à la journée pour env. 3 500 Rs/pers. Le programme est généralement le suivant : votre taxi passe vous chercher à votre hôtel vers 9h; arrivée sur le site de Ranakpur vers 11h30; visite du site et déjeuner; puis 45mn de voiture pour Kumbhalgarh; visite de la forteresse l'apr.-midi (env. 3h sur place); retour à Udaipur en fin de soirée.

HÉBERGEMENT Carte régionale

La basse saison s'étend de mai à juin, voire d'avr. à sept. pour les hôtels les plus chers. Si vous voyagez en bus, le Shilpi sera votre option logement la plus pratique à Ranakpur.
Hors Ranakpur et Kumbhalgarh, les établissement que nous avons retenus sont repérés par des puces de couleur verte sur la Carte régionale du Sud p. 366-367.

PREMIER PRIX

À Ranakpur

Dharamsala – *À l'ombre des temples, à l'entrée du complexe religieux - 150/200 Rs.* Cette auberge pour pèlerins, tenue par les jaïns, offre un confort pour le moins spartiate : quelques chambres dotées d'un lit, robinet d'eau froide et toilettes à l'extérieur. Couvre-feu à 22h.
Shilpi Hotel (RTDC) – *À 5mn à pied des temples - (02934) 28 50 74, www.rtdc.in - 13 ch. 850/1 700 Rs* Agréable surprise : cet hôtel RTDC, installé sur une butte dominant la rivière, est raisonnablement propre et bien tenu ! Restaurant *pure veg* de 18h30 à 22h.

BUDGET MOYEN

À Kelwara

New Ratan Deep – *À 5 km du fort - (02954) 21 03 40 - http://hotelnewratandeep.com - 12 ch. 1 700/3 000 Rs.* Petite adresse sympathique disposant de chambres propres, claires et coquettes avec vue sur la campagne. Excursions au fort et à Ranakpur.

À Kotri

À 45 km à l'ouest de Ranakpur, à 4 km au sud de Nadol, sur la route de Sadri.
⑧ **Kotri Raola** – A2 - *(0141) 22 72 47 43 - http://kotriraola.com - - Équitation - 10 ch. 3 500 Rs - 500 Rs - rest. 700/800 Rs. Réservation indispensable.* Pour en profiter vraiment, arrêtez-vous au moins deux jours dans ce petit fort rustique du 17e s. qui accueille en toute simplicité ceux qui souhaitent découvrir la région et ses habitants au rythme du cheval ou en jeep.

À Kumbhalgarh

Kumbhalgarh Fort (Club Mahindra) – *Route de Kelwara, à 3 km du fort - (02954) 24 20 59 - www.clubmahindra.com - - Billard, Internet - 24 ch. 4 000/6 500 Rs.* Le seul intérêt de cet hôtel construit à flanc de colline tient aux superbes vues sur la plaine que réservent ses terrasses. Il pratique cependant des tarifs trop élevés au regard de ses prestations, d'autant qu'il n'a pas le chic de l'Aodhi. Spectacles folkloriques, excursions.

POUR SE FAIRE PLAISIR

À Ghanerao

À 18 km au nord de Ranakpur, entre Sadri et Desuri. Liaisons en bus avec Udaipur mais il vaut mieux être motorisé.
④ **Ghanerao Royal Castle** (Heritage Hotels Association) – A2 - *(02934) 28 40 35 - www.ghaneraoroyalcastle.com - - Équitation - 16 ch. 5 000/8 000 Rs - rest. 300/450 Rs.* Malgré un certain laisser-aller dans l'accueil et l'entretien, ce château du 17e s. retrouve chaque

4

soir des allures de palais des *Mille et Une Nuits*, lorsque lumières et ombres redessinent les cours, les terrasses et les kiosques. Organise des excursions en jeep dans les villages bhils et garasiyas.

À Ranakpur

⑨ **Maharani Bagh Orchard Retreat** (WelcomHeritage Hotels et Heritage Hotels Association) – A2 - *À 4 km des temples, sur la route de Sadri - ✆ (02934) 28 51 05 - www.welcomheritagehotels.in - Équitation - 18 ch. 7 800 Rs ☕ 550 Rs - rest. 800/1 000 Rs.* L'hébergement se fait dans des *cottages* confortables, entourés de citronniers et de manguiers emplis d'oiseaux. Certaines chambres, bruyantes et sombres, sont à éviter : visitez-en plusieurs avant de faire votre choix.

À Kumbhalgarh

The Aodhi (HRH Group) – *À 2 km du fort - ✆ (02954) 24 23 41 - www.hrhhotels.com - 26 ch. 8 200 Rs ☕.* Des chambres cossues déclinant des thématiques animalières, certaines avec balcon, mais évitez celles du rdc, sombres et humides. Prix surévalués, service négligé et cuisine quelconque : le manque de concurrence se fait sentir… Accueille souvent des groupes.

UNE FOLIE

À Narlai

À 30 km au nord de Ranakpur (3 km de Desuri), sur la route de Nadol. Ce village compterait plus de 200 temples.

⑪ **Rawla Narlai** – A2 - *Réserv. à Jodhpur (hôtel Ajit Bhawan) - ✆ (0291) 251 04 10 - www.rawlanarlai.com - Équitation - 25 ch. 14 000/23 000 Rs.* Au pied d'un monolithe de granit, ce charmant pavillon de chasse (17e s.) des maharajas de Jodhpur dispose de chambres d'un goût exquis. Intéressant si vous voyagez à quatre : 2 chambres partagent sdb, salon et véranda privés. Le soir, on dîne aux chandelles autour d'un *baori* (puits à degrés). Nombreuses activités : varappe, balades à dromadaire, danses folkloriques, etc.

RESTAURATION

PREMIER PRIX

À Ranakpur

Ranakpur ne comptant qu'une poignée d'hôtels au bord de la route, vous serez contraint d'y prendre vos repas.

Dharamsala – *À l'entrée du complexe religieux - 11h30-16h30, 17h30-18h - 15/30 Rs.* Pour rester dans l'ambiance, vous prendrez place avec les pèlerins à l'une des longues tables en inox où l'on sert un *thali* gujarati *pure veg*.

EXCURSIONS

À Kumbhalgarh

Tous les hôtels organisent la visite de la **réserve naturelle de Kumbhalgarh**, en jeep *(env. 1 900 Rs/jeep, droit d'entrée et guide compris)*, à cheval ou à dromadaire. L'une des entrées se situe à Ghanerao *(voir « Hébergement », plus haut)*, l'autre à 500 m de l'hôtel Aodhi.

À Ranakpur

Pour **Kumbhalgarh**, comptez env. 1 000 à 1 400 Rs l'AR en jeep-taxi.

Mount Abu

★★

Env. 30 000 hab. – Alt. 1 200 m – État du Rajasthan

NOS ADRESSES PAGE 403

S'INFORMER

Tourist Reception Centre (RTDC) – B4 - *en face de la gare routière - (02974) 23 51 51 - tlj sf w.-end 9h30-18h.* Dispose d'une liste des chambres d'hôtes. On pourra vous orienter si tous les hôtels sont complets.

SE REPÉRER

Carte régionale p. 366-367 – Plan de la ville p. 401 – *À 185 km d'Udaipur, 260 km de Jodhpur, 220 km d'Ahmedabad (Gujarat).*

Voir aussi la rubrique « Arriver/partir » dans « Nos adresses ».

À NE PAS MANQUER

Les temples jaïns de Dilwara.

ORGANISER SON TEMPS

Une demi-journée suffit pour visiter Mount Abu à pied et Dilwara en jeep. Évitez de venir le w.-end et en période de vacances indiennes : la cacophonie ambiante est alors aussi dissuasive que les prix pratiqués.

La petite ville de Mount Abu se trouve excentrée à l'extrême sud-ouest des Aravalli, sur un massif isolé – point culminant du Rajasthan – qui se dresse à même la plaine, telle une sentinelle avancée surveillant le désert. La route montant depuis Abu Road, au pied du massif, gravit 1 000 m de dénivelé qui font passer, en une heure, de la touffeur de la plaine à la fraîcheur des collines, d'un sol aride à une végétation tropicale de palmiers, citronniers, lauriers-roses… Agrémentée d'un petit lac, Mount Abu doit sa popularité à son climat tempéré. Il s'agit en effet de l'une de ces stations d'altitude (« hill stations ») développées par les Anglais pour échapper à la canicule des mois d'été. Le site possède toutes les qualités requises pour constituer un lieu de repos idéal. En période de vacances, il est pris d'assaut par des hordes de touristes indiens bruyants et peu soucieux de leur environnement. Ses rues sont alors encombrées par des cortèges de jeeps klaxonnantes venues des grandes villes du Gujarat. Un visiteur étranger en quête de calme et de solitude a de quoi être déçu par ce charivari. Pourtant, un séjour ici est amplement justifié par la visite des temples de Dilwara, les plus admirables des sanctuaires jaïns, d'une profusion et d'un raffinement décoratifs extraordinaires.

Se promener Plan de ville

Taxe de 10 Rs/pers. prélevée à l'entrée de Mount Abu.

Sur le massif le plus élevé du Rajasthan, la station climatique de Mount Abu forme une oasis à la végétation tropicale, dont la luxuriance fait écho à la préciosité des temples jaïns sculptés dans le marbre. Les températures y sont rarement très élevées (maxi 34° en juin), mais l'atmosphère y est humide, quelle que soit la saison.

UN SITE MYTHIQUE

La fondation de Mount Abu se perd dans la nuit des temps légendaires. Très ancien objectif de pèlerinage shivaïte, le site aurait en effet servi de cadre à un épisode mythique de l'histoire du Rajasthan : c'est ici que seraient apparus, dans un feu sacré, les ancêtres des quatre clans rajputs qui forment l'**Agnikula** (la « lignée du Feu » ; *voir encadré p. 402*) : les clans des Chauhans, Pramaras, Pratiharas et Solankis (autrement appelés Chalukyas). Au 13e s., des fidèles jaïns identifient Mount Abu comme le lieu où aurait vécu, au 6e s. avant notre ère, **Mahavira**, le fondateur de leur communauté (*voir chapitre « Religions », p. 98*). Le site attire alors de nombreux pèlerins. Il est dominé, depuis le 11e s., par la dynastie des **Solankis** qui règne depuis le Gujarat voisin. Au 14e s., la région passe sous le contrôle des Chauhans, puis sous celui des **Sisodyas** basés dans le Mewar (au 15e s.). La pacification des royaumes rajputs, au 19e s., suscite une nouvelle vocation pour Mount Abu : les Anglais, séduits par le climat tempéré qui y règne, y établissent leurs quartiers d'été, aussitôt imités par les maharajas, qui y construisent des villas aux allures de palais. Avec l'essor des classes moyennes, la ville devient un lieu de repos pour la bourgeoisie fuyant la chaleur caniculaire de la plaine. Depuis, les centres de villégiature d'entreprise y ont fleuri et les paysages bucoliques attirent tout au long de l'année les jeunes mariés.

CENTRE-VILLE ET LAC NAKKI AB2

En flânant dans le **bazar de Mount Abu** (B2), autour de Main Market Rd, vous croiserez des couples de jeunes mariés venus passer ici leur lune de miel ou des familles de touristes gujaratis, végétariens stricts (notez les enseignes en écriture gujaratie), emmitouflés dans des châles et d'épais chandails, faisant du pédalo sur le **lac Nakki** ou déambulant dans les rues piétonnes en mangeant des glaces. Un édifiant **Spiritual Museum** (A2) *(8h-20h - gratuit)* liste avec force maquettes et croquis en Technicolor les péchés qui accablent notre âge et montre la voie de la paix universelle.
Si vous avez de bonnes articulations et ne craignez pas le ridicule, vous pourrez vous faire transporter à la manière locale : dans un minuscule chariot genre boîte à savon montée sur des roulettes, qu'un « conducteur » à pied tire à l'aide d'une corde…

★★★ TEMPLES JAÏNS DE DILWARA en dir. C1

À 3 km au nord-est de Mount Abu - 12h-18h - gratuit - photo interdite – Enlevez vos chaussures et tout objet en cuir avant d'entrer dans le complexe religieux. Vous devrez laisser votre sac à la consigne.
Une demi-douzaine de temples ont été édifiés ici entre le 11e et le 15e s., dont deux sont particulièrement remarquables pour l'abondance et l'extrême délicatesse de leur décoration intérieure, sculptée dans le marbre blanc. Cette dentelle de pierre fut ciselée à la corde abrasive ou à la lime par des sculpteurs – des ivoiriers peut-être – dont le salaire quotidien était déterminé par le poids de la poussière de marbre générée au cours de la journée. Car la communauté jaïne était si opulente qu'elle pouvait supporter le coût astronomique de l'achat et du transport de blocs de marbre, ainsi que l'entretien, des années durant, de centaines d'artisans. Un raid musulman au 14e s. endommagea les temples, mais ceux-ci furent aussitôt restaurés grâce à la richesse et à la ferveur de la population jaïne.

Temple de Vimal Vasahi

Il fut construit au début du 11e s. par Vimal Shah, un ministre jaïn des souverains hindous du clan des Solankis. Plus de 2 500 maçons, artisans et sculpteurs auraient travaillé à ce chef-d'œuvre dédié à **Adinatha**, le premier des 24 *tirthankara*, les inspirateurs de la communauté jaïne. Vu de l'extérieur, le temple paraît bien sobre, mais ses façades, quasiment nues, dissimulent en fait une décoration intérieure d'une luxuriance rarement égalée.

Dans le pavillon qui précède l'entrée du temple, remarquez la procession d'éléphants et, juste en face, la statue équestre du principal donateur, Vimal Shah. Le sanctuaire proprement dit s'élève dans une cour ceinte d'un mur percé de 52 chapelles sous portique, chacune abritant la statue d'un *tirthankara*. La cella centrale du sanctuaire, qui abrite la statue d'Adinatha, est précédée de trois halls hypostyles *(mandapa)*, dont l'admirable **pavillon de la Danse★★★** *(ranga mandapa)*, le 1er hall en entrant, et le plus vaste, qui fut ajouté au 12e s. Contemplez la finesse des sculptures ornant les piliers et les consoles de la coupole : musiciens, danseuses et divinités soulignent de leurs formes gracieuses les lignes architecturales. Ils sont modelés selon les critères de beauté de l'époque : yeux en amande et nez aquilin se détachant dans un visage plein, poitrine féminine opulente contrastant avec une taille fine et souple. Autour des formes humaines, sur la moindre parcelle de surface libre, s'épanouissent des motifs géométriques et floraux : à la rosace de la coupole, ciselée et ajourée comme en filigrane, aux architraves, sur les volutes des arches *(torana)* qui ouvrent vers le cœur du sanctuaire…

Temple sikh

SE LOGER
- Connaught House 1
- Hilltone 2
- Jaipur House (The) 3
- Kesar Bhawan Palace 4
- Maharani Palace 7
- Palace Hotel (Bikaner House) 8
- Savera Palace 9
- Shanti 10
- Sunrise Palace 11

SE RESTAURER
- Jodhpur Bhojnalaya 1
- Kanak Dining Hall 2
- Sher-e Punjab 3
- Sankalp 4
- Veena 5

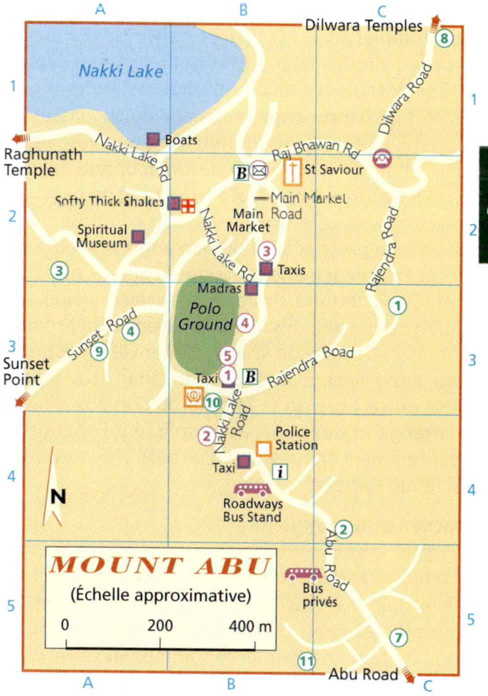

LA LÉGENDE DU FEU
Les multiples invasions que connut le nord-ouest de l'Inde (par les Aryens, les Scythes, les Huns, les musulmans...) furent à l'origine de nombreuses légendes mêlant dieux, héros et démons. Un récit tardif rapporte qu'aux temps jadis, lorsque le monde était envahi par les démons, des prêtres allumèrent un immense feu au sommet du mont Shikhar afin de le purifier. Quatre guerriers sortirent en armes du brasier pour délivrer la Terre menacée. Ces fils d'Agni (dieu du Feu) formèrent les quatre clans de l'Agnikula... Certains pensent que cette légende évoque l'intronisation de membres des tribus locales dans la caste des *kshatriya* (guerriers) afin de renforcer les rangs de ceux qui combattaient les envahisseurs scythes, arrivés au 1er s. av. J.-C.

Temple de Vastupal et Tejpal (ou temple de Luna Vasahi)
Élevé au début du 13e s., ce temple est plus petit que le précédent mais ses décorations intérieures paraissent encore plus somptueuses. Vastupal et Tejpal étaient eux aussi de puissants personnages du royaume solanki. Ils firent édifier ce sanctuaire en mémoire de Luna, un de leurs parents décédé, et le dédièrent au 22e *tirthankara*, Neminatha. Ce dernier était un prince qui préféra renoncer à celle qu'il aimait et se faire ascète plutôt que de voir des animaux sacrifiés à l'occasion de son mariage. Sa bien-aimée, suivant son exemple, se fit nonne *(saddhvi)*. Admirez, ici encore, la finesse et le poli des sculptures : *apsara* enjôleuses et leurs compagnons musiciens, processions d'éléphants, et tout un registre exubérant de volutes, de feuilles et fleurs stylisées, d'entrelacs qui témoignent de la créativité des ornemanistes du 13e s. Arrêtez-vous dans le **pavillon de la Danse★★★** *(ranga mandapa)* pour contempler à loisir la frise de danseuses évoluant sur des fleurs de lotus, et l'extraordinaire rosace de la coupole qui se déploie au-dessus de l'octogone où se déroulaient les danses rituelles.
Avant de s'approcher de l'image de Neminatha ou de quelque autre « victorieux », les pèlerins, drapés dans leur vêtement blanc de *puja*, ajustent le mouchoir qu'ils ont noué devant leur bouche pour ne pas incommoder les saints personnages de leur haleine, et ne pas avaler par mégarde un insecte passant par là. Devant la statue, ils composent des *svastika* (croix gammées, signes de prospérité et de bon augure) avec des grains de riz. Ces derniers, dont la couleur blanche évoque la pureté, ne peuvent germer ; aucune vie ne sera donc détruite, conformément au principe de l'*ahimsa*. Plus loin, d'autres fidèles déposent des fleurs aux pieds d'un *tirthankara*, balancent des bâtons d'encens devant son visage, oignent les neuf points sacrés de son corps avec leur annulaire enduit de pâte de safran et de santal. Chacun fait ses dévotions à sa guise, libre de se joindre ou non aux officiants lorsque ceux-ci, vêtus d'orange et de rouge, accomplissent l'onction des statues après les avoir délicatement époussetées d'un balai en laine pour ne blesser aucune créature, si ténue soit-elle.

MONT GURU SHIKHAR

Continuez la route vers le nord-est sur 12 km.
Point culminant du Rajasthan (1 721 m), le **mont Guru Shikhar** offre de belles vues sur la région, particulièrement en fin d'après-midi. Les touristes indiens ont coutume de gagner le sommet en voiture, d'où un va-et-vient bruyant qui nuit beaucoup à la grandeur du site.

NOS ADRESSES À MOUNT ABU

Plan de la ville p. 401

INFORMATIONS UTILES

Les offices de tourisme sont répertoriés en début de chapitre.
Indicatif téléphonique : 02974

Banque/Change

Distributeurs face au Roadways Bus Stand (B4) et au-dessus du restaurant Sankalp (B3).
State Bank of India – B2 - *Raj Bhawan Rd.* Change les espèces.

Poste

GPO – B1-2 - *Raj Bhawan Rd - tlj sf dim. 9h30-17h30.* Envois express par **EMS Speed Post**.

Internet/Téléphone

Shree Krishna – B2 - *Main Market, à 2 pas de la poste centrale.* Internet, téléphonie, photocopies.

Santé

J. Watumull Global Hospital and Research Centre – C1 - *Dilwara Rd - ☎ (02974) 23 83 47.*
Pharmacies *sur Raj Bhawan Rd, près du Government Hospital.*

Sécurité

Police Station – B4 - *à côté de l'office de tourisme - ☎ 100.*

Agences de voyages

Nombreuses adresses pour vos réservations et vos locations de véhicule sur Abu Rd, autour de la gare routière.
Shobha Travels – B3 - *Nakki Lake Rd, près de l'hôtel Samrat - ☎ (02974) 23 53 02 - http://shobhatravels.com- 9h-22h30.* Billets de bus, location de voitures *(1 000-1 500 Rs/j.)* et service de guides pour des randonnées pédestres, notamment vers le Wildlife Sanctuary voisin *(comptez 400 Rs/pers. pour 4h).*

ARRIVER/PARTIR

Train

Abu Road Railway Station – *À 29 km de Mount Abu - ☎ 139 (centre de réservation).* Si vous arrivez ou partez en train, vous serez obligé de prendre un bus entre Abu Road et Mount Abu, ce qui complique et rallonge le voyage. 3 à 4 trains/j circulent sur la ligne Ahmedabad-Abu Road-Ajmer *(6h)*-Jaipur *(8h)*-Delhi *(12 à 14h)* ; choisissez bien votre train pour ne pas arriver au milieu de la nuit. Pour Delhi, prenez en soirée le *Rajdhani (10h40)* ou l'*Ashram Express (12h)* qui s'arrête à Alwar *(10h)*. 1 *Express* assure la liaison 3 fois/j. avec Jodhpur *(4h30)* et 2 fois/j. avec Bikaner *(10 à 11h).*

Bus

Choisissez de préférence un bus qui monte jusqu'à Mount Abu. Certains ont en effet pour terminus Abu Road et l'on doit alors changer de véhicule pour finir le voyage *(29 km ; comptez 1h).*
Roadways Bus Stand d'Abu Road – *Près de la gare.* Bus ttes les 30mn pour Mount Abu *(1h)*, de 5h30 à 20h30. Liaisons avec Jaisalmer *(2 bus/j. - 10h de trajet)*, Jaipur *(fréquent)* et Delhi *(2 bus/j.)*, Jodhpur *(fréquent).*
Roadways Bus Stand de Mount Abu – B4 - *Abu Rd, à l'entrée du centre-ville - vente de billets 6h30-20h30.* Bus local ttes les 30mn pour Abu Road. 1 *Volvo Deluxe* de nuit pour Jaipur *(12h)*. 1 départ/j pour Delhi *(18h)*, via Ajmer et Jaipur, et 7 pour Udaipur *(4h30)*, dont 1 *Deluxe*. Les **bus privés** (BC5), plus rapides que les bus d'État, assurent une bonne desserte de tout le Rajasthan ; billets en vente dans les agences de voyages.

Taxi

Comptez 250 à 300 Rs entre Abu Road et Mount Abu.

TRANSPORTS

Il n'y a pas de rickshaw à Mount Abu : on se déplace à pied. Pour transporter vos bagages de l'arrêt de bus à l'hôtel, on vous proposera, pour 10 à 30 Rs, une caisse en fer montée sur roues que l'on poussera pour vous. Pour vous rendre aux temples jaïns, prenez un taxi.

Taxi

Plusieurs stations, au sud du Polo Ground (B3), à l'angle de Nakki Lake Rd et de Dilwara Rd (B2) et à côté de la gare routière. Comptez env. 50 Rs pour un aller simple aux temples de Dilwara et 700 à 800 Rs pour un tour des temples disséminés dans la campagne *(excursion de 5h)*.

Location de deux-roues

Vous pourrez louer une moto ou un scooter *(250-300 Rs/j)* dans les agences de voyages qui se succèdent entre la gare des bus et le restaurant Kanak (B4). Une bonne manière de découvrir cette région aux paysages superbes où la circulation reste bien plus raisonnable qu'ailleurs.

HÉBERGEMENT

Il y a pléthore d'hôtels à Mount Abu. Choisissez une adresse hors du centre si vous ne voulez pas être assourdi par la cacophonie qui, en saison, y règne à toute heure.
Phénomène propre à Mount Abu : le **prix** des chambres fluctue de 15 % à plus de 100 % tout au long de l'année, en fonction du calendrier. Ils sont en général très élevés à Noël (20 déc.-5 janv.), en mai et juin, à Janmashtami (5 j. en août) et Divali (21 j. en oct.-nov.). Ils sont en revanche au plus bas du 5 janv. au 15 avr., en sept. et du 1er au 20 déc. La période de mousson (juil.-août) est en principe considérée comme hors saison, mais pas toujours… Pour compliquer les choses : les w.-ends et j. fériés, les prix augmentent d'env. 15 %, même en basse saison. Téléphonez à l'hôtel avant de vous rendre à Mount Abu afin de connaître les prix pratiqués lors de votre séjour… et n'hésitez pas à marchander !
Excepté dans les hôtels de catégorie supérieure, il vous faudra rendre les clefs de la chambre à 9h.
Enfin, vérifiez à la réception de votre hôtel les « horaires » de l'eau chaude (généralement 7h-11h dans les adresses petit budget, 7h-11h et 18h-21h en moyenne gamme).
Les tarifs que nous indiquons s'entendent hors saison.

PREMIER PRIX

Au sud du lac

⑩ **Shanti** – B3 - *Au sud du Polo Ground, en retrait de la rue principale - ✆ (02974) 23 80 31 - ✕ ▭̸ - 40 ch. 800/1 000 Rs.* Ce bâtiment sans grâce en plein centre-ville constitue une bonne adresse pour les petits budgets. Les chambres, raisonnablement propres, demeurent néanmoins basiques. Eau chaude 7h-11h.

⑦ **Maharani Palace** – C5 - *Abu Rd - ✆ (02974) 23 55 10 - ▤ ▭̸ - 20 ch. env. 1 000 Rs.* Accueil sympathique bien que le personnel ne parle pas anglais. Les chambres *Deluxe* sont assez grandes, propres et claires, mais les plus ordinaires n'ont pas de fenêtre. Les prix triplent en pleine saison.

BUDGET MOYEN

Au sud du lac

⑪ **Sunrise Palace** – B5 - *Sur une hauteur à l'écart de la route -*

(02974) 23 55 73 - www.sunrisepalacehotel.com - *20 ch. 2 100/3 500 Rs.* L'ancienne résidence d'été des maharajas de Bharatpur propose des chambres immenses et correctement tenues, dégageant un certain charme désuet. Préférez celles du 1er étage, qui disposent d'une belle vue depuis leur grande terrasse commune.

⑨ **Savera Palace** – A3 - *Sunset Road - (02974) 23 53 54 - www.savshantihotels.com* - *(veg.)* - *24 ch. 3 100 Rs* Son jardin et sa petite piscine font la joie des familles indiennes le w.-end. Impersonnelles et toutes identiques, les chambres disposent chacune d'un petit balcon privatif. Majoration de 50 % en saison. Eau chaude 7h-10h seult. Wifi.

④ **Kesar Bhawan Palace** – A3 - *Sunset Road - (02974) 23 86 47 - http://kesarpalace.com* - *(veg.) - 25 ch. 1 100/1 700 Rs*. Les bâtiments, récents, abritent de grandes chambres lumineuses avec balcon : vue agréable sur les collines, au calme, à l'écart de la ville. Un bon rapport qualité-prix même si l'ensemble manque quelque peu de chaleur. Élément non négligeable à Mount Abu, les prix restent stables toute l'année.

③ **The Jaipur House** – A2 - *Sur une colline au sud du lac - (02974) 23 51 76 - jaipurhouse.abu@gmail.com* - *- Wifi, excursions - 23 ch. 4 500/5 600 Rs* Construit en 1897, ce superbe palais rajput où le maharaja et les invités royaux séjournaient à l'occasion domine toute la vallée de Mount Abu. Restauré et transformé en hôtel, ce petit bijou est accessible aux touristes depuis 2002. Petites, les chambres sont meublées à l'ancienne avec raffinement ; l'adresse vaut surtout pour son cadre exceptionnel. À ne pas manquer, au moins pour un verre sur la terrasse.

POUR SE FAIRE PLAISIR

Au sud du lac

① **Connaught House** (Jordhana Heritage Resorts) – C3 - *Rajendra Rd, à 300 m du centre - (0291) 257 23 21 - http://connoughthouse.jodhanaheritage.com* - *13 ch. 7 000 Rs* Deux *cottages* se lovent à flanc de colline, noyés dans un jardin à la végétation luxuriante. Dans ce cadre reposant baigné d'une atmosphère intime, le bungalow ancien, qui fut la résidence d'été des Premiers ministres de Jodhpur, abrite six jolies chambres au charme suranné donnant sur les collines. Celles du *cottage* le plus récent ouvrent sur une véranda où il est agréable de prendre ses repas.

② **Hilltone** – C4 - *Abu Rd - (02974) 23 83 91 - www.hotelhilltone.com* - *68 ch. 6 000/9 000 Rs - rest. 400/600 Rs*. En retrait de la route, cet hôtel a la faveur des jeunes mariés. Vous pouvez choisir de loger dans les chambres *Deluxe* du bâtiment principal (chères pour ce qu'elles sont), dans des *cottages* de 3 étages autour d'une pelouse ou, plus original, dans l'une des 2 *cave rooms (10 500 Rs)* où la roche tient lieu de murs.

Sur la route de Dilwara

Une voiture s'avère indispensable.

⑧ **Palace Hotel** (ou **Bikaner House** ; Heritage Hotels Association) – en dir. C1 - *À 3,5 km sur la route de Dilwara - (02974) 23 51 21 - www.palacehotelbikanerhouse.com* - *- Billard, court de tennis - 32 ch. 7 100/8 400 Rs*. Construite en 1893 sur les plans de Sir Swinton Jacob, cette demeure royale nichée dans un parc boisé de 8 ha constitue une

4

étape exceptionnelle. Chambres vastes et confortables aménagées avec un mobilier d'époque. Les suites, un rien plus chères que les *Deluxe*, disposent d'une loggia, d'un bureau et d'un dressing. Les *standard*, au rdc, un peu sombres en hiver, entretiennent une fraîcheur bienvenue en été.

RESTAURATION

Les restaurants populaires se succèdent sur **Nakki Lake Rd**, entre la Police Station et le lac. Certains installent leurs tables en terrasse, mais la rue est fort bruyante. Clientèle gujaratie et jaïne oblige, beaucoup proposent une cuisine *pure veg*. Prudence de toute façon sur la viande des petites enseignes, la fraîcheur n'est pas toujours au rendez-vous.

PREMIER PRIX

⑤ **Veena** – B3 - *Nakki Lake Rd* - 💳 - *7h-21h - 80/120 Rs.* Sa petite salle colorée en demi-sous-sol se donne des airs de *fast-food* américain des années 1970. Très populaire, sa cuisine jaïne et punjabie *pure veg* fait aussi des incursions du côté des spécialités de l'Inde du Sud.

① **Jodhpur Bhojnalaya** – B3 - *Nakki Lake Rd, au niveau de la tour Eiffel (sic!)* - 💳 - *10h30-23h - 130/150 Rs.* À l'étage, une salle au décor inox donne sur le stade de polo. Fraîcheur et saveur assurées pour cette cuisine *veg* rajasthanie servie avec le sourire.

② **Kanak Dining Hall** – B4 - *Nakki Lake Rd* - ✆ *(02974) 23 83 05* - 💳 - *8h30-22h30 - env. 150 Rs.* Une grande salle vous permettra d'éviter le bruit de la rue. Dès 11h, on dispose sur les tables les plateaux à *thali* : le copieux *thali* gujarati, spécialité du lieu, a en effet la préférence des clients.

③ **Sher-e Punjab** – B2 - *Main Market* - ✆ *(02974) 23 80 44* - 🍷 💳 - *9h-23h - 180/250 Rs.* S'il ne paie pas de mine, l'endroit rassemble les amateurs d'agneau et de poulet, déclinés à toutes les sauces. Une adresse populaire, à l'écart de l'artère centrale. Service diligent.

④ **Sankalp** – B3 - *Nakki Lake Rd* - ✆ *(02974) 23 72 50* - 💳 - *9h-23h - 200/250 Rs.* Dans une salle impeccable au décor minimaliste, le Sankalp se spécialise dans les *dosa* (crêpes). À 4, vous pourrez partager un *masala dosa* de 1,20 m de long!

BUDGET MOYEN

The Jaipur House – A2 - *Rest. de l'hôtel du même nom* - 🍷 - *6h-23h - 450/700 Rs.* Une cuisine rajasthanie et du nord de l'Inde ainsi que des plats continentaux vous seront servis sur la plus belle terrasse de la ville. Service attentionné.

PETITE PAUSE

Entre Main Market et l'embarcadère se succèdent vendeurs de glaces et de *milk-shakes* comme **Softy Thick Shakes and Slush** ou **Anil**.

ACTIVITÉS

Méditation

Prajapita Brahma Kumaris World Spiritual University – A2 - *rens. au Spiritual Museum - www.brahmakumaris.com.* Cours gratuits de méditation en plusieurs langues (sur 3 j. ou plus). Rens. en France : **Centre de raja yoga** – *74 r. Orfila - 75020 Paris* - ✆ *01 43 58 44 27 - www.rajayoga.asso.fr.*

AGENDA

Summer Festival – *3 j. en mai (dates variables; 2-4 mai 2015).* Danses folkloriques et *qawwali*.

Winter Festival – *29-31 déc.* Processions, régates sur le lac, musique et feux d'artifice.

Chittaurgarh

★★

Env. 120 000 hab. – Alt. 408 m – État du Rajasthan

NOS ADRESSES PAGE 412

S'INFORMER

Tourist Reception Centre (RTDC) – *Station Rd - ✆ (01472) 24 10 89 - tlj sf 2e sam. du mois et dim. 10h-13h30, 14h-17h.* Vous pourrez vous y procurer un plan de la ville et du fort. Vous y trouverez également un service de guides ainsi que la liste des chambres d'hôtes.

SE REPÉRER

Carte régionale p. 366-367 – *À 112 km d'Udaipur, 121 km de Bundi, 345 km de Jaipur.*

Toutes les curiosités touristiques de Chittaurgarh sont rassemblées dans la forteresse qui occupe le sommet d'un promontoire, à l'est de la ville. En contrebas s'étend la **vieille ville**, bordant la rivière Gandhiri qui coule selon un axe nord-sud, parallèle au fort. Le **Central Bus Stand** (gare routière) se situe de l'autre côté du pont franchissant la rivière, à env. 4 km du fort; la gare ferroviaire, plus éloignée, se trouve à 3 km au sud-ouest.

Voir aussi la rubrique « Arriver/partir » dans « Nos adresses ».

À NE PAS MANQUER

La forteresse!

ORGANISER SON TEMPS

Vous pourrez soit faire étape à Chittaurgarh, soit découvrir la forteresse en excursion d'une demi-journée depuis Udaipur ou Bundi. Comptez 3h en effectuant la visite de la forteresse – particulièrement étendue – en auto-rickshaw *(env. 350 Rs).*

AVEC LES ENFANTS

Dans la forteresse, les grands espaces et les temples habités par les singes.

4

Populairement appelée Chittaur, cette grosse bourgade poussiéreuse du plateau mewari ne mérite votre attention que pour sa forteresse… Mais quelle forteresse! Dominant la ville basse et toute la région du haut d'un promontoire tabulaire de quelque 160 m de haut, ceinte d'une muraille longue de 12 km, l'ancienne capitale du Mewar, aujourd'hui quasiment désertée, est la plus importante citadelle du Rajasthan et a été classée en 2013 au patrimoine mondial de l'Unesco. Éminemment photogénique, elle abrite de splendides vestiges évoquant la grandeur et la tragédie de l'histoire de Chittaurgarh. Malgré son aspect invincible, elle tomba par trois fois aux mains de l'ennemi; par trois fois, elle fut le théâtre de terribles « jauhar », ces sacrifices collectifs qui témoignent de la farouche indépendance des Rajputs. En fin d'après-midi, la lumière dorée s'accorde à l'humeur romantique dans laquelle ces vestiges abandonnés plongent les visiteurs. Qu'un groupe de femmes, le visage dissimulé derrière le pan d'un mystérieux « orhni », apparaisse au détour d'un palais en ruine, et vous voilà transporté aux temps héroïques de la princesse Padmini ou du glorieux Rana Kumbha.

Gloire aux vaincus

La fondation de Chittaurgarh remonterait au 7e s. Malgré le manque de sources historiques précises, les chercheurs pensent qu'elle serait due à Chittrang, chef du clan des Moris.

LA PUISSANTE DYNASTIE DES SISODYAS

Au siècle suivant, en l'an 734, le fort *(garh)* est conquis par **Bappa Rawal**, de la branche aînée des Sisodyas, dynastie qui va régner sur le Mewar jusqu'en 1947 *(voir aussi « Udaipur », p. 372)*.

L'importance stratégique et la puissance de la forteresse attirent vite la convoitise des envahisseurs musulmans. En 1303, le sultan de Delhi, Ala ud-Din Khilji, est le premier à s'emparer de Chittaurgarh. Selon la légende, il aurait voulu conquérir la belle princesse **Padmini**, épouse du régent de Chittaur. Ce siège déclenche le premier *jauhar* que connaîtra la forteresse *(voir encadré ci-dessous)*.

Le 15e s. est marqué par le règne de **Rana Kumbha**, qui ceinture son royaume d'une trentaine de forteresses, dont celle de Kumbhalgarh. Son petit-fils, **Rana Sanga**, mène la coalition des souverains rajputs qui tente de refouler hors du Rajasthan l'envahisseur Babur, le premier des Moghols, mais il périt lors de la défaite de Khanwa (1527).

Moins de dix ans plus tard, le sultan du Gujarat, Bahadur Shah, s'empare de Chittaurgarh, entraînant un deuxième *jauhar*.

AUX MAINS DES MOGHOLS

Cependant, c'est la puissance moghole qui finit par sonner le glas de la forteresse. En 1568, l'empereur **Akbar** lance ses troupes dans un siège sans merci *(voir également le chapitre « Histoire » p. 104)*. Tandis que guerriers, femmes et enfants préfèrent se sacrifier plutôt que de se rendre aux musulmans, le *maharana* **Udai Singh II** parvient à s'enfuir. Il établit une nouvelle capitale à Udaipur, à l'abri des monts Aravalli, mais rêve de reconquérir la forteresse de Chittaur. Ni lui ni son fils, le valeureux **Rana Pratap**, n'y parviendront.

Au début du 17e s., l'empereur **Jahangir**, assuré du contrôle de la région, restitue Chittaurgarh aux Sisodyas. Mais ces derniers, qui préfèrent désormais résider à Udaipur, ne réinvestiront jamais les murs de la forteresse héroïque.

LE « JAUHAR », OU LA FIERTÉ RAJPUTE

Les sacrifices collectifs ponctuent de façon tragique l'histoire de Chittaurgarh. Pour échapper à l'assiégeant musulman sur le point de s'emparer de la forteresse, les femmes et les enfants se jetaient dans les flammes d'un gigantesque bûcher. De leur côté, les soldats revêtaient la robe jaune safran du sacrifice, se couvraient le visage de la cendre des morts et, enivrés d'opium, se lançaient dans une contre-attaque suicidaire…

La tour de la Victoire ou Jaya Stambha (Chittaurgarh).
F. Guiziou/hemis.fr

★★ Forteresse

8h-18h - 100 Rs ; 5 Rs pour votre rickshaw - son et lumière vers 19h30 (200 Rs) - guides anglophones à l'entrée (300 Rs pour 2h) - cafétéria entre le temple de Mira Bai et la tour de la Victoire.

On accède à la forteresse par sa face occidentale, en suivant une route escarpée qui fut aménagée au 15e s. et franchit **sept portes** successives. Entre les 2e et 3e portes (Bhairon Pol et Hanuman Pol), deux *chhatri* commémorent le sacrifice de **Jaimal et Patta**, valeureux guerriers du clan des Rathors de 15 et 16 ans morts lors du siège de 1568 et devenus les héros de ballades populaires. La dernière porte, **Ram Pol★** (1459), décorée d'un soubassement de frises à la manière des temples, ouvre sur la citadelle.

CONSEIL
Le site étant très étendu et ses principaux monuments distants les uns des autres, prévoyez un véhicule pour le visiter : *voir p. 412*.

★★ Palais de Rana Kumbha

Juste après le point de vente des tickets et son aire panoramique, la route arrive à hauteur du **palais de Rana Kumbha** (14e et 15e s.), dont les deux derniers sièges n'ont guère laissé que des ruines. Remarquez cependant la **façade** ornée de balcons et de *chhatri*. Depuis la route, une petite porte ouvre sur le 1er étage, autrefois occupé par les appartements des princesses, tandis qu'un escalier descend dans un joli parc. À gauche s'élève la porte principale du palais, **Tripolia**, ornée de trois dômes.

La cour a conservé les ruines des étables où l'on parquait éléphants et chevaux. Du **Diwan-i Am** (hall des Audiences publiques), il ne reste qu'une salle hypostyle. L'exploration des autres bâtiments, communiquant par des escaliers et couloirs austères, évoque la gloire défunte de la forteresse.

★ Shringar Chauri

De l'autre côté de la route.

Ce templion jaïn porte avec beaucoup de justesse le nom de « sanctuaire ciselé ». Danseuses et musiciens, éléphants s'affrontant couvrent les façades de leurs hauts-reliefs ; belle coupole intérieure.

Poursuivez la route sur env. 200 m et franchissez la Badi Pol.

Palais de Fateh Prakash

Cette massive bâtisse édifiée au début du 20e s. par le *maharana* Fateh Singh, ne revêt pas un grand intérêt architectural. À l'intérieur, un petit **musée** *(tlj sf lun. 10h-17h30 - 10 Rs ; photo interdite)* assez décevant expose des statues du Moyen Âge hindou, une collection d'armes et des portraits de souverains.

Juste à côté, le **Satbis Deori**, un temple jaïn richement sculpté (11e s.) est dédié à Adinatha, le premier des 24 *tirthankara* ; vous y retrouverez les mêmes motifs que sur le Shringar Chauri.

★ Temples de Kumbha Shyamaji et de Mira Bai

Sur une même esplanade, en face.

Le **temple de Kumbha Shyamaji★**, reconstruit au 15e s. sur le soubassement d'un temple du 9e s., est dédié à Varaha (incarnation de Vishnou en sanglier). Il est précédé d'un petit pavillon abritant une statue de **Garuda**, monture ailée de Vishnou.

Le **temple de Mira Bai★** célèbre l'amour qu'une princesse du 16e s., épouse d'un prince héritier de Chittaur, portait à Krishna. Renonçant aux fastes de la cour, Mira consacra sa vie au culte du dieu, en l'honneur duquel elle composa de nombreux poèmes, chefs-d'œuvre de la *bhakti* (dévotion pour Dieu) *(voir p. 93 et 216)*, encore extrêmement populaires de nos jours. Le sanctuaire, remarquable pour son **hall circulaire**, est précédé du *chhatri* élevé au gourou de Mira.

★★★ Tour de la Victoire (Jaya Stambha)

Emblème du site, elle se distingue de loin par son orgueilleuse silhouette de neuf étages (37 m de haut), en forme de pilier *(stambha)* abondamment sculpté. Bâtie vers 1460, elle commémore la victoire de Rana Kumbha sur le sultan du Malwa (au sud-est du Rajasthan). L'escalier en colimaçon, aux marches patinées, ouvre sur des salles ornées de bas-reliefs, dont les fenêtres réservent de belles perspectives sur les temples environnants.

Dans le même parc que la tour, juste au sud, le **temple de Sammidheshvara★★**, sanctuaire shivaïte restauré au 15e s., présente de belles sculptures et recèle dans sa cella un intéressant *linga* à trois faces. L'esplanade voisine, le **Maha Sati**, servait de lieu de crémation pour les souverains… et, à l'occasion, de site pour les *jauhar* *(voir encadré p. 408)*.

Le **lac de Gaumukh**, en contrebas au sud, doit son nom à sa fontaine en forme de « tête de vache ». Des **palais** alentour, il ne reste que des ruines. Vous noterez l'austérité de l'architecture et des façades, à peine rehaussées par quelques balcons à kiosque.

Temple de Kali (Kalika Mata Mandir)

Env. 300 m plus loin - photos interdites.

Le temple sert de lieu de rendez-vous aux singes langur. Autrefois consacré à Surya, le dieu Soleil, on y vénère aujourd'hui cette incarnation terrible de Devi. L'édifice daterait du 8e s., autrement dit de l'époque où la forteresse des Sisodyas fut bâtie. Restauré au 14e s., il possède de belles colonnes sculptées.

Les pèlerins, nombreux, achètent colliers de fleurs et noix de coco devant les bassins sacrés en contrebas pour les offrir à la déesse.
Continuez la route vers le sud jusqu'à un petit lac où se mire un palais.

★ Palais de Padmini

Élevé au début du 14e s. et restauré au 19e s., ce palais serait celui où Ala ud-Din Khilji aurait aperçu le visage de la princesse Padmini se reflétant dans un miroir de la chambre. Subjugué par la beauté à peine entrevue, il n'eut de cesse qu'il n'ait conquis Chittaur. Le palais se compose de jardins qu'entourent les anciens appartements du *mardana* et du *zenana* (respectivement quartiers des hommes et des femmes).
Le sud de la forteresse présentant un intérêt moindre, remontez la route bordant le rempart oriental.

★ Tour de la Renommée (Kirti Stambha)

L'impressionnante porte de **Suraj Pol**, très restaurée, ouvre sur une rampe pavée qui servait d'accès au fort jusqu'au 15e s. En bas s'étend la plaine, témoin de tant de batailles. La **tour de la Renommée**, qui se dresse plus au nord, date du 12e s. Bâtie par un marchand jaïn en l'honneur d'Adinatha, elle est ornée d'une multitude de statues des 24 *tirthankara*. À son pied s'élève un petit **temple** jaïn dédié au premier des « passeurs de gué ».
Rendez-vous tout au nord de l'enceinte (2 km).

★ Palais de Ratan Singh

Cette construction trapue, peu entretenue, se mire dans les eaux du Ratneshwar Talav. Elle est flanquée d'un temple dédié à Shiva dont vous noterez le hall circulaire et la belle coupole intérieure. Un dédale d'escaliers intérieurs permet de relier par les terrasses les différents corps du bâtiment.

À proximité

SUR LA ROUTE DE BUNDI

Si vous circulez en voiture, deux étapes méritent une brève halte sur la route de Bundi.

4

★★ Menal

▶ *À 54 km de Chittaurgarh.*
Un complexe de **temples** du 12e s. est dominé par un superbe sanctuaire consacré à Shiva. En vous promenant parmi les ruines éparpillées, vous parviendrez à la source de la rivière Menal, toute proche, dans une gorge boisée grandiose. Particulièrement spectaculaire après la mousson, en octobre et novembre, la **cascade** tombe de plus de 120 m de hauteur. Elle peut néanmoins être en eau à tout moment de l'année grâce aux lâchers de barrage réguliers.

★★ Bijolia

▶ *17 km plus loin ; à 50 km de Bundi.*
Vous attendent en plein champ, à l'extérieur d'une pittoresque bourgade fortifiée, des **temples** remontant aux 12e et 13e s. Ces édifices constituent les derniers vestiges d'une importante cité du clan des Chauhans, qui fut florissante dès le 10e s. Deux sanctuaires, dédiés l'un à Shiva et l'autre à Ganesh, vous raviront par la beauté de leurs formes et la grâce de leurs sculptures. Dans la ville se trouvent trois temples et une impressionnante **haveli**, **Garh Rawala Bijolia**.

NOS ADRESSES À CHITTAURGARH

INFORMATIONS UTILES

Les offices de tourisme sont répertoriés en début de chapitre.
Indicatif téléphonique : 01472
Banque/Change – **State Bank of India** – *Collectorate Circle (angle Gandhi Marg et Bhilwara Rd).* **State Bank of Bikaner and Jaipur** – *Près du Collectorate.* Distributeur.
Poste – **GPO** – *Shri Gurukul Rd - tlj sf dim. 10h30-17h30.* Pour des envois de colis, préférez Udaipur.
Internet/Téléphone – Officine à côté du restaurant Vinayak, sur le rond-point Collectorate.
Santé – **Jainani Hospital** – *Près de l'arrêt des bus - ✆ (01472) 24 06 34.* Clinique privée. **Pharmacies** – *Sur Station Rd, près du General Hospital.*
Sécurité – **Police** – *Face au Central Bus Stand - ✆ (01472) 24 10 60.*

ARRIVER/PARTIR

Train

Chittaurgarh Railway Station – *À l'extrémité sud-ouest de la ville, à env. 7 km du fort - ✆ 139 (centre de réservation).* Réservez à l'avance pour Jaipur et Delhi uniquement; pour les autres destinations, l'achat des billets se fait 1h avant le départ. 4 trains/j, dont 1 *Superfast (4h)*, pour Jaipur; 2 trains/j pour Delhi *(10 à 14h de trajet; arrivée en gare de Nizamuddin)* via Bundi *(2h30 à 4h de trajet)*, Kota *(3 à 5h)* et Sawai Madhopur *(4h à 5h30)*. 8 départ/j pour Ajmer *(3 à 4h)* et 10/j pour Udaipur *(2 à 3h)*. 4 trains/j pour Bundi et Kota *(env. 2 à 3h)*.

Bus

Roadways Bus Stand – *À l'entrée du pont, sur la rive opposée à la forteresse, entre la gare (3 km) et le fort (4 km) - ✆ (01472) 24 11 77 - centre de réservation 10h-17h.* Une dizaine d'*Express*, dont 4 *Deluxe*, à destination de Jaipur *(8h)*, via Ajmer *(5h)*, et autant pour Udaipur *(2h30)*. 3 bus/j pour Kota *(5h)*, Pour Mount Abu *(9h30)*, Nathdwara et Dungarpur, changez à Udaipur. Nombreux bus locaux pour Bassi, où vous changerez pour Bijaipur.

TRANSPORTS

Le tour de la forteresse représente env. 7 km. Affrétez un rickshaw pour la visite.
Rickshaw – Depuis la gare ou l'arrêt des bus, comptez env. 350 Rs pour la visite complète du fort *(2 à 3h à négocier)*. Pour une excursion à Bassi, comptez env. 500 Rs AR avec 2h d'attente sur place.
Taxi – Vous trouverez deux stations en ville : l'une à la gare ferroviaire, et l'autre en face de la gare routière. Les chauffeurs y annoncent des tarifs irréalistes; demandez plutôt à votre hôtelier de vous aider à convenir d'un prix ou de vous trouver un véhicule.

HÉBERGEMENT

La plupart des hôtels sont concentrés au nord de la gare, à 4 ou 5 km de la vieille ville et du fort. Il n'existe aucune adresse vraiment plaisante à Chittaurgarh même : si vous êtes en voiture, faites plutôt étape à Bijaipur.

PREMIER PRIX

À Chittaurgarh

Une poignée d'hôtels bon marché *(env. 400/800 Rs)* se tiennent derrière le Central Bus Stand, dans la rue parallèle à la rivière. Pratiques par leur situation; leurs chambres, tout juste acceptables, vous permettront au moins de déposer vos bagages le temps de la visite, avant de poursuivre sur Udaipur ou Bundi.

Kirti Plaza – *Udaipur Rd, en face de l'hôtel Panna - ✆ (01472) 24 31 78 - hotelkirtiplaza@gmail.com - ▤ ⍁ - 16 ch. 1 000/1 200 Rs.* Choisissez les *Royal Deluxe*, aux grandes baies vitrées et aux sdb spacieuses. L'entretien laisse à désirer et le personnel ne parle pas anglais…

Panna (RTDC) – *Udaipur Rd - ✆ (01472) 24 12 38 - www.rtdc.in - ▤ ✕ ▼ ⍁ - 30 ch. 1 300/1 600 Rs* ☕ Situation tranquille, à 400 m de la gare. Les chambres climatisées, propres et disposant d'un chauffage d'appoint, s'avèrent d'un bon rapport qualité-prix. Vous en choisirez une sur l'arrière, plus calme. Les vaches sacrées entretiennent consciencieusement la pelouse.

BUDGET MOYEN

À Chittaurgarh

Pratap Palace – *Bijaipur House, en face de la GPO - ✆ (01472) 24 00 99 - www.hotelpratappalacechittaurgarh.com - ▤ ✕ ▼ - 22 ch. 2 000/3 000 Rs.* On s'attendrait à plus de soin pour cet hôtel, le plus onéreux en ville. Décoration minimaliste dans un ensemble mal insonorisé et d'un entretien aléatoire. Si vous devez y prendre une chambre, choisissez-la le plus loin possible de la réception et du restaurant.

À Bijaipur Carte régionale

À 40 km au N-E de Chittaurgarh.

① **Castle Bijaipur** (Heritage Hotels Association) – B2 - *Réserv. au Pratap Palace de Chittaurgarh, qui peut se charger de l'acheminement - ✆ (01472) 24 00 99 - ✕ ▼ ⛱ - 31 ch. 4 500/5 500 Rs ☕ - rest. 550 Rs.* Ce petit château au charme campagnard et à l'atmosphère détendue appartient au propriétaire du Pratap Palace de Chittaurgarh. Les pièces ont conservé leurs voûtes, colonnes et fresques (grossièrement repeintes), mais la décoration des chambres est inégale, certaines possédant un mobilier rococo d'assez mauvais goût. Les sdb pourraient être mieux aménagées. Excursions en jeep, balades à cheval.

RESTAURATION

PREMIER PRIX

Vinayak Palace – *À l'angle de Gandhi Marg et de Collectorate Circle - ✆ (01472) 24 00 46 - ⍁ - 11h-23h - 150/250 Rs.* Dans une salle en sous-sol, on vous servira des spécialités *veg* d'Inde du Sud, que vous pourrez faire suivre d'une douceur de la région. Quelques chambres *(1 000/1 500 Rs).*

Pratap Palace – *Rest. de l'hôtel - ▼ - 7h-22h30 - 350/550 Rs.* Cuisine d'Inde du Nord correcte, *veg* ou non (poulet, mouton), servie dans une grande salle bien tenue ou sur la pelouse du jardin.

ACHATS

Jouets en bois et statues des dieux Gauri et Isar *(voir p. 75)* sont sculptés et peints dans le village de **Bassi** *(25 km au nord-est)*, où vous pourrez voir quelques artisans au travail.

ACTIVITÉS

Son et lumière – *Tlj vers 19h30 - 200 Rs, 45mn - en anglais - Rana Kumbha Palace.* Faites-vous confirmer l'horaire à la billetterie, le spectacle n'ayant lieu que s'il y a assez de monde.

Bundi

★★

Env. 113 000 hab. – Alt. 515 m – État du Rajasthan

NOS ADRESSES PAGE 419

S'INFORMER

Tourist Reception Centre – B3 - *Kota Road* - *(0747) 244 36 97* - *tlj sf dim. 9h-17h.* Accueil efficace et bien informé. Rens. sur les excursions, réservation de moyens de transport, consigne, guides francophones.

SE REPÉRER

Carte régionale p. 366-367 – Plan de la ville p. 417 – *À 121 km de Chittaurgarh, 233 km d'Udaipur.*

Voir aussi la rubrique « Arriver/partir » dans « Nos adresses ».

À NE PAS MANQUER

Le Chitra Shala et ses peintures murales ; une flânerie dans le bazar et à la découverte des *baori*.

ORGANISER SON TEMPS

Comptez une bonne demi-journée pour la ville elle-même : 1h30 pour la visite du palais, 2h à pied dans la vieille ville et 1h pour la balade au nord du lac Jait Sagar, à faire en rickshaw ou à vélo. Bundi constitue une bonne étape pour visiter Kota, grande métropole bruyante, en excursion.

Oubliée dans une passe entre deux collines, dominée par une forteresse et un imposant palais, Bundi a longtemps poursuivi sa vie au ralenti. Son charme a pourtant fini par la faire connaître et les voyagistes l'inscrivent de plus en plus souvent dans leurs circuits. Profitant de la manne touristique, nombre de familles ont converti quelques pièces de leur « haveli » ancestrale en chambres d'hôtes : une occasion de partager pour quelques jours la vie d'un foyer rajasthani. Malgré un succès croissant, la petite ville conserve son caractère et séduit par ses allures médiévales et ses bazars colorés, ses « baori » (puits à escaliers) et les splendides fresques des appartements royaux. Elle offre une étape plaisante pour quelques jours de repos ou pour une excursion à Chittaurgarh ou à Kota.

Peintures murales sur un temple de la vieille ville, Bundi.
R. Mattes/hemis.fr

Se promener Plan de ville

Circuit tracé en vert sur le plan de ville (p. 417), au départ du palais – Comptez 1/2 journée.

Vous monterez au palais et au fort en tout début de journée ou au coucher du soleil pour bénéficier des meilleures lumières sur la ville. En revanche, c'est à partir de 11h, lorsque les échoppes ouvrent leurs rideaux et que les ruelles s'animent, que vous irez vous balader dans les ruelles du bazar.

★★ PALAIS A1

8h-18h - 100 Rs ; photo 50 Rs ; vidéo 100 Rs – Il est parfois possible de visiter les parties privées : passez au Moti Mahal (en face de l'hôtel Haveli Braj Bhushanjee) où vit le secrétaire du maharaja ; un guide vous accompagnera. Seul le palais proprement dit est payant ; vous n'aurez pas à acquitter de droit d'entrée si vous ne visitez que la maison des Peintures (Chitra Shala).

Le palais des *rao* de Bundi étage à flanc de colline un ensemble de bâtiments sobres et austères, à la pure architecture rajpute, dont la construction remonte au début du 17e s. Aucune concession ici, semble-t-il, aux apports stylistiques moghols.

Édifice principal

On pénètre à l'intérieur de l'ensemble palatial par une rampe dallée qui, au-delà de la **Hazari Pol** (porte des Mille), près de laquelle logeait la garnison, se sépare à mi-pente. Par la gauche, vous parviendrez à la **Hathi Pol**. Gardée par deux statues d'éléphants dont les trompes forment une arche de bienvenue, cette porte ouvre sur une partie des résidences royales décorées de peintures. Malheureusement, celles-ci sont laissées à l'abandon suite à une bataille judiciaire qui opposa feu le *rao* à sa sœur, le premier ayant vendu le palais à une chaîne hôtelière contre la volonté de la seconde. Affaire à suivre…

Une galerie court autour du patio central jusqu'au **Chhatra Mahal**, une cour flanquée de deux salles hypostyles et d'où le regard plonge sur la vieille ville en contrebas ; notez, sur celle de droite, les éléphants des piliers.

Un dédale d'escaliers monte, sur la droite, vers le **Phul Mahal** et le **Badal Mahal**, dont les murs portent des incrustations de miroirs et de verre coloré ainsi que des fresques en mauvais état.

Revenez sur la rampe jusqu'à la bifurcation et prenez l'autre branche, vers le Chitra Shala.

L'ÉCOLE DE PEINTURE DE BUNDI

Le *Bundi kalam* (*voir aussi « Les miniatures », p. 121*) connut son apogée au 17e s. Ses miniatures et ses fresques se distinguent par la force du dessin, la profondeur et la brillance de la palette. Les personnages aux visages pleins et au profil aigu se détachent sur un décor foisonnant de détails : les forêts grouillent de tout un monde animal, les rivières regorgent de poissons, de canards, de fleurs de lotus. Au 18e s., les fonds se simplifient et adoptent une teinte unie, verte ou rouge carmin, parfois rehaussée de dorures.

★★★ Chitra Shala (ou Ummed Mahal ; maison des Peintures)

Laisser un petit pourboire au gardien.

Aménagé par le *rao* Ummed Singh (1760-1773), le **Chitra Shala** s'élève au fond d'un mini-jardin agencé autour d'un bassin à gradins. Les salles ouvrant sur le patio, jadis occupées par les femmes du palais, sont couvertes de remarquables **fresques★★** des 18e et 19e s. qui évoquent des épisodes mythologiques, des scènes de la vie de cour (vous y reconnaîtrez des images du patio-jardin, des piliers aux éléphants et du palais), des parties de chasse, ou bien les *raga* (mélodies) et les émotions qui leur correspondent – celles qu'elles expriment et qu'elles suscitent. Sur la gauche, des scènes décrivant divers épisodes de la vie de Krishna, ses hauts faits et ses jeux avec les bergères *(gopi)* dans la forêt de Vrindavan.

Fort de Taragarh

En ressortant du Chitra Shala, empruntez le sentier qui monte vers le **fort de Taragarh** *(20mn de marche difficile)*. Longeant les remparts, il traverse des ruines et des broussailles, royaume incontesté des singes (rangez lunettes de soleil et nourriture !). Bâties au 14e s., les imposantes murailles sont renforcées aux angles par quatre bastions ; le plus élevé, le **Bhim Burj**, servait de plate-forme à un énorme canon dont le son seul semait l'épouvante. Par beau temps, la **vue** porte jusqu'à Kota. À l'intérieur des remparts, parmi les ruines, vous remarquerez le réservoir creusé dans la roche. Lorsque les pluies de la mousson l'emplissent à ras bord, l'alerte est donnée, on ouvre ses vannes et le trop-plein se déverse dans les rues désertées de la ville.

★★ VIEILLE VILLE A2

En flânant dans le cœur historique de Bundi, vous aurez l'occasion d'observer la vie quotidienne de ses habitants.

★ Vieux bazar A2

Commencez la promenade à la porte Surang Gate (A1).

La rue principale, Sadar Bazar, qui descend du palais à travers le **vieux bazar**, compte quelques *haveli* endommagées. La plupart des maisons sont surélevées pour résister au trop-plein d'eau dévalant du réservoir de Taragarh.

Trois petits **temples** bordent la rue. Celui de **Lakshminatha** est dédié à la déesse de l'Abondance, Lakshmi. Le 2e recèle dans sa cella une image de **Jagannatha** (divinité assimilée à Vishnou ou à son avatar Krishna), semblable à celle du fameux temple de Puri, dans l'Orissa. Le temple de **Charbujh**, le plus coloré, s'anime de peintures modernes très kitsch qui évoquent la ferveur naïve d'un peuple épris de merveilleux.

À mesure que l'on descend, les échoppes se font plus nombreuses. Bijoutiers, tailleurs et épiciers côtoient des boutiques de CD qui inondent le quartier de musiques de films ou de chants religieux ponctués par des tonnerres de *tabla* et de grandes envolées de violons.

Tout en bas, **Thatera Market**, le quartier des quincailliers, se signale par de volumineux échafaudages de pots en aluminium et en cuivre martelé – une spécialité de la région – qui servent à conserver et transporter lentilles, lait et autres denrées.

★ Baori

Sortez de la vieille ville par **Chogan Pol**, porte décorée de peintures florales, pour admirer les impressionnants **baori** (puits à escaliers) du **Nagar Sagar Kund★**, formés de deux réservoirs symétriques agrémentés de *chhatri*.

Suivez l'avenue vers le sud en laissant sur votre droite un populaire **marché aux légumes**. Un peu plus loin, sur la place, s'ouvre le plus beau des nombreux *baori* dont fut dotée la ville au cours des quatre derniers siècles : le **Raniji ki Baori★★** (puits de la Reine) *(tlj sf dim. 10h-17h - gratuit)* (A2), qui fut commandité au 17e s. par la *rani* Nathavati. Dans un pays comme le Rajasthan où l'eau était rare, creuser un puits pour la communauté était faire œuvre pie. La reine en fit ainsi bâtir 21 à Bundi, dont celui-ci. L'escalier de ce *baori*, embelli d'arches *(torana)* délicatement ciselées, et de statues de dieux et d'avatars de Vishnou, est en partie défiguré par un grillage. Plusieurs autres puits à escaliers ou réservoirs subsistent à Bundi, notamment dans l'enceinte de la vieille ville.

Gagnez le sud de la ville en rickshaw (vous conserverez celui-ci pour effectuer la visite du nord de Bundi).

★ Cénotaphe aux 84 piliers (Chaurassi Khambon ki Chhatri) B3

À env. 2 km du centre - prendre l'allée qui part à droite juste avant la voie ferrée - gratuit - se déchausser en haut de l'escalier.

SE LOGER

- Bundi Haveli 1
- Bundi Vilas 2
- Haveli Braj Bhushanjee ... 3
- Ishwari Niwas 4
- Shivam Tourist Guesthouse 6
- Suwalka 7
- Vrindawati 8

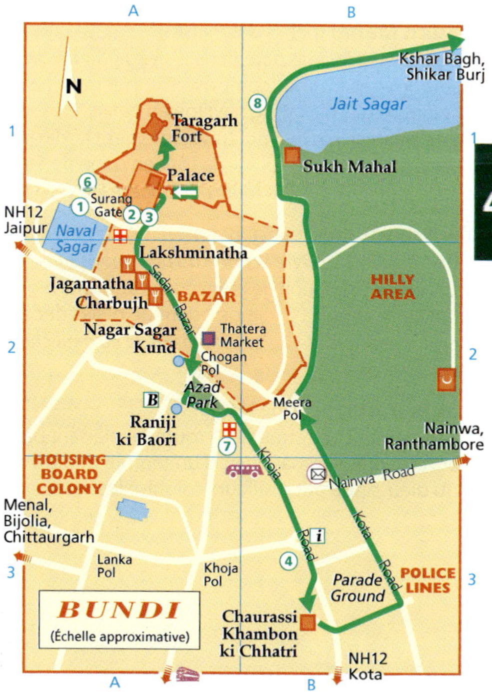

FIDÈLE ALLIÉE DES MOGHOLS
L'acte de naissance de Bundi en tant que capitale d'un État indépendant remonte à 1342, lorsque le chef rajput Deva Singh se taille, au détriment des tribus des Meenas et des Bhils, une principauté qu'il nomme Haravati, déformé en **Hadoti**, le « royaume des Haras ». Le nouveau *rao* appartient en effet à la branche **hara** du clan des **Chauhans** – l'un des quatre clans rajputs de la lignée du Feu, celui qui fonda Ajmer à la fin du 17e s. et régna un temps sur Delhi. Les *rao* de Bundi sont les premiers souverains, après les rajas d'Amber, à prêter allégeance aux Moghols, en 1569. Cela leur vaut un semblant de paix avec leurs voisins, la liberté de religion et, à l'occasion, des faveurs impériales telle celle, insigne pour un Rajput, d'être nommé gouverneur de Delhi. Mais Bundi perd peu à peu de son importance, dépassée par sa voisine **Kota**, qui a fait sécession au début du 17e s. et ne cesse, depuis, de se développer.

Bâti à la fin du 17e s. à la mémoire de Dev Gurjar Singh, frère de lait d'un *rao* (prince) de Bundi, le cénotaphe se caractérise par ses deux étages superposés. Le premier abrite un *linga* (symbole phallique de Shiva) et s'orne d'un plafond peint où des créatures célestes voisinent avec des éléphants, des guerriers, des poissons… On accède au second par un escalier ménagé à l'angle de la plate-forme.

AU NORD DE BUNDI B1

À l'extrémité sud-ouest du lac Jait Sagar - le plus agréable est de s'y rendre à pied en traversant la vieille ville ou de louer un vélo.

Sukh Mahal (palais des Plaisirs)
Il reflète sa façade ocre dans les eaux du **lac Jait Sagar** : Rudyard Kipling y séjourna et y aurait composé son poème « La Dernière Sati ». Un passage secret reliait, dit-on, ce pavillon au palais.
En suivant le chemin qui traverse le petit jardin public attenant, vous apercevrez, en haut de la colline, la tour en ruine de **Sukh Burj**.
Suivez sur env. 2 km la route qui longe le lac.

★ **Kshar Bagh** (ou Sar Bagh)
Une gardienne ouvre la porte du parc moyennant un petit pourboire.
Le lieu de crémation des souverains de Bundi regroupe plus de 60 cénotaphes (fin 16e s.-début 19e s.) possédant de belles décorations.
Continuez la route sur env. 1 km, jusqu'au petit chemin de terre qui s'embranche vers la droite.

Shikar Burj (tour de la Chasse)
Légèrement en retrait de la route, ce plaisant pavillon de chasse du 18e s. est agrémenté d'un bassin et d'un temple dédié à Hanuman. Les compagnons du dieu-singe ont d'ailleurs colonisé les lieux.

NOS ADRESSES À BUNDI

Plan de la ville p. 417

INFORMATIONS UTILES

Les offices de tourisme sont répertoriés en début de chapitre.
Indicatif téléphonique : 0747

Banque/Change

Bank of Baroda – B2 - *à l'ouest de Raniji ki Baori.* Distributeurs à l'angle de Kota Rd et Nainwa Rd - (B3) et à la State Bank of Bikaner and Jaipur, à 100 m de Chogan Gate.

Poste

GPO – B3 - *Nainwa Road.*
Post & Telegraph Office – A2 - *au nord de Raniji ki Baori.*

Internet/Téléphone

Plusieurs cybercafés sur **Sadar Bazar**, entre les temples (A2) et Surang Gate (A1). Nombreuses officines STD/ISD dans toute la ville.

Santé

Sada Sukhi Nursing Home – A2 - *Indra Market - (0747) 23 28 27.* Clinique privée.

Sécurité

Police - *100.*

ARRIVER/PARTIR

Train

Bundi Railway Station – en dir. A3 - *à 5 km au sud de la ville.* 4 trains/j pour Chittaurgarh *(2 à 3 de trajet)* et pour Kota *(45mn à 2h30 de trajet).* 2 trains de nuit à destination de Delhi-Nizamuddin *(8h et 11h30 de trajet)* via Sawai Madhopur, Bharatpur et Mathura.

Bus

Gare routière – B3 - *sur la NH 12, à env. 500 m de Chogan Pol. Express* ttes les 30mn, dont 6 *Silver Line,* pour Jaipur *(5h),* Kota *(45mn)* et Ajmer *(4h).* Pour Delhi *(11h),* un bus direct vers 16h (vous pouvez aussi changer à Jaipur). 3 départs/j pour Sawai Madhopur *(4h)* ainsi que pour Chittaurgarh (*4h*; le train constitue une meilleure option). Pour Udaipur, privilégiez l'un des trois bus de nuit *(sleeper, 7h),* les bus de jour, peu confortables, mettant 9 à 10h. Bus locaux fréquents pour Menal et Bijolia. 2 bus directs pour Pushkar tôt le matin, mais ils s'arrêtent 45mn à Ajmer.

TRANSPORTS

La vieille ville se visite à pied. Prenez un auto-rickshaw ou louez un vélo pour les édifices du nord et du sud. Le palais se trouve à 20mn de l'arrêt des bus *(comptez 50 Rs en rickshaw).*

Location de deux-roues

Vélos et motos se louent sur **Sadar Bazar** (A2).

HÉBERGEMENT

L'essentiel de l'hébergement à Bundi se fait dans des *haveli,* demeures familiales anciennes (plus ou moins) rénovées. Comme souvent, les gammes de prix varient du simple au triple pour un même établissement selon la taille de la chambre et la vue offerte, sur la ville, le lac ou le palais.

À Bundi Plan de ville

PREMIER PRIX

⑥ **Shivam Tourist Guesthouse** – A1 - *À l'extérieur de Surang Gate - (0747) 244 78 92 - www.shivam-bundi.co.in - 7 ch. 300/1 000 Rs - 50 Rs.* Dans cette *haveli* familiale rénovée et bien tenue, vos hôtes, qui parlent quelques mots de français, vous feront partager leur connaissance

4

de la région et vous concocteront de bons plats végétariens. La grande chambre lumineuse donnant sur la rue présente le meilleur rapport qualité-prix.

⑧ **Vrindawati** (RTDC) – B1 - *Au nord-est du fort, sur le lac Jait Sagar - (0747) 244 24 73 - www.rtdc.in - - 7 ch. 950/1 450 Rs* Excentré, mais il propose un jardin face au lac, au Sukh Mahal et aux collines. Si l'accueil est souriant, l'entretien reste celui d'un RTDC classique, c'est-à-dire négligé.

⑦ **Suwalka** – A2 - *Khoja Gate Rd - (0747) 244 21 84 - - Ascenseur - 15 ch. 1 100/2 500 Rs.* Ch. claires et bien tenues, restaurant sur le toit-terrasse. À défaut de posséder le charme d'une *haveli*, cet hôtel conviendra à ceux qui préfèrent un confort à l'occidentale.

BUDGET MOYEN

③ **Haveli Braj Bhushanjee** – A1 - *En face de l'Ayurvedic Hospital - (0747) 244 23 22 - www.kiplingsbundi.com - (veg.) - 1 500/3 500/Rs. Belle boutique - 20 ch.* Dans la vieille ville, au pied du palais, cette *haveli* du 19e s. est tenue avec beaucoup de gentillesse par les descendants de plusieurs Premiers ministres de Bundi. Les chambres sont petites mais pleines de caractère et la maison est décorée de nombreux objets, miniatures, photos anciennes et tapis de Tonk *(à 80 km au nord de Bundi)* en feutre. Les repas *pure veg* sont servis dans une belle salle ornée de fresques anciennes ou sur la terrasse qui offre une vue en contre-plongée sur le palais et le fort.

① **Bundi Haveli** – A1 - *Juste au nord du bassin Naval Sagar - (0747) 244 67 16 - www.hotelbundihaveli.com - - Wifi, boutique - 12 ch. 1 600/3 000 Rs* Vous disposerez de tout le confort dans ce grand bâtiment blanc rénové dans le respect de l'architecture rajpute. Impeccables, spacieuses et lumineuses, les chambres sont décorées, avec autant de luxe que de bon goût, de bijoux, masques, statuettes, textiles anciens et tapis venus de tout le pays.

④ **Ishwari Niwas** – B3 - *En face de l'office de tourisme - (0747) 244 24 14 - www.ishwariniwas.com - - 24 ch. 4 500/5 000 Rs - 400 Rs - rest. 500/800 Rs.* Ambiance amicale et détendue. Les chambres, ouvrant sur des parterres fleuris, sont décorées de fresques à l'ancienne. Spacieuses ou non, avec ou sans baignoire, il y en a pour toutes les bourses.

POUR SE FAIRE PLAISIR

② **Bundi Vilas** – A1 - *Derrière la Haveli Braj Bhushanjee, en haut d'une ruelle escarpée - (0747) 512 06 94 - www.bundivilas.com - - Wifi - 7 ch. 5 000/7 000 Rs* . Si les chambres standard peuvent paraître petites et sombres, celles de catégorie supérieure (dont 2 suites ouvrant sur la terrasse), qui intègrent des éléments du bâti d'origine, témoignent d'un réel souci de décoration (marbre, sdb design). Literie de qualité et service attentionné dans un cadre familial en font une halte pleine de charme.

À Rajmahal Carte régionale

BUDGET MOYEN

Sur la route de Tonk et Jaipur, à 67 km au nord de Bundi. Prenez la NH 12 et tournez à gauche à Devli, en dir. de Toda Rai Singh.

⑩ **Rajmahal Palace** – C1 - *Réserv. (indispensable sous peine de trouver porte close) au Narain Niwas Palace de Jaipur - (0141) 256 12 91 - www.hotelnarainniwas.com - - 15 ch. 4 000 Rs en* *demi-pension - rest. 600 Rs.* Sur la berge de la rivière Banas, au pied d'une colline couronnée par un fort, cette demeure fortifiée du 17e s. au cachet rustique constitue une étape de charme sur la route de Bundi à Tonk *(80 km)* et Jaipur *(160 km)*. Les chambres sont vastes, joliment décorées, et l'ensemble est confortable.

RESTAURATION

Il n'y a pas de véritable restaurant à Bundi, tournée vers une hospitalité familiale. Vous dînerez donc, parfois avec vos hôtes, dans l'une des nombreuses *haveli-guest houses* ; pensez à prévenir, la préparation des repas peut être longue.

BUDGET MOYEN

Bundi Haveli – A1 - *Rest. de l'hôtel du même nom - ✆ (0747) 244 67 16 - 🍷 - 400/600 Rs.* Cette adresse propose la carte la plus complète de la ville, avec notamment des plats de mouton et de la cuisine tandoorie. Installé dans le petit patio fleuri ou sur le toit-terrasse, goûtez au *butter chicken*, l'une des spécialités de la maison.

PETITE PAUSE

Garden Cafe Haveli Uma Megh – A1 - *À l'extérieur de Surang Gate - 8h-20h.* À l'ombre des bougainvillées, sa grande terrasse sur le bassin Naval Sagar ménage de belles perspectives sur le palais en contre-haut.

ACHATS

Artisanat

La **Haveli Braj Bhushanjee** (A1) tient dans son hall d'entrée une boutique d'artisanat rajasthani proposant une excellente sélection de tissus et d'objets de décoration.

Mayur Arte, sur Nachar ka Chohatta, vend des miniatures originales et de qualité.

Dans **Thatera Market** (A2), près de Chogan Pol, des artisans fabriquent les pots en cuivre martelé propres à la région.

À l'extérieur de **Chogan Pol** (A2), derrière le marché aux légumes et dans la vieille ville, on vend des *bangles*, ces bracelets laqués à la main et incrustés de brillants.

Vous trouverez des tissus de Kota, un mélange soie-coton rehaussé de broderies au fil d'or ou d'argent, entre **Azad Park** (A2) et la vieille ville.

EXCURSIONS

La plupart des hôtels organisent des excursions à **Bijolia** et **Menal** *(50 et 67 km au sud-ouest de Bundi, 1h30 de trajet ; voir p. 411)*. Comptez 2 000 Rs (taxi et guide) pour la journée. Vous pouvez aussi envisager la visite de **Kota** en excursion d'1/2 j. depuis Bundi.

AGENDA

Kajli Teej – *3e-4e j. après la pleine lune d'août-sept. (31 août-1er sept. 2015).* La déesse Teej (assimilée à Parvati) est portée en procession du Naval Sagar à Azad Park dans un palanquin décoré. Durant les 12 jours qui suivent, spectacles de danse et chants régionaux animent la ville.

Bundi Utsav – *en nov. ; dates variables : rens. à l'office du tourisme.* À l'occasion du festival de la ville, stars nationales et artistes locaux se produisent durant 3 jours. Des feux d'artifice illuminent la nuit.

4

Kota

Env. 845 000 hab. – Alt. 250 m – État du Rajasthan

NOS ADRESSES PAGE 427

S'INFORMER

Tourist Reception Centre – B2 - *à l'hôtel Chambal Campus, face au Nayapura Garden - (0744) 232 76 95 - tlj sf w.-end 10h-17h.*

SE REPÉRER

Carte régionale p. 366-367 – Plan de la ville p. 424 – *À 36 km de Bundi, 242 km de Jaipur.*

Voir aussi la rubrique « Arriver/partir » dans « Nos adresses ».

Au nord du lac Kishor Sagar, les anciens quartiers coloniaux, arborés et aérés, forment aujourd'hui un quartier résidentiel. C'est l'endroit le plus agréable pour se loger.

À NE PAS MANQUER

Les peintures murales du palais.

ORGANISER SON TEMPS

Si vous n'allez pas à Jhalawar, visitez Kota en excursion d'une demi-journée depuis Bundi.

Sa position privilégiée dans une vaste plaine fertile irriguée par la Chambal (la seule rivière pérenne du Rajasthan), sur l'axe routier et ferroviaire reliant Mumbai à Delhi, a fait de Kota la capitale industrielle du Rajasthan : produits chimiques, usine hydroélectrique, et même centrale nucléaire. Là voisinent la ville ancienne, heureusement préservée du tohu-bohu et demeurée à l'écart des circuits touristiques, et le centre des affaires marqué par les stigmates du développement à l'indienne : pollution, bruit, circulation automobile effrénée, architecture disgracieuse, placards publicitaires aux couleurs agressives... Vous vous attarderez surtout dans la ville ancienne pour découvrir le complexe fort-palais, l'un des plus importants du Rajasthan. Ceux qui veulent aller à la rencontre d'une Inde rurale plus traditionnelle, sur laquelle le temps semble n'avoir pas de prise, partiront pour une petite journée d'excursion à la découverte des temples médiévaux de Baroli ou de la pittoresque « cité des cloches », Jhalrapatan, ainsi que du palais désaffecté de Jhalawar et du fort de Gagron.

Se promener Plan de ville

Ville au double visage, Kota présente un aspect nonchalant au nord, dans les quartiers résidentiels de l'époque coloniale où se succèdent parcs et larges avenues – c'est là que vous logerez – et un autre, trépidant, au sud.

★ **PALAIS** (Garh Palace) A3

À 2 km au sud-est du lac - seuls les bâtiments du musée sont ouverts au public.

On accède au Garh Palace par une porte en grès rouge, en suivant la rampe qui monte à une vaste cour.

Détail d'un temple sur le site de Chandravati à Jhalrapatan.
O. Krüger/imageBROKER/age fotostock

Érigé à la fin du 17e s. sur la rive de la Chambal, qui était encore peuplée de crocodiles et de gavials dans les années 1970, le palais comprend plusieurs bâtiments, dont une partie est à présent occupée par une école.

L'entrée du **musée Rao Madho Singh** *(10h-16h30 - 100 Rs, photo 50 Rs, vidéo 100 Rs)* se signale tout de suite à droite par **Hathi Pol**, porte gardée par deux statues d'éléphants, exacte réplique de celle du palais de Bundi. À l'intérieur, le **Raj Mahal**, aménagé au 17e s. sous Madho Singh, scintille de couleurs : miroirs cerclés d'or ou d'argent, mosaïques de verre coloré et surtout admirables **peintures murales**★★ : contemporaines des fresques les plus récentes du palais de Bundi (19e s.), elles reproduisent des thèmes similaires : jeux de Krishna et Radha, vie de cour, parties de chasse, etc. Plus loin, une salle d'armes compte une belle série de sabres. La galerie qui la prolonge possède une riche collection de **miniatures**. Voyez ce *sadhu* goûtant aux joies du vin : le saint homme semble tout aussi charmé par la jolie échansonne que par la douceur de la boisson. Un escalier conduit au sous-sol vers un cauchemardesque alignement d'animaux empaillés. Dans l'autre pièce ouvrant sur la cour, le **Durbar Hall**, vous remarquerez les palanquins portés à bras d'hommes *(palki)* ou à dos d'éléphant *(howdah)*.

L'autre partie du musée est en principe fermée au public. Vous pourrez cependant la visiter moyennant un bakchich. Sur les murs du 1er étage se développent

FILLE DE BUNDI

Fief du prince-héritier de Bundi, puis apanage du cadet, Kota devient royaume indépendant au début du 17e s., sous **Madho Singh** (1625-1649). Bien que dépourvue de défense naturelle, la nouvelle capitale parvient à se développer de manière remarquable grâce à sa situation sur la voie commerciale de Delhi au Gujarat, et aux qualités guerrières et diplomatiques de ses rajas. Tandis que Bundi reste figée dans le passé, Kota s'affirme, dès le 19e s., comme le moteur économique de la région.

à nouveau de somptueuses **fresques★★** reprenant les thèmes déjà évoqués dans le Raj Mahal.

AUTOUR DU LAC KISHOR SAGAR B2

En regagnant le centre-ville, longez les bords du **lac Kishor Sagar**. En son centre, le romantique **palais de Jag Mandir★** *(fermé aux visiteurs)*, construit au 18e s. à l'imitation de son homonyme d'Udaipur, semble condamné à disparaître peu à peu sous une épaisse végétation.

Au nord du lac, un agréable parc à l'abandon *(gratuit)*, le **Kshar Bagh** (ou *Sar Bagh*), regroupe des **cénotaphes royaux★**, sans prétention artistique mais composant un ensemble photogénique, élevés sur le lieu de crémation des souverains. Vous en aurez une belle vue depuis les terrasses du Heritage Restaurant *(voir « Petite pause » p. 429)*.

Longez le lac vers l'est jusqu'au **musée du Gouvernement** *(Government Museum)* (C2) *(tlj sf lun. 9h30-17h - 10 Rs - photos interdites)*. Que le manque général d'entretien et l'absence de cartouches explicatifs ne vous empêchent pas d'apprécier les délicieuses miniatures ainsi que les sculptures du 9e au 11e s. provenant de la région, notamment de Baroli. Vous verrez en particulier, à l'entrée, un Vishnou couché sur le serpent-éternité Ananta et, dans la salle centrale, de belles statues jaïnes.

Excursions Carte régionale

Pour effectuer ces visites, mieux vaut être basé à Kota qu'à Bundi. Les routes de campagne ne se prêtant pas à une circulation rapide, comptez une grosse demi-journée pour Baroli, et autant pour Jhalawar, Gagron et Jhalrapatan.

BAROLI

À 50 km au sud-ouest de Kota, par la route menant au lac Rana Pratap Sagar - ouvert de l'aube au crépuscule - gratuit – Bus ttes les h env. (1h45 de trajet).
Dans un joli site boisé – qui croirait qu'à proximité s'élève une centrale nucléaire ? – on découvre une dizaine de temples hindous, parmi les plus anciens du Rajasthan (du 8e au 11e s.). Le plus important, le **temple de Ghateshvara★**, dédié à Shiva, est animé par tout un monde gracieux de nymphes célestes *(apsara)* et de couples enlacés *(mithuna)*, immobilisés dans la pierre.

JHALAWAR

À 85 km au sud-est de Kota (108 km de Bundi). Du Roadways Bus Stand, à l'est du centre-ville, bus de et pour Kota ttes les 30mn (2h30 de trajet) – Comptez 1h30 de visite.
Tourist Reception Bureau, *Hôtel Chandrawati Campus, (07432) 23 00 81 - tlj sf w.-end. 10h-17h.*
Cette grosse bourgade d'env. 70 000 hab. sommeillant au milieu de ses carrières de serpentine vert bronze (la « pierre de Kota »), de ses forêts et de ses champs de pavots fut un centre économique et culturel florissant.
L'immense **palais** (Garh Palace) du 19e s. résume la gloire obsolète de la cité. Déserté par les princes, il sert de siège aux services du district. Tout ici transpire la somnolence et l'ennui. En costume sombre, les avocats tiennent bureau ouvert, leur machine à écrire crépitant sous les arbres de la cour. L'arrivée d'un étranger constitue donc un sujet de distraction majeur. Dans une cour du palais se dresse le **Bhawani Natya Shala** *(ne se visite pas)*, l'opéra qui fut érigé en 1921 par le raja Bhawani Singh, mélomane averti. Nul ne peut plus goûter à l'acoustique de la salle qu'abrite ce bâtiment orné de tourelles et d'arcs polylobés, « abandonnée à la négligence de l'administration » selon l'expression des fonctionnaires locaux.
Sortez par la porte orientale du palais, qui donne dans un bazar.
Le **musée du Gouvernement** *(Government Museum, à l'angle de la 1re ruelle à gauche, passé la porte est du palais - tlj sf lun. 10h-17h - 10 Rs)* rassemble une petite collection de sculptures trouvées dans les environs et datant du 8e au 10e s. Pour les passionnés d'archéologie.

★JHALRAPATAN

À 6 km au sud de Jhalawar - un bus part de la gare routière de Jhalawar ttes les 15mn env. et vous dépose à 500 m au nord des murailles.

L'ARGENT DE L'OPIUM

Sans les Anglais, Jhalawar n'aurait sans doute jamais existé : c'est en effet à leur instigation qu'au début du 19e s. le souverain de Kota érigea en principauté la ville d'Ummedpur, au profit de son conseiller, **Madhan Singh Jhala**. Sous l'impulsion du nouveau raja, la cité, rebaptisée Jhalawar, s'enrichit rapidement grâce à la production de l'opium que contrôlaient les Britanniques. Les princes locaux édifièrent un magnifique palais, invitèrent à leur cour artistes et musiciens, mais la ville, éloignée des grands axes commerciaux, s'assoupit peu à peu. Elle livre à présent un parfum de gloire fanée et de désuétude.

Dominée par un ancien fort qu'occupe aujourd'hui un temple moderne dédié à Shiva, cette bourgade pittoresque, blottie à l'intérieur de ses **fortifications**, se targue d'avoir possédé autrefois 108 temples (108 est un chiffre de bon augure en Inde ; *voir encadré p. 97*). On imagine le bruit ininterrompu que devaient faire leurs multiples cloches lorsque les fidèles les faisaient résonner en pénétrant dans les sanctuaires, pour attirer sur eux l'attention des dieux. C'est sans doute ce qui valut à la ville son nom de Jhalrapatan, la « cité des cloches ».
Aujourd'hui, la modeste localité est parsemée de maisons peintes en bleu. En chemin, les saluts et signes de la main ponctués de rituels *« Coming from ? »* vous convaincront que peu d'étrangers s'aventurent jusqu'ici.

★ Temple de Surya

Le mur d'enceinte franchi, descendez la rue principale sur env. 400 m jusqu'au **temple de Surya**, repérable de loin à sa tour *(shikhara)* et à ses toits bengalis. Bâti au 11e s. et remanié au 19e s., le « temple du Soleil » a beaucoup souffert des pillages mais conserve fière allure avec son **hall hypostyle** : 52 colonnes entièrement sculptées, disposées sur un plan en croix, y soutiennent une coupole plate et trois pavillons à toits tombants ajoutés ultérieurement – couronnement surprenant qui donne à ce temple des airs de palais rajput.

Temple de Shantinatha

Prenez la ruelle qui part juste en face du temple, puis tournez dans la 1re allée à gauche, où se succèdent temples et pittoresques façades anciennes.
À env. 200 m sur la gauche, vous arriverez à la hauteur du temple jaïn. Le **temple de Shantinatha** (également connu sous le nom de *Shanti Mandir*) est dédié au 16e *tirthankara* de la religion jaïne.
Passez le mur d'enceinte vivement coloré. Au centre de la cour, le sanctuaire, visiblement imité du temple de Surya, s'ouvre entre deux impressionnantes statues d'éléphants qui vous accueilleront, trompe levée.

Temple de Shitaleshvara

Sortez des murailles pour découvrir, sur le bord de la rivière sacrée Chandrabhaga, des temples jaïns et hindous, en partie ruinés, qui marquent le site de **Chandravati**, cité dont la fondation serait antérieure au 5e s. av. J.-C. Aucun vestige de cette haute antiquité, bien sûr ! Cependant, le **temple de Shitaleshvara** a l'insigne honneur d'être le plus ancien du Rajasthan dont la date de construction nous soit connue avec certitude : 689.

FORT DE GAGRON

À 10 km au nord-est de Jhalawar - 8h-18h - 70 Rs – En auto-rickshaw, comptez 200 Rs depuis Jhalawar.
Les ruines du fort se dressent au confluent de deux rivières, dans un décor sauvage.
Fondé au 8e s. par les souverains du Mewar, Gagron était entouré d'eau sur trois côtés et

LA FOIRE DE CHANDRABHAGA

Elle se tient pendant 2 jours à la même semaine que la fameuse foire aux dromadaires de Pushkar, mais ne faisant l'objet d'aucun battage publicitaire, elle a gardé toute son authenticité. Au milieu des troupeaux de dromadaires, vaches ou chevaux se développe une animation bon enfant, ponctuée de quelques spectacles de danses et de marionnettes. Des étals se dressent, proposant de menus objets de l'artisanat local : colifichets, ornements pour les dromadaires, sucreries…

d'une profonde douve sur le quatrième, ce qui ne l'empêcha pas d'être conquis par l'ennemi à trois reprises. À chaque fois, les femmes accomplirent le rite du *jauhar*, préférant se précipiter dans les flammes du bûcher plutôt que d'être asservies aux musulmans. Cependant, l'histoire de Gagron ne compte pas que des échecs : au début du 14e s. en effet, le fort résista victorieusement à un siège de dix ans mené par les troupes du sultan de Delhi, Ala ud-Din.

Au milieu des ruines gagnées par les friches se dressent les murs austères de l'**ancien palais**. Un escalier conduit encore à l'étage, condamné à s'écrouler à court terme : soyez prudent dans vos explorations. Juste au pied des murailles, un modeste hameau s'est développé autour du tombeau d'un saint musulman soufi et d'une petite mosquée.

Son récent classement (2013) parmi les six « forts de colline » du Rajasthan distingués par l'Unesco pourrait valoir à Gagron un regain d'intérêt de la part du public et des autorités, et l'on peut espérer qu'il donne l'impulsion pour que soit entreprise une restauration.

NOS ADRESSES À KOTA

Plan de la ville p. 424

INFORMATIONS UTILES

Les offices de tourisme sont répertoriés en début de chapitre.

Indicatif téléphonique : 0744

Banque/Change

State Bank of India – C3 - *LIC Building, Chhawani Circle.* Change espèces et chèques de voyage.

Distributeur – C1 - *sur Station Rd.*

Poste

GPO – C1 - *face au MBS Hospital, Station Rd - tlj sf dim. 10h-17h.* Service **EMS Speed Post**.

Santé

J.K. Lone Hospital – C1 - *(0744) 245 02 41.*

Sécurité

Police – *100.*

ARRIVER/PARTIR

Train

Kota Railway Station – C1 - *au nord, loin du centre, et à 4 km de la gare routière (desservie par navette) - 139 (centre de réservation).* Kota se trouve sur la ligne Delhi-Ahmedabad-Mumbai. 11 trains/j pour Delhi *(5 à 6h)* via Mathura *(3 à 5h)*. Arrivant à Mathura à 16h20, le *Golden Temple Mail* dessert Sawai Madhopur *(1h30)* et Bharatpur *(4h)*. Pour Jaipur *(4h)*, préférez le *Superfast* du matin, via Sawai Madhopur. 4 trains/j pour Chittaurgarh *(env. 3 à 5h)*, via Bundi *(30mn)*.

Bus

Roadways Bus Stand – B1 - *proche du centre-ville - (0744) 245 10 20.* 10 Express de 6h à 21h pour Jaipur *(5h)*, et 4 pour Jodhpur *(11h)*. 10 bus/j pour Delhi *(11h30)*, 17 pour Udaipur *(10h)* ; liaisons fréquentes avec Ajmer *(5h)* et Chittaurgarh *(5h)*, Bundi *(45mn)* et Jhalawar *(2h30)*.

HÉBERGEMENT

PREMIER PRIX

Quartier de Civil Lines

③ **Navrang** – C1 - *Sur le Collectorate Circle - (0744) 232 32 94 - - 25 ch. 900/1 100 Rs.* Correctement entretenues, les chambres aux murs roses ou pistache occupent deux niveaux autour d'un patio couvert par une verrière. Les *Superior* sont chères

4

et leur prix est le même pour une ou deux pers. Location des chambres pour 24h. Eau chaude au seau dans les chambres les moins chères.

Autour du lac Kishor Sagar

② **Chambal** (RTDC) – C2 - *Nayapura, au nord du lac - ☏ (0744) 232 65 27 - www.rtdc.in - ▤ ✕ ▼ ⊭ - 13 ch. 1 600/1 900 Rs* ☕ Près du lac, dans un jardin arboré. Les sdb ont été refaites mais les chambres sont négligées, sans charme aucun.

BUDGET MOYEN

Quartier de Civil Lines

⑤ **Sukhdham Kothi** (Heritage Hotels Association) – C1 - *Station Rd - ☏ (0744) 232 00 81 - www.sukhdhamkothi.com - ▤ ⊭ - 15 ch. 2 600/3 000 Rs.* Dans un quartier de bungalows anciens et de parcs, à l'abri d'un vaste jardin, cette grande demeure fut construite en 1870 comme résidence des chirurgiens anglais. Chambres inégales pour un prix unique : préférez celles à l'étage, sur la terrasse.

① **Brijraj Bhawan Palace** (Heritage Hotels Association) – C1 - *À 300 m à l'ouest du Collectorate Circle - ☏ (0744) 245 05 29 - ▤ ✕ ⊭ - 7 ch. 3 900/5 000 Rs.* Propriété du résident britannique jusqu'en 1900 puis palais pour les hôtes royaux, cette belle demeure blanche sur la rivière Chambal est à présent la résidence du *maharao* de Kota. Vastes chambres décorées avec goût, dans un style début 20e s. Plein de charme, l'ensemble, aussi bien agencé qu'entretenu, montre un réel souci du détail. Vous savourerez une cuisine délicieuse sous l'œil d'un tigre, d'un cerf et autres trophées de chasse ornant la salle à manger familiale, ou prendrez le café dans l'élégant salon avec vos hôtes.

Autour du lac Kishor Sagar

④ **Palkiya Haveli** – A3 - *Mokha Para, à 700 m du Garh Palace - ☏ (0744) 238 74 97 - www.palkiyahaveli.com - ▤ ✕ ⊭ - 6 ch. 3 300/4 000 Rs - ☕ 350 Rs - rest. 550 Rs.* Une *haveli* familiale restaurée, dans une rue calme de la vieille ville. La maîtresse de maison vous recevra dans la cour centrale, ombragée par un arbre *neem* ; l'endroit idéal pour paresser ! Toutes les chambres sont agréablement décorées : dessus-de-lit et rideaux en cotonnade de Jaipur, tapis de Tonk, beaucoup de meubles rococo.

POUR SE FAIRE PLAISIR

Quartier de Civil Lines

⑥ **Umed Bhawan Palace** (WelcomHeritage Hotels) – C1 - *Station Rd, Civil Lines - ☏ (0744) 232 52 62 - www.welcomheritagehotels.com - ▤ ✕ ▼ - Billard, Internet, salle de gym - 33 ch. 7 000/8 800 Rs - ☕ 550 Rs - rest. 800/950 Rs.* Construit par Sir Swinton Jacob au cœur d'un parc boisé, ce palais est décoré en style victorien. Les chambres, gigantesques, ouvrent sur une succession de vastes cours intérieures, de corridors et de galeries ; l'ensemble possède beaucoup de chic, même si l'atmosphère peut devenir un peu triste lorsqu'il y a peu de monde.

À Jhalawar

PREMIER PRIX

Chandrawati (RTDC) – *Au sud-est de la ville, 2 km de la gare routière - ☏ (07432) 23 40 23 - www.rtdc.in - ✕ ⊭ - 13 ch. 1 300/1 500 Rs* ☕ Dans un quartier aéré et vert. Si vous avez vraiment besoin de faire étape ici.

RESTAURATION

PREMIER PRIX

Quartier de Civil Lines

② **The Venue** – C1 - *Collectorate Circle, à l'angle de l'hôtel Navrang - ⊄ - 11h-23h - 100/150 Rs.* Spécialités d'Inde du Sud (*dosas* et *idlis*), toutes sortes de *paneer* et des pizzas *veg* servies dans une agréable salle climatisée.

Au sud du lac Kishor Sagar

① **New Maheshwari** – C3 - *Chhawani Circle - ⊄ - 8h30-23h - 200/300 Rs.* Sa cuisine (carte *pure veg* d'Inde du Nord) passe pour l'une des meilleures de la ville. Salle un peu sombre au décor quelconque, mais souvent pleine car située sur une grande artère du quartier des affaires.

PETITE PAUSE

Heritage Restaurant – B2 - *à l'est du parc Kshar Bagh - ⊄ - 9h-18h.* Un nom bien prétentieux pour cette modeste terrasse de ciment où l'on prendra un thé ou un café (la carte ne va guère au-delà !), avec vue plongeante sur les cénotaphes royaux ou le coucher de soleil sur le Jag Mandir.

Manwar – A3 - *à côté du musée Rao Madho Singh - ⊄ - 9h-19h.* Quelques tables sur un bout de pelouse vous attendent pour un en-cas (sandwichs, *masala dosa*) en compagnie des écureuils.

ACHATS

Textiles

La spécialité de Kota est le *doria sari*, un tissu très léger (trame de soie et chaîne de coton) à carreaux rehaussés de fils d'or. Vous en trouverez dans les échoppes jalonnant la Bhairon Gali de **Rampura Bazar** (B2) ou dans le bourg de **Khetun** *(15 km au sud-est de Kota)*, où ils sont tissés.

AGENDA

À Jhalrapatan

La foire de **Chandrabhaga** *(voir encadré p. 426)*, grand marché au bétail, se tient chaque année hors des remparts de Jhalrapatan durant la pleine lune du mois de *kartik* (oct.-nov. ; *24-26 nov. 2015, 12-14 nov. 2016).*

Le parc de Ranthambore

★★

Alt. 235 m – État du Rajasthan

NOS ADRESSES PAGE 433

S'INFORMER

Tourist Reception Centre (RTDC) – *À la gare de Sawai Madhopur et au début de Ranthambore Rd, à 1,5 km de la gare, face à l'hôtel Anurag Resort - (07462) 22 08 08 - www.rtdc.in - tlj sf w.-end 10h-13h30, 14h-17h.* Informations générales (sommaires) sur la ville et les hébergements.

Tiger Project Reception Centre – *Au-delà de l'hôtel Vinayak, 2 km avant l'entrée de la réserve, sur Ranthambore Rd, en retrait de la route - (07462) 22 02 23 - http://projecttiger.nic.in - 5h-6h30, 12h-13h30.* Achat des billets et réservation des véhicules pour le parc à effectuer la veille ; votre hôtel s'en chargera pour une commission modique, solution pratique si vous n'êtes pas motorisé. Attention, la réserve n'acceptant pas plus de 280 visiteurs par jour, il est fortement conseillé de s'inscrire sur le site Internet www.rajasthanwildlife.in, qui bénéficie d'un quota de places plus élevé. Ne tardez pas : les places en jeep sont parfois difficiles à obtenir.

SE REPÉRER

Carte régionale p. 366-367 – *À 12 km de Sawai Madhopur, 115 km de Kota par le rail (ou 357 km par la route), 162 km de Jaipur, 182 km en train de Bharatpur (ou 316 km par la route).*

La gare ferroviaire de **Sawai Madhopur**, la bourgade à laquelle est rattaché le parc, sera votre principal point de repère. Au nord-ouest de la gare s'étirent les quelques rues de Sawai Madhopur (banque, poste) ; petits restaurants locaux autour de Bazriya Market ou sur Main Bazar, l'artère principale, très commerçante. **Ranthambore Rd**, la route menant au parc, court au sud des voies ferrées ; nombreux hôtels tout au long de cette route.

DES MOUSTACHES AUX GRIFFES

L'Extrême-Orient consomme tout dans le tigre, sous forme de poudres, d'onguents et maints autres remèdes miraculeux. Un trafic s'est mis en place en Inde et il semble toujours bien difficile d'enrayer le fléau qui menace le majestueux félin : les bénéfices sont trop juteux, les braconniers trop bien organisés et disposant d'appuis trop nombreux. Et comment les gardes des réserves eux-mêmes ne se transformeraient-ils pas en tueurs de tigres ou en organisateurs de chasses pour riches citadins, lorsqu'on leur propose des sommes astronomiques au regard de leur salaire de misère ? La réserve de Sariska n'abritait qu'une quinzaine de tigres lors de sa création en 1955. Rattachée au Tiger Project *(voir encadré p. 272)* en 1973 puis promue Parc national en 1980, elle en aurait compté environ 45 au début des années 1990, pour retomber à une petite dizaine en 2013, en raison du braconnage. Celle de Ranthambore, elle, compterait une cinquantaine de tigres en 2014.

Tigre au bord d'un lac dans le parc de Ranthambore.
A. Singh/imageBROKER/age fotostock

Voir aussi la rubrique « Arriver/partir » dans « Nos adresses ».

ORGANISER SON TEMPS

D'où que vous veniez, vous aurez tout intérêt à rejoindre Sawai Madhopur en train, bien plus rapide que le bus dans cette région. Une fois à Sawai Madhopur, réservez votre safari la veille (au moins) ou inscrivez-vous sur Internet et comptez une demi-journée. De juillet à septembre, lors des plus fortes pluies, passez votre chemin : le parc est fermé. Pour avoir plus de calme et augmenter vos chances de voir des animaux, évitez les w.-ends et périodes de vacances indiennes.

AVEC LES ENFANTS

L'excursion en jeep sur la piste des animaux.

Une forêt sèche de « dhak » (ou « flammes de la forêt ») et de banians avec, en son centre, un piton rocheux couronné par une puissante forteresse en ruine : le décor est planté pour l'entrée en scène de Sher Khan, le Seigneur Tigre. C'est en effet dans la région de Ranthambore que vivent les derniers spécimens de la race, en danger d'extinction. Si vous êtes chanceux, vous apercevrez le majestueux félin sur la piste de quelque gazelle ou se baignant dans un lac. En cas de rendez-vous manqué, la rencontre de nombreux cerfs, antilopes et sangliers vous fera oublier votre déception. Vous pourrez aussi parcourir les vestiges du fort, livrés à la jungle, et le très vénéré sanctuaire du dieu à tête d'éléphant. La plupart des hôtels sont établis le long de la route menant de Sawai Madhopur à la réserve : du soir au matin – et c'est là l'un des charmes de l'étape –, vous y serez en contact avec la nature. Si vous en avez le temps, faites une incursion dans les villages alentour pour découvrir les peintures à la chaux dont les villageoises ornent les murs extérieurs de leurs maisons en terre : paons et éléphants qui symbolisent la déesse de la Fortune, Lakshmi, mais aussi éléphants, perroquets, soleils et, bien sûr, tigres…

Safari sur la piste du tigre

À 12 km de Sawai Madhopur.

Réserve animalière

Parc fermé du 1er juil. au 30 sept - www.ranthamborenationalpark.com - le parc se visite uniquement en groupe et avec les véhicules du Tiger Project – Comptez une demi-journée : 30mn de route pour atteindre l'entrée, 3h dans la réserve et 30mn de retour ; emportez des jumelles.

Deux formules de visite – *En Gypsy (6 passagers), comptez env. 1 000 Rs/pers. ; en Canter (camions de 20 places), comptez env. 900 Rs/pers. - ces tarifs comprennent droit d'entrée + véhicule + guide obligatoire. Droit supplémentaire pour caméra vidéo : 400 Rs. Selon la saison, un départ le matin entre 6h et 7h, un autre l'après-midi entre 14h et 15h30. Réserv. en ligne sur www.rajasthanwildlife.rajasthan.gov.in.*

Bon à savoir – Le parc est divisé en 8 zones, décrites sur le site www. ranthamborenationalpark.com (ranthambore map) ; vous devrez choisir la zone que vous souhaitez visiter au moment de votre inscription en ligne.

En avril, au moment de la floraison des *dhak* (*Butea monosperma* ou « flammes de la forêt »), la forêt se colore de taches rouge écarlate. Puis la chaleur torride de mai et juin lui donne une teinte brune de feuilles mortes. Cette période d'avant-mousson est la plus favorable pour voir les **tigres** : la sécheresse rend la ramée moins dense et contraint les animaux à venir se désaltérer aux rares points d'eau qui ne sont pas à sec. En outre, le parc (1 330 km^2, soit plus que le Val-d'Oise) est à cette période moins fréquenté par les touristes.

Le reste de l'année, vous risquez de rencontrer davantage d'humains que de bêtes féroces, mais il faut croire que les tigres locaux ont appris la sociabilité :

L'HOMME OU LE TIGRE ?

Privilégier la survie du tigre (et de la forêt) ou la vie des villageois ? Tel est le dilemme des environnementalistes indiens depuis que l'équilibre homme-tigre s'est rompu dans les années 1950-1960. La création de parcs naturels, suivie de l'interdiction de la chasse au tigre en 1970, et le lancement du programme **Tiger Project** en 1973 (*voir encadré p. 272*) ont fait beaucoup en faveur du félin… au détriment des villageois établis aux abords des réserves. Ainsi, à Ranthambore, plus d'un millier de paysans de la tribu des Meenas ont été expulsés de leurs terres pour que s'étende la forêt, territoire du tigre. Et rien n'a été fait pour les reloger… Les paysans établis en lisière des parcs sont pourtant de plus en plus nombreux. Pour faire paître leurs troupeaux, ramasser ou couper du bois, s'approvisionner en eau quand les puits du village sont à sec, ils n'ont pas d'autre recours que de s'introduire dans la forêt. Devant tant d'agressions, celle-ci recule peu à peu. Et les villageois sont contraints de se risquer toujours plus loin dans le territoire du tigre. Parfois une femme est blessée, un enfant tué… Les paysans seraient prêts à subir les désagréments que leur cause la proximité de la réserve si celle-ci leur apportait des avantages. Ils s'insurgent notamment contre le fait qu'aucun d'eux n'ait été engagé pour travailler dans le parc comme garde, pisteur ou guide. Soucieuse de voir hommes et tigres vivre en harmonie, la **Fondation Ranthambore**, créée en 1988, met en place divers projets de développement visant à remplacer le pacage par le nourrissage en étable, et à développer des sources alternatives de revenus, tel l'artisanat.

LE SITE DU PREMIER JAUHAR

La forteresse de Ranthambore, fondée au 10e s. par les Rajputs du clan des **Chauhans**, serait la plus ancienne place forte du Rajasthan encore debout, après Chittaurgarh. Elle aurait été témoin du premier *jauhar* (immolation collective) de l'histoire, en 1301, lorsque le sultan de Delhi, Ala ud-Din Khilji, s'en empara par traîtrise après un siège d'un an. Toutes les femmes rajputes se jetèrent alors dans le feu, préférant mourir plutôt que de tomber aux mains des musulmans. Récupérée par les *rao* chauhans de Bundi, la place forte fut cédée à l'empereur Akbar en 1569 presque sans coup férir – dernière grande forteresse rajpute à se rendre aux Moghols. À la fin du 17e s., la région échut aux maharajas de Jaipur, qui en firent un de leurs terrains de chasse favoris. Elle est aujourd'hui, avec cinq autres forts du Rajasthan, classée au patrimoine de l'Unesco.

ils daignent parfois apparaître devant les camions bondés de touristes indiens à l'enthousiasme bruyant.

Parmi les autres félidés ayant établi domicile dans le parc, vous croiserez peut-être un **léopard** *(cheetah)* ou un chat sauvage. Les **cervidés** *(sambar, chital)* et **antilopes** (gazelles *chinkara*) sont nombreux et moins insaisissables que les félins. En outre, les lacs de la réserve abritent des crocodiles (introduits par l'administration du parc) et attirent diverses espèces d'oiseaux aquatiques.

Forteresse

À l'entrée du parc - oct.-janv. 7h-10h30 et 14h30-18h ; fév.-sept. 6h30-10h et 14h30-18h - 200 Rs.

Le **fort** se trouve à côté de la porte principale d'entrée dans la réserve, mais sa visite n'est pas incluse dans le safari. Vous pouvez vous y rendre en louant une jeep ou vous y faire déposer à l'issue d'un safari du matin.

Le chemin escarpé qui y mène est défendu par quatre portes successives. La puissante ceinture de remparts et de bastions est encore en place, mais elle ne contient plus guère que des ruines (13e s.), à demi dissimulées dans les ronces, entre les grands arbres de la jungle. Sous la poussée violente des racines, les dalles se soulèvent, les pierres se déboîtent.

Votre balade parmi les bâtiments en partie écroulés vous mènera au petit **temple de Ganesh**, particulièrement fréquenté lors de la fête de **Ganesh Chaturthi**, l'anniversaire du dieu *(août-sept.)*. Le Ganesh de Ranthambore jouit d'une popularité particulière auprès des futurs mariés, qui ne manquent pas de lui adresser leur première lettre d'invitation à la noce.

NOS ADRESSES À SAWAI MADHOPUR

INFORMATIONS UTILES

Les offices de tourisme sont répertoriés en début de chapitre.

Indicatif téléphonique : 07462

Banque/Change

State Bank of Bikaner and Jaipur – *À l'extrémité est de la ville, derrière le temple hindou Shiv Mandir.* Change espèces et chèques de voyage. Distributeur à la gare.

Poste

GPO – *Dans le centre de la ville - tlj sf dim. lun.-vend. 10h-17h, sam. 10h-14h.*

Internet/Téléphone

Sur Bazriya Market (Main Bazar) ou sur Ranthambore Rd, devant le Sawai Madhopur Lodge.

Sécurité

Police secours – ✆ *100.*

ARRIVER/PARTIR

Que vous veniez de Jaipur, de Kota ou de Bharatpur, préférez le train au bus, considérablement plus lent. Descendez à **Sawai Madhopur**.

Train

Sawai Madhopur Railway Station – *Au sud-est de Sawai Madhopur, entre la ville et l'entrée du parc de Ranthambore, à env. 10 km - ✆ 139 (centre de réservation).* Pour Jaipur, préférez le *Superfast* du matin *(2h de trajet).* 10 trains/j pour Delhi *(5 à 6h),* via Bharatpur *(2h30)* et Mathura *(3h45)*; départs fréquents pour Kota *(1h30).*

Bus

Pour Jaipur, évitez les bus locaux qui partent du **Dausa-Jaipur Bus Stand**, simple guérite dans une rue perpendiculaire au Bazriya Market; préférez les 3 *Express (5h, via Tonk)* qui partent du **Tonk Bus Stand**, à l'extrémité ouest de Bazriya Market, ou mieux encore, le train. Pour Bundi, un seul *Express (4h30),* mais plusieurs bus locaux *(5h30).* Pour Delhi *(10h)* et Ajmer *(6 à 8h),* pas de bus directs : changez à Jaipur.

TRANSPORTS

Rickshaw

À titre indicatif, comptez autour de 120 Rs pour un trajet en auto-rickshaw entre la gare et l'hôtel Vinayak *(6 km).*

HÉBERGEMENT, RESTAURATION

La plupart des établissements n'acceptent pas les cartes bancaires mais vous pourrez y faire du change au besoin. **Réservation** indispensable à Noël et durant les vacances indiennes. Pour un **en-cas**, vous trouverez autour des gares routière et ferroviaire des vendeurs ambulants de *pakora* et autres *samosa* ainsi que des gargotes locales; pour dîner, tous les hôtels disposent d'un restaurant, pour une cuisine sans génie.

Ranthambore Rd, la route qui mène à la réserve, est l'endroit le plus agréable pour séjourner, loin de l'agitation urbaine. Toutes ces adresses pourront vous aider à réserver un véhicule pour la visite du parc.

PREMIER PRIX

Dans la ville moderne

Rajeev Resort – *16 Indira Colony, Civil Lines - ✆ (07462) 22 14 13 - - 16 ch. 500 Rs.* Cette maison privée du quartier résidentiel, à quelques centaines de mètres des gares routière et ferroviaire, propose des chambres simples et claires; les plus chères *(1 000 Rs)* disposent de trois lits doubles. Le tout aurait besoin d'un bon nettoyage.

BUDGET MOYEN

Sur Ranthambore Rd

Vinayak (RTDC) – *Ranthambore Rd, à 6 km de la gare - ✆ (07462) 22 11 69 - www.rtdc.in - - 14 ch. 2 500/3 200 Rs en demi-pension.* Un hôtel assez plaisant et bien tenu, en pleine campagne, à la lisière de la zone tampon *(buffer zone)* qui entoure la réserve. Il est un peu cher, mais on paie le cadre. Cuisine simple et peu variée, raisonnablement bonne. Dispose également de tentes *(2 100 Rs).*

Ankur Resorts – *Ranthambore Rd, à 3,5 km de la gare - ✆ (07462) 22 07 92 - www.hotelankurresort.com - - 60 ch. 2 800/3 500 Rs - rest. env. 500 Rs.* Au bâtiment central, plutôt tristounet, vous préférerez les chambres réparties dans l'un des 18 *cottages*, plus grandes et plus calmes. L'ameublement se réduit au strict nécessaire. Les plus belles chambres disposent d'une baignoire.

POUR SE FAIRE PLAISIR

Sur Ranthambore Rd

Castle Jhoomar Baori (RTDC) – *Dans la zone tampon de la réserve, à 1 km de Ranthambore Rd et 6,5 km de la gare - ✆ (07462) 22 04 95 - www.rtdc.in - - 12 ch. - 6 200 Rs en pension complète.* À flanc de colline, noyé au milieu des arbres, ce modeste relais de chasse du maharaja de Jaipur (milieu du 19e s.) propose de grandes chambres, enfilades de petites pièces dont la plupart ont conservé leurs *arayish* (revêtement mural traditionnel). Ce n'est toutefois pas le grand luxe, loin de là, et le service reste celui d'un RTDC… très désinvolte. Rançon de sa situation privilégiée, il faut réserver longtemps à l'avance, particulièrement pour les fins de semaine.

UNE FOLIE

Sur Ranthambore Rd

The Sawai Madhopur Lodge (Taj Group) – *Ranthambore Rd, à 2,5 km de la gare - ✆ (07462) 22 05 41 - www.vivantabytaj.com - - Billard, Internet - 36 ch. à partir de 23 000 Rs* Un bungalow construit dans les années 1930 par le maharaja de Jaipur abrite les parties communes : le salon en rotonde Art déco, une agréable véranda et le restaurant en boiseries. On gagne en voiturette de golf les chambres réparties dans des *cottages* au fond d'un très beau parc. Une halte de charme, plus pour le cadre que pour les chambres elles-mêmes, petites et qui n'ont rien d'extraordinaire.

ACTIVITÉS

Piscine – Certains hôtels situés sur Ranthambore Rd ouvrent leur piscine aux non-résidents pour 150 à 200 Rs/j.

Parce que le monde est mobile, **Michelin** améliore notre mobilité.

PAR TOUS LES MOYENS ET SUR TOUTES LES ROUTES.

Depuis l'avènement de l'entreprise – il y a plus d'un siècle ! –, Michelin n'a eu qu'un objectif : aider l'homme à toujours mieux avancer. Un défi technologique, d'abord, avec des pneumatiques toujours plus performants, mais aussi un engagement constant vis-à-vis du voyageur, pour l'aider à se déplacer dans les meilleures conditions. Voilà pourquoi Michelin développe, en parallèle, toute une collection de produits et de services : cartes, atlas, guides de voyage, accessoires automobiles, mais aussi applications mobiles, itinéraires et assistance en ligne : Michelin met tout en œuvre pour que bouger soit un plaisir !

Michelin Apps

Parce que le confort et la sécurité sont des notions essentielles, pour vous comme pour nous, Michelin a créé un bouquet de 6 applications mobiles gratuites. Un équipement complet pour que la route soit un plaisir !

MICHELIN MyCar • *Pour obtenir le meilleur de vos pneus, des services et des infos pour préparer sereinement vos trajets.*

MICHELIN Navigation • *Une nouvelle approche de la navigation : le trafic en temps réel avec une nouvelle fonctionnalité de guidage connecté.*

ViaMICHELIN • *Calcul d'itinéraires et données cartographiques : un incontournable pour se déplacer sans perdre de temps.*

MICHELIN Restaurants • *Parce que la route doit être un plaisir, retrouvez un très large choix de restaurants, en France et en Allemagne, dont la sélection complète du guide MICHELIN.*

MICHELIN Hôtels • *Pour réservez votre chambre d'hôtel au meilleur tarif, partout dans le monde !*

MICHELIN Voyage • *85 pays et 30 000 sites touristiques sélectionnés par le Guide Vert Michelin, et un outil pour réaliser votre propre carnet de route.*

Un pneu → *c'est quoi ?*

Rond, noir, à la fois souple et solide, le pneumatique est à la roue ce que le pied est à la course. Mais de quoi est-il fait ? Avant tout de gomme, mais aussi de divers matériaux textiles et / ou métalliques... et d'air ! Ce sont les savants assemblages de tous ces composants qui assurent aux pneumatiques leurs qualités : adhérence à la route, amortissement des chocs, en deux mots : confort et sécurité du voyageur.

1 ***BANDE DE ROULEMENT***
Une épaisse couche de gomme assure le contact avec le sol. Elle doit évacuer l'eau et durer très longtemps.

2 ***ARMATURE DE SOMMET***
Cette double ou triple ceinture armée est à la fois souple verticalement et très rigide transversalement. Elle procure la puissance de guidage.

3 ***FLANCS***
Ils recouvrent et protègent la carcasse textile dont le rôle est de relier la bande de roulement du pneu à la jante.

4 ***TALONS D'ACCROCHAGE À LA JANTE***
Grâce aux tringles internes, ils serrent solidement le pneu à la jante pour les rendre solidaires.

5 ***GOMME INTÉRIEURE D'ÉTANCHÉITÉ***
Elle procure au pneu l'étanchéité qui maintient le gonflage à la bonne pression.

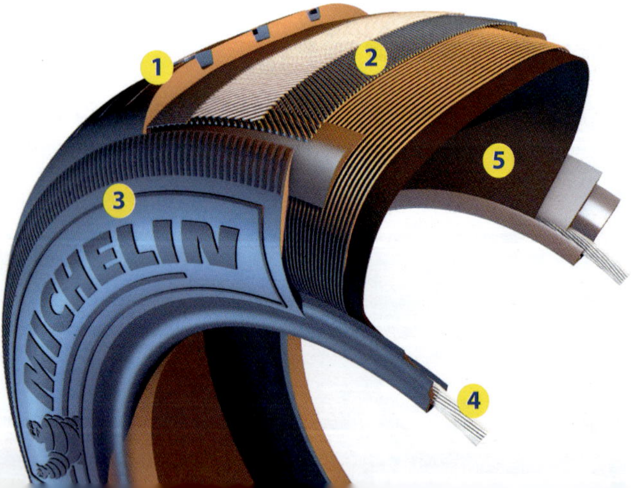

Michelin

→ *l'innovation en mouvement*

Créé et breveté par Michelin en 1946, le pneu radial ceinturé a révolutionné le monde du pneumatique. Mais Michelin ne s'est pas arrêté là : au fil des ans, d'autres solutions nouvelles et originales ont vu le jour, confirmant Michelin dans sa position de leader en matière de recherche et d'innovations, pour répondre sans cesse aux exigences des nouvelles technologies des véhicules.

→ *la juste pression !*

L'une des priorités de Michelin, c'est une mobilité plus sûre. En bref, innover pour avancer mieux. C'est tout l'enjeu des chercheurs, qui travaillent à mettre au point des pneumatiques capables de "freiner plus court" et d'offrir la meilleure adhérence possible à la route. Aussi, pour accompagner les automobilistes, Michelin organise, partout dans le monde, des campagnes de sensibilisation à la sécurité routière : les opérations "Faites le plein d'air" rappellent à tous que la juste pression des pneumatiques est un facteur essentiel de sécurité.

La stratégie Michelin : *→ des pneumatiques multiperformances*

Qui dit Michelin dit sécurité, économie de carburant et capacité à parcourir des milliers de kilomètres. Un pneumatique MICHELIN, c'est tout cela à la fois.

Comment ? Grâce à des ingénieurs au service de l'innovation et de la technologie de pointe. Leur challenge : doter tout pneumatique – quel que soit le véhicule (automobile, camion, tracteur, engin de chantier, avion, moto, vélo et métro !) – de la meilleure combinaison possible de qualités, pour une **performance globale optimale**.

Ralentir l'usure, réduire la dépense énergétique (et donc l'émission de CO_2), améliorer la sécurité par une tenue de route et un freinage renforcés : autant de qualités dans un seul pneu, c'est cela Michelin Total Performance.

MICHELIN
Total Performance

Chaque jour, **Michelin** innove en faveur de la mobilité durable.

DANS LE TEMPS ET LE RESPECT DE LA PLANÈTE.

La mobilité durable

→ *c'est une mobilité propre... et pour tous*

La mobilité durable c'est permettre aux hommes de se déplacer d'une façon plus propre, plus sûre, plus économique et plus accessible à tous, quel que soit le lieu où ils vivent.

Tous les jours, les 113 000 collaborateurs que Michelin comptent dans le monde innovent :

- en créant des pneus et des services qui répondent aux nouveaux besoins de la société,
- en sensibilisant les jeunes à la sécurité routière,
- en inventant de nouvelles solutions de transport qui consomment moins d'énergie et émettent moins de CO_2.

→ *Michelin Challenge Bibendum*

La mobilité durable, c'est permettre la pérennité du transport des biens et des personnes, afin d'assurer un développement économique, social et sociétal responsable. Face à la raréfaction des matières premières et au réchauffement climatique, Michelin s'engage pour le respect de l'environnement et de la santé publique. De manière régulière, Michelin organise ainsi le Michelin Challenge Bibendum, le seul événement mondial axé sur la **mobilité routière durable.**

MICHELIN CHALLENGE BIBENDUM

NOTES

NOTES

NOTES

INDEX GÉNÉRAL

Jaipur : villes, curiosités et régions touristiques.
Bhakti : noms historiques ou termes faisant l'objet d'une explication.
Les sites isolés (forteresses, temples, lacs, parcs nationaux...) sont répertoriés à leur propre nom.

A

B

C

D

E-F

G

H

I-J

N

O-P

R

Si vous ne pouvez espérer maîtriser le hindi en peu de temps, en connaître ne serait-ce que quelques mots, en montrant à vos interlocuteurs vos efforts pour aller vers eux, fera naître un véritable courant de sympathie avec la population.

Voir aussi la rubrique « Langues de l'Inde », dans le chapitre « Vie culturelle », p. 131.

PRONONCIATION

Toutes les lettres se prononcent en hindi. Chaque voyelle (a, e, i, o, u) a une forme brève et une forme longue.
Le **« a » bref** se prononce entre le « a » et le « e » français, tandis que le **« a » long** est similaire au « â » français (transcrit « â» dans cette rubrique).
Le **« e »**, qu'il soit bref ou long, ressemble au « é » et le **« u »** se dit toujours « ou ».
Certaines consonnes sont particulièrement difficiles à prononcer pour un palais français, notamment les différents **« r »**, roulés à l'espagnol, et les lettres aspirées.
À l'exception de l, m, n, r, v et y, ainsi que des lettres qui figurent uniquement dans les mots d'origine persane, turque ou arabe (f, q et z), la plupart des consonnes ont une forme aspirée.
Le **« h »** marque l'aspiration de la lettre qui le précède ; ainsi, le **« c »** est transcrit « ch », ou « chh » quand il est aspiré, et se prononce « tch ».
Le **« j »** se dit « dj ».
Enfin, les voyelles nasalisées sont fréquentes : **man** ressemble au « man » de maman, **min** se prononce « mine », et **men** comme « main ».

LES CHIFFRES

un : ek
deux : do
trois : tin
quatre : châr
cinq : pânch
six : chah
sept : sât
huit : âth
neuf : no
dix : das
vingt : bis
trente : tis
cinquante : pachâs
cent : ek so
cent mille : ek lakh
dix millions : ek cror

LES FORMULES COURANTES

Monsieur (madame), vous... : Bhâi sâhab (bahanji), âp...
Monsieur (madame) Gupta, vous... : Guptâ sâhab (sâhiba), âp... *ou* Guptâji, âp...
Monsieur (madame) Gupta : Shri (shrimati) Guptâ
Mademoiselle Gupta : Kumâri Guptâ
Oui, monsieur (madame) : Ji han
Non, monsieur (madame) : Ji nahi
Salut : Namaste ; Namaskâr
Salut (hindou, à la campagne) : Ram Ram
Je vous remercie : Shukriyâ, dhanyavâd, âpki kripâ
S'il vous plaît : Kripayâ
Excusez-moi : Mâf kijiye, kshamâ karen
Comment allez-vous ? (Apkâ) kyâ hâl he ? (Âp) kaise hen ?
Tout va bien : Sab kuch thik he
Ça ira : (To bhi) chalega
(Très) bien, bon : (Bahut) acchâ
Bien ! Ah bon ! Je comprends : Acchâ !
Assez ! Bas !

S'ORIENTER, VISITER

Où se trouve... ? ... kahân he ?
Dans quelle direction est Jaipur ? Jaipur kidhâr he ?

À quelle distance est Udaipur ? Udaipur kitni dur he ?
La poste est-elle loin (près) ? Kya dâkghar dur (pâs) he ?
près de l'hôtel : hotel ke pâs
tout droit : (bilkul) sidha

LES COULEURS

blanc : safed
bleu : nilâ (nili)
jaune : pilâ (pili)
noir : kâlâ (kâli)
orange : nârangi
rose : gulabi
rouge : lâl
vert : harâ (hari)

LE TEMPS

quand ? kab ?
aujourd'hui : âj
demain, hier : kal
ce soir, le soir : shâm ko
cette nuit, la nuit : rât ko
ce matin, le matin : subah ko
demain matin : kal subah ko
vite : jaldi

AU RESTAURANT

eau, eau potable : pâni, pine kâ pâni
repas complet : thâli
citron pressé : nimbu pâni
thé : chây
sans sucre : binâ chini
et sans lait : or binâ dudh
huile : tel
chaud : garam
froid : thandâ
amuse-gueule : chât

Les viandes : mans

« non-veg », carnivore : mânsâhâri
poulet : murg
mouton : gosht
chèvre : bakri
poisson : machhli
œuf : andâ
yaourt : dahi
yaourt aux légumes : râytâ
fromage : panir
beurre, au beurre : makhan, makhani
beurre clarifié : ghee

Les épices : masâla

amande : bâdâm
cumin : jirâ, zirâ
gingembre : adarak
menthe : pudinâ
noix de cajou : kâju
piment : lâl mirch
pistache : pistâ
poivre : kâli mirch
raisin, raisins secs : angur, kishmish
sel : namak

Fruits (phal) et légumes (sabzi)

végétarien : shâkâhâri
ail : lasan
ananas : anânâs
aubergine : bengan
banane : kelâ
carotte : gâjar
chou-fleur : phulgobhi
citron : nimbu
épinard : pâlak
goyave : amrud
« ladies' fingers » : bhindi
mangue : âm
papaye : papitâ
petits pois : matar
pomme : seb
pomme de terre : âlu
oignon : pyâz lahsun
orange : santarâ, nârangi
poivron : mirch
radis : muli
riz : châval

ACHETER

Combien ça coûte ? Kitne kâ he ?
C'est (très) beau : (Bahut) sundar he
C'est trop cher : Bahut mahangâ he

LE LANGAGE DES GESTES

Que vous parliez ou non hindi, vous aurez recours, plus d'une

fois, au langage des gestes. Mieux vaut donc savoir comment les interpréter.
Un **imperceptible hochement de tête** remplace généralement les formules de remerciement, car on dit rarement « pardon », « s'il vous plaît » ou « merci » en Inde, même lorsqu'on reçoit un cadeau. Ne vous en formalisez pas !
La **rotation du visage de droite à gauche** signifie « non », tout comme en Europe. En fait, ce geste est peu utilisé, car, soucieux de ne pas décevoir leurs interlocuteurs, les Indiens évitent autant que possible de dire non ou d'avouer qu'ils ne savent pas ; ils préféreront vous donner une réponse fantaisiste. Soyez donc méfiant lorsque vous demandez votre chemin : si vous percevez une seconde d'hésitation chez votre interlocuteur, prenez son information avec circonspection.
Enfin, ne vous méprenez pas sur le sens du **hochement de tête** dont les Indiens ponctuent leur conversation ; contrairement à ce que l'on pourrait croire, cette sorte de dodelinement d'une épaule à l'autre est un geste d'assentiment : « c'est entendu », « j'ai bien compris », « ce sera fait »…

CARTES ET PLANS

CARTE GÉNÉRALE

Premier rabat de couverture

CARTES DES RÉGIONS

PLANS DE VILLE

PLAN DE SITE

CARTE DE CIRCUIT

Note au lecteur

Michelin a apporté le plus grand soin à la rédaction de ce guide et à sa vérification. Toutefois, les informations pratiques (formalités administratives, prix, adresses, numéros de téléphone, adresses Internet, etc.) doivent être considérées comme des indications du fait de l'évolution constante de ces données.

Il n'est pas totalement exclu que certaines d'entre elles ne soient plus, à la date de parution du guide, tout à fait exactes ou exhaustives. N'hésitez pas à nous signaler toute omission ou inexactitude que vous pourriez constater, ainsi qu'à nous faire part de vos avis et suggestions sur les adresses contenues dans ce guide.

Avant d'entamer toute démarche, formalités administratives ou douanières notamment, vous êtes invité à vous renseigner auprès des organismes officiels. Ces informations ne sauraient, de ce fait, engager notre responsabilité.

Collection Le Guide Vert sous la responsabilité de Philippe Orain

Édition
Florence Dyan, Élisabeth Cautru

Rédaction
Élisabeth Cautru, Philippe Longin, Joseph Perrin, Catherine Pommier

Cartographie
Michèle Cana, Thierry Lemasson, Denis Rasse

Remerciements
Didier Broussard, Marie Simonet, Pascal Grougon, Pascal Tisserand, Ramesh, Abhinav et Abhineet

Conception graphique
Christelle Le Déan

Régie publicitaire et partenariats
business-solutions@tp.michelin.com
Le contenu des pages de publicité insérées dans ce guide n'engage que la responsabilité des annonceurs.

QR Codes
QR Code est une marque déposée de Denso Wave Incorporated.

Contacts
Michelin
Guides Touristiques
27 cours de l'Ile Seguin, 92100 Boulogne Billancourt
Service consommateurs : tourisme@tp.michelin.com
Boutique en ligne : www.michelin-boutique.com

Écrivez-nous

Parution 2015

Michelin Travel Partner
Société par actions simplifiées au capital de 11 288 880 EUR
27 Cours de l'Ile Seguin - 92100 Boulogne Billancourt (France)
R.C.S. Nanterre 433 677 721

Dépôt légal : 08-2014 – ISSN 0293-9436
Compograveur : Michelin, Boulogne-Billancourt
Imprimeur : Chirat, St-Just-la-Pendue - N°201408.0059
Imprimé en France : 08-2014
Sur du papier issu de forêts gérées durablement

LE GUIDE VERT

Le guide de toutes les découvertes !

Nos guides sur le Monde

Argentine • Argentine Route 40 • Boston et la Nouvelle Angleterre • Brésil • Californie • Canada • Chine Hong-Kong • Colombie • Corée du Sud • Cuba • Egypte • Etats-Unis Est • Etat-Unis Ouest • Floride • Guadeloupe • Indonésie • Japon • La Réunion • Maroc • Martinique • Maurice Rodrigues • Mexique • New York • Parcs de l'Ouest américain • Pérou • Québec • Rajasthan • Rio de Janeiro • Seychelles • Sud-Ouest américain • Syrie Jordanie • Taïwan • Thaïlande • Tunisie • Vietnam

Nos guides sur l'Europe

Allemagne • Andalousie • Angleterre, Pays de Galles • Autriche • Barcelone et la Catalogne • Belgique, Luxembourg • Bulgarie • Crète • Croatie • Danemark Suède • Ecosse • Espagne Atlantique • Espagne du Centre Madrid Castille • Espagne côté Est Valence Murcie Baléares Aragon • Grèce continentale • Iles grecques Athènes • Irlande • Islande • Italie du Nord • Italie du Sud • Londres • Moscou St Pétersbourg • Norvège • Pays Baltes • Pays•Bas • Pologne • Portugal • Prague • Rome • Roumanie • Sardaigne • Sicile • Suisse • Toscane Ombrie • Turquie • Venise • Vienne

Nos guides sur la France

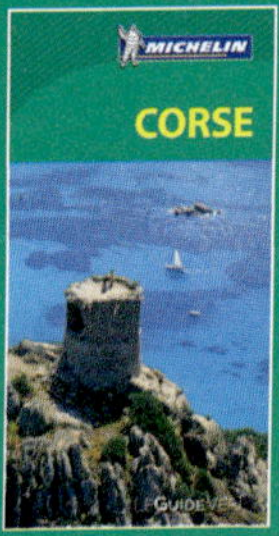

Alpes du Nord • Alpes du Sud • Alsace Vosges • Aquitaine • Ardèche Drôme • Auvergne • Berry Limousin • Bourgogne • Bretagne Nord • Bretagne Sud • Champagne Ardenne • Châteaux de la Loire • Corse • Côte d'Azur • Franche Comté Jura • Ile-de-France • Languedoc • Lorraine • Lot Aveyron Vallée du Tarn • Lyon et sa région • Nord Pas de Calais • Normandie Cotentin • Normandie Vallée de Seine • Paris • Pays Basque et Navarre • Pays de la Loire • Périgord Quercy • Picardie • Poitou Charentes • Provence • Pyrénées Toulouse Gers • Roussillon Pays Cathare • France • Moselle • Savoie Mont Blanc • Les sites français du patrimoine mondial

Nos guides week-end en France et à l'étranger

Amsterdam • Athènes • Iles Baléares • Barcelone • Berlin • Bordeaux • Bruges • Bruxelles • Budapest • Iles Canaries • Copenhague • Cracovie • Dublin • Edimbourg • Fès Meknès • Florence • Grenade Malaga • Hong Kong Macao • Iles anglo-normandes• Istanbul • Lille • Lisbonne • Londres • Luxembourg • Lyon • Madère • Madrid • Malte • Marrakech Essaouira • Marseille • Milan et les lacs • Montpellier • Montréal • Munich et la Bavière • Nantes • Naples et Pompéi • New York • Paris • Porto • Prague • Québec • Rome • Saint Pétersbourg • Séville • Stockholm • Strasbourg • Tallinn • Toulouse • Tunis • Valence • Venise • Vienne

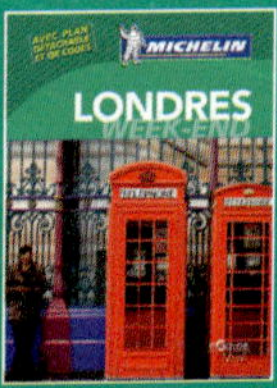